TCT(번역능력인정시험) 완벽대비

600제로
끝내는
번역사
영어

SD에듀
(주)시대고시기획

국제화·세계화 속에 번역에 대한 수요가 폭증하고 있지만, 현재 국내에는 전문 번역사가 매우 부족합니다. 이에 따라 번역사 자격 시험의 인기는 날로 높아지고 있는 실정입니다.

번역은 한 나라의 언어를 다른 나라의 언어로 옮기는 작업이며, 번역사란 외국어로 된 출판물이나 서류, 문서 등을 번역하는 사람을 말합니다. 어떤 나라의 언어를 다른 나라의 언어로 옮긴다는 것은 실제적으로 아주 힘든 작업입니다. 외국어를 잘해야 하는 것은 물론이고, 양국의 문화와 관습 및 언어생활 등에 대한 정확한 이해가 선행되어야만 정확한 번역이 가능하기 때문이지요. 더구나 최근에는 전문 서적이나 문화 서적, 영상물 등 다양한 분야에서 번역 작업을 필요로 하므로, 번역사들도 자신만의 전문 분야와 그 분야에 대한 포괄적인 지식을 지니고 있어야 합니다.

번역에는 정답이 없습니다. 번역은 제2의 창작이라고 할 만큼 한 사람이 열 번을 하거나, 열 사람이 열 번을 해도 모두 다르게 표현되기 때문에 본 교재에 수록된 답안 역시 완전하다고는 말할 수 없습니다. 따라서 어느 한 책에만 의존하지 말고, 다양한 매체를 통해 되도록이면 많은 문장을 접하고, 꾸준히 노력하는 것만이 수험생들에게 좋은 결실을 맺을 수 있는 방법이라 할 수 있을 것입니다.

본 교재는…

첫째, 번역사가 되기 위해 수험생이 알아 두어야 할 '영문번역 테크닉'편을 수록하여 번역의 기본 학습과 영문 번역의 올바른 방법을 제시하는 것을 주목적으로 하였습니다.

둘째, 영문국역편에서는 영문국역의 기초편을 수록하여 수험생에게 꼭 필요한 번역지침을 제시한 한편 여타 수험서에서 볼 수 없는 국내 최다 예문을 인문사회와 관련된 각 부문에서 발췌·수록해 모범 번역을 읽으면서 자연스럽게 국역방법을 익히도록 하였습니다.

셋째, 국문영역편에서는 국문영역의 기초편을 수록, 영작 시 범하기 쉬운 오류들을 제시하였고 국문영역 연습을 통해 자연스럽게 오류에서 벗어나도록 하였습니다.

넷째, 수험생들에게 그동안의 출제 경향과 수준을 스스로 가늠하여 학습의 지침을 삼을 수 있도록 실제 기출문제를 모범 번역과 함께 수록하였습니다.

본 교재가 번역 공부에 있어 완벽한 정답을 제시할 수는 없지만, 번역사를 꿈꾸며 학습에 매진하는 수험생들에게 올바른 학습의 지침이 되기를 바랍니다.

편저자 씀

❶ 시험 개요

시험 명칭

번역능력인정시험 (Translation Competence Test = TCT)

'번역능력인정시험'의 목적

본 시험은 고등학생 및 대학생의 외국어 원서 이해 능력을 증진시키고 글로벌 시대가 요구하는 직장인들의 번역 능력 향상은 물론 대한민국의 정신적 컨텐츠를 선도해 나갈 신인 번역가를 발굴하여 외국 문화를 올바르게 수용하고 한국 문화의 세계화를 통해 대한민국의 정신문화를 풍요롭게 하고자하는 목적으로 시행되고 있는 민간자격시험입니다.

시험 주관사

문화관광부 산하 사단법인 '한국번역가협회'

'한국번역가협회'란?

한국번역가협회(KST)는 1994년부터 번역능력인증시험을 실시하여, 번역가의 저변 확대와 우수한 번역가의 발굴 및 번역교육의 활성화를 위해 노력해왔고, 한국을 대표하는 번역전문기관으로서 위상을 다져왔습니다. 또한 번역능력인정시험을 통한 외국어인재발굴과 외국어번역교육 활성화를 위해 본시험을 발전시켜 나가고 있습니다. 한국번역가협회(KST)의 자격증을 취득하여 실력을 인정받은 후 5~10년 정도의 경력이 쌓이면 전문가의 위치에 오를 수 있습니다.

시험 활용도

글로벌 기업이 요구하는 외국어능력으로는 외국인과 의사소통을 할 수 있는 '외국어를 활용한 대화능력'과 외국어로 주고받는 문서나 매뉴얼의 내용을 이해하고 이를 번역해서 활용하거나 상사에게 보고할 수 있는 능력인 '외국어 문서 번역능력'입니다. 따라서 입사원서의 외국어 자격증 기재란에 외국어 능력을 나타낼 수 있는 여타 자격증과 함께 본 시험의 인증서인 '번역능력인증서'를 기재하면 외국어 평가 실력을 크게 어필할 수 있습니다. 실제 글로벌 기업에 대한 설문조사에서도 외국어 회화와 더불어 가장 중요한 외국어 능력은 '외국어번역능력'과 '외국어 작문능력'으로 나타났습니다. 대학입학을 앞둔 고교생 및 재수생의 경우, 각 대학 입학원서 상에 있는 '외국어 자격증 기재'에 번역능력인증 급수 기재가 가능합니다.

'번역능력인증서'의 구체적 활용도

본 시험에서 인증서를 받을 만큼의 외국어 실력을 보유한 이들은 전문번역회사, 공중파 방송국 및 케이블 TV, 출판사, 일반 기업체, 방송프로덕션, 각 벤처기업, 관공서, 연구소, 법원, 외국계 기업의 번역전문직이나 번역회사의 구직정보를 통하여 직업적 번역가로 활동할 수 있으며, 개별적으로도 번역프리랜서로 활동하기 위한 구직활동을 할 수 있습니다. 본 번역능력인증서를 취득한 사람은 실제적인 문장으로 표현 가능한 외국어 번역 실력 소유자로 국내 외국어능력 보유자 상위권 중에서도 상위 20% 이내에 포함되는 것으로 평가되므로 자부심을 가지고 사회활동을 할 수 있습니다.

❷ 시험 구성 및 진행 방식

시험 언어	• 3월, 7월 시험 언어: 영어, 일어, 중국어, 베트남어 • 11월 시험 언어: 영어, 일어, 중국어, 독일어, 불어, 서반아어, 노어, 베트남어		
시험 방식	주관식 필답고사 유형으로만 출제됨 (절대평가)		
시험 급수	1급	직업번역능력인정시험 (Professional Competence Test for Translation) 전문 번역가로서 활동할 수 있는 번역능력 소지 여부를 검증하는 시험 번역속도, 표현력, 정확도 등 전체적인 번역 완성도를 평가해 출판사, 기업체, 정부기관 등에서 의뢰하는 번역물 및 전문 서적, 보고서, 매뉴얼을 이해 가능하게 번역할 수 있는지 여부 평가 • 출제방식: 인문과학일반, 사회과학일반, 경제경영일반, 과학기술일반, 외국어역분야(한국어 → 외국어역)로 구분 시행		
	2급	전문번역능력인정시험 (Specialized Competence Test for Translation) 언어적인 특성 및 학문과 기술 등 분야별 전문성을 검증하는 시험 해당 분야에 대한 지식, 원문 이해력의 우수성, 번역전문가로서 발전할 수 있는 능력 소지 여부 평가 • 출제방식: 인문과학일반, 사회과학일반, 경제경영일반, 과학기술일반, 외국어역분야(한국어 → 외국어역)로 구분 시행		
	3급	일반번역능력인정시험 (General Competence Test for Translation) 글로벌 기업 및 정부 직무상 필요한 문서번역능력 시험. 상식과 실용지식의 이해정도, 외국어문장의 이해, 타 언어로의 문장전환 기술 및 기본적인 번역테크닉 소지 여부 평가 • 출제방식: 외국어 → 한국어만 출제, 기업직무상 필요한 문서번역 및 생활문장 번역		
출제 분야	영문 국역	• 인문과학일반: 소설, 에세이, 역사, 철학 등 인문과학 관련 서적 및 저널에 대한 전문용어처리 및 이해 가능한 한국어로의 문장화 능력 평가 • 사회과학일반: 정치, 사회, 법률 등 사회과학 관련 서적 및 저널에 대한 전문용어처리 및 이해 가능한 한국어로의 문장화 능력 평가 • 경제경영일반: 경제, 경영, 무역 등 경제경영 관련 서적, 저널, 매뉴얼에 대한 전문용어처리 및 이해 가능한 한국어로의 문장화 능력 평가 • 과학기술일반: 전자, 토목, 컴퓨터, 화학, 의/약학 등 과학기술 관련 서적 및 저널, 매뉴얼에 대한 전문용어처리 및 이해 가능한 한국어로의 문장화 능력 평가		
	국문 영역	인문과학일반 및 사회과학일반과 관련된 한국어 문장을 해당 외국인이 이해 가능한 타 언어로의 문장화 능력을 평가		

시험 진행 시 유의 사항!

본 번역시험은 사전 지참을 허용하는 것을 원칙으로 하지만 문제 유형에 따라서 사전 지참을 일부 제한할 수도 있습니다. 단 노트북은 지참을 제한합니다. 답안 작성용 필기구는 검은색 볼펜류만 사용 가능하며, 이외의 필기구 사용은 실격 처리됩니다.

❸ 시험 채점 및 평가

채점 방식	본 번역능력인정시험은 응시자 모두에게 성적표를 교부하여 상대적인 평가자료로 활용하게 하는 시험제도(미국식)와는 달리, 합격 데드라인을 정해놓고 일정 수준에 도달해야만 그 능력을 인정받을 수 있는 절대평가 시험제도(독일식)를 채택
채점자	출제자 및 채점자는 현재 노출된 현업에 종사하고 있는 해당분야 전문가들로 부정행위의 방지 및 개별 신원 공개 시 사생활 침해의 소지가 있는 관계로 공개하지 않는 것을 원칙으로 함
합격 기준	**1급, 2급** 총 100점 중 80점 이상 취득자 (절대평가) **3급** 총 100점 중 70점 이상 취득자 (절대평가)
합격 발표	합격자만 발표하고 응시자 개별 시험지 및 개별 점수는 공개하지 않는 것을 원칙으로 함 단, 응시자는 합격에 관계없이 전화로 개별 점수를 확인할 수 있음 본 시험의 합격자 발표는 회차별 시험 시행일 이후 5주차에 하며, 발표는 인터넷 홈페이지를 통해 공고
인증서 교부	본 시험의 각 급수에 합격한 자에게는 사단법인 한국번역가협회 회장 및 번역시험평가위원장 명의의 국/영문이 함께 적힌 '번역능력인증서 / Certificate of Translation Competence'를 교부
답안 공개	본 번역능력인정시험은 주관식으로 출제되는 관계로 외국어능력, 전문지식, 관점, 취향 등에 따라 여러 가지로 판단될 수 있는 소지가 많아 일관성 있는 시험시행을 위해 출제문제와 그 답안을 공개하지 않는 것을 원칙으로 함

❹ 시험 응시 방법

응시 자격	국적, 성별, 학력 등 응시 자격엔 제한이 없음. 또한 급수별 시험 응시에 있어서도 제한은 없음 단, 인증서 취득자가 차 상위 급수에 응시할 경우 획득 점수의 5%의 가산점을 부여
시험 시기	본 시험의 시기는 매년 3, 7, 11월에 실시함을 원칙으로 하며, 시험의 세부 일자는 매 시험 공고 시 발표 본 시험의 각 회차별 시험 공고는 시험 시행일 5주 전에 공고함을 원칙으로 하며, 시험의 공고는 인터넷 홈페이지 (www.kst-tct.org)를 통해 공고
시험 장소	본 시험의 실시 지역은 서울, 부산, 대구, 광주로 하며, 향후 기타 주요 지역으로 확대해 나갈 예정 또한 구체적인 시험 시행 장소는 해당 회차별로 다를 수 있으므로 해당 시험 회차의 공고문을 홈페이지 (www.kst-tct.org)에서 자세하게 참고
시험 응시료	1급: 110,000원 / 2급: 77,000원 / 3급: 66,000원 (각 급수별 응시료에 부가세 포함)

시험 응시 시 유의 사항!

* **시험의 변경** – 응시언어, 급수, 전문분야 등에 대한 변경은 응시원서 접수기간 내에만 가능
* **시험의 연기** – 응시료를 납부한 상태에서 시험을 연기할 경우 1회에 한해서 차기 시험으로 연기 가능
* **응시료 환불** – 시험 시행일 15일전 취소 시: 납부한 응시료의 20%를 수수료로 공제 후 환불
  시험 시행일 7일 전 취소 시: 납부한 응시료의 50%를 수수료로 공제 후 환불
  시험 시행일 6일 전부터 시험 시행일 이후 취소 시: 응시료 환불 불가

Preview 책의 구성 및 특징

올바른 번역에 필요한
번역 기초 지식 습득

'번역개론'에서는 단순 의미 전달 행위를 넘어 제2의 창작 행위라 볼 수 있는 '번역'에 대한 진정한 의미를 깨닫게 됩니다. 이를 바탕으로 번역의 가장 기초적인 요소는 무엇인지 파악하고, 올바른 번역 수순에 대한 이해를 기반으로 기초 지식을 쌓게 됩니다.

세련된 번역에 필요한
핵심 번역 테크닉 학습

'영문번역 테크닉'에서는 'I had my hair cut. 나는 나의 머리를 잘랐다.(X) 나는 머리를 잘랐다.(O)'와 같이, 어떤 요소를 빼고 더해야 문맥상 매끄러운 번역이 될 수 있는지에 대한 이해를 기반으로 자연스럽고 세련된 번역 테크닉을 익히게 됩니다.

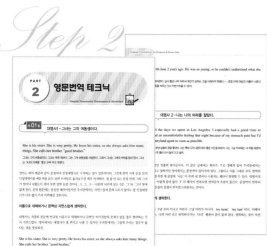

영문국역 & 국문영역
영역별 번역 테크닉 쌓기

'번역개론'과 '영문번역 테크닉' 학습을 통해 전반적인 번역 지식을 쌓은 후, '영문국역(영어 ➡ 한국어)'과 '국문영역(한국어 ➡ 영어)'에 필요한 각각의 번역 지식 및 핵심 번역 테크닉을 세부적으로 학습하게 됩니다.

영문국역 & 국문영역
영역별 실전문제 풀이

인문과학/사회과학/경제경영/과학기술 분야에 걸친 다양한 주제의 영문국역 및 국문영역 실전문제들을 풀어 보며 번역에 필요한 실전 기술을 갈고 닦으며 시험에 필요한 실전 감각까지 높일 수 있습니다.

초급/중급/고급으로 나뉜
수준별 실전문제 풀이

실전문제들을 초급/중급/고급의 난이도에 따라 단계별로 풀어 보며 실력을 점진적으로 발전시켜나갈 수 있으며, 다양한 번역 주제를 접해 볼 수 있습니다.

1급/2급/3급,
급수별 기출 문제 풀이

최근 기출 문제들을 1급부터 3급까지 다양하게 수록해, 직접 문제를 풀어 보며 실력을 더욱 탄탄하게 다질 수 있습니다. 각 문제 상단엔 출제 분야가 기재되어 있어 학습자마다 본인의 관심 분야에 맞는 문제를 풀어 볼 수 있습니다.

Contents 목차

PART **1**

번역개론

I wish you the best of luck!

(주)시대고시기획
(주)시대교육

www. **sidaegosi**.com

시험정보 · 자료실 · 이벤트
합격을 위한 최고의 선택

시대에듀

www. **sdedu**.co.kr

자격증 · 공무원 · 취업까지
BEST 온라인 강의 제공

PART 1

번역개론

English Translation Techniques & Know-how

번역이란 무엇인가?

1. 번역의 이해

'번역'의 어원을 사전에서 찾아보면, 'To turn from one language to another'이다. 즉, 다른 언어권에서 사용하는 언어를 현재 우리가 사용하는 언어로 바꾸는 일, 혹은 우리가 사용하는 언어를 다른 언어 영역권에서 사용하는 언어로 옮기는 '제2의 창작'을 번역이라고 할 수 있다.

그렇다면 번역은 언어의 교체에 불과한 것일까?
번역작업이 언어적 차원의 1 : 1 대응이라면 하나의 텍스트에 대해서 오직 하나의 번역만이 가능할 것이다. 그러나 번역이란 한 언어에서 다른 언어로 '의미를 전달하는 행위'이며, 이 전달과정에서 외국어 텍스트를 읽는 독자에게 나타나는 효과와 동일한 효과가 번역 텍스트를 읽는 독자에게도 나타나야 한다. 이를 위해서는 의미의 등가뿐만 아니라 표현의 등가까지 고려해야 함은 물론이다.

간혹, 앞서 말한 '제2의 창작'이란 말에 이의를 제기하는 사람들도 있으며, 어떤 이는 번역작업이란 불가능하다고 말하기도 한다. 이는 모두 수긍이 가는 의견이다. 어떤 언어를 다른 언어로 옮길 때, 그 의미나 내용을 완벽하게 전달하기란 어려운 일이다. 하지만, 서로 다른 언어를 사용하는 문화권에 살고 있는 여러 민족들 간의 정치, 경제, 문화상의 상호교류를 하는 데 있어서 통역이나 번역이 의사소통의 교량적 역할을 맡고 있는 중요성을 부인할 수는 없을 것이다.

평소 우리가 나누는 대화가 완벽하게 소통되는 경우가 드문 것처럼 완벽한 통역이나 번역은 불가능하다. 다만, 완벽에 가까운 소통을 위해 노력할 수는 있을 것이다.

2. 진정한 의미의 번역

번역은 외국어를 능숙하게 구사한다고 할 수 있는 작업이 아니다.
그렇다면, 진정한 번역작업은 어떤 것일까?

(1) 번역은 의미의 도출과정을 통한 텍스트상의 '등가찾기' 작업이다.
번역은 기계적인 단순모방 작업이 아니다. 원문의 뜻을 글자 그대로 이식하는 것은 번역이라고 볼 수 없다. 우리 문화의 정서와 감정에 맞게 정확한 의미전달을 하는 것이 번역이지 원문 그대로 도식적으로 옮겨 심는 작업을 번역이라고 할 수 없다.

(2) 번역은 번역가의 임의대로 텍스트를 변형하는 작업이 아니라, 작가가 '말하고자 하는 바'를 정확하게 전달하는 것이다.
번역은 창작작업 그 자체는 아니다. 번역이 '제2의 창작'이라고는 하지만, 번역자 임의대로 원문을 해석해서 뜯어 고치는 번안작업을 해서는 안 된다. 원문에 없는 말을 첨가하거나 지나치게 의역해서 독자의 이해를 돕다가는 자칫 원문을 훼손하는 결과를 가져올 수 있다.

번역행위란 마치 컵에 물을 가득 따르는 행위와 같으므로, 지나치게 텍스트를 '확대 해석'하여 물이 컵 밖으로 넘쳐흐르게 해서는 안 된다. 그렇다고 소위 출발어에 '너무 밀착한' 외국어와 외국어 간의 1 : 1 대응으로 전락해서도 안 될 일이다. 즉, 기계적인 작업도 아니고 창작도 아닌 경계적인 위치에서 작가가 '말하고자 하는 바'를 전달하며, 효과적으로 의사소통을 돕는 행위를 번역작업이라 할 수 있다.

중국의 노신은 번역의 어려움에 대해 다음과 같이 말했다.

> 「나는 어쨌든, 번역에서는 구상할 필요가 없으니 창작하는 것보다 쉽겠다고 생각해 왔다. 그런데, 정작 번역을 하다보면, 난관에 봉착하게 된다. 예를 들면, 어느 한 명사나 동사가 생각나지 않을 경우, 창작할 때는 그것을 피할 수 있지만, 번역에서는 그렇게 할 수 없다.」

그렇다. 번역은 창작의 어려움과는 또 다른 원문의 표현형식과 틀을 벗어나지 않으면서 정확하고 매끄럽게 옮겨야 하는 어려움이 있다. 때로는, 한 단어의 정확한 옮김, 문화색이 짙은 단어, 문화차이에서 오는 단어나 조사 하나에도 몇 시간씩 흘려보내며 망설이게 된다. 그런 의미에서 번역은 철저히 객관적인 작업이면서도 번역자의 문화적인 인지도와 언어 활용 능력에 따라 주관적이고 자의적인 이해나 표현 작업이 필요한 작업이다. 하지만, 번역은 어디까지나 원문의 의미를 벗어나지 않는 범위에서 정확하고 부드럽게 표현해야 할 것이다.

3. 번역의 대상

번역은 문맥(context)이나 상황이 배제된 상태에서 단어나 문장을 다른 언어로 전환하는 행위가 아니다. 번역의 대상은 '텍스트(text)'이다. 그렇다면 텍스트의 의미는 무엇일까? M. Lederer에 의하면 텍스트는 '글자 혹은 소리의 연속과 번역사 간의 상호작용의 결과물'이라고 한다.

M. Lederer의 정의에 의하면, 번역사가 영어 단어인 'appreciate'를 번역할 때 문맥을 배제한 상태에서 '감상하다, 감사하다, 이해 · 인식하다' 등의 여러 가지 뜻 가운데 어떤 뜻을 선택하여 번역할 것인가를 고민을 한다면 그것은 '언어적 차원'의 1 : 1 대응일 뿐 진정한 의미의 번역행위가 될 수 없다는 점을 파악해야 한다.

텍스트의 의미 전달이 제대로 이루어지려면 반드시 문맥화 과정을 거쳐야 한다. 이 과정에서 번역가는 텍스트를 읽어나가면서 획득된 상황지식과 해당 텍스트와 관련된 '주제 배경지식'을 동원하게 된다. 이러한 과정을 거쳤을 때 번역의 대상은 더 이상 상황이 배제된 상태에서 개별적으로 존재하는 각각의 '단어와 숙어, 문장'에서 벗어나서 번역사와의 상호작용의 결과물로서의 텍스트가 되는 것이다.

4. 번역가능성과 번역불가능성

번역활동에서 번역가능성과 번역불가능성은 번역학 이론들이 계속 다루고 있는 문제이며, 이는 종이의 양면과도 같아서 두 가지 주장 중 어느 한쪽도 도외시할 수 없는 역설적인 문제이다. 번역에서 번역불가능한 텍스트가 있다는 것은 부정할 수 없는 현실이기는 하나 그것은 번역의 대상이 되는 모든 텍스트가 그러하다는 뜻은 아니다. 번역의 대상이 되는 출발언어에 번역 가능한 텍스트들이 존재하기 때문에 번역가능성 또한 존재하게 되는 것이다.

번역가능성과 번역불가능성은 문화와 연관해서 의사소통상의 연관관계의 유무에 따라서 언급될 수 있다. 즉, 출발어와 도착어의 의사소통상의 연관관계가 동일할 때, 절대적인 번역가능성이 주어지며, 전혀 색다른 문화나 관습, 그리고 새로운 기술과 아직 그 문화권에 도입되지 않은 새로운 개념을 번역해야 할 경우, 어휘의 공백상태로 인해서 출발어와 도착어 사이에 어떤 공통성도 찾을 수 없게 되고, 이때 절대적인 변역의 불가능성이 언급된다. 이의 실례로는 원주민 종족들에 속한 민속학적 또는 대중 문화적인 차이를 들 수 있다.

이처럼 번역가능성은 출발어와 도착어의 의사소통상의 연관관계들의 간격에 의해 좌우되는데, 이 간격은 언어들 간의 차이 또는 언어 적용 방법들 사이의 간격에 비례하는 것이다. 의사소통의 연관관계는 문화의 상이성에 따른 의사소통의 장애이며, 이것은 동시에 번역가능성과 불가능성으로 이어진다고 생각할 수 있다.

문학이나 인문지리학의 성격을 띤 텍스트에서는 국가 특유의 관습적인 사례, 즉 풍속과 관례, 의식, 상투적인 말, 역사적 풍자 등과 같은 표현들이 거듭해서 나타나는데, 이들 표현들은 일단 번역가에게 '번역은 불가능한 것'이라고 여기게 하는 요소에 해당한다.

그러나 이러한 문화와 결부된 낱말들은 거의 고립되어 있는 법이 없고, 대부분 텍스트의 맥락 속에서 사용된다는 사실을 고려한다면 번역행위는 가능한 일이라 할 수 있다. 즉, 의사소통은 일반적으로 텍스트(text) 안에서 일어나며, 개별적인 낱말(word)에서 일어나지 않기 때문이다. 독자나 청자는 단계적으로 발전하는 텍스트의 의미 전체로부터 그들 자신이 지닌 지식의 전체적인 사실들로 끊임없이 피드백함으로써 개별적인 낱말, 문장, 텍스트의 부분 등의 의미를 구성하게 되며, 처음의 부정확한 이해 혹은 모호한 이해는 텍스트를 읽어 가면서 점차로 보다 적절한 이해에 이르게 된다. 독자는 정적이고 수동적인 객체로서 텍스트와 대립해 있는 것이 아니라, 텍스트를 읽음으로써 자신이 이해한 사실들을 지속적으로 확장하려는 능동적인 주체로서 텍스트와 마주하고 있는 것이다. 그러나 출발언어 텍스트가 이해과정에서 이해가능성의 정도를 계속하여 증가시키는 것처럼, 번역 텍스트는 번역에서 발생되는 이해의 문제를 지속적으로 경감시키는 것이다. 그리고 텍스트의 이해가 결코 절대적일 수 없고 단지 항상 상대적이며 변화하는 것과 마찬가지로, 텍스트의 번역가능성 또한 항상 상대적인 것이다.

5. 의미로의 충실성

'충실성'은 번역을 할 때 있어서 가장 중요하게 고려되어야 할 사항이다. 사실 '충실성'과 '번역사의 재량'에 대한 문제는 이미 오래 전부터 논쟁의 대상이 되어 왔다. 그러나 이러한 논쟁은 '충실성'과 '번역사의 재량'의 개념에 대한 혼돈에서 비롯된 것이기도 하다. 이러한 오해의 소지를 사전에 예방하기 위해 여기서 지칭하는 충실성이란 개념이 '의미로의 충실성'이라는 점을 밝혀두고자 한다.

(1) '의미로의 충실성'을 구성하는 요소

① 저자가 '말하고자 하는 바'를 전달해야 한다.

저자가 '말하고자 하는 바'를 제대로 추출하기 위해서는 언어적 지식뿐만 아니라 언어외적 지식이 필수적이라 하겠다.

② 도착어에 충실해야 한다.

출발어와 도착어는 서로 다른 문법 규칙과 표현의 방식을 가지고 있는 언어이기 때문에 번역과정에서 지나치게 출발어를 인식하다 보면 도착어가 부자연스럽고 어색하게 표현될 수밖에 없다. 번역의 질에 대한 문제는 독자뿐만 아니라 번역가 자신도 인식하고 있는 문제이다. 번역은 '외국어를 모국어로, 또는 모국어를 외국어로' 바꾸는 것이므로 어쩌면 모국어가 차지하는 비중이 50%라고 해도 과언이 아니다. 예를 들어, 우리가 늘 사용하는 국어라 할지라도 문장화하는 것은 그리 쉬운 일이 아니다. 내가 한국 사람이니 한국어는 별 문제가 없다고 생각한다면 큰 오산일 것이다. 한국어를 자연스럽게 문장화하는 가장 좋은 방법은 늘 우리가 사용하는 표현을 염두에 두고 다른 사람들이 이해하기 쉬운 표현을 선택하여 활용하는 것이다.

즉, 성공적인 번역을 위해서는 글에 녹아 있는 사상에 대한 적합한 이해와 아울러 그 내용을 모국어로 적합하게 표현하는 작업이 수반되어야 한다. 그러므로 번역가에게는 모국어의 표현을 향상시키려는 지속적이고 능동적인 노력이 강조될 수밖에 없다.

③ 번역 대상 독자에 대한 충실성이다.

번역자는 사전에 어느 독자를 위한 번역인지 반드시 확인한 후 번역에 임해야 한다. 글쓰기를 하면서 저자가 대상으로 하는 독자는 번역물의 독자와 드물게 일치하는 경우를 제외하고는 대부분 다른 사람들이다. 즉, 이들의 문화적 배경과 관습이 다르고, 사용하는 어휘 및 표현, 지식수준이 서로 다르기 때문에, 원문을 번역 대상독자에게 이해시키기 위해서 번역가에게는 독자에게 눈높이를 맞추려는 의도적인 노력이 필수적이라 할 수 있다. 번역은 커뮤니케이션 행위로써 타자와의 교감을 통해서만 완성될 수 있다. 독자가 원하는 것이 무엇이며 번역의 목적이 무엇인지를 명확히 파악할 때 비로소 커뮤니케이션을 완성하는 좋은 번역이 가능한 것이다.

④ 의뢰인(클라이언트)에 대한 충실성이다.

번역가는 사전에 의뢰인의 요구가 무엇인지 정확하게 문의할 필요가 있다. 의뢰인이 번역물에 대해 정보전달 위주의 사실 묘사에 중점을 두는지 아니면 아름다운 문체 스타일을 활용한 심미적인 아름다움을 추구하는지, 또는 고객을 감동시킬 수 있는 호소력 있는 스타일을 원하는지를 사전에 확인한 후, 번역에 임해야 한다는 것이다. 번역가가 의뢰인의 구체적인 주문을 듣고 번역에 임하게 된다면, 의뢰인의 만족이 훨씬 높아질 것이다.

위에서 살펴본 저자가 말하고자 하는 바, 도착어, 번역의 대상독자와 의뢰인에 대한 충실성은 서로 불가분의 관계에 있다. 우리가 만약 이 요소 중 한 가지에만 충실하고 다른 요소를 무시한다면 의미에 충실한 번역이 될 수가 없다.

(2) 번역가는 번역시 전혀 재량을 가질 수 없는가?

번역가는 물론 재량을 가질 수 있다. 번역은 크게 문학 텍스트 번역과 실용 텍스트 번역으로 나뉘는데, 문학 번역의 경우에는 실용 텍스트 번역보다 번역사에게 훨씬 더 많은 재량이 부여된다. 그러나 이 경우에도 '지나치게' 해석적으로 접근해 원문의 의미를 왜곡하거나 표현과정에서 도착어의 '규칙'을 깨서는 안 된다. 문학 번역사의 재량은 원문 텍스트의 형식에 대해 발휘되는 것이지 이 형식을 통해 발생하는 효과에 대해 발휘하는 것이 아니란 점을 염두에 두어야 한다.

6. 번역 등가의 기준

등가에 의한 번역을 한다는 것은 텍스트의 의미를 바르게 전달하기 위한 번역을 한다는 말이다. 그렇다면 한 번역물을 보고 그것이 등가에 의한 번역인지 아닌지는 어떻게 평가할 수 있을 것인가? 번역이 단어 대 단어의 1 : 1 대응이라면 이런 평가를 내리는 것은 어렵지 않을 것이다. 그러나 우리는 한 텍스트를 이해하고 의미를 도출해 외국어로 표현하는 과정이 번역이라고 했고, 번역가는 표현과정에서 출발어와 도착어의 차이로 인해 생기는 언어적 제약을 벗어나 도착어의 모든 묘미와 가능성을 제대로 살려야 한다. 이를 위해 출발어 고유의 문법적 특성이나 단어배열의 질서는 도착어로 의미를 표현하는 과정에서 도착어의 틀에 녹아버려야 한다. 그렇다면 도대체 어떻게 번역을 평가할 것인가? M. Lederer(1994)는 W. Koller(1992)의 저서를 인용하면서 다음의 5가지 기준을 제시하였다.

1. 번역은 원문의 장르를 고려해 이루어져야 한다.
2. 번역은 원문의 문체를 살려야 한다.
3. 번역은 원문이 비언어적 현실에 대해 주고 있는 정보를 전달해야 한다.
4. 번역은 독자가 이해할 수 있기 위해 독자가 가진 지식에 맞춰져야 한다.
5. 번역문의 표현을 통해 원문이 주는 언어미학적 효과와 동일한 효과가 나와야 한다.

이런 기준을 보면 다소 막연하다고 느껴질 것이다. 그리고 사실 이러한 기준이 번역을 하는 데 있어 철칙이 되는 것도 아니다. 물론 번역물에 대한 평가를 내릴 때 이와 유사한 기준에 번역물이 부합하고 있는지를 살펴볼 수는 있을 것이다. 그러나 M. Lederer도 인정한 대로 "다른 모든 가치평가와 마찬가지로 번역물의 등가에 대해 이루어지는 평가도 상당부분 주관적인 것이다."

제 02 절 　**번역을 위해서는 어떠한 과정이 필요한가?**

---

1. 좋은 번역이란

다른 나라 말로 씌어진 텍스트를 우리말로 번역하는 작업이나 우리말로 씌어진 텍스트를 번역하는 작업을 할 때, 내용에 따라 문학·철학·기술서적·자연과학·예술·스포츠·광고·경제·컴퓨터 등등 다양한 텍스트를 만지게 된다. '만진다'고 하는 말은 번역자들이 '접해봤다'는 말 대신 흔히 '만져봤다'는 말을 자주 사용하는 것을 그대로 옮겨 보았다. 그래서 초심자의 경우, 번역 텍스트를 만져봤다는 흥분은 참으로 대단하다.

어떤 번역 텍스트를 대할 때는 나름대로 번역에 대한 자기기준이 있어야 한다.

우선, 원문을 잘 이해하고 분석해서 그 원문이 말하고자 하는 의미가 무엇인지 정확하게 파악해야 한다. 원문에 진술된 사실, 문제, 견해, 태도, 감정, 필자의 입장이나 사상 등을 충실하게 표현할 수 있도록 정독을 해야 하며, 필자와 다른 견해가 있다 하더라도 감정이입은 금물이다.

다음으로, 원문에 쓰인 문체의 성격이나 단어의 특색들에 주의해야 한다. 한 나라마다 문화나 정서, 관습이 다르고 사람마다 다양한 정서를 지니고 있으므로, 원문의 분위기를 그대로 살려줘야 한다. 딱딱한 법률이나 기술서적 문체를 너무 부드럽게 풀어 놓는다든지, 간결하고 정감 있는 에세이나 문학류를 너무 거칠고 건조하게 옮겨서 원문의 맛을 흐리게 해서는 안 된다.

그리고 무엇보다 중요한 것은 읽는 사람이 거부감이 없게 매끄럽게 읽히도록 우리말의 문법과 우리 문화 정서에 맞게 옮겨야 한다. 좋은 번역이란 우리말로 잘 이해되는 번역을 말한다. 여기서 문제되는 것은 번역자의 우리말 구사능력이라고 할 수 있겠다.

똑같은 번역물이 어떤 것은 읽기 쉽고 잘 이해되는가 하면, 어떤 것은 무슨 뜻인지 헤매게 되는 경우가 있는데, 이럴 경우는 오역이 아닌 한 번역자의 우리말 실력에서 그 차이가 온다. 원문의 내용을 정확하고도 완전하게 살리면서 해당언어로 잘 이해할 수 있는 효과적인 표현을 좋은 번역이라고 할 수 있겠다.

2. 번역의 방법

J. P. Vinay와 J. Darbelnet는 자신들이 저서에서 번역에는 7가지 방법이 있다고 소개하였다. 여기서 염두에 두어야 할 점은 원문 텍스트를 번역할 때 이 방법들이 개별적으로, 혹은 여러 가지 방법들이 혼용돼서 사용된다는 점이다.

(1) 차 용

외국어를 우리말로 옮길 때 적절한 대응어가 있다면 그것으로 표기해야 하겠지만, 적절하게 대치할 우리말 표현을 찾을 수 없다면, 차용의 방법을 이용해야 한다. 즉, 차용이란 한 언어권에 없거나, 새로운 개념을 표시하기 위해 외국어를 그대로 옮겨와 표기하는 방식을 말한다. 예를 들어, 핸드백 (handbag), 타이어(tire), 서스펜스(suspense), 소호(SOHO) 등이 있으며, 이 중에서 소호(SOHO)는 창업이라는 의미로서, Small Office Home Office라는 영어 단어를 그대로 차용한 것으로 이 단어는 영미권에서는 이미 널리 확산되어 있다.

(2) 모 사

차용의 한 종류로서, 이 방식은 말 그대로 외국어의 구를 차용하여 그 구성 요소를 자구적으로 번역하는 경우를 일컫는다. 즉, 외국식으로 표현한 우리말이다. "Good morning"을 "좋은 아침"으로 번역하는 경우와 "Merry Christmas and Happy New Year"를 "즐거운 크리스마스와 희망찬 새해 되시길"로 옮기는 것이 모사에 해당한다.

(3) 자귀적 번역 또는 대어역

이 방식은 특별한 문체론적 고려 없이 언어적 차원의 동일성과 문법적 규칙에 따라 이루어지는 1 : 1 대응을 시도하는 번역을 말한다. 예를 들어, "He feels better than he has ever felt before…"를 "그는 전에 느꼈던 어떤 기분보다 더 낫게 느낀다"라고 번역하는 경우를 말한다. 그러나 진정한 의미에서 자연스러운 번역을 한다면 "그는 더할 나위 없이 기분이 좋다" 정도로 표현하는 것이 하나의 대안이 될 수 있을 것이다.

(4) 전 위

번역과정에서 품사상의 전환이 일어나는 경우, 이것은 의무적일수도 수의적일수도 있으며 전위의 결과가 문체상 원어와 동일하지 않은 경우도 있다. 즉, 전위란 담화의 전체적인 의미에는 변화가 없이 담화의 일부를 다른 표현으로 교체하는 것을 말한다. 예를 들어, "Usually the bus would arrive five to ten minutes late"라는 문장에서 부사 usually를 보어처럼 번역하여 "버스는 5분 내지 10분씩 늦게 도착하는 것이 예사였다"라고 번역하는 것이 전위의 방법이다. 전위법은 외국어를 한국어로 번역할 때 많이 나타나며, 이러한 방법을 사용할 때 비로소 좋은 번역이 된다. 또한 "The boy's invention of the machine surprised us"라는 문장은 "우리는 그 소년이 기계를 발명했다는 말을 듣고 놀랐다"로 표현해야 자연스러운 우리말이 된다. 이처럼 영한 번역에서는 원문 텍스트에서 추상적 의미의 명사가 들어간 표현을 동사가 들어가는 우리말 표현으로 자연스럽게 풀어주어야 할 경우가 많은데 초보 번역자의 경우 자연스러운 품사 전위를 시도하지 않고 원문의 명사를 그대로 살리려고 고집해 어색한 번역을 하는 경우가 많다.

(5) 변 조

변조는 텍스트를 보는 관점을 바꿔 번역을 하는 방법이다. 예를 들어 "He cleared himself from a charge"를 "그는 결백을 입증했다"로 번역하고, "The soup was not very hot"이라는 문장을 "수프는 식어 있었다"라고 번역하는 것이 변조이다. 자구적 번역에서 나아가 전위의 방식으로 번역을 하여 문법적으로는 정확한 번역임에도 불구하고 자연스러운 도착어로 표현되지 않았다고 느껴지는 경우 이 방법을 사용한다.

(6) 등 가

동일한 상황을 표현하면서도 사용되는 문체와 문장의 구성이 전혀 다른 경우를 등가라고 부른다. 예를 들어, 영어에서의 "There was not a soul"이라는 표현을 한국어로 "쥐 한 마리도 얼씬거리지 않았다"라고 표현하는 것이 자연스럽다.

(7) 번 안

번역학자들이 '번역이란 결국 번안이다'라고 할 정도로 번안법은 번역방법 중에서 가장 중요한 방법에 속한다. 번안은 원문 텍스트의 메시지가 도출된 상황이 도착어에 존재하지 않는 경우, 등가가 인정되는 전혀 새로운 상황으로 대체하는 경우를 말한다. 예를 들어, 불어에서 68세대라고 하는 것은 68년 사회운동이라고 하는 독특한 사회적 배경 속에서 주역으로 등장한 당시의 젊은 학생층을 주로 일컫는 용어인데, 한국적 상황에서는 이를 4 · 19세대 정도로 번역하는 것이 번안에 해당한다고 볼 수 있다.

3. 번역의 과정

(1) 번역 텍스트에 대한 '상황설정' 하기

번역이 효율적으로 이루어지려면 실제의 번역과정으로 넘어가기 이전에 텍스트와 관련된 정보에 대한 충분한 이해, 즉 상황설정 과정이 선행되어야 한다. 번역의 상황설정 과정에는 다음과 같은 것이 있다.

① 번역 텍스트의 글쓴이가 누구인지 알아야 한다.
텍스트를 누가 썼느냐에 따라 텍스트의 내용뿐 아니라 전문 어휘의 사용 빈도수, 텍스트의 성격이 상당히 달라진다.

② 텍스트가 언제 쓰였는지 알아야 한다.
텍스트 전반에서 예전과 다르게 부각되고 있는 문제점에는 어떤 것들이 있으며, 사회구성원들의 변화된 인식은 어떻게 나타나고 있는지가 텍스트의 근저에 깔려있기 때문이다.

③ 텍스트가 어떠한 목적으로 쓰였는지 알아야 한다.
텍스트의 목적에 따라 글의 성격과 어휘선택이 달라지기 때문이다.

④ 어떤 독자를 대상으로 하는 글인가를 알아야 한다.
어떤 독자층을 겨냥했느냐에 따라 글의 문체와 번역어가 달라진다.

(2) 사전조사 작업

번역테스트의 이해와 도착어에서 해당전문 용어의 등가어를 찾아내며, 출발어 텍스트 전체의 '색조'를 도착어에서 그대로 살리기 위해서 사전조사 작업이 실제의 번역과정에 반드시 선행되어야 하다. 사전조사 작업의 과정을 대략적으로 살펴보면 다음과 같다.

① 원문 텍스트를 읽고, 주어진 번역 텍스트의 큰 틀을 잡는다.

② 출발어와 도착어로 된 관련 자료를 동시에 찾아서 읽는다.

(3) 실제 번역 과정

① 의미 이해하기 : 독자들이 우리말로 쓰인 텍스트를 읽을 때 글의 주제와 내용에 따라, 우리말은 우리말인데 도대체 우리말 같지 않은 텍스트를 접하게 되는 경우가 종종 있다. 독자는 자신이 알지 못하는 주제를 다루고 있는 전문적인 내용의 텍스트를 접하는 경우, 그 의미를 이해하는 과정으로 일차적으로 언어적 차원의 지식을 동원하고 그 다음에 언어외적 차원의 지식을 동원하여 텍스트의 의미를 완벽하게 이해하는 과정을 거치게 된다.

따라서 번역가는 번역과정에서 자신의 이해를 가로막는 원인이 해당 외국어에 대한 언어적 지식의 결함인지 아니면 언어외적 지식의 부족으로 문제점이 발생했는지를 파악해야 하며 각각의 경우에 알맞은 문제 해결 방법을 생각해 보아야 한다.

우리는 가끔 번역물을 읽을 때, 번역사가 각각의 문장에 대한 세부적인 이해는 제대로 하고 있지만, 텍스트의 전체적인 흐름이나 논리관계를 꿰뚫어 보지 못한다고 느낄 때가 있다. 의미의 이해 과정이 제대로 이루어지려면 번역가는 텍스트에 담긴 세부적인 정보와 전체적인 흐름과 논리관계, 앞 뒤 문맥들을 주의 깊게 살피고 분석하는 능력을 길러야 한다.

② 표현하기 : 번역은 출발어의 구조와 형식에서 벗어나서 의미를 도출하는 과정을 거치며 이 과정에서 파악된 의미를 도착어로 바르게 표현하는 것이다. 번역을 할 때 범하기 쉬운 오류 중에 하나는 출발어의 텍스트에 있는 형용사나 부사를 도착어로 표현할 때 원문과 동일하게 이들의 위치를 정할 것인가 아니면 생략할 것인가 하는 언어적 차원의 문제로 고민하는 것이다. 그러나 번역은 단어 대 단어의 1 : 1 대응 전환이 아니므로, 원문과 번역문이 서로 의미의 등가를 이루도록 외국어 문장의 의미는 그대로 살리면서 동시에 이를 도착어로 표현할 때 어떤 방식으로 다양하게 표현할 것인가를 깊이 고민하고 생각해서 좀더 나은 표현을 찾는 데 있다.

(4) 퇴고하기

퇴고과정은 번역시 표현 과정에서 발생할 수 있는 미숙함을 보완하는 작업으로서 번역 작업이 끝난 후에 원문과 비교하지 않고 번역문만을 읽으면서 부자연스러운 우리말을 다듬는 과정이다. 퇴고는 원문 없이 번역문만을 읽고 수정하기 때문에 실제 번역과정에서 번역가가 외국어 문장의 틀에 얽매여 어색하게 표현한 부분을 자연스럽게 다듬고 비문이나 오자, 띄어쓰기 등을 수정할 수 있다. 이 때 주의해야 할 사항은 번역가가 임의로 텍스트의 의미를 왜곡해서는 안 된다는 점이다. 퇴고는 단지 원문의 내용에 충실하면서 표현의 과정에서 나타날 수 있는 미숙함을 보완하는 작업일 뿐이다.

(5) 최종 마무리와 편집하기

번역의 완성도를 높이기 위해서는 번역 작업 중에 생긴 오류나 실수를 바로 잡는 최종 마무리 단계를 거쳐야 한다.

최종 마무리 과정에서는 원문과 번역문을 비교하면서 원문 중에서 빠뜨리고 넘어간 단어나 문장이 있는지 여부를 세심하게 살펴보아야 한다.

또한 똑같은 내용을 담고 있더라도 번역문을 어떻게 편집하느냐에 따라 번역물뿐만 아니라 번역 자체의 평가에도 상당한 영향을 미치게 된다. '빛 좋은 개살구' 격으로 겉보기에만 치중한 번역은 번역가가 삼가야 할 일이지만, '보기에 좋은 떡이 먹기에도 좋다' 라는 말이 있지 않은가? 내용뿐만 아니라 보기에도 좋은 편집을 할 정도의 기술은 오늘날 번역가가 갖추어야 할 요소임에 틀림없다.

제 03 절 번역가는 어떠한 사람들인가?

외국어를 습득했다고 해서 누구나 번역을 잘할 수 있는 것은 아니다. 그럼, 번역가로서 필요한 적성이나 자질에는 어떤 것이 있을까?

1. 당신은 말에 대한 애착이 강한 사람인가?

생각하는 것을 좋아하고, 쓰거나 읽기를 좋아하며, 자신의 감정을 잘 표현할 줄 알아야 한다. 서민적인 표현이나 일꾼들의 직업적 용어, 은어 및 사라져가는 시골말 등을 적극적으로 발굴하여 수집하고, 원작자가 제아무리 교묘한 변화구를 던져오더라도 응수할 수 있는 자세를 갖추고 있어야 한다. 또한 시점을 달리하여 외국어로 옮기기에 어려운 한국적인 풍속·습관, 발상 그리고 표현 등을 모아보고 어째서 외국어로 옮기기가 어려운지 꼼꼼히 따져보는 일도 우리 국어를 다른 측면에서 비춰보는 효과를 주게 된다.

2. 당신은 자료조사나 분석을 좋아하는 사람인가?

번역을 하다보면 하루에도 수십 번씩 사전을 뒤적여야 한다. 때로는 해당 번역물에 대한 기초적인 자료 수집을 해야 하는 번거로움도 있다. 건축이나 토목, 컴퓨터, 광고 등등 그 분야에 대한 기본적인 전문용어나 지식이 필요한 경우는 자료 수집을 통해 일차적인 정보를 찾아야 한다.

3. 당신은 독서나 기타 문화매체에 대한 관심이 많은 사람인가?

번역은 한 문화에 대한 다양한 이해를 기초로 한다. 그러므로 많은 독서와 매체(TV, 라디오, 영화, 사진, 잡지 등) 등을 통해 폭넓은 지식과 교양을 쌓아가야 한다.

번역의 기초가 되는 독해력을 키우기 위해서는 다독이 중요하다. 타임이나 뉴스위크 등 영문 주간지를 무난히 읽을 정도의 실력을 연마하고, 추리소설이나 내용에 부담이 없는 포켓북 등을 일주일에 한 권, 연간 50권 정도를 독파하면 영어 특유의 리듬은 완전히 몸에 배일 것이다. 독해력 향상과 아울러 배경이 되는 서구문화의 지식을 흡수하는 데에도 신경을 써야 한다. 구약과 신약성서, 셰익스피어의 주요작품, 희랍신화 등을 틈나는 대로 읽어두어야 하고 역사는 물론 기행문, 그리고 널리 알려진 동화에도 친숙해지도록 하여, 영화의 배경이 된 시대의 의상, 가구, 목욕탕, 주전자, 그릇에까지 왕성한 호기심으로 관찰하는 것도 유익하다.

4. 당신은 성실하고 책임감이 강한 사람인가?

좋은 의뢰인을 만나고 좋은 번역물을 만지는 데 있어서 가장 중요한 요소는 성실함과 책임감이다. 때때로 번역은 분, 초를 다투며 작업을 해야 할 때가 많다. 번역물에 대한 마감 시간이나 내용의 질에 대한 책임감이 중요하다.

5. 당신은 자신의 삶이나 생각을 좋아하는 사람인가?

번역은 참으로 고단한 작업이다. 평소의 자신의 삶이나 생각, 취미를 즐길 수 있는 사람이어야 다른 사람의 생각을 옮기는 것에도 즐거움을 느낄 수 있을 것이다. 무엇보다 자신을 좋아하고 아낄 줄 알아야 한다.

6. 당신은 호기심이 강한 사람인가?

새로운 것에 대한 강한 호기심과 그것을 알아가는 데 필요한 꾸준한 노력, 즉 끈질긴 근성과 열정이 당신을 훌륭한 번역가로 만들 것이다.

PART 2

영문번역 테크닉

영문번역 테크닉

English Translation Techniques & Know-how

제 01 절 대명사1 – 그녀는 그의 여동생이다.

She is his sister. She is very pretty. He loves his sister, so she always asks him many things. She calls her brother "good brother."

그녀는 그의 여동생이다. 그녀는 매우 예쁘다. 그는 그의 여동생을 사랑한다. 그래서 그녀는 그에게 부탁을 많이 한다. 그녀는 그녀의 오빠를 '좋은 오빠' 라고 부른다.

영어는 위의 예문과 같이 문장마다 인칭대명사로 시작하는 것이 일반적이다. 그런데 번역 시에 문장 안의 인칭대명사를 예문처럼 모두 살려 우리말로 옮겨놓으면 매우 어색하다. 몇 줄 안 되는 문장 안에 그와 그녀가 얼마나 나왔는지 세어 보면 깜짝 놀랄 것이다. 그, 그, 그… 나중에 뇌리에 남는 것은 '그' 와 '그녀' 밖에 없게 된다. 분명 원문에는 충실한 해석이었지만 우리말에서는 자연스럽게 묻혀 나오지 않아도 될 인칭대명사가 너무 많이 쓰여 어색해진 경우이다.

이름으로 대체하거나 문맥상 자연스럽게 생략한다.

대명사는 적절히 본문에 언급된 이름으로 대체하거나 문맥상 의미전달의 문제가 없을 경우 생략하는 것이 자연스럽다. 영어에서는 대명사가 몇 번이고 나올 수 있지만 우리말에서는 그렇게 쓰이는 경우가 없다는 것을 명심하자.

She is his sister. She is very pretty. He loves his sister, so she always asks him many things. She calls her brother "good brother."

그의 여동생은 매우 귀엽다. 그는 여동생을 많이 사랑한다. 그래서 그녀는 언제나 오빠에게 부탁을 많이 한다. 그녀는 오빠를 '좋은 오빠' 라고 부른다. (→ 문맥상 여동생과 오빠의 관계를 알 수 있으므로 적절히 '그의' 여동생, '그녀의' 오빠 등에서 '그' 와 '그녀의' 를 생략한다)

Tom broke up with Jane 2 years ago. He was so young, so he couldn't understand what she wanted.

톰은 제인과 2년 전에 헤어졌다. 당시 톰은 너무 어려서 제인이 원하는 것을 이해하지 못했다. (→ 문장 안에 대상의 이름이 나온다면 인칭대명사 대신 이름을 써주는 것이 자연스러울 수 있다)

제 02 절 대명사 2 – 나는 나의 머리를 잘랐다.

I really enjoyed the days we spent in Los Angeles. I especially had a good time at Disneyland. I had an uncomfortable feeling that night because of my stomach pain but I'd like to go to Disneyland again as soon as possible.

나는 로스앤젤레스에서 보낸 날들이 정말 좋았어. 나는 특히 디즈니랜드에서 좋은 시간을 보냈어. 나는 그날 저녁에는 내 위통 때문에 불편했지만 나는 가능한 한 빨리 다시 놀러 가고 싶어.

시점이 1인칭 시점인 일종의 편지글이다. 이 같은 글에서는 화자가 'I' 로 정해져 있어 우리말에서는 '나' 를 모두 생략하고 말하지만 영어에서는 문장마다 들어가야 맞다. 그렇다고 이를 그대로 모두 번역하면 위 예문의 번역문처럼 세 문장에 '나는' 이 무려 네 번이나 사용되는 폐단이 발생할 수 있다. 대명사의 번역과 마찬가지로 이렇게 쓸데 없이 'I' 의 해석이 반복되면 번역문의 흐름이 끊긴다. 문장마다 반복되는 '나는' 으로 각 문장의 연결이 부자연스러워지는 것이다.

문맥상 자연스럽게 생략한다.

영어권에서는 손이 그냥 손이 아니고 머리가 그냥 머리가 아니다. 'my hand,' 'my hair' 이다. 이때마다 일일이 '나의 손, 나의 머리' 라고 번역하다가는 '나의' 행렬이 끝이 없게 된다. 생략하는 것이 자연스럽다.

I had my hair cut.
나는 머리를 잘랐다.

I really enjoyed the days we spent in Los Angeles. I especially had a good time at Disneyland. I had an uncomfortable feeling that night because of my stomach pain but I'd like to go to Disneyland again as soon as possible.

로스앤젤레스에서 보낸 날들은 정말 좋았어. 특히 디즈니랜드에서 좋은 시간을 보냈어. 그날 저녁에는 위통 때문에 불편했지만 가능한 빨리 다시 놀러 가고 싶어. (→ 글의 성격상 화자가 이미 '나'로 정해져 있다. 따라서 '나'를 모두 생략했지만 전혀 어색하지가 않다)

A : It's been good talking with you, but I'm afraid I can't stay any longer.
B : You mean you are leaving now? But it's only eight o'clock.
A : I wish I could stay longer but I don't think I have time.

A : 너와 얘기하게 돼서 좋았어. 그런데 유감스럽지만 더 이상 여기 있을 수가 없어.
B : 지금 떠나야 한다는 말이니? 여덟 시밖에 안 되었는데.
A : 더 오랫동안 있고 싶지만 시간이 없어서 말이야.

If I do study really well, my dad might not get so angry with me.

착실히 공부를 잘 한다면, 아빠가 그렇게까지 화를 내시지는 않을 것이다. (→ 내가, 나의 아빠에서 각각 '내가'와 '나의'를 생략했다. 이때 나의 아빠 대신 우리 아빠로 쓰는 것은 허용 범위 내이다)

Dad might notice that I exist. He might listen. He might be around more.

아빠도 관심을 갖고 내가 하는 말에 귀기울여 주실 것이다. 그리고 좀더 곁에 있어 주실 것이다. (→ 원문에는 'I'가 한 번밖에 나오지 않는 것 같지만 사실상 생략되어 포함되어 있다. 모두 살려 번역하면 내가 존재하는 것, 내가 하는 말, 내 곁에 등 세 번 이상 들어갈 수 있지만 생략하여 한 번만 넣어 자연스럽다)

제 03 절   이 그림은 루에 의해서 그려졌다.

Helen Young has made a new film, Moonlight. It is the story of a young girl who moves from Ireland to Spain. 1) It was directed by Luca Lopez and produced by Pablo Mendes. 2) Miss Young's dresses are said to be outstanding. 3) Her dresses in Moonlight were specially designed by Gucci. 4) The film has already been nominated for several awards. It is due to open this summer.

헬렌 영이 새 영화 '문라이트' 를 만들었다. 이 영화는 아일랜드에서 스페인으로 이주한 젊은 여자에 관한 이야기이다. 이 영화는 루카 로페즈에 의해 감독되었고 파블로 멘데스에 의해 제작되었다. 영의 의상은 뛰어나다고 얘기되어진다. 이번 영의 의상은 구찌에 의해 특별히 디자인되었다. 영화는 이미 몇 개 상의 후보로 지명되어졌다. 이 영화는 올 여름 개봉할 예정이다.

예문을 보면 전체 7문장 중 4문장이 수동태문장이다. 예문 2)와 4)는 수동태를 만드는 전치사 by를 생략한 문장이다. 일단 수동태의 형식을 그대로 살려 해석한 문장을 읽어보라. 뭔가 어색하고 불편한 느낌을 지울 수 없다. 그 이유는 이미 번역서의 홍수 속에서 살고 있는 현재의 우리에게는 매우 익숙한 수동태문장이지만 기본적으로 수동태문장은 국어식으로 하자면 바른 문장이 아니기 때문이다.

능동태로 바꾸어 번역한다.

한때는 소위 먹물이었던 사람들, 이른바 번역서 좀 읽었던 사람들이 이러한 번역투에 젖어 수동태문장을 남발하기도 했다. 또 '~해지다, ~되어지다' 등의 수동태문장이 번역문이 아닌 글에서도 종종 쓰여 어색한 영어식 표현으로 주의대상이 되기도 하였다. 당시와 같은 번역가의 실수는 앞으로는 조심해야 할 중요한 부분이다. 수동태문장은 특별한 경우가 아니라면 반드시 능동태로 바꾸어 어색한 번역물을 만들지 않도록 한다.

This picture is(was) drawn by Lu.

이 그림은 루가 그린 것이다(그렸다).

Helen Young has made a new film, Moonlight. It is the story of a young girl who moves from Ireland to Spain. It was directed by Luca Lopez and produced by Pablo Mendes. Miss Young's dresses are said to be outstanding. Her dresses in Moonlight were specially designed by Gucci. The film has already been nominated for several awards. It is due to open this summer.

헬렌 영이 새 영화 '문라이트' 를 만들었다. 이 영화는 아일랜드에서 스페인으로 이주한 젊은 여자에 관한 이야기이다. 루카 로페즈가 연출을 맡고 파블로 멘데스가 제작을 맡았다. 사람들은 영의 의상이 뛰어나다고들 한다. 이번 영의 의상은 구찌가 특별히 디자인했다. 이 영화는 이미 몇 개 상의 후보로 올라 있다. 올 여름 개봉할 예정이다.

The roof is being repaired by a friend of mine.

내 친구가 지붕을 수리하고 있다.

By whom was the telephone invented?

누가 전화를 발명했습니까? (→ Who invented the telephone?으로 문장을 능동태로 전환해 생각해보면 편리한 경우도 있다)

제 04 절　무생물주어구문의 번역은 이렇게!

His illness prevented him from going there.
그의 병이 그를 그곳에 가지 못하게 했다.

The terrible sight made people shudder.
그 끔찍한 장면이 사람들을 떨게 했다.

병이 어떻게 사람이 어떤 행동을 하지 못하도록 막을 수 있을까? 예문의 번역을 보면 바로 떠오르는 생각이 아마 그렇지 않을까한다. 자연스러운 국어에서는 주어에 무생물을 넣으면 어색하다. 주어는 가능한 생략하는 것이 우리말로는 더 자연스럽지만 그것도 이 예문에는 해당하지 않는다. 무생물주어구문을 자연스럽게 번역하기 위해서는 문장 그대로, 순서대로 해석하는 것은 지양해야 한다.

다른 품사로 바꾸어, '주어 때문에 목적어가 ~하게 되다' 로 번역한다.

다른 품사로 바꾸어 표현을 보충해주는 작업이 필요하다. 예를 들어, 직역하면 '주어가 목적어에게 ~을 시키다' 라는 의미를 '주어 때문에 목적어가 ~하게 되다' 라는 의미로 번역한다. 이렇게 해도 해결이 되지 않을 경우에는 문장을 읽고 이해한 후 같은 의미를 나타내는 우리말로 형태를 완전히 바꾸어야 자연스러운 경우도 있을 수 있다.

His illness prevented him from going there.
그는 아파서 그곳에 갈 수 없었다.

The terrible sight made people shudder.
사람들은 끔찍한 장면에 치를 떨었다. (→ 끔찍한 장면을 보았기 때문에 치를 떤 것이다)

Rain prevented me from going on a picnic.
비 때문에 소풍에 가지 못했다.

제 05 절 전치사의 다양한 해석에 유의하자!

I went to the beautiful city 1) of Rome last year. I met Rosa there 2) with an open mind.

작년에 로마의 아름다운 도시에 갔다. 그곳에서 열린 마음을 가지고 로사를 만났다.

I stood 3) with my back to the fire.

나는 등을 불쪽으로 섰다.

첫 번째 예문을 보면 화자는 작년에 로마에 있는 어떤 도시에 다녀왔고 그곳에서 로사라는 이름을 가진 여성을 만난 것으로 이해된다. 하지만 로마가 국가가 아닌 이상에야 로마의 아름다운 다른 도시가 어딜까? 의문이 생겨 원문을 보면 the beautiful city of Rome, 즉 동격으로 쓰인 전치사 of를 놓치고 보이는 대로 해석해 생긴 문제임을 알 수 있다. 이렇게 영어의 전치사는 번역을 할 때 직역으로만 하면 우리말이 어색해지는 경우가 매우 많다. 2)와 3)의 with는 오역이라고 할 수는 없지만 좀더 자연스러운 표현으로 바꾸는 것이 좋다.

정확한 쓰임을 이해하고 문장에 따라 적절히 토를 달아주거나 동사를 첨가하자.

in은 ~속에, on은 ~위에, with는 ~을 가지고 등 뇌리 속에서 빠져나가지 않는 경직된 어구들은 이제 그만 버릴 필요가 있다. 물론 전치사의 정확한 쓰임을 이해하는 것이 첫째이지만 그 다음은 번역가로서 문장을 이해하고 적절히 우리말에 맞게 바꾸어 주어야 할 필요성이 다분함을 잊지 말자.

I went to the beautiful city of Rome last year. I met Rosa there with an open mind.

작년에 아름다운 도시 로마에 갔다. 그곳에서 열린 마음으로 로사를 만났다.

I stood with my back to the fire.

나는 등을 불쪽으로 돌리고 섰다. (→ 등을 돌리다라는 동사는 원문에 나와 있지 않지만 이렇게 동사를 첨가해 번역하지 않으면 어색해지는 문장이다)

Health officials announced Thursday that they were treating a third patient with confirmed inhalation anthrax, the most dangerous form of the disease.

보건국에서는 목요일, 탄저병의 가장 위험한 형태인 호흡기 탄저병으로 확인된 세 번째 환자를 치료 중이라고 발표했다. (→ with confirmed를 '~의 확신을 가진' 이 아닌, '~으로 확인된' 으로 번역하여 보다 자연스러워졌다)

The factory now under construction will assemble 3,000 VCR units per day.

건설 중인 공장은 하루에 3,000대씩의 VCR을 조립하게 될 것이다.
(→ under construction은 건설 중이란 의미로 자주 쓰이는 표현이다)

I need someone who is familiar with this area.

나에게는 이 지역을 잘 아는 사람이 필요합니다. (→ 이 지역에 친근한 사람이란 결국 이 지역을 잘 아는 사람이다)

He stood there with a cigarette in his mouth.

그 사람은 담배를 피우며 그곳에 서 있었다. (→ 동시상황을 나타낸 것에 주의한다)

Bonus

〈자주 쓰이는 with와 of의 다양한 해석〉

- **전치사 with**
  - 대립 · 적대 : contend, conflict, argue, 그 밖의 유사한 동사 · 명사와 더불어 ~과, ~을 상대로, ~에 반하여
  - 수반 · 동반 : ~와 (함께), ~와 같이, ~을 데리고
  - 소속 · 근무 : ~에게(서), ~의 일원으로, ~에 고용되어, ~을 합하여
  - 일치 · 조화 : ~와 일치되어, ~와 같은 의견으로, ~에 맞아
  - 부대 상황 : ~한 상태로, ~하고, ~한 채
  - 동일 방향 : ~와 같은 방향으로, ~을 따라
  - 소유 · 소지 : ~을 가지고 (있는), ~을 가진, ~이 있는

- **전치사 of**
  - 거리 · 위치 · 시간 : ~에서, ~로부터, ~의
  - 분리 · 박탈 · 제거 : ~에게서 ~을 ~하다.
  - 소유 · 소속 : ~의, ~이 소유하는, ~에 속하는
  - 관계 · 관련 : 명사에 수반하여 ~에 관해서, ~한 점에서

제06절 근면함이 그녀를 성공하게 했다?

One who has overcome one difficulty is ready to meet the next with confidence. See how much such a person has gained. While others are hesitating about what to do, or whether to do anything, he accomplishes what he undertakes.

하나의 어려움을 극복해 본 사람은 자신감을 가지고 다음을 맞이할 준비가 되어 있다. 그런 사람이 얼마나 많은 것을 얻었는지 보라. 내세에서 다른 사람들이 무엇을 해야할지 또는 어떤 것을 해야할지 말아야 할지 몰라 주저하고 있을 때 그는 자신이 맡은 임무를 완수해낼 것이다.

이번 주제에서는 앞서 우리가 이미 주제로 삼은 적이 있는 물주구문과 전치사의 해석 문제를 함께 복합적으로 고려해야 한다. 위 예문의 confidence나, 아래 나올 예문의 diligence 등의 추상명사는 전치사와 함께, 또는 문장의 주어로써 활용된다. 이때 추상명사를 의미하는 그대로 예문과 같이 '자신감을 가지고' 라는 식의 번역은 곤란하다. 주제문과 같이 '근면함이 그녀를 성공하게 했다.' 는 더욱 지나치다.

서술적으로 풀어쓰거나 품사를 부사 등으로 적절히 바꾼다.

서술적으로 풀어쓴다는 의미는 앞서 4장에서 알아본 대로 '주어 때문에 목적어가 ~하게 되다' 는 식으로 풀어쓴다는 의미이다. 또한 전치사와 함께 쓰인 추상명사는 품사를 하나의 부사인양 바꾸어 번역하면 보다 자연스러운 번역물을 얻을 수 있다.

Diligence made her success.

그녀는 근면했기 때문에 성공할 수 있었다.

One who has overcome one difficulty is ready to meet the next with confidence. See how much such a person has gained. While others are hesitating about what to do, or whether to do anything, he accomplishes what he undertakes.

하나의 어려움을 극복해 본 사람은 자신있게 다음을 맞이할 준비가 되어 있다. 그런 사람이 얼마나 많은 것을 얻었는지 보라. 내세에서 다른 사람들이 무엇을 해야할지 또는 어떤 것을 해야할지 말아야 할지 몰라 주저하고 있을 때 그는 자신이 맡은 임무를 완수해낼 것이다. (→ with confidence를 '자신감을 가지고' 대신 '자신있게' 로 번역하여 더 자연스러워졌다)

제 07 절   Too much sugar = 너무 많은 당분?

They also believe that too much sugar in the diet, and the use of the contraceptive pill have contributed to the problem.

그들은 또 너무 많은 당분과 피임약의 복용은 문제를 야기시켜 왔다고 한다.

너무 많은 설탕은 물론 당분을 많이 섭취했을 경우라는 것은 문맥을 보아 알 수 있다. 그럼 무엇이 문제인가? 문제는 우리가 단지 영어공부를 하는 학생이 아니라 번역가 지망생이라는 데 있다. 번역가는 원문을 우리말에 맞게 재구성하여 의미전달에 문제가 없도록 해야 한다. 아무리 원문에 충실한 정확한 번역이라도 어색한 우리말은 처음부터 얘기해오고 있지만 좋은 번역이 아니다. 그럼 어떻게 해야 할까?

의미를 파악한 후 서술적으로 풀어쓴다.

먼저 영어 원문을 우리말로 옮기기 전에 그 의미를 이해하고 동일한 의미를 나타낼 수 있는 우리말로 풀어서 써준다. 예문과 같은 문장에서 1 : 1 대응식의 번역은 어색한 문장을 만들기에 안성맞춤이므로 특히 주의해야 한다.

They also believe that too much sugar in the diet, and the use of the contraceptive pill have contributed to the problem.

그들은 또 지나친 당분 섭취와 피임약의 복용은 문제를 야기시켜 왔다고 한다. (→ too much sugar를 다듬겠다고 너무 많은 당분의 섭취라고 할 경우도 어색해질 수 있다. 우리말에서 '너무 많은'의 의미를 가진 '지나친'으로 바꾸어 더 자연스러워진 경우이다)

Many electrical accidents are caused by ignoring common safety rules; for example, failing to replace old and faulty wiring; loading too few outlets or points with too many appliances; and the thoughtless placing of wires or cords leading from outlets to table or floor lamps.

전기사고는 대부분 일반적인 안전규칙을 지키지 않은 것이 원인이 되어 발생한다. 예를 들면, 낡고 문제가 많은 배선을 교체하는 것을 잊어버리거나 문어발식으로 콘센트를 사용하여 부하가 걸리거나, 생각 없이 콘센트에서 전선이나 코드를 끌어내 전기스탠드에 연결하는 경우 등이 있다.

(→ too few outlets, too many appliances에서 too의 의미를 그대로 살리지 않고, 문장을 이해한 후 우리말식으로 풀어서 써주었다)

제 08 절　현재형은 '~하는 중'이라고만 해석하면 ok?

1) He is going to America next week.
   그는 다음 주에 미국에 갈 예정이다.

2) I am annoyed with Jin. She is always borrowing money from her friends. She'll be in trouble soon.
   나는 진의 행동이 짜증난다. 진은 친구에게서 항상 돈을 꾸기 때문에 곧 어려움에 직면할 것이다.

3) Peter is a student, but he's working as a waiter during the holidays.
   피터는 학생이지만, 휴가기간 동안에는 웨이터로 일한다.

예문 1)~3)은 현재진행형을 '~하는 중'으로 해석하면 문제가 생길 수 있는 문장들이다. 현재형은 주로 현재진행형의 의미로 쓰이지만 가까운 미래나 어떤 습관을 나타낼 때에도 쓰인다. 즉, 우리가 흔히 말하는 현재진행형은 실제로는 진행의 의미가 아닌 미래 또는 습관의 의미일 수도 있다. 이때 가까운 미래와 습관의 의미는 진행형태와 함께 쓰이는 tomorrow, always 등의 부사로 구별이 가능하다.

함께 쓰인 부사와 문맥을 확인하여 습관이나 미래의 의미를 구별한다.

그 외 현재진행형의 형태 외에도 현재의 추측을 나타내는 will이나 진리, 습관을 나타내는 현재 동사 등이 시제에 혼동을 가져올 수 있는 문장형태에 속한다.

이를 주의하지 않으면 어색한 우리말이 되는 데에 그치지 않고 전혀 틀린 내용으로 오역될 수 있으므로 반드시 부사와 문맥을 확인한다.

Bonus

〈시제의 다양한 쓰임〉

● **동사의 현재시제**

Water boils at 100 degrees Celsius.
물은 100℃에서 끓는다.
(→ 진리 : 물의 끓는 점은 알려진 과학적 진리이다. 이런 경우 현재형을 사용하여 나타낸다)

How often do Korean people go to public baths?
한국사람들은 얼마나 자주 목욕탕에 가나요?
(→ 습관의 의미)

The World Cup begins tomorrow.
월드컵이 내일 시작된다.
(→ 가까운 미래)

● **조동사 will**

You will remain here with us.
우리와 함께 머물러 주실거죠.
(→ 설득 : 설득적 의미, 완곡한 어투의 지시 · 명령이 가능하다)

He will often come to see me on Sunday.
그 사람은 가끔 일요일에 나를 만나러 온다.
(→ 습관의 의미)

I will give this book to you.
난 이 책을 너에게 줄 생각이다.
(→ 화자의 의지)

제 09절 의미상의 주어를 찾아내자!

Once upon a time there were an old man and his wife. They were very poor. So everyday, breakfast, lunch, and dinner, they ate beans. One day the old man found a box in the street. In the box were several old coins.

옛날 어느 먼 옛날에 한 노인과 아내가 있었습니다. 이들은 매우 가난해서 매일 아침, 점심, 저녁으로 콩만 먹었답니다. 그러던 어느날 노인이 길에서 웬 상자를 주웠습니다. 그 상자는 오래된 동전을 몇 개 가지고 있었습니다.

영어문장이 이야기체나 서술체인 경우, 보통 부사적 표현이 문장 앞에 나온다. 이런 표현 다음에 자동사가 오면 보통 주어와 동사가 도치되므로 주어를 제대로 파악하기 어렵다. 예문의 경우 'in the box'가 먼저 나오면서 'several old coins / were'가 도치되어 주어를 제대로 찾지 못해 어색한 번역문이 된 경우이다.

경우에 따라 주어를 찾아내어 문장 앞에 놓도록 하자.

Once upon a time there were an old man and his wife. They were very poor. So everyday, breakfast, lunch, and dinner, they ate beans. One day the old man found a box in the street. In the box were several old coins.

옛날 어느 먼 옛날에 한 노인과 아내가 있었습니다. 이들은 매우 가난해서 매일 아침, 점심, 저녁으로 콩만 먹었답니다. 그러던 어느날 노인이 길에서 웬 상자를 주웠습니다. 그 상자에는 오래된 동전 몇 개가 있었습니다.

On a hill in front of them stood the castle of Algeria, and here Merci's left wing, under General John de Werth, was posted; while at Weinberg his right, commanded by General Gleen, took up its station.

알제리아성이 그들 앞에 있는 언덕 위에 자리잡고 있었다. 여기에는 존 워스 장군 휘하의 메르시가 좌익으로 배치되어 있었고 글린 장군 휘하의 웨인버그가 우익으로 주둔하고 있었다.

제 10절   when은 다양한 해석이 가능하다!

> When I knelt next to him, he grabbed my neck. I felt his warm, wet face.
>
> 내가 그 옆에 무릎을 꿇었을 때 그는 내 목을 잡았다. 나는 그의 달아오른 젖은 얼굴을 느꼈다.

전체적으로 보았을 때 큰 무리는 없어 보이는 예문이다. 오역도 없고 의미 전달에도 별다른 문제는 없다. 문제는 의미 속에 녹아 있는 감정전달이 '기계번역'의 수준에 머물러 있다는 점이다. 소설의 한 부분으로 생각되는 이 글을 읽었을 때, 처음 드는 생각은 이게 소설일까? 하는 것이다. 원문은 소설인데 우리말로 번역한 글은 번역문이라는 것은 안 된다. 이 예문에서는 when의 적절한 번역이 글의 자연스러움을 떨어뜨리고 있다. 번역가는 우리말의 다양성을 잘 살릴 줄도 알아야 한다.

'~할 때' 외에 '~하자, ~하면, ~하는데' 등으로 번역해보자.

when은 다양한 의미로의 해석이 가능하다. when이 들어간 문장을 번역할 때에는 우리말에 있는 '~하자(마자), ~하면, ~하는데, ~함에도 불구하고, ~과 동시에' 등의 다양한 단어들을 넣어 풍부한 표현을 해보자.

When I knelt next to him, he grabbed my neck. I felt his warm, wet face.

내가 무릎을 구부려 그와 마주하자 그는 내 목을 감싸안았다. 그의 달아오른 젖은 얼굴이 느껴졌다.
(→ 영어와 우리말의 차이를 여실히 보여주는 중요한 예문이다. 상황을 묘사하는 느낌이 강해지고 연결이 자연스러워졌다)

When you finish the letter, be sure that there are no mistakes.

편지를 썼으면 틀린 곳은 없는지 반드시 확인해 보아라.

제11절　의성어와 의태어를 잘 살리면 번역문도 살아난다.

I hear the ticking of the clock in the dark.

I'm lying here.

The room's pitch dark.

I wonder where you are tonight.

No answer on the telephone.

And the night goes by so very slow.

Oh, I hope that it won't end though.

나는 어둠 속에서 시계 가는 소리를 들어요.

나는 여기 누워있어요.

방은 캄캄해지고

오늘밤 당신이 어디 있을지 생각합니다.

전화는 울리지 않고

밤은 너무나도 느리게 지나가지만

나는 이 밤이 끝나지 않기를 바라요.

세상에는 수많은 소리가 있다. 바람소리, 새소리, 물소리, 차 달리는 소리, 웃음소리 등 모든 주변 사물의 소리와 관련되지 않는 것이 거의 없다. 번역가는 작가로서 이런 소리에 민감해야 한다. 소리에 민감한 번역가만이 외국어 원문에 표현된 소리를 번역문에서도 정확하게 살릴 수 있다. 사물의 소리를 그대로 묘사할 경우 이는 독자로 하여금 상황을 더욱 실감나게 전달할 수 있고 글의 인상을 강하게 키워줄 수 있다. 특히 우리말의 경우 의성어와 의태어가 잘 발달되어 있어 번역가가 의성어의 중요성을 알고 조금만 신경 쓴다면 번역에 큰 어려움은 없을 것이다.

자주 쓰이는 의성어와 의태어 표현을 익혀 문장에 생동감을 주자.

I hear the ticking of the clock in the dark.

I'm lying here.

The room's pitch dark.

I wonder where you are tonight.

No answer on the telephone.

And the night goes by so very slow.

Oh, I hope that it won't end though.

나는 어둠 속에서 "째깍째깍" 시계가는 소리를 들어요.
나는 여기 누워있어요.
방은 캄캄해지고
오늘밤 당신이 어디 있을지 생각합니다.
전화는 울리지 않고
밤은 너무나도 느리게 지나가지만
나는 이 밤이 끝나지 않기를 바라요.

A man in the village is beating the festival drum.

마을의 한 남자가 북을 "둥둥" 치고 있다.

Jane dived with a splash into the pond.

제인은 "첨벙" 하고 연못으로 뛰어들었다.

My dad fell down from a roof with a thud.

아빠가 지붕에서 "쿵" 하고 떨어졌다.

The door slammed in the wind.

문이 바람에 "쾅" 하고 닫혔다.

Bang went the rifle.

총소리가 "빵" 하고 났다.

Bonus

〈의성어 · 의태어의 종류〉

본서의 영문번역 테크닉에서는 영한번역을 위주로 설명하고 있지만 이번 장에서는 한영번역을 위한 참고자료로 의성어 · 의태어의 종류를 소개한다.

• 소리가 반복되는 것

- 개가 "멍멍" 짖는 소리 : arf arf
- 기차가 "칙칙폭폭" 가는 소리 : choo choo
- 자동차의 "빵빵"거리는 경적소리 : honk honk
- 새가 "짹짹" 우는 소리 : peep peep
- 돼지가 "꿀꿀" 우는 소리 : oink oink

• 소리를 묘사하는 것

- 문을 "꽝" 닫는 소리 : bang
- "에취"하는 재채기 소리 : achoo
- 무언가 "쿵" 떨어지는 소리 : fump
- 무거운 것이 "쿵" 부딪치는 소리 : thump
- 화살이 "피융" 가는 소리 : zing

• 동작을 나타내는 것

- "으쓱으쓱" 뽐내며 걷는 모양 : strut strut
- "빙글빙글", "뱅뱅" 제자리에서 도는 모양 : spin spin
- "딩굴딩굴" 구르는 모양 : roll roll
- 문을 "쾅" 닫는 모양 : slam
- 짧게 "쪽" 키스하는 모양 : smack

제12절 적절한 형용사 · 부사의 번역

In this way Hans suddenly became rich — rich enough to buy a property of his own. But being a prudent man, he finally decided that it would be best for him to leave his old neighborhood and look for a home in a distant part of the country, where nobody knew anything about him.

이렇게 해서 한스는 갑자기 부자가 되었다. 충분히 자기 땅을 소유할 수 있을 만한 부자가 되었다. 하지만 타산적인 사람이 되면서 한스는 결국 그의 오랜 이웃을 떠나 아무도 자신을 알지 못하는 멀리 떨어진 곳으로 가는 것이 좋겠다고 마음먹었다.

부사나 형용사의 위치를 꼼꼼히 챙기고 적절하게 번역하는 것 또한 주의할 사항 중에 하나이다. 말이라면 억양에 의해서 큰 문제가 발생하지 않겠지만 글은 그렇지가 않다. 글은 시각적이고 말은 청각적이다. 귀로 듣는 것을 눈으로 보도록 해주는 것이 글이다. 예문에서와 같이 'enough'의 위치가 잘못된 경우, 문장이 어색한 데에 그치지 않고 오역의 선에까지 다가갈 수 있다. 부사의 경우에는 물론 대화체 글이라면 나름대로 감정을 갖고 읽어갈 것이기 때문에 이런 사소한 문제는 용인될 수도 있다. 그러나 서술형의 글이라면 부사의 위치에도 꼼꼼히 신경을 써야만 한다.

문법적으로 적절한 부사 · 형용사의 위치에 주의한다.

In this way Hans suddenly became rich — rich enough to buy a property of his own. But being a prudent man, he finally decided that it would be best for him to leave his old neighborhood and look for a home in a distant part of the country, where nobody knew anything about him.

이렇게 해서 한스는 갑자기 부자가 되었다. 자기 재산을 소유할 수 있을 만큼 넉넉한 부자가 되었다. 하지만 타산적인 사람이 되면서 한스는 결국 그의 오랜 이웃을 떠나 아무도 자신을 알지 못하는 멀리 떨어진 곳으로 가는 것이 좋겠다고 마음먹었다.

I work hard in school. If I do really well, my mom might not get so angry with me.

난 학교에서 열심히 공부한다. 내가 착실히 잘만 하면 우리 엄마가 내게 그렇게까지 화를 내지는 않으실지도 모른다. (→ 부사 really 는 '정말'이란 의미로 번역하는 것이 일반적이지만 그 외에도 좋은 표현이 많다. 여기서는 공부를 잘한다는 의미로 '열심히, 정말'을 사용하지 않고 '착실히'란 의미로 표현을 풍부하게 살렸다)

Bonus

〈알아두면 좋은 부사의 다양한 해석〉

• **really** : 참으로, 정말(이지), 실로, 실은, 실제로, 확실히, 착실히

   – Not really! 설마!
   – Really? 정말이야?
   – Really! 그렇고 말고, 물론이지!
   – Well really! 저런 저런!

• **generally** : 일반적으로 널리(widely), 보통, 대개, 전반에 걸쳐, 여러 면으로, 대체로

   – a man generally esteemed 널리 신망을 얻고 있는 인물
   – He generally comes at noon. 대개 정오에 옵니다.
   – She helps generally in the house. 집안 살림을 여러 모로 도와준다.
   – Generally speaking 일반적으로 말하면

제13절   외래어 남발 주의보!

> The new reporter leaned over my desk in the newsroom of the Lancaster Intelligencer Journal, my hometown paper. "Know any good restaurants?" he asked, his tie falling over my typewriter. His name was Robert Parker and he was a sophisticated New Yorker who played squash and golf and slept in on Sundays.
>
> 새로 온 리포터가 내 고향 신문인 Lancaster Intelligencer지 사무실의 내 책상에 기대앉았다. "괜찮은 레스토랑 아세요?" 그가 넥타이를 내 타자기로 들이대며 물었다. 그의 이름은 Robert Parker였고, 일요일이면 스쿼시와 골프를 치고 잠을 자는 세련된 뉴욕커였다.

번역가는 그 시대의 언어의 쓰임을 주도하는 데에 작가와 동일한 무게의 책임을 진다. 아니 오히려 더 무거운 책임이 따른다고 해야겠다. 번역문 속에 생각 없이 스며들어가 있는 외래어가 없는지 한번 살펴보자. 일단 번역물로 출판되면 그 책을 읽는 모든 독자가 번역가의 영향을 받는다고 생각하고 우리말의 소중함을 앞장서서 지켜나가기 위해 노력할 필요가 있다. 예문을 보면 '리포터, 레스토랑, 넥타이, 스쿼시, 골프, 뉴요커'가 나열된데다 중간중간에는 'Lancaster Intelligencer, Robert Parker'까지 끼여 있어 완료된 번역물인지조차 의심스러울 정도다.

외래어는 적절히 우리말로 바꾸고 고유명사 등의 원문은 음역하여 쓴다.

고유한 우리말을 경시하고 외래어 사용을 선호하는 경향이 짙어지고 있다. 훌륭한 번역가는 모국어를 잘하는 번역가라는 사실을 잊지 말자.

The new reporter leaned over my desk in the newsroom of the Lancaster Intelligencer Journal, my hometown paper. "Know any good restaurants?" he asked, his tie falling over my typewriter. His name was Robert Parker and he was a sophisticated New Yorker who played squash and golf and slept in on Sundays.

새로 온 기자가 내 고향 신문인 랭커스터 인텔리전서 저널지 사무실의 내 책상에 기대앉았다. "좀 괜찮은 식당 아세요?" 그가 넥타이를 내 타자기로 드리우며 물었다. 그의 이름은 로버트 파커였고, 일요일이면 스쿼시와 골프를 하고 늦잠을 자는 세련된 뉴요커였다. (→ 기자와 레스토랑을 우리말로 바꾸고 고유명사인 Lancaster Intelligence, Robert Parker는 음역하였다. slept in은 문맥상 그냥 잠이 아니라 늦잠을 잔다는 의미로 보아야 한다)

제14절 글의 성격, 어조도 함께 고려해야 완성된 번역문이다.

<Protein nail hardener>
Mavala forms a flexible barrier between nails and nail polish that absorbs shocks and prevents nail polish from coming off, doubling the life of your manicure.
Hard, ragged cuticles?
Mavala keeps cuticles soft and supple.
Apply daily to cuticles.
Lanolin will penetrate to soften and beautify the cuticles.

〈단백질 손톱 강화제〉
마발라는 손톱과 매니큐어 사이에 유연한 막을 형성하여 충격을 흡수해주어 매니큐어가 벗겨지는 것을 막아줌으로써 당신의 매니큐어 수명을 두배로 늘려준다.
단단하고 손질이 안 된 큐티클?
마발라는 큐티클을 부드럽고 유연하게 해준다.
매일 큐티클에 발라보라.
라놀린 성분이 부드럽고 아름다운 큐티클이 되도록 스며들 것이다.

예문은 원문을 읽어보면 단백질 성분이 함유된 손톱강화제에 대한 광고문임을 알 수 있다. 이 광고문 예문을 보고 정말 부드러운 번역문이라고 생각할 사람은 아마 없을 것이다. 어조가 너무 딱딱하다. 글의 성격은 광고문이다. 그런데 상품이 매니큐어이다. 여기까지 생각했다면 이 광고문의 대상 독자가 여성임은 쉽게 짐작했을 것이다. 번역가는 항상 번역에 들어가기 전에 원문 전체를 통독하여 글의 성격, 내용을 어느 정도는 정리하고 들어가야 예문과 같은 실수를 줄일 수 있다.

원문을 먼저 통독하고 글의 성격, 어조를 고려하여 해석 후 문장을 다시 한번 다듬는다.

글의 성격을 파악하고 시작하기 위해서는 통독하는 습관이 매우 중요하다. 항상 이 점을 염두에 두고 번역작업을 해야 한다.

<Protein nail hardener>

Mavala forms a flexible barrier between nails and nail polish that absorbs shocks and prevents nail polish from coming off, doubling the life of your manicure.

Hard, ragged cuticles?

Mavala keeps cuticles soft and supple.

Apply daily to cuticles.

Lanolin will penetrate to soften and beautify cuticles.

〈단백질 함유 손톱 강화제〉

마발라는 손톱과 매니큐어 사이에 유연한 막을 형성하여 충격을 흡수해주어 매니큐어가 벗겨지는 것을 막아줌으로써 당신의 매니큐어 수명을 두 배로 늘려줍니다.

단단하고 손질이 안 된 큐티클이라구요?

마발라는 큐티클을 부드럽고 유연하게 해줍니다.

매일 큐티클에 발라주세요.

라놀린 성분이 부드럽고 아름다운 큐티클이 되도록 스며듭니다.

(→ 먼저 광고문임을 고려하고 광고대상이 여성임을 감안하여 광고문의 어조를 부드럽게 손질하니 훨씬 자연스러워졌다. 단백질 손톱 강화제의 경우 중간에 '함유' 를 첨가하여 보다 정확한 번역이 되었다)

I patted myself dry with a towel as the announcement came over the loudspeaker; "Luis Velvet of Mexico, doing a backward one-and-a half somersault with two and a half twists."

확성기에서 "멕시코의 루이스 벨벳 선수가 뒤로 한바퀴반을 돌면서 두 바퀴반의 비틀기를 시도하겠습니다." 라는 방송이 나오자 난 수건으로 몸의 물기를 닦아냈다. (→ 문맥상 다이빙 경기의 상황을 설명한 것을 알았다면 긴박한 경기 중이라는 것을 염두에 두고 'doing' 의 번역에 주의하여야 한다. '선보인다' 등의 안일한 분위기를 이끌어내는 단어를 사용하지 않도록 한다)

제15절   문화의 차이를 극복하는 번역가의 창의성!

> When I married Bred in 2005, I thought I had found the man for me. He was smart, gentle, and kind.
>
> 2005년 내가 브레드와 결혼했을 때, 나는 정말 내 맘에 쏙 드는 남자를 찾았다고 생각했다. 그는 똑똑하고 신사답고 친절했다.

번역의 시작과 끝은 기본적으로 해석이다. 하지만 우리말로 옮기는 번역가의 작업이 단순 해석에 끝나서는 곤란함은 모두가 알고 있는 사실이다. 번역가는 원문을 우리말다운 우리말로 옮겨야 한다. 어떤 번역가가 소설 한 권을 번역했는데 그 안에는 사자성어도 속담도 아무 것도 없었다고 한다면 그 소설은 문제가 많은 번역문이다. 원문은 분명 우리의 문화권이 아닌 타문화권의 말이기 때문에 우리가 사용하는 사자성어나 속담 등을 인용했을 리가 없다. 하지만 자연스러운 우리말이라면 사자성어나 속담을 사용하지 않은 글이란 존재하기가 힘들다. 예문을 보면 'the man for me'를 어느 정도 기교를 부려 '맘에 쏙 드는 남자'라는 표현을 사용했다. 하지만 역시 어색하다. 맘에 쏙 드는 남자라고 길게 설명하기보다는 간단하면서도 의미파악이 쉬운 '천생연분, 내짝'이라는 말을 사용하면 훨씬 완성도가 높아진다.

원문에는 없더라도 다양한 우리 속담이나 자주 쓰이는 사자성어를 활용하여 독자의 이해를 돕는다.

이때 원문의 성격에 따라서는 관용어의 사용이 자칫 원작자의 의도에 맞지 않거나 크게 훼손할 수 있는 경우가 발생할 수 있으므로 주의해야 한다.

When I married Bred in 2005, I thought I had found the man for me. He was smart, gentle, and kind.

2005년 남편 브레드와 결혼하면서, 나는 천생연분을 만났다고 생각했다. 남편은 똑똑하고 너그럽고 친절했다. (→ '했' 이 반복되어 when을 자연스럽게 우리말의 '~하면서'로 번역하였고 자신의 남편을 지칭할 때 이름, 또는 대명사를 사용하지 않는 우리문화에 맞게 적절히 남편이라는 단어를 함께 써주었다. 또한 우리나라에서는 신사답다는 말은 남자를 표현하는 말로 사용하지 않는다. 따라서 이 부분도 어색하지 않게 다른 표현으로 바꾸어 주었다)

제16절 알아두면 좋은 번역 Tip

1. about, of의 번역

'~에 대하여, ~에 관하여, ~에 대해' 등에 해당하는 표현을 목적어로 삼아 표현한다.

I think well of him.

그에 대해서 좋게 생각해. → 그를 좋게 생각해.

2. have + 목적어 + 과거분사의 번역

'have + 목적어(주로 사물) + 과거분사' 가 주어에게 유리한 상황인 경우에는 '목적어를 ~하게 하다' 로, 불리한 상황인 경우에는 '목적어를 ~당하다' 로 번역하는 것이 보통이다.

I had my photograph taken by my friend.

나는 친구에게 사진을 찍어 달라고 했다.

3. need(require, want) + 동명사의 구문번역

need, require, want 등 필요를 나타내는 동사의 목적어로 오는 동명사는 형태는 능동이지만 수동의 의미를 나타내므로 유의해야 한다.

This gas stove needs(wants) repairing (to be repaired).

이 가스 난로는 수리해야 한다.

4. oneself가 타동사의 목적어인 경우

oneself가 타동사의 목적어인 경우에 문장 그대로 직역하면 매우 어색하다. 이때는 전후문맥, 즉 바로 앞의 타동사 또는 그 뒤의 전치사를 보아 '스스로 ~하다' 라는 의미로 번역한다.

The sheer fact of finding myself hated was unbelievable.

내가 미움받고 있다는 분명한 사실을 믿기 어려웠다.

5. There is no A like B의 번역

직역하면 'B같은 A는 없다' 가 된다. 그 말은 결국 'B가 가장 ~하다' 라는 의미와 같으므로 번역 시 이점을 염두에 둔다.

There is no place like home.

집만큼 좋은 곳은 없다. → 집이 제일 좋다.

6. what, where절을 대신하는 형식목적어 it의 번역

형식목적어 it은 부정사구, 동명사구, that뿐만 아니라 if, whether, who, what, when, how 등으로 시작하는 명사절을 대신한다. 이때 it은 형식주어와 마찬가지로 번역을 하지 않는 것이 좋다.

I think it doubtful whether he is ready now.

그 사람이 지금 준비가 되었는지 모르겠다.

7. 강조를 나타내는 어구의 번역

Did he do the work at all? (→ at all, whatever 등)

그는 대체 이 일을 하기는 한겁니까?

8. S + V + O + OC(to 부정사)의 번역

S + V + O + OC(to 부정사) 구문의 목적어와 목적격 보어 사이에는 '주어 + 술어'의 관계가 성립되므로 그 부분은 절(clause)처럼 번역하는 것이 자연스럽다.

I want you to come back soon.

어서 돌아오기를 바라.

9. 직접목적어로 절(clause)이 오는 경우의 번역

S + V + IO + DO형 문장에서 직접목적어로 명사절(that, how, why, where, when, what, who, which, if, whether가 이끄는 절)이 오는 경우, 절 전체에 직접목적격조사 '을, 를'을 붙이지 말고 ' ~(은)지, (는)지'와 같은 연결사를 활용하여 자연스럽게 문장을 연결해야 전체 문장이 자연스럽다.

I asked him if he was telling the truth.

나는 그 사람에게 진실을 말하는지 물었다.

10. 과거시제에 쓰인 must의 번역

must가 과거시제에 쓰여 뜻하지 않은 일에 대한 실망이나 비난을 나타내는 경우도 있으므로 유의해야 한다. 이때 'must'는 '하필이면, 난처하게도, 일이 안되려니까' 등으로 번역한다.

Just when I was busiest, he must come and spend three hours.

하필이면 그 사람은 내가 제일 바쁠 때 와서 3시간이나 기다렸다.

11. 부정어가 없는 부정표현의 번역

not이나 no 등 명백한 부정어를 사용하지 않고도 부정내용을 표현하는 경우가 있으므로 번역시 유의해야 한다.

The Congress is far from solving the major issues.

국회는 주요현안을 결코 해결할 수 없다.

12. 주어 + 계속적 용법의 관계의 번역

주어 뒤에 계속적 용법의 관계사가 온 경우, 즉 '주어, 관계사절, 동사' 형태의 문장의 경우 '주어는 ~인데', 또는 '주어는 ~이므로 ~'로 번역한다.

Jane, who wouldn't swim, stayed on the beach.

제인은 수영을 못해서 해변에 있었다.

13. if의 번역

보통 if만 나오면 특별히 생각하지 않고 '만약 ~하면'으로 번역하게 된다. 이때, 보다 자연스러운 번역을 위해서는 문장의 전후관계에 따라 '~인지 어떤지, 설령 ~라 해도' 등으로 문맥에 따라 적절히 번역한다.

You must do the report, even if you do not like it.

설령 싫더라도 너는 보고서를 작성해야 한다.

14. 부정어 + because의 번역

원인, 이유의 부사절을 이끄는 because가 부정어와 함께 쓰일 경우 문장의 전후관계에 따라 여러 가지 뜻으로 번역되므로 유의해야 한다.

I did not leave him because he was poor.

그 사람이 가난하다고 해서 그 사람 곁을 떠나지는 않았다.

그 사람이 가난하다고 해서 그 사람 곁을 떠난 것은 아니었다.

그 사람이 가난했기 때문에 그 사람 곁을 떠나지 않았다.

15. 강조구문과 형식주어구문의 구별

It is(was)와 that 사이에 오는 어구가 명사, 또는 대명사인 경우, 우선 강조구문인지 형식주어구문인지 파악한다.

It is you that is wrong.

틀린 건 바로 너야. (→ 강조구문)

It is true that he failed.

그 사람이 실패했다는 것은 사실이다. (→ 형식주어구문)

여기서 멈출 거예요? 고지가 바로 눈앞에 있어요.
마지막 한 걸음까지 시대에듀가 함께할게요!

PART 3

영문국역의 기초
및 실전연습

I wish you the best of luck!

(주)시대고시기획
(주)시대교육

www. **sidaegosi**.com

시험정보 · 자료실 · 이벤트
합격을 위한 최고의 선택

시대에듀

www. **sdedu**.co.kr

자격증 · 공무원 · 취업까지
BEST 온라인 강의 제공

PART 3 영문국역의 기초 및 실전연습

영문국역의 기초

English Translation Techniques & Know-how

제01절   번역의 기본 단위

번역의 기본 단위는 문장이 아니라 단락이다. 단락이란 몇 개의 문장들이 모여 이루어진 것이므로 한 단락의 내용 이해를 위해서는 개별 문장의 의미뿐 아니라 이들 의미의 연결 관계를 제대로 이해하는 것이 기본적으로 필요하다. 그리고 각 문장은 개별 어휘로 분리해서 받아들이려 하지 말고, 보다 밀접한 연관 관계를 맺으면서 동일한 기능을 수행하는 구성소 단위로 묶어 이해하도록 해야 한다.

단락 → 문장 → 절과 절의 연결 관계 → 절의 구성 성분 파악

Bonus

영문장 번역순서

1. 주어와 술어 동사를 확인
2. 지시어, 대명사, 대동사 등을 확인
3. 접속사와 대명사의 관계를 확인
4. 생략된 부분을 보충
5. 수식 어구(형용사, 부사)를 확인

제 02 절 절과 절의 연결관계 파악

1. 등위절의 연결

절과 절 사이에 서로 독립된 관계를 갖는 절을 말하며 등위접속사(and, or, nor, yet, but, for, so)나 세미콜론(;)에 의해 연결된다. 세미콜론 다음에는 접속부사가 쓰이기도 한다.

(1) 등위접속사

We fished all day, but we didn't catch a thing.

(2) 세미콜론(;)

We fished all day ; we didn't catch a thing.

(3) 세미콜론＋접속부사

We fished all day ; however, we didn't catch a thing.

2. 종속절의 연결

두 개 이상의 절이 주종관계를 가질 때, 중심이 되는 절이 주절이고 나머지 절은 종속절인데 흔히 종속절에는 종속접속사가 표시되어 있고 문장 속에서 수행하는 기능에 따라 명사절·형용사절·부사절로 나눈다.

(1) 명사절

문장 속에서 주어, 목적어, 주격 보어, 목적격 보어, (what절) 등의 역할을 한다.

명사절을 이끄는 접속사에는 that, whether, who(m), what, which, when, where, why, how 등이 있다.

• That he has made a correct choice is evident in every respect.

• Whether we start now or later doesn't matter.

• What I want to emphasize is (that) health is everything.

(2) 형용사절

문장 속에서 명사나 대명사를 수식하는 역할을 하며 관계대명사와 관계부사에 의해 이끌린다.

- Students generally like a teacher who understands their problem.
- Tell me the reason why you did not come yesterday.

Bonus

형용사절의 번역방법

관계대명사에 의해 이끌리는 형용사절은 제한적 용법과 계속적 용법이 있다.
- The government which promises to cut taxes will be popular. → 제한적
- The government, which promises to cut taxes, will be popular. → 계속적

(3) 부사절

문장 속에서 주절 전체를 수식하거나 주절 속의 동사를 수식하는 역할을 하며, 반드시 종속접속사에 의해 이끌린다. 부사절은 의미상 시간, 장소, 양보, 반의, 원인, 목적, 결과, 조건 등을 나타낸다.

When you are getting old, you sometimes get very sleepy and the hours seem to pass slowly.
→ 시간

제 03 절　절의 구성성분 파악

1. 주어 찾기

(1) 주어의 역할을 하는 것

① that절

That the computer revolution is in its infancy frequently escapes comment.

② wh－절
- Where this line of inquiry might go cannot be known in advance.
- What he said is interesting.

③ whether절

Whether he has signed the contract doesn't matter.

④ to 부정사구

To collect every stamp issued in Korea was Jane's ambition.

⑤ 동명사구

Learning to speak a foreign language well takes a long time.

⑥ 소유격+명사

The general's order to attack the enemy without first knowing the strength of the enemy cost him not only the battle but probably the war.

⑦ 형식주어

㉠ It ~ to 부정사구

You know that it may be practically impossible to get the ink out of the tablecloth.

㉡ It ~ how절

It's astonishing how one can train his eyes to note things which most people ignore.

㉢ It ~ that절

It has been recently reported in the press that a high percentage of adults in the so-called developed countries of the west is unable to read and write properly.

㉣ It ~ whether절

It is not yet known whether a computer has its own consciousness, and it would be hard to find this out.

(2) 주어가 길어지는 경우

① 주어가 and, or, nor, but 등으로 연결된 경우

The most fruitful and natural exercise for our minds is in my opinion conversation.

② 전치사구의 수식을 받는 경우

The most striking primary cause for the appearance of contemporary mass communication was the application of new technical knowledge.

③ 관계대명사의 수식을 받는 경우

A man who has much money yet does not share it, is not worthy of respect.

④ 분사구의 수식을 받은 경우

Why the experiment conducted under the best conditions failed will probably never be known.

2. 목적어 찾기

(1) 목적어의 역할을 하는 것

① that절

He said that he was tired and that he was going to bed.

② if / whether절

I want to know if / whether he has signed the contract (or not).

③ wh-구

You must learn when to give advice and when to be silent.

④ 형식목적어

As my grandfather grew older, he found it more and more difficult to remember people's names.

(2) 목적어가 길어지는 경우

① 목적어가 and, or, but 등으로 연결된 경우

I don't know when he left town or why he wanted to do so.

② 목적절 속에 절이 포함된 경우

Imagine what chaos there would be (if we lived in a society without laws)!

③ 전치사구의 수식을 받는 경우

I would not advise a rigid adherence to a particular plan of study.

3. 보어 찾기

(1) 보어의 역할을 하는 것

① to 부정사구
- The goal of study is not to possess knowledge as a man possesses a coin in his purse, but to turn knowledge into life-giving blood. → 주격 보어
- Most people supposed him to be a mad man. → 목적격 보어

② that절

Your greatest fault is that you are careless. → 주격 보어

③ wh-절
- The office is where I spend most of my time. → 주격 보어
- My parents have made me what I am today. → 목적격 보어

(2) 보어가 길어지는 경우

① 보어가 and, or, but 등으로 연결된 경우

The first lesson a young man should learn is that he knows nothing (and that the earlier and more thoroughly this lesson is learned, the better it will be for his peace of mind, and his success in life).

② to 부정사구의 수식을 받는 경우

Imagination is the ability (to picture in the mind situations which are not present).

③ 보어 속에 절이 포함된 경우

In fact, the penguin is a swimming and diving bird (which lost the power of flight early in its evolution).

제04절 번역에서 유의할 구문

1. 문장 어순의 변화(도치구문)

(1) 주어-동사의 도치

부정의 접속어(not, only, neither, no sooner 등)나 부정이나 준부정의 부사(구)(in no case, never, rarely, hardly 등)와 only, so 등이 문두에 올 경우에는 주어와 동사의 어순에 도치가 일어나므로 번역 시 주어와 동사의 파악에 유의해야 한다.

- In no case can an exception be made.
- Only when in danger will most snakes attack human beings.

(2) 가정법 조건절의 if 생략시의 도치

Should present means of storing nuclear waste prove inadequate, new ones will surely be devised.

(= If present means of storing nuclear waste should prove inadequate, ~)

(3) 장소의 부사구가 문두로 올 때의 도치

Along the edge of the river were placed sandbags.

(= Sandbags were placed along the edge of the river.)

(4) 강조를 위하여 주격 보어가 문두로 올 때의 도치

Painful and difficult was the decision to cut spending on these social programs.

2. 가정법의 유의 구문

가정법에서는 조건절의 접속사 if가 생략되기도 하고, 심지어는 조건절 자체가 완전히 생략된 채 주절에 사용된 조동사 might, could로 가정의 의미를 나타낼 때도 있다.

가정법의 의미를 제대로 파악하지 못한 채 번역하면 문맥과 반대되는 의미로 이해하게 되므로 유의해야 한다.

(1) 가정이나 조건을 나타내는 접속어

- Suppose (that) you had seen her.
- What should you have done?

(2) 조건절이 없는 경우

It's so quiet that one might hear a pin drop.

3. 부정 표현

일반적인 부정 표현 방법은 조동사와 함께 not을 쓰는 것이지만, 이외에도 부정의 의미를 나타내는 여러 가지 방법이 있다. 부정의 의미를 제대로 파악하지 못하면 글의 내용과는 반대로 이해하는 경우도 있을 수 있으므로 주의를 기울여야 한다.

(1) 부정주어

nothing, no one, not much(many) 등이 주어로 사용되어 부정의 의미를 나타낸다.

(2) 부정의 의미를 나타내는 어휘

① 명사 : failure, denial, refusal 등

② 동사 : deny, fail, forget, refuse 등

③ 형용사 : few, improbable, unlikely, unable, last 등

④ 부사 : seldom, rarely, hardly, scarcely, barely

⑤ 접속사 : lest(~하지 않도록)

⑥ 전치사 : far from, instead of

(3) 이중 부정

강한 긍정이나 강조를 나타내기 위해 not, no not, at all, no longer와 같은 부정어(구)가 부정의 접두사(un-, dis-, il- 등)를 가진 어휘와 함께 쓰여서 이중 부정을 이룬다. 비교구문의 no less than 이나 not less than 등도 주의를 요한다.

- Solving the problem is not impossible.
- The tax increase is not an unnecessary step.
- Prosperity is not without many fears and distastes; and adversity is not without comforts and hopes.

제 05 절   문장부호의 역할

1. 쉼표(,)의 역할

(1) 동일한 기능을 하는 단어나 구를 연결한다.

(2) 관계사절의 계속적 용법에 쓰인다.

(3) 삽입절을 표시한다.

(4) 절과 절의 경계를 나타낸다.

2. 콜론(:)의 역할

(1) 앞에 언급한 어떤 부분에 대하여 상세한 예를 든다.

(2) 앞 문장의 내용을 자세히 설명한다. 〈원인이나 결과〉

(3) 비교적 긴 인용문구 앞에 쓰인다.

(4) 이어진 두 문장의 관계가 '동급'일 때 쓰인다.

3. 세미콜론(;)의 역할

(1) 한 문장을 쓰고 나서 그것을 보조하거나 뒷받침하는 문장을 바로 뒤에 이어서 쓸 때, 두 문장이 서로 관련 있는 문장임을 나타내기 위해서 세미콜론을 사용한다.

(2) 등위접속사(and, but, or, nor)를 대신하여 절과 절을 연결한다(세미콜론 다음에 등위 접속사를 쓰기도 한다).

(3) 다음과 같은 연결사(connectives)와 함께 사용되어 절과 절을 연결한다.

　① 첨가 : furthermore, moreover, besides, also, in addition

　② 예시 : for example, for instance

　③ 양보 : nevertheless, otherwise, however, still

　④ 인과 : as a result, accordingly, consequently, hence

　⑤ 환언 : that is, in other words

　⑥ 결론 : therefore, thus

4. 대쉬(—)의 역할

(1) 앞에 나온 내용을 요약하거나 결론을 내린다.

(2) 앞에 나온 내용에 대해서 말을 덧붙이거나 바꾸어 표현하기도 한다.

01

I am an amateur, a man who does a thing because he enjoys doing it. The amateur's lot is not an easy one in a country run by anti-amateurs: condescending experts, arrogant specialists, and slick perfectionists. They call us dabblers and dilettantes because we can't do it well.

어구풀이

- condescending : 잘난 체 하는
- slick : 교활한
- dabbler : 장난삼아 하는 사람
- arrogant : 거만한
- perfectionist : 완벽주의자
- dilettante : 어설픈 지식의 사람

모범번역

나는 아마추어, 즉 어떤 일을 하는 것을 즐기기 때문에 그 일을 하는 사람이다. 반 아마추어, 즉 잘난체하는 전문가, 거만한 전문가, 교활한 완벽주의자에 의해 운영되는 나라에서 아마추어로 지내기는 쉽지가 않다. 그들은 우리가 일을 잘 할 수 없기 때문에 장난삼아 하는 사람, 풋내기라고 부른다.

02

Great physicist as he is, he is still greater as a man. He achieved a fame greater than that of any other scientist, although no other man is so indifferent to fame and so uncomfortable about publicity as he is. Fame or external circumstances can change him very little.

어구풀이

- achieve fame : 명성을 얻다
- publicity : 명성, 평판
- indifferent to : ~에 무관심한
- circumstance : 상황, 환경

모범번역

그는 위대한 물리학자이지만 한 인간으로서 훨씬 위대하다. 그처럼 명성에 무관심하거나 유명해지는 것을 달가워하지 않는 사람도 없지만 그는 어떤 과학자보다도 위대한 명성을 얻었다. 명성이나 외적인 환경이 그를 거의 변화시킬 수 없다.

03

The medieval idea that music was inherently sacred or secular came to an end with the rise of the Renaissance. Subject matter rather than style became the major factor and, in the Renaissance, the subject was man. Men and women turned their attention to the material world and the rewards of the good life in the here and now.

어구풀이

• medieval : 중세의
• sacred : 신성한
• come to an end : 끝나다
• turn A to B : A를 B로 돌리다

• inherently : 고유의, 본래의
• secular : 현세의
• rather than : ~보다 오히려

모범번역

음악이 본질적으로 신성한 것이라거나, 세속적인 것이라거나 하는 중세시대의 사고는 르네상스 시대의 개막과 더불어 종말을 고했다. 르네상스 시대에는 형식보다는 주제에 관한 문제가 주된 요소였고 그 주제는 인간이었다. 남녀를 막론하고 물질세계와 현실세계에서의 선한 삶에 대한 보상에만 관심을 기울였다.

04

Automobiles and trains, airplanes and ocean liners are on the move, day and night, around the clock. But this has not always been so. There was a time in which man had no vehicles and no roads. In the Stone Age people used streams and lakes as roadways. And they traveled on logs, a single one, or several tied together. Logs were the first vehicles of transportation.

어구풀이

• ocean liner : 정기 원양선
• Stone Age : 석기시대

• vehicle : 탈 것
• transportation : 수송

모범번역

자동차, 기차, 비행기, 배들이 주야로 계속해서 움직이고 있다. 그러나 이것이 항상 그래왔던 것은 아니다. 인간에게 차량과 도로가 없던 시대가 있었다. 석기시대의 사람들은 운송수단으로 강과 호수를 이용했다. 그들은 통나무 하나 또는 여러 개를 연결해서 타고 여행했다. 통나무는 최초의 운송수단이었다.

05

The best teacher in the best college in the world cannot give a student a real education. He can lead the way to the mine from which it can be dug, provide him with the power tools, and help him make more vigorous effort, but the student will own only as much of the precious metal as he digs for himself.

어구풀이

• mine : 광산
• provide A with B : A에게 B를 제공하다

• dig : 파다, 탐구하다
• vigorous : 활기찬

모범번역

세계에서 가장 좋은 대학의 좋은 선생님일지라도 학생에게 진정한 교육을 직접 제공하지는 못할 것이다. 그 선생님은 학생을 귀중한 것(진정한 교육)을 파낼 수 있는 광산에 이르는 길로 인도하고 그에게 공구를 제공하거나, 그에게 좀더 활기찬 노력을 하도록 도울 수 있을 뿐이다. 그러고 학생은 그가 제 힘으로 판만큼의 값진 금속을 갖게 될 뿐이다.

06

That morning, I was sure the end of the world had come. My boss had fired me; and with pessimism of youth, I was convinced that I would never find another job. I was marked for failure (I was 19 years old). That evening I had a date to meet a friend at Lewis Stadium to hear the New York Philharmonic. Job or no job, I decided to go.

어구풀이

• boss : 사장, 상사
• pessimism : 염세주의, 비판주의

• fire : 해고시키다
• be marked for : 낙인찍히다

모범번역

그날 아침에 나는 세상의 끝이 왔다고 믿었다. 사장님이 나를 해고했고, 청춘의 비관에 빠진 나는 결코 다른 직장을 얻지 못할 것이라는 것을 깨닫게 되었다. 나는 실패자의 낙인이 찍혔다(나이 19세에). 그날 저녁에 나는 뉴욕 필하모닉 연주를 듣기 위해 루이스 스타디움에서 친구와 만나는 약속이 있었다. 직업이 있든 없든 간에 나는 가기로 결심했다.

07

No one knows exactly what new changes machines will bring in the life of future generations, but we can be sure that life will not be the same as it is now. The lives of our grandchildren will be as different from our lives as ours are from those of our grandparents.

어구풀이

• generation : 세대
• be different from : ~과 다르다
• as it is : 현재 있는 그대로

모범번역

기계들이 미래 세대들의 생활에서 어떤 새로운 변화들을 가져올지 아무도 정확히 알지 못한다. 그러나 우리는 미래 세대의 생활이 지금 현재 있는 상태와 똑같지 않을 것이라는 것을 확신할 수 있다. 우리 생활이 우리 조부모들과 다르듯이 우리 손자들의 생활도 우리와는 다를 것이다.

08

George adores classical music. He always prefers Beethoven to Bartok and Mahler to Mozart. He always prefers Haydn to Hindemith and Hindemith to Mozart. He always prefers Mahler to any composer whose name begins with B, except Beethoven, and he always chooses to listen to a composer he prefers.

어구풀이

• adore : 숭배하다, 존경하다
• composer : 작곡가
• prefer A to B : B보다 A를 더 좋아하다

모범번역

조지는 고전음악을 매우 좋아한다. 그는 항상 바르토크보다 베토벤을 더 좋아하고, 모차르트보다 말러를 더 좋아한다. 그는 항상 힌데미트보다 하이든을 좋아하고, 모차르트보다 힌데미트를 더 좋아한다. 그는 항상 베토벤을 제외하고 B로 시작하는 이름을 가진 어떤 작곡가보다 말러를 더 좋아한다. 그리고 그는 항상 더 좋아하는 작곡가의 음악을 선택해서 듣는다.

09

Even when we make an inference from known facts, the truth of the inference is never certain. If the body of evidence from which we draw a conclusion is sufficiently large and reliable, we may accept the conclusion as reasonably probable.

어구풀이

- inference : 추론
- conclusion : 결론
- evidence : 증거
- probable : 있음직한, 개연적인

모범번역

우리가 잘 알려진 사실들로부터 추론할 때조차도 그 추론의 진위가 결코 확실한 것은 아니다. 우리는 결론을 이끌어내는 증거의 실체가 충분히 크고 믿을만하다면, 그 결론을 논리적으로 가능하다고 받아들일 수 있다.

10

I have observed, more often than everyday, that a man with a poor intellectual foundation, trying to show off his cleverness when reading a book by remarking upon some fine passage, will fix his admiration upon so poor a choice that, instead of showing the excellence of the author, he only betrays his own ignorance.

어구풀이

- intellectual : 지적인
- show off : 드러내다, 돋보이게 하다
- betray : 배반하다
- foundation : 기반, 기초
- instead of : ~대신에
- ignorance : 무지

모범번역

지적 기반이 부실한 사람이 어떤 책을 읽었을 때 어떤 좋은 글귀를 들먹이며 자신의 영리함을 과시하려고 노력하다가 너무나 서툰 선택을 해서 작가의 우수성을 나타내기는커녕 단지 자신의 무지를 폭로하는 것을 나는 하루에도 몇 번씩 목격하고 있다.

11

We cannot travel every path. Success must be won along one line. To live with an ideal is a successful life. Success grows less and less dependent on luck and chance. Self-distrust is the cause of most of our failures. The great and indispensable help to success is character.

어구풀이

- path : 통로
- self-distrust : 자기불신
- character : 인격, 성품, 성격
- ideal : 이상
- indispensible : 필수적인, 불가결한

우리는 모든 길로 여행할 수 없다. 성공은 외길로만 가야 얻게 된다(한 우물을 파라). 이상을 품고 살아가는 것이 성공적인 인생이다. 성공은 행운이나 우연에 점점 덜 의존하게 된다. 자기 불신은 대부분 우리가 실패하는 원인이다. 성공에 있어 매우 크고 없어서는 안 될 도움은 인격이다.

12

Parents have come to do much less for their children today, and the home has become much less of a workshop. Clothes can be brought ready-made, washing can go to the laundry, cooked or canned food can be bought, bread is baked and delivered by the baker, milk arrives on the doorstep, and meals can be had at restaurants and the school cafeteria.

어구풀이

• have come to : ~하게 되다
• workshop : 작업장
• ready-made : 만들어진
• laundry : 세탁소, 세탁장
• deliver : 배달하다

모범번역

오늘날의 부모들은 자녀들을 위해 할 일을 훨씬 덜게 되었다. 그리고 가정의 작업장 역할은 훨씬 줄었다. 옷은 기성복으로 가져올 수 있고, 세탁물은 세탁소로 보낼 수 있으며, 조리되거나 통조림 음식을 살 수 있게 되었고, 빵은 제과점에서 구워져서 배달되거나, 우유는 현관까지 배달되며, 그리고 식사는 레스토랑이나 학교식당에서 할 수 있게 되었다.

13

My cousin a very bright 16-year-old, was halfway through his first year at Cape Town University when his grandfather came to visit. "How's it going?" his grandfather asked. "Fine," was the reply. "And the social life?" "I get lots of dates," replied my cousin, "If I don't tell the girls my age," "I understand," said the youthful looking 70-year-old widower. "I have the same problem."

어구풀이

• bright : 영리한, 똑똑한
• halfway through : ~의 도중에
• social life : 사회생활

나이 16세의 대단히 똑똑한 아이인 내 사촌이 케이프타운대학 1학년에 재학 중이었는데 할아버지가 찾아 오셨다. "어떻게 지내고 있니?"라고 할아버지가 물으셨다. 그는 "좋아요"라고 대답했다. "친구들과의 교제는?" 내 사촌은 "데이트 많이 하고 있어요. 여학생들한테 내 나이를 말해주지 않으면 말이죠."라고 대답했다. 그러자 젊어 보이는 70세의 아내가 없는 할아버지는 "그래 알겠구나, 나에게도 같은 문제가 있단다"라고 말했다.

14

Among life's most difficult and important kinds of analysis are those we perform when we read an essay carefully. It is true that we cannot avoid performing analysis, no matter how unconsciously we may go about it, for all reading goes from part to part, and the parts fit together in some way to make up a whole.

어구풀이

- analysis : 분석
- unconsciously : 무의식적으로
- make up : 구성하다
- perform : 실행하다
- go about : 계속 ~을 하다

모범번역
우리 삶에서 가장 어렵고 중요한 분석 중에는 에세이를 주의 깊게 읽을 때 하게 되는 분석이 있다. 우리가 아무리 무의식적으로 읽는다고 해도 분석하는 것을 피할 수 없는 것이 사실이다. 왜냐하면, 모든 독서는 부분과 부분으로 이어지고, 그 각 부분은 어떤 방법으로든 잘 맞춰져서 전체를 형성하기 때문이다.

15

For many years man has been able to make astronomical observations from the earth. It is now possible to send to great heights unmanned telescopes in balloons and to make observations not possible from observatories on earth.

어구풀이

- astronomical : 천문학의
- unmanned : 사람이 타고 있지 않은
- observation : 관찰, 관측
- telescope : 망원경

모범번역
여러 해 동안 인간은 지구에서만 천문 관측을 할 수 있었다. 지금은 무인 망원경을 기구에 실어 매우 높은 곳(예를 들어, 우주 공간 같은 곳)에 보낼 수 있고 그로 인해 지구상의 관측소에서 불가능했던 관측도 가능해졌다.

16

Experts set themselves up as authorities on any matter: technical, social, or political. They seem to have all the answers and enjoy giving advice and making suggestions. They are very happy to give advice on any problem and do not mind sharing their vast knowledge with their co-workers. Their motto is "Ask me anything and I'll give you the answer."

어구풀이

• set up as : ~인 체하다
• share A(물건)+with+B : A를 B와 나누다
• co-worker : 동료
• authority on : ~에 정통한 사람
• vast : 광대한
• motto : 좌우명

모범번역

전문가들은 기술, 사회, 정치 등의 어느 분야에서든 자신들이 권위자인 체한다. 그들은 제안을 하고, 충고하기를 즐기며 모든 대답들을 가지고 있는 것처럼 보인다. 그들은 무슨 문제에나 충고하기를 즐기고, 그들의 광범위한 지식을 동료와 나누는 것을 꺼리지 않는다. 그들의 좌우명은 "내게 무엇이든 물어보라, 나는 너에게 답변해 줄 것이다"이다.

17

There is one great set of winners in American criminal justice: the lawyers. Now grown immensely wealthy and powerful, the elite criminal bar has a vested interest for the perpetuation of our failed system. Wrapping themselves in the Constitution they have distorted, they pretend that the framers of the Constitution caused this catastrophe upon us. Nothing could be farther from the truth. The lawyers did it to us.

어구풀이

• criminal bar : 형사 재판 변호사
• perpetuation : 영속성, 영구화
• vested interest : 기득 이권
• catastrophe : 대재앙, 대이변, 대참사

모범번역

미국의 형사 재판에는 변호사라는 커다란 승자들의 집단이 있다. 지금은 엄청난 부와 힘을 갖게 된 엘리트 형사재판 변호사 집단은 미국의 실패한 사법 제도가 그대로 존속하는 상황에서 기득 이권을 차지하고 있다. 이들은 자신들이 왜곡해 놓은 헌법을 방패삼아 헌법 입안자들이 이러한 대재앙을 일으켜 놓은 양 꾸며대고 있다. 이것만큼 진실을 왜곡하는 것도 없다. 변호사들이 우리에게 이런 일을 저지르고 있다.

18

One result is that some spokesmen for the Asian way, when pressed to delineate it, come up with descriptions of such vapidity that they tell you nothing. Tommy Koh, a former ambassador of Singapore to the United States, is a thoughtful man, but nonetheless recently wrote that Asian values consist of (among other things) the family, education, savings, hard work, home ownership and clean living. It is this sort of thing that makes some westerners smell a rat.

어구풀이

- result : (어떤 사항, 행위의 최종결론으로서의) 결과
- description : 묘사
- among other things : 유달리, 특히 다른 무엇보다
- delineate : 묘사하다
- vapidity : 지루함
- smell a rat : 알아채다

모범번역

아시아적 가치관을 잘 알고 있는 사람에게 이를 설명해 달라고 하면, 장황하게 설명하긴 하는데 도무지 무슨 말인지 하나도 이해할 수 없게 된다. 그런데 전 주미 싱가포르 대사를 역임했던 사려 깊은 토미 고(Tommy Koh)는 최근에, 아시아의 가치관이란(다른 무엇보다도) 가족, 교육, 저축, 근면, 주택 소유, 청렴 등이라고 하는 글을 썼다. 바로 이와 같은 것을 통해 서구인들은 아시아적 가치관을 조금이나마 짐작할 수 있을 것이다.

19

When a citizen votes for a Presidential candidate he makes, in effect, a prediction. He chooses from among the contenders the one he thinks (or feels, or guesses) would be the best President. He operates in a situation of immense uncertainty. If he has a long voting history, he can recall time and time again when he guessed wrong.

어구풀이

- candidate : 지원자, 후보자
- contender : 경쟁자, 주장자
- prediction : 예언, 예보
- immense : 광대한, 헤아릴 수 없는

모범번역

한 시민이 어떤 대통령 후보에 투표를 할 때, 사실상 그는 예측을 한다. 경쟁자들 가운데 가장 나은 대통령이 될 거라고 생각한(느끼거나 상상한) 후보자를 고른다. 그는 매우 불확실한 상태에서 결정한다. 만일 그가 투표를 오랫동안 해본 경력이 있다면 잘못 생각했던 때를 두고두고 생각할 수 있을는지 모른다.

20

In taking the position that persons accused of a crime cannot be interrogated without their lawyers being present, the Supreme Court is showing more concern for the protection of the criminal than for the protection of society. The laws were made to protect law-abiding citizens, not those who defy the law. A criminal loses the right of a citizen by committing a crime. It is the duty of the police to get at the truth, and they have a right to question an accused person as long as they don't use force.

어구풀이

- accused : 죄에 몰린
- Supreme Court : (각 주의) 최고 법원
- get at the truth : 진상을 밝히다
- interrogate : (남)에게 질문하다, 심문하다
- law-abiding : 법을 준수하는
- defy : ~에게 반항하다, ~을 무시하다

모범번역

어떤 범죄로 기소된 사람들이 변호사의 입회 없이는 심문을 받을 수 없다는 입장을 취하는 데 있어서 대법원은 사회 보호보다는 범법자의 보호에 더 많은 관심을 보여주고 있다. 법률이란 법을 거역하는 사람들이 아니라 법을 지키는 시민들을 보호하기 위해 만들어졌다. 범죄를 저지르면 범죄자는 시민으로서의 권리를 잃게 된다. 사실을 밝히는 것이 경찰의 임무이고 그들이 폭력을 사용하지 않는 한 경찰은 기소된 사람들을 심문할 권리가 있다.

21

Happiness is not, except in very rare cases, something that drops into the mouth, like a ripe fruit, by the mere operation of fortunate circumstances. For in a world so full of avoidable and unavoidable misfortunes, of illness and psychological tangles, of struggle and poverty and ill will, the man or woman who is to be happy must find ways of coping with multitudinous causes of unhappiness by which each individual is assailed.

어구풀이

- ripe : 익은
- struggle : 투쟁하다
- multitudinous : 다수의, 아주 많은
- tangle : 엉키다, 분규
- cope with : (어려움에) 대처하다, 맞서다
- assail : ~에 결연히 맞서다

모범번역

행복은 매우 드문 경우를 제외하고는, 운 좋은 사정들이 단순히 작용하여 다 익은 과일처럼 입 속으로 떨어져 들어가는 그런 것이 아니다. 왜냐하면, 피할 수 있거나 피할 수 없는 온갖 불운과 질병과 심리적 다툼과 투쟁과 가난과 악의로 가득 찬 세상에서는 행복해지고자 하는 사람은 각 개인이 시달리고 있는 수많은 불행의 원인을 극복할 방법을 찾아야 하기 때문이다.

22

Here Romeo took his last leave of his lady's lips, kissing them; and here he shook the burden of his misfortune from his weary body, swallowing that poison which the apothecary had sold him, whose operation was fatal and real, not like that dissembling potion which Juliet had swallowed, the effect of which was now nearly expiring, and she was about to awake to complain that Romeo had not kept his time, or that he had come too soon.

어구풀이

• take one's last leave of : ~에게 마지막 작별을 하다
• misfortune : 불운, 불행
• apothecary : 약제사(= pharmacist)
• dissembling : 가짜의
• potion : 요약
• expire : 기한이 다 되다, 만료하다, 만기가 되다
• complain A of B(= complain A B[that+S+V]) : A에게 B를 불평하다
• keep one's time : 시간을 정확히 지키다

모범번역

여기에서 로미오는 그의 애인의 입술에 마지막 작별 키스를 했다. 그리고 이제 약제사가 그에게 판 독약을 삼킴으로써 그의 지친 몸에서 불행의 짐을 털어 버렸다. 그런데 그 약의 작용은 줄리엣이 마신, 이제 그 약효가 사라져가는 가짜 독약과는 달리 치명적인 진짜(독약)였다. 그리고 줄리엣은 이제 곧 깨어나서 로미오가 약속 시간을 지키지 않았다든가(늦었다든가) 혹은 너무 빨리 왔다고 불평할 참이었다.

23

Your article on the call for the expulsion of U.S. bases is sensitive to the issues that have caused the outburst of anger by the people of Okinawa. The source of the frustration is the sense of being overpowered by presence of the U.S. military during the past 70 years. I hope the U.S. hears the voices being raised in Okinawa. They are pleading to be released from the oppressive U.S. military presence.

어구풀이

• expulsion : 배제, 추방
• plead : 탄원하다
• frustration : 좌절, 저해
• oppressive : 가혹한, 압박감이 있는

모범번역

미군기지 추방을 요구하는 당신의 기사는 오키나와 주민들의 감정 폭발을 야기했던 문제에 민감합니다. 좌절의 근원은 바로 지난 70년간 미군의 주둔으로 인해 압도되었다는 느낌입니다. 나는 그런 목소리가 오키나와에서 점차 커지고 있다는 것을 미국이 듣기를 희망합니다. 그들은 억압적인 미군주둔으로부터 해방되기를 탄원하고 있습니다.

24

One day while Elizabeth was still pretty and young and her voice was sweet, John Smith, who was going steady with her, was sitting in a room on the second floor of her cottage. The afternoon was unbearably sultry and hot. Smith, who had just dined and drunk a whole bottle of vile port wine, felt thoroughly ill and out of sorts. Both he and she were bored and were waiting for the heat to abate so that they might go for a stroll.

어구풀이

- go steady with : (특정 이성과)교제하다
- sultry : 무더운, 몹시 뜨거운
- abate : 내리다, 누그러뜨리다
- unbearably : 참을 수 없을 정도로
- out of sorts : 언짢은
- go for a stroll : 산책을 나가다

모범번역

엘리자베스가 여전히 예쁘고, 젊고, 그녀의 목소리가 상냥하던 시절 어느 날 그녀와 연인 관계인 존 스미스는 그녀의 시골집 한 이층 방에 앉아 있었다. 그날 오후는 참을 수 없을 정도로 무덥고 뜨거웠다. 스미스는 저녁을 먹고 독한 포르투갈산 포도주 한 병을 다 마시고는 언짢은 기분을 느끼고 우울해 있었다. 그와 그녀는 둘 다 따분한 나머지 산보를 가기 위해 열기가 한풀 꺾이기를 기다리고 있었다.

25

The primitive man never looked out over the world and saw 'mankind' as a group and felt his common cause with his species. From the beginning he was a provincial who raised the barriers high. Whether it was a question of choosing a wife or of selecting someone, the first and most important distinction was between his own human group and those beyond the pale. His own group, with all of its ways of behaving, was unique.

어구풀이

- primitive man : 원시인
- provincial : 지방의, 시골사람, 편협한 사람
- species : 종류, 종
- beyond the pale : 범위 밖의, 경계를 넘은

모범번역

원시인은 세상을 내다보고 인류를 한 집단으로 간주해서 그의 종족에게 대의명분을 느껴 본 적은 결코 없었다. 처음부터 담벼락을 높게 쌓아 올린 편협한 사람이다. 아내를 고르거나 사람을 뽑을 때 으뜸이 되고 가장 중요한 차이는 자기 집단 사람이냐, 그런 집단의 경계를 넘어선 사람이냐 하는 것이었다. 그 자신의 집단이 모든 행동 양식에서 유일한 것이었다.

26

But science today is offering an elaborately conditioned answer about where extraterrestrial life might possibly be. Two American astronomers have found two planets outside our solar system where conditions exist that may be hospitable to life. Why are human beings fascinated by alien life? The primary answer is obvious enough. "All men by nature desire knowledge," Aristotle said.

어구풀이

• elaborately : 정교하게, 공들여서
• fascinate : 황홀하게 하다, 매혹시키다
• extraterrestrial : 지구 밖의, 우주의

모범번역

그러나 오늘날 과학은 외계생물이 있다면, 어디에 존재하는가에 관해 복잡한 조건을 붙인 대답을 내놓고 있다. 두 명의 미국인 천문학자가 생명이 성장할 수 있는 조건을 갖춘 하나 내지 두 개의 행성을 태양계 외부에서 발견했다. 왜 인간들은 외계생물에 매혹되어 있는가? 근본적인 대답은 명확하다. "모든 인간은 천성적으로 지식을 갈구한다"라고 아리스토텔레스는 말했다.

27

A few years before his death in December 1971, Dr. Ralph Bunche expressed his faith in the United Nations as strongly and as simply as any man could. When someone praised him for his work in the United Nations, Bunche replied that it was the work of a cooperative team, not of one man. "I am," he said, "only one man working for the United Nations. Without the United Nations, I am nothing."

어구풀이

• as strongly and as simply as ~ : ~만큼 강렬하고 단순하게
• without ~ : 가정법 구문

모범번역

그가 죽기 몇 년 전인 1971년 12월에 랄프 번치는 누구 못지않게 유엔에 대한 믿음을 강렬하고 소박하게 표현했다. 누군가 유엔에서 그의 업적에 대해 칭송했을 때 그는 한 사람이 아니라 조직의 협력 덕분이라고 대답했다. "나는 유엔을 위해 일하는 한 사람일 뿐입니다. 유엔이 없으면 나는 아무것도 아닙니다"라고 말했다.

28

One of the most remote spots on Earth is the site of one of our most pressing environmental problems. Every southern spring, an ozone hole, the size of the United States opens over Antarctica. Beneath the hole, cancer-causing ultraviolet rays are more than twice as strong as normal. Restrictions on the use of ozone-depleting chlorofluorocarbons(CFCs) should help matters, but the twenty million tons of CFC that have been released into the atmosphere until now will be chipping away at the ozone for decades to come.

어구풀이

- ozone hole : 지구를 둘러싼 오존층(ozone layer)의 파괴로 성층권에 생긴 구멍
- Antarctica : 남극 대륙(= the Antarctic continent)
- deplete : 비우다, 고갈시키다
- chlorofluorocarbon : 염화불화탄소(우리나라와 일본에서는 흔히 상표명으로 프레온(Freon) 가스라 부름)

모범번역

지구에서 가장 외진 곳은 우리의 가장 절박한 환경 문제가 있는 곳이다. 해마다 남반구에 봄이 되면 남극 대륙 위 오존층에는 미국 땅덩어리만한 크기의 구멍이 뚫린다. 이 오존 구멍을 통해 아래로 내리쬐는, 피부암을 유발하는 자외선의 강도는 정상치의 두 배나 된다. 오존을 고갈시키는 염화불화탄소의 사용을 제한하는 것도 이 문제 해결에 도움이 되긴 하겠지만 이미 방출된 2천만 톤의 염화 불화탄소는 향후 수십 년 간 오존층을 잠식해 나갈 것이다.

29

Even if the body does send us signals, they are ambiguous. There is a temptation to confuse some curable diseases with irreversible old age. Trotsky lived only for working and fighting, and he dreaded growing old. He was filled with anxiety when he remembered Turgenev's remark, one that Lenin often quoted: "Do you know the worst of all vices? It is being over fifty-five."

어구풀이

- ambiguous : 애매한, 분명치 않은
- be filled with : ~으로 가득 차다
- confuse A with B : A를 B로 혼동하다

모범번역

비록 신체가 우리에게 신호를 보낸다 하더라도 그것들은 애매모호하다. 치료가 가능한 질병과 회복이 불가능한 노쇠를 자칫 혼동할 때도 있다. 트로츠키는 오로지 일과 투쟁만을 위해 살아서 그런지 늙는다는 것이 두려웠다. 그는 레닌이 자주 인용했던 투르게네프의 말, "모든 악 중에서 가장 나쁜 것을 알고 있는가? 그것은 55세를 넘어서도 살아있는 것이다"를 생각할 때 수심이 가득하였다.

30

Place yourself in the driving seat of an Opel, and it becomes difficult to distinguish where man ends and machine begins. So easily does the driving falls to the hand that you almost feel as if you are one with the car. It is a sensation further reinforced once you are on the move.

어구풀이

• driving seat : 운전석
• reinforce : 강화하다, 보강하다

• It ~ to 부정사 구문

모범번역

Opel의 운전석에 몸을 맡겨 보십시오. 그러면 사람의 작업이 끝나고 기계의 작업이 시작되는 곳이 어디서부터인지 구별하기가 어려울 것입니다. 운전이 너무 쉬운 수작업에 맡겨진 나머지 당신은 거의 자동차와 일체가 된 것처럼 느껴질 것입니다. 일단 운전을 시작하면 그러한 느낌은 한층 더 강화될 것입니다.

31

As you examine a topic for clues to a basic organization, keep your mind on the main points only. They will be the general content that you will explain through the use of details or logical analysis as you write passages. It will be much easier for you to think of details after you have planned your basic organization than vice versa.

어구풀이

• clue : 실마리, 단서
• vice versa : 반대로, 거꾸로

• keep one's mind on : ~에 집중하다

모범번역

기본적인 글의 구조에 단서가 되는 주제를 검토할 때 주된 논점에만 집중하라. 그것들은 당신이 글을 써나갈 때 세부적인 내용이나 논리적 분석을 통해 설명할 전체적인 내용이 될 것이다. 당신이 기본적인 틀을 설계한 뒤에 세부적인 내용을 생각한다면 그 반대로 하는 것보다 훨씬 쉬워질 것이다.

32

The distinguishing mark of anthropology among the social sciences is that it includes serious study of societies other than our own. To the anthropologist, our customs and those of a New Guinea tribe are two possible social schemes for dealing with a common problem, and in so far as he remains an anthropologist he is bound to avoid any weighting of one in favor of the other.

어구풀이

• distinguish : ~을 구별하다, 식별하다
• deal with : 종사하다, 관계하다
• anthropology : 인류학
• be bound to : ~하게 되어 있다

모범번역

사회과학 가운데 인류학의 뚜렷한 특징은 우리 자신의 사회가 아닌 다른 사회를 진지한 연구 대상으로 삼고 있다는 것이다. 인류학자들에게는 우리의 관습과 한 뉴기니 부족의 관습은 공통의 문제를 처리하는 두 개의 가능한 체제들이고, 그가 인류학자로 남아 있는 한 어떤 하나를 편들므로 하나를 가중시키는 그런 행위를 결코 하지 않을 것이다.

33

Michael's boss, Ms. Gundersen, sent him a memo recently about his performance at work. In the memo, she said he had been working too slowly. She also said that he often got to work late. Moreover, she observed that he had taken too many sick days the month before. She also mentioned that he wasn't polite to customers. And finally, she complained that he didn't get along well with the other employees.

어구풀이

• performance : 실행, 수행
• get along with : ~와 사이좋게 지내다
• mention : 언급하다

모범번역

마이클의 상사인 건더슨 양이 최근 마이클에게 그의 업무 수행에 관한 메모를 보냈다. 그녀는 마이클의 일처리 속도가 지나치게 느리며, 지각 또한 많다고 메모해 두었다. 더욱이 지난달에는 아파서 쉰 날이 너무 많았으며, 고객들에게 공손하지 않았다고 언급했다. 마지막으로 그가 다른 사원들과 사이가 나쁘다는 불평도 있었다.

34

Within a few hours of birth, a horse is capable of running and kicking in self-defense because much of its behavior is governed by instincts, or genetically programmed behavioral patterns. A colt doesn't need to be taught to run with the herd. If a puppy is raised with cats, it will nevertheless grow up to bark and wag its tail, not meow and purr.

어구풀이

• be capable of : ~할 수 있다
• herd : 무리, 떼
• be governed by : ~에 지배되다
• wag : 흔들어 움직이다

모범번역

망아지는 태어난 지 몇 시간 내로 많은 부분이 본능, 즉 유전적으로 계획된 행동양식에 지배되기 때문에 달릴 수 있고, 자기를 방어하고자 발로 찰 수도 있다. 망아지는 무리와 함께 달리기를 배울 필요가 없다. 강아지 한 마리를 여러 마리의 고양이와 함께 기른다 하더라도, 그것은 자라서 고양이처럼 울거나 가르랑거리지 않고 개처럼 짖고 꼬리를 흔들 것이다.

35

For several months, Barbara's family has been encouraging her to ask her boss for a raise, but Barbara refuses to do it. The reason is that she's afraid he might get angry and say "No." Barbara says that if she were not afraid of her boss's reaction, she would be willing to ask for a raise.

어구풀이

• be wiling to : 기꺼이 ~하다
• raise : 임금 인상

모범번역

수개월 동안 바바라의 가족은 사장에게 월급 인상을 요구하도록 부추기고 있다. 그러나 바바라는 그러기를 거부한다. 이유는 사장이 화가 나서 "아니요"라고 말할까 봐 두려워서이다. 바바라는 만일 사장의 반응을 두려워하지 않는다면 기꺼이 월급 인상을 요구할 거라고 말한다.

36

According to conservative estimates, 25 million Americans cannot read at all, and 35 million more read at a level well below what is necessary to function adequately in our society. All total 60 million people — a third of the adult population — cannot read the poison warnings on a can of Drano, understand a letter from their child's teacher, interpret a "help wanted" ad or a notice from the gas and electric company.

어구풀이

- conservative : 보수적인, 조심스러운
- not at all : 전혀 ~이 아니다
- adult population : 성인인구
- estimate : 평가, 견적
- adequately : 어울리게, 적당하게
- "help wanted" ad : 구인광고

모범번역

조심스럽게 추정한 수치에 따르면, 2,500만 명의 미국인이 전혀 읽을 수 없고 거기에다가 3,500만 명은 우리 사회에서 적절하게 기능을 하는 데 필요한 수준에 훨씬 못 미치는 형편없는 문자 해독 능력을 갖고 있다. 모두 합해서 6천만의 사람들, 즉 성인인구의 1/3이 드라노(Drano) 캔에 있는 독극물 경고를 읽지 못하며, 아이들의 선생님으로부터 온 편지를 이해할 수 없고, 구인광고나 가스와 전기 회사로부터 온 통지서를 읽고 이해할 수 없는 것이다.

37

Earth is a natural canvas filled with living colors. From time to time, nature offers us a scene so vivid and so full of colors that no painter can rival it. Nature's red, which has an infinite variety of shades, has always been one of the most difficult colors to reproduce. However, a recent LED technology came up with a successful way to reproduce it in all its varied hues.

어구풀이

- from time to time : 때때로
- rival : 경쟁하다
- come up with : (아이디어 등을)생각해내다
- vivid : 생생한
- variety of shades : 색조의 다양성
- vary : 변화를 주다

모범번역

지구는 살아있는 색깔로 가득 찬 천연의 캔버스이다. 때때로 자연은 우리에게 어떤 화가도 필적할 수 없을 만큼 생생하고 다채로운 경치를 제공한다. 자연의 적색은 무한한 색조의 다양성을 가졌기 때문에 언제나 재현하기에 가장 어려운 색 중의 하나이다. 그러나 최근의 LED기술은 적색을 다양한 색감으로 재현할 수 있는 성공적인 방법을 내놓았다.

38

Cherokee Indians had a genius for political organization and government. At the time of their first contact with the white man, the Cherokees were the largest tribe in the southeastern United States — about 20,000 people living in 60 towns. From the beginning there was a mutual respect between the Cherokees and the white men. There was intermarriage between the two groups.

어구풀이

• genius for : ~에 대한 타고난 재능
• tribe : 종족
• contact with : ~과의 접촉
• intermarriage : 종족 내 결혼

모범번역

체로키족 인디언은 정치적 조직과 통치에 천부적 재능이 있었다. 백인과 처음 접촉했을 때 체로키족은 북미 남동부에 60개 마을에 20,000명이나 되는 가장 큰 종족이었다. 처음부터 체로키족과 백인들은 상호 존중하는 관계였다. 두 집단 사이에 종족 간 결혼이 있었다.

39

Please see to it that the goods not ordered are returned, an amended invoice is received, and that the missing goods we requested are shipped immediately. Place no further orders with ACE. We will go to their competitors and be assured that these mix-ups do not occur.

어구풀이

• see to it that S+V : 돌보다, 유의하다, 주선(처리)하다, 확인하다, 반드시 ~하도록 (조치)하다
• it은 가목적어, that 이하가 진목적어
• competitor : 경쟁자
• invoice : 송장, 화물
• mix-up : 혼란

모범번역

반드시 주문하지 않은 물품은 반송하고 수정된 송장을 접수하고 우리가 주문한 물품 중 누락된 물품을 즉시 선적해 주십시오. ACE 사에 더 이상 주문을 내지 마십시오. 우리는 그들의 경쟁사로 갈 것입니다. 앞으로는 이런 혼란이 일어나지 않도록 확인하십시오.

40

From the very beginning Seely was an unfortunate, tragicomic figure, a big girl, round-faced and heavy, not only in body but also in wits. She was not very bright in school and sometimes other children teased and made fun of her.

어구풀이

• from the very beginning : 애당초
• make fun of : ~을 조롱하다

모범번역

아예 처음부터 실리는 불행하고, 희비극적이고, 몸집이 크고, 얼굴이 둥글고, 신체뿐만 아니라 재치에 있어서도 둔한 여학생이었다. 그녀는 학업이 뛰어나지 못했고, 때때로 다른 아이들이 그녀를 집적거리고 놀려댔다.

41

We eat many foods in order to live and grow. We eat grains, vegetables, fruits, nuts, meat, and fish. We are so accustomed to a varied diet that we usually take it for granted that other people also have a variety of foods. Many things determine what foods people eat. Climate plays a part. So does soil. In addition, there are many other factors which play their parts, such as the amount of money and crop land available.

어구풀이

• a variety of : = various
• take ~ for granted : ~을 당연하게 여기다
• So does soil : = Soil plays a part, too
• accustomed to : ~에 익숙하다
• play a part : 역할을 하다(= play a role)
• in addition : 게다가, 더욱이(= besides)

모범번역

우리는 살아가고 성장하기 위해 다양한 음식들을 먹는다. 곡식, 채소, 과일, 견과, 육류, 생선을 먹는다. 우리는 다양한 음식에 너무도 익숙해서 다른 사람들도 다양한 음식을 먹는 것을 보통 당연하게 여긴다. 사람들이 무슨 음식을 먹어야 할지는 많은 것들이 결정한다. 기후가 역할을 하고 토양도 역할을 한다. 게다가 돈의 액수나, 이용할 수 있는 농경지와 같이 그들의 역할을 하는 많은 요인들이 있다.

42

For example, within sixteen hours an electronic brain named CHEOPS solved a difficult design problem. First, it was fed all the information necessary for designing a chemical plant. After running through 16,000 possible designs, it picked out the plan for the plant that would produce the most chemical at the lowest cost. Then it issued a printed set of exact specifications.

어구풀이

• CHEOPS : 화공학 효율 최적화시스템(Chemical Engineering Optimization System)
• run through : 빠르게 검사(검토)하다(= test)

모범번역

예를 들면, 화공학 효율 최적시스템(CHEOPS)이라는 이름의 전자두뇌는 16시간 만에 어려운 설계 문제를 풀어주었다. 첫째, 그것에는 화학 공장을 설계하는 데 필요한 모든 정보가 입력되어 있었다. 그 중에서 가능한 16,000개의 설계를 빠르게 검토한 후, 최저가로 최대의 화학제품을 생산할 수 있는 공장 설계를 하나 선택해냈다. 그리고 난 후에 한 벌의 프린트된 정확한 설계 명세서를 발행하였다.

43

Despite the fact that the first two things the customers see are the bottle shape and color, tests have demonstrated that customers have no marked preference for any particular color. We have decided on red to give an image of passion. As the shape of the bottle seems to have a greater impact on the customers' primary impression of the product, we will give it some more thoughts in the future.

어구풀이

• decide on : ~에 관해 결정하다, ~로 결정하다
• have an impact : 영향(충격)을 주다
• the shape of the bottle seems to have ~ = it seems that the shape of the bottle has ~
• give ~ a thought : ~에 대하여 생각해보다

모범번역

고객들이 가장 먼저 보는 두 가지는 (화장품의) 병 모양과 색깔이라는 사실에도 불구하고, 여러 가지 검사는 고객들이 어떤 특정 색깔에 대한 현저한 선호는 갖고 있지 않다는 것을 입증했다. 당사(當社)는 정열의 이미지를 심어주기 위해 붉은 색깔로 결정했다. 병 모양은 제품에 대한 고객의 최초 인상에 보다 큰 영향을 주고 있는 것 같기 때문에 앞으로 그것을 고려해 볼 것이다.

44

Founded in 1784 by Simon Miller, Jonabey's, the world's third largest auctioneer, has the longest history of any auction house. As part of its worldwide network, Jonabey's Seoul was established in the spring of 1980. Jonabey's expert departments handle paintings and drawings, prints, jewelry, musical instruments, wine, vintage, cars and much more. Expert appraisals are also available, free of charge and without any obligation to sell.

어구풀이

- auctioneer : 경매인
- vintage : (특정 지역의)포도주
- free of charge : 무료로
- an auction house(room) : 경매장
- appraisal : 감정, 평가
- without(with no) obligation : 아무런 의무를 지지 않고

모범번역

사이먼 밀러에 의해 1784년에 설립된 세계에서 3번째로 큰 Jonabey 경매장은 어떤 경매장보다 더 오랜 역사를 가지고 있다. 세계 적인 조직의 일환으로, Jonabey의 서울 지사는 1980년 봄에 설립되었다. Jonabey 전문 부서에는 그림, 도안, 인쇄물, 보석류, 악 기, 술, 특산 포도주, 자동차, 그 외에 아주 다양한 품목을 취급하는 부서들이 있다. 전문 감정은 무료로 판매의 부담 없이 이용할 수 있다.

45

When used for studies of learning and memory, the octopus is a more interesting subject than the squid. Unlike the free-swimming squid, which relies exclusively on its eyes to guide it to tasty fish or crab, the octopus often feed off the bottom of the sea. It uses not only its eyes but its tentacles to identify a likely meal. The brain of the octopus has two separate memories — storage areas — one for visual memories and the other for tactile memories.

어구풀이

- unlike : ~와 달리
- exclusively : 오로지, 배타적으로
- feed off : ~을 다 먹어치우다
- rely on : 의존하다
- tentacle : (문어 등의) 촉수
- tactile : 촉각의

모범번역

학습과 기억에 관한 연구에 사용하고자 할 때는 낙지가 오징어보다 더 흥미로운 실험 대상이 된다. 자유로이 헤엄치면서 맛있는 물 고기나 게를 찾기 위해 오직 눈에만 의지하는 오징어와는 달리 낙지는 바다 밑바닥에서 먹이를 찾는다. 적당한 먹이를 식별하기 위 해서 낙지는 눈뿐만 아니라 촉수도 이용한다. 낙지의 머리에는 두 개의 분리된 기억 저장 영역이 있다. 하나는 시각적인 기억의 저 장을 위해, 다른 하나는 촉각적인 기억의 저장을 위한 것이다.

46

For financial reasons, Galileo was never able to complete his formal university training. Nevertheless, his exceptional ability as a mathematician gained him the post, in 1589, of professor of mathematics and astronomy at the University of Pisa. In 1592 he obtained a far better position at the University of Padua, where he remained until 1610, when he left to become mathematician to the Grand Duke of Tuscany.

어구풀이

• financial : 재정적인
• nevertheless : 그럼에도 불구하고
• gain A B : A에게 B를 가져다주다

• complete : 끝마치다
• exceptional : 예외적인, 특별한

모범번역

재정상의 이유 때문에 갈릴레오는 그의 정규 대학교육을 끝마칠 수가 없었다. 그럼에도 불구하고 수학자로서 그의 탁월한 능력은 피사대학에서 1589년에 수학과 천문학교수의 지위를 가져다주었다. 1592년에는 파두아대학에서 훨씬 더 좋은 직위를 획득했다. 그리고 거기서 1610년까지 재직하다가, 그해 교수직을 벗어나 토스카나 대공의 수석 수학자가 되었다.

47

In many parts of the United States people leave a light on their home to fool thieves into thinking that someone is at home. This can be an elaborate system of light (as well as television and radios) timed to go on and off at different hours every night. Other people may leave a light on because they do not like to return to a dark house. And sometimes people are careless and just forget to turn their lights off.

어구풀이

• leave a light on : 불(전등)을 켜 놓다
• timed to go on and off : 켜지고 꺼지는 것이 시간에 맞춰진

• fool A into B : A를 속여 B하게 하다

모범번역

미국의 많은 지방에서는 집에 누군가가 있다고 생각하도록 도둑을 속이기 위해 집에 불을 켜둔 채 외출한다. 이것은 (텔레비전이나 라디오뿐만 아니라) 전깃불을 밤마다 다른 시간에 켜지고 꺼지도록 시간을 맞춰 놓는 정교한 시스템일 수도 있다. 또 어떤 사람들은 어두운 집에 되돌아오기가 싫어서 불을 켜둔 채 외출하는 수도 있다. 또 때로는 사람들이 부주의해서 외출할 때 불을 끄는 것을 잊어버리는 수도 있다.

48

An ecosystem such as a tropical rain forest, does not suddenly appear overnight. It develops over decades or centuries. Ecosystems mature, just as people do, from infants to adults. An open field will eventually turn into a forest, but first it must go through several stages, similar to a human's developmental stages.

어구풀이

• tropical rain forest : 열대 우림
• A turn into B : A가 B로 바뀌다

모범번역

열대 우림과 같은 생태계는 하룻밤 사이에 갑자기 나타나지 않는다. 그것은 수십 년이나 수 세기에 걸쳐 발달한다. 생태계는 인간이 어린아이에서 어른이 되듯 그렇게 성숙한다. 수목 없이 탁 트인 들판이 결국 숲으로 변할 수도 있지만 그렇게 되려면 먼저 인간의 발달 단계와 유사한 여러 단계를 거쳐야 한다.

49

It is said that when Elias Howe's wife complained to him that her sewing machine hardly did the job for which it was designed, Howe dreamed one night that a savage was chasing him with a gleaming spear which had a hole in the point. Howe woke up terrified but terribly excited. He had found the answer to the problem of making the lock stitch on a sewing machine, a problem which had baffled every inventor before. Put the eye in the point of the needle!

어구풀이

• spear : 창
• baffle : 좌절시키다, 당황하게 하다
• lock stitch : 재봉틀 박음질, 이중 박음질

모범번역

엘리어스 하우의 아내가 그에게 재봉틀이 제 기능을 다하지 못한다고 불평했을 때, 하우는 어느 날 밤 야만인이 끝에 구멍이 뚫려있는 창을 번득이며 그를 뒤쫓는 꿈을 꾸었다고 한다. 그는 겁에 질려 잠에서 깼다. 그러나 대단히 흥분했다. 그는 전에 모든 재봉틀 발명가들을 좌절시켰던 문제인, 재봉틀의 이중 박음질의 문제에 대한 해답을 그 꿈속에서 발견했던 것이다. 바늘 끝에 바늘귀를 뚫어라!

50

Just as sailors must prepare for storms at sea, so space travelers have to be wary of radiation storms that could surround them with a hail of deadly rays. These radiation storms in the sea of space begin on the sun. For reasons still unknown, the sun sometimes shoots off great masses of fiery gas into space. These "solar flares" do not happen often. There are no advance warnings, however. At any time the sun can send a radiation storm sweeping into space.

어구풀이

• (just) as S+V, so S+V : ~와 (꼭) 마찬가지로 ~도 ~하다
• for reasons still unknown : 아직도 밝혀지지 않은 이유 때문에　　• be wary of : ~을 주의하다(경계하다)

모범번역

선원들이 바다에서 폭풍에 대비해야 하듯, 우주 여행자들은 빗발치는 치명적인 광선으로 자신들을 둘러쌀 수 있는 방사능 폭풍에 주의해야 한다. 이러한 우주 공간에서의 방사능 폭풍은 태양에서 시작되는 것이다. 확실하지는 않으나 태양은 때때로 거대한 불덩이 가스를 우주로 뿜어낸다. 이러한 "태양 플레어(태양 표면에 일어나는 폭발 현상)"는 자주 일어나지는 않으나, 사전 경고가 없다. 언제든 태양은 우주를 휩쓰는 방사선 폭풍을 방출할 수 있다.

51

Repairing a damaged best-friendship is difficult, if not impossible. If your ex-best friend acts like she doesn't care that your friendship is history, don't try to force a reconciliation. As hard as it is, you have to let her go, or else you'll end up feeling like a fool or getting hurt even more. If you decide that you want to try and salvage the friendship, go straight to the source. Don't try to network through your other friends, who might get your message wrong or worse yet, not deliver them.

어구풀이

• if not impossible : 불가능한 것은 아니지만　　　　　　• ex-best friend : 전(前) 단짝 친구
• reconciliation : 화해　　　　　　　　　　　　　　　• network : 연락망을 펴다, 접근하다
• As hard as it is는 옛 어형이지만 미국에서는 여전히 같은 의미로 쓰이고 있다. 맨 앞의 As를 생략한 형태는 hard를 강조하기 위해 없어진 것임

모범번역

손상된 단짝 우정을 다시 회복하기란 전혀 불가능하지는 않지만 어려운 일이다. 만일 전의 단짝 친구가 과거의 우정에 전혀 신경쓰지 않는 것처럼 행동한다면 굳이 화해하려 들지 마라. 어렵겠지만 가게 내버려두어라. 그렇지 않으면 결국 네 자신을 바보 같다고 느끼게 되거나 더 상처받게 된다. 만일 다시 노력해서 우정을 되찾기로 결심했다면, 바로 그 친구에게 접근하여라. 다른 친구들을 통해 당신의 의사를 전달하려고 하지 말라. 그 친구들은 당신의 의사를 잘못 이해하거나, 더 안 좋게 이해하거나 아예 전달하지 않을 수도 있다.

52

In two decades, millions of ordinary, psychologically normal people will face an abrupt collision with the future. Many of them will find it increasingly painful to keep up with the incessant demand for change that does not characterize our time. This acceleration of change is a concrete force that reaches deep into our personal lives, compels us to act out new roles, and confronts us with the danger of a new and powerfully upsetting disease. This new disease can be called "future shock."

어구풀이

- decade : 십 년
- an abrupt collision with : ~와의 갑작스런 충돌
- keep up with : ~와 보조를 맞추다, ~에 뒤떨어지지 않다(= keep pace with, keep abreast with)
- incessant : 끊임없는(= perpetual)
- concrete : 구체적인, 실제의
- psychologically : 심리학적으로
- acceleration : 가속화, 촉진
- confront someone with : ~을 …에 직면하게 하다

모범번역

20년 내에 수백만의 평범하고 심리적으로 정상적인 사람들은 미래와의 갑작스런 충돌에 직면할 것이다. 이들 중 많은 사람들은 우리들의 시대를 특징짓지 않는 변화에 대한 계속되는 요구를 따라잡기가 점차 고통스러울 것을 알게 될 것이다. 이러한 변화의 가속화는 우리 개인의 삶에 깊이 침투하여 새로운 역할을 강요하고, 새로우면서 몹시 혼란스러운 질병에 위험에 맞닥뜨리도록 하는 구체적인 힘이다. 이 새로운 질병은 소위 "미래 충격"이라고 하는 것이다.

53

Play has many functions: it gives children a chance to be together, a chance to use their bodies, to build muscles, and to test new skills. But above all, play is a function of the imagination. A child's play is his way of dealing with the issues of his growth, of relieving tensions and exploring the future. It reflects directly the problems and joys of his social reality. Children come to terms with the world, wrestle with their pictures of it, and reform these pictures constantly, through those adventures of imagination we call play.

어구풀이

- function : 기능
- dealing with : 다루는 것
- relieving tension : 긴장을 완화함
- social reality : 사회적 현실
- wrestle : 겨루다
- imagination : 상상력
- issue : 문제, 주제
- reflect : 반영하다
- come to terms with : 타협하다, 익숙해지다
- reform : 개혁하다, 고치다

놀이는 아이들에게 함께 어울리고, 몸을 움직이며, 근육을 형성하고, 새로 익힌 요령을 시험하는 기회를 제공하는 등 여러 가지 기능을 한다. 그러나 무엇보다도 놀이의 기능은 상상력에 있다. 아이들의 놀이는 그들이 성장하고 긴장을 풀며 미래를 탐색하는 데 있어서의 방편이 된다. 놀이는 문제와 사회적 현실에서 오는 즐거움을 직접 반영한다. 아이들은 놀이라고 불리는 상상의 모험을 통하여 세상과 타협하고, 세상의 문제를 해결하고자 애쓰거나 끊임없이 고쳐나간다.

54

In addition, the employee may take up to six days of sick leave. Unused sick leave may not be taken as vacation leave. Unused vacation leave cannot be carried over into next year's vacation but will be lost. Emergency sick leave for close relatives may be taken after consultation with the director.

어구풀이

• sick leave : 병가
• consultation : 상담, 협의

모범번역

이 밖에도 사원들은 6일간 병가를 받을 수 있다. 사용하지 않은 병가는 일반 휴가로 전용될 수 없고, 사용하지 않은 금년의 휴가도 내년 휴가로 이월되지 않고 없어진다. 가까운 친척에 대한 응급 병가는 상사와의 협의 후 받을 수 있다.

55

For all the success of Japan as an exporter of cars and camcoders, its music, movies, television shows and books, with a few exceptions, do not sell well abroad. But in cartoons, Japan is a superpower. Consider this: last year, more than half of the box-office revenues of Japan's movie industry came from animations.

어구풀이

• camcoder : 캠코더(비디오카메라와 비디오카세트 레코더(VCR)를 한데 합친 소형 전자기기)
• with a few exceptions : 몇 가지를 제외하고는
• revenue : 세입, 수입
• animation : 동화, 애니메이션

모범번역

자동차와 캠코더의 수출국으로 일본이 성공을 거두었음에도 불구하고, 일본의 음악이나 영화나 TV show와 서적은 몇 가지 예외를 제외하고는 해외에서 잘 팔리지 않는다. 그러나 만화에서는 초강세이다. 작년에 일본 영화산업의 관객 수입의 반 이상을 애니메이션에서 올렸다는 사실을 생각해보기 바란다.

56

In the late 1920's the talkies came. Movies had found a voice, and music and talk became a part of film — first with phonograph records and then by a sound track that was printed on the film next to the pictures. This change brought many new actors and actresses into the film industry. Some of the stars of the silent films — those whose voices were not well trained — had to retire.

어구풀이

• talkie : (구어)발성 영화, 토키(= talking film)
• sound track : 사운드 트랙(영화 필름 가장자리의 녹음대)
• This change ~ industry : 이런 변화 때문에 많은 남녀배우들이 영화산업에 뛰어들게 되었다.

모범번역

1920년대 후반에 발성 영화가 제작되었다. 영화에 음성이 들어가게 되어, 음악과 대화가, 처음에는 축음기로써, 그 다음에는 영화장면이 찍힌 필름 가장자리에 음성이 녹음되는 사운드 트랙으로, 영화의 한 부분이 되었다. 이런 변화 때문에 많은 남녀 배우들이 영화(산업)에 뛰어들게 되었다. 발성 교육을 제대로 받지 못한 무성 영화의 스타들은 은퇴하지 않을 수 없었다.

57

In many American inner cities, the two-parent family has all but vanished. Elsewhere in America, divorce is up and single-parenthood is rising fast. Europe is not far behind. America and Europe alike are witnessing profound changes in the structure of the family — increase in divorces and in births outside marriage. Great economic and social forces, combined with policy have weakened the link between parenthood and partnership.

어구풀이

• all but : 거의(= almost)
• births outside marriage : 혼인 외 출생
• the link between parenthood and partnership : 부부이면서 동시에 자녀들의 부모인 정상적인 관계

모범번역

많은 미국 내의 내륙 대도시에서는, 양부모 가정이 거의 사라졌다. 미국의 다른 곳에서도 이혼이 증가하며 편부, 편모 가정이 급증하고 있다. 유럽도 결코 이에 뒤지지 않는다. 미국과 유럽은 둘 다 똑같이 가정 구조의 심각한 변화, 즉 이혼과 혼인 외 출생의 증가를 겪고 있다. 정책과 결부된 커다란 경제적, 사회적 힘이 부모와 부부 간의 관계를 약화시켰다.

58

American architecture is at its best when it is concerned with buildings that have a practical purpose. Factories, office buildings, public buildings, rail terminals and airports, and other such structures show American architecture at its most imaginative and graceful, as well as at its most useful. The single most important American architectural design is the skyscraper, a style developed in the late nineteenth century and since known as the trademark of American architecture the world over.

어구풀이

• is at its best = is best expressed
• A as well as B = not only B but also A
• known as : ~로서 알려진
• the world over = all over the world

모범번역

미국 건축은 실용적 목적을 갖춘 건물이라는 관점에서 볼 때는 가장 탁월하다. 공장, 사무실, 공공건물, 철도역, 공항, 기타 건물들은 가장 실용적이면서 동시에 가장 상상력이 풍부하고 우아한 미국 건물의 진수를 보여주고 있다. 가장 중요한 미국 건축 디자인의 하나는 19세기 후반에 발달되어 그 후로 전 세계에 미국 건축의 상표처럼 알려진 스타일인 마천루이다.

59

It is important for this man to be honorable and to write about both sides of a problem. If he explains only one side of a story, he is not being just. This man must never change facts to please any person or any group. It is also important for this man to remember that his duty is to serve his readers. Some of his readers may not like him or may even be angered by his stories. However, it is not necessary for him to please everyone. If his facts are true, that is all that counts.

어구풀이

• just : 공정한, 정당한
• count : 중요하다(= be important)

모범번역

이 사람은 명예도 지키고 문제의 양면을 다 보도하는 것도 중요하다. 만일 그가 어떤 얘기의 한 면만을 설명한다면 그는 공정하지 못할 것이다. 이 사람은 어떤 개인이나 집단을 즐겁게 하기 위하여 사실을 변경해서는 안 된다. 이 사람은 자신의 임무가 독자들에게 봉사하는 것이라는 사실을 기억하는 것도 중요하다. 독자들 중에는 그를 좋아하지 않을 사람도 있고, 심지어는 그의 기사를 보고 화를 낼 사람도 있을 것이다. 그러나 그가 모든 사람들을 다 기쁘게 할 필요는 없다. 그의 정보가 사실이라면, 그것은 중요한 것이다.

60

This is one of the best ways to see the country. Apart from rambles over the moorland areas, you can walk for miles along the coast — indeed, cliff-walking is one of the most enjoyable pastimes in Cornwall. There are many country footpaths and lanes available to the walker. It is a good idea to try and snatch a few days in Cornwall in early spring and take walks along sheltered country lanes in the south of the county, where you can enjoy the profusion of spring flowers.

어구풀이

- apart from : ~이외에도, ~은 별 문제로 하고
- footpath : 보행자용의 작은 길, (英)인도
- snatch a few days : 며칠 간 짬을 내다
- county : (英) 주(정치 · 행정 · 사법상의 최대구획) 〈고유명사와 결합하면 shire가 된다. the county of Berk = Berkshire〉
- moorland : 황무지
- lane : 오솔길, 골목길(= alley)

모범번역

이것이 이 고장을 구경할 수 있는 가장 좋은 방법 중의 하나다. 황무지 지역을 산책하는 것 외에도, 해안선을 따라 수 마일을 산책할 수 있다. 정말이지, 절벽을 끼고 걷는 것은 영국 서남부 주(州)인 콘월에서 보내는 가장 즐거운 소일거리이다. 보행객이 이용할 수 있는 수많은 시골 소로와 오솔길이 있다. 이른 봄에 며칠 간 짬을 내서 콘월에서 흐드러지게 피어 있는 봄꽃을 감상할 수 있는 그 주(州) 남쪽의 은밀한 시골길을 따라 산책하겠다는 계획을 세워보는 것은 좋은 생각이다.

61

He is one of the most famous yet mysterious celebrities of recent times. Although he has been silent for more than five thousand years, he had told us much about early European humans. He is the Iceman, the intact mummy found sticking out of the ice by a German couple hiking in the Alps in 1991. He was thought at first to be a modern victim of a hiking accident, but scientific study had proved him to be from the Copper Age.

어구풀이

- celebrity : 고명(高名)한 사람, 유명 인사, 명사
- mummy : 미라
- intact : 손상되지 않은, 원상 그대로의
- Copper Age : 청동기 시대

모범번역

그는 최근 아직은 의문에 둘러싸인 가장 유명한 인사들 중 하나이다. 그는 5천여 년 동안 침묵을 지키고 있었지만, 초기 유럽인들에 대한 많은 것을 알려주었다. 그는 1991년 알프스를 등산하던 독일인 부부에 의해 얼음 밖으로 일부가 드러난 원형 그대로의 미라 형태로 발견된 '아이스 맨'이다. 처음에 그는 조난 사고를 당한 현대인으로 여겨졌으나, 과학적인 연구 결과 청동기 시대의 사람인 것으로 밝혀졌다.

62

A small quantity of aspirin(two five-grain tablets) relieves pain and inflammation. It also reduces fever by interfering with some of the body's reactions. Specifically, aspirin seems to slow down the formation of the acids involved in pain and the complex chemical reactions that cause fever. The chemistry of these acids is not fully understood, but the slowing effect of aspirin is well known.

어구풀이
• two five-grain tablets : (무게) 5그레인 2정
• chemistry : 화학작용
• inflammation : 염증
• is not fully understood : 완전히 이해된 것은 아니다

모범번역
소량의 아스피린(5그레인 2정)은 통증과 염증을 경감해준다. 또한 일부 신체 반응을 방해함으로써 해열작용도 한다. 특히 아스피린은 통증을 유발하는 산의 형성과 열을 일으키는 복잡한 화학반응을 둔화시켜 주는 것으로 보인다. 이러한 산의 화학작용은 완전히 이해되고 있지는 못하지만, 아스피린의 둔화 효과만은 잘 알려져 있다.

63

So vast is the insect world that entomologists can't even agree on how many kinds of insects there are. They suspect that there may be as many as two million, making up three-quarters of the known varieties of animals in the world. They probably outweigh all other animals on land. More than six thousand new species are being recorded every year. Insects are man's most successful competitor for food and space on this planet.

어구풀이
• So vast is the insect world that ~ = The insect world is so vast that ~ 〈도치구문〉
• entomologist : 곤충학자
• three-quarters : 3/4(= three-fourths)
• make up : 구성하다

모범번역
곤충 세계는 너무도 광대해서 곤충학자들도 곤충의 종류가 몇 종이나 되는지에 관해서 의견이 분분하다. 그들은 2백만 종이나 되는 곤충이 있고 이 숫자는 알려져 있는 전 세계 동물 종류의 3/4을 차지하는 것이 아닌가라고 생각하고 있다. 곤충은 아마도 육지의 모든 동물을 웃돌 것이다. 매년 6천여 종 이상이 새로운 종으로 기록되고 있다. 곤충은 이 지구상에서 식량이나 공간이라는 면에서 인간의 가장 성공적인 경쟁자이다.

64

All beverages on board this flight are complimentary and you can enjoy a wide selection of wines, spirits, beer and non-alcoholic drinks. Blankets and pillows are available on request or are stowed in the overhead compartments.

For greater comfort, you can recline your seat at the push of a button and if the adjacent seat is vacant, you can raise the arm-rest for more room. To while away your time, you can tune in to the music of your choice.

어구풀이

- beverage : 음료수
- spirits : 독한 술
- To while away ~ : 시간을 느긋하게 보내기 위하여 〈목적표시의 부사용 부정사〉
- complimentary : 무료의(= free)
- be available on request : 신청하면 이용할 수 있다

모범번역

이 기내의 모든 음료는 무료이고, 포도주, 양주, 맥주, 비알코올 음료 등 폭넓게 선택하실 수 있습니다. 담요나 베개는 신청해서 이용할 수 있고, 혹은 머리 위 격실에 들어있습니다.

더 편해지고 싶으시다면, 버튼을 눌러 의자를 뒤로 젖힐 수 있습니다. 옆 좌석이 비어 있다면, 팔걸이를 올려 보다 많은 공간을 이용할 수 있습니다. 보다 느긋하게 시간을 보내기 위해서 손님이 좋아하는 음악에 채널을 맞출 수 있습니다.

65

Several years ago I worked part-time as a shoe salesman. Since my salary was based partly on commission, I always had my eyes out for potential sales. One day I made a good sale to a woman and, emboldened by my success, asked her if her husband might also need a new pair of shoes. "I lost my husband," she replied. Mortified, I fumbled to sound the correct note of condolence, but before I could speak, she continued, "He was supposed to meet me at 11 and it's after 12."

어구풀이

- be based on : ~에 근거를 두다
- potential sales : 잠재 판매
- fumble : 더듬다
- sound the correct note of condolence : 위로할 적절한 말을 하다
- (Being) mortified = as I was mortified : 무안해져서 〈이유의 분사구문〉

몇 년 전, 나는 아르바이트로 제화점에서 판매원으로 일했다. 나의 봉급이 부분적으로 판매 수수료에 근거를 두고 있었기 때문에 나는 항상 판매 가능한 고객을 찾기 위해 혈안이 되어 있었다. 어느 날 어떤 부인에게 만족스러운 판매를 하고, 그것에 용기가 생겨서 그녀의 남편도 새 구두를 사야할 필요가 있지 않은지 물어 보았다. 그녀는 "남편을 잃어 버렸어요."라고 대답했다. 나는 무안해져서 적절한 위로의 말을 하려고 더듬거리고 있었다. 내가 말을 꺼내기도 전에, 그 부인이 계속 말을 했다. "남편은 11시에 나를 만나기로 되어 있었어요, 그런데 벌써 12시가 지났잖아요." (그것도 모르고 나는 죽었다는 줄 알았잖아)

66

While on vacation in San Francisco, my sister developed a toothache. The hotel desk clerk recommended a dentist. Susan, who dislikes heights, was horrified to discover that he was located on the 14th floor of a skyscraper, with two of the office walls made entirely of glass. Susan was sitting rigidly in the examination chair, clutching its sides, when the dentist came in. "Are you always this nervous?" he asked. "It's just that I'm not used to being up this high," Susan replied, eyes closed. "Oh, I'm sorry," he said. Then he lowered her chair six inches.

어구풀이

• heights : 높은 곳
• rigidly : 경직된 채
• (with) eyes closed : 두 눈을 감고서 〈부대상황의 분사구문〉

• skyscraper : 마천루
• lower : 낮추다

샌프란시스코에서 휴가를 보내고 있던 중 내 누이동생이 치통을 앓게 되었다. 호텔 사무직원이 한 치과 의사를 추천해 주었다. 고소 공포증이 있는 누이동생 수잔은 그 치과 병원이 마천루의 14층에 있고 그 병원 양쪽 벽이 완전히 유리로 되어 있다는 것을 알고, 완전히 겁에 질려 버렸다. 수잔은 완전히 경직된 채 의자 양측을 움켜잡고 검사용 의자에 앉아 있었다. 그 때 치과 의사가 들어왔다. "언제나 이렇게 겁이 많으세요?"라고 그가 물었다. 수잔이 두 눈을 감은 채 대답했다. "이렇게 높은 곳에 있는 데 익숙하지가 못하기 때문이에요." 그가 "오, 죄송해요."라고 말하고 의자를 낮추어 주었다. (참 한심하군, 누가 의자가 높다고 그랬나!)

67

My husband, Tony, performed in a band that often traveled to unfamiliar places. One Saturday night the musicians got lost on their way to a wedding at a Knights of Columbus hall. After wandering about the area for an hour, the driver pulled up to a boy and asked, "Do you know where the K of C is?" The boy gave detailed directions and the band was on its way. After negotiating a series of turns, they pulled up in front of a Kentucky Fried Chicken restaurant.

어구풀이

• get lost : 길을 잃다(= lose the[one's] way)　　　　　• on one's way to : ~가 ~로 가는 도중에
• pull up : (마차·차) 세우다, 멎다(= draw up)
• After negotiating a series of turns : 일련의 도는 길을 잘 돈 뒤에 → 꼬불꼬불한 길을 잘 돌아서

모범번역

내 남편 토니는 때때로 낯선 곳까지도 가는 악단에서 연주를 하고 있었다. 어느 토요일 밤에 악단원들은 로마 가톨릭의 우애 공제회 (Knights of Columbus)에서 열리는 결혼식에 가는 도중에 그만 길을 잃어버리고 말았다. 한 시간 가량 그 주변을 헤맨 후에, 운전 사가 한 소년 앞에 차를 멈추고, "K of C가 어디 있는지 아니?"라고 물어 보았다. 그 소년이 자세히 가르쳐 주었고 악단은 그 길로 갔다. 여러 차례 골목을 돈 후에 그들이 차를 세운 곳은 KFC(Kentucky Fried Chicken) 앞이었다.

68

Reading involves a complex form of mental activity. Television viewing does not demand complex mental activities. Reading develops the powers of imagination and inner visualization. Television viewing limits the workings of the viewer's imagination. Reading is a two-way process: the reader can also write. Television viewing is a one-way street: the viewer cannot create television images. Books are ever available, ever controllable. Television controls.

어구풀이

• inner : 안의, 내부(↔outer)　　　　　　　　　　• visualization : 구상화, 시각화, 심상화
• two-way process : 양 방향으로 작용하는 과정, 상호 작용 과정

모범번역

독서에는 복잡한 형태의 정신 활동이 포함된다. TV 시청은 복잡한 정신 활동을 요구하지 않는다. 독서는 상상력과 내적 시각화 능력 을 발달시킨다. TV 시청은 시청자의 상상 작용을 제한한다. 독서는 상호 작용의 과정이다. 그래서 독자는 쓸 수도 있다. TV는 일방 통행이다. 그래서 시청자는 TV 영상을 만들어 낼 수 없다. 책은 언제나 활용도 하고 통제도 한다. TV는 통제만을 한다.

69

What is sense of humor? It is very difficult to define. But humor is international. The best way to communicate with a foreigner is to make him laugh. I think laughter must have been the original language of the Garden of Eden. "Laugh, and the world will laugh with you; weep, and you weep alone" is one of the best-known English proverbs. This shows us the importance of laughter in society, and in international understanding.

어구풀이

• communicate with : ∼와 대화하다, ∼와 서로 이해하다
• weep : 눈물을 흘리다, 한탄하다   • proverb : 속담, 격언

모범번역

유머감각이란 무엇인가? 이것은 정의하기 매우 어려운 것이다. 그러나 유머는 국제적인 것이라고 할 수 있다. 외국인과 서로 대화하는 데 가장 좋은 방법은 그 상대를 웃게 하는 것이다. 나는 웃음이 에덴동산에서 사용한 최초의 언어였을 것이란 생각이 든다. "웃어라, 그러면 세상이 함께 웃을 것이요, 흐느껴라, 그러면 혼자만 흐느끼게 될 것이다."는 가장 잘 알려진 영국 속담 중의 하나이다. 이 속담을 통해서 우리는 사회에서 그리고 국제적으로 서로를 이해하는 데 웃음이 중요하다는 사실을 알 수 있다.

70

A good book is a supple and yielding thing. It is meant to be argued with, challenged, marked up. It is a battle ground for ideas and should show some evidence of a fight or at least some preliminary skirmishes. It is good for igniting minds — even if the resultant illumination shows it at a disadvantage. It achieves a noble function if it leads directly to the writing of a better book on the same subject.

어구풀이

• supple : 유연한, 융통성 있는   • yielding : 생산적인, 유연한
• skirmish : 사소한 충돌, 작은 논쟁   • ignite : 점화하다
• it is meant to ∼ = We mean it(the good book) ∼

모범번역

양서는 융통성 있고 생산적인 책을 말한다. 양서란 논쟁할 수 있고, 도전할 수 있고, 우리 의견을 주(註)를 달아 표시할 수 있는 책을 의미한다. 양서는 여러 가지 생각을 논할 수 있는 논쟁터이고, 논쟁이나 적어도 전초전의 증거를 보여 주어야 한다. 양서는 마음에 불을 당기기에 알맞다. 비록 그 결과로 나오는 불빛이 불리하게 그것을 비쳐 주더라도 말이다. 양서는 같은 주제에 대해 더 훌륭한 책을 쓰도록 직접적으로 이끌어 준다면 고귀한 기능을 달성한 것이다.

71

Jazz had its beginnings in song. Its roots lie deep in the tradition of Negro folk singing that once flourished throughout the rural southland of the United States before the Civil War. The Negro, in those days, owned only a few crude musical instruments which he made for himself from boxes, barrels, and brooms. His voice was his principal means of musical expression. Songs of work and play, trouble and hope, rose on rich and rhythmic voices everywhere in the South.

- lie in : ~에 있다(= consist in)
- principal mean : 주요 수단
- Songs ~ rose on ~ voices : ~한 노래가 ~한 목소리를 타고 흘러 나왔다.
- Civil War : 남북 전쟁

모범번역

재즈는 노래에 그 시작을 두었다. 그것의 뿌리는 남북 전쟁 전에 미국의 남부 전원 지역에 한때 풍미했던 흑인 민속음악의 전통에 깊이 박혀 있다. 그 당시 흑인들은 그들이 손수 상자나 통, 빗자루 등으로 만든 몇 가지 조잡한 악기밖에 없었다. (따라서) 목소리가 음악적 표현의 주된 수단이었다. 일과 놀이, 고통과 희망의 노래들이 그들의 풍부하고 리드미컬한 목소리를 타고 남부 지방 전역에서 흘러나왔다.

72

She seemed to shy; so Beethoven said no more, but seated himself quietly before the piano, and began to play. On his striking the first chord, I knew what would follow — how grand he would be that night. And I was not mistaken. Never during all the years I knew him, did I hear him play as he then played to that blind girl and her brother. He was inspired; and, from the instant his fingers began to wander along the keys, the very tone of the instrument began to grow sweeter.

어구풀이

- seated oneself : 앉았다(= was seated, sat down)
- the first chord : 최초의 화음
- be inspired : 영감을 받다
- I : 베토벤의 막역했던 친구
- instrument = the piano

모범번역

그녀는 수줍어하는 것 같았다. 그래서 베토벤은 더 이상 아무 말도 하지 않고 피아노 앞에 조용히 앉아서 연주하기 시작했다. 그가 첫 화음을 치자마자 나는 그 다음엔 어떻게 될 것인지를 알았다. 그날 밤 그가 얼마나 훌륭하게 연주할 것인지를 알았다. 역시 나의 생각은 틀리지 않았다. 내가 그를 알게 된 모든 세월 동안 나는 결코 그가 그 맹인 소녀와 그녀의 오빠에게 연주해 주었을 때만큼 훌륭하게 연주하는 것을 들은 적이 없었다. 그는 영감을 받았고 그의 손가락이 건반을 따라 움직이기 시작하자 피아노 소리는 점점 더 부드러워졌다.

73

It is said that a successful popular newspaper reflects the interests and tastes of its readers, and would not be successful if it didn't. If our papers are trivial, it is because our people are trivial. If Miss Marilyn Monroe's marriage or Lady Docker's wardrobe is given more space and attention than anything else, then that is because the bulk of readers are more passionately concerned and curious about Miss Monroe or Lady Docker.

어구풀이

• trivial : 사소한, 하찮은(= trifling)
• wardrobe : (개인 또는 극단 등의) 고유 의상
• the bulk of ~ : 대부분의~
• It will be said that ~ = They[We] will say that S+V : ~라고 말할 수 있을 것이다.

모범번역

성공적인 대중지는 독자의 흥미와 취향을 반영하고 있고, 만일 그렇지 않으면 성공적이지 않다고 말할 수 있을 것이다. 만일 우리 신문이 보잘 것 없는 신문이라면 그것은 우리 신문의 독자가 보잘 것 없기 때문이다. 만일 우리 신문이 마릴린 먼로의 결혼이나 도커 부인의 의상에 지면과 관심을 할애하고 있다면, 그것은 대다수의 독자들이 마릴린 먼로나 도커 부인에게 보다 열정적으로 관심을 가지고 있고 호기심을 보이고 있기 때문이다.

74

You might conclude that as passionate coin-lover I would be a predestined saver of money. The only way to save money, however, was to hide it in a money-box, and the only place I cared to have money was in my hand or in my pocket. Money in my money-box seemed to me to be no more really mine than money in anybody else's money-box. It was impossible to get at it except secretly with a chisel.

어구풀이

• predestine : (사람의 운명을) 미리 정하다   • chisel : 끌, 정
• A is no more B than C is D = A is not B just as C is not D

모범번역

당신은 내가 열성적인 동전 애호가로서 절약가가 될 운명을 타고났다고 결론내릴 수도 있다. 돈을 아끼는 유일한 방법은 돈을 저금통에 감추는 것이었으나, 내가 돈을 넣어두고 싶은 유일한 장소는 내 수중이나 호주머니였다. 저금통에 넣어둔 돈은 다른 사람의 저금통에 든 돈이 내 돈이 아닌 것처럼 정말 내 돈 같아 보이지 않았다. 몰래 끌을 사용하지 않고는 저금통 속의 돈을 꺼내기란 불가능하기 때문이다.

75

It seems clear that the human body is equipped to override the need for sleep in order to meet emergencies of quite long duration with faculties unimpaired. But this reversibility of the effect of loss of sleep in the face of urgent and absorbing demands may be the greatest source of danger. People may think they are more efficient than they really are.

어구풀이

- override : 무시하다(= take no notice of)
- unimpaired : 손상되지 않은
- reversibility : 거꾸로 될 수 있는 일, 가역성
- with faculties unimpaired : 능력(기능)이 손상되지 않은 채〈with＋명사＋p.p. : 부대상황〉

모범번역

인체는 꽤 오랜 기간의 응급사태에 대비하기 위하여 인체기능의 손상 없이 수면의 욕구를 무시해도 괜찮은 구조를 갖추고 있다는 것은 명백한 것 같다. 그러나 긴박하고, 열중해야 하는 요구에 직면해서 오는 수면손실의 역기능은 가장 큰 위험의 원인이 될 수도 있다. 사람들은 수면부족으로도 견디는 능력을 과신하기가 쉽기 때문이다.

76

Yes, "honesty is the best policy" — as King Lear at last realized, when he died embracing the dead body of his dearest Cordelia. Not perhaps in this world, but at least in a better world than this. And surely there must be a better world, in which the wrongs of this world — there are so many of them — may be righted, and the swift but crooked ways of injustice are finally overtaken by the slow, but straight justice of God.

어구풀이

- embrace : 포옹하다
- at least : 적어도
- wrong : (도덕적) 악, 부당한 행위, 나쁜 짓
- overtake : 뒤따라 잡다(= catch up with)
- A is overtaken by B : A는 B에 의해 뒤따라 잡히다 → (능동해석) B가 A를 뒤따라 잡다(굴복시킬 것이다)

모범번역

그렇다. 리어왕은 마지막에 그가 가장 사랑하던 코델리아의 시신을 끌어안고 죽어가며 깨달았듯 "정직은 최상의 방책이다." 이 세상에서는 그렇지 않을지도 모르지만, 적어도 이보다 나은 세상에서는 그럴 것이다. 그리고 현세의 수많은 부정이 바로잡힌 더 나은 세상은 분명 있을 것이며, 신속하지만 그릇된 불의의 방법이 마침내 느리지만 바른 신의 정의에 굴복할 것이다.

77

We begin life as an infant, totally dependent on others. We are directed, nurtured, and sustained by others. Without this nurturing, we would only live for a few hours or a few days at the most. Then gradually, over the following months and years, we become more and more independent — physically, mentally, and emotionally — until eventually we can take care of ourselves, becoming self-reliant.

어구풀이

• nurture : (영양을 주어) 키우다, 양육하다　　　　• sustain : 부양하다, 유지하다
• at (the) most : 많아야, 기껏해야(= not more than)

모범번역

우리는 전적으로 다른 사람에게 의존하는 유아로 인생을 시작한다. 우리는 다른 사람들에 의해 지도를 받고, 양육되고, 부양된다. 이런 보살핌이 없다면 우리는 기껏해야 몇 시간이나 며칠밖에 못 살 것이다. 그리고 점차로 여러 달이 지나고, 수년이 흐름에 따라 우리는 점점 더 육체적·정신적·감정적으로 독립하게 되고 마침내는 스스로를 돌보게 되고 자립하게 된다.

78

According to an ancient Greek myth, man was originally a composite being, half male and half female. A capricious god split him in two, with the result that the separated male and female have sought ever since to become reunited with the "other half." Modern psychologists make the same point in a somewhat different way. They say that "the deepest need of man is the need to overcome his separateness, to leave the prison of his aloneness."

어구풀이

• according to : ~에 따르면, ~에 의하면 cf. according as
• myth : (개개의) 신화 cf. mythology : (종합적) 신화
• capricious : 변덕스러운, 일시적인
• with the result that : 그 결과 ~는 ~이다 〈부사구를 마치 접속사처럼 해석〉

모범번역

고대 그리스 신화에 의하면, 인간은 원래 반은 남성이고 반은 여성인 복합적인 존재였다. 한 변덕스러운 신이 그를 둘로 갈라놓았다. 그 결과 갈라진 남성과 여성은 그 후로 계속 나머지 "반쪽"과 재결합하려고 노력하고 있다. 현대 심리학자들은 같은 주장을 좀 다르게 펴고 있다. 그들은 "인간의 가장 깊은 욕구는 그의 분리를 극복하고 외로움의 속박에서 벗어나려는 것이다"라고 말한다.

79

The history of all hitherto existing society is the history of class struggles. Freeman and slave, patrician and plebeian, lord and serf, guild-master and journeyman, in a word, oppressor and oppressed stood in constant opposition to one another, carried on uninterrupted, now hidden, now in an open fight, a fight that each time ended, either in a revolutionary reconstitution of society at large, or in the common ruin of contending classes.

어구풀이

• hitherto : 지금까지, 여태까지(= until now)
• lord and serf : 영주와 농노
• society at large : 전반적인 사회
• patrician and plebeian : 귀족과 평민
• guild-master and journeyman : 장인과 직공

모범번역

지금까지 현존하는 모든 사회의 역사는 계급투쟁의 역사이다. 자유민과 노예, 귀족과 평민, 영주와 농노, 길드(동업 조합)의 장인과 직공, 한 마디로 말해, 서로 영원한 적대 관계에 있는 억압자와 피억압자가 때로는 은밀히, 때로는 공공연하게 끊임없는 투쟁을 전개해 왔다. 그리고 이 투쟁은 항상 전반적인 사회의 혁명적인 재구성이나 투쟁하는 계급들의 공통 몰락으로 끝났다.

80

The guests for the most part disapproved of capital punishment. It was obsolete as a means of punishment, unfitted for a Christian state, and immoral. Some of them thought that capital punishment should be replaced universally by life-imprisonment.

"I don't agree with you," said the host. I myself have experienced neither capital punishment nor life-imprisonment, but in my opinion capital punishment is more moral and more humane than life-imprisonment. Execution kills instantly, life-imprisonment kills by degrees.

어구풀이

• capital punishment : 사형, 극형
• life-imprisonment : 종신형
• neither A nor B : A도 B도 아닌(등위 상관 접속사 : 여기서는 목적어 두 개를 대등하게 연결하고 있음)

모범번역

내빈들 중 대부분은 사형에 반대했다. 사형은 처벌 수단으로 폐지되었고 기독교 국가에서는 맞지 않으며, 비도덕적이었다. 손님들 중 몇 사람들은 사형은 전 세계적으로 종신형으로 교체되어야 한다고 생각했다.
주인이 말했다. "저는 여러분 의견에 찬성하지 않습니다. 내 자신은 사형도, 종신형도 경험한 바는 없지만, 제 의견으로는 사형이 종신형보다 더 도덕적이고 더 자비롭다고 생각합니다. 사형은 즉시 죽이지만, 종신형은 서서히 죽이거든요."

81

Computers are not superhuman. They break down. They make errors — sometimes dangerous ones. There is nothing magical about them, and they are assuredly not "spirits" or "souls" in our environment. Yet with all these flaws, they remain among the most amazing of human achievements, for they enhance our intelligence.

어구풀이

• break down : 고장나다(= become disabled or useless)
• with all : ～에도 불구하고(= for all)

모범번역

컴퓨터는 초인이 아니다. 그것은 고장이 나고 때로는 위험한 실수를 저지른다. 또 신비스러운 것이 없으며 확실히 우리 인간의 주변에 있는 "정신"이나 "영혼"도 아니다. 그러나 이 모든 결함에도 불구하고 컴퓨터는 가장 놀라운 인간의 업적 중의 하나이다. 왜냐하면, 컴퓨터는 우리의 지력을 높여 주기 때문이다.

82

Mexico City, the most populous city in the world is also the most polluted. This city's more than twenty million people drive three million cars, mostly old American junkers with no pollution controls, and the surrounding mountains trap the toxic fumes over the city. Open sewage systems and a lack of industrial regulations foul the air and water so badly that many residents drink only bottled water and wear surgical masks any time they're outdoors.

어구풀이

• junker : 낡은 자동차, (미) 마약 상용자
• open sewage system : (배관 시설을 해서 묻은 하수구 시설이 아니고) 그대로 드러난 하수구 시설

모범번역

세계에서 가장 인구가 많은 도시인 멕시코 시티는 가장 공해가 심한 도시이기도 하다. 2천만이 넘는 인구가 3백만 대의 차를 갖고 있는데, 그 대부분이 매연 억제 장치가 되어 있지 않은 고물 미국 차들이며, 게다가 주변의 산들이 도시 상공에 매연을 그대로 가두어 놓고 있다. 하수 설비가 매설되지 않고 산업 규정도 미비해서 공기와 물이 심각하게 오염되어 있다. 이 때문에 많은 시민들은 병에 든 생수만 마시고 집 밖에서는 수술용 마스크를 쓰고 있을 정도이다.

83

Acting on the contention that facts are sacred, reporters can cause untold suffering to individuals by publishing details about their private lives. They exert such tremendous influence that they cannot only bring about major changes to the lives of ordinary people but can even overthrow a government.

어구풀이

- act on : ~에 따라 행동하다
- untold : 말할 수 없는, 막대한
- contention : 주장
- bring about : 야기하다

모범번역

사실은 존중되어야 한다는 주장에 따라 행동하다가, 기자들은 다른 사람들의 사생활에 관해서 자세한 사실을 발표함으로써 개인에게 말할 수 없는 고통을 끼칠 수 있다. 그들은 그런 엄청난 영향력을 행사하기 때문에 평범한 일반 사람들에게 큰 변화가 일어나게 할 뿐만 아니라 정부를 전복할 수도 있다.

84

Man will never conquer space. Such a statement may sound ludicrous, after we have made such long strides into space. Yet it expresses a truth that our forefathers knew and we have forgotten — one that our descendants must learn again, in heartbreak and loneliness. Our age is in many ways unique, full of phenomena that never occurred before and never can again. They distort our thinking, making us believe that what is true now will be true forever, though perhaps on a larger scale.

어구풀이

- ludicrous : 우스운, 바보 같은(= ridiculous)
- making ~ = and they make us 〈분사구문〉
- phenomena : (phenomenon의 pl.) 현상, 사건, 사실
- distort : 왜곡하다(= pervert).
- on a larger scale : 더 큰 규모로, 더 크게

모범번역

인간은 우주를 정복할 수 없을 것이다. 우주에 성큼 다가간 마당에 이와 같은 말은 우스꽝스럽게 들릴지 모른다. 그렇지만 선조들은 이미 알고 있었고 우리는 잊고 있던, 우리 후손들도 상심과 외로움 속에서 배우게 될 진리를 잘 나타내고 있다. 우리들의 시대는 많은 점에서 독특하며, 전에도 없고 앞으로도 일어날 수 없는 현상들로 가득하다. 그러한 현상들이 우리의 사고를 왜곡하여 우리로 하여금 오늘날의 진리는 보다 큰 규모일지라도 영원히 진리로 남을 것이라고 믿게끔 한다.

85

Possessing, as the island does, a climate that allows the cultivation of almost every vegetable, it might be expected that agriculture in the island would be both easy and profitable. Such, however, is not the case: whatever the real cause may be, certain it is that the farmer, in general, reaps but little for his labour.

어구풀이

- 현재분사, as+S+do/과거분사, as+S+be : 이와 같이, 사실은
- both A and B : A와 B 둘 다(= at once A and B, alike A and B)
- such is not the case : 실상(진상)은 그렇지 않다(다르다)
- certain it is that : ~는 확실하다(= it is certain that에서 it은 가주어, that 이하가 진주어임)

모범번역

이와 같이 그 섬은 거의 모든 채소의 경작을 가능케 해 주는 기후를 가지고 있기 때문에 그 섬에서의 농업은 쉽고 유익할 것이라고 기대할 수 있을 것이다. 그러나 실상은 그렇지 않다. 진정한 이유야 어떻든 대체로 농부들은 노력에 비해서 수확량이 적다는 것은 확실하다.

86

David had slept only a short time when a rich-looking carriage, drawn by two fine horses, stopped directly in front of where he slept. One of the horses had injured its leg and the driver wished to let the horses rest for a while. An elderly businessman and his wife got out of the carriage and decided to rest during this time under the shade of the trees. There they noticed the spring of water and David asleep alongside of it. They tried to walk lightly and to make as little noise as possible in order not to wake David.

어구풀이

※ (다른 요소+분사+명사)의 5가지 형태

① 형용사+현재분사+명사
  - a sweet smelling rose
    = a rose which smells sweet 「향기로운 장미」
  - the smooth sounding motor
  - the tight-fitting gloves 「꽉 끼는 장갑」
② 명사+현재분사+목적어
  - the English-speaking foreigner
    = the foreigner who speaks English
  - the plant-eating animal 「초식 동물」

③ 명사+과거분사+명사
- the Sun-kist oranges
= the oranges which are kissed by the sun 「햇빛에 잘 익은 오렌지」
- a poverty-stricken village 「가난에 찌든 마을」

④ 부사+과거분사 + 명사
- the newly-wedded couple 「신혼 부부」
= the couple who are newly wedded
- the well-trained worker 「잘 훈련된 일꾼」

⑤ 의사분사(quasi participle) : 명사+ed 형태로 분사처럼 보이지만 분사가 아님
- a narrow-minded woman 「소견 좁은 여자」
- a good-natured man 「마음씨 착한 사람」

> **모범번역**
>
> 데이비드가 잠든 지 얼마 되지 않아 두 필의 멋진 말이 끄는 호화롭게 보이는 마차가, 그가 잠든 바로 앞에 멈춰 섰다. 말 한 필이 다리를 다쳐서 마부가 그 말을 잠시 쉬게 하고 싶었기 때문이었다. 초로의 신사 한 분이 부인과 함께 마차에서 내렸다. 그리고 그 동안에 나무 그늘 아래서 쉬어 가기로 작정했다. 그곳에서 그들은 샘물과 그 옆에 잠든 데이비드를 발견했다. 그들은 데이비드를 깨우지 않기 위해 가볍게 걸어 될 수 있는 한 소리를 내지 않으려고 애썼다.

87

The American economy now exhibits a wider gap between rich and poor than it has at any other time since World War II. The most basic reason, put simply, is that America itself is ceasing to exist as an economic system separated from the rest of the world. One can no more meaningfully speak of an "American economy" than of a "Californian economy." America is becoming only a region of a global economy.

> **어구풀이**
>
> - put simply = if it is put simply : 간단히 말하면 〈이때 put은 express〉
> - A is no more B than C is D : A가 B가 아닌 것은 C가 D가 아닌 것과 마찬가지이다
>   (= A is not B just as C is not D)

> **모범번역**
>
> 미국 경제는 지금 제2차 세계대전 이래로 다른 어느 때보다 더 큰 빈부의 격차를 보이고 있다. 간단히 말해서 가장 근본적인 이유는, 미국 자체가 세계 나머지 국가와 구별되는 (특별한) 경제체제로서 존재하지 못하고 있는 것이다. 우리가 "캘리포니아 경제"를 특별히 얘기할 수 없는 것처럼 "미국 경제"라고 특별히 내세울 것도 없다. 미국은 세계경제의 단지 한 지역이 되고 있다.

88

This idea may be shocking to some people because they feel weak and frustrated for they do not understand themselves — who they really are. They would rather have someone else take over the responsibility of choosing and deciding for them. But, the truth is, each one of us is in fact an incarnation of life itself.

어구풀이

• would rather+원형 : 차라리(오히려) ~하고 싶다(~하는 것이 더 낫다)
• take over : 떠맡다, 인계받다　　　　　　　　　　• incarnation : 화신

모범번역

진정으로 자신은 누구일까?라는 생각은 어떤 사람들에게는 충격적일 수도 있다. 왜냐하면, 그들은 자신을 이해할 수 없어서 유약함과 좌절감을 느끼기 때문이다. 그들은 다른 사람이 그들 대신 선택하고 결정하는 책임을 떠맡아 주기를 바라고 있다. 그러나 우리들 각자가 사실 생명 그 자체의 화신이라는 것이 진실이다.

89

Learn to concentrate as early in life as possible. Concentration is the ability to keep your thoughts and attention on one thing until you know it thoroughly. It is a habit that you must possess if you are really to succeed. I can't emphasize the importance of this too strongly. It could be the difference between your being a most successful man and an ordinary one.

어구풀이

• concentrate : 집중하다　　　　　　　　　　• keep A on B : A를 B에 모으다
• thoroughly : 완전히, 철저히　　　　　　　　• emphasize : 강조하다, 역설하다
• can't ~ too+형용사/부사 : 아무리 ~해도 지나치지 않다

모범번역

가능하면 어린 시절에 정신 집중의 방법을 배워라. 정신 집중은 어떤 것을 완전히 알 때까지 생각과 주의력을 한 가지 일에 집중시키는 능력을 말한다. 이 능력은 정말 성공하고 싶은 사람이면 반드시 지녀야 할 습관이다. 그 중요성은 아무리 강조해도 지나치지 않으며 그것은 성공하는 사람과 평범한 사람의 차이점이 될 수 있는 것이다.

90

The main problem with all of these methods lies in the cost of processing. It is the cost of the energy needed to convert sea water to drinking water that is so high. In the United States, fossil fuels, such as coal and oil, and electricity are the main sources of energy. But in underdeveloped countries where fossil fuels do not exist and electricity is an unavailable luxury, other sources must be sought.

어구풀이

• lie in : (문제 등이) ~에 있다
• fossil fuel : 화석연료
• convert A to B : A를 B로 바꾸다

모범번역

이 모든 방법의 주된 문제는 가공 비용에 있다. 그 비용이란 바닷물을 식수로 바꾸는 데 필요한 아주 비싼 에너지 비용이다. 미국에서는 석탄·석유와 같은 화석연료와 전기가 주 에너지원이다. 그러나 화석연료가 없고, 전기가 이용할 수 없는 사치품인 저개발 국가에서는 다른 자원을 찾지 않으면 안 된다.

91

With every increase of knowledge and skill, wisdom becomes more necessary, because every such increase augments our capacity of realizing our purposes, and therefore augments our capacity for evil, if our purposes are unwise. The world needs wisdom as it has never needed it before; and if knowledge continues to increase, the world will need wisdom in the future even more than it does now.

어구풀이

• with every increase of knowledge and skill : 지식과 기술이 증가함에 따라
• augment : 증가시키다, 증대하다, 늘다

모범번역

지식과 기술이 증가할 때마다, 지혜도 더욱 필요하게 된다. 왜냐하면, 그러한 증가가 일어날 때마다 우리의 목적을 달성할 수 있는 능력이 증가하고 따라서 우리의 목적이 현명하지 못하면 해악을 깨칠 우리의 능력도 증가될 것이기 때문이다. 세계는 전례 없이 지혜를 더욱 필요로 한다. 만일 지식이 계속 증가하면 미래에는 현재보다 훨씬 더 지혜를 필요로 할 것이다.

92

At the heart of the controversy is a trial system which focuses on statements and evidences given in the courtroom. Under the trial system, a major component of the judicial reform drive, a judge rules based on a defendant's statement, evidence provided by the prosecution and testimonies by witnesses from both sides in criminal cases. Pretrial depositions given by the prosecutor will be inadmissible in court.

어구풀이

- defendant : (형사) 피고인
- testimony : 증언
- prosecution : 검찰 당국, 기소자측
- inadmissible : (법적으로) 증거로서 인정되지 않는

모범번역

법정에서 행해지는 진술과 증거에 초점을 맞추겠다는 재판제도, 즉 공판 중심주의가 논쟁의 중심에 있다. 사법 개혁 운동의 주된 요소 중 하나인 공판 중심제도 하에서, 판사는 판결의 형사 사건에 있어서 피고인의 법정 진술, 검찰이 제출하는 증거들, 그리고 검찰과 피고 양측 증인들의 증언을 기초로 하게 된다. 검찰의 사전 심문 조서는 법정에서 인정받지 못하게 된다.

93

There are men who cannot be friends except when they are under an illusion that their friends are perfect, and when the illusion passes that is the end of their friendship. But true friendship has no illusions, for it reaches to that part of a man's nature that is beyond his imperfections, and in doing so it takes all of them for granted. It does not even assume that he is better than other men, for there is egotism in assuming that.

어구풀이

- except when ~ : ~한 때를 제외한(when은 관계부사, 그 이하는 when이 이끄는 명사절)
- illusion : 환상, 환영
- egotism : 자기중심적임
- take A for (being) granted : A를 당연하게 여기다

모범번역

그들의 친구가 완전하다는 환상을 갖고 있을 때 외에는 친구가 될 수 없고, 그 환상이 깨지면 우정도 끝이라고 생각하는 사람들이 있다. 그러나 진정한 우정에는 환상이 없다. 왜냐하면, 진정한 우정은 친구의 불완전함을 초월하는 인간 본성에 닿아 있기 때문이고, 그러자면 진정한 우정은 친구의 불완전한 것 모두를 당연한 것으로 여기기 때문이다. 진정한 우정은 그가 다른 사람들보다 낫다고 생각조차 하지 않는다. 왜냐하면, 그런 생각에는 자기중심적인 데가 있기 때문이다.

94

No one can really stop growing old; he can only cheat himself by not admitting that he is growing old. And since there is no use fighting against nature, one might just as well grow old gracefully. The symphony of life should end with a grand finale of peace and serenity and material comfort and spiritual contentment, and not with the crash of a broken drum or cracked cymbals.

어구풀이

• might as well+원형 : ~하는 편이 낫다
• serenity : 평온, 조용함(= calmness)
• finale : 피날레, 종곡, 대단원
• cracked cymbals : 금이 간 심벌즈

모범번역

아무도 진정으로 늙는 것을 막을 수는 없다. 단지 늙는다는 사실은 인정하지 않음으로써 자신을 기만할 수는 있다. 자연에 대항해서 싸워 봤자 소용이 없기 때문에 우리는 품위 있게 늙어 가는 편이 더 낫다. 인생의 교향곡은 평화와 평온함과 물질적인 안락과 정신적 만족의 피날레로 끝나야 하고, 깨어진 북을 울리고 금이 간 심벌즈를 두드리며 안간힘을 쓰며 끝내서는 안 된다.

95

This attitude — that nothing is easier than to love — has continued to be the prevalent idea about love in spite of the overwhelming evidence to the contrary. There is hardly any activity, any enterprise, which is started with such tremendous hopes and expectations, and yet, which fails so regularly, as love.

어구풀이

• nothing is easier than ~ : ~보다 더 쉬운 것은 없다(부정어구+비교급+than = 최상급)
• prevalent : 널리 퍼진, 우세한, 보편적인
• to the contrary : 반대의

모범번역

이러한 태도, 즉 사랑하는 것보다 더 쉬운 일은 없다는 태도는 이에 상반되는 많은 증거가 있음에도 불구하고 사랑에 대한 보편적인 관념으로 지속되어 왔다. 사랑만큼 엄청난 희망과 기대 속에 시작되었다가 으레 실패로 끝나고 마는 활동이나 사업은 거의 없다.

96

According to ancient lore, every man is born into the world with two bags suspended from his neck — one in front and one behind, and both are full of faults. But the one in front is full of his neighbor's faults; the one behind, full of his own. Consequently, men are blind to their own faults but never lose sight of their neighbor's.

어구풀이
- lore : (민족·단체 따위의, 또는 어떤 특정 제목·분야에 대한 전승적인) 지식, 학문
- lose sight of : 시야에서 놓치다(↔ catch sight of)

모범번역
예부터 내려오는 이야기에 따르면, 모든 사람은 목에 두 개의 자루를 매달고 태어난다고 한다. 하나는 앞에, 하나는 뒤에 매달려 있는데 둘 다 결점으로 가득하다는 것이다. 그러나 앞의 자루는 이웃 사람의 결점으로, 뒤의 자루는 자신의 결점으로 가득 차 있다. 결국 사람들은 자신들의 결점은 보지 못하지만 이웃의 결점은 결코 놓치지 않는다.

97

We of the West need to have happiness restored to us, not through a new religion, but through a simple return to those things which make people really happy. The East is right about it — what makes people really happy is to feel themselves wanted and understood and appreciated. The fabulous courtesy of the East is not a ritual, but simply oil to grease the machinery of human relationships.

어구풀이
- restore : 회복하다
- fabulous : 믿어지지 않는, 굉장한
- not through A but through B : A를 통해서가 아니라, B를 통해서(= not A but B)
- ritual : 의식, 예식
- grease : 윤활유를 치다

모범번역
우리 서양 사람들은, 새로운 종교를 통해서가 아니라, 사람들을 진정으로 행복하게 만드는 것들로 그냥 되돌아옴으로써, 행복을 회복할 필요가 있다. 사람들의 진정한 행복은 자신을 필요로 하고, 이해해 주고, 인정을 해 준다는 느낌을 가지는 것이라는 동양 사람들의 생각은 옳다. 동양의 깍듯한 예의는 의식이 아니라, 인간관계라는 기계를 원활케 해주는 단순한 기름이다.

98

One morning, I got into the big bed, and there, sure enough, was father in his usual Santa Claus manner, but later, instead of a uniform, he put on his best blue suit, and mother was as pleased as anything. I had nothing to be pleased about, because, out of uniform, father was altogether less interesting, but she only beamed, and explained that our prayers had been answered. And off we went to Mass to thank God for having brought father safely home.

어구풀이

• sure enough : 아니나 다를까, 과연, 틀림없이　　　　• as ~ as anything : (무엇에도 못지않을 만큼) 몹시
• beam : 기쁨으로 빛나다, 환하게 미소짓다

모범번역

어느 날 아침, 내가 큰 침대에 들어갔더니, 아니나 다를까, 아빠가 늘 하던 산타클로스 할아버지 식으로 계셨다. 그러나 나중에는 그 유니폼(산타클로스 옷)을 입지 않고 가장 좋은 푸른 옷을 입으셨다. 엄마는 너무도 기뻐했다. 나는 기뻐할 일이 하나도 없었다. 왜냐하면, 유니폼을 벗으니까 아빠 모습에 완전히 흥미가 덜해졌기 때문이었다. 그러나 엄마는 기뻐 어쩔 줄 모르셨고 우리의 기도를 들어 주셨다고 말씀하셨다. 그리고 우리는 곧 아빠를 무사히 집에 돌아오시게 해 주신 데 대해 하느님에게 감사하기 위해서 미사에 참례하러 갔다.

99

Just as you may sometimes need to talk things over with someone, your mom may need to, also. When she discusses your homework with others, she may have been looking for ways. Calmly explain to her how it embarrasses you when she tells others your problems. Perhaps you and she can come to an agreement about what should be kept between just you two and what need not.

어구풀이

• may have been looking for : ~를 찾고 있었는지도 모른다
• come to an agreement : 동의하게 되다, 합의에 이르다
• what should be kept between just you two : 단지 당신 둘만 알고 있어야 할 것

모범번역

네가 때로 어떤 일에 관해 누군가에게 말할 필요가 있듯이 네 엄마도 또한 그럴 필요를 느낄 것이다. 엄마가 네 숙제에 대해 다른 사람들과 얘기를 할 때는 아마 몇 가지 방법을 찾고 있었는지도 모른다.
엄마가 네 문제를 다른 사람들에게 얘기를 하면 네가 얼마나 당황스러운지 모른다고 엄마에게 조용히 말씀 드려라. 그러면 아마도 너와 엄마는 둘만 알고 있어야 할 것과 그럴 필요가 없는 것(즉 다른 사람이 알아도 되는 것)에 대해 합의에 도달할 것이다.

100

In the event of fire, an alarm will sound and you will hear the words "This is not a drill." repeated at 15-second intervals. When you hear the alarm, leave your room immediately and turn right. Walk to the stairs at the end of the corridor and proceed down the stairs. When you reach the lobby, exit through the main doors. All guests should remain in the parking lot until a head count has been taken.

어구풀이

• drill : 훈련, 연습
• 15-seconds intervals : 15초 간격으로
• until a head ~ taken : 인원 현황을 파악할 때까지

모범번역

화재가 발생하면 경보가 울리고, "이것은 훈련이 아닙니다."라는 말이 15초 간격으로 들릴 것입니다. 이 경보 소리를 듣는 즉시 방을 나오셔서 우측으로 도십시오. 복도 끝에 있는 계단까지 걸어가서 계단을 내려가십시오. 로비에 도착하면 정문을 통해 나가십시오. 모든 투숙객은 주차장으로 가셔서 인원 현황을 파악할 때까지 남아 주십시오.

101

I am sick and tired of people making lame excuses for not being able to remember names. I'm fed up hearing "I never forget a face." Make it a point to get the name when you are introduced. Use the name three times in your initial conversation, and you won't forget it. And don't assume that Charles goes by Charlie or Kimberly likes to be called Kim. Use the name you heard in the introduction. If William introduces himself as 'William,' don't call him 'Bill.'

어구풀이

• lame excuse : 서투른 변명
• be fed up : 물리다, 진저리나다
• initial conversation : 처음의 대화
• make it a point to V : 반드시 ~하다, ~하는 것을 규칙으로 하다(= make a point of ~ ing, make it a rule to V)

모범번역

저는 사람들이 상대방의 이름을 기억하지 못하는 것에 대해 늘어놓는 같잖은 변명에 정말 질렸어요. "난 절대 얼굴은 잊어버리지 않아."라는 애기도 넌더리가 납니다. 소개를 받을 때 반드시 이름을 기억해 두도록 하세요. 처음 대화를 시작할 때 소개받은 사람의 이름을 세 번 정도 불러 보십시오. 그러면 잊어버리지 않을 거예요. 또 찰스를 찰리로, 킴벌리는 김으로 불려지길 원할 거라고 넘겨짚지 마십시오. 소개받을 때 들은 이름을 그대로 부르세요. 윌리엄이 자신을 윌리엄이라고 소개하면 빌이라고 부르지 마십시오.

102

The next day I entered a village. Hunger began to pinch me, but I was penniless. At the bottom of the street there was a little shop with some loaves of bread in the window. I entered the shop. A woman was there. "What can I do for you, ma'am?" she said politely. I was seized with shame. I did not dare to ask her if I might pay for the food in the gloves or the handkerchief I carried. I only asked her if I might sit down a moment as I was tired.

어구풀이

- pinch : 괴롭히다, 꼬집다
- if I might pay(직접화법 → "May I pay ~")
- if I might sit down(직접화법 → "May I sit down ~")
- at the bottom of the street : 길 막다른 곳에

모범번역

그 다음 날 나는 어떤 마을에 들어갔다. 배고픔이 나를 괴롭히기 시작했다. 그러나 수중에는 동전 한 닢 없었다. 길 막다른 곳에 유리창 안에 빵을 진열해 놓은 조그마한 가게가 있었다. 나는 가게로 들어갔다. 한 여자가 그곳에 있다가 "무엇을 드릴까요?"라고 점잖게 물었다. 나는 수치심에 사로잡혔다. 그래서 감히 내가 갖고 있는 장갑이나 손수건으로 음식값을 치러도 되는지를 물어볼 수가 없었다. 그저, 피곤해서 그러니 잠시 앉았다가 가면 안 되겠느냐고 물어보았다.

103

"I will carry you across to the great green house where Death lives and looks after flowers and trees if you weep out your eyes for me. Each flower and tree is a human life," said the lake. The mother, already worn out with weeping, said, "I will give you anything to get to my child." As she wept still more, her eyes sank to the bottom of the lake and became two precious pearls.

어구풀이

- weep out your eyes : 울어서 눈알이 빠져 나오다
- (being) already ~ weeping : 울음으로 이미 지쳐 있었지만(= Though she was already worn ~)
- to get to my child : 내 아이가 있는 곳으로 가기 위해서는

모범번역

"만일 당신이 너무 울어서 눈알이 흘러나오게 해서 내게 준다면, 죽음의 신이 꽃과 나무를 돌보며 살고 있는 거대한 온실로 데려다 주겠소. 그곳의 각각의 꽃과 나무는 인간의 목숨이지."라고 호수가 말했다. 그 어머니는 이미 울음으로 지쳐 있었지만, "내 애가 있는 곳에 가기 위해서라면 무엇이든 주겠습니다."라고 말했다. 그녀는 더욱더 울었기 때문에 그녀의 두 눈이 호수 바닥에 가라앉아 두 개의 귀중한 진주가 되었다.

104

As we approach the 175th Street Station, I begin to get tense again. Like maybe she would be coming through the door and someone would push her and she'd brush against me and she'd say quickly, "Oh, I beg your pardon," and I'd lift my hat politely and answer, "That's perfectly all right," and I'd smile to show her that I meant it. Then she'd smile back at me and say, "Nice day, isn't it?" and I'd say, "Feels like spring."

어구풀이

• like maybe : 아마, 십중팔구(= like enough, very like)
• brush against : ~을 스치다, 건드리다(= rub)
• lift one's hat : (인사로) 모자에 가볍게 손을 대다(모자를 가볍게 들어 올린다)
• she'd ~ = she would(여기에서 would는 가정법임)

모범번역

지하철이 175번가 역에 들어서면, 나는 또 긴장하기 시작한다. 틀림없이 그녀가 문으로 타게 될 것이고, 누군가가 그녀를 밀어 붙이면, 그녀는 내 몸을 부딪치게 될 것이다. 그러면 그녀는 재빨리 "오, 정말 죄송해요."라고 말할 것이고, 나는 모자를 가볍게 들어올리며, 정중하게 "괜찮습니다."라고 대답하며, 그 말이 진담인 것을 보여 주기 위해 미소를 지어 보일 것이다. 그러면 그녀는 미소로 답례하면서 "참 좋은 날씨예요."라고 말할 것이다. 그러면 또 나는 이렇게 말해 줄 것이다. "봄 날씨 같아요."

105

It was a summer afternoon. The clear blue sky was dotted with fluttering larks. The wind was still, as if it listened to their gentle singing. From the shining earth a faint smoke arose, like incense, shaken from invisible thuribles in a rhapsody of joy by hosts of unseen spirits. Such peace had fallen on the world! It seemed there was nothing but love and beauty everywhere; fragrant summer air and the laughter of happy birds.

어구풀이

• fluttering larks : 날아오르는 종달새
• thurible : 향로(= censer)
• as if it listened to ~ : 마치 그들의 감미로운 노래를 경청하는 것처럼
• incense : 향기, 방향
• rhapsody : 광시곡

모범번역

때는 여름날 오후였다. 맑고 푸른 하늘에는 종달새가 여기 저기 날아오르고 있다. 바람도 종달새의 감미로운 노랫소리를 경청하고 있는 것처럼 잔잔하다. 빛나는 대지로부터, 눈에 보이지 않는 수많은 요정들이 부르는 기쁨의 광시곡 속에 눈에 보이지 않는 향로로부터 피어오르는 향기처럼, 희미한 연기 한줄기가 피어올랐다. 더없는 평화가 온 세상에 내리고 있었다. 모든 곳에 사랑과 아름다움만이 충만하고 여름날의 향기와 행복에 겨운 새들의 노랫소리 또한 충만한 것 같았다.

106

My sister, a self-confessed shopaholic, had been out shopping all day while the rest of the family was at work or school. After supper she volunteered to clear the table, which prompted our mother to say, "I should think so. We've been working all day, and you haven't done anything." "What do you mean?" my sister quickly replied. "I've been trying to pull this country out of the recession."

어구풀이

• shopaholic : 쇼핑에 중독 된 사람
• recession : 불경기
• prompt+O+to V : ~를 자극(재촉)해서 …하게 하다, ~가 …하도록 자극(재촉)하다
• volunteer to V : 자진해서 ~하다

모범번역

쇼핑에 중독된 것을 스스로 인정하는 누나가 나머지 식구가 직장이나 학교에 가 있는 동안 종일 쇼핑을 하고 돌아왔다. 저녁을 먹은 후 누나는 식탁을 자기가 치우겠다고 자원했다. 이 말에 자극을 받아 엄마는 "나도 그렇게 생각한다. 우리는 종일 일을 했는데 너는 아무 일도 안 했잖니."라고 말했다. 누나가 재빨리 응수했다. "엄마, 그게 무슨 말이에요? 나도 이 나라를 불경기에서 빠져 나오게 하려고 노심초사하고 있다고요."

107

On my way home I sought and soon discovered the three headstones on the slope next to the moor. The middle was grey, and half buried in heath. Edgar Linton's had the turf and moss creeping up its foot; Heathcliff's was still bare. As I lingered round them under the mild sky, the moths were fluttering among the heath and barebells. I listened to the soft wind breathing through the grass, and wondered how any one could ever imagine unquiet slumbers for those sleepers in that quiet earth.

어구풀이

• headstone : 묘석
• linger : (떠나지 않고) 우물쭈물하다
• turf : 잔디, 뗏장
• slumber : 잠(= sleep)

모범번역

집으로 돌아오는 길에 나는 탐색을 해서 황야 바로 옆 경사진 곳에서 3개의 묘석을 발견했다. 중간의 것은 회색이었고 반쯤은 히스에 묻혀 있었다. 에드거 린튼의 묘석은 아래쪽에 뗏장과 이끼가 덮여 있었고, 히스클리프의 묘석에는 잔디도 이끼도 없었다. 내가 온화한 하늘 아래서 떠나지 못하고 머뭇거리고 있을 때, 나방들이 히스와 베어벨즈(실잔대 : 종모양의 청색 꽃이 피는 식물) 사이를 날아다니고 있었다. 나는 풀밭 사이로 불어오는 부드러운 바람 소리를 들으며, 그 조용한 대지 안에서 잠들고 있는 사람들의 편치 않은 선잠을 누가 상상이라도 하겠는가라고 생각했다.(증오와 시기로 그렇게도 싸우던 사람들의 무덤이니까)

108

The Fanning Scholarship was created in 1947 from the estates of Frank L. and Mary P. Fanning to assist mature students who wish to pursue business studies at the postgraduate level and who have demonstrated qualities of leadership and academic excellence. To qualify, a student must have worked as a manager in business or industry for a minimum of five years. The scholarship is renewable for a maximum of four years and is worth $5,000 per academic year. Address all inquiries and applications to the Office of the Director of Financial Aid.

어구풀이

• the Fanning scholarship : Fanning 장학금 • postgraduate level : 대학원 수준
• The scholarship is renewable ~ years : 이 장학금은 최대 4년까지 연장할 수 있다.

모범번역

패닝 장학금은 패닝(Fanning) 부부가 기부한 기금으로, 지도력과 학문적으로 우수한 자질이 입증된 학생과 대학원 수준의 경영학을 공부하기를 원하는 성인학생(30대 ~ 40대)을 도와주기 위하여 1947년 설립되었습니다. 자격을 갖추기 위해서는, 지원 학생은 상·공업 분야에서 관리자로서 최소 5년간 근무 경험이 있어야 합니다. 장학금은 최대 4년까지 갱신할 수 있고 매 학년도에 5천 달러입니다. 모든 문의와 신청은 재정 보조 국장실로 해주십시오.

109

Autumn is youthful, mirthful, frolicsome — the child of summer's joy — and on every side there are suggestions of juvenility and mischief. While spring is a careful artist who paints each flower with delicate workmanship, autumn flings whole pots of paint about in wildest carelessness. The crimson and scarlet colours reserved for roses and tulips are splashed on the brambles till every bush is aflame and the old creeper-covered house blushes like a sunset.

어구풀이

• mirthful : 유쾌한, 명랑한 • frolicsome : 유쾌하게 떠드는, 쾌활한(= sportive)
• juvenility : 유년, 젊음(= youthfulness) • workmanship : 솜씨, 기량
• the old creeper-covered house = the old house which is covered with creeper

모범번역

가을은 젊고, 명랑하고 쾌활하다. 말하자면, 여름의 기쁨이 낳은 아들이다. 모든 곳에 젊음과 장난기가 암시되어 있다. 봄이 섬세한 솜씨로 꽃 하나하나를 그리고 있는 조심스러운 화가라면, 가을은 색깔을 통째로 거칠게 함부로 쏟아 놓은 것이다. 장미와 튤립을 그리려고 남겨 놓은 진홍빛과 주홍색이 들장미에 마구 튀겨서 마침내 온 숲이 불타오르고 넝쿨이 덮여 있는 고옥은 노을처럼 붉어진다.

110

People complain too much. It is better to stop complaining and take positive steps to solve our problems. It is tempting to complain. It is even enjoyable sometimes. But in the end, it is not very helpful. Rather than wallowing in your sorrows, get out a blank piece of paper and make a list of things you can do to improve your life. Then start doing them!

어구풀이

• complain : 불평하다, 투덜거리다
• wallow : (수렁, 모래, 물 속에서) 몸부림치다, 뒹굴다
• tempt : ~할 생각이 나게 하다, 유혹하다
• blank : 백지의, 공백의

모범번역

사람들은 심하게 불평한다. 우리의 문제를 해결하기 위해서는 불평을 멈추고 긍정적인 방법들은 찾는 것이 낫다. 불평하고 싶을 것이다, 어쩌면 때때로 즐길 것이다. 그러나 결국에는 이런 불평이 절대 도움이 되지 않는다. 슬픔에 젖어 있는 것보다 백지를 꺼내어서 자신의 인생을 개선할 수 있는 일들의 목록을 작성해라. 그런 다음 그것들을 시작해 보자.

111

She ate the caviare and then ate the salmon too. She talked gaily of art and literature and music. But I wondered what the bill would come to. When my mutton chop arrived, she took me quite seriously to task. "I see that you're in the habit of eating a heavy luncheon. I'm sure it's a mistake. Why don't you follow my example and just eat one thing? I'm sure you'd feel ever so much the better for it."

어구풀이

• caviar(e) : 캐비어(철갑상어의 알을 소금에 절인 것)
• mutton chop : 양의 옆구리 고기 토막
• feel ever so much the better for it : 그것 때문에 더욱더 좋은 기분을 느끼다 〈so much the 비교급(all the 비교급) ~ for : ~ 때문에 더욱 ~하다〉
• take (call, bring) a person to task : (~을 이유로) 남을 꾸짖다, 책망하다(= reprimand)

모범번역

그녀는 캐비어를 먹고, 연어도 먹었다. 그녀는 예술과 문학과 음악에 관해 즐겁게 애기했다. 그러나 나는 계산이 얼마나 나올까 하고 걱정했다. 내가 시킨 양고기(제일 값싼)가 나왔을 때 그녀는 나를 몹시 책망했다. "이제 보니 점심을 많이 드시는 습관이 있군요. 그것은 틀림없이 잘못된 거예요. 저를 본받아 한 가지 음식만 먹어 보세요. 그러면 틀림없이 그것 때문에 더욱더 편한 기분을 느낄 거예요."

112

The assumption was potentially considerable because during the 20th century, the influx of cosmic rays was reduced by a doubling of the Sun's magnetic field, which shields the Earth from cosmic rays. According to the assumption, then, less cosmic radiation would mean less cloud formation and, ultimately, warmer temperatures — precisely what was observed during the 20th century.

어구풀이

• assumption : 가설, 가정
• influx : 유입, 쇄도
• potentially : 가능성 있게, 잠재적으로
• cosmic rays : 우주선

모범번역

20세기에 태양 자기장의 배증으로 인해 우주선의 유입량이 줄었기 때문에 이 가설은 잠재적으로 중요하다. 태양 자기장은 지구로 오는 우주선을 막아준다. 이 가설에 따르면 우주선 유입의 감소는 구름층 형성의 감소를 의미하고 결국 기온 상승을 의미하게 되는데 이는 정확히 20세기에 관찰된 현상이다.

113

It was said that the Chinese used their cats as clocks in the days before the invention of the watch. The pupils of the cat's eyes were believed to gradually change shape with the position of the sun in the sky. At midday they were a narrow line and they gradually became rounder until sunset.

어구풀이

• pupil : 눈동자, 학생, 미성년자

모범번역

중국인들은 시계가 발명되기 이전에는 고양이를 시계로 사용했다고 한다. 고양이 눈동자는 하늘에 떠 있는 태양의 위치에 따라서 점점 모양이 변한다고 믿었다. 한낮에는 눈동자가 가늘게 되었다가 해가 지기 전까지 점점 동그랗게 되었다.

114

Women spend billions on beauty each year, yet the principal element of glamour is cheaper than lipstick, more powerful than a blow-dryer, and as vital to your well-being as your next breath. It is, of course, exercise. Working out regularly not only increases energy, tone, bone strength, lung capacity, flexibility, circulation, and metabolism, it decreases body fat, blood pressure, blood sugar and cholesterol levels.

어구풀이

- spend money on : ~에 돈을 쓰다
- well-being : 복지, 안녕, 행복(↔ ill-being)
- tone : (몸·마음의) 정상적 상태, 건강(정신) 상태
- glamo(u)r : 신비로운 매력
- work out : 운동하다, 연습하다(= train)
- metabolism : 신진대사

모범번역

여성들은 아름다움을 가꾸는 데 매년 수십억 달러를 쓰고 있다. 그러나 신비로운 매력의 으뜸가는 요소는 립스틱보다 더 싸고, 드라이기보다 더 강력하고, 다음 호흡만큼이나 당신의 건강에 중요하다. 물론 그것은 운동이다. 규칙적인 운동은 에너지, 음색, 뼈의 강도, 심폐 기능, 유연성, 순환, 신진대사를 증가시켜 줄 뿐만 아니라, 체내 지방, 혈압, 당도와 콜레스테롤 수치를 떨어뜨려 준다.

115

Most of you know that you're supposed to drink at least eight glasses of water a day. Few realize, though, that less than 1 percent of all that comes out of your tap is used for drinking. Doing laundry, bathing, and mopping the floor, however, can add up to over a hundred gallons per day. Yet in these days of drought and pollution, water has become too precious to squander.

어구풀이

- be supposed to V : ~하기로 되어 있다, ~할 의무가 있다, ~해야 한다
- tap : 수도꼭지
- mop : 자루걸레로 닦다
- do laundry : 세탁하다
- squander : 낭비하다

모범번역

여러분들 중 대부분은 하루에 적어도 8잔의 물을 마셔야 된다는 것을 잘 알고 있다. 하지만 수도꼭지에 나오는 모든 물의 1% 미만이 음료수로 사용된다는 것을 아는 사람은 거의 없다. 그러나 세탁하고, 목욕하고, 마루를 걸레질하는 데 쓰는 물이 모두 합해서 하루에 100갤론이 넘는다. 그러나 이 가뭄과 오염의 시대에는 물은 너무나 귀중한 것이어서 낭비할 수 없다.

116

On the surface, Clint Eastwood seems like a regular guy. He drives a pickup truck to work, favors old jeans, beer or champagne. Not exactly the nervous type. He nonetheless gets a little antsy if he's not within reach of a set of barbells. Though he owns a house in Hollywood, he prefers the rustic delights of Camel, where he counts blue-collar workers as his closest friends. He feels as much at home in a ratty motel in Canada as he does at the Ritz in Paris.

어구풀이

- regular guy : 보통 사람
- antsy : 안절부절 못하는
- within reach of : ~이 닿는 곳에, ~힘이 미치는 곳에(↔ beyond[above, out of] reach of)
- barbell : 역기
- rustic : 시골풍의(= rural, ↔ urban)
- as much at home ~ as ~ : ~에 있는 만큼이나 편안한 〈동등비교〉
- ratty : 남루한, 초라한
- the Ritz : 파리에 있는 고급 호텔

모범번역

겉으로 보기에는 클린트 이스트우드는 보통 사람처럼 보인다. 그는 픽업트럭을 몰고 직장에 가고, 헌 진바지를 즐겨 입고 맥주나 샴페인 마시기를 좋아한다. 확실히 신경이 과민한 사람은 아니다. 그럼에도, 그는 바벨 세트가 옆에 없으면 좀 불안해한다. 할리우드에 집이 있지만 카멜(캘리포니아의 작은 시)의 시골풍의 즐거움을 더 좋아한다. 그곳에서 그는 육체 노동자들을 가장 친한 친구로 여긴다. 그는 캐나다의 허름한 모텔에 머무르면서 파리의 리츠호텔에 있는 것만큼이나 편안함을 느낀다.

117

A common belief is that if we find someone who likes to do the same things we do, then we will get along and we will be happy. Participating in activities together is a great start for relationships; however, I am sure you know people who like to do the same things but who don't get along. This is true with individuals who belong to the same social groups, companies, and teams, as well as other organizations. Obviously, it is not common interest alone that creates harmonious relationships.

어구풀이

- get along : (사이좋게) 지내다
- common interest : 공통 관심사, 같은 취미

만일 우리가 우리와 같은 일을 하기를 좋아하는 사람을 만나면 사이좋게 지내게 될 것이고 행복할 것이라고 일반적으로 믿고 있다. 같은 일에 함께 참여하는 것은 관계를 맺게 될 중요한 출발점이다. 그러나 나는 여러분이 같은 일을 하기를 좋아하면서도 사이좋게 지내지 못하는 사람들을 알고 있다고 확신한다. 이것은 다른 조직에 소속되어 있는 사람들뿐만 아니라 같은 사회 집단이나, 회사나, 팀에 소속되어 있는 사람들에게도 적용된다. 분명히 조화로운 관계를 만들어 내는 것은 공동의 관심사(취미)만은 아니다.

118

My ten years in America had been happy and eventful, but at the same time they had been remarkably strenuous. Life would have been so much easier if I had devoted all my time to studying. As things are, however, I was always in need of money and had to work out ways and means of earning my livelihood.

어구풀이

• As things are : 당시의 형편으로는
• work out : (계획 따위를) 만들어 내다, 생각해 내다

모범번역

내가 미국에서 보낸 십 년 세월은 행복하고, 다사다난했던 세월이었다. 그러나 동시에 정말로 힘들었다. 만일 내가 모든 시간을 공부에만 쏟을 수만 있었다면 생활은 훨씬 더 쉬웠을 것이다. 그러나 당시 나는 형편상 언제나 돈에 쪼들렸고, 생계비를 벌 방법과 수단을 생각해 내지 않으면 안 되었다.

119

Korean and American standards of hospitality differ to some degree, due to a different point of view about the best way to treat guests. While in Korea the guest is always honored, placed in the position of honor, waited upon, and pampered, in America the most important thing is to make the guest feel at home.

어구풀이

• hospitality : 손님 접대, 환대, 후대
• wait on : 시중들다(= serve, attend on)
• pamper : (욕망 따위를) 충분히 만족시키다, 지나치게 소중히 하다
• due to : ~ 때문에(= on account of)
• at home : 편안한(= comfortable)

한국과 미국의 손님 환대의 기준은, 손님을 가장 잘 접대하는 방법에 관한 견해 차이 때문에 다소 다르다. 한국에서는 손님은 언제나 융숭한 대접을 받아 상좌에 모시고, 시중을 들어 주며, 부족함이 없도록 보살펴 주지만, 미국에서는 가장 중요한 것은 손님을 마음 편하게 내버려 두는 것이다.

120

It seems fairly certain that if our sun were suddenly to become a nova, its emission of light and heat would so increase as to scorch all life off the earth, but we are completely in the dark as to whether our sun runs any risk of entering the nova stage. If it does, this is probably the greatest of all the risks to which life on earth is exposed.

어구풀이

- if our sun were ~ to 〈가정법, were to V〉
- emission : (빛, 열, 향기) 방산, 방출
- in the dark : 전혀 알지 못하는

- nova : 신성(新星) (갑자기 빛나다가 차츰 원상으로 돌아간다)
- scorch : 태우다, 그을리다
- be in the dark = be completely ignorant

모범번역

만일 태양이 갑자기 노바(신성(新星) 상태 : 갑자기 밝아지는 것)가 된다면 빛과 열의 발산이 갑자기 너무 증가해서 지상의 모든 생명체를 다 불태워 없앨 것이라는 것은 아주 확실한 것 같다. 그러나 태양이 노바 단계에 들어갈 어떤 위험이 있는지에 대해서는 전혀 모른다. 만일 정말로 그렇게 된다면 이것은 지구상의 생물에게 노출되는 모든 위험 중에서 가장 큰 위험이 될 것이다.

121

A college can have an honor system only if the spirit of the honor system is alive among both students and faculty.

The honor system has nothing to do with rules and regulations, trials and retrials, fines and punishments. It withers in an atmosphere of cynicism and distrust. It flourishes only in a climate of mutual trust and loyalty. It is an outward and visible sign of an inward and spiritual grace.

어구풀이

- honor system : (학생의 시험에서) 무감독 제도, 명예 제도
- faculty : 교수단
- retrial : 재시험
- have nothing to do with : ~와 관계가 전혀 없다

명예 제도의 정신이 학생과 교수 둘 다에게 살아 있기만 하면 대학은 그것을 가질 수 있다.
명예 제도는 규칙과 규제, 시험과 재시험, 벌금과 처벌과는 아무런 관계가 없다. 그것은 냉소주의와 불신의 분위기에서는 시들고 만다. 그것(명예 제도)은 상호 신뢰와 성실의 풍토에서만 번창한다. 그것은 내적이고 정신적인 품위가 밖으로 표출되어 가시화된 것이다.

122

Now, if you're like me, after lunch, all you wish you could do is crawl under the desk and have a midday nap. According to several studies, we are not alone. There are many of us. Nearly three-quarters of workers in Britain admit to having "Siesta Syndrome," otherwise known as being less productive in the afternoon. A quarter believe that they do the least good work between 2 and 4. And as a result of this drop in productivity, business in Britain is losing millions of dollars.

어구풀이

• crawl under : ~의 아래에 기어들어가다
• Siesta : 낮잠
• productive : 생산적인
• midday nap : 낮잠
• Syndrome : 증후군

모범번역
지금 여러분이 나와 같다면, 점심 식사 후에 당신이 하고 싶어 하는 일은 책상 아래에 기어들어가 낮잠을 자는 것뿐일 것이다. 몇몇 연구에 따르면, 이런 생각은 우리만이 하는 것이 아니다. 우리와 같은 생각을 하는 사람들이 많이 있다. 영국에서는 노동자의 약 4분의 3이 자신이 "시에스타 증후군"이 있다고 인정한다. '시에스타 증후군'은 다르게 표현하면 오후에 생산성이 떨어진다는 것이다. 4분의 1은 오후 2시부터 4시 사이가 가장 일의 능률이 떨어진다고 느끼고 있다. 그리고 이러한 생산성 저하의 결과로서 영국 기업은 수백 만 달러의 손해를 입고 있다.

123

Right and duty are different aspects of the same thing. Where there is right, there truly is duty. It is true that we can do anything we like in a true democratic world, so long as it does not infringe the rights and happiness of others, but at the same time, we have a duty to obey the laws of the society in which we live.

어구풀이

• it is true that ~ but = may ~ but = indeed ~ but = may ~ and yet = no doubt ~ but = admit ~ but : 과연 ~이지만

권리와 의무는 같은 것에 대해 다른 양상을 지닌다. 권리가 있는 곳에는 의무가 따르는 것은 당연하다. 우리는 진정한 민주 세계에서는 다른 사람의 권리와 행복을 침해하지 않는 한, 우리가 좋아하는 것은 무엇이고 할 수 있는 것이 사실이지만, 동시에 우리가 살고 있는 사회의 규칙에 복종할 의무도 함께 가지고 있다.

124

Let me sketch in the value of liberal arts as I see it: First, they enrich our minds; second, they ennoble our character; third, they expand our horizons; fourth, they increase our insight independently of what we do and are vocationally. Liberal arts pertain to us as human beings, to us as personalities, regardless of whether we are nurses, or engineers, or business executives, or whatever. I don't mean to imply by this that liberal arts have no practical career benefits.

어구풀이

• sketch in : 상세히 설명하다(= depict)　　　　　　　　• horizon : 지평선, 수평선, 시야
• pertain to us : 우리와 관련이 있다
• liberal arts : (대학의) 교양학(어학, 예술, 역사, 철학, 문학 등)
• independently of ～ : ～와 관계없이(= regardless of, irrespective of, without regard to)

모범번역

교양학의 가치를 본대로 상술하겠다. 첫 번째로 그것은 우리의 정신을 풍요롭게 해준다. 두 번째로, 그것은 우리의 인격을 높여준다. 세 번째로 우리의 시야를 넓혀준다. 네 번째로 우리가 무엇을 하든, 직장의 지위가 무엇이든 관계없이 통찰력을 증가시켜 준다. 교양학은 우리가 간호부이든, 공학자이든, 경영 대표이든 혹은 그 밖의 무엇이든 그것에 관계없이 인간으로서의 우리와 개인으로서의 우리와 관련이 있다. 나는 교양학은 우리 생애에 실용적인 이익은 전혀 없다는 뜻으로 이 말을 하는 것은 아니다.

125

My name is gossip. I have no respect for justice. I maim without killing. I break hearts and ruin lives. I am cunning and malicious and gather strength with age. The more I am quoted, the more I am believed. I flourish at every level of society. My victims are helpless. They cannot protect themselves against me because I have no name and no face. To track me down is impossible. The harder you try, the more elusive I become. I am nobody's friend. Once I tarnish a reputation, it is never quite the same. My name is gossip.

- gossip : 험담, 뜬소문
- cunning : 교활한
- quote : 인용하다
- tarnish : 더럽히다, 손상시키다

- maim : 불구로 만들다, 망쳐 놓다
- malicious : 악의에 찬
- elusive : 교묘히 잘 빠지는, 붙잡기 어려운

모범번역

내 이름은 뜬소문, 정의 따위는 안중에도 없죠. 난 죽이지 않고도 불구로 만들죠. 마음에 상처 주고, 삶을 망친답니다. 난 교활하고 악랄하며 세월이 흐를수록 강해진다고요. 나를 인용하면 할수록 나에 대한 신뢰감은 더해지기만 하죠. 사회의 모든 계층에서 나는 활개를 친답니다. 내 희생자는 무기력할 뿐, 그들 자신을 방어할 길이 없어요. 난 이름도 없고, 얼굴도 없으니까요. 나를 추적해 내는 것은 불가능해요. 노력하면 할수록 교묘히 빠져 나간답니다. 나는 그 누구의 친구도 아닙니다. 일단 내가 이름을 더럽히면, 그건 도저히 회복될 수 없죠. 내 이름은 뜬소문이랍니다.

126

The same is true of honesty. In certain social situations, absolute honesty is not practiced. If a fellow's girlfriend asks, "How do you like my new hat?" and he thinks it looks terrible, absolute frankness would not be tactful. He will try to give an answer that will not hurt the girl's feelings, by saying, something like "Blue is my favorite color."

- The same is true of : ~와 똑같은 것이 ~에도 적용된다
- social situation : 대인 관계나 사교상의 상황
- tactful : 재치있는, 요령 있는

모범번역

똑같은 것이 정직에도 적용된다. 대인 관계나 사교상의 어떤 상황에서는 절대적인 정직을 행하지 않는다. 만일 여자 친구가 "이 새 모자 어때?"라고 물을 때, 그 모자가 정말 보기 흉하다는 생각이 들더라도, 솔직하게 그대로 대답하는 것은 재치 없는 일일 것이다. 그는 "응, 푸른색은 내가 제일 좋아하는 색깔이야."와 같은 말을 해서 여자 친구의 감정을 다치지 않게 하려고 노력할 것이다.

127

Perhaps half the joy of spring is in the anticipation of it. As winter wanes, how eagerly we search for the first snowdrop, and how carefully we look along the foot of the bare hedge for the first signs of the primrose.

In a mild winter, spring is never very far away, and if we know where to look we can always find some precocious flower that has bloomed before its time.

어구풀이

- anticipation : 기대, 예상
- snowdrop : 초봄에 순백의 꽃이 피는 아네모네의 일종
- precocious : 조숙한, 일찍 꽃이 피는
- wane : (달이) 이울다, 작아지다, 약화되다
- primrose : 앵초(담황색)

모범번역

아마, 봄의 기쁨의 반은 봄의 예감에 있을 것이다. 겨울이 끝나 가면, 우리는 제일 먼저 피는 스노우드롭을 얼마나 열심히 찾아 헤매는가, 또 풀잎 하나 없는 산울타리 밑을 따라, 프림로즈가 필 최초의 조짐을 얼마나 유심히 찾는가.
온화한 겨울날에는 봄이 그렇게 멀지 않다. 어디인가만 알면, 철 이르게 피는 꽃들을 언제나 발견할 수 있다.

128

Two thousand, five hundred years ago, on a sunny day in ancient Athens, a young man in a tattered toga got up to speak. Among his listeners was Socrates, known to history as one of the all time great incisive thinkers. When the speaker finished, Socrates said "Young man of Athens, your vanity peeps out through every hole in your robe." What Socrates meant was that the young man was a phony — he was play-acting poverty to add sincerity to his plea.

어구풀이

- incisive : 예리한, 기민한
- peep : 엿보다, 슬쩍 보다
- sincerity : 성실, 정직
- vanity : 허영심, 공허
- phony : 사기꾼, 위선자(= hypocrite)
- plea : 변명, 구실

모범번역

2천 5백년 전, 어느 화창한 날 고대 아테네에서 낡아서 누더기가 된 옷을 입은 한 젊은이가 연설을 하기 위해 일어났다. 그의 연설을 듣는 청중 속에는 전대미문의 위대하고 예리한 사상가의 한 사람으로 역사에 잘 알려진 소크라테스도 있었다. 그 젊은이가 연설을 끝마쳤을 때, 소크라테스는 "아테네의 젊은이여, 그대가 걸친 의복의 해진 틈 사이로 허영심이 드러나 보이는구려"라고 말을 했다. 이 말에서 소크라테스가 의미한 바는 그 젊은이는 그가 한 항변에 신빙성을 더하기 위하여 가난을 가장하고 있는 위선자라는 것이었다.

129

Voice-mail is usually part of a company-wide system, so all a boss has to do is go into an employee's office when she's not there and play her messages. Even if its system requires a password to access messages, a curious boss may be able to get that information from the employee's personnel records, where it's usually listed for sensible business reasons — if, for example, the employee is out sick and a colleague has to cover for her.

어구풀이

• voice-mail : 음성 사서함
• cover : ~을 떠맡다, 대신하다
• password : 암호, 비밀 번호

모범번역

음성 사서함은 회사 전체 시스템에 속해 있는 경우가 대부분이기 때문에 직원이 없을 때 상사는 그 사무실에 들어가 메시지를 들어보기만 하면 된다. 암호가 있어야 메시지를 들을 수 있는 음성 사서함이라 하더라도, 호기심 많은 상사라면 직원의 인사 기록에서 정보를 알아 낼 수 있다. 이를테면, 직원이 아파서 못 나왔을 때 동료가 업무를 대신해야 한다든가 하는 업무상의 당연한 이유 때문에 인사 기록에는 대개 암호가 기재되어 있다.

130

The spirit of enterprise is sparked by the sunrise industries of high-tech, and by small business people with big ideas — people like Barbara Proctor, who rose from a ghetto to build a multimillion dollar advertising agency in Chicago; Carlos Perez, a Cuban refugee, who turned $27 and a dream into a successful importing business in Coral Gables, Florida.

어구풀이

• sunrise industry : 유망 산업, 성장 산업 ↔ sunset industry : 사양 산업
• ghetto : 소수 집단의 거주지, 빈민가
• turn A into B : A를 B로 바꾸다

모범번역

기업 정신은 고도 기술 부분의 유망 산업들과 원대한 아이디어를 가진 중소 기업인들에 의해 활기를 띠게 됩니다. 이를테면, 빈민가에서 자라나 시카고에 수백만 달러 상당의 광고 기획 회사를 설립한 바바라 프록터, 그리고 쿠바 난민으로서 단돈 27달러와 꿈만으로 플로리다주 코랄 게이블스에 성공적인 수입상을 차린 카를로스 페레즈 등과 같은 인물들입니다.

131

Next Monday we're moving to our brand new store in The Galleria. All merchandise at our old location must be gone by the end of business on Saturday. This means huge savings for you. Fabulous storewide savings! 40%~60% off on everything in our men's department, on all ladieswear and kidswear, and on all home electronics and home appliances! These are just a few of the once-in-a-lifetime bargains available.

어구풀이

• by the end of business : 영업시간이 끝날 때까지
• storewide savings : 백화점 내의 모든 매장에서 세일을 한다는 의미
• home appliances : 가전제품

모범번역

다음 주 월요일에 우리는 갤러리아 백화점의 새로운 매장으로 이전을 합니다. 가끔 매장의 모든 상품을 토요일 영업시간이 끝날 때까지 처분해야 합니다. 이 말은 여러분에게 엄청난 세일을 해드린다는 뜻이죠. 백화점 내의 모든 매장에서 세일을 합니다. 모든 남성용 상품과, 여성복, 아동복, 가정용 전자 제품과 가전제품을 40~60% 할인해 드립니다. 일생에 한 번 올까 말까 한 절호의 할인 판매입니다.

132

South Africa's 11-member Constitutional Court was established this year to ensure that the rights of citizens take precedence over the whims of politicians. Last June, the court did just that by abolishing the country's death penalty, prompting outrage among many South Africans who feel that the recent upsurge in crime has devalued the very rights to "life and dignity" the decision was meant to uphold. In 1993, Johannesburg's murder rate surpassed those of New York, Moscow and Rio de Janeiro.

어구풀이

• take precedence over : ~에 우선하다, ~보다 우위에 서다
• abolish : 폐지하다
• upsurge : 급증
• uphold : 지지하다, 옹호하다

• whim : 변덕, 일시적인 생각
• prompt : 자극하다
• devalue : 가치를 내리다(= devaluate)

모범번역

정치인들의 변덕보다 국민의 권리를 우선시키기 위해 올해 남아프리카 공화국은 11인으로 구성된 헌법 재판소를 구성했다. 지난 6월 헌법 재판소는 사형 제도를 폐지함으로써 이를 실천에 옮겼는데, 이 때문에 많은 남아공 국민들이 분노했다. 바로 이 결정이 지지하고자 하는 "생명과 존엄"의 권리가 최근의 범죄의 급증으로 인해 손상되고 있다는 것이 이들의 생각이다. 1993년도 요하네스버그의 살인 사건 발생률은 뉴욕, 모스크바, 리우데자네이루의 살인 사건 발생률을 능가했다.

133

His wife was in despair, and did not know what to believe. Her children were all quite small; one was a baby at her breast. Taking them all with her, she went to the town where her husband was in jail. At first, she was not allowed to see him; but after much begging, she obtained permission from the officials, and was taken to him. When she saw her husband in prison-dress and in chains, shut up with thieves and criminals, she fell down, and did not come to her senses for a long time.

어구풀이

• a baby at her breast : 젖먹이 아이
• shut up with ~ : ~와 같이 갇혀 있는
• did not come to her senses : 의식을 회복하지 못했다

모범번역

그의 아내는 절망에 빠져 있었고, 무엇을 믿어야 할지 몰랐다. 그의 아이들은 모두 다 아주 어렸으며 하나는 젖먹이 아이였다. 그 애들은 모두 함께 데리고 그녀는 자신의 남편이 수감되어 있는 마을로 갔다. 처음에는 그녀에게 면회가 허가되지 않았다. 그러나 여러 번 간청을 한 끝에 관리의 허가를 받아 그에게로 인도되었다. 죄수복을 입고, 쇠사슬에 묶여, 도둑들과 죄수들과 함께 갇혀 있는 남편을 보자 그녀는 땅바닥에 쓰러져서 오랫동안 의식을 차리지 못했다.

134

The bees begrudged their honey to men because they regarded it as their own property. So they went to Zeus and prayed to him to grant them the power of stinging to death anyone who approached their combs. Zeus was so angry with them for their ill nature, that he condemned them not only to lose their stings whenever they used them on anyone, but to forfeit their lives as well.

어구풀이

• begrudge : (주기를) 싫어하다, 인색하게 굴다
• comb : 벌집(= honeycomb)
• condemn ~ to : ~가 ~하도록 운명을 지우다
• forfeit : 벌금, 몰수, 잃다, 몰수되다, 박탈당하다

모범번역

꿀벌들은 인간들에게 꿀을 주는 것을 싫어했는데, 왜냐하면, 꿀이야말로 자기네들의 재산이라고 여겼기 때문이다. 그래서 꿀벌들은 제우스신에게 가서 벌집에 접근하는 사람은 누구든지 쏘아서 죽일 만한 힘을 달라고 기원했다. 제우스신은 꿀벌들의 못된 성격에 너무 화가 나서 사람들에게 벌침을 사용하면 침은 물론이거니와 그들의 생명까지 잃어버리도록 운명을 지워 주었다.

135

"The central question about animal communication is what it seems to accomplish rather than what it symbolizes," suggests Morton. Sounds, in this new view, are not words so much as they are tactics, part of the elaborate and Machiavellian struggle for survival. Animal sounds are exquisitely adapted to the animal's physical and social environment, shaped by evolutionary forces to compete, to feint and counterfeit, to boast, and to manipulate. They do tell the story of their species. But they tell it unconsciously.

어구풀이

• not A so much as B : A라기보다는 B이다(= not so much A as B)
• Machiavellian : 권모술수를 부리는, 음흉한　　　　• feint : 공격하는 체하다
• counterfeit : 위조의, ～인체하다, 가장하다

모범번역

모턴은 "동물의 의사소통과 관련하여 가장 중요한 것은 의사소통이 어떤 것을 상징하는가보다는 그것이 어떤 결과를 가져오는가"라는 것이라고 말한다. 이 새로운 관점에서 보면, 소리는 말이 아니라 생존을 위한 섬세하고 교활한 투쟁의 일부 수단에 가까운 것이다. 동물의 소리는 보다 잘 경쟁하고, 속이고, 가장하고, 자기를 과시하고, 이용하는 방향으로 진화되어, 동물의 자연환경과 집단 환경에 정교하게 조화되어 있다. 동물들은 그들 종(種)의 (독특한) 얘기를 하지만 이것은 무의식적으로 나오는 것이다.

136

Budget your time. Say to yourself: I have this novel and I want to finish it by tomorrow night. And then get into it. If you know that you must finish half the book tonight and the other half by tomorrow, you will speed up, because you will have to. You will develop tricks of getting ahead, of skimming parts that are less essential, of looking for main ideas, of reading at your top potential rate. The good reader always has a feeling of going fast, but he is never uncomfortable, for he has developed fast habits.

어구풀이

• get into : ～에 들어가다, ～에 빠지다　　　　• skim : 대충 훑어보다
• look for : ～을 찾다

모범번역

시간 계획을 세워라. 자신에게 이렇게 말하라. 나는 이 소설책을 내일 밤까지는 다 읽고 싶다. 그리고 나서 읽기 시작하라. 그 책의 반을 오늘 밤에 읽고 나머지 반을 내일 읽어야 한다면 속도가 붙을 것이다. 왜냐하면, 당신의 계획을 실행해야 하기 때문이다. 당신은 (책 내용을 보다) 앞서 읽는 요령, 덜 중요한 부분은 대충 읽는 요령, 중심 사상을 찾는 요령, 가능한 한 빠른 속도로 읽는 요령을 개발하게 될 것이다. 좋은 독서가는 언제나 빨리 읽는 느낌을 갖고 있지만 결코 불편하지는 않다. 왜냐하면, 빨리 읽는 습관을 키워 놓았으니까.

137

The king of all painkillers, of course, is aspirin. The U.S. Food and Drug Administration permits aspirin to be sold without prescription. But, the drug, contrary to popular belief, can be dangerous and, in sustained doses, potentially lethal. Aspirin is self-administered by more people than any other drug in the world. Some people are aspirin-poppers, taking ten or more a day. What they don't know is that the smallest dose can cause internal bleeding.

어구풀이

• in sustained doses : 계속 복용하면
• aspirin-popper : 아스피린 내복자
• lethal : 치명적인
• internal bleeding : 내(內) 출혈

모범번역

물론 모든 진통제의 으뜸은 아스피린이다. 미국 F. D. A(식품 의약국)는 아스피린을 처방 없이 판매하는 것을 허용하고 있다. 그러나 일반 믿음과는 달리, 그 약은 위험하고 계속 복용하면 치명적일 가능성이 있다. 아스피린은 세계 어떤 다른 약보다 더 많은 사람들에 의해 처방 없이 투약되고 있다. 어떤 사람들은 하루에 10정이나 그 이상을 복용하는 상습 복용자들이다. 그들이 모르고 있는 사실은 아무리 소량이라도 내출혈을 일으킬 수 있다는 것이다.

138

I work with troubled teens. Part of my job is to present a positive role model. For this reason I try to do everything — from playing volleyball to cleaning bathrooms — with the kids. One sweltering day we were hoeing weeds in a large garden and a boy working beside me said, "Man! This manual labor is hard." Seeing an opportunity to encourage him, I said, "That's why you should go to college." He looked at the hoe, then at me, and replied, "It doesn't seem to have done you much good."

어구풀이

• role model : 역할 모델(사람들의 모범이 되는 행위, 솔선수범, 성공 따위)
• sweltering : (날씨 따위가) 무더운
• man! : (미 속어) 와아!, 저런!
• hoe : 괭이, 괭이로 제초하다

모범번역

나는 10대 문제아들을 다루는 일을 한다. 내가 하는 일은 적극적인 역할 모델이다. 나는 아이들과, 배구에서 욕실 청소까지 안 하는 일이 없다. 어느 무더운 날에 우리는 널따란 정원에서 괭이로 잡초를 뽑고 있었다. 한 녀석이 옆에서 일하다 말고, "와아! 육체노동은 정말 힘드네."라고 말했다. 그랬더니, 그를 격려할 절호의 기회라 생각하고, "그것이 바로 네가 대학에 가야 하는 이유란다."라고 말했다. 그는 나와 괭이를 번갈아 보며, "대학 다닌 것은 당신에게 별로 도움이 안 됐나 봐요."라고 말했다.

139

Viruses can't be killed like bacteria, since they aren't alive. So antibiotics don't work against them. Certain antiviral drugs, like the protein interferon, work at the cell level, preventing the virus from using the cell's machinery to make more of itself. But the best weapons we have against viruses so far are vaccines. Vaccines introduce a form of the virus (usually an inactive form) into your body in very small amounts. This prompts your immune system to develop defenses against the virus. Later, if you encounter the real thing, your body will be ready for it.

어구풀이

• antibiotic : 항생 물질
• antiviral : 항바이러스성의
• interferon : 인터페론, 바이러스에 침해당한 세포가 만드는 단백질

모범번역

바이러스는 생명체가 아니기 때문에 박테리아처럼 죽일 수 없다. 따라서 항생 물질도 그들에겐 소용없다. 단백질 인테페론 같은 특성 항바이러스성 약품은 세포에 작용해서, 바이러스가 자신을 더 많이 복제하기 위해 세포의 조직을 이용하지 못하도록 막아준다. 그러나 지금까지 바이러스에 대항할 수 있는 가장 좋은 무기는 백신이다. 백신은 일종의(대개는 비활동성의) 바이러스 형태로 아주 적은 양은 신체 내에 투입한다. 그러면 신체 내의 면역 체계는 그 바이러스에 대한 항체를 형성하게 된다. 그리하여 후에 진짜 바이러스와 부딪쳤을 때, 신체는 그에 대한 준비가 되어 있는 것이다.

01

The lost city of Atlantis may have been found. An American archaeologist says the kingdom lies at the bottom of the Mediterranean Sea near Cyprus. On his boat this weekend, Robert Sarmast said he's found man-made walls underwater that match descriptions written by the great philosopher Plato in the 3rd century B.C. Other archaeologists say more proof is needed. The legend goes that the Kingdom of Atlantis, a culturally and technologically advanced society was swallowed by the sea in a single day and night after an earthquake 10,000 years before the common era.

어구풀이

• archaeologist : 고고학자

• description : 설명, 기술

• legend : 전설

• Mediterranean : 지중해의, 지중해성 기후의

• philosopher : 철학자

• swallow : (지진, 파도 등이) ~삼키다

모범번역

아틀란티스의 사라진 도시가 발견되었을지도 모른다. 어느 미국인 고고학자의 말에 의하면, 그 왕국은 키프로스 부근 지중해 해저에 위치한다고 한다. 이번 주말 자신의 배 위에서 로버트 사르마스트가 말한 내용에 의하면, 해저에서 사람이 만든 벽이 발견되었는데, 그것은 기원전 3세기에 위대한 철학자 플라톤에 의해 쓰인 설명과 일치한다고 한다. 다른 고고학자들은 더 많은 증거가 필요하다고 말한다. 전설에 따르면, 아틀란티스 왕국은 문화적·과학적으로도 발달한 사회였는데 기원전 1만 년에 발생한 지진 이후 단 하루 사이에 바다 속으로 사라져 버렸다고 한다.

02

A woman driving through downtown Seattle noticed an unusual number of people in the streets. She kept on driving and observed still more people standing with dazed expressions. Finally she stopped. "What's wrong?" she asked a passer-by. "Has there been an accident?" The man looked at her wonderingly. "Lady, where have you been?" he said. "We've just had an earthquake." "Well, I couldn't be expected to know that," she said. "This car is an old car and it shakes like an earthquake all the time."

어구풀이

• daze : 멍하게 하다, 당황하게 하다 　 • passer-by : 통행인 　　　　 • all the time : 항상, 언제나

모범번역

시애틀 시내를 운전하던 어떤 여자가 거리에서 유난히도 많은 사람들을 보았다. 그녀는 운전을 계속하며, 멍한 표정으로 서 있는 더 많은 사람들을 보았다. 마침내 차를 멈추고 행인에게 "무슨 일인가요? 사고가 났어요?"라고 물었다. 그 사람은 이상한 듯 그녀를 쳐다보고는 "부인, 어디 갔다 왔어요? 방금 지진이 났어요."라고 대답했다. "내가 그것을 알 수 없지요. 이 차는 낡은 차라서 늘 지진이 발생한 것처럼 흔들리니까요."라고 그녀가 말했다.

03

Influenza travels exactly like man. In the ox-cart days its progress was slow. In 1981 man could go round the globe in eight weeks, and that is exactly the time it took influenza to complete its encirclement of the earth. Today, by clipper planes and air transport, man moves at higher speed. This modern speed makes influenza's advent unpredictable from day to day. It all means that our control over this disease must be swifter in proportion to its speed.

어구풀이

• ox-cart : 우차, 달구지 　　　　　　　　　 • encirclement : 일주
• clipper : 쾌속 비행기 　　　　　　　　　　 • unpredictable : 예측할 수 없는

모범번역

유행성 독감은 사람과 똑같이 번진다. 소달구지를 타고 다니던 시대에는 독감의 전염 속도가 느렸다. 1981년에 인간은 8주 만에 지구를 일주할 수 있었는데, 그 기간은 유행성 독감이 지구를 완전히 일주하는 데 걸린 시간과 똑같다. 오늘날은 쾌속 비행기와 공중 수송으로 인하여 사람은 보다 빠른 속도로 움직인다. 이러한 현대의 속도로 말미암아 독감이 나타나는 것을 날마다 예측할 수 없게 되었다. 이것은 이 질병(유행성 독감)에 대한 우리들의 통제력이 질병의 전염 속도에 비례하여 보다 신속해야만 한다는 것을 뜻한다.

04

Perhaps the most interesting person I have ever met is an Italian professor of philosophy who teaches at the University of Pisa. Although I last met this man eight years ago, I have not forgotten the qualities that make him one of my favorite people. First of all, I was impressed by his devotion to teaching. Because his lectures were always well prepared and clearly given, large numbers of students came into his classroom. His followers appreciate the fact that he believed in what he taught.

어구풀이

• quality : 개성, 인격
• be impressed by : ~에게 감명 받다
• appreciate : 감사해하다(thank의 정중한 표현)

• first of all : 무엇보다도
• his devotion to teaching : 강의에 대한 그의 헌신

모범번역

내가 지금까지 만나 본 사람 중에 가장 흥미로운 사람은 아마 피사대학교에서 철학을 가르치는 이탈리아인 교수일 것이다. 비록 내가 이 분을 마지막으로 본 것이 8년 전이기는 하지만, 내가 가장 좋아하는 사람 중의 한 분으로 삼게 한 그 분의 인품을 나는 잊지 않고 있다. 무엇보다도, 나는 그 분의 헌신적인 강의에 깊은 감명을 받았다. 그 분은 항상 강의 준비가 잘되어 있었고 분명하게 강의를 하였기 때문에, 많은 학생이 그 분의 강의실로 찾아왔다. 그분의 제자들은 그 분이 가르치는 것의 가치에 대하여 확신하고 있다는 사실을 감사해 하고 있다.

05

The population of the world has increased more in modern times than in all other ages of history combined. The world population totaled about 500 million in 1650. It doubled in the period from 1650 to 1850. Today the population is more than five billion. Estimates based on research by the United Nations indicate that it will more than double in the next fifty years, reaching ten billion by the year 2050.

어구풀이

• combined : 결합된
• estimate : 평가, 산정
• indicate : 지적하다

모범번역

세계 인구는 역사상의 다른 시대를 모두 합친 것보다 현대에 더 증가하고 있다. 세계 인구는 1650년에 총 5억이었다. 그것이 1650년에서 1850년까지의 기간에 2배가 되었다. 오늘날 인구는 총 50억 이상이다. 유엔 조사에 기반을 둔 인구 예측에 따르면, 인구는 앞으로 50년 후에는 현재의 두 배 이상일 것이라고 지적한다. 즉, 2050년 무렵에는 100억에 도달할 것이다.

06

There are two defining characteristics of American criminal justice that set it apart from the smooth functioning systems of other advanced Western countries — Holland, Scandinavia, Germany, Switzerland and elsewhere. One is the failure to have a thorough, impartial, judge-supervised investigation of the facts in the pretrial process. The other is the license that we give lawyers to engage in truth-defeating distortion and trickery in trial.

어구풀이
- criminal justice : 형사 재판
- impartial : 공평한, 공명정대한
- distortion : 왜곡
- set ~ apart : ~과 구별하다
- pretrial : 사전 심리
- trickery : 책략, 속임수

모범번역

미국의 형사 재판에는 여타 서방 선진국, 예를 들면 네덜란드, 스칸디나비아, 독일, 스위스 및 기타 국가들에서의 재판의 원활한 재판 기능제도와는 구별되는 두 가지 명백한 특성이 있다. 그 중 하나는 사전심리 과정에서 판사 감독하의 철저하고 공정한 사실조사가 이루어지지 않는다는 점이고, 다른 하나는 변호사가 법정에서 진실을 속이는 왜곡과 책략을 일삼을 수 있는 특권을 부여받고 있다는 점이다.

07

Learning another language is crucial, because it allows us to communicate with people in a different country and to learn more about that culture. But the real importance of learning another language goes even deeper. It makes us realize the relativity of our values, be they cultural or linguistic. In this way, we come to understand that our way of looking at reality is not the only way, that our values may not be the only ones.

어구풀이
- relativity : 상대성
- linguistic : 언어학의, 언어의

모범번역

다른 언어를 배운다는 것은 중요한 일이다. 왜냐하면, 외국어를 습득함으로써 우리는 다른 나라 사람들과 의사소통을 하고, 그 나라의 문화에 대해서 보다 많은 것을 배울 수 있기 때문이다. 그러나 다른 언어를 배우는 진정한 중요성은 보다 심오하다고 할 수 있다. 그것은 우리가 가지고 있는 가치관이 문화에 대한 것이든 언어에 대한 것이든 간에 가치가 상대적이란 사실을 인식할 수 있게 한다. 그렇게 함으로써, 현실을 바라보는 우리의 방식이 유일한 것이 아니며, 우리의 가치관도 유일한 것이 아닐 수 있다는 사실을 이해하게 된다.

08

From France to Mexico, countries across the globe are attacking official corruption with renewed vigor. Corruption — in the form of bribery, influence-peddling, money laundering, and the like — has generally been an offence against law and always unfair to honest businesses. But it is increasingly clear that official corruption, if left unchecked, can be a powerful drag on economic growth. It must be curtailed if countries are to thrive in the new global economy. For one, running the gauntlet of government officials who need to be paid off can make it considerably more expensive to do business.

어구풀이

- across the globe : 전 세계적으로
- bribery : 뇌물
- money laundering : 돈 세탁
- curtail : 줄이다, 삭감하다
- run the gauntlet : 시련을 겪다
- official corruption : 공무원 부패
- influence-peddling : 이권 브로커
- drag on economic growth : 경제성장의 걸림돌
- thrive : 번영하다
- pay off : 뇌물을 쓰다

모범번역

프랑스에서 멕시코에 이르기까지 세계 각국은 새로운 열의를 가지고 공무원 부패 척결에 대응하고 있다. 뇌물, 이권, 돈 세탁과 같은 부정 거래는 범법 행위로서 정직한 다수의 기업 활동에 악영향을 끼쳐 왔다. 이러한 공직 사회의 부패를 척결하지 않는다면, 국가 경제 성장에 엄청난 걸림돌이 될 것은 뻔한 일이다. 새로운 세계 경제 체제에서 번영을 구가하려 한다면 이러한 부정부패는 추방되어야 마땅하다. 어느 기업이든 뇌물을 요구하는 부패 공무원에게 시달리게 되면 회사 경영에 상당한 희생을 감수할 수밖에 없다.

09

An outstanding feature of Homer's *Iliad* and *Odyssey* is the poet's use of epic similes. In contrast to a simple comparison, an epic simile extends through a number of lines, often presenting a dynamic series of images. In the *Iliad*, epic similes often juxtapose the violence of warfare with peacetime scenes or the natural world. The *Odyssey* contains far fewer such comparisons, but the similes in the *Odyssey* are no less important for the epic's major themes. One telling illustration occurs when the hero strings his bow for the climactic battle: here, he is compared to an epic poet stringing his harp.

어구풀이

- epic simile : 서사적 비유
- juxtapose : 병치하다, 병렬하다
- comparison : 비교, 대조
- illustration : 실례, 설명

모범번역

호머의 '일리아드'와 '오디세이'가 지니는 눈에 띄는 특징은 그 시인이 구사하는 서사적 직유법이다. 단순한 비교와는 대조적으로 서사적 직유는 많은 대사 속에 펼쳐져 있으며 종종 일련의 역동적 이미지를 제공하기도 한다. 일리아드에서는 서사적 직유법이 종종 전쟁의 폭력성과 평시의 모습이나 자연 세계를 병치시켜 보여준다. 오디세이는 그러한 비교를 훨씬 덜 담고 있지만 오디세이에 나타나는 직유법은 그 서사시의 주제 표현을 위한 중요성이 결코 덜하지 않다. 한 가지 사례는 이 작품의 클라이맥스를 이루는 전투를 위해 주인공이 활에 줄을 매는 장면에서 나타난다. 여기서 주인공은 그의 하프에 줄을 매고 있는 서사시인에 비교되고 있다.

10

No one knows what became of the Lost Colony of Roanoke Island. In 1587 a group of English colonists settled on the island. Their leader, John White, sailed back to England for supplies but was delayed there for over two years. When he finally returned in 1590, the colonists had vanished. The word CROATOAN carved into a tree was the only clue to their disappearance.

어구풀이

• colony : 식민지
• carve : (나무나 돌을)파다, 새기다

• vanish : 사라지다
• clue : 단서, 실마리

모범번역

아무도 잃어버린 식민지인 로어노크(Roanoke) 섬에서 어떤 일이 일어났는지 알 수 없다. 1587년 영국의 이주자 집단이 이 섬에 정착했다. 이들의 지도자 존 화이트는 보급품을 구하기 위해 영국으로 귀항했지만 2년 이상을 영국에서 지체했다. 드디어 그가 1590년 다시 되돌아왔을 때, 식민지의 이주자들은 보이지 않았다. 나무에 새겨진 크로아토안(CROATOAN)이란 글자가 그들의 실종에 대한 유일한 단서였다.

11

In today's newspaper, there was an article titled "Madonna, the $60 Million woman." Everyone knows that she is a very rich woman. On the same page is an article about the salaries of college professors, who earn much less. Is it true that Madonna is much more important to society than a college professor? She entertains people, and they buy her CDs, play them a few times, and then forget them. What do professors do? They produce cures for cancer, they add to our knowledge, and they train people to work for society. It seems that the more people earn, the less they help society.

어구풀이

• entertain : 즐겁게 하다

• add : ~을 더하다

모범번역

오늘 신문에 "마돈나, 6천만 달러의 여인"이라고 제목이 붙은 기사가 있었다. 모든 사람은 그녀가 매우 부자라는 것을 알고 있다. 같은 페이지에는 훨씬 적게 버는 대학교수들의 봉급에 대한 기사가 있었다. 마돈나가 대학교수보다 사회에 더 중요하다는 것이 사실인가? 그녀는 사람들을 즐겁게 하고 사람들은 그녀의 CD를 사서 여러 번 그것을 즐기고는 잊어버린다. 대학교수는 무엇을 하는가? 대학교수는 암 치료제를 만든다. 대학교수는 우리의 지식을 증가시킨다. 대학교수는 사람을 훈련시켜 사회를 위해 일하게 한다. 사람들은 벌면 벌수록 사회를 덜 위하는 것 같다.

12

We are entitled to reconsider Aristotle's notion of the tragic flaw, if we find it incompatible with his central idea of the nature of tragedy. We have been able to study the indispensable features of the literature form for ourselves. What Aristotle called catharsis is still as available for examination as in the fourth century before Christ. The examination we have so far been able to make does not suggest that a tragic flaw is a pre-condition of the phenomenon. It is true, as was admitted earlier, that this phenomenon is more difficult to examine than an egg, and that we are bound to look for validation or objection of our findings with great care.

어구풀이

• incompatible : 양립할 수 없는   • validation : 확인, 비준

모범번역

아리스토텔레스의 비극적 결함의 개념이 비극의 본질에 대한 중심 사상과 양립할 수 없다는 것을 우리가 알게 된다면 우리는 그것을 재고해 볼 자격을 부여받고 있는 것이다. 우리는 우리 자신의 힘으로 문학의 형식이 갖추어야 할 빼놓을 수 없는 특징을 연구해 왔다. 아리스토텔레스가 카타르시스라고 부르던 것은 기원전 4세기만큼이나 지금도 검토할 가치가 있는 명제이다. 지금까지 우리가 수행해온 검토의 결과는 비극적 결함이 모든 현상의 전제조건이라는 사실을 시사하고 있지는 않다는 것이다. 일찍이 인정된 일이지만 현상을 검토하는 일이 달걀을 검토하는 일보다 더 어렵다는 것은 사실이며, 그래서 우리는 상당한 주의를 기울여 우리가 발견한 것에 대한 확인 혹은 반론을 찾아낼 의무가 있다.

13

Computers can be useful because they give instant feedback. Take the example of learning the 50 states of the US. Most American children must also learn the capitals of each state. A computer program might ask a student, "What is the capital of New Mexico?" If the student replies "Albuquerque," the computer can instantly indicate that the answer is incorrect. Next, the student responds "Santa Fe." This time, the computer flashes beautiful colors on the screen and says the words, "Good job! You are correct!" With so many students to each teacher, a device that can appeal to each student's learning style can significantly increase the effectiveness of instruction time, as well as allow each student to learn in the manner best suited for him or her. As computer use becomes more and more common in classrooms, teachers will become more familiar with its assets.

어구풀이

• give instant feedback : 즉시 반응하다   • best suited for : ~에 가장 적합한
• become common : 보급되다   • asset : 유용함, 이점

컴퓨터는 즉각적인 피드백을 하기 때문에 유용하다 할 수 있다. 미국의 50개 주를 외우는 경우를 예로 들어보자. 대부분의 미국 아이들은 미국 각 주의 수도 이름을 또한 익혀야만 한다. 어떤 컴퓨터 프로그램이 한 학생에게 "뉴멕시코 주의 수도는 무엇이냐?"라고 물을 수 있을 것이다. 만일 그 학생이 "앨버커키(Albuquerque)"라고 대답한다면 그 컴퓨터는 그 답이 틀렸다고 즉시 지적할 수 있다. 다음으로 그 학생이 "샌타페이(Santa Fe)"라고 대답한다. 이번에는 컴퓨터가 예쁜 색깔들을 컴퓨터 화면에 반짝거리며 "잘 했어요! 맞았어요!"라고 말해준다. 한 명의 선생님이 매우 많은 학생들을 가르치는 상황에서 각 학생의 학습 스타일에 맞는 장비는 강의 시간의 효율성을 상당히 증대시킬 뿐 아니라 각 학생이 자신에게 가장 잘 맞는 방식으로 학습하는 것을 가능케 한다. 교실에서의 컴퓨터 사용이 점점 더 보편화됨에 따라 교사들은 컴퓨터의 장점들에 더욱 친숙해지게 될 것이다.

14

Nocturnal insects use the moon and the bright stars as points of reference to orient themselves, according to insectologists at Rutgers University. The insects keep constant track of their distance from a fixed light source to tell where they are in the dark, the entomologists said. When the light source is close to the ground, the insects often become confused because of its proximity, lose their orientation and drift toward the light, indicating that some insects have not evolved to deal with the phenomenon of man-made light.

어구풀이

- nocturnal : 야행성의, 밤의
- point of reference : 기준점
- proximity : 근접
- entomologist : 곤충학자
- light source : 광원
- evolved to deal with : ~에 대처하도록 진화하다

러트거스 대학의 곤충학자에 따르면, 야행성 곤충들은 자기 위치를 알기 위한 기준점으로서 달과 밝은 별을 이용한다. 곤충학자들에 의하면 곤충들은 어둠 속에서 자신들이 어디에 있는지 알기 위해 고정된 광원으로부터 그들의 거리의 일정한 궤도를 유지한다. 광원이 지상에서 가까울 때 그 근접성 때문에 곤충들은 종종 혼돈하게 되어서 그들의 방향을 잃고 그 빛을 향해 떠도는데 이러한 사실들은 몇몇 곤충들이 인위적인 빛의 현상에 대처할 정도로 진화하지 못했다는 것을 지적해 준다.

15

Muscles produce heat when the body is in motion, but when the body is at rest, very little heat is generated except by the metabolic activity of the internal organs. In fact, the internal organs are the source of most body heat. The temperature of an organ such as the liver, for example, is much higher than the overall body temperature. The blood carries heat away from the internal organs to the lungs and skin, and heat is then released by the lungs through respiration and by the skin through contact with the air.

• produce heat : 발열하다
• metabolic activity : 대사활동

• in motion : 움직이는, 이동 중인
• respiration : 호흡

모범번역

근육은 신체가 움직일 때 열을 발생한다. 그러나 신체가 휴식할 때 내부기관의 신진대사활동에 의한 것 외에는 거의 열이 발생되지 않는다. 사실 내부기관들이 대부분 신체열의 근원이다. 예를 들면, 간 같은 기관의 열은 전체적인 신체의 열보다 훨씬 높다. 혈액은 열을 내부기관에서 허파와 피부로 옮기고 그래서 열은 호흡을 통한 허파에 의해, 또 공기와의 접촉을 통한 피부에 의해 방출된다.

16

Among the hazards which confront workers are the so-called occupational diseases. One of these, for example, is lead poisoning, which sometimes affects people who work for long periods with lead dust or with preparations like glaze or paint containing lead. Since the lead is eliminated slowly, the poison accumulates and finally causes great weakness, loss of power in the hands, kidney disease, and other serious disorders. Workers should make special precautions to avoid such dangers.

어구풀이

• hazard : 위험, 장애물(= jeopardy, pitfall, menace, peril)
• confront : 직면하다, 맞서다(= cope with, deal with, encounter)
• so-called : 소위, 말하자면
• occupational disease : 직업병
• preparation : 조합제
• glaze : 유약, 광택제
• eliminate : 제거하다(= remove, abolish, get rid of, cut out)
• accumulate : 모으다, 축적하다(= be stored, collect, pile up, amass)
• kidney : 신장
• disorder : (신체 기능의) 장애, 병
• precaution : 예방책, 조심(= safeguard, protection, safety)

모범번역

근로자들이 직면하는 위험 가운데 소위 직업병이 있다. 이것들 중의 하나를 예로 들면 납중독이다. 이것은 때때로 오랜 기간 납 먼지나 광택제, 납을 함유한 페인트 같은 조합물을 다루는 사람에게 나쁜 영향을 미친다. 납은 서서히 제거되기 때문에 독이 축적되어 심각한 질병, 손목의 힘이 없어진다거나 신장병, 기타 다른 심각한 병 같은 것을 야기한다. 근로자들은 이런 위험을 피하기 위해 특별한 주의를 해야만 한다.

17

In politics the spreading of information and ideas is called propaganda. Through the centuries, most nations used propaganda to persuade people to support their policies. However, many gradual changes have been made in the spreading of propaganda due to the invention of printing, the development of rapid communication, and the introduction of universal education.

On its highest level, political propaganda is a very honorable, necessary and useful form of statesmanship. In democracies, it is believed that good government is based on the consent of the majority of the people. They cannot consent to any course of action until they know what it is. It is therefore the duty of every good government to tell the people what is being done for them. They may refuse consent because they do not understand, or if they do understand, they may not approve. If this happens, the government must explain more clearly or must persuade more convincingly.

어구풀이

- propaganda : 프로파간다(선전활동)
- universal education : 보통교육
- statesmanship : 정치적 수완
- course of action : (목표달성을 위한) 행동방침

- gradual changes : 점진적인 변화
- honorable : 명예로운, 존경할만한
- consent of the majority : 다수결의 합의
- convincingly : 납득이 가도록

모범번역

정치학에서는 정보 및 사상의 전파를 선전이라고 말한다. 수세기 동안 대부분의 국가들은 선전을 이용해서 국민들이 국가의 정책을 지지하도록 설득해왔다. 그렇지만 인쇄술의 발명과 신속한 통신의 발달이 이루어지고, 교육이 보편적으로 실시됨에 따라 선전의 전파에 점진적으로 많은 변화들이 이루어졌다. 선전의 최상위 단계에서 정치적 선전이란 매우 명예롭고, 필요하며, 또한 유용한 형태의 정치적 수완이 된다. 민주주의 국가에서 제대로 된 정부란 대다수 국민들의 동의에 근거를 두고 있다는 것은 일반적인 생각이다. 국민들은 그 내용을 알고 난 연후에야 어떤 행동 방침에 동의를 할 수 있다. 따라서 국민에게 그들을 위해 어떤 일들이 진행되고 있는가를 알려주는 것이 모든 훌륭한 정부의 본분이다. 국민은 이해하지 못하기 때문에 동의하지 않을 수도 있고, 이해한다 할지라도 찬성하지 않을 수도 있다. 만일 이러한 상황이 발생하게 된다면, 정부는 보다 명확히 설명해야 할 필요가 있으며, 또한 국민들에게 보다 더 납득이 가게끔 설득해야만 한다.

18

Nor do I think mechanisms such as ombudsman or news councils can or should substitute the judgment of publishers, editors, and reporters. The fact remains that some members of our profession have been guilty of conflicts of interest or of presenting fact as fiction or of irresponsible, prejudicial reporting or of other kinds of improper or unethical behavior. There are fewer of these incidents today than in the past, but their repercussions are felt throughout our profession.

어구풀이

• ombudsman : 옴부즈맨(국가기관이나 공무원에 대한 일반 시민의 고충·민원을 처리하는 행정 감찰관)
• prejudicial : 편파적인, 편견을 갖게 하는　　　• unethical : 비윤리적인
• repercussion : 영향

모범번역

나는 옴부즈맨이나 뉴스 심의회 같은 메커니즘이 발행자나 편집인, 기자들의 판단을 대신할 수 있거나 대신해야 한다고 생각하지 않는다. 전문직에 종사하는 일부의 사람들이 이해 상충되는 문제에 대해서 저촉되는 행위를 하거나 허구의 사실을 제시하고, 무책임하게 편견 있는 보도를 하거나, 다른 여러 가지 부적절하거나 비윤리적인 행동을 저지른 사실은 여전히 그대로 남아있다. 오늘날의 이러한 사건들은 과거보다 감소하긴 했지만, 그 영향은 우리 언론계 전체에 미치게 되는 것이다.

19

Every plant, animal and person consists of cells. Each of these is tiny, but contains its own, even smaller, world. At the heart of this world is a special code which controls the cell's identity. It controls, for example, whether it's a leaf cell, a skin cell or an eye cell. And where is all this information stored? There are about 100,000 of these in a human being. Each one is very complex and made of atoms called molecules. Scientists have known about DNA for a long time. What they haven't known until recently is how to change them.

어구풀이

• consist of : ~로 구성된다　　　• heart : 중심부
• identity : 정체성　　　　　　　• molecule : 미분자

모범번역

모든 식물과 동물과 사람은 세포로 구성되어 있다. 이 세포들 각각은 작지만 그 안에는 그 자신의 훨씬 더 작은 세계가 들어있다. 이 세계의 중심부에는 그 세포의 정체성을 지배하는 특수한 암호가 있다. 예를 들어, 그 암호는 그 세포가 잎 세포인지, 피부 세포인지, 눈 세포인지를 지배한다. 그렇다면 이 정보는 모두 어디에 저장되어 있는가? 한 사람의 몸 속에 이런 암호는 약 10만 개가 있다. 각각의 암호는 대단히 복잡하고 미분자라 불리는 원자로 이루어져 있다. 과학자들이 DNA에 대해서 안지는 오래되었다. 그들이 최근까지 알지 못한 것은 그것들을 변화시키는 방법이다.

20

This profound new knowledge on mankind is on the verge of gaining the enormous new power of healing. It's called the Book of Life. The 50,000 to 100,000 genes, the pieces of information in our DNA, help make us who we are and determine our risks for many illnesses. The DNA sequence tells us the functions of the genes or their roles. To identify 50,000 human genes and understand their roles allows researchers to develop the cause of various diseases and the treatments for them.

어구풀이

- on the verge of : 금방 ~하려고 하여, ~의 직전에
- gene : 유전자, 유전 인자
- enormous : 거대한
- sequence : 일련의 연속

모범번역

인류에 대한 이러한 심오하고 새로운 지식(게놈)은 엄청난 치유력을 새로이 획득하게 되는 단계에 있다. 이것은 생명의 책이라고 불린다. 인간의 DNA 안에 있는 개개의 정보들인 5만에서 10만 개의 유전자들이 지금의 우리를 있게 하고 수많은 질병의 위험을 결정한다. DNA 배열순서는 우리에게 유전자의 기능과 그것의 역할을 말해준다. 5만 개의 유전자의 실체를 밝히고 이들의 역할을 이해함으로써, 연구자들은 다양한 질병의 원인과 치료법을 개발할 수 있게 되었다.

21

President Woodrow Wilson had been taught by his father that all that comes to pass has been planned in advance by God. As a result, he grew up with a firm belief in the predestination of his own life. When he received the nomination as the Democratic candidate in 1912, he declared that it had been foreordained. After his election, he informed the chairman of the Democratic National Committee that he wanted it understood that he owed no one any favors.

어구풀이

- in advance : 미리
- nomination : 후보지명
- predestination : 예정, 운명
- foreordain : 미리 정하다

모범번역

대통령 우드로 윌슨은 나타날 모든 일이란 신에 의해 미리 계획된 것이라고 아버지에게 배웠다. 그 결과 그는 그의 운명이 미리 결정되어 있다고 굳게 믿으면서 성장했다. 1912년에 그가 민주당 후보로 지명되었을 때 그것은 미리 결정된 것이라고 선언했다. 선거 후 그는 아무에게도 신세지지 않았다는 것을 납득시키고 싶다고 민주당 전국위 의장에게 말했다.

22

The Internet was started in the late 1960s by the US military. Military officials were looking for a way that communication could be carried out in the event of a large-scale nuclear war. They needed a system that would be very decentralized, reliable, and fast in case central institutions were destroyed. By the 1980s, academics in a number of fields were using it for professional collaboration. It was estimated that more than 2 billion people throughout the world were using it in the mid-2010s.

어구풀이

• carry out : 수행하다
• collaboration : 공동연구, 협력, 합작
• in the event of ~ : ~의 경우에

모범번역

인터넷은 1960년대 말, 미군에 의해 시작되었다. 군사관리들은 대규모 핵전쟁이 일어날 경우에 수행할 수 있는 통신방법을 찾고 있었는데 중앙의 기관들이 파괴될 경우에 대비해 대단히 분산화되어 있으면서도 신뢰할 만한 신속한 체계를 필요로 했다. 1980년대에는 이미 많은 분야의 대학교수들이 전문적인 공동연구에 그것을 이용하고 있었으며 2010년대에는 전 세계적으로 20억 명 이상이 그것을 사용하고 있는 것으로 평가되었다.

23

The eighteenth-century statesmen I met in Philadelphia were adherents of Montesquieu's concept of the balance of power in politics. This principle was supported by colonial experience and strengthened by the writings of John Locke, with which most of the delegates were familiar. These influences led to the conviction that three equal and coordinate branches of government should be established. The legislative, executive, and judicial powers were to be so harmoniously balanced that not one power would be stronger than the others.

어구풀이

• adherent : 지지자
• lead to : ~한 결과를 초래하다
• delegate : 대표자
• conviction : 신념

모범번역

필라델피아에서 만났던 18세기 정치가들은 정치에 있어서는 권력의 균형이란 몬테스키외의 사상의 지지자들이었다. 이 원리는 식민지 경험을 통해 지지를 받게 되었고, 존 로크의 작품들로 더욱 강화되었는데, 이것은 대표자들에게 친숙한 것이었다. 이런 영향으로 인해 대표자들은 세 개의 동등하고 협력하는 삼권 분립의 정부를 세워야 한다는 확신을 갖게 되었다. 삼권 중 어느 것도 독주를 할 수 없을 만큼 입법·행정·사법부가 조화롭게 균형을 맞추어야 했다.

24

Man's chief purpose is the creation and preservation of values: this is what gives meaning to our civilization. And participation in this is what, ultimately, gives significance to the individual human life. Only in so far as values are fostered — through art and religion and science and love and domestic life — can men effectively use the machines and powers that enabled them to tame nature and secure human existence from the worst outrages and accidents that forever threaten it. Civilization, our very capacity to be human, rests on that perpetual effort.

어구풀이

- only in so far as ~ : ~가 ~한(에서만)
- enable+O+to V : ~할 수 있게 하다
- rest on : 의존하다, ~에 달려 있다
- domestic life : 가정생활
- outrage : 폭행, 난폭

모범번역

인간의 주된 목적은 가치의 창조와 보존이다. 그것(가치의 창조와 보존)은 우리 문명에 의미를 부여하는 것이다. 그리고 이것에 참여하는 것은 궁극적으로 개인 인간 생활에 중요성을 부여하는 것이다. 가치가 예술과 종교와, 과학과 사랑과 가정생활을 통해 조장되는 한에서만, 인간은 자연을 길들이게 해 주고, 인간의 존재를 언제나 위협하고 있는 최악의 폭력과 사고로부터 안전하게 해 주는 기계와 그 힘을 효과적으로 사용할 수 있다. 인간다울 수 있는 우리의 바로 그 능력인 문명은(인간을 인간답게 해주는 능력인 문명은) 그러한 끊임없는 노력(예술·종교·과학·사랑·가정생활을 통해 가치를 조장하려는 노력)에 달려 있다.

25

Published by the Census Bureau, it's full of intriguing facts about America: everything from the share of U.S. households with pets (37 percent have dogs) to the number of libraries (31,167). I have scored it for underreported or unappreciated good news. In 2010, the typical new home had 1,920 square feet, up from 1,385 in 1970. Three quarters had central air conditioning, compared with only one third in 1970. Over the years, there's been a constant shift from smaller to larger houses. The message from all this is not quite what you think. It might be that, amid all our national pessimism, we must be doing something right.

어구풀이

- intrigue : 호기심을 돋우다
- unappreciated : 평가되지 않은
- underreported : 보도되지 않은
- pessimism : 비관주의

미국 통계청이 발간한 이 연감에는 미국에 관한 온갖 흥미로운 것들로 가득하다. 즉, 애완동물을 기르는 가구 수(37%의 가구가 개를 키운다)에서부터 도서관 수(31,167)에 이르기까지 모든 것을 나열하고 있다. 필자는 이것들이 제대로 보도되거나, 평가되지도 않은 좋은 소식이라고 생각한다. 2010년의 신 가옥 평균 주택 면적은 178평방미터(54평)로서 1970년의 128평방미터(40평)보다 넓어졌다. 중앙 냉난방 시설은 1970년에 가옥의 1/3에 해당하던 것이 3/4으로 증가되었다. 해를 거듭할수록 작은 주택으로부터 큰 주택으로 발전하고 있는 것이다. 이상의 모든 자료가 의미하는 바는 독자들이 생각하는 것과는 다르다. 그것은 전 국민이 비관주의에 빠져 있음에도 불구하고 우리는 무언가 제대로 일을 하고 있다는 것일 것이다.

26

A constant gripe about the press is that we have nothing good to say about anyone or anything. We revel in sleaze and scandal. We glory in human frailty. We specialize in character assassination. We enjoy natural disasters. Is it true? Of course. The stories about the press is like everything else. It's bad and getting worse: our news standards, always low, are sinking lower. Well, America, here is antidote. It's an unabashed good-news column. If you're tired of mayhem and misery, this is for you. It's a dose of straight optimism. I have just received my latest edition of the "Statistical Abstract of the United States."

어구풀이

- gripe : 불평
- sleaze : 타락
- character assassination : 인격 모독
- unabashed : 부끄럽지 않은
- dose : 한 몫, (어느 정도의) 양, 약간
- revel in : 즐기다
- frailty : 약함
- antidote : 해독제
- mayhem : 상해, 폭행
- statistical abstract : 통계연감

언론에 대한 독자들의 끊임없는 불평은 인물 보도이든 사건 보도이든 좋은 이야기가 하나도 없다는 것이다. 언론은 인간의 저속한 스캔들만 좋아하고, 인간의 약점만 파헤치고, 인격 모독까지도 서슴지 않으며, 자연의 재해를 즐기기조차 한다. 그것이 사실일까? 물론 그렇다. 언론에 대한 이야기도 세상사와 다를 것이 없다. 나쁜 면이 더 심해지고 있으니 말이다. 언론사의 보도 수준만 해도 언제나 저급했지만, 그 도가 점점 더 심각해지고 있다. 하지만 미국인들이여, 여기에 해독제가 있다는 것도 알기 바란다. 그것은 바로 부끄럼 없는 좋은 소식을 다루는 칼럼이다. 폭행이나 비극적인 사건으로 얼룩진 신문 기사에 넌더리가 난다면, 이 기사를 읽어보기 바란다. 이 기사를 읽으면 낙관적인 마음이 생겨날 것이다. 필자는 미국 통계청이 발행한 최신판 "미국 통계연감"을 입수하였다.

27

I had begun to understand why the system of self-defense whereby one brings one's opponent to the ground by unexpectedly giving way, with effortless resilience, to his passionately delivered attack, thus turning his own strength against him, is known as "the gentle art." Since the remotest times, its symbol has been the yielding and yet unconquerable water, so that Lao-tzu could say with profound truth that right living is like water, which of all things the most yielding can overwhelm that which is of all things most hard.

어구풀이

• whereby : (그에 따라) ~하는
• give way : 양보하다
• resilience : 회복력, 복원력

• bring ~ to the ground : ~을 굴복시키다
• opponent : 경쟁상대, 적수
• Lao-tzu : 노자(老子)

모범번역

뜻밖에 양보하여 손쉽게 힘을 회복하면서, 적의 공들인 공격에 적 자신이 완전히 직면하게 만들어 적 자신의 힘을 본인에게 되돌리는 자기 방어방법이 왜 "낚시"로 알려지고 있는지 나는 이해하기 시작하였다. 아주 먼 과거 이후로 온건하지만 정복할 수 없는 물은 그 방법을 상징하여 왔다. 그래서 노자는 바른 삶이란 물과 같다는 것, 즉 만물들 중에서 가장 유연한 것인 물이 만물들 중 가장 단단한 것을 극복할 수 있다는 심오한 진리를 얘기할 수 있었다.

28

The intrinsic value of gold has always been known, even before gold was used in coinage. It remains the only universally recognized standard of value in international monetary exchange. Most of the world's refined gold is absorbed by governments and central banks to provide backing for paper currency. But the amount of gold used in the arts and in industry is increasing. With its use in jewelry, decorative finishes, and dentistry, the gold's special properties have led to many applications in modern science and technology.

어구풀이

• intrinsic : 본질적인, 고유의
• monetary : 화폐의, 통화의
• property : 속성, 특성

• coinage : 화폐 주조
• dentistry : 치과학, 치과 의술

모범번역

사람들은 금의 본질적 가치를 언제나, 심지어는 금이 화폐 제조에 사용되기도 전에 알고 있었다. 이것은 여전히 국제적인 화폐 교환에서 유일하게 보편적으로 인정되는 가치 기준이다. 세계에서 정제된 금의 대부분은 불환 화폐(지화, 종이 화폐)의 태환에 대비하기 위하여 중앙은행이나 각국 정부에 의해 흡수된다. 그렇지만 예술과 산업에서 사용되는 금의 양은 증가하고 있다. 보석과 장식 마무리와 치기공을 위한 사용 기술에 있어서 금의 특별한 성질은 현대 과학과 기술에 많은 응용을 가져오게 하였다.

29

It is important to understand that woman culture is not and should not be seen as a substructure. It is hardly possible for a majority to live in a substructure. Women live their social existence within the general culture and, whether they are defined by patriarchal restraint or segregation into separateness, they transform this restraint into complementariness and redefine it. Thus, women live their dualistic life as members of the general culture and as partakers of women's culture.

어구풀이

- substructure : 종속구조
- patriarchal : 가부장적인
- segregation : 차별, 분리, 격리
- complementariness : 상호 보완
- partaker : 관계자, 참여자
- define : 규정짓다, 한정하다
- restraint : 규제, 통제, 제한
- transform : 변형시키다
- dualistic : 이원적인

모범번역

여성문화는 하부구조가 아니며, 아니어야 한다는 것을 이해하는 것이 중요하다. 다수가 하부구조 안에 산다는 것은 불가능하다. 여성은 일반문화 속에 사회적 존재로 살고 있으며 그네들이 가부장적 속박이나 차별에 의한 한정적 존재라 할지라도 이런 구속을 상호 보완되게 바꾸고 자신이 영역을 재규정한다. 그리하여 여성은 일반문화의 구성원으로서 그리고 여성문화의 참여자로서 이원적인 생을 산다.

30

The rapid rise in international oil prices threatens to further shake the local economy, already troubled by the slump in domestic consumption and the appreciation of the won. Most alarmed is the auto industry which will face the dual adversity of high production costs and decline in exports and domestic demand. They need to spur development of fuel-efficient and environment friendly models as a long-term strategy. General consumers, especially motorists, who have grown accustomed to the gradual rise in oil prices over the past few years, would register shock if they realize they are now paying twice as much as they did just two years ago for imported fuel. This shock is an important psychological element as it would motivate people to willingly join a renewed energy conservation drive.

- adversity : 역경, 재난
- fuel-efficient : 연비가 좋은
- energy conservation : 에너지 절약(보존)
- grow accustomed to : ~에 익숙해지다, 습관화되다

원유가의 급격한 상승은 한국경제에 상당한 위협을 주고 있으며 한국 경제는 이미 국내 수요 감소와 환율 평가 절상으로 타격을 받고 있는 상태에 있다. 자동차 산업이 가장 큰 타격을 입을 것으로 보이는데, 높은 생산 비용과 수출 및 국내 수요 감소로 이중 타격에 직면할 것으로 보인다. 자동차 업계는 고연비와 환경 친화적인 모델을 장기적인 전략으로 적극 개발해야 한다. 일반 소비자들, 특히 운전자들은 과거 수년 동안 점진적인 유가 상승에 익숙해져 있지만, 2년 전에 지불한 연료비의 두 배를 지불한다는 것을 알면 상당한 충격일 것이다. 이런 충격은 중요한 심리적인 요인으로, 사람들을 자극해서 자발적인 에너지 절약 캠페인에 참여하도록 할 것이다.

31

What will be cool next year? Though it's impossible to anticipate with certainty, profit-minded fashion designers, music industry executives, and television producers would very much like to have a leg up on their competition. In fact, this ever-accelerating quest to spot trends and trend-setters has spawned a new industry. Trend-analysis experts specialize in predicting what will be in and what will be out. Some firms hire legions of young people to track the interests and fads of their contemporaries. One especially innovative trend-spotting firm uses the Internet to collect massive amounts of data from its informants, known as "field correspondents."

어구풀이

- executive : 관리직(원), 경영진
- contemporary : 동시대인, 동년배
- innovative : 혁신적인, 창조력이 풍부한
- legion : 다수, 군단
- have a leg up on : ~보다 선행하다, (남보다) 스타트를 빨리하다
- correspondent : 통신인, 특파원

모범번역

내년에는 무엇이 유행할까? 그것을 정확하게 예견하는 것은 불가능하더라도 이익을 추구하고자 하는 패션 디자이너, 음악 산업계의 경영진 또는 텔레비전 프로듀서들은 경쟁의 출발부터 다른 경쟁자보다 유리하기를 바랄 것이다. 사실상 유행과 유행을 만들어가는 사람들을 찾고자 하는 행동의 가속화는 새로운 산업을 만들어내고 있다. 유행분석의 전문가들은 무엇이 유행하고, 무엇이 퇴조할 것인지 예측하는 일을 전문적으로 하고 있다. 일부 기업들은 현대인의 관심사와 유행을 알아내기 위해 또래의 많은 젊은이들을 채용하고 있다. 특히 혁신적인 어떤 유행탐색 회사는 인터넷을 사용해서 "현장 특파원"이라 불리는 정보 제공자들로부터 나오는 막대한 양의 정보를 수집하고 있다.

32

Ever since the Darwinian theory of human evolution — tracing the descent of man from animal ancestors — has become generally accepted, the origin of speech has become more and more mystifying. Language is so much the mark of man that it was classically supposed to have been bestowed on him at his creation. But if he has not been created separately from the animals, but has arisen, as most of us now believe, from a more primitive animal ancestry, then surely at some time his own ancestors did not speak. When, why, and how did man begin to speak? What generations invented that great social instrument of language?

어구풀이

- descent : 혈통, 가계
- mystify : 신비화하다, 어리둥절하다
- ancestor : 조상
- bestow : 주다, 수여하다

모범번역

인간의 혈통을 동물의 선조에서 추적해 나가는 다윈의 인간 진화론이 일반적으로 받아들여진 이래로 언어의 기원은 점점 더 미궁에 빠지게 되었다. 언어는 인간의 특징이어서 인간에게 창조시부터 부여된 것이라고 전통적으로 생각되어져 왔다. 그러나 인류가 동물과는 별도로 창조된 것이 아니고, 지금 우리가 생각하듯이 그리고 동물들이 진화했듯이 좀 더 원시적인 동물의 조상으로부터 진화되었다면 분명히 어떤 시점인가에서 그(인간)의 후손들은 말을 할 수 없게 될 것이다. 언제, 왜, 어떻게 인류가 말하기를 시작했을까? 어느 세대가 위대한 사회적 도구인 언어를 만들어 냈을까?

33

Hawthorne was at this time a tall, strong, athletic young man, fond of outdoor games, but at the same time exceedingly shy. He entered the Athenian Society, a literary body composed of students, in which he took an active part; and there still exists a Latin essay of some merit, which he read there in his junior year. His classmate, Longfellow, entered the rival literary society, between which and the Athenian there was a lively competition and a severe separation; so that the two youths who were to bring the most renown to the class in after years saw little of each other.

어구풀이

- athletic : 건장한, 운동신경이 발달한
- take an active part(role) : 적극적으로 참가하다
- renown : 명성
- be fond of : ~을 좋아하다
- lively competition : 활발한 경쟁
- see little of : ~과 거의 만나지 않다

모범번역

그 당시 호손은 키가 크고 억세며 실외경기를 좋아하는 건장한 청년이었다. 그러나 동시에 지나치게 수줍음을 탔다. 그는 학생들로 구성된 문학 동아리인 아테네 학회에 들어갔는데 거기서 그는 적극적인 역할을 했다. 그 동아리에서, 현재까지 전해지는 유익한 라틴 수필집을 그는 3학년 때 읽었다. 그의 급우인 롱펠로우는 경쟁관계에 있는 문학 동아리에 들어갔고 그곳과 아테네 학회 사이에는 치열한 경쟁과 심각한 분열이 있어서 후세에 그 학급에 커다란 명성을 가져다 줄 두 젊은이는 서로 거의 만나지 않았다.

34

If you own things, what's their effect on you? What's the effect of my wood on me? In the first place, it makes me feel heavy. Property does have this effect. Property produces men of weight, and it was a man of weight who failed to get into the Kingdom of Heaven. He was not wicked, that unfortunate millionaire in the parable, he was only stout; he stuck out in front, not to mention behind, and as he wedged himself this way and that in the crystalline entrance and bruised his well-fed flanks, he saw beneath him a comparatively slim camel passing through the eye of a needle.

어구풀이

- have an effect on : ~에 영향을 미치다
- stout : 살찐, 뚱뚱한
- wedge : 끼어들게 하다, 밀어 넣다
- parable : 우화
- not to mention : ~은 말할 것도 없이

모범번역

만약 당신이 무엇을 소유하고 있을 때 당신에게 그것이 끼치는 영향은 무엇이겠는가? 나에게 목재가 있다면 그것은 나에게 어떤 영향을 줄 것인가? 우선, 그것은 나에게 묵직한 느낌이 들게 할 것이다. 부는 이런 영향을 미친다. 부는 사람을 무겁게 하고, 천국에 들어가지 못한 사람은 무거운 사람이었다. 그는 사악하지 않았다. 그 우화에 나오는 그 불행한 백만장자는 단지 비만일 뿐이었다. 그는 뒤로는 말할 것도 없고 앞으로도 툭 튀어나왔다. 그는 수정같이 투명한 현관문에 이리저리 몸을 밀어 넣다가 잘 먹어서 통통한 그의 옆구리에 상처가 났을 때, 저 아래 쪽에서 비교적 날씬한 낙타 한 마리가 바늘귀를 통과한 것을 목격하였다.

35

Rabies is a horrible disease in either man or animal; once the symptoms appear, the physician can do nothing except administer opiates and wait for death. The term hydrophobia arises from the fact that in the grip of the disease it becomes impossible to swallow without excruciating spasms of the throat. Thus the victim appears to have a mortal fear of water, and indeed even the sight of it can bring convulsions. The actual cause of death is a paralysis which produces failure of the heart or the respiratory system.

어구풀이

- rabies : 광견병, 공수병(= hydrophobia)
- opiate : 마취제(= narcotic), 아편제, 진정제
- arise from : ~에 기인하다
- in the grip of a disease : 투병생활 중에
- excruciating : 극도의
- convulsion : 경련, 격동
- can do nothing except(but)+원형 : ~하는 수밖에 없다

광견병은 사람이나 동물에게 소름끼치는 병이다. 일단 증상이 나타나면 의사들은 마취제나 복용시키고 그저 죽음을 기다리는 수밖에 달리 손써 볼 수 없다. 공수병이란 말은 이 병에 걸리면, 목의 극심한 통증의 경련 없이는 삼키는 것이 불가능해진다는 사실에서 나온 것이다. 그래서 광견병 환자는 물을 몹시 두려워하는 것 같다. 그리고 정말이지 물을 보기만 해도 경련을 일으킬 수 있다. 사망의 실질적인 원인은 심장이나 호흡기 계통의 장애를 일으키는 마비 때문이다.

36

Boys and girls speak differently. Scientists say that their differences create problems when mothers talk to sons and fathers talk to daughters. For instance, a mother's good counsel cannot work on her son and fathers often side with their sons. That doesn't mean, though, that parents and their other-sex child are doomed to miscommunicate with each other. Their communication will be more successful if parents respect their other-sex child's different way of speaking.

어구풀이

- counsel : 충고, 조언, 상담
- side with : ~의 편을 들다
- be doomed to V : ~할 운명에 처해지다, ~할 운명이다(= be destined to V, be condemned to V)
- work on : ~에 효과(효력)가 있다

모범번역

소년과 소녀들은 다르게 얘기한다. 과학자들은 그러한 차이 때문에 어머니가 아들에게 얘기할 때, 아버지가 딸에게 얘기할 때 문제가 생긴다고 말한다. 예를 들면, 어머니의 좋은 충고가 아들에게 설득력을 잃고, 아버지가 종종 아들의 편을 든다. 그렇지만 그것은 부모님과 반대 성(性)의 자녀가 서로 의사소통을 잘 하지 못하도록 운명지어졌다는 얘기는 아니다. 만일 부모들이 자기와 반대 성의 자녀들의 다른 얘기 방식을 존중해 준다면 그들과의 의사소통은 보다 성공적일 것이다.

37

To begin with, many of today's changes are not independent of one another, nor are they random. For example, the crack-up of the nuclear family, the global energy crisis, the emergence of separatist movements from Quebec to Corsica, may all seem like isolated events. Yet precisely the reverse is true. These and many other seemingly unrelated events or trends are interconnected. They are, in fact, parts of a much larger phenomenon: the death of industrialism and the rise of a new civilization.

어구풀이

• to begin with : 우선(= first of all)　　　　　　　• separatist : 정교(政敎) 분리주의자
• The reverse is true : 사실은 그 정반대이다
• nor are they random : 그리고 또한 그 변화들은 우발적인 것도 아니다(= and they are not random, either)

모범번역

우선, 오늘날 일어나는 많은 변화들은 서로 독자적인 것도 아니고 또 우발적인 것도 아니다. 예를 들면, 핵가족의 붕괴, 전 세계적인 에너지 위기, 퀘벡에서 코르시카에 이르기까지 분리주의자 운동의 출현 등, 이 모든 사건은 별개의 것처럼 보인다. 그러나 사실은 그 정반대이다. 이러한 사건들과 외관상 무관한 것처럼 보이는 많은 사건들과 추세는 상호 관련되어 있다. 사실 그러한 사건들은 훨씬 더 큰 현상, 즉 산업주의의 종식과 새로운 문명의 대두의 적은 일부분들이다.

38

Civilization identity will be increasingly important in the future, and the world will be shaped in large measure by the interactions among seven or eight major civilizations. These include Western, Confucian, Japanese, Islamic, Hindu, Slavic-Orthodox, Latin American and possibly African civilization. The most important conflicts of the future will occur along the cultural fault lines separating these civilizations from one another. Why will this be the case? First, differences among civilizations are not only real; they are basic. Civilizations are differentiated from each other by history, language, culture, tradition and most important, religion.

어구풀이

• identity : 정체성
• in large measure : 대부분
• Confucian : 유교(儒敎)의, 유생(儒生)의
• Slavic-Orthodox : 슬라브 동방 정교
• case : 사례

모범번역

앞으로 문명의 정체성은 점점 더 중요하게 부각될 것이며, 세계는 주로 7, 8개의 거대한 문명권의 상호 영향 하에 그 모습이 형성될 것이다. 이들 문명권은 서양 문명을 위시하여 동양의 유교, 일본 문화, 회교 문화, 힌두교, 슬라브 동방 정교, 라틴 아메리카 등과 때에 따라서는 아프리카 문명권까지도 포함할 것이다. 미래에 있어서 중요한 문명의 충돌은 문명권을 서로 나누는 문화적 경계 선상에서 일어날 것이다. 왜 이러한 일이 생기는 것일까? 첫째, 문명의 차이는 현실적으로 존재하는 것이며 또한 근본적인 현상이기도 하다. 문명은 역사, 언어, 문화, 전통 등과 무엇보다도 종교로 구분할 수 있다.

39

The people of different civilizations have different views on the relations between God and man, the individual and the group, the citizen and the state, parents and children, husband and wife, as well as differing views of the relative importance of rights and responsibilities, liberty and authority, equality and hierarchy. These differences are the product of centuries. They will not soon disappear. They are far more fundamental than differences among political ideologies and political regimes. Difference do not necessarily mean violence. Over the centuries, however, differences among civilizations have generated the most prolonged and the most violent conflicts.

어구풀이

- hierarchy : 계급 조직
- conflict : 충돌
- generate : 생기게 하다
- political ideology : 정치적 사상
- prolonged : 장기간에 걸친

모범번역

서로 다른 문명권에 속한 민족들은 신과 인간, 개인과 단체, 국민과 국가, 부모와 자식, 남편과 아내 등의 관계를 보는 시각에 차이가 있으며, 이외에도 권리와 의무, 자유와 권위, 평등과 계급 조직의 상대적 중요성에 대해서도 서로 다른 관점을 갖고 있다. 이러한 차이는 수백 년에 걸쳐 형성되어 왔다. 그러한 것은 빨리 사라지지는 않을 것이다. 이것은 정치적 이념이나 체제의 차이보다도 근원적인 것이다. 차이가 있다 해서 그것이 바로 충돌을 의미하는 것은 아니다. 그러나 수 세기에 걸쳐서 문명의 차이는 장기적이고 폭력적인 분쟁을 일으켜 왔다.

40

At the age of three or four, when the hands begin to obey the brain, the child becomes a painter. His fond mother gives him a box of colored chalks and every loose bit of paper is rapidly covered with strange pothooks and scrawls which represent houses and horses and terrible naval battles. Soon, however, this happiness of just "making things" comes to an end. School begins and the greater part of the day is filled up with work. The business of living, or rather the business of "making a living" becomes the most important event in the life of every boy and girl.

어구풀이

- pothook : (S자형의) 꼬부랑 글씨, 서툰 글씨
- scrawl : 휘갈겨 쓰기
- the greater part of : ～의 대부분

의식적으로 손을 조정할 수 있는 3~4세가 되면, 어린아이는 화가가 된다. 애지중지하는 엄마가 아이에게 색 분필통을 준다. 그러면 나뒹굴어 다니는 모든 종이는 집과 말과 무시무시한 해전을 나타내는 이상한 꼬부랑 글씨와 휘갈겨 쓴 글씨로 금방 메워질 것이다. 그러나 곧, '무언가를 만들어 내는' 이 행복은 끝나게 된다. 학교에 다니게 되면 하루의 대부분이 공부로 가득 차게 된다. 살아가는 문제가, 아니 오히려 생계를 꾸려 가는 문제가 모든 소년과 소녀의 생활의 가장 중요한 일이 되고 만다.

41

I turned 26 a couple of months ago. The occasion seemed less a cause for celebration than a reason to renegotiate my contact with the future. My life has become a compromise. Expectations made in youth have been postponed, standards set for adulthood have been forgotten or ignored. Certainly I am no longer a child, but neither am I at a point that I can consider myself a full-fledged adult. I still wear baseball caps, still order beer with dinner, still keep a Playboy face down in the sock drawer.

어구풀이

- less A than B = not so much A as B
- full-fledged : 어엿한, 새가 깃털이 다 난
- renegotiate : 재조정(재교섭)하다

모범번역

나는 두 달 전에 26살이 되었다. 이것은 축하해야 할 원인이라기보다는 미래와의 접촉을 재조정할 이유인 것 같았다. 내 인생은 하나의 타협한 인생이 되었다. 젊었을 때 가졌던 기대는 연기되었고, 성인이 되었을 때를 위해 세워 놓았던 기준은 잊혀졌거나 무시되었다. 확실히 나는 더 이상 어린아이가 아니다. 그렇다고 내 자신을 어엿한 어른이라고 느낄 수 있는 시점에 와 있는 것도 아니다. 나는 여전히 야구 모자를 쓰고 다니고, 여전히 저녁 식사 때 (와인이 아닌) 맥주를 주문하고, 여전히 양말장 안에 플레이보이 잡지를 겉표지가 밑으로 가게 감춰 둔다.

42

Passing the civil service examination in ancient China was no easy matter. Preparation took years, since candidates were required to know thousands of logographs merely to read the classics. Furthermore, they had to memorize whole texts. On the examinations, they wrote essays about particular questions on particular texts. These essays were then evaluated according to the criteria of purity, truthfulness, elegance, and propriety. These criteria were, however, so vague that candidates had little choice but to try to detect the literary preferences of the examiners.

어구풀이

- evaluate : 평가하다, 감정하다
- criteria : 기준, 표준, 규범 cf. 단수 criterion
- propriety : 타당성, 적부, 정당
- have little choice but to V : 거의 ~하지 않을 수 없다, ~하는 수밖에 별 다른 도리가 없었다

모범번역

고대 중국에서 과거 시험에(고급 관리 시험에) 급제하는 것은 쉬운 일이 아니었다. 응시자들은 단지 고전을 읽기 위해 수천 개의 한자를 알아야 하기 때문에 준비하는 데만 수년이 걸렸다. 더욱이나 그들은 책들을 다 외우지 않으면 안 되었다. 시험에서 특정한 책의 특정한 문제에 관해 글을 썼다. 그리고 이러한 글은 순수함, 진실성, 우아함과 타당성의 기준에 따라 평가되었다. 그러나 이런 기준은 너무도 애매해서 응시자들은 시험관의 문학적 선호를 알아내려고 노력하는 것 외에 별다른 도리가 없었다.

43

The Americans and the Arabs are even less compatible in their space habits. Arabs like close contact. In some instances, they stand very close together to talk, staring intently into each other's eyes and breathing into each other's face. These are actions the American may associate with sexual intimacy and he may find it disturbing to be subjected to them in a nonsexual context. The amount of space a man needs is also influenced by his personality — introverts, for example, seem to need more elbow room than extroverts.

어구풀이

- compatible : 양립할 수 있는, 공존할 수 있는
- nonsexual context : 성(性)과 무관한 맥락
- introverts : 내성적인 사람들
- extroverts : 외향적인 사람들
- find it disturbing to V 〈find+it(가목적어)+O.C.+to V(진목적어)〉

모범번역

미국 사람들과 아랍 사람들은 (대인) 공간에 관한 습관에 있어서 크게 다르다. 아랍 사람들은 가까운 접촉을 좋아한다. 어떤 경우에는 그들은 상대방을 열심히 들여다보고 상대방 얼굴에 입김을 불어 놓으며 밀착해서 얘기를 한다. 이러한 행동은 미국에서는 성적 밀착을 연상하는 행동이며, 성과 무관한 맥락에서 이런 행동을 받게 되면 혼란에 빠지게 된다. 사람이 필요로 하는 공간의 정도는 개인적인 성격에 의해서도 영향을 받을 수 있다. 예를 들면, 내성적인 사람들은 외향적인 사람들보다 더 많은 엘보우 룸(팔꿈치를 마음 놓고 놀릴 수 있는 공간 여유)을 필요로 하는 것 같다.

44

The criticism of literature is much more hampered by representational fallacy than even the criticism of painting. That is why we are apt to think of narrative as a sequential representation of events in an outside "life," and of meaning as a reflection of some external "idea." If properly used as critical terms, an author's narrative is his linear movement; his meaning is the integrity of his completed form. Similarly an image is not merely a verbal replica of an external object, but any unit of a verbal structure seen as part of a general rhythm. Even the letters an author spells his words with form part of his imagery, though only in special cases (such as alliteration) would they call for critical notice. Narrative and meaning thus become respectively, to borrow musical terms, the melodic and harmonic contexts of the imagery.

어구풀이

- representational fallacy : 구상주의적 오류
- representation : 표현, 진술, 설명, 대의 제도
- replica : 모사, 복제품, 사본
- alliteration : 두운법

모범번역

문학 비평은 회화 비평보다도 구상주의적 오류에 의해서 보다 많은 방해를 받고 있다. 그것은 바로 우리가 이야기를 인간의 외적인 '삶'에서 생긴 사건을 연속적으로 표현하는 것이라고 쉽사리 생각하고 또 의미를 어떤 외면적인 이데아의 반영으로 생각하게 만드는 원인이 된다. 비평 용어로서 적절하게 사용된다면 한 작가의 이야기는 직선적으로 움직이는 것이며 그의 의미는 완성된 형식의 종합품이다. 그와 유사하게 이미지는 단순히 외부 대상을 말로 모사한 것이 아니고 총체적 리듬의 일부로 표현된 언어구조의 단위라 할 수 있다. 두운법과 같은 특수한 경우에만은 비평적인 주의를 요하겠지만 심지어 작가가 사용하는 문자도 그의 심상화의 일부를 형성한다. 이야기와 의미는 그렇게 해서 각각 음악용어를 빌려 쓰게 된다. 그것은 다름 아닌 심상화가 지니고 있는 멜로디와 화음적인 전후관계이다.

45

Comprehensiveness is a criterion for the acceptability of an interpretation because the principle of functionality, i.e. the convention that all the identifiable parts of a literary work should be artistically relevant, is a part of the literary institution. Ideally, a text which is construed as a literary work can be segmented completely so that no part of the text is resistant to interpretation. If it turns out that there are parts of the text which have no artistic function, it counts negatively in a value-judgement of the work. Comprehensiveness as a criterion for the acceptability of an interpretation is therefore based on a theory of literary value which makes the assumption that every feature of a text should be functional.

어구풀이

- comprehensiveness : 포괄성, 내포성
- segment : 나누다, 분할하다
- feature : 용모, 지형, 특징, 걸작, 특종
- construe : 해석하다, 분석하다, 결부되다
- assumption : 가정, 횡령, 위장, 장악

모범번역

내포성은 작품의 해석을 수용하는 하나의 기준이 된다. 왜냐하면, 기능성의 원칙이 문학이라는 틀에서는 한 영역을 차지하고 있기 때문이다. 다시 말하면, 한 문학 작품에서 규명할 수 있는 모든 부분은 상호 예술적으로 관련되어 있어야 한다는 것이 문학적 관습이다. 이상적으로 말하면 문학 작품으로 해석되는 텍스트는 완전히 분석될 수 있고 해석에 방해가 되는 부분은 존재하지도 않는다는 것이다. 만약 텍스트 중에서 예술적 기능을 지니고 있지 않은 부분이 있다고 판명되면 이는 작품의 가치 판단에 있어서 부정적으로 작용될 수 있다는 사실이다. 작품해석의 수용성에 대한 내포성은 그러므로 텍스트의 모든 특징은 기능적이어야 한다는 가정을 뒷받침하는 문학 가치론에 바탕을 두고 있다.

46

Some would-be architects of our future look towards a time when it will be possible to alter the human germ plasm by design. But we may easily be doing so now by inadvertence, for many chemicals, like radiation, bring about gene mutations. It is ironic to think that man might determine his own future by something so seemingly trivial as the choice of an insect spray. All this has been risked — for what? Future historians may well be amazed by our distorted sense of proportion.

어구풀이

- would-be : 자칭의, ~지망의
- inadvertence : 부주의, 실수
- distorted : 왜곡된
- germ plasm : 세포질, 배종 원형질
- mutation : 돌연변이
- may well+원형 : ~하는 것도 당연하다 = have good(every) reason to V = It is natural that should ~

모범번역

미래를 설계해 보는 자칭 미래 설계자는 계획에 의해 인간의 배종 원형질을 바꾸는 것이 가능한 때가 올 것을 손꼽아 기다리고 있다. 그러나 지금도 부주의에 의해 쉽게 그렇게 하고 있는지도 모른다. 왜냐하면, 방사성 물질 같은 화학제품은 유전인자 돌연변이를 일으키기 때문이다. (D. D. T 같은 살충제는 오염시킬 뿐 아니라 유전인자도 변형시켰음) 살충제의 선택과 같은 사소한 것 같아 보이는 것에 의해 (소중한) 우리 자신의 미래를 결정할지도 모른다고 생각하는 것은 아이러니컬하다. 우리는 무엇을 위해 이 모든 것을 걸었을까?(위태롭게 했을까?) 미래 역사가들이 우리의 비율에 대한 왜곡된 감정(우리는 다른 생물을 죽임으로써 생물의 자연스런 비율을 파괴했다)에 아연실색하는 것도 당연한 것이다.

47

Some earthquakes change the shape of the land. Their vibrations have produced numerous fissures in loose earth and have also caused landslides. These alternations in our landscape have been observed many times in the past and can be expected to accompany some earthquakes in the future. Occasionally, instead of fissures or landslides, earthquakes have produced circular chasms. These occur in ground above limestone formations in which caves have been etched by underground water.

어구풀이

- fissure : 균열, 금
- chasm : 갈라진 틈, 균열
- etch : 식각(蝕刻)하다, 선명하게 그리다
- landslide : (산) 사태
- limestone : 석회석(암)
- These occur ~ underground water. : 이러한 것들은 지하수가 스며들어 동굴이 만들어진 석회암 지층 위의 땅에서 일어난다. 〈수동을 능동 해석〉

모범번역

지진 중에는 땅의 모양을 변형시키는 것들도 있다. 지진의 진동은 푸석푸석한 땅에 수많은 균열을 가져왔고 사태를 일으키기도 했다. 이러한 풍경의 변화는 과거에 여러 번 목격되었고 미래에 지진을 동반할 것이 예상되기도 한다. 종종 지진은 땅의 균열이나 사태 대신에 원형의 균열을 일으켰다. 이러한 균열은 지하수가 스며들어 동굴이 만들어진 석회암 지층 위의 땅에서 일어난다.

48

Antarctica knows no rot, rust or mould. There are no bacteria to spoil meat, no spores to turn bread mouldy. In 1947, Admiral Cruzen visited the camp at Cape Evans that had been abandoned by Captain Scott more than 35 years before. From the camp's appearance, the occupants might have just left. Boards and rafters of the cabin looked as if they were fresh from the sawmill; there was no rot in the timbers, not a speck of rust on the nailheads.

어구풀이

- Antarctica : 남극 대륙(the Antarctic Continent)
- spore : 포자, 홀씨

모범번역

남극 대륙에는 부패나 녹이나 곰팡이 같은 것이 없다. 고기를 상하게 할 박테리아도 빵에 곰팡이를 생기게 할 포자도 없다. 1947년에, 크루젠 제독이 35년여 전에 스콧 대령에 의해 버려진 에번스 케이프에 있는 캠프를 방문했다. 외관상으로 봤을 때, 캠프에 있었던 사람들이 막 떠난 것 같이 보였다. 오두막집의 널판자와 서까래가 제재소에서 이제 막 가져온 새 것처럼 보였다. 목재에는 썩은 데가 한 군데도 없었고 못대가리에도 녹 하나 묻어 있지 않았다.

49

Disappearance of the Arctic pack would enable the largest tankers to reach the newly discovered oil fields of northern Alaska. However, of major concern is the possibility of catastrophic climate changes. A number of specialists believe that an ice-free Arctic Ocean would not freeze again. If so, it has been predicted that storm paths would change and food-producing areas of the Central United States and Eurasia might become deserts. Likewise, it is thought that great ice sheets would form farther north.

어구풀이
• Arctic (ice) pack : 북극의 총빙
• catastrophic climate changes : 대이변적 기상 변화

모범번역
만일 북극의 총빙이 사라지면, 아무리 큰 원유 수송선도 북 알래스카의 새로 발견된 유전까지 항해할 수 있을 것이다. 그러나 대이변적 기상 변화의 가능성이 주관심사이다. 수많은 전문가들은 얼음이 없는 북극해는 다시 얼지 않을 것이라고 믿는다. 만일 그렇게 된다면 저기압 경로가 변할 것이고, 미국 중부 지역과 유라시아 대륙의 식량을 생산하는 지역은 사막이 될지도 모른다고 예상했다. 이와 마찬가지로, 대빙원(大氷原)이 북극을 형성하게 되리라는 것이 예상된다.

50

As the provisions of this Act are still the cornerstone of the English banking system, they are of extreme importance. The Act specially regulated the Bank of England. The Bank of England had been founded in 1694. It received a special charter of incorporation from the government and became the government's banker. There was a controversy raging at the time, in 1844, surrounding banking theories. One opinion, set forth by the Banking School, contended that every banker should have the right of issuing notes at his discretion and that he should not be restricted by the actual gold reserve.

어구풀이
• the provisions of : ~의 조항들
• this Act = the Bank charter Act : 은행 설립법
• of extreme importance = extremely important 〈of+추상명사 = 형용사〉
• a special charter of incorporation : 회사 설립을 위한 특별 법령
• a controversy raging ~ round : ~을 둘러싸고 시끄럽게 일던 논쟁
• one opinion : 혹설
• at one's discretion : 재량에 따라
• actual gold reserve : 실제적인 금 보유량

은행 설립법의 조항들은 여전히 영국 은행법의 토대를 이루고 있기 때문에 지극히 중요하다. 그 법은 특히 영국 은행을 규제하였다. 영국 은행은 1694년에 설립되었다. 그것은 정부로부터 회사설립을 위한 특별 법령을 받고 있었기 때문에 정부의 은행이 되고 말았다(1844년에 은행 이론을 둘러싸고 시끄러운 논쟁이 일어났다). 스쿨뱅킹이 제시한 혹설이 주장했던 바는 모든 은행은 자기 재량에 따라 은행권을 발행할 권리가 있으며, 실제적인 금 보유량에 의해 규제되어서는 안 된다는 것이다.

51

The purpose of the translation theory is to reach an understanding of the processes undertaken in the act of translation and, as is so commonly misunderstood, not to provide a set of norms for the perfect translation. In the same way, literary criticism does not seek to provide a set of instructions for producing the ultimate poem or novel, but rather to understand the internal and external structures operating within and around a work of art. The pragmatic dimension of translation cannot be categorized, any more than the 'inspiration' of a text can be defined and prescribed. Once this point is accepted, two issues that continue to bedevil Translation Studies can be satisfactorily resolved; the problem of whether there can be a 'science of translation' and whether translating is a 'secondary activity.'

어구풀이

• to provide a set of norms for effecting the perfect translation : 완벽한 번역을 수행하기 위하여 일련의 규범을 마련하는 것
• bedevil : 악마에게 홀리게 하다, 괴롭히고 어지럽히다   • secondary activity : 2차적인 연구 활동

번역이론의 목적은 번역 행위에 관련된 모든 과정을 이해하는 것이지 일반적으로 오해하고 있듯이 완벽한 번역을 하기 위한 일련의 기준을 만들려는 것은 아니다. 이와 마찬가지로, 문학 평론은 최고의 시나 소설을 쓰는 방법을 교육하기 위한 것이 아니라 예술 작품 안팎에서 작용하고 있는 내적·외적 구조에 대한 이해를 추구하는 것이다. 작품의 영감을 정의하거나 규정할 수 없는 것처럼 번역의 실용적인 범주도 규범화할 수는 없다. 일단 이 점을 이해한다면 번역학을 지속적으로 괴롭히는 두 가지 문제, 즉 '번역학'이 존재할 수 있는가 하는 문제와 번역은 '2차적인 활동'인가 하는 문제에 대해서 만족스러운 결정을 내릴 수 있다.

52

The next to last thing in advertising was mood-sell. You didn't try very hard to sell your stuff, but evoked a mood in which people would buy it. The latest thing of all, according to one expert, is this, which means roundly abusing anyone who doesn't buy your product.

In writing this, you must have a very clear picture of the person you are abusing and what their reaction will be to each lash of the whip. Supposing you write: "Do you use I. C. I. Silicones? If not, why not? Everyone else does." The victim, a woman, exclaims mentally, "I know. I'm thoroughly ashamed of myself. I supposed I'm just old-fashioned." You go on: "Old-fashioned? That's nothing. You're a disgrace to the community. How are you going to keep the rain off your silly back if you don't have a raincoat proofed with I. C. I. Sillicones? Eh?"

어구풀이

- mood-sell : 분위기(기분) 판매
- abuse : (모)욕하다, 매도하다
- roundly : 가차 없이, 기탄(거침)없이
- proofed : 방수 처리된

모범번역

마지막에서 두 번째의 광고는 무드-셀이었다. 당신은 제품을 팔려고 애쓰지 않고, 사람들이 사고 싶은 분위기를 만들어 냈던 것이다. 한 전문가에 따르면 가장 최신의 광고는 당신의 제품을 사지 않는 어떤 사람을 가차 없이 매도하는 것이다. 이것을 작성할 때는 매도하려는 대상을 소상히 알아야 하고 매도할 때마다 그것에 대한 그들의 반응이 어떤 것일까를 정확히 알고 있어야 한다. 예를 들어서 "I. C. I 실리콘을 사용하시나요? 사용하지 않는다고요? 왜죠? 다른 사람들은 다 사용하고 있는데"라고 광고문을 쓴다고 하자. 그러면 매도당한 여자는 마음속으로 외친다. "나도 잘 알아, 정말 나 자신이 부끄러워, 나는 정말 구식인가 봐"라고. 그러면 당신은 (고삐를 늦추지 말고) 계속 몰아댄다. "구식이라구요? 그건 아무것도 아니에요. 당신은 사회의 수치입니다. I. C. I 실리콘으로 방수가 된 레인코트를 입지 않고, 어떻게 당신의 어리석은 등이 비를 맞지 않게 할 수 있나요?"라고.

53

Any author who heard a stranger praise his latest book by saying that his style was good, but the behavior and ideas of his characters were far from realistic, would be deeply hurt. It would mean that his judgments about life were not accepted. Any author who does not care what he teaches is just as likely to be as bad as one who does not care how he writes. And if an author is to defend himself against those who criticize his ideas, he will do so more effectively by justifying the ideas than by saying he did not intend to teach them. Teaching is a serious responsibility.

어구풀이

- author : 저자, 작가
- character : (소설) 등장인물, 특성, 인격
- realistic : 현실주의의, 현실적인
- criticize : 비평(비판)하다(= censure, condemn)
- justify : 정당화하다, 정당성을 주장하다
- behavior : 행동, 태도, 습성
- far from : ~에서 멀리, 조금도 ~않다
- judgment : 견해(= opinion, view)
- effectively : 효과적으로, 실제로, 사실상
- responsibility : 책임, 의무(= accountability)

어떤 작가라도 낯선 사람에게서 그의 최근의 작품이 문체는 훌륭하지만 등장인물의 행동과 생각이 비현실적이라는 말을 듣는다면, 마음이 몹시 상할 것이다. 그것은 생에 대한 그 자신의 판단이 받아들여지지 않았음을 의미할 수도 있기 때문이다. 무엇을 가르칠 것인가에 관심을 기울이지 않는 작가는 어떻게 쓸 것인가를 상관하지 않는 작가와 다를 것이 없는 변변치 못한 작가가 되기 십상이다. 만약 작가가 자신의 생각을 비평하는 이들로부터 자신을 방어할 생각이라면, 그들을 가르치려는 의도가 없었다고 말하기보다는 자신의 생각을 정당화함으로써 더욱 효과적으로 자신을 변론할 수가 있을 것이다. 가르침이란 엄숙한 책임이다.

54

An electronic funds transfer system — called E. F. T. in banking circles — is replacing the paperwork in banking processes. With its use of computers to carry out financial transactions, E. F. T. is changing the way people pay bills and may eliminate the necessity of carrying cash. But there is a snag in this technological revolution, and that is the reluctance of consumers to change their habits. Regardless of whether or not consumers like it, bankers are determined to fully implement the new system. The full use of E. F. T. nevertheless may be a quarter century away.

어구풀이

• electronic funds transfer system : 전자 송금 방식
• eliminate : 제거하다, 없애다
• regardless of : ~에 상관없이
• financial transaction : 금전 거래 업무
• snag : 장해, (예상 밖의 작은) 문제
• implement : (일정한 계획이나 수속에 따라서) 실시하다

모범번역

금융계에서 E. F. T.라고 하는 전자 송금 방식이 은행 업무 과정에서 서류 사무를 대치해가고 있다. 금전 거래 업무를 수행하는 데에 컴퓨터를 사용함으로써 E. F. T.는 사람들이 계산서를 지불하는 방식을 변화시키고 있으며, 현금을 가지고 다닐 필요가 없게 해줄지도 모른다. 그러나 이 기술상의 혁명에는 예기치 않은 장해가 있는데 그것은 소비자들이 자기들의 습관을 바꾸고 싶어 하지 않는다는 점이다. 소비자들이 이 새 방식을 좋아하든, 좋아하지 않든 간에 은행가들은 이 새로운 방식을 전면적으로 시행할 결심을 하고 있다. 그러나 E. F. T.를 완전히 이용하는 데는 앞으로 25년이 더 걸릴지도 모른다.

55

On the other hand, in the course of the evolution of birds from reptiles, there was a succession of changes in the bone, muscle, and skin structures of the animals. This wholesale restructuring of some reptiles over a period of thousands of years equipped the new animals to escape their predators and to find food more easily. But the evolutionary process did not stop there. Once adapted to flight, some birds continued to change and the process seemed to reverse itself. As penguins adapted to marine life, their wings changed to flippers and their feathers to a waterproof covering, thus suiting the birds for a semiaquatic existence.

어구풀이

- in the course ~ reptiles : 파충류에서 조류로 진화하는 과정에서
- a succession of : 일련의
- equip : (필요한 학문 · 감정 · 능력 따위를) 갖게 하다, 주다
- flipper : 지느러미 모양의 발
- reverse : 뒤바꾸다, 반전시키다, 거꾸로 하다
- wholesale : 대규모의, 전면적인
- predator : 약탈자, 포식(捕食) 동물
- Once adapted to flight = Once they are adapted to flight
- semiaquatic : 반수생(半水生)의, 물 근처에서 생활하는

모범번역

다른 한편, 파충류로부터 조류로 진화하는 과정에서 이 동물들의 뼈, 근육, 피부 구조에 연속적인 변화가 있었다. 수천 년에 걸쳐서 이루어진 몇몇 파충류의 이러한 전반적인 재구성은 새로 생긴 이 동물들에게 이들이 좀 더 쉽게 포식자로부터 도망치고 먹이를 찾을 수 있도록 해주었다. 그러나 이 진화의 과정은 거기서 그치지 않았다. 일단 나는 데 적응하고 나서도 어떤 새들은 변화를 계속했고, 그 변천 과정은 역으로 진행되는 것 같았다. 펭귄이 바다 생활에 적응함에 따라 그들의 날개는 지느러미 모양의 발로, 그들의 깃털은 물이 스미지 않는 덮개로 바뀌었고, 따라서 이러한 과정은 펭귄이 반수생 생활에 적합해지도록 해주었다.

56

For quick relief of an upset stomach or acid indigestion caused from too much to eat or drink, drop two tablets in an eight-ounce glass of water. Make sure that the tablets have dissolved completely before drinking the preparation. Repeat in six hours for maximum relief. Do not take more than four tablets in a twenty-four-hour period. Each tablet contains aspirin, sodium bicarbonate and citric acid. If you are on a sodium restricted diet, do not take this medication except under the advice and supervision of your doctor. Not recommended for children under twelve years old or adults over sixty five.

어구풀이

- acid indigestion : 위산과다
- sodium : 나트륨
- citric : 구연산의
- medication : 치료약물
- dissolve : 녹이다, 용해하다
- bicarbonate : 중탄산염
- restrict : 제한하다
- supervision : 관리, 감독

모범번역

과식이나 과음으로 인한 배탈이나 위산과다를 빨리 진정시키려면 8온스의 물 컵에 정제 2알을 떨어뜨리시오. 조제약을 마시기 전에 그 정제가 완전히 용해되었는지 확인하시오. 최대한 진정시키려면, 6시간 후에 재복용하시오. 24시간 안에 4정 이상을 복용하지 마시오. 각 정제는 아스피린, 중탄산나트륨, 구연산을 포함하고 있습니다. 식염을 제한하는 식이 요법을 하고 계신 분은 의사의 지시와 감독 없이는 이 약물을 복용하지 마시오. 12세 이하의 어린이와 65세 이상의 노인들은 복용을 금합니다.

57

In 1912 Garrett Morgan received his first patent on what he called a "Safety Hood and Smoke Protector," a device that is now called a gas mask. During 1913 and 1914, this early invention successfully passed many practical and rigid tests to receive fire department approval. Designed with speed in mind, it could be put on in seconds and taken off in three. Fresh air was supplied from a bag of air suspended in the rear by two tubes connected to the hood. There was enough air in the bag to permit someone to stay in the midst of suffocating gases and smoke from fifteen to twenty minutes. The hood was specially made for working in heavy smoke and dangerous or offensive fumes produced by chemicals.

어구풀이

• patent : 특허권
• protector : 보호 장치
• suspend : 매달다
• heavy smoke : 독한 연기
• fume : (자극성) 가스

• hood : 덮개
• rigid : 엄격한
• suffocate : 질식시키다
• offensive : 불쾌한

모범번역

1912년 가렛 모건(Garrett Morgan)은 그가 '안전 덮개와 연기 보호 장치'라고 불렀고, 오늘날에는 가스 마스크라고 불리는 장치에 대하여 그의 최초의 특허권을 인정받았다. 1913년과 1914년 사이 이 초기 발명품은 소방서의 승인을 얻기 위한 여러 가지 실용적이고도 엄격한 시험에 무사히 통과했다. 속도를 생각하고 고안되었기 때문에 이것은 몇 초 내에 써서, 3초 내에 벗을 수 있었다. 신선한 공기는 덮개에 연결되어 있는 두 줄의 튜브에 의해 등에 매달린 공기 주머니에서 공급되었다. 공기 주머니에는 질식시키는 가스와 연기 속에서 15분 내지 20분간 머물 수 있을 정도의 충분한 공기가 있었다. 덮개는 자욱한 연기와 화학 물질에서 나오는 위험하거나 불쾌한 가스 속에서도 일을 할 수 있도록 특별히 고안되었다.

58

In the early 1800's the factory system in the United States at first flourished most actively in New England, especially in Massachusetts, though it later branched out into the more populous areas of New York, New Jersey, and Pennsylvania. New England was favored for a number of reasons: the stony soil discouraged farming and made manufacturing more attractive than elsewhere. A relatively dense population provided labor while the seaports made possible the easy import of raw materials and the export of finished products. In addition, the rapid rivers provided abundant water power to operate the machines. The war of 1812 brought a period of increased productivity to American factories.

- flourish : 번창하다, 번성하다
- populous : 인구가 많은
- dense : 밀접한
- abundant : 풍부한
- branch out : 뻗어나가다
- discourage : 방해하다, 저지하다
- raw material : 원료
- productivity : 생산력

모범번역

1800년대 초기에 미국의 공장 제도는 후에 인구가 더 많은 지역인 뉴욕, 뉴저지 및 펜실베니아 등지로 뻗어나가긴 했지만 처음에는 뉴잉글랜드 지방에서, 특히 매사추세츠에서 가장 활발하게 번성했다. 뉴잉글랜드는 여러 가지 이유로 조건이 좋았다. 돌 투성이의 토양은 농사짓기에는 적합하지 않아서 다른 어느 곳보다 제조업에 관심을 갖게 했다. 비교적 조밀한 인구는 노동력을 제공했고 여러 항구가 있어 원료를 쉽게 수입하고, 완제품을 수출할 수 있게 했다. 이밖에 급류가 흐르는 강은 기계를 작동시킬 수 있는 풍부한 수력을 제공했다. 1812년의 전쟁으로 말미암아 미국 공장은 생산력을 더욱 증가시킬 수 있게 되었다.

59

The most conspicuous topographical feature of the Atlantic is the mid-ocean ridge, a huge submerged mountain range surpassing in area the Alps and the Himalayas combined. It runs down the middle of the ocean from Iceland in the north to a small island one thousand eight hundred meters off the coast of Antarctica in the south. The crest of the ridge marks the approximate middle of the Atlantic. With the exception of isolated areas near Iceland and near the Azores, the ocean floor at the crest has a mean depth of two thousand five hundred meters. The floor deepens gradually and systematically with increasing distance from the crest, reaching a maximum depth of between five thousand meters before rising abruptly at the continental shelves.

어구풀이

- conspicuous : 눈에 뜨이는, 현저한
- ridge : 산마루, 능선
- surpass : 능가하다
- mean : 평균의
- topographical : 지형(학)의
- submerge : 물에 잠기다
- crest : 꼭대기
- continental shelf : 대륙붕

모범번역

대서양의 가장 현저한 지형적 특징은 대양 한가운데 있는 능선으로 이것은 그 면적이 알프스와 히말라야 산맥을 합친 것보다 더 큰 바다 속의 산맥이다. 이 능선은 북쪽에 있는 아이슬란드에서부터 남쪽에 있는 남극 해안에서 1,800미터 떨어져 있는 작은 섬에 이르기까지 대양 한가운데를 따라 뻗어 내려간다. 이 능선의 제일 높은 곳이 대략 대서양의 중간을 나타내는데, 아이슬란드와 아조레스 근처에 고립되어 있는 지역을 제외한, 정상 주위의 수심은 평균 2,500미터이다. 수심은 정상에서 멀어지면서 점차적으로 또 규칙적으로 깊어져서, 대륙붕에서 갑자기 솟아오르기 직전 최고의 깊이가 5천에서 6천 미터에까지 이른다.

60

As the American colonies in the seventeenth century prospered and trade increased among them, an efficient way of hauling goods overland was needed. The answer was the Conestoga wagon. It had a boat-shaped body and was suited for mountain trails. No matter how the wagon was tilted, the cargo stayed in place. For feeding the horses, there was a trough attached to the rear end. A Conestoga had six or seven overhead bows, or arches, with the ones in the center being a little lower than the ones on the end. These bows supported a covering of white canvas that protected the goods from the weather. The wagon was capable of carrying up to eight tons, though for each ton a horse had to be added to the team.

어구풀이

• haul : 차로 운반하다, 수송하다 　　　　　　　• overland : 육로로, 육지를 통해서
• in place : 정해진 장소에, 제자리에 　　　　　　• trough : 구유, 여물통

모범번역

17세기에 미국 내의 영국 식민지가 번영하게 되고 식민지 간의 교역이 증대됨에 따라, 물건을 육로로 수송하는 능률적인 방법이 필요하게 되었다. 이 필요에 부응한 것이 코네스토가 마차였다. 이 마차는 보트 모양의 차체를 하고 있어서 산길을 왕래하기에 알맞았다. 이 마차는 아무리 많이 기울어져도 짐은 제자리에 있었다. 말에 먹이를 주기 위해 구유가 차체의 뒤쪽 끝에 붙어 있었다. 코네스토가 마차에는 6개 또는 7개의 활모양의 받침대, 즉 아치라고 하는 것이 위에 있었는데, 가운데에 있는 받침대들은 끝에 있는 것들보다 좀 낮았다. 이 받침대들은 물건이 비바람을 맞지 않게 해주는 흰 캔버스 천으로 된 덮개를 고정시켰다. 이 마차는 1톤마다 말 한 필씩을 더 붙여야 했지만, 짐을 8톤까지 실어 나를 수 있었다.

61

Narcolepsy is a little-known disabling illness that affects some 100,000 to 250,000 Americans. Until recently, it was thought to be relatively rare and little is known of its cause or cure.

Margaret Lerner has this disease. Because of it, she suffers recurring periods of extreme sleepiness and is subject to attacks of loss of muscle control. Narcolepsy has caused a great change in her life. She has had to give up full-time employment because she kept falling asleep at inopportune times. She has also had to forego participation in sports because she frequently loses muscle impulse or collapses at exciting moments. She even finds it necessary to take stimulants in order to drive.

어구풀이

- narcolepsy : 기면
- extreme : 극도의
- inopportune : 시기를 놓친, 부적당한
- frequently : 종종
- collapse : 무너지다, 실패하다, 쓰러지다

- disabling illness : 장애를 일으키는 질병
- sleepiness : 졸음
- forego : ~없이 때우다, 그만두다
- impulse : 추진, 충격, 충동
- stimulant : 흥분제

모범번역

기면증은 약 100,000~250,000명의 미국인들이 앓고 있는 잘 알려지지는 않았지만 사람을 무력하게 하는 병이다. 최근까지도 이 병은 비교적 드문 것으로 생각되었고 그 원인이나 치료에 대해서는 거의 알려진 바가 없다.

마가레트 러너는 이 병에 걸렸다. 때문에 그녀는 반복적으로 심한 졸음에 빠지고 근육 조정력을 상실하는 발작을 일으키게 되었다. 기면증은 그녀의 생활을 크게 바꾸었다. 엉뚱한 때에 계속 잠이 들기 때문에 그녀는 전임직(職)을 포기해야만 했다. 그녀는 또한 스포츠 참여도 포기해야 했는데 이유는 그녀가 때때로 근육 신경자극을 상실하거나 흥분되는 순간에 쓰러지기 때문이다. 그녀는 운전을 하기 위해서는 흥분제를 복용해야 한다는 것도 알게 되었다.

62

During the summer of 1829, Mendelssohn took a vacation in Scotland. The excursion, including a visit to Edinburgh and a trip through the Highlands, lasted less than three weeks. It no doubt produced pleasant memories, as witnessed in his letters and a few drawings he made of the scenery, but otherwise the trip was relatively insignificant. The present book gathers together Mendelssohn's drawings, reprints the letters, and provides a kind of commentary to the trip along with additional drawings, maps, and photographs. Except for a brief biographical sketch of Mendelssohn and a totally superficial discussion of his Scottish Symphony, this is essentially a travel book of exceptionally limited value.

어구풀이

- vacation : (여행 등의) 휴가(= holiday)
- witness : 목격자(= observer, viewer)
- relatively : 비교적
- commentary : 논평(= review)
- symphony : 교향곡, 심포니
- additional : 부가적인, 추가의(= extra, supplementary)

- excursion : 회유, 소풍, 유람여행
- scenery : 장면, 풍경
- insignificant : 무의미한
- superficial : 표면의, 피상적인
- exceptionally : 예외적으로, 특별히

모범번역

1829년 여름 동안 멘델스존은 스코틀랜드에서 휴가를 보냈다. 에든버러를 방문하고 하일랜드를 돌아본 그 여행은 3주가 채 못 걸렸다. 그의 편지와 경치를 그린 몇 점의 그림에서 볼 수 있듯이 그 여행은 즐거운 추억을 낳은 것임에 틀림없으나 그 밖에는 그 여행은 비교적 무의미한 것이었다. 여기 있는 책은 멘델스존의 그림들을 모으고, 편지를 재인쇄하고, 또한 그림, 지도, 사진 등을 첨부하여 그 여행에 대한 일종의 논평을 제공해 준다. 멘델스존에 대한 간략한 전기의 개요와 그의 스코틀랜드 교향곡에 대한 전적으로 피상적인 논의를 제외하고는 이 책은 근본적으로 매우 한정된 가치밖에 없는 기행문이다.

63

Women smile and laugh more, gaze more directly at others, and sit or stand closer to people than men do. In 20 studies of videotaped public gatherings, the difference was pronounced. Female doctors also smile much more than their male colleagues.

Women disturb less, are more likely to be complimentary, and laugh at other people's jokes more. Women even disagree agreeably, as in "That's a good point, but⋯." In numerous studies, women also read nonverbal cues — facial expressions, body movements, changes in tone of voice — more accurately than men do. Women's faces are generally more expressive than men's too, says Hall.

어구풀이

• pronounced : 명확한, 뚜렷한
• colleague : 동료
• complimentary : 칭찬하는
• facial expressions : 얼굴 표정

• female : 여성
• disturb : 가로막다, 방해하다
• nonverbal cue : 비언어적 암시

모범번역

여성은 남성보다 더 미소를 잘 짓고 잘 웃으며, 상대방을 보다 똑바로 쳐다보고, 사람들에게 더 가까이 앉거나 서 있는다. 사람들의 모임을 비디오테이프에 담은 20여 종의 연구에서 그 차이는 명확히 드러났다. 또한 여의사들이 동료 남자 의사들에 비해 훨씬 더 많이 미소를 짓는다.

여성은 남의 말을 덜 가로막고, 보다 더 칭찬하는 경향이 있으며, 상대방의 농담에 더 잘 웃어준다. 여성은 심지어 "그 말도 충분히 납득할 만 하군요, 하지만⋯." 등의 말을 하며 다른 사람의 감정을 고려하며 알맞게 반론을 제기한다. 홀에 의하면, 수많은 연구들에서 여성은 비언어적인 단서인 얼굴 표정, 몸동작, 어조 변화 등을 남성보다 정확히 해석해낼 수 있다고 한다. 또한 여성의 얼굴은 남성의 얼굴보다 일반적으로 더욱 풍부한 감정을 드러낸다고 그는 말한다.

64

The fastest growing phenomenon in food service today is the family restaurant, a popular cross between fast-food and restaurant dining. More expensive than its cousin, the fast-food restaurant, the family restaurant has soft lights, upholstered booths, food prepared to order, and limited table service — without tips. Strategically situated near service stations, shopping centers, theaters and busy thoroughfares, the family restaurant depends on high volume and quick turnover for its success. Because the success of a restaurant also typically depends on a standardized, predictable menu, the most successful restaurants are franchises. For a fee, the franchise operator purchases the rights to a proven system of operation and trademark. The trademark offers customers assurance that the meal will be as expected.

어구풀이

- phenomenon : 현상
- cross : 잡종, 교배
- booth : 칸막이 좌석 (또는 방)
- thoroughfare : 간선도로, 주요도로
- franchise : 독점판매권
- food service : 음식업계
- upholstered : (의자 등이) 겉천을 덮은
- strategically : 전략적으로
- turnover : 고객의 드나듦
- fee : 요금, 수수료

모범번역

오늘날 요식업에서 가장 빠른 성장을 보이는 현상은 패밀리 레스토랑으로, 이는 패스트푸드점과 일반 레스토랑의 중간 형태로서 호평을 받고 있다. 사촌격인 패스트푸드점보다는 가격은 비싸지만, 패밀리 레스토랑에는 은은한 조명과 커튼, 천과 가죽 등으로 꾸며진 부스석, 주문을 받도록 준비된 음식이 있으며, 팁을 주지 않아도 약간의 테이블 서비스를 받을 수 있다. 전략적으로 휴게소나 쇼핑센터, 극장, 통행이 많은 주요도로에 자리를 잡고 있는데, 이러한 패밀리 레스토랑은 많은 판매량과 빠른 손님 회전이 성공의 관건이다. 또한 레스토랑의 성공은 전형적으로 표준화된 예측 가능한 메뉴에 달려 있으므로, 가장 성공적인 레스토랑은 독점판매권을 획득한 곳들이다. 독점판매권 운영자는 일정한 수수료를 지불하고 성공이 입증된 운영 노하우와 상표의 권리를 산다. 이 상표는 고객들에게 음식이 예상한 대로일 것이라는 확신을 준다.

65

To stay alive, about 1.2 million diabetics in the United States rely on daily doses of insulin. Animal insulin, extracted from the pancreases of pigs and cows, is expensive to make and produce and causes unpleasant side effects in the few thousand diabetics who are allergic to it. Recently a research team from the University of California in San Francisco announced a major advance in the search for a better source of the vital hormone: the successful transplantation into bacteria of the gene that makes insulin in rats. Further refined, the technique may provide a way to mass-produce human insulin.

어구풀이

- diabetic : 당뇨병 환자, 당뇨병의
- extracted from : ~에서 추출된
- side effects : 부작용
- diabetics who ~ to it : 이 동물 인슐린에 대해서 알레르기 반응을 보이는 당뇨병 환자들
- in search ~ hormone : ~이 중요한 호르몬의 좀 더 나은 공급원을 찾는 데 있어서
- the successful ~ in rats : 쥐의 몸에서 인슐린을 만드는 유전자를 박테리아에 성공적으로 이식한 것
- daily doses of : ~을 날마다 투약하는 것
- pancreas : 췌장

모범번역

미국의 약 1백 20만 명의 당뇨병 환자는 매일같이 인슐린을 투약함으로써 생명을 유지하고 있다. 돼지나 소의 췌장에서 추출한 동물 인슐린은 제조하는 데 돈이 많이 들고, 이 약에 알레르기 반응을 보이는 수천 명의 당뇨병 환자들에게 불쾌한 부작용을 낳는다. 최근 샌프란시스코에 있는 캘리포니아 대학의 한 연구팀은 이 중요한 호르몬의 좀 더 나은 공급원을 찾는 데 진전을 보았음을 공표했다. 즉, 그것은 쥐의 몸에서 인슐린을 만드는 유전자를 박테리아 속에 성공적으로 이식한 것이다. 이 기술은 좀더 개량된다면 인체의 인슐린을 대량 생산하는 방법을 마련해 줄지도 모른다.

66

Until recently, the ability to make tools was considered one of the characteristics that distinguished humans and their ancestors from all other animals. In 1964, Dr. Jane M. Goodall shattered this belief when she observed that chimpanzees in the African forest frequently make simple tools for catching termites. The ape first looks for the right materials. It carefully selects a twig of the correct size and shape and then strips off the leaves. The ape inserts this into a hole in the termite nest. Then when the twig is pulled out, it is covered with delectable insects.

어구풀이

• characteristic : 특성, 특징적인
• ancestor : 조상, 선조
• termite : 흰개미
• strip off : 벗기다, 없애버리다
• delectable : 맛있는

• distinguish A from B : A를 B와 구별하다
• shatter : 부수다
• twig : 잔가지
• insert : 집어넣다

모범번역

최근까지만 해도 도구를 만드는 능력은 인간과 그 조상들을 다른 모든 동물들과 구별해주는 특징의 하나로 간주되었다. 1964년 구달 박사가 아프리카의 숲 속에 사는 침팬지가 때때로 흰개미를 잡는 데 쓸 간단한 도구를 만드는 것을 관찰했을 때 이런 믿음은 깨어졌다. 이 침팬지는 먼저 적당한 재료를 찾는다. 그리고선 알맞은 크기와 모양의 잔가지를 조심스레 선택하여 잎을 뜯어내어 버린다. 이것을 침팬지는 흰개미 집에 있는 구멍 속에 집어넣는다. 이 잔가지를 뽑아내면 이 가지는 맛있는 곤충들로 덮여 있다.

67

Another medical technique that has recently become popular is hypnosis. In sleep, a loss of awareness occurs; in hypnosis a highly concentrated but relaxed awareness occurs, which can be like daydreaming. When used as "hypnoanesthesia," hypnosis does not stop the pain process; rather, the perception of the pain is altered.

Only patients who are able to undergo deep hypnosis, about one quarter of the population, are appropriate for this technique in surgery. Hypnosis often provides very ill patients with relief they can no longer obtain from drugs or surgery.

어구풀이

• hypnosis : 최면
• relax : 늦추다, 완화하다
• hypnoanesthesia : 최면, 마취
• appropriate : 적당한, 적절한

• awareness : 의식
• daydreaming : 백일몽
• alter : 바꾸다, 변경하다
• surgery : 외과수술

최근에 인기를 끌게 된 또 하나의 의학 기술은 최면이다. 수면 중에는 의식이 없어지지만 최면 상태에서는 매우 집중되어 있으나 완화된 의식이 있다. 이 상태는 백일몽과 같다. 최면 마취로써 사용될 때 최면술은 고통의 과정을 멈추지는 않는다. 단지 고통에 대한 의식이 변화될 뿐이다.

깊은 최면을 경험할 수 있는 전체 인구의 약 1/4 정도의 환자만이 수술을 받을 때 이 방법에 적합하다. 최면은 몹시 아픈 환자에게 그들이 약이나 수술에서는 더 이상 얻을 수 없는 편안함을 종종 가져다준다.

68

Most male insects are smaller than the females, but there are exceptions to this rule. Some of these exceptions are intelligible as the size and strength of the insect would be an advantage to the males that fight for the possession of the females. In these cases, as with the stag beetle (Lucanus), the males are larger than the females. There are, however, other beetles which are not known to fight each other, of which the males exceed the females in size. The meaning of this fact is not known.

어구풀이

- intelligible : 알 수 있는, 이해할 수 있는
- fight for the possession of : ~을 소유하기 위해 싸우다
- stag beetle : 사슴벌레
- exceed ~ size : 크기에 있어 암컷을 능가하다
- as : ~하기 때문에
- as with : ~의 경우처럼
- of which : which의 선행사는 other beetles

모범번역

대부분의 수컷 곤충들은 암컷보다 작지만 이 규칙에는 예외가 있다. 곤충의 크기와 힘이 암컷들을 소유하기 위해 싸우는 수컷들에게는 이점이 될 수 있으므로 이런 예외의 일부는 충분히 납득할 수 있다. 사슴벌레(Lucanus)의 경우처럼 수컷들은 암컷들보다 크다. 그렇지만 서로 싸우지 않는 것으로 알려져 있는데도 그 수컷들이 크기에 있어서 암컷들을 능가하는 다른 풍뎅이들이 있는데 이러한 사실이 무엇을 의미하는지는 알려져 있지 않다.

69

Archaeologists have excavated ancient pyramids in Egypt and more recent ones in Central and South America. Similarities have been noted in the design and construction of these structures found thousands of miles apart. Some researchers have wondered if contact could have existed between these pyramid builders. Thor Heyerdahl, the Norwegian explorer, put together a ship based on ancient Egyptian drawings and set sail for Barbados to lend support to the theory of cultural contact. Heyerdahl ran into various problems in his first attempt to reach Barbdaos and had to abandon his efforts. On a second try he did reach Barbados, as the ancient Egyptians might have done.

- archaeologist : 고고학자
- excavate : 발굴하다
- similarities : 유사점들
- note : 주목하다
- construction : 구조
- found ~ apart : 수천 마일이나 떨어져서 발견된
- put together : 조립하다
- set sail for : ~을 향해서 출범하다
- Barbados : 서인도 제도 중의 소안틸 제도 동부의 섬, 영연방에 속하는 독립국
- lend support to : ~을 뒷받침하다, ~에 신빙성을 더해 주다
- run into : ~을 우연히 만나다

모범번역

고고학자들은 이집트에서 고대 피라미드를, 그리고 중남미에서는 보다 최근의 피라미드를 발굴했다. 수천마일이나 떨어진 곳에서 발견된 이들 건조물들의 설계나 구조에서 여러 가지 유사점들이 주목되었다. 일부 연구가들은 이들 피라미드의 건립자들 사이에 접촉이 있지 않았을까 궁금하게 여겨왔다. 노르웨이의 탐험가인 토르헤위에르달은 고대 이집트의 배의 그림을 바탕으로 해서 배를 조립하여, 문화적 접촉이 있었다는 이론을 뒷받침하기 위해 바베이도스를 향해서 출범했다. 헤위에르달은 바베이도스에 도달하려는 최초의 시도에서 여러 가지 문제에 봉착하게 되어 그의 노력을 포기하지 않으면 안 되었다. 두 번째 시도에서 그는 고대 이집트인들이 그랬을 수 있듯이 바베이도스에 도착했다.

70

Man survived the fierce test of the Ice Age because he had the ability to recognize new ways and to make use of them. The Ice Age forced him to depend less on plants and more on animals. The rigors of hunting on the edge of the ice also changed the strategy of hunting. It beamed less attractive to stalk single animals. The better alternative was to follow herds and not to lose them — to learn to anticipate and to adopt their habits, including their wandering migrations. This adaptation has some of the earlier qualities of hunting, because it is a pursuit; the place and the pace are set by the animal. It also has some or the later qualities of herding, because the animal is tended and stored as a mobile reservoir of food.

어구풀이

- survive : ~을 이기고 살아남다
- rigor : (기후 따위의) 혹독함, (생활 따위의) 어려움, 고난
- strategy : (어떤 목적·성과를 위한) 계획, 방법, 책략
- stalk : 몰래 접근하다
- to anticipate and ~ habits : 그들의 습성을 예견하고 익히는 것
- This adaptation : 이와 같은 방법의 조정
- the place ~ animal : 장소와 속도는 동물에 의해서 결정된다
- herding : 떼로 모이게 하는 것
- reservoir : 저장고

인간은 새로운 방법들을 인식하고 이 방법들을 자신이 이용할 수 있게 만드는 능력을 가졌기 때문에 빙하 시대의 모진 시련을 이기고 살아남았다. 빙하 시대는 인간을 이전보다 식물에 덜 의존하게 만들고 동물에 더 의존하게 만들었다. 얼음의 가장자리에서 하는 수렵의 어려움이 또한 수렵의 방법을 바꾸게 했다. 단 한 마리의 동물을 쫓는 것에 매력을 덜 갖게 되었다. 이렇게 하는 것보다 더 나은 방법은 동물의 무리들을 쫓고 또 그것을 놓치지 않는 일, 그들의 습성을 예견하고 그것을 익히는 것이었다. 이 습성에는 그들의 이동도 포함된다. 이와 같은 적응은 초기의 사냥의 특성들을 어느 정도 지니고 있다. 왜냐하면, 이것은 추적이며 장소와 속도는 동물에 의해서 결정되기 때문이다. 또한 어느 정도 그 후의 짐승 몰이의 특성들을 가지고 있다. 왜냐하면, 동물은 움직이는 식품 저장고로서 인간이 돌보고 저장하기 때문이다.

71

Clara Louise Maass was a nurse who contributed to the research on yellow fever at the turn of the century. She was working as a civilian nurse in Cuba, where army majors William Gorgas and Walter Reed were conducting experiments to isolate the cause of the disease. Tests ruled out dirty and poor sanitation as causes of yellow fever, and mosquitoes were suspected to be the carriers. Clara was among the group of volunteers to be bitten by the insect. She contracted the disease and died on August 24, 1901. She was the only woman to participate in the experiment and among the few volunteers to die from it. With her death, the study ended; the results of the experiment provided conclusive evidence that mosquitoes were the source of the disease.

어구풀이

- contribute : 기여하다
- rule out : 무시하다, 배제하다
- carrier : 보균자
- contract : (병에) 걸리다
- evidence : 증거
- research : 연구
- sanitation : 공중위생
- volunteer : 지원하다
- conclusive : 결정적인
- source : 근원

모범번역

클라라 루이스 마스는 19세기 말 황열병 연구에 공헌한 간호사였다. 그녀는 쿠바에서 민간 간호사로 일했는데, 그곳에서 윌리엄 고가스와 월터 리드 육군 소령이 그 병(황열병)의 원인을 가려내는 실험을 하고 있었다. 실험 결과, 더럽고 열악한 공중위생은 황열병을 일으키는 원인에서 제외되었으며, 모기가 병의 매개체일 거라고 추정되었다. 클라라는 모기에 물리겠다고 자원한 사람들 가운데 한 사람이었다. 그녀는 그 병에 걸려서 1901년 8월 24일 사망했다. 그녀는 그 실험에 참가하고 그로 인해 사망한 몇몇 지원자 중 유일한 여성이었다. 그녀의 죽음으로 그 연구는 끝났다. 실험의 결과, 모기가 병의 매개체일 거라는 결정적인 증거가 마련되었다.

72

The restoration of the absolutist King Ferdinand VII to the Spanish throne and his harsh rule led to an explosion of public feeling. Liberals organized secret societies to spread revolutionary propaganda. The middle class and the artisans and peasants were determined to resist the restoration of autocratic rule. Soldiers and officers who had served in the national uprising against Napoleon were also disaffected; they took the initiative in an insurrection. In 1820, the king's army, assembled since 1816 at Cadiz awaiting orders to go overseas to crush the rebellious colonists in Spanish America, mutinied and joined the liberals. Soon all of Spain was ablaze with revolution.

어구풀이

- restoration : 복귀, 복위
- harsh rule : 학정
- liberal : 자유주의자
- peasant : 소작인, 빈농
- uprising : 반란, 폭동(= insurrection, revolt)
- take the initiative in ~ : 솔선하여 ~하다, ~을 선도하다
- Spanish America : 스페인령 아메리카(※스페인어를 사용하는 중남미 제국)
- mutiny : 폭동(반란)을 일으키다

- absolutist : 전제주의자
- lead to : ~의 결과가 되다, ~에 이르다
- artisan : 직공, 기술자
- autocratic rule : 전제적 통치
- disaffected : 불만을 품고 있는
- crush : 진압하다, 평정하다

- ablaze : ~에 불을 붙이는

모범번역

전제주의자 페르디난드 7세의 스페인 왕으로의 복위와 그의 학정은 대중의 감정을 폭발하게 하는 결과를 초래했다. 자유주의자들은 비밀 결사를 조직하고 혁명적인 선전을 퍼뜨렸다. 중산층과 직공들 및 소작농들은 전제 정치의 부활에 저항하기로 결의했다. 나폴레옹에 대항한 거국적인 봉기에 가담한 적이 있는 장병들도 불만을 품고 있었다. 그들은 반란의 선봉이 되었다. 스페인령 아메리카에 있는 반항적인 식민지 개척자들을 진압하기 위해서 해외 파견 명령을 기다리며 1816년 이래 카디스에 집결되어 있던 왕의 군대들은 1820년 반란을 일으키고 자유주의자들과 합세하였다. 이윽고 온 스페인은 혁명의 불길에 휩싸였다.

73

My dream about freeing the baby fox is, I think, about my desire to have a child because in the dream I felt protective and maternal toward the fox. The mountain is symbolic of my life, and the fact that my husband joined me symbolizes our marriage. Freud would say that the purse is a "female symbol," and I think this is probably true. It's an "empty space," and I put the fox in it to keep it safe. The university represents education. To me, it is associated with my profession. I've worked for many years to reach this level in my work, and I haven't left much room in my life for a child. For this reason, it seems clear that "losing" the animal means that I unconsciously know that I won't have children.

어구풀이

- protective : 보호하는, 방어하는
- symbolic : 상징적인(= emblematic)
- profession : 전문직, 공언, 선언

- maternal : 어머니다운, 모계의
- be associated with : ~와 관련되다, 연상되다
- unconsciously : 무의식적으로

모범번역

여우 새끼를 놓아주는 내 꿈은 아이를 갖기 원하는 내 바람에 대한 꿈인 것 같다. 왜냐하면, 꿈에서 나는 그 여우에 대하여 보호적이고 모성애를 느꼈기 때문이다. 산은 내 삶을 상징하고 남편이 나와 동행한 것은 우리의 결혼을 의미한 것이다. 프로이트는 핸드백이 여성의 상징이라고 하는데 내 생각도 그렇다. 핸드백은 빈 공간이었고 나는 여우를 그곳에 넣어 안전하게 보호하였다. 대학은 교육을 나타낸다. 나에게 그것은 직업과 연관이 있다. 나는 일에서 지금의 수준에 이르기 위해 몇 년 동안을 일해 왔기 때문에 내 삶에 아이를 위한 공간은 많이 남아있지 않았다. 이런 이유로 그 동물을 "잃은 것"은 무의식적으로 내가 아이를 갖지 않을 것이라는 것을 내가 인식하고 있다는 것을 의미한다.

74

Worldwide fame burst upon Albert Einstein on November 7, 1919, when British astronomers announced they had found the first confirmation of Einstein's general theory of relativity. Einstein had already become known in scientific circles because of his two astonishing theories: the special theory of relativity, published in 1905 when he was only twenty-six and a minor clerk in the Swiss patent office, and the general theory of relativity, advanced between 1913 and 1915. He was considered so brilliant by other scientists that in 1914 he was invited to join the prestigious Royal Prussian Academy of Sciences and to become head of the research branch at the Kaiser Wilhelm Institute. He accepted the offer and moved to Berlin.

어구풀이

- burst upon : 갑자기 ~의 앞에 출현하다
- general theory of relativity : 일반 상대성 이론
- special theory of relativity : 특수 상대성 이론
- advance : (의견 따위를) 제시하다, 제창하다

- the first confirmation : 최초의 확증(증거)
- scientific circles : 과학계
- patent office : 특허국
- prestigious : 고명한

모범번역

1919년 11월 7일 아인슈타인에게는 세계적인 명성이 갑자기 찾아들었다. 이날 영국의 천문학자들은 아인슈타인의 일반 상대성 이론을 증명하는 최초의 확증을 발견했다고 발표했다. 아인슈타인은 그의 두 가지 놀라운 이론에 의해서 과학계(科學界)에는 이미 알려져 있었다. 그런데 이 두 가지 이론이란 그의 나이가 불과 26세로, 스위스의 특허국 하급관리로 있었던 1905년에 발표한 특수 상대성 이론과 1913년과 1915년 사이에 그가 제창한 일반 상대성 이론이었다. 그는 다른 과학자들에게 매우 훌륭하다고 생각되었기 때문에 1914년 고명한 프러시아 왕립 과학원의 일원이 되어 달라는 것과 빌헬름 황제 연구소의 연구부장이 되어 달라는 요청을 받았다. 그는 이 제의를 수락하고 베를린으로 옮겨갔다.

75

It used to be said that the Englishman's home is his castle. In so far as this saying creates the impression that there is something defensive and inhospitable about the Englishman's home, it is quite misleading; for there is no country where family life has always been more readily thrown open to friends, and even to strangers, than England. It represents a certain truth, however, in the sense that the Englishman hates to be interfered with, and prefers to live without too close a contact with his neighbors. He likes to be able to keep himself to himself if he wants to. He readily associates with those who are sympathetic to him, but has no love for the kind of communal life which brings him into constant touch with everybody and anybody.

어구풀이

• in so far as : ～만 따지자면
• be readily thrown open : 개방하다, 기꺼이 문을 활짝 열다
• keep oneself to oneself : 남과 교제하지 않다, 혼자이다

• inhospitable : 야박한, 불친절한

• sympathetic : 마음에 드는

모범번역

영국인의 가정은 그의 성이라고 표현되곤 한다. 이 속담으로만 보면 영국인의 가정에 대해 다소 방어적이고 불친절한 것 같다는 인상을 주는데, 그것은 상당히 잘못된 것이다. 왜냐하면, 영국은 그 어떤 나라보다도 친구들이나 심지어 낯선 사람들에게까지도 항상 가족의 삶에 대해 더 개방적이었기 때문이다. 하지만 영국인들이 간섭받는 것을 싫어하고 이웃과 너무 가깝게 지내는 것을 원치 않는다는 의미에서는 어느 정도 일리가 있다. 원한다면 그는 혼자이기를 바란다. 그는 자신에게 호의적인 사람과 기꺼이 교제를 하지만 다른 사람들과 끊임없이 연락해야 하는 공동체적인 삶을 원하지 않는다.

76

When early humans hunted and gathered food, they were not in control of their environment. They could only interact with their surroundings as lower organisms did. When humans learned to make fire, however, they became capable of altering their environment. To provide themselves with fuel, they stripped bark from trees, causing the trees to die. Clearings were burned in forests to increase the growth of grass and to provide a greater grazing area for the wild animals that humans fed upon. This development led to farming and the domestication of animals. Fire also provided the means for cooking plants which had previously been inedible. Only when the process of meeting the basic need for food reached a certain level of sophistication was it possible for humans to follow other pursuits such as the founding of cities.

- be in control of ~ : ~을 지배하다
- provide oneself with ~ : ~를 자기가 마련하다, 자급하다
- clearing : 숲 속의 나무를 벌채해서 만든 공지(空地)
- wild animals ~ upon : 인간이 먹는 야생동물
- inedible : 먹을 수 없는
- lower organisms : 하등 동물
- strip bark from tree : 나무에서 껍질을 벗기다
- grazing area : 동물들이 풀을 뜯어먹는 지역
- domestication : 동물을 가축화하는 것
- pursuit : 하는 일, 직업

모범번역

원시인들이 사냥을 하고 먹을 것을 채취했을 때 그들은 자신들의 환경을 지배하지 못했다. 그들은 하등 동물처럼 단지 환경과 상호작용을 할 수 있었다. 그러나 인간은 불을 사용할 줄 알게 되었을 때 자기의 환경을 바꿀 수 있게 되었다. 연료를 장만하기 위해서 그들은 나무의 껍질을 벗겨내어 나무를 죽게 했다. 숲 속의 빈터에는 불을 질렀는데 이것은 풀이 더 많이 자라게 하여 인간이 먹고 사는 야생 동물들에게 더 넓은 목초 지역을 확보해주기 위해서였다. 이와 같은 발전은 결국 농업과 동물의 가축화에까지 이르게 되었다. 불은 또한 전에는 먹을 수 없었던 식물을 요리하는 방법을 제공해 주었다. 음식물에 대한 기본적인 욕구를 충족시키는 과정이 어느 정도 세련된 수준에 도달했을 때에야 비로소 인간은 도시를 건설하는 따위의 다른 일을 할 수 있었다.

77

Like all insects, it wears its skeleton on the outside — a marvelous chemical compound called chitin which sheathes the whole of its body. This flexible armor is tremendously tough, light and shatterproof, and resistant to alkali and acid compounds which would eat the clothing, flesh and bones of man. To it are attached muscles so arranged around catapult-like hind legs as to enable the hopper to hop, if so diminutive a term can describe so prodigious a leap of ten or twelve feet — about 150 times the length of the one-inch or so long insect. The equivalent feat for a man would be a casual jump, from a standing position, over the Washington Monument.

- a marvelous chemical compound : 놀라운 화합물
- chitin : 키틴
- flexible : 휘기 쉬운, 융통성 있는
- shatterproof : 깨지지 않는
- catapult-like : 석궁처럼 생긴
- prodigious : 거대한, 놀랄 만한
- from a standing position : 선 자리에서
- so diminutive a term = such a diminutive term(이렇게 짧은 말, 빈약한 말)
- To it are attached muscles ~ : muscles가 주어, so arranged 이하는 muscles를 수식하는 형용구
- sheathe : (보호하기 위해) 싸다, 칼집에 넣다
- armor : 갑옷
- eat : 부식(腐蝕)하다, 마멸시키다
- hopper : 뛰는 놈, 도약자
- feat : 묘기

모든 곤충과 마찬가지로 이것도 외부에서 몸 전체를 싸고 있는 키틴질이라고 하는 놀라운 화합물인 골격이 감싸고 있다. 이 신축성이 있는 갑옷은 매우 튼튼하고 가볍고 깨지지 않으며, 인간의 옷과 살과 뼈라도 부식시킬 수 있을 알칼리 및 산성 혼합물에 대해서 저항력을 가지고 있다. 그 갑옷에는 근육이 달라붙어 있는데 석궁처럼 생긴 뒷다리 주위에 배열되어 있어서 잘 뛰는 이 곤충으로 하여금 깡충 뛸 수 있게 해준다. 만약 깡충 뛴다는 빈약한 말로 10 또는 12피트나 되는 엄청난 도약, 다시 말해서 1인치 정도 길이의 곤충이 자기 몸의 150배 정도의 길이에 해당되는 도약을 하는 것을 묘사할 수 있다면 말이다. 그것을 사람의 묘기에 비유한다면 선 자리에서 무심코 뛴다 해도 워싱턴 기념비를 뛰어넘을 수 있는 묘기이다.

78

Times Square is like Piccadilly Circus in London. People walk quickly, their faces down, their brows furrowed. This is the center of life for many New Yorkers and for many visitors who see it for the first time. It can be compared to the heart of the beast. It is vital and throbbing with throngs of workers, students, and pleasure-seekers. Noises abound on all sides, first a taxi honks, then a bus, then a policeman blows his whistle and shouts to the crowds dashing across the street. In the distance, church bells toll. Beneath their feet, the rumble of the subway can be heard while the subterranean steam rises from the gratings in the sidewalk to meet the cold air on the street.

어구풀이

- Piccadilly Circus : 런던 서부의 광장
- throb : 고동치다
- pleasure-seekers : 쾌락을 찾는 사람들
- rumble : 낮고 무거운 연속음을 내다
- grating : 쇠창살
- their brows furrowed : 양미간을 찌푸리고
- throng : 군중, 인파
- honk : 경적을 울리다
- subterranean : 지하의
- sidewalk : (특히 포장된) 인도, 보도

모범번역

타임 스퀘어는 런던의 피커딜리 서커스와 비슷하다. 사람들은 얼굴을 숙이고 미간을 찌푸린 채 빠른 걸음으로 걷는다. 여기는 많은 뉴욕 사람들과 처음으로 이곳을 찾는 많은 방문객들에게 삶의 중심지이다. 이곳은 짐승의 심장부에 비유될 수 있다. 이곳은 활력이 넘치고 노동자들과 학생들과 쾌락을 추구하는 사람들의 인파로 고동치고 있다. 사방에서 여러 가지 소음들이 넘쳐난다. 우선 택시가 경적을 울리고 이어서 버스가 경적을 울린다. 다음에는 경관이 호루라기를 불고 거리를 급히 가로질러 가고 있는 무리들에게 고함을 지른다. 멀리서 교회의 종소리가 울린다. 그들의 발밑으로는 지하철의 진동음이 들리며 보도의 쇠창살에서 솟아오르는 지하의 증기가 거리의 찬 공기와 마주친다.

79

During the past fourteen years, thousands of toplofty United States elms have been marked for death by the activities of the tiny European elm bark beetle. The beetle, however, do not give fatal damage. Death is caused by another importation, Dutch elm disease, a fungus infection which the beetles carry from tree to tree. Up to 1941, quarantine and tree-sanitation measures kept the beetles and the disease pretty well confined within 150 miles around metropolitan New York. War curtailed these measures and made Dutch elm disease a wider menace. Every household and village that prizes an elm-shaded lawn or commons must now watch for it. Since there is yet no cure for it, the infected trees must be pruned or felled, and the wood must be burned in order to protect other healthy trees.

어구풀이

- toplofty : 거만한, 거드름 피우는, 으스대는
- be marked for death : 죽을 운명에 놓여지다
- do fatal damage : 치명적인 피해를 주다
- fungus infection : 진균류의 병
- quarantine : (병이 만연하는 것을 막기 위한) 격리
- common : 공공용지, 공유지
- prune : 가지를 치다
- elm : 느릅나무
- bark beetle : 나무좀과의 곤충
- importation : 수입(품)
- up to : ~까지는
- tree-sanitation measures : 수목 방역 조치
- cure : 치유(방법)
- fell : 잘라서 쓰러뜨리다

모범번역

지난 14년 동안, 수천 그루의 으스대던 미국의 느릅나무들이 작은 유럽산 느릅나무 벌레의 활동으로 죽을 운명에 놓이게 되었다. 그러나 그 벌레들이 치명적인 피해를 주는 것은 아니다. 죽음은 또 다른 수입품, 즉 그 벌레들이 이 나무에서 저 나무로 옮기는 진균류의 전염병인 네덜란드 느릅나무병에 의해서 야기된다. 1941년까지는 격리와 수목 방역 조치가 그 벌레들과 병을 뉴욕시 주변 150마일 이내에 묶어두었다. 그런데 전쟁이 이 제반 조치들을 축소시키게 되어 네덜란드 느릅나무병을 보다 큰 위협으로 만들어 버렸다. 느릅나무 그늘 아래의 잔디밭이나 공유지를 소중하게 생각하는 각 가정과 마을 사람들은 이제 이 병을 경계하지 않으면 안 된다. 이 병에 대한 치유방법이 아직 없기 때문에 병든 나무는 가지를 치거나 벌목을 하지 않으면 안 되고, 그 목재는 다른 건강한 나무들을 보호하기 위해서 소각되어야만 한다.

80

Next morning I saw for the first time an animal that is rarely encountered face to face. It was a wolverine. Though relatively small, rarely weighing more than 40 pounds, he is, above all animals, the one most hated by the Indians and trappers. He is a fine tree climber and a relentless destroyer. Deer, reindeer, and even moose succumb to his attacks. We sat on a rock and watched him come, a bobbing rascal in blackish-brown. Since the male wolverine occupies a very large hunting area and fights to the death any other male that intrudes on his domain, wolverines are always scarce, and in order to avoid extinction need all the protection that man can give. As a trapper, Henry wanted me to shoot him, but I refused, for this is the most fascinating and little known of all our wonderful predators. His hunchback gait was awkward and ungainly, lopsided yet tireless.

어구풀이

- for the first time : 처음으로
- wolverine : (북미산) 오소리
- trapper : (덫으로 새 · 짐승을 잡는) 사냥꾼
- reindeer : 순록(馴鹿)
- succumb to : ~에 굴복하다
- to the death : 최후까지, 죽을 때까지
- extinction : 멸종
- ungainly : 보기 흉한, 볼품없는

- that is ~ to face : 정면으로 마주치는 일이라고는 좀처럼 없는
- above all animals : 모든 동물 중에서
- relentless : 냉혹한, 무자비한
- moose : 고라니
- bobbing : 몸을 까딱거리며 위 아래로 움직이는
- intrude on : ~에 침입하다
- hunchback gait : 꼽추의 걸음걸이
- lopsided : 균형이 안 잡힌

모범번역

다음날 아침 나는 처음으로 좀처럼 정면으로 마주치는 일이 없는 동물을 보았다. 그것은 오소리였다. 겨우 40 파운드를 넘는 비교적 작은 체구지만 그놈은 모든 동물 중에서도 인디언과 사냥꾼이 가장 싫어하는 동물이다. 그놈은 나무를 멋지게 기어오르며 무자비한 파괴자이기도 하다. 사슴, 순록, 그리고 고라니까지도 그의 공격에는 굴복하고 만다. 우리는 바위에 앉아서, 거무스름한 갈색의 몸을 위아래로 까딱거리는 악당인 그가 오는 것을 지켜보았다. 수오소리는 매우 넓은 수렵 지역을 차지하고서 그의 영역을 침입하는 다른 수놈과 죽을 때까지 싸우기 때문에 오소리는 항상 그 수가 적으며, 멸종을 모면하기 위해서는 인간이 해줄 수 있는 모든 보호를 필요로 한다. 사냥꾼인 헨리는 내가 그 놈을 쏘기를 바랐으나 나는 거절했다. 왜냐하면, 이놈은 우리의 모든 신기한 육식 동물 중에서 가장 매혹적이고 가장 알려지지 않은 동물이었기 때문이다. 그의 꼽추 같은 걸음걸이는 보기에 아주 어색하고 볼품없고 균형이 안 잡혔지만 지칠 줄 모르는 걸음걸이였다.

81

All this activity and taking of responsibility runs right down into the smallest villages. There are at least 200,000 organizations, associations, clubs, societies, and lodges in the United States, along with innumerable social groups and ad hoc committees formed for specific causes. Except for the few intellectuals who don't believe in "joining," and the very, very poor who can't afford to, practically all adult Americans belong to some club or other, and most of them take part in some joint effort to do good. This prodigious army of volunteer citizens, who take time from their jobs and pleasure to work more or less unselfishly for the betterment of the community, is unique in the world. It is, in a way, the mainspring as well as the safeguard of democracy, for the volunteers are always ready to work and fight for what they think is right.

어구풀이

- run right down into ～ : (도시에서) 줄곧 ～로 내려가다
- along with : ～와 더불어
- ad hoc : (라틴어) 특별한, 특별히 이것을 위한
- cannot afford to : ～할 여유가 없다
- take part in : ～에 참여하다
- prodigious army of ～ : ～의 엄청난 무리
- in a way : 어떤 의미에서는
- lodge : (우애조합 · 비밀 결사 따위의) 지부 집회소
- innumerable : 무수한
- formed for ～ : (경제적 · 사회적으로) ～을 위해서 만들어진
- practically : 거의
- do good : (자선사업 따위에) 선행을 하다
- for the betterment of ～ : ～의 향상을 위해서

모범번역

이 모든 활동과 책임 부과는 곧바로 아주 작은 마을들에까지 내려간다. 미국에는 수많은 사교 집단 및 특별한 목적을 위해서 만들어진 특별 위원회들과 함께, 적어도 20만 개의 단체 · 협회 · 클럽 · 조합 그리고 지부들이 있다. 가입하는 것에 큰 의미를 두지 않는 소수 지식인들과 너무 가난해서 여유가 없는 사람들을 제외하고는 거의 모든 미국의 성인들이 어떤 클럽에 소속되어 있고 또한 그들 대부분이 유익한 일을 하려는 공동 노력에 참여하고 있다. 자신의 일에서 시간을 할애해서 어느 정도 이기심을 버리고 지역 사회의 향상을 위해서 일하기를 즐거워하는 이러한 어마어마한 무리의 자발적인 시민들은 세계에서도 유일무이한 존재들이다. 이것은 어떤 의미에서는 민주주의의 방패인 동시에 민주주의의 원동력이 된다. 왜냐하면, 이들 지원자들은 항상 자기들이 옳다고 생각하는 바를 위해서 일하고 싸울 준비가 되어 있기 때문이다.

82

All living languages are characterized by sound changes that have occurred and will continue to occur in the course of their history. Some linguists choose to consider the sound change process as something that operates with the regularity of physical laws. "Sound law" is a term devised by linguist August Leskien to describe the supposed absolute regularity of this kind of structural change in language. The term "sound law" means that, in a given area and at a given period, if a sound changes, the change will be universal and will have no exceptions. This rule loses some of its inflexibility by amendments to the effect that, if apparent exceptions are found, they are due to some extraneous factor, such as learned influence, foreign or dialectal borrowing, or analogy.

어구풀이

- be characterized by ～ : ～을 특징으로 하다
- inflexibility : 불변성(不變性)
- devised by : ～에 의해 고안된
- extraneous : 외부적인

모범번역

모든 현대 언어는 언어사의 흐름 속에서 이미 일어났고 또 앞으로 계속 일어나게 될 음운 변화를 그 특징으로 한다. 일부 언어학자들은 음운 변화 과정이 물리적 법칙과 같은 규칙성을 가지고 움직이는 것으로 생각하고 싶어 한다. '음운 법칙'이란, 이와 같은 언어의 구조적 변화 속에 내재한다고 생각되는 절대적 규칙성을 설명하기 위해서 언어학자 오거스트 레스키인이 고안해 낸 용어이다. '음운 법칙'이라는 용어가 의미하는 것은, 일정한 지역에서 일정한 시기에 만약 음운이 변화한다면 그 변화는 보편적이고 예외가 없을 것이라는 것이다. 이 규칙은, 만일 명백한 예외가 발견된다면 그것은 학습의 영향이거나, 외국어나 방언으로부터의 차용, 또는 유추와 같은 어떤 외부적 요인에 기인하는 것이라고 그 내용을 수정(修正)함으로써 규칙적으로서의 불변성을 일부 상실했다.

83

Clearly our present general failure to participate in music-making is not due to any national lack of the musical faculty or to the absence of a desire to play and sing. We are directly descended from any number of musical nations. Among the scores of persons to whom I talked of this, I do not remember one intelligent adult, classed as "non-musical," who did not envy those lucky ones who were able to make their music together. While the radio and the phonograph have perhaps contributed to the discouragement of some amateur virtuosos, these devices can never eliminate permanently the fundamental need for the individual adventure in music. On the contrary, by spreading the knowledge of music they will greatly stimulate the desire for general music-making.

어구풀이

- failure to : ~하지 못하는 것
- be due to : ~에 기인하다, 때문이다
- be descended from : ~의 자손이다
- classed as "non-musical" : "비음악적" 부류에 속하는
- amateur virtuosos : 아마추어 애호가들
- music-making : 악기를 연주하고 노래하는 것
- faculty : 재능, 능력
- scores of : 다수의
- contribute to : (사물이 결과 따위의) 한 원인이 되다
- stimulate : 자극하다

모범번역

오늘날 우리가 일반적으로 연주나 노래하는 데 참여하지 못하는 것은 우리 국민의 음악적 재능이 모자라거나 연주하고 노래하고자 하는 욕망이 결여되었기 때문은 분명 아니다. 우리는 많은 음악 민족의 직계후손들이다. 내가 이 문제에 관하여 이야기를 나눈 수많은 인사들 중에서 "비음악적" 부류에 속하는 지식인치고 같이 연주하고 노래하는 능력을 가진 행운아들을 부러워하지 않았던 사람은 단 한 명도 기억할 수가 없다. 아마도 라디오와 전축이 일부 아마추어 음악 애호가들을 낙담시키는 하나의 원인이 되었을지는 모르지만 이 고안물들이 음악에 있어서 개인적 모험에 대한 근본적인 욕구를 영구히 없애버릴 수는 없다. 그 반대로 이것들은 음악에 대한 지식을 보급함으로써 일반의 음악에 대한 욕망을 크게 자극할 것이다.

84

The manner in which desert locust plagues develop is very complex, but the two most important factors in that development are meteorology and the gregariousness of the insect. Since locusts breed most successfully in wet weather, rain in the semiarid regions inhabited by the desert locust provides ideal breeding conditions for a large increase in population. This increase must be repeated several times in neighboring breeding areas before enough locusts crowd together to form a swarm. As the supply of green, palatable food plants decreases toward the end of the rainy season, the locusts become even more concentrated. They move on to other warm, damp, verdant places where they settle, feed, and reproduce. As this process is repeated a swarm eventually develops. Plagues are unpredictable and irregular because the meteorological patterns favorable to crowding are themselves irregular.

어구풀이

• desert locust : 누리(※ 떼 지어 날아다니며 농작물에 피해를 주는 메뚜기과의 곤충)
• meteorology : (특정 지역의) 기상, 천후 상태
• breed : 번식하다
• inhabited ~ locust : 누리가 서식하는
• before ~ swarm : 대군(大群)을 이룰만한 메뚜기들이 모여들기 전에
• palatable : 기호에 맞는
• reproduce : 번식하다, 생식하다
• gregariousness : 군거성(群居性)
• semiarid : (기후·토지가) 우량이 적고 건조한
• verdant : 푸른 초목이 우거진
• favorable to ~ : ~에 유리한

모범번역

누리의 대량 발생이 이루어지는 방식은 대단히 복잡하지만, 이것을 이루는 두 가지 가장 중요한 요인은 기상(氣象)과 이 곤충의 군거성이다. 메뚜기는 습한 기후에서 가장 잘 번식하기 때문에 누리가 서식하는 반건조성(半乾燥性) 기후 지역의 비는 누리의 수를 크게 증가시키는 데 이상적인 번식 조건이 된다. 인접한 번식 지역에서 이와 같은 증가가 몇 번 되풀이되어야만 대군(大群)을 이룰 만한 수의 메뚜기들이 모이게 된다. 우기(雨期)가 끝나면서 기후에 맞는 푸른 식물들의 공급이 감소해갈 때 메뚜기들은 더욱 밀집하게 된다. 메뚜기들은 다른 따뜻하고 다습하고 초목이 우거진 곳에 옮겨가 거기에서 정착하고 먹이를 얻고 번식을 하게 된다. 이 과정이 되풀이되는 동안 결국 대군이 생기게 된다. 떼를 짓는 데 유리한 기상의 양상 자체가 불규칙적이기 때문에 메뚜기의 대량 발생은 예측할 수 없고 불규칙적이다.

85

A team of researchers has found that immunizing patients with bee venom instead of with the bees' crushed bodies can better prevent serious and hypersensitive reactions to bee stings. The crushed-body treatment has been standard for fifty years, but a report released recently said that it was ineffective. The serum made from the crushed bodies of bees produced more adverse reactions than the injections of the venom did.

The research compared results of the crushed-body treatment with results of immunotherapy that used insect venom and also with results of a placebo. After six to ten weeks of immunization, allergic reactions to stings occurred in seven of twelve patients treated with the placebo, seven of twelve treated with crushed-body extract, and one of eighteen treated with the venom.

어구풀이

• immunize : 면역시키다, 면역성을 주다
• hypersensitive : 과민한
• adverse : 불리한, 뜻에 맞지 않는
• venom : (뱀·거미·벌 따위의) 독액(毒液), 독
• serum : 장액(漿液), 혈청
• placebo : 위약

한 연구팀이 벌의 이겨 부순 몸 대신에 벌의 독액으로 환자를 면역시키는 것이, 벌에 쏘였을 때 과민성을 보이는 백만 명 이상의 미국인들로부터 나타나는, 심하고 때로는 치명적인 반응을 더 잘 막을 수 있다는 것을 알아내었다. 이겨 부순 몸으로 하는 치료는 50년간 표준(요법)이 되어 왔으나 최근에 발표된 보고서는 이 요법이 무효하다고 했다. 이겨 부순 몸으로 만든 혈청은 독액 주사보다 더 많은 거부반응을 일으켰다.

이 연구는 이겨 부순 벌의 몸으로 실시한 치료의 결과를 곤충의 독액을 쓴 면역요법의 결과와 비교해 보았고, 또 위약(僞藥)을 쓴 결과와도 대조해 보았다. 면역성을 주고 나서 6 내지 10주가 지난 후, 벌이 쏜 것에 대한 알레르기성 반응은 위약으로 치료한 12명 중에서는 7명, 이겨 부순 몸 추출액으로 치료한 12명 중에서 7명, 독액으로 치료한 환자 18명 중에서는 1명에게서 나타났다.

86

There was a meeting with two speakers and a large number of people. At first the speech was very interesting, but as time went on the audience became rather bored. First a person got up from his seat and left the room. Then another disappeared, and so on. The speaker did not mind this but went on with his speech. At last when he was through, there was only one man sitting in the large room. The speaker got down from the platform and spoke to the man, "Thank you very much for hearing me out when all the others left the room." "Oh, don't mention it," replied the man. "I could not leave like others because I am the next speaker."

• become bored : 지루해지다   • go on with : ~을 계속하다

두 연사와 많은 사람이 모이는 자리가 있었다. 처음에는 연설이 흥미로웠지만 시간이 지날수록 청중들은 다소 지루해지기 시작했다. 맨 처음으로 한 사람이 자리에서 일어나 그 방을 나갔다. 그러자 다른 사람들도 자취를 감추었고 남은 사람도 마찬가지였다. 그러나 그 연사는 개의치 않고 계속 연설을 했다. 마침내 그가 연설을 끝냈을 때 그 큰 방에는 오직 한 사람만이 남아 있었다. 연사는 연단에서 내려와 그 사람에게 말했다. "다른 사람들이 모두 떠났는데도 제 연설을 끝까지 들어 주셔서 매우 감사합니다." "아니, 천만에요," 그 사람은 대답했다. "다른 사람들처럼 떠날 수 없었을 뿐입니다. 제가 다음 연사이거든요."

87

The revolutionary advances of the past two centuries and the promise of many more such advances to come warrant the conviction that almost any specific problem can be solved by the application of scientific knowledge. Nevertheless, it is obvious that something has gone wrong during the past few decades. Increased control over nature is not providing safety and peace of mind; economic prosperity is not making people healthier or happier; technological innovations create problems of their own, which continually necessitate the development of counter-technologies.

어구풀이

• promise : (장래의) 가망성
• warrant : 보증하다, 정당화하다
• innovation : 혁신, 쇄신 v. innovate
• counter-technologies : 상반되는 기술 공학

모범번역

과거 2세기에 걸친 혁신적인 발전과, 앞으로 다가올 훨씬 더 많은 그와 같은 발전의 가능성은, 거의 어떤 특정 문제도 과학 지식의 적용으로 해결될 수 있다는 확신을 더욱 공고히 해주고 있다. 그럼에도 불구하고, 지난 몇 십 년 동안에 뭔가가 잘못되었다는 것은 분명하다. 자연 지배의 증가는 마음의 안전과 평화를 주지 않고 있고, 경제적 번영은 사람들을 더 건강하거나, 더 행복하게 만들고 있지 못하며, 기술 혁신은 그들 자신의 문제를 일으켜 새로운 상반되는 기술의 개발을 계속 필요로 하고 있다.

88

His beloved wife was dead, however, and he was going blind. There was no use living longer. As he walked along thinking such thoughts, suddenly he stepped into a large cloud of insects buzzing around a lighted lantern on the Rhine bridge. "Why, they must be mayflies," he observed. "Those little insects cannot eat. They can live only a few hours. Where do they get their strength? I must hurry home to work on the problem." Forgetting his desire to die, he returned home. Interest in science had saved his life.

어구풀이

• There is no use ~ ing : ~해 봤자 소용없다
• cloud of mayflies : 구름 같은 하루살이 떼

모범번역

그러나 그는 사랑하는 아내가 죽었고, 시력도 잃어가고 있었다. 더 이상 오래 살아 봤자 아무런 소용이 없었다. 그가 그런 생각에 잠겨 걷고 있을 때, 갑자기 라인강 다리 가로등 불빛 주위에 윙윙거리며 몰려드는 구름 같은 수많은 하루살이 떼를 만났다. "아니! 이건 하루살이 떼 아니야, 저 작은 벌레들은 먹을 수도 없어. 단지 몇 시간만을 살 수 있을 뿐이야. 어디서 힘을 얻을까? 서둘러 집에 가서 이 문제를 연구해 봐야겠어." 그는 하루살이를 관찰하면서 이렇게 말했다. 그는 죽고 싶은 마음을 잊어버리고 집으로 돌아왔다. 과학의 흥미가 그의 목숨을 구했던 것이다.

89

During her remarkable 44-year career, Miss Bessie Taylor Gwynn taught hundreds of economically deprived black youngsters — including my mother, my brother, my sisters and me. Like millions of youngsters in today's ghettos and barrios, I needed the push and stimulation of a teacher who truly cared. Miss Gwynn gave plenty of both, as she immersed me in a wonderful world of similes, metaphors and even onomatopoeia. She led me to believe that I could write sonnets as well as Shakespeare, or iambic-pentameter verse to put Alexander Pope to shame. I remember her now with gratitude and affection and I miss her.

어구풀이

- economically : 경제상으로
- deprived : 가난한, 불우한
- barrios : pl. (특히 미국 서남부 도시의 스페인 또는 스페인어권에 있는 도시의) 구역, 구
- immerse : 담그다, 빠지게 하다, 몰두(열중)하게 하다
- simile : 직유(like, as, so 따위의 비교를 나타내는 말을 사용하여 직접 다른 것과 비교하는 수사법)
  cf. metaphor : 은유
- onomatopoeia : 의성법(의성어), 성유법
- iambic-pentameter : 약강 5보격
- gratitude : 감사(하는 마음)
- affection : 애정, 호의

모범번역

베시 테일러 그윈 선생님은 훌륭한 44년의 생애를 통해, 어머니, 형, 누나들과 나를 포함해서 수백 명의 경제적으로 소외된 흑인 청소년을 가르쳤다. 오늘날 게토와 베리오의 수백만의 청소년들처럼, 나는 진정한 애정을 가지신 선생님의 격려와 자극이 필요했다. 그윈 선생님은 내가 직유·은유, 심지어는 성유의 놀라운 세계에 빠지도록 이 두 가지(격려와 자극)를 충만히 베풀어 주셨다. 선생님은 나도 셰익스피어처럼 소네트를 잘 쓸 수 있으며, 알렉산더 포우프를 능가하는 약강 5보격의 시도 쓸 수 있다는 확신을 심어 주셨다. 나는 지금 감사와 애정으로 그녀를 기린다. 몹시 보고 싶다.

90

Despite, however, the fact that individual apes learn easily and, as individuals, show remarkable progress in the acquisition of knowledge, apes as a species have never developed a culture. There are two reasons for this. Lacking language, the apes have no way of continuing in word and thought their separate experiences in the use of tools and techniques. When an ape has disposed of a problem the knowledge he has derived from that experience remain static. He may remember it when and if another problem of the same sort arises, but he does not, in between times, ponder over his knowledge and devise means of applying it to further problems. Man does.

어구풀이

• Lacking language = As the apes lack language
• in between times : 그 동안에

모범번역

그러나 원숭이가 개별적으로는 쉽게 배우고, 지식 습득에 현저한 발전을 보이고 있다는 사실에도 불구하고, 한 종(種)으로서, 원숭이는 문화를 발달시킨 적이 없다. 이 점에 대해서는 두 가지 이유가 있다. 언어가 부족하기 때문에 도구나 기술사용에서 겪은 각각의 경험을 말이나 생각으로 계속할 방법이 없다. 원숭이가 어떤 문제를 처리했을 때, 그가 그 경험으로부터 얻은 지식은 정적인 것으로 남아 있다. 그는 같은 종류의 또 다른 문제가 발생하거나, 발생할 때 그것을 기억할지는 모르지만 그 동안에 그의 지식에 관해 생각해 보거나 그것을 그 이상의 문제에 적용하는 수단을 고안해 내지 않는다. (그러나) 인간은 한다.

91

A new civilization is emerging in our lives, and blind men everywhere are trying to suppress it. This new civilization brings with it new family styles, changed ways of working, loving, and living, a new economy, new political conflicts, and beyond all this an altered consciousness as well. Pieces of this new civilization exist today. Millions are already attuning their lives to the rhythms of tomorrow. Others, terrified of the future, are engaged in a desperate, futile flight into the past and are trying to restore the dying world that gave them birth.

어구풀이

• emerge : 출현하다, 대두되다
• suppress : 진압하다, 억압하다
• political conflict : 정치적 분쟁
• alter : 변화시키다
• attune A to B : A를 B에 맞추다
• be engaged in : ~에 종사하다

모범번역

새로운 문명이 우리의 삶 속에 출현하고 있으나 도처의 눈먼 자들은 그것을 막아보려고 애쓰고 있다. 이 새로운 문명은 새로운 가족 형태, 일, 사랑, 살아가는 방식의 변화, 새로운 경제, 새로운 정치적 갈등 그리고 무엇보다도 변화된 의식을 수반한다. 이 새로운 문명의 단편들이 오늘날 존재한다. 벌써 많은 사람들이 미래의 리듬에 그들 삶의 다이얼을 맞추고 있다. 다른 사람들은 미래를 두려워하여 절망적이고 무익한 과거로의 회귀에 집착하고 있다. 즉, 그들을 낳아 준 죽어 가는 세계를 복원시키려 하는 것이다.

92

In ancient Egypt, there was a disease that caused the head of the patient to be covered with sores. Doctors treated this sickness by rubbing the sores with animal fat or moldy pieces of wheat bread. An ancient medical cure was to use baked and unbaked bread products, all of them moistened in water or wine. Such food spoil rapidly in a climate such as Egypt's and become covered with a mold of bacteria. Thus, yeast molds were used centuries ago as medicine with which the Egyptians treated disorders within the body, skin diseases, and other sicknesses. It is interesting to note that the bacteria called "staphylococcus," which we now fight with drugs made from molds, cause blood poisoning and body sores.

어구풀이

- sore : 아린 상처, 문드러진 곳, 종기
- moldy pieces of wheat bread : 곰팡이가 핀 밀가루 빵 조각
- staphylococcus : 포도상구균
- all of them (being) moistened in : 그리고 그것들 모두는 ~에 적시었다. 〈독립분사구문. and of them are moistened in ~〉
- spoil : (음식 따위가) 상하다
- moldy : 곰팡이가 핀
- Egypt's climate : 이집트의 기후
- yeast molds : 여러 효모 곰팡이

모범번역

고대 이집트에는 환자의 머리가 종기로 덮이는 질병이 있었다. 의사들은 동물의 지방이나 곰팡이가 핀 밀가루 빵 조각으로 종기를 문질러서 이 병을 치료했다. 한 고대 치료 방법은 굽거나 굽지 않은 빵을 사용하는 것이었는데, 이 빵은 모두 물이나 포도주에 적신 것들이었다. 그러한 식품은 이집트 같은 더운 기후에는 금방 상해서 박테리아 곰팡이에 덮이게 된다. 그래서 여러 가지 효모 곰팡이는 수세기 전에 이집트 사람들이 체내의 부조(不調)나, 피부 질환이나 다른 병을 치료했던 치료약으로 사용되었다. 우리가 지금 곰팡이로 만든 약으로 싸우고 있는 포도상구균이라 불리는 박테리아가 폐혈증과 신체에 종기를 일으킨다는 사실에 주목하는 것은 흥미롭다.

93

If people cannot rely on the news for fact, then journalism has no reason for existing. The principal reason journalists exist in society is that people have a need to be informed of and comprehend the details of facts. "The right to know and the right to be are one," wrote Wallace Stevens in a poem about Ulysses. The need is basic, biological. In that sense, everyone is a journalist, seeking the knowledge of the times in order to grasp the character of the world, to survive in the world, perhaps to move it. Archimedes said he would move the world as long as he had a long enough lever. He pointed out too, that he needed ground to stand on.

어구풀이

- rely on A for B : B를 A에 의존하다
- has no reason for being : 존재 이유가 전혀 없다
- in that sense : 그런 의미에서는

모범번역

사람들이 사실을 알기 위해 뉴스에 의존할 수 없다면, 신문은 존재할 이유가 전혀 없다. 신문 기자가 사회에 존재하는 가장 큰 이유는 사람들이 사실의 세부적인 것을 알고 이해하고 싶은 욕구를 가지고 있기 때문이다. 월러스 스티븐스는 율리시즈에 관한 시에서 "알 권리와 존재할 권리는 같은 것이다"라고 썼다. 그러한 욕구는 근본적이고, 생물학적인 것이다. 그런 의미에서는 모든 사람들은 세계의 성격을 파악하고, 그 세계에서 살아남기 위해, 또 아마도 그 세계를 움직이기 위해, 그 시대에 대한 정보를 추구하는 신문기자들이다. 아르키메데스는 충분히 긴 지렛대만 있다면 세계를 움직일 수 있다고 말했고, 또한 딛고 일어설 땅도 필요하다는 것을 지적했다.

94

You should think about happy outcomes at the start of every day. Even if you don't feel like it, you might as well try. You will be surprised to see how often things will turn out so. I have a friend who is truly a happy man. He travels throughout the country in his work and carries a unique business card. On one side is his name and address, and on the other side is the statement of his philosophy which has brought happiness not only to himself but to hundreds of other people. It reads as follows: "The way to happiness is to keep your heart free from hate. Forget self, think of others."

어구풀이

- outcome : 결과(= result), 성과(= consequence)
- might(may) as well as+원형 = had better+원형 = do well to V : ~하는 것이 더 좋을 것이다
  〈It would be better for ~ to V〉
- It+동사+as follows. : 다음과 같다(여기서 follows는 비인칭동사로 항상 단수형을 취하고, 보통 다음에 colon(:)을 둔다).

모범번역

당신은 매일을 시작할 때에, 행복한 결과를 생각해야 한다. 설사 그러고 싶지 않더라도 시도를 해 보는 것이 좋을 것이다. 그러면, 얼마나 자주 그런 결과가 나오는지 알면 놀랄 것이다. 내게는 진정으로 행복한 친구가 있다. 그는 직업상 전국을 돌아다니는데, 독특한 명함을 갖고 있다. 한 면에는 그의 이름과 주소가 적혀 있고, 다른 한 면에는 자신뿐만 아니라 수백 명의 다른 사람들에게도 행복을 가져다주는 그의 철학의 말이 적혀 있다. 그것은 다음과 같다. "행복으로 가는 방법은 마음에서 증오를 없애는 것이며 자신을 잊고 다른 이들을 생각하는 것이다."

95

An American, upon first arriving in England, might be confused by words with which he is familiar, but which are used in senses unfamiliar to him. For example, if he takes a train from London to Leeds, he will not check baggage, but register his luggage. His bags are placed in a luggage van, not a baggage train, and when he reaches his destination he may claim them at the left-luggage office, not at the check room. He may be met at the station by a British friend driving a motor car. And he may notice further that his friend refers to the windshield of his car as the windscreen and the hood as the bonnet. His friend may stop not for gas but for petrol.

어구풀이

• confuse : 혼동하다, 당황시키다
• familiar : 익숙한, 잘 알려진

모범번역

미국인이 영국에 처음으로 도착하면 낯익은 말이 있지만 낯익지 않은 의미로 사용되는 단어들 때문에 혼란에 빠질 것이다. 예를 들면, 만일 그가 런던에서 리즈로 가는 열차를 탄다면, 그는 'check baggage' 하지 않고 'register luggage' 해야 할 것이다. 그의 수하물은 'baggage train'이 아니라 'luggage van'에 실려 있다. 그가 목적지에 도착하면 수하물은 'check room'에서가 아니라 'left-luggage office'에서 찾아야 될 것이다. 그는 정거장에서 'motor car'(automobile이 아닌)를 몰고 나온 영국인 친구의 마중을 받게 될 것이다. 그리고 또 그 친구가 'windscreen'으로서 'windshield'를 'bonnet' 대신 'hood'라는 말을 쓰고 있는 것을 발견할 것이다. 그 친구는 'gas'를 넣기 위해가 아니라 'petrol'을 넣기 위해 주유소에 들를지도 모른다.

96

Watching the beautiful scene, I felt wistful. Like the paired butterflies fluttering in the late September light, my days in this lovely landscape were almost over. Before long I would be back in the din of New York City; the gentle sounds of birds singing and insects buzzing replaced by the clang and clatter of the city. Melancholy overcame me as I realized I would no longer be able to watch the wind send shudders of silver across the grass, nor thrill to the sight of the blue loon sweeping low across the pond. There was no question about it; I simply was not ready to return.

어구풀이

• wistful : 생각에 잠기는, 동경하는, 탐내는
• clang : (무기, 종 등이) 땡 하고 울리는 소리
• din : 소음, 시끄러운 소리
• melancholy : 우울, 침울, 우울한

나는 아름다운 경치를 보며, 사색에 잠겼다. 늦은 9월 빛 속에 날아다니는 한 쌍의 나비처럼 이 아름다운 경치 안에서의 나의 생활은 거의 끝났다. 머지않아 나는 시끄러운 뉴욕으로 돌아갈 것이고, 잔잔한 새소리와 벌레 우는 소리가 소음과 시끄러운 소리로 바뀔 것이다. 나는 더 이상 잔디를 가로지르는 은빛 전율 같은 바람을 볼 수 없고, 연못을 맹렬하게 낮게 나는 파란 아비새 또한 볼 수 없기 때문에 우울해졌다. 의심할 여지 없이 나는 돌아갈 준비가 되어 있지 않았다.

97

Solar energy is rapidly becoming a local alternative source of heat as the unavailability of conventional fuels becomes a major problem in industrial countries. Getting energy from the sun is not a new idea. Most people have the experience of getting a sunburn on a cloudy day, much to their surprise; the energy is always there. Technology had now brought the cost of harnessing the sun closer to being economically competitive. Finally, the fact that solar heating and solar cooling are very attractive environmentally provides another reason to switch from conventional fuels.

어구풀이

- conventional : 재래의, 전통적인
- much to one's+추상명사 : 매우 ~하게도
- switch : 바꾸다, 옮기다
- get sunburn : 볕에 타다
- harness : (자연력을) 이용하다

모범번역
공업국가에서 전통적으로 사용해 오던 연료가 더 이상 이용할 수 없다는 것이 큰 문제가 되어감에 따라 태양 에너지가 열을 위한 대체 에너지로 급속히 대두되고 있다. 태양에서 에너지를 얻는 것은 이제 새로운 생각이 아니다. 놀랍게도 많은 사람들이 구름 낀 날 볕에 타 본 경험이 있다. 즉, 태양 에너지는 항상 지구상에 존재한다. 이제 기술은 태양을 이용하는 비용을 경제적으로 경쟁할 만한 것에 더욱 더 가깝게 만들었다. 결론적으로 태양열 난방과 태양열 냉방이 환경적인 측면에서 매우 바람직하다는 사실이 재래식 연료에서 태양 에너지 사용으로 전환해야 할 또 다른 이유를 제공해준다.

98

An alternative measure of national output, widely used until recently, is gross national product (GNP). What is the difference between GNP and GDP? GNP is the total output produced with labor or capital owned by U.S. residents, while GDP is the output produced with labor and capital located inside the United States. For example, some of the U.S. GDP is produced in Honda plants that are owned by Japanese corporations. The profits form these plants are included in U.S. GDP but not in U.S. GNP. Similarly when an American economist flies to Japan to give a paid lecture on baseball economics, that lecture would be included in Japanese GDP and in American GNP.

어구풀이

• alternative : 양자택일의
• GNP(Gross National Product) : 국민 총생산
• national output : 국민 생산
• GDP(Gross Domestic Product) : 국내 총생산

모범번역

한 나라의 국민 생산을 측정하는 다른 방식으로서 최근까지 널리 사용된 것은 국민 총생산(GNP)이다. 국민 총생산(GNP)과 국내 총생산(GDP)의 차이점은 다음과 같이 설명할 수 있다. 미국의 GNP는 미국인이 소유한 노동이나 자본으로 생산한 총 생산물을 일컫는 말이다. 미국의 GDP는 미국 내에 있는 노동 또는 자본으로 생산된 총생산물이다. 예컨대, 미국 내의 혼다라는 일본 회사 공장들에서 생산된 것들은 미국 GDP에 포함되지만 GNP는 포함되지 않는다. 이와 같은 논리로 미국학자가 일본에서 야구에 대한 경제적 분석 강의를 하고 강의료를 받는다면, 그것은 일본 GDP와 미국 GNP에 각각 포함되는 것이다.

99

The trouble with TV is that it discourages concentration. Almost anything interesting and rewarding in life requires some constructive, consistently applied effort. The dullest or the least gifted people are, they can achieve things that seem miraculous to those who never concentrate on anything. But TV encourages us to apply no effort. It sells us instant gratification. It diverts us only to divert, to make the time pass without pain.

어구풀이

• consistently applied effort : 지속적으로 기울인 노력
• The dullest ~ : 아무리 둔한 사람들이라도 〈최상급 표현으로 문맥상 양보의 뜻을 나타냄 〉
• miraculous : 기적적인 cf. miracle
• gratification : 만족, 희열

모범번역

TV의 폐단은 집중을 방해한다는 것이다. 인생에서 재미있고 가치 있는 것 거의 모두가 어느 정도의 건설적이고, 지속적인 노력을 요구한다. 아무리 둔하고 아무리 적은 재능을 가진 사람이라도 어떤 일에 집중하지 않는 사람에게는 기적처럼 보이는 일을 달성할 수 있다. 그러나 TV는 노력을 하지 않아도 된다고 우리를 격려해준다. TV는 우리에게 기분 전환만을 위해 기분 전환을 시켜주고 고통 없이 시간을 보내기 위해 즐겁게 해준다.

100

Our sun has been radiating energy to the earth since our planet first appeared. The plants and animals that lived millions of years ago derived their energy from the sun as do living things today. It is from the remains of these ancient living things that we get most of today's important energy fuels: natural gas, coal and petroleum. These "fossil fuels" give us 90 percent of the energy we use to provide a better life for mankind.

어구풀이

• radiate : 발산하다
• derive A from B : B에서 A를 끌어내다
• as do living things today : 오늘날 모든 생명체가 그러하듯(do = derive)
• fossil fuel : 화석 연료(석탄, 석유 등)

모범번역

태양은 지구가 처음 나타났을 때부터 지구에 에너지를 방출해 오고 있다. 수백만 년 전에 살았던 동식물은 오늘날 생물들이 그러하듯이 태양에서 에너지를 끌어냈다. 우리가 오늘날의 중요한 에너지 연료인 천연 가스, 석탄과 석유의 대부분을 얻는 것은 바로 이들 고대 생물의 유해로부터이다. 이 '화석연료'는 우리가 인류를 위한 보다 나은 삶을 제공하기 위해 사용하는 에너지의 90%를 제공하고 있다.

101

In a recent research of college students' dating habits, studies found that men are less discriminating than women when it comes to choosing a partner for a casual date. What is intriguing is the explanation given by an evolutionary psychologist: For eons, it's been in the man's interest to spread his seed as widely and indiscriminately as possible, thus preserving the species. On the other hand, it's unwise for a woman to monkey around with just any suitor; her genetically inferior offspring could be at disadvantage in attracting a mate and doing their part for civilization.

어구풀이

• discriminating : 안목이 높은, 까다로운
• intriguing : 흥미(호기심)을 돋우는
• indiscriminately : 무차별적으로
• monkey around with : ~와 놀아나다

• when it comes to : ~에 있어서, ~에 관해서라면
• evolutionary : 진화론적인
• eon : 영겁, 무궁한 시간
• do one's part : 제몫을 하다

대학생들의 데이트 습관에 관한 최근의 연구에서 남자들은 우연한 만남으로 데이트 상대를 고를 때 여자들 보다 덜 까다롭다는 사실이 발견되었다. 흥미를 끄는 것은 진화론 심리학자가 제시한 설명이다. 무궁한 시간 동안, 자손을 될 수 있는 한 광범위하게 널리 퍼트리고, 가리지 않고 퍼트려서 종(種)들을 보존하는 것이 남자의 관심사였다. 한편, 여성이 주변의 아무 구혼자와 놀아나는 것은 현명치 못한 일이다. 왜냐하면, 그녀의 유전학적으로 열등한 자식은 배우자의 마음을 끌거나 문명을 위해 그들이 제몫을 하는 데 불리할 것이기 때문이다.

102

You have most likely always had television in your home, and you don't think about it very much. It's just there. But television wasn't always there. Most people never even heard of it until 1939. It is true that there had been a number of experiments going on for twenty years or so. At the New York World's Fair of 1939, millions of people saw television for the first time. To most, it seemed unbelievable. How was it possible to take pictures of people without film? The fair was full of wonders, and television was one of the most wonderful of all.

어구풀이

- most likely : 십중팔구
- go on : 계속하다
- never A until B : B하고 나서야 비로소 A하다
- take a picture of : ~의 사진을 찍다

당신의 가정에는 필시 텔레비전이 있을 것이므로 당신은 그것을 그다지 대단한 것으로 생각하지 않는다. 텔레비전은 단지 가정에 있을 뿐이지만, 늘 있었던 것은 아니다. 대부분의 사람들은 1939년에야 비로소 텔레비전에 관해 듣게 되었다. 약 20년 동안 수많은 실험이 진행되었다. 1939년의 뉴욕세계박람회에서 수백만 사람들이 처음으로 텔레비전을 보았다. 대부분 사람들에게 그것은 믿기 어려운 것이었다. 필름을 사용하지 않고 어떻게 사람들의 사진을 찍을 수 있었는가? 그 박람회는 불가사의한 일로 가득 찼었는데, 텔레비전이 가장 놀라운 전시품 중의 하나였다.

103

Most managers, including of course most chief executives, have a boss. Few people are as important to the performance and success of a manager as the boss. Yet while management books and courses abound in advice on how to manage subordinates, few if any even mention managing the boss. Few managers seem to realize how important it is to manage the boss or, worse, believe that it can be done at all. They bellyache about the boss but do not even try to manage him. Yet managing the boss is fairly simple — indeed generally quite a bit simpler than managing subordinates. There are only a few do's, and even fewer don'ts.

어구풀이

• manager : 관리자, 경영자
• subordinate : 부하
• chief executive : 최초 경영 책임자
• bellyache about : ~에 대해서 불평하다

모범번역

대부분의 계열사 대표 이사들을 포함하여, 중간급 경영자들의 대부분은 최고 경영자인 보스가 있다. 이런 중간 경영자의 업무 성과와 성공에 가장 중요한 인물은 바로 그 최고 경영자인 보스이다. 그러나 경영학 책이나 과정들이 어떻게 부하들을 관리하느냐에 관해서는 풍부하다고 할지라도, 보스를 관리하는 내용에 관해서는 설사 있다 하더라도 거의 없다. 거의 중간급 경영자들은 보스를 관리하는 것이 얼마나 중요한지 실감하지 못하는 것처럼 보이며 더욱 심하게는 그것이 행해질 수 있는지조차 믿지 않는 것처럼 보인다. 그들은 보스에 대해 불평은 하지만 그를 관리할 노력조차 하지 않는다. 그러나 보스를 관리하는 것은 상당히 간단하다. 확실히 부하를 관리하는 것보다 일반적으로 상당히 단순하다. 실천 사항으로 해야 할 일도 몇 개 되지 않지만 하지 말아야 할 일은 훨씬 더 적다.

104

Dr. Andrew Wiles first came across Fermat's Last Theorem in a book when he was ten years old. It made him want to be a mathematician and it made him want to solve the problem.

He was a quiet, timid man with a shy smile. Yet he summoned the courage to invest seven years working in secret on the world's most famous math problem, a formidable challenge that has baffled the best mathematicians for more than 300 years. In 1994, he was able to announce that he had solved it. It was a feat that, if sustained, will make him famous and instantaneously a sort of icon.

어구풀이

• come across : 우연히 마주치다(= meet by chance)
• summon the courage to : 용기를 내어 ~하다
• feat : 위업
• Fermat's last theorem : 페르마의 마지막 정리
• baffle : 당황하게 하다(= puzzle), 혼란시키다(= confuse)
• icon : 우상

모범번역

앤드류 와일즈 박사는 10살이었을 때 처음으로 "페르마의 마지막 정리"를 책에서 우연히 접하게 되었다. 그것은 그를 수학자가 되게 했고 그 문제를 풀고 말겠다는 소망을 품게 했다.
그는 수줍은 미소를 띤 조용하고 소심한 사람이었다. 그러나 그는 용기를 내어 은밀하게 세계에서 가장 유명한 수학 문제를 푸는 일, 300여 년 동안 가장 훌륭한 수학자들도 어리둥절케 해온 힘겨운 도전에 7년이란 세월을 투자했다. 1994년, 그는 그 문제를 풀었다고 발표했다. 그것은 만일 그것이 유지될 수만 있다면 그를 유명하게 만들고 즉시 일종의 우상으로 만들 위대한 업적이었다.

105

Isadora Duncan once spoke of a woman as a musical instrument, and compared a woman who had only one lover to a musical instrument which had been played by only one artist. Every great lover makes a different sweetheart to the same woman, as every artist elicits from the same instrument a different music. Every work of art is a matter of response between the artist and the material or instrument of creation, and again between artist and the reader or spectator, as the case may be. The same picture therefore may excite one man to ecstasies while it leaves another cold, whether it be a screen picture or a painting.

어구풀이

- a musical instrument : 악기
- elicit : 이끌어내다, 자아내다(from)
- ecstasy : 무아의 경지, 황홀경
- compare A to B : A를 B에 비유하다
- a matter of response : 반응물
- leave someone cold : 감명을 주지 않는

모범번역

이사도라 던컨은 한 번은 여자를 악기라고 말하고, 오직 한 연인을 가진 여자를 한 음악가만이 연주한 악기에 비유한 적이 있었다. 모든 위대한 연인은 마치 음악가마다 같은 악기로 제각기 다른 음악을 연주해 내듯이 같은 여인에게서 각기 다른 연인을 만들어 낸다. 모든 예술 작품은 예술가와 창조의 소재나 악기 사이의 반응으로 생겨난 것이고 또한, 경우에 따라서는 예술가와 독자 혹은 관람자 사이의 반응으로 만들어진 것이다. 그렇기 때문에 같은 그림이라도, 그 그림이 영화이든, 혹은 회화이든 간에, 어떤 사람은 흥미를 끌지 못하기도 하지만 어떤 사람은 황홀경에 빠지도록 감동을 줄 수도 있다.

106

"The government will give extra funds in soft loans to promising small-and-medium-size manufacturers in such a way as to strengthen their international competitiveness," the Minister of Trade, Industry and Energy said yesterday. In a meeting attended by the President, the Minister said that the loans, carrying an interest rate of 6 percent, will be supplied to an estimated 2,000 companies to be selected by loan screening bodies. This government action has come at a time when small businesses are experiencing a financial pinch, as evidenced by about 10,000 of them going bankrupt last year.

어구풀이

- soft loan : 장기 저리 대부
- loan screening body : 대출 업체 결정기관
- as (it is) evidenced by ~ : ~에 의해 그것(재정적 위기를 겪는다는 것)이 입증된 것처럼
- small-and-medium-size manufacturer : 중소 제조업체
- financial pinch : 재정적 압박

"정부는 유망 중소 제조업체에게 그들의 국제 경쟁력을 강화시켜 줄 방법의 일환으로 장기 저리 대부로 특별 자금을 제공해 줄 것이다."라고 상공 에너지 장관이 어제 말했다. 대통령도 참석한 모임에서, 장관은 6%의 저리로 대출되는 대부금이 대출 업체 결정기관에 의해 선별된 2,000개로 추산되는 회사에 공급될 것이라고 말했다. 이러한 정부의 조치는 작년에 파산한 약 10,000개의 중소 기업체에 의해 입증되었듯이 중소기업이 재정적 압박을 겪고 있는 시점에 취해진 것이었다.

107

Shame is hardly a modern phenomenon. It is present in the Creation story and, in fact, is the emotion that is discussed more than any other. The story of Adam and Eve says that shame is a very powerful and specific human emotion. Despite its ancient roots, however, shame has been little studied or understood even thought it is all around us. As American society has come to focus more on the individual and less on group commitment, we have become very shame-prone.

어구풀이

- the Creation : 천지창조
- commitment : 깊은 관여, 헌신
- go hand in hand : 밀접한 관련이 있다, 떼어놓고 생각할 수 없다
- have come to : ~하게 되다
- prone : ~하는 경향이 있는, ~하기 쉬운

모범번역

수치심은 현대의 현상이 거의 아니다. 그것은 천지창조의 이야기에 나오고 있고, 사실 어떤 다른 감정보다 더 많이 논의되고 있는 감정이다. 아담과 이브의 이야기에는 수치심은 매우 강력하고 인간에게만 있는 아주 독특한 감정이라고 되어 있다. 그러나 그 기원이 이렇게 오랜 옛날인데도 불구하고, 또 우리 모두의 주변에 깔려 있지만, 수치심에 대해서는 연구와 이해가 소홀하다. 미국 사회는 단체적인 업무에 덜 집중되고 개인적인 일에 더 많이 초점을 맞추고 있기 때문에 우리는 수치심을 느끼는 경향이 더 많다.

108

Why does folk music — music that springs from the everyday lives of people throughout the ages — often offend the so-called music lovers? Many people who say they love music, and who enjoy listening to an orchestra, feel that listening to folk is "not quite proper." What is the reason for this prejudice? Perhaps it is because folk music is often performed informally on the street or in restaurants by people in casual or untidy dress. Perhaps this has something to do with it. Perhaps it is the folksingers' view of society that offends. Often people don't know what the folksingers' view of society actually is, but just believe that they won't like it.

어구풀이

- spring from : ~에서부터 야기되다
- prejudice : 편견
- untidy : 단정치 못한
- offend : 기분을 상하게 하다
- informal : 비공식의
- have something to do with : ~와 관계가 있다

모범번역

오랜 세월에 걸쳐 사람들의 일상생활에서 기원한 음악, 즉 포크음악이 종종 소위 음악 애호가들의 기분을 상하게 하는 것은 왜일까? 음악을 사랑하고 클래식 듣는 것을 즐긴다고 말하는 많은 사람들은 포크음악을 듣는 것이 "매우 부적절하다."고 느낀다. 이런 선입관은 어디서 나오는 것일까? 아마도 포크음악이 자유분방하거나, 단정치 못한 옷차림의 사람들에 의해 음식점이나 거리에서 격식 없이 공연되기 때문일 것이다. 아마도 이것이 그런 편견과 관계가 있을 것이다. 애호가의 기분을 상하게 하는 것은 아마 포크음악 가수들의 사회관일 것이다. 때로는 사람들은 실제로 대중음악 가수들의 사회관이 어떤 것인지 잘 모른다. 그러나 그들은 그것을 좋아하지 않을 것이라 확신하고 있다.

109

Unlike most butterflies, the remarkable black-and-orange monarchs migrate southward each fall. Like birds, they follow regular migration routes down major river valleys, along coast lines, and across plains. In the East, the monarchs travel the length of Cape Cod, across to Long Island, follow its length, across to lower New Jersey, and then go on down the coast. No one knows why these butterflies migrate or how they navigate. All we know is that monarchs migrate by the millions and that they come back every spring. There are many mysterious things for which we don't know the reason for, aren't there?

어구풀이

- remarkable : 현저한
- migrate : 이주하다, 이동하다

모범번역

대부분의 나비류와 달리 강렬한 검정, 오렌지색 빛깔의 제주왕나비는 매년 가을 남쪽으로 이동한다. 새들처럼 그들은 거대한 협곡 아래 해안선을 따라 평원을 가로지르는 규칙적인 이동경로를 따라간다. 동부에서, 제주왕나비는 케이프 코드를 따라 여행하고, 뉴욕 주 남동부의 섬을 가로질러 그 길이를 따라가다가 뉴저지 남부지역을 가로지른 다음 해안가를 따라 계속 이동한다. 어느 누구도 이 나비들이 왜 이동하는지, 어떻게 항해하는지 모른다. 우리는 단지 제주왕나비가 수백만 마리씩 이동하고 봄이면 돌아온다는 사실을 알 뿐이다. 우리에게는 그 이유를 알 수 없는 신비한 일들이 너무나 많지 않은가?

110

Nobody here knows that I was brought up in an asylum. I told Sallie McBride that my mother and father were dead, and that a kind old gentleman was sending me to college —

which is entirely true so far as it goes. I don't want you to think I am a coward, but I do want to be like the other girls, and that Dreadful Home looming over my childhood is the one great big difference. If I can turn my back on that and shut out the remembrance, I think I might be just as desirable as any other girl.

어구풀이

• asylum : 보호소, 수용소, 고아원
• Dreadful Home : 무서운 집(John Grier Home, 존그리어 고아원을 가리킴)
• loom : 무시무시하게 다가오다
• turn one's back on : ~의 등을 돌리다, 모른 체 하다
• as desirable as any other girl : 어떤 아이에게도 못지 않을 만큼 착한 아이

모범번역

이곳의 아무도 제가 고아원 출신이라는 것을 모르고 있습니다. 저는 샐리 맥브라이드에게 엄마, 아빠가 돌아가셨고 어떤 친절한 신사분이 나를 대학에 보내 주신다는 것을 말했답니다. 여기까지는 사실이잖아요. 제가 겁쟁이라고 생각하지 않기를 바라요. 그러나 저는 정말이지 다른 여학생들과 같아지기를 간절히 원해요. 그리고 저의 어린 시절(의 기억)에 섬뜩하게 다가오는 그 무서운 고아원은 다른 아이들과의 가장 큰 유일한 차이예요. 만일 제가 과거를 모른 체하고 그 추억을 쫓아낼 수만 있다면 저는 어떤 아이에게도 못지 않은 착한 여학생이 될 것이라고 생각합니다.

111

I left Vienna and the parental home on a symbolic date: April 1, 1926. While I stuck my beaming face out of the third-class compartment window, came the loveliest music to the ears of a young man heading for adventure: the whistle, puff and jolt of the train pulling out of the station. It also contained a hidden message whose meaning I could not decipher at the time. It meant that my childhood fantasy had at last come true: I had escaped, and I bought myself a spade.

어구풀이

• April 1 : 만우절(= April Fool's Day)
• third-class compartment : 3등 차 칸
• I bought myself a spade : 내 자신이 스페이드 패를 뽑았다(잡았다) → 이겼다
• buy : (카드) 패를 뽑다(잡다)
• beaming : 빛나는, 기쁨에 넘친
• decipher : 해독(판독)하다

모범번역

나는 상징적인 날인 1926년 4월 1일(만우절)에 빈과 부모님 집을 떠났다. 내가 3등 차 칸 차창에서 밝은 얼굴을 내밀었을 때 모험을 떠나는 젊은이의 귀에 가장 아름다운 음악소리가 들려왔다. 즉, 역을 빠져나가는 기차의 기적소리와 연기 내뿜는 소리와 덜컹하는 소리이다. 그 소리에는 또한 그 당시는 그 의미를 잘 알 수 없었던 메시지(전언)가 담겨 있었다. 그 소리는 어린 시절의 꿈이 드디어 실현된 것을 의미했다. 나는(현실에서) 도망쳤다. 나는 스스로 우승 패인 스페이드를 뽑았던 것이다(카드에서 spade는 같은 rank의 다른 패를 이길 수 있음).

112

We live in a money-oriented society, but I think that personal success in money matters is often overrated as the reigning monarch of our standard of values. I believe that every person has a deep psychological need to feel that what he is doing is of some importance, aside from the money he is paid for doing it. The scientist had the satisfaction of this need built into his life, and this gives zest and motivation to his efforts over an indefinite period of time.

어구풀이

• money-oriented : 금전주의의, 황금만능주의의
• aside from : ~은 별도로(= apart from)
• had the satisfaction ~ built ~ 〈have + O(사물) + p.p.〉

모범번역

우리는 금권주의 사회에 살고 있다. 그러나 나는 금전 문제에 있어서의 개인적 성공이 종종 우리 가치 기준의 지배적 군주로(즉 최고의 가치로) 과대평가되고 있다고 생각한다. 나는 누구나 자기가 하는 일이 그것 때문에 받는 보수는 별도로 하고도, 중요하다고 느끼고 싶은 깊은 심리적 욕구를 가지고 있다고 믿는다. 과학자는 자기 생애에 이런 욕구를 충족시키고 있다. 그리고 이것이 무한한 기간 동안 그의 노력에 흥미와 동기를 부여한다.

113

SIX MINUTES TO SIX, said the great round clock over the information booth in Grand Central Station. The tall young Army lieutenant who had just come from the direction of the tracks lifted his sunburned face, and his eyes narrowed to note the exact time. His heart was pounding with a beat that shocked him because he could not control it. In six minutes, he would see the woman who had filled such a special place in his life for the past thirteen months, the woman he had never seen, yet whose written words had been with him and sustained him unfailingly.

어구풀이

• six minutes to six : 6시 6분 전
• Grand Central Staition : Upper Manhattan의 종착역
• lieutenant : 중위
• the woman (whom) he had never seen, yet whose ~
  (이중한정 – 선행사 the woman을 2개의 형용사절이 수식하고 있음)

모범번역

그랜드 센트럴 역의 안내소 위에 걸려 있는 둥근 시계가 6시 6분 전을 가리키고 있었다. 그 선로 방향에서 막 내린 키가 큰 젊은 육군 중위는 정확한 시간을 알아보려고 햇볕에 탄 얼굴을 들고 눈을 가늘게 떴다. 그의 가슴은 그에게 충격을 줄 정도로 강하게 두근거리고 있었다. 왜냐하면, 그는 그 심장 박동을 제어할 수가 없었기 때문이었다. 이제 6분만 지나면 지난 13개월 동안 그의 인생에 특별한 자리를 차지해 왔던 여자를, 본 적은 없지만 그녀의 편지는 늘 함께 있어 그를 확고하게 지탱해 주었던 그 여자를 볼 것이다.

114

The exquisite quiet of this room! I have been sitting in utter idleness, watching the sky, viewing the shape of golden sunlight upon the carpet, which changes as the minutes pass, letting my eye wander from one framed print to another, and along the ranks of my beloved books.

Within the house nothing stirs. In the garden I can hear singing of birds, I can hear the rustle of their wings. And thus, if it pleases me, I may sit all day long and into the profound quiet of the night.

어구풀이

• exquisite : 매우 아름다운, 절묘한, 더할 나위 없는, 깊은   • framed print : 액자에 넣은 판화
• rustle : 바삭바삭(살랑살랑) 하는 소리
• have been sitting 〈현재완료진행 : 상태의 계속〉

모범번역

이 방의 더할 나위 없는 조용함이여! 나는 하늘을 바라보며, 양탄자 위에서 시시각각으로 변하는 황금빛 햇살의 모양을 보면서, 한 액자에서 다른 액자의 그림으로, 또 내가 애지중지하는 책들의 줄로 눈길을 돌리면서, 전혀 할 일 없이 앉아 있다.
집안에는 움직이는 것이라고는 아무것도 없다. 정원에서 들려오는 새 노래 소리를 들을 수 있고, 그들의 날갯짓 소리도 들을 수 있다. 그래서 그것이 나를 즐겁게 하는 한, 하루 종일도 앉아 있을 것이고, 밤의 깊은 적막 속에도 그대로 앉아 있을 것이다.

115

The old man with the bald head and black beard said to Keawe, "An imp lives in this bottle, and that is the shadow we behold there moving; or, so I suppose, if any man buys this bottle the imp is at his command; all that he desires — love, fame, money, houses like this house, ay, or a city like this city — all are his at his word. But once it is sold, the power goes and so does the protection; and unless a man remains content with what he has, ill will befall him."

Keawe said, "And yet you talk of selling it yourself? How am I to know that this is all true?"

- imp : (장난이 심한) 꼬마 도깨비
- that is the shadow (that) we behold there moving : 우리가 병 속에 움직이는 모습을 보고 있는 그림자가 바로 도깨비(that)이다.
- or, so I suppose : 다시 말하자면 꼭 그렇다는 것이 아니고 내 짐작으로 그렇다는 얘기이다.
- be at one's command : ~의 마음대로 되는
- at his word = as soon as he says the word
- How am I to know? = How can I know? : 어떻게 하면 알 수 있을까요?(→ 알 수 없다) 〈반어적 표현〉
- ay, or : 뿐만 아니라(= yes, or)
- befall : 일어나다(= happen), 생기다, 닥치다

모범번역

대머리에 검은 수염이 나 있는 그 노인이 케아웨에게 말했다. "이 병 안에 작은 도깨비가 살고 있지. 뭔가 그림자처럼 움직이는 것이 보이지, (내 추측일 수도 있지만) 그게 그 도깨비야. 만일 어떤 사람이 이 병을 산다면, 그 도깨비를 산 사람 마음대로 부릴 수 있어. 그가 갈망하는 모든 것, 즉 사랑, 명예, 돈, 이와 같은 집, 뿐만 아니라 이와 같은 도시도 말을 하자마자 그의 것이 된다네. 그러나 일단 팔리고 나면 그러한 힘도, 보호도 다 가 버리고 말지. 그리고 어떤 사람이 현재 자기가 가진 것에 만족하지 않으면, 불행이 그에게 닥칠 것이라네."

케아웨가 물었다. "그런데 왜 팔려는 거죠? 어떻게 이 모든 것이 사실이라는 것을 믿을 수 있죠?"

116

When I was young my father started giving me a penny a week as pocket money. He also gave me an account book and taught me how to enter the money received — which included occasional presents — and the money spent. When my cash total reached a certain sum, perhaps five or ten shillings, my father said he would keep it for me. Of course I could have it back and spend it whenever I wanted. He explained that he was my "bank." This puzzled me because I thought a bank was a large building.

From time to time he would look at my account book to see that it was all correct. At the end of the first year, after looking through it, he put down a small sum and said, "That's for interest."

어구풀이

- pocket money : 용돈
- from time to time : 때때로
- account book : 회계장부
- put down : 적어 넣다

모범번역

내가 매우 어렸을 때 아버지는 내게 용돈으로 일주일에 1페니씩 주기 시작했다. 또한 회계장부도 하나 주시고는 이따금 선물로 받은 돈을 포함해서 내가 받은 돈과 쓴 돈을 어떻게 기입하는지 방법을 가르쳐 주었다. 내 현금 총액이 일정액에 달했을 때, 아마도 5~10실링 정도였다. 아버지는 그것을 나를 위해 보관하겠다고 했다. 물론 나는 원할 때는 언제나 그것을 되돌려 받아 쓸 수 있었다. 아버지는 자신을 나의 '은행'이라고 하였다. 나는 은행을 매우 큰 빌딩이라고 생각했기 때문에 그 말은 나를 어리둥절하게 했다. 아버지는 종종 나의 회계장부를 보시고 정확한지를 확인하셨다. 1년이 다 될 무렵에 회계장부를 확인하신 후 아버지는 약간의 돈을 기입하시더니 "이건 이자야."라고 말씀하셨다.

117

The Christmas holidays begin next week and the trunks are out. The corridors are so filled up that you can hardly get through, and everybody is bubbling over with excitement that studying is getting left out. I'm going to have a beautiful time while on vacation; there's another freshman who lives in Texas staying behind, and we are planning to take long walks and — if there's any ice — learn to skate. Then there is still the whole library to be read — and three empty weeks to do it in!

어구풀이

• be up : 꺼내져 있다(사방에), 준비되어 있다(= have come up everywhere)
• so filled up (with trunks) that : 아주 꽉 차 있어서   • up = completely 〈so ~ that 구문〉
• bubble over : (비유적) 들뜨다, 시시덕거리다   • leave out : 옆으로 밀어놓다, 빼먹다

모범번역

크리스마스 휴가가 다음 주에 시작돼요. 그래서 다들 트렁크를 밖에 내놓았어요. 복도가 트렁크로 너무 꽉 차서 지나다닐 수가 없어요. 모두들 흥분으로 들떠 있어서 공부는 뒷전이에요. 나는 이번 휴가 때 멋진 시간을 보낼 거예요. (집이 너무 멀어 못 가고) 학교에 남아 있는 텍사스가 고향인 신입생이 있어요. 그래서 우리 둘은 오랜 산책을 하기로 계획하고 있어요. 얼음이 있다면 스케이트도 배우고요. 또 도서관에는 읽을 수 있는 모든 장서들이 있잖아요. 일정이 빈 3주간 그것을 할 거예요.

118

Nobody can say for sure how many perished in World War Ⅱ. Certainly 48 million; maybe as many as 60 million, depending on when and where you begin the gruesome body-count and whose figures you believe. Suffice it to say that much of Europe was at war for nearly six years until Victory in Europe Day or VE Day, on May 8, 1945, and much of Asia until little later, VJ Day (or the more mealy-mouthed VP Day — "Victory in the Pacific" rather than "over Japan") on August 15. For the next few months world leaders will participate in commemortions to mourn war victims but also to reassure their peoples that such carnage will never again be perpetrated on such a global scale.

어구풀이

• perish : 죽다
• gruesome : 무시무시한
• suffice (it) to say that : ~라고 말하면 충분하다, (지금은) ~라고만 말해두자
• mealy-mouthed : 완곡하게 말하는
• commemoration : 기념식
• carnage : 대학살

모범번역

제2차 세계대전에서 죽은 희생자의 총수는 정확하지 않다. 4,800만 명, 또는 6,000만 명이라고도 하나 시간과 장소 그리고 자료 작성자에 따라 그 끔찍한 시체의 수는 다르다. 유럽은 유럽의 승리 또는 VE Day라고 하는 1945년 5월 8일까지 6년 이상 전쟁에 휩싸였고, 아시아는 이보다 조금 더 늦은 1945년 8월 15일 VJ Day("일본을 이긴 승리"라기보다는 "태평양의 승리"라는 뜻으로 좀 더 완곡하게 VP Day라고도 표현함)에 전쟁이 끝났다고 할 수 있다. 앞으로 몇 달 동안 세계 지도자들은 각국 기념식에 참석하여 전쟁 희생자에 대한 추도의 뜻을 표할 것이며 다시는 이러한 참상이 세계적 규모로 반복되지 않을 것임을 국민들에게 약속할 것이다.

119

While I was out shopping at a variety store with my five-year-old identical twin daughters, the cashier enjoyed chatting with them. Apparently they distracted her, because she forgot to ring up some perfume, as I discovered when I got home. I returned to the store and, explaining the situation to the cashier, offered to pay for the item. She complimented me on my honesty. But when I handed her a check for the amount, she asked me for two photo identifications, a check guarantee card and a driver's license.

어구풀이

• identical twins : 일란성 쌍둥이 ↔ fraternal twins
• ring up : 금전 등록기의 키를 누르다 → 계산하다
• distract : (마음 · 주의 등을) 흩뜨리다, 미혹케 하다

모범번역

내가 다섯 살짜리 일란성 쌍둥이인 두 딸을 데리고 잡화 상점에서 쇼핑을 하고 있을 때 계산대의 아가씨가 그들과 즐겁게 환담을 나누고 있었다. 애들이 그녀의 정신을 팔리게 한 것이 분명했다. 왜냐하면, 향수 대금을 계산 안 한 것을 내가 집에 와서 발견했기 때문이었다. 나는 그 상점으로 되돌아가서 상황을 설명하고 그 향수 대금을 치르겠다고 제의했다. 그랬더니 정말 정직하신 분이라고 칭찬을 아끼지 않았다. 그러나 내가 그 금액에 해당하는 수표를 내밀었을 때 그녀는 내게 내 사진이 부착되어 있는 증명서 두 개, 즉 수표 보증 카드와 운전 면허증을 보여 줄 것을 요구했다.

120

The Mekong must surely be the loveliest river in the world. The Mekong is a broad, generous, expansive river. It allows the land to encroach upon its waters, like a nobleman who throws open his park. It flows tolerantly round scattered islands. Its mood is one of constant serenity. The waters of the Mekong are as blue as the sea. Birds with brilliant plumage skim across its surface, like debutantes across a ballroom floor and fishermen in sampans cast their nets rhythmically, one to the left, one to the right and one to the center.

어구풀이

- encroach upon : 침식하다, 파고들다
- skim : 스쳐 지나가다, 미끄러지듯 가다
- sampan : 중국의 작은 배, 샘팬
- as blue as the sea : 바다처럼 푸른 〈직유 (simile) ↔ metaphor〉
- plumage : 깃털
- debutante : 사교계에 처음 나서는 아가씨

모범번역

메콩 강은 확실히 세계에서 가장 아름다운 강이다. 메콩 강은 넓고, 관대하고, 도량이 넓은 강이다. 그것은 큰 개인 정원을 개방해 주는 귀족처럼 육지가 강물에 파고 들어오는 것을 허락해준다. 그것은 산재해 있는 섬들을 너그럽게 감싸고 돈다. 그것의 분위기는 한결같은 평온함의 분위기이다. 메콩 강의 물은 바다처럼 푸르다. 화려한 깃털을 가진 새들이 마치 사교계에 처음 나온 아가씨가 무도회장을 춤추며 나아가듯 강 수면을 스쳐 지나간다. 그리고 샘팬을 탄 어부들은 리드미컬하게 그물을 하나는 왼쪽에, 하나는 오른쪽에, 또 하나는 중앙에 던지고 있다.

121

And I want to look into the loyal trusting eyes of my dogs, the little Scottie and the stalwart Great Dane. In the afternoon I want to take a long walk in the cool woods and fill my eyes on the beauties of the world of nature. And I will pray for the glory of a colorful sunset. That night, I think, I should not be able to sleep.

The next day I will rise with the dawn and see the thrilling miracle by which night is transformed into day. I will behold with awe the magnificent panorama of light with which the sun awakens the sleeping world.

어구풀이

- stalwart : 건장한, 강건한
- transform A into B : A를 B로 바꾸다(변형하다)
- panorama : (거침없이 전개되는) 전경, 광대한 조망, 연속적으로 바뀌는 광경, 파노라마
- behold : 바라보다
- awe : 경외, 두려움 cf. owe : 빚지다, 은혜를 입고 있다

모범번역

그리고 나는 나의 개, 작은 스코티와 건장한 그레이트 데인의 충성스럽고, 신뢰하는 눈빛을 들여다보고 싶다.

오후에는 시원한 숲 속을 오랫동안 배회하며 내 눈을 자연 세계의 아름다움으로 가득 채우고 싶다. 그리고 다채로운 일몰의 영광을 위해 기도할 것이다. 그 날 밤은, 아마도, 나는 잠을 이루지 못할 것이다.

그 다음 날 나는 새벽과 더불어 일어나서 밤이 낮으로 바뀌는 감격스런 기적을 볼 것이다. 나는 태양이 잠자는 세계를 깨우는 그 장엄한 빛의 파노라마를 경외감으로 바라볼 것이다.

122

It is no exaggeration to say that the English Bible is, next to Shakespeare, the greatest work in the English literature, and that it will have much more influence than even Shakespeare upon the written and spoken language of the English race. For this reason, to study English literature without some general knowledge of the relations of the Bible to that literature would be to leave one's literary education very incomplete. It is not necessary to consider the work from a religious point of view at all; to do so would be a hindrance to the understanding of its literary excellence. Some people ventured to say that it was only when Englishmen ceased to believe in the Bible that they began to discover how beautiful it was.

어구풀이

• It is no exaggeration to say that ~ : ~라고 해도 과언이 아니다
• incomplete : 불완전한   • hindrance : 방해

모범번역

영문학에서 영문 성경은 셰익스피어 다음 가는 위대한 작품이며, 영국인의 구어 및 문어체 영어에 심지어 셰익스피어보다도 더 많은 영향을 끼칠 것이라는 말은 전혀 과장된 표현이 아니다. 이런 연유로 성경과 영문학과의 관계에 대한 어느 정도의 일반 지식 없이 영문학을 공부한다면 우리의 문학 교육은 매우 불완전한 상태에 놓일 것이다. 성경을 종교적 관점에서 고려할 필요는 전혀 없다. 그런 관점에서 성경을 고려한다면 그 문학적 우수성을 이해하는 데 방해가 될 것이다. 심지어 어떤 이들은 대담하게도 영국인들이 성경이 얼마나 아름다운 책인지 깨닫기 시작한 것은 그들이 성경을 믿지 않은 이후부터였다고 말하기도 했다.

123

The critic's conceptual or figurative scheme of interpretation, including my own here, is up against the same blank wall as the totalizing emblems within the novel, or up against the same impasse that blocks Heathcliff's enterprise of reaching Cathy by taking possession of everything that carries her image and then destroying it. If "something" is incompatible with any sign, if it cannot be seen, signified, or theorized about, it is, in our tradition, "no thing." It is nothing. The trace of such an absence therefore retraces nothing. It can refer only to another trace, in that relation of incongruity which leads the reader of *Wuthering Heights* from one such emblematic design to another.

어구풀이

• conceptual or figurative : 개념적이거나 비유적인   • interpretation : 해석, 설명
• emblem : 상징, 표상, 전형   • impasse : 막다른 골목, 난국

- incompatible : 상반되는, 양립할 수 없는
- theorize : 이론(학설)을 세우다, 이론화하다
- emblematic : 상징의, 상징적인
- signify : 의미하다, 나타내다, 발표하다
- incongruity : 어울리지 않음, 부조화

모범번역

여기 내 자신의 것을 포함하여 비평가의 해석에 대한 개념적이거나 비유적인 이론적 체계는 소설 안에서 모든 상징의 총합과 같은 텅 빈 벽에 직면하고 있거나 아니면 캐시의 이미지를 나타내 주기도 하고 그 이미지를 부숴버리기도 하는 모든 것을 차지함으로써, 캐시에게 도달하려는 히스클리프의 노력을 막아서는 것과 똑같은 막다른 골목에 직면하고 있다. 만일 "어떤 것"이 어떤 사인과 양립하기 어려운 것이고 또 그것이 관찰되거나 의미화 되거나 이론화될 수 없다면 그것은 우리의 전통에 "없는 것"이다. 그것은 아무 것도 아닌 것이기도 하다. 그 텅 빈 공백을 추적하는 것은 그래서 아무것도 아닌 것을 다시 추적하는 것과 같다. 작품「폭풍의 언덕」을 읽는 독자를 하나의 그러한 상징에서 다른 또 하나의 상징으로 이끌어가는 불일치의 관계에서 볼 때 그것은 다만 또 다른 하나의 추적만을 지칭할 수 있을 뿐이다.

124

Good teaching cannot take place in a situation that lacks kindness and sympathy with the interests and needs of pupils. The good teacher is well-disposed toward his pupils, the backward as well as the brilliant. He knows that they are immature and that they need his sympathy and help. Therefore he attempts to create an atmosphere in his school which will seem homelike and pleasant. He avoids scolding and haggling. He attempts to have his organization run by virtue of its own intrinsic soundness and meaning for children.

어구풀이

- well-disposed toward : ~에 대해 호의를 가지고 있는(↔ ill-disposed toward)
- the backward : 지진아들, 진도가 느린 학생들 〈the+형용사 = 복수 보통명사〉
- haggling : 입씨름하는, 옥신각신하는, 추궁하는
- by(in) virtue of : ~에 의해서(= by means of, by dint of)

모범번역

훌륭한 교육은 학생들의 흥미와 욕구에 대해 친절함과 관심이 없는 곳에서는 일어날 수 없다. 훌륭한 선생님은 똑똑한 아이뿐만 아니라 지진아에게도 호의를 갖고 있다. 그는 아이들이 아직 미숙하며, 그의 동정과 도움을 필요로 한다는 것을 알고 있다. 그렇기 때문에 그는 학교를 유쾌하고 집과 같은 분위기를 만들려고 노력한다. 그는 꾸중하고 추궁하는 것을 삼간다. 그는 그의 조직(학교)이 조직 본래의 건전함과 아이들을 위한 (중요한) 의미에 의해 운영되도록 노력한다.

125

A comfortable environment during the hot summer months can easily be maintained if you follow a few simple rules. First, due to the fact that hot air always rises, you must allow this hot air to escape from your home, not remain inside the home. If you have top-opening windows, pull the top window down a short way; this will allow the hot air to escape. If you also open the bottom window, you will allow the cooler air to come in and this will create a natural ventilation which pushes the hot air out as the cooler air flows inward.

어구풀이

• due to : ~때문에(= on account of)
• a short way : 조금, 약간
• natural ventilation : 자연 통풍(환기) 장치
• not remain ~ home = you must not allow it to remain ~ home

모범번역

만일 당신이 간단한 몇 가지 규칙을 따른다면 무더운 여름 몇 달 동안 안락한 환경을 유지할 수 있다. 첫째, 더운 공기는 항상 위로 올라가기 때문에 이 더운 공기를 집안에 두지 말고 집밖으로 빠져나가게 만들어야 한다. 만일 창구가 위에 있는 창문이 있다면 그 위 창구를 조금만 열어 두라. 이렇게 하면 더운 공기가 빠져나갈 수 있다. 만일 당신이 아래 창을 열어 두면 시원한 공기가 들어올 수 있다. 이렇게 해서 시원한 공기를 들어오게 하고 더운 공기를 빠져나가게 하는 자연 환기를 만들어 낼 수 있다.

126

Don't be surprised if you start hearing the term "information literacy" a lot. The digital revolution means that sooner or later students and adults are going to need an entirely new set of skills: how to get information, where to find it, and how to use it. Becoming good at handling information is going to be one of the most important skills of the 21st century, not just in school but in the real world. Thus you are going to have to master these skills eventually anyway. So deal with them now.

어구풀이

• information literacy : 정보 활용 능력
• digital revolution : 디지털 혁명
• sooner or later : 조만간, 머지않아(= soon or late)

모범번역

당신이 "정보 활용 능력(information literacy)"이라는 용어를 자주 듣기 시작하더라도 놀라지 마라. 디지털 혁명은 조만간 학생과 어른이 전혀 새로운 기술, 즉 정보를 어떻게 얻고, 어디서 발견하며, 어떻게 사용하는가를 필요로 할 것이라는 것을 의미한다. 정보 처리에 능숙해지는 것이 21세기의 가장 중요한 기술 중의 하나가 될 것이며, 학교뿐 아니라 실제 사회에서도 마찬가지이다. 그래서 당신은 어쨌든 결국 이 기술을 숙달해야 할 것이다. 그러니 지금 그 기술을 다루어 보라.

127

Millions of men and women in four continents have English as their first language, and millions in every part of the world use it as their second or foreign language. This gives us some idea of the importance of English, and it shows both the United States and Britain that the language is not the possession of these two nations alone. It is also the property of the Canadian and the Indian, the Australian and the Nigerian. It belongs to all those who use it.

어구풀이

- millions of : 수백만의
- possession : 점유, 소유(물)
- belong to : 소유이다, 속하다, 회원이다 〈진행, 수동이 없음〉
- second language : 제2언어
- property : 재산

모범번역

4개 대륙의 수백만 명의 남녀가 영어를 그들의 제1국어로 사용하고 있고, 전 세계의 수백만 명이 영어를 제2국어나 외국어로 사용하고 있다. 이러한 사실은 우리들에게 영어의 중요성을 일깨워 주고, 영·미 양국에게 영어가 그들만의 것이 아니라는 것을 보여 주고 있다. 그것은 또한 캐나다 인, 인도 인, 오스트레일리아 인, 나이지리아 인의 것이기도 한다. 영어는 그것을 사용하는 모든 사람의 것이다.

128

My father liked to invite a sensible friend or neighbor talk with, and always took care to bring up some useful topic for discussion, which might improve the minds of his children. By this means he turned our attention to what was good, just and wise in the conduct of life. And I was brought up so as to be quite indifferent to the food set before me. This proved convenient to me in travelling, for I was quite happy when my companions suffered from plain food.

어구풀이

- take care : 조심하다
- bring up : 키우다, 양육하다(= raise, rear, educate)
- by this means : 이런 방법으로
- I was brought up ~ before me : 나는 내 앞에 놓인 음식에는 전혀 관심을 갖지 않도록 키워졌다

모범번역

나의 아버지는 분별력이 있는 친구나 이웃 사람을 불러 얘기하기를 좋아하셨고, 언제나 자식들의 교양을 높일 수 있는 유용한 토론 화제를 선정하느라 세심한 주의를 기울이셨다. 이런 방법으로 아버지는 생활의 선과 정의와 지혜에 우리의 주의를 기울이게 했다. 그리고 나는 내 앞에 놓인 음식에 전혀 욕심 내지 말라고 교육을 받으며 자랐다. 이것은 여행할 때 편리하다는 것이 판명되었다. 왜냐하면, 내 친구들이 별 것 아닌 음식을 먹고 싶어 안달일 때 나는 아주 편안했기 때문이었다.

129

When we spotted the three-resort tour to Nova Scotia being advertised for less money, our travel agent rebooked us at the lower rate. But when we arrived at the first hotel, we found two rooms in our name and so we canceled one. The same thing occurred at the other resorts. In the gift shop at the last hotel, my wife was telling the proprietor about the wonderful places we had visited. Another tourist, overhearing the conversation, asked if our name was Pelletier. "Why, yes, it is," I replied. "I thought so," said the man. "My name is Pelletier as well, and everywhere I've been on this tour, my room has been canceled."

어구풀이

• spot : (口語) 많은 속에서 찾아내다
• proprietor : 소유자, 주인
• travel agent : 여행 안내업자, 여행사 직원
• overhear : 우연히 듣다, 엿듣다

모범번역

우리가 더 저렴한 비용으로 3개 휴양지 관광이 포함된 노바스코샤행 관광 광고를 발견해 내자, 우리 여행 안내업자는 저렴한 비용으로 다시 예약을 해주었다. 그러나 첫 번째 호텔에 도착해 보니 우리 이름으로 방이 두 개나 예약이 되어 있었다. 그래서 하나를 취소했다. 똑같은 일이 다른 관광지에서도 있었다. 마지막 호텔 선물 가게에서, 내 아내는 가게 주인에게 우리가 방문했던 멋진 관광지에 대해 수다를 떨고 있었다. 그 때, 그 대화를 우연히 들은 다른 관광객 하나가 혹시 우리 이름이 펠레티아가 아니냐고 물었다. 내가 "아, 네 그렇습니다."라고 대답했다. 그 사람이 "그러리라 짐작했어요. 저의 이름도 펠레티아거든요, 이번 관광에서 가는 곳마다 저의 방이 취소되어 있었어요."

130

I was too little to reach the telephone, but used to listen with fascination when my mother talked to it. Once she lifted me up to speak to my father, who was away on business. Magic! Then I discovered that somewhere inside that wonderful device lived an amazing person. Her name was "Information Please" and there was nothing that she did not know. My mother could ask her for anybody's number. When our clock ran down, Information Please immediately supplied the correct time.

어구풀이

• fascination : 매혹, 홀림
• run down : (기계 따위가) 멈추다

모범번역

나는 너무도 어려서 전화기에 키가 닿을 수 없었다. 그러나 엄마가 전화기에 대고 말씀을 할 때는 넋을 잃고 경청하곤 했다. 한번은 엄마가 출장 가신 아빠와 얘기하려며 나를 전화기에 들어 올려 주셨다. 아니 이럴 수가! (완전히 요술이었다) 그때 나는 그 놀라운 기계 안 어디엔가 요술쟁이가 살고 있다는 것을 발견했다. 그녀의 이름은 "교환입니다." 그리고(이 세상에는) 그녀가 모르는 것은 하나도 없었다. 엄마는 그녀에게 누구의 전화번호도 물어 볼 수 있었고, 우리 시계가 고장 나서 멈출 때는, 그녀는 즉시 시간을 알려 주었다.

131

Today, many people are being more careful about what they eat. They're looking for plain, honest, healthy foods. Mother's Pride can be a part of your new natural lifestyle. Mother's Pride is all-natural, containing only salt, molasses and the finest Red River whole wheat flour. Nothing has been added, nothing has been taken away. And Mother's Pride is so quick and easy. Simply pop this dough into an oiled baking dish and 55 minutes later you have warm, delicious, fresh bread, just like grandma used to make. Try Mother's Pride today and return to a simpler way of life.

어구풀이

• molasses : 당밀
• dough : 가루 반죽
• pop A into B : A를 B에 재빠르게 집어넣다
• plain, honest, healthy foods : 양념을 하지 않아 담백하고 건강에 도움이 되는 음식

모범번역

오늘날, 많은 사람들이 자기가 먹는 음식에 대해 더 많은 주의를 하고 있습니다. 그들은 담백하고, 건강에 도움이 되는 음식을 찾고 있습니다. Mother's Pride는 귀하의 새로운 자연 생활 방식의 일부가 될 수 있습니다. Mother's Pride는 소금과 당밀 그리고 최고급 순정품인 Red River표 밀가루만을 포함하고 있는 그야말로 순수 자연 식품입니다. 또 첨가하거나 제거한 성분이 전혀 없습니다. 또한 Mother's Pride는 아주 빠르고 쉽게 사용할 수 있습니다. 그저 이 가루 반죽을 기름 바른 빵 굽는 접시에 빠르게 집어넣어 주십시오. 그러면 55분 후에는 할머니가 옛날에 늘 구워주시던 것과 똑같은 따끈따끈하고 맛있고 신선한 빵이 나올 것입니다. 오늘 당장 Mother's Pride를 써 보시고 보다 간편한 생활로 되돌아가십시오.

132

While it is probably true that you could earn a living in any one of several different occupations, you will be happiest if you are working at something which interests you. In your school work, if you like science and don't like literature, you will find more fun learning your science lesson. It will be the same when you are through school. If you like machinery and the precise things which can be done with it, you will probably enjoy working in a factory. If you don't like outside work and the long, slow growing process, you undoubtedly will not like working on a farm.

어구풀이

• earn a living : 생활비를 벌다
• be through school : 학교를 졸업하다
• while it is probably true that ~ : ~는 틀림없이 사실이지만 〈it은 가주어, that 이하가 진주어〉

여러분이 여러 가지 다양한 직업 중 어느 한 직업에서 생활비를 벌 수 있으리라는 것은 사실이지만 (기왕이면) 당신이 흥미를 느끼는 직업에서 일한다면 가장 행복할 것이다. 학교 공부에서 만일 당신이 과학을 좋아하고 문학을 싫어한다면 과학을 배울 때 더 많은 재미를 발견한다. 이것은 당신이 학교를 졸업한 후에도 마찬가지일 것이다. 만일 당신이 기계와 그것으로 이룰 수 있는 정밀한 것들을 좋아한다면, 아마도 당신은 공장에서 일하는 것을 즐거워할 것이다. 만일 당신이 바깥일과 길고 느린 성장 과정을 좋아하지 않는다면 틀림없이 당신은 농장에서 일하기를 좋아하지 않을 것이다.

133

Today, when we enjoy longer lives than our ancestors, it is clearer than ever that the "game of life" is really a game of trade-offs. As we age, we trade strength for ingenuity, speed for thoroughness, passion for reason. These exchanges may not always seem fair, but at every age, there are some advantages. So it is reassuring to note that even if you've passed some of your "prime," you still have other prime years to experience in the future. Certain important primes seem to peak later in life.

어구풀이

- trade-off : 교환
- ingenuity : 영리함
- pass one's prime : 전성기가 지나다
- trade A for B : A를 B와 교환하다(= exchange A for B)
- reassuring : 자신감을 주는, 기운 나게 하는

모범번역

선조들보다 더 오랜 수명을 누리는 오늘날, '인생의 경기'는 정말 교환경기다라는 것은 전보다 더 분명하다. 나이가 들면서 우리는 힘을 지혜와, 속도를 철저함과, 정열을 이성과 교환한다. 이런 교환은 반드시 공정한 것은 아니지만 연령마다 이점이 있다. 그래서 비록 당신의 '청춘'이 지났을지라도 미래에 경험할 다른 청춘이 있다는 것에 주목하면 자신감이 생긴다. 어떤 중요한 전성기가 후년에 꽃을 피울 수도 있는 것 같다.

134

In our experience all that exists is subject to change and alteration. Nothing remains unchanged, not even the mountains or the stars. Mountains are gradually worn away. Even stars grow old and disappear. We ourselves, whom reason makes lords of the world, grow to maturity and decline due to old age. We have our beginning in birth, our end in death. All this change needs to be balanced by one who is immortal. Thou are the sole support and firm foundation of the world.

• subject to : ~하기 십상이다
• be worn away : 닳아 없어지게 되다
• thōu : 당신(you를 의미하는 옛글투)
• alteration : 변화, 변경
• need to be = must be
• not even ~ stars = even the mountains or the stars do not remain unchanged

모범번역

우리 경험에서 존재하는 모든 것은 변화되고 변경됩니다. 어떤 것도, 심지어는 산이나 별들도 변하지 않는 것은 없습니다. 산은 점차적으로 없어지게 되고, 심지어는 별들도 나이가 들어 사라집니다. 이성 때문에 만물의 영장이 된 우리 자신도 성숙하게 되고 노령으로 쇠퇴하게 됩니다. 우리는 탄생에서 시작해서 죽음으로 끝납니다. 이 모든 변화는 불사신 한 분에 의해 균형이 잡혀져야 합니다. 당신(하나님)만이 이 세상의 유일한 지주이고 튼튼한 반석입니다.

135

Chlorophyll is the green pigment of plants. This absorbs the light energy that makes possible the fixation and reduction of atmospheric carbon dioxide to sugar. The sugars and other organic material formed by green plants constitute the basic fuels for all of us, for when we walk, pound a typewriter, or sing a lullaby, we are using the energy released by the combustion of sugars in our body. Thus we are all essentially machines powered by solar energy. The green plant is the gear that makes that solar energy available to our bodies and chlorophyll is a key component of this gear.

어구풀이

• pigment : (생물) 색소
• fixation : 고착, 응고
• lullaby : 자장가(= cradle song)
• combustion : 연소
• that makes possible the fixation ~ = that makes the fixation ~ possible 〈목적 보어의 도치 : 목적어가 길 때〉

모범번역

엽록소는 식물의 푸른 색소이다. 엽록소는 태양 에너지를 흡수하고, 이 태양 에너지는 대기 속의 이산화탄소를 당분으로 고착하고 축소 변형할 수 있다. 푸른 식물에 의해 생성되는 당분과 다른 유기 물질은 우리 모두의 기본 연료를 구성하고 있다. 왜냐하면, 우리가 걸을 때나, 타이프라이터를 치거나, 자장가를 부를 때는 체내에 있는 당분을 연소시킴으로써 방출되는 에너지를 이용하고 있기 때문이다. 그래서 우리는 모두 근본적으로 태양 에너지로 가동되는 기계들이다. 푸른 식물은 체내에 태양 에너지를 이용할 수 있게 만든 도구이고, 엽록소는 그 도구의 주요 성분이다.

136

In a franchise operation, a company establishes standards and procedures for organizing and running a business. Then the company sells or rents its system to people who want to start a similar operation. Franchising is particularly common in businesses where all the units are alike, such as fast-food restaurants or motels. The parent company often operates one or more units to serve as a model. Some of them also have inspectors who see that the units operated as franchises are meeting the company's standards.

어구풀이

• franchise : 독점 판매권, 독점 판매 지역
• parent company : 모회사

• be common in : ~에서 흔하다
• meet one's standards : ~의 기준에 맞다

모범번역

프랜차이즈 운영에서는 회사가 각 업체를 조직하고 운영하는 절차와 기준을 정한다. 그리고 나서, 회사는 비슷한 운영을 해 보고자 하는 사람들에게 회사 시스템을 팔거나 전세를 놓는다. 프랜차이즈는 패스트푸드 음식점이나 모텔과 같이 모든 설비 일습이 서로 같은 사업에서 특히 흔하다. 모회사는 종종 본보기로 한두 개 모델 업체를 운영하기도 한다. 몇몇 회사들은 프랜차이즈로 운영되는 단위 업체들이 자기 회사기준에 맞는지를 돌봐 주는 감독관도 두고 있다.

137

My father must suspect that my friendship with Philippe is not platonic, and I know very well that his new friend is costing him too much money. But we are happy. Winter is drawing to an end. We shall not rent the same villa again, but another one, near Juna-les-Pins. Only when I am in bed, at dawn, listening to the cars passing below in the streets of Paris, that my memory betrays me; that summer returns to me with all its memories. Anne, Anne, I repeated over and over again softly in the darkness. Then something rises in me that I welcome by name, with closed eyes: Bonjour tristesse!

어구풀이

• draw to an end : 끝에 가까워지다
• Bonjour tristesse! : 슬픔이여 안녕!

• over and over again : 되풀이해서

모범번역

아버지는 나와 필립의 관계가 플라토닉하지 못하다고 의심하고 있음이 틀림없으며, 나는 아버지의 새 애인에게 비용이 너무 많이 들어간다는 것을 매우 잘 알고 있다. 하지만 우리는 행복하다. 겨울이 끝나 가고 있었다. 우리는 다시 예전의 별장을 빌리는 것이 아니라, 쥐앙 레페 부근의 다른 별장을 빌리게 될 것이다. 다만 새벽에 침대 속에 누워 저 아래의 파리의 거리를 지나는 자동차 소리를 듣노라면, 내 기억은 나를 배신한다. 그 해 여름이 모든 추억을 간직한 채 내게 찾아온다. '앤, 앤' 어둠 속에서 나는 나지막한 소리로 몇 번이고 거듭해서 불러 본다. 그러면 두 눈을 감은 채 이름을 불러 맞이하는 무엇인가가 마음속에서 솟아오른다. 슬픔이여 안녕!

138

The second-year girls were already pinning photos and posters on the wall by their beds. I had been very busy all day long unpacking, putting my room in good order, and so on. Later that night, I finally got to bed. Everyone seemed to go to sleep in no time. I couldn't. I just lay there with my thoughts. In the dark, and for the first time I felt really alone. I wished Mother could kiss me good night, I wished. Then tears came, and I had to bury my face in the pillow for fear somebody would hear me crying. I must have cried myself to sleep.

어구풀이

• pin photos : 사진을 핀으로 (벽에) 붙이다
• in no time : 곧, 즉시(= in less than no time)
• I wished mother could kiss me good night. : 엄마가 굿나잇 키스를 해 줄 수 있다면 하고 바랐다.
  (= I was sorry that mother couldn't kiss me ~)

모범번역

2학년 언니들은 벌써 침대 옆벽에 사진과 포스터를 핀으로 붙이고 있었다. 나는 짐을 풀고, 방을 정돈하고, 그 밖의 일을 하느라 하루 종일 바빴다. 그날 밤 늦어서야, 드디어 잠자리에 들었다. 모두 금방 잠이 든 것 같았다. 나는 잠을 이룰 수가 없었다. 나는 어둠 속에서 여러 가지 생각을 하며 그저 누워만 있었고 처음으로 진정한 외로움을 느꼈다. 이럴 때 엄마가 와서 굿나잇 키스를 해 준다면 얼마나 좋을까 하며 간절히 바랐다. 그러자 눈물이 나왔다. 그래서 누가 내 우는 소리를 들을까 봐 베개에 얼굴을 묻고 울지 않으면 안 되었다. 나는 그렇게 울다가 잠이 들었음에 틀림없다.

139

There are two answers to the question of how to enjoy reading books in a foreign language. The first is a negative one. Don't start reading a book unless you see, from the first few pages, that it's one you can read with ease and understanding. Don't try to run before you can walk. There are plenty of books that have been rewritten in simple language and shortened too, if necessary. And there are some authors whose style is fairly easy, of course.

어구풀이

• negative : 소극적인
• don't try ~ walk : 걷기도 전에 달리려 들지 마라(처음부터 어려운 책을 읽지 마라)
• if necessary : 필요하다면 = if it is necessary for them to be shortened
• fairly : 꽤, 제법

이런 문제, 즉 외국 서적을 어떻게 즐겨 읽느냐 하는 것에 대해서는 두 가지 해결책이 있다. 그 첫 번째 방법은 소극적인 방법이다. 처음 몇 페이지에서 쉽게, 이해를 하면서 읽을 수 있는 책이라는 것을 알 수 없다면 그 책을 읽지 마라. 걷기도 전에 달리려 들지 마라(처음부터 어려운 책을 읽지 마라). 쉬운 말로 다시 써 놓은 책도 많고 필요할 때는 그 내용을 줄여 놓은 책도 많다. 그리고 물론 문체가 아주 쉬운 작가들의 책도 있다.

140

Is there any reason why women should ever have been called the "weaker" sex? Yes and no. Naturally the woman is not as powerful as her mate, for musculature is far weaker, her bones more fragile, and her physical potential lower. But strength should not be confused with toughness: a woman's power of resistance to adversities of all kinds is actually far greater. There are scores of anecdotes on the well-known theme that men dramatize the smallest cold whereas the average woman ignores it. Possibly this much-ridiculed behavior has something to do with the greater sensitivity of the male sex.

어구풀이
- yes and no : 그렇기도 하고 그렇지 않기도 하다, 찬성이기도 하고 반대이기도 하다
- musculature : 근육 조직
- anecdote : 일화
- have something(much, nothing) to do with : 관계가 있다(관계가 많다, 관계가 없다)
- the other way (a)round about : 거꾸로, 반대로

모범번역
여자들이 '더 약한' 성(性)이라고 일찍이 불려진 어떤 이유가 있는가? 그렇기도 하고 그렇지 않기도 하다. 선천적으로 여성은 그들의 짝인 남성만큼 힘이 세지 못하다. 왜냐하면, 그녀의 근육조직은 훨씬 더 약하고, 뼈는 부러지기 쉬우며, 그녀의 육체적 잠재력은 더 낮기 때문이다. 그러나 힘을 강인함과 혼동해서는 안 된다. 모든 역경에 대한 여성의 저항력은 남성보다 훨씬 더 크다. 남자들이 아주 경미한 감기를 과장하는 데 반해 여자들은 그 정도는 무시하고 만다는 널리 알려진 주제에 관한 일화는 수십 개도 넘는다. 아마 이러한 많은 웃음거리가 될 행동은 남성의 보다 큰 민감성과 관계가 있는 것 같다.

141

Among those who listened for that sweet and welcome sound, was one little boy named Millet. He was the son of a peasant farmer from Greville, who tilled his land, and sowed and reaped his crops, with the help of his wife and older children. At dawn, at noon, and in the evening, young Millet heard the Angelus ring; and he learned to stop working, and to fold his hands reverently at the sound. To him it was part of the beautiful life of home; and he loved it as he loved all country things, with a deep and ever-growing passion. But no one guessed then that someday he was to paint a picture called "The Angelus," which should win for him undying fame.

어구풀이

- Millet : Jean Francis Millet(프랑스의 농민 화가, 1814~75)
- a peasant farmer : 소작농, 농부
- till : (땅을) 갈다, 경작하다
- reverently : 경건하게
- ever-growing : 끊임없이 성장하는
- which should win for him undying fame : 그에게 불후의 명성을 얻게 해 줄

모범번역

그 감미롭고 반가운 소리에 귀를 기울인 사람들 가운데 밀레라는 소년이 있었다. 밀레는 그레빌에 사는 한 농부의 아들이었으며, 밀레의 아버지는 아내와 나이 든 아이들의 도움을 받아 땅을 갈고 씨를 뿌리며 수확을 하는 농부였다. 새벽과 정오와 저녁에 어린 밀레는 만종이 울리는 소리를 들었다. 그 소리를 듣고 그는 일을 끝냈으며 두 손을 경건히 모으게 되었다. 그에게는 그 종소리가 아름다운 가정생활의 일부였다. 그리고 모든 시골 생활을 사랑하듯 그 종소리를 깊이 열정적으로 사랑했다. 그러나 누구도 그가 언젠가는 그에게 불멸의 명성을 얻게 한 「만종」이라는 그림을 그릴 줄은 몰랐다.

142

Hamlet expressed the miracle of man's creation thus: What a piece of work is a man! How noble in reason! How infinite in faculty! In form and moving, how express and admirable! In action how like an angel! In apprehension how like a god! The beauty of the world! The paragon of animals!

Macbeth recreated the despair of the disillusioned in the following famous passage:

Life's but a walking shadow, a poor player
That struts and frets his hour upon the stage,
And then is heard no more; it is a tale
Told by an idiot, full of sound and fury,
Signifying nothing.

어구풀이

- express : 명백한(= clear), 명확한(= definite)
- infinite : 무한한, 끝없는
- apprehension : 이해
- paragon : 모범, 전형
- the paragon of animals : 만물의 영장
- disillusioned : 환멸을 느낀
- strut : 뽐내며 걷다
- fret : 초조해하다, 안달하다
- Signifying nothing = Which signifies nothing 〈tale 수식〉

모범번역

햄릿은 인간 창조의 기적을 다음과 같이 표현했다. 인간은 얼마나 훌륭한 걸작품인가! 이성은 얼마나 고상한가! 능력은 얼마나 무한한가! 모습과 동작이 얼마나 분명하고 칭송할 만한가! 행동은 얼마나 천사 같은가! 이해는 얼마나 신과 같은가! 세상의 아름다움이여! 만물의 영장이여!

맥베스는 다음의 유명한 문구로 인생의 환멸을 느낀 사람들의 절망을 재현했다.

인생은 걸어 다니는 그림자에 불과하며,

무대 위에서 뽐내며 걸으면서 자기 시간을 안달하며 보내다가

그리고 죽어 가는 불쌍한 배우에 지나지 않는다.

인생은 소음과 분노로 가득 차 있으나

아무런 의미도 없는 바보들의 얘기이다.

143

Perhaps some element of boredom is a necessary ingredient in life. A wish to escape from boredom is natural; indeed all races of mankind have displayed it as chance occurred. Wars, pogroms and persecutions have all been part of the flight from boredom; even quarrels with neighbors have been found to be better than nothing.

Boredom is therefore a vital problem for the moralist, since at least half the sins of mankind are caused by the fear of it.

어구풀이

- boredom : 권태
- pogrom : (조직적 · 계획적인) 학살
- flight : 도주, 비행
- ingredient : 성분, 요소
- persecution : 학대

모범번역

아마 어느 만큼의 권태는 인생의 필수적인 요소일 것이다. 권태를 벗어나려는 소망은 당연한 것이다. 사실 모든 인류는 기회가 있을 때마다 이 욕구를 표현하였다. 전쟁, 학살, 박해 등은 모두 권태로부터 도망치기 위한 방편이었다. 심지어 이웃과 말다툼하는 것도 아무것도 안 하느니보다는 나은 것 같았다.

따라서 권태는 도덕론자들에게는 큰 문제이다. 왜냐하면, 최소한 인류가 저지른 죄의 절반은 권태를 두려워하는 데서 야기된 것이기 때문이다.

144

I had promised to take my two kids and my wife, Besty, to the Saturday matinee of a new horror movie, but at the last minute Besty decided to stay home. I was relieved because she has never been able to sit through a scary movie without letting out at least one good scream. After the kids and I had taken our seats in the dimly lit theater, I found myself sitting next to a woman with two children. As she glanced over to see who had taken the seat next to her, I jokingly remarked, "I hope you're not going to scream." With a horrified expression, she pulled away and gasped, "What are you going to do?"

어구풀이

• matinee : (연극·음악회 등의) 주간 흥행, 마티네
• she has never been ~ one good scream : 공포영화를 볼 때면 언제나 적어도 한 번은 큰 비명을 지른다(never ~ without ~)

모범번역

나는 토요일 오후에 상연하는 새 공포 영화에 두 아이와 아내 베스티를 데려가기로 약속했었다. 그러나 마지막 순간에 아내가 가지 않기로 결심했다. 나는 아내가 적어도 한 차례 크게 비명을 지르지 않고는 공포 영화를 끝까지 볼 수 없다는 것을 나는 알고 있었기 때문에, (안 가겠다는 말을 듣고) 안심이 되었다. 두 아이들과 나는 희미한 불빛의 영화관에서 자리를 잡은 후 옆 좌석에 두 아이들을 데리고 온 한 부인이 앉아 있다는 것을 알았다. 그 부인이 누가 옆 좌석에 앉았는가 보기 위해 눈길을 돌렸을 때, 나는 장난으로 "비명은 안 지르셨으면 좋겠네요."라고 말했다. 그녀는 공포에 질린 표정을 지으며 몸을 움츠리며 겁에 질려 말했다. "무슨 행동을 하려는 거죠?"('꼼짝 마. 소리치면 죽일 거야.' 라는 뜻으로 받아들였음)

145

If you enjoy writing, the reader will probably enjoy reading your words. If you are bored when you write, the reader will probably be bored too. If you approach your tasks with a lively energy, looking for ways to learn and grow, then English will soon become a useful tool for thinking and communicating. This will help you attain your personal goals while making you valuable to your family, your company, and your nation. In this way, you can go into the future with an independent mind with the ability to think deeply, analyze, innovate, plan, and create.

어구풀이

• analyze : 분석하다, 검토하다   • innovate : 혁신하다, 쇄신하다

모범번역

당신이 즐겁게 글을 쓴다면, 당신의 독자도 아마 그 글을 즐겁게 읽을 것이다. 당신이 글쓰기를 지겹게 여긴다면, 그것을 읽는 독자 또한 지겨울 것이다. 당신이 과제물을 수행함에 있어, 배우고 발전시키고자 하는 정열을 가지고 접근한다면, 영어는 생각과 의사소통을 위한 유용한 도구가 될 것이다. 그것이 개인적인 목표달성은 물론, 가족과 회사, 그리고 국가에서 당신의 가치를 높이는 데 도움이 될 것이다. 이러한 방법으로, 당신은 독립적으로 생각하는 능력과 깊이 생각하고, 분석, 개발, 계획, 창조하는 능력을 가지고 미래로 나아갈 수 있을 것이다.

146

One day Sally, an American student, went to a party in England. Her English friends, Betty and Joan, were engaged in a serious conversation. She was curious and walked over to them. Approaching them, she overheard Betty say, "I lost quite a bit." As Betty was quite overweight and had been trying to lose weight for some time, Sally wanted to know how much Betty had lost. Breaking into the conversation, she asked, "May I ask how much you lost?" Betty replied rather abruptly, "Fifty pounds or so. I'm not sure exactly how much." Sally was surprised. Later, however, she learned that Betty had lost a lot of money at a fancy department store.

어구풀이

- engage in conversation with : ~와 대화를 하다
- conversation : 대화, 담화(= familiar talk)
- overweight : 과체중의(= stout, bulky)
- abruptly : 갑자기, 퉁명스럽게
- serious : 진지한, 중대한, 심각한(= grave)
- overhear : 우연히 듣다, 엿듣다
- break into : (이야기 따위) 가로막다, 방해하다, 끼어들다
- fancy department store : 장신구 백화점, 장신구 가게, 잡화점

모범번역

어느 날 미국 학생인 샐리는 영국에서 파티에 참석했다. 그녀의 영국인 친구인 베티와 조안은 심각한 대화를 나누고 있었다. 그녀는 호기심에서 그들에게 걸어갔다. 그들에게 다가갔을 때 베티가 "꽤 많이 잃었어"라고 하는 말을 들었다. 베티는 체중이 지나치게 많이 나갔고 한동안 체중을 줄이려고 애를 쓰고 있었기 때문에 샐리는 베티가 체중을 얼마나 줄었는지를 알고 싶었다. 그래서 그들의 대화에 끼어들어 "그래 얼마나 줄었니?"라고 물었다. 베티가 좀 퉁명스럽게 "50파운드쯤 될 거야. 정확히는 나도 모르겠어."라고 대답했다. 샐리는 깜짝 놀랐다.(아니 체중을 50파운드나 빼다니) 그러나 나중에 베티가 장신구 백화점에서 많은 돈을 분실했다는 것을 알았다.

147

It was 6 p.m., and I was about to leave the laundry where I was employed. My boss called me over and asked if I would mind dropping off someone's laundry on my way home. "It is my cousin," she apologized, "who's eight months pregnant and can't get out much anymore." I cheerfully agreed and, driving to the address, knocked at the door. A little girl, the sister-to-be, answered. "Hi, there," I said with a big smile. "Is your mommy home?" Holding up the white bundle of clothes, I explained, "I have a delivery for her." The child's mouth dropped, and her eyes went wide, "Mom!" she shrieked. "Come quick! It's the stork!"

어구풀이

• stork : 황새
• a visit from the stork : 아기의 출생(아기는 황새가 데려온다고 아이들에게 얘기해주는 데서)
• delivery : 배달, 교부, 분만, 출산, 구조

모범번역

시간은 오후 6시였다. 그때 나는 막 내가 고용되어 있는 세탁소에서 퇴근하려는 참이었다. 사장이 나를 부르더니, 집으로 가는 도중에 어떤 사람의 세탁물 좀 갖다 줄 수 있는지를 물었다. 그녀가 "내 사촌이야, 임신 8개월이라 밖으로 더 이상 나돌아 다닐 수가 없거든."하며 미안해했다. 나는 기꺼이 동의를 하고, 그 주소로 차를 몰고 가서 문에 노크를 했다. 앞으로 언니가 될 어린 소녀가 문을 열어 주었다. 내가 크게 미소를 띠며 "안녕, 엄마 계시니?"라고 말했다. 흰 옷 보따리를 들어 보이며, "엄마에게 배달 왔어."라고 설명해 주었다. 그 아이의 입은 벌어지고 두 눈이 휘둥그레졌다. "엄마, 빨리 나와 봐요. 황새가 아기를 데리고 왔어요."(세탁물을 황새가 데리고 온 아기로 보다니)

148

Many students study English as if they are jumping through hoops. They practice grammar exercises and memorize rules. They believe that when they learn all the rules, they have learned English. But English is more than a list of rules. English is a tool for thinking and communicating. In English speaking countries, English classes do not emphasize grammar and language rules. These things are helpful, but they are secondary. The emphasis is on thinking and communicating. Students learn to organize ideas and information; build cogent arguments; tell the narratives of life and work; distill and interpret written materials; and communicate ideas so that their readers can share their thoughts, insights, and feelings.

어구풀이

• secondary : 부차적인, 제2위의
• narrative : 이야기, 설화, 화술
• cogent : 사람을 납득시키는, 적절한
• distill : 증류하다

모범번역

상당수의 학생들이 영어를 공부하면서 서커스 공연에서 동물들이 큰 링을 뛰어 넘는 것처럼 한다. 그들은 문법을 공부하고 규칙을 암기한다. 그런 모든 규칙을 익히면 영어를 공부한 것으로 믿는다. 그러나 영어는 규정 목록 그 이상이다. 영어는 생각하고 의사소통하기 위한 하나의 방법이다. 영어를 사용하는 나라들은 영어수업시간에 문법이나 언어의 규칙을 강요하지 않는다. 그런 것들이 도움이 되긴 하지만 부차적인 문제에 해당한다. 그들은 생각하는 것과 의사소통하는 것을 강조한다. 따라서 학생들은 생각하고 정보를 정리하는 법을 배우고 설득력이 있는 논쟁을 형성하는 것, 인생과 일에 대해 묘사해서 말하는 것, 읽을거리들의 의미를 순화하고 뜻을 헤아리는 것, 그들의 글을 읽는 사람에게 생각과 마음 그리고 느낌을 전달할 수 있는 의사소통법을 배운다.

149

You cannot imagine how exquisite she was. She had the passionate grace of the hibiscus and the rich color. She was rather tall, slim, with the delicate features of her race, and large eyes like pools of still water under the palm trees; her hair, black and curling, fell down her back, and she wore a wreath of scented flowers. Her hands were lovely. They were so small, so exquisitely formed, they gave your heartstrings a wrench. And in those days, she laughed easily. Her skin was like a field of ripe corn on a summer day. Good heavens, how can I describe her? She was too beautiful to be real.

어구풀이

- exquisite : 매우 아름다운, 절묘한
- hibiscus : 히비스커스(열대 · 온대산 아욱과의 무궁화)
- wreath : 화환, 화관(= garland)
- features : 용모, 이목구비(= countenance)
- palm : 야자수, 종려나무
- heart-string : 심금

모범번역

당신은 그녀가 얼마나 아름다운지 상상할 수 없을 것이다. 그녀는 히비스커스의 우아한 정열과 그 풍요한 색채를 가지고 있었다. 그녀는 그녀 종족의 섬세한 이목구비를 갖춘 좀 키가 크고 날씬한 아가씨였다. 그녀의 두 눈은 야자나무 밑의 고요한 물웅덩이와 같았고 검고 곱슬곱슬한 그녀의 머리는 등 뒤로 늘어져 있었다. 그리고 향기로운 화관을 머리에 두르고 있었다. 그녀의 손은 사랑스러웠다. 그것은 너무도 작고 예뻐서, 또 너무도 절묘하게 생겨서 당신의 심금을 울릴 정도였다. 그리고 그 당시 그녀는 걸핏하면 웃었는데, 그녀의 미소는 너무도 유래해서 당신의 무릎을 흔들리게 할 정도였다. 그녀의 피부는 여름날 다 익은 옥수수밭 같았다. 아니 나 좀 봐, 내가 그녀를 묘사하려 들다니! 그녀는 매우 아름다워 이 세상 사람 같지가 않았다.

150

Jane was at a good school in Bristol for three terms and was then expelled, for inattention, disobedience and exercising a bad influence (as a strike leader) on the younger girls. Her father made this the excuse for forbidding her to go on with her idea of studying acting, and found her a job as secretary to an old friend of his, a professor of economics at London University. She pretended to be quite willing to do what was expected of her, because it gave her a ticket to London and some new clothes. But she resigned a fortnight later and disappeared. She found a job in the ticket office of a theater.

어구풀이

- exercise(have) influence on : ~에 영향을 끼치다
- go on with 명사 : ~를 계속하다(go on ~ing)
- excuse : 변명, 구실
- a fortnight : (주로 英) 2주간(14일간) (美 보통 two weeks)

제인은 3학기 동안 브리스틀에 있는 명문 학교에 다니고 있었다. 그리고 나서, 공부에 전념하지 않고, 선생님 말씀에 순종하지 않으며 동맹 휴학의 주동자로서 어린 여학생들에게 나쁜 영향을 끼친다고 해서 퇴학당했다. 그녀의 아버지는 이것을 연기 공부를 계속하겠다는 그녀의 생각을 포기하게 하는 좋은 구실로 삼아서, 그녀에게 런던 대학의 경제학 교수인 그의 옛 친구의 비서로 직장을 구해 주었다. 그녀는 부모가 그녀에게 기대하고 있는 것을 아주 기꺼이 하는 척했다. 왜냐하면, 그렇게 함으로써, 런던행 차표와 새 옷을 살 수 있기 때문이었다. 그러나 그녀는 2주일 후에 사표를 내고 잠적해 버렸다. 그녀는 극장 매표소에 일자리를 구했다.

151

For centuries we have enjoyed certain blessings: a stable law, before which the poor man and the rich man were equal; freedom within that law to believe what we pleased; a system of government which gave the ultimate power to the ordinary man. We have lived by toleration, rational compromise and freely expressed opinion, and we have lived very well. But we have come to take these blessings for granted, like the air we breathe. They have lost all glamour for us since they have become too familiar. Indeed, it is a mark of the intellectual to be rather critical and contemptuous of them. Young men have acquired a cheap reputation by sneering at the liberal spirit in politics, and questioning the value of free discussion, toleration, and compromise.

어구풀이

• stable : 안정된
• toleration : 관용
• rational compromise : 합리적인 타협
• take ~ for granted : ~을 당연하게 받아들이다
• glamour : 마력, 매력적인 이점들
• contemptuous : 경멸적인, 오만한
• reputation : 값싼 명성을 얻다
• sneer at : ~을 비웃다

모범번역

수 세기 동안, 우리는 축복을 누려왔다. 이를테면 안정된 법 앞에서 가난한 사람과 부유한 사람 모두 평등한 권리를 누려왔고, 그 법 안에서 우리가 좋아하는 것을 믿는 자유라든가, 보통사람에게 궁극적인 권력을 주는 정치제도가 있었다. 우리는 관용과 합리적인 타협, 자유로운 의사표현을 하며 매우 잘 살아왔다. 그러나 우리는 우리가 호흡하는 공기와 같이, 이런 축복들을 당연하게 여기게 되었다. 이들 축복은 너무나 익숙해져있기 때문에 우리에게 모든 매력을 잃고 말았다. 게다가 이들 축복을 비판하고 경멸하는 것이 지식인들의 특징이 되어버렸다. 젊은이들은 정치에서의 자유분방한 정신을 비웃고, 자유토론과 관용과 타협의 가치를 의문시함으로써 값싼 명성을 획득해 왔다.

152

No other material in the history of the world has been used for so many different purposes. It is quite extraordinary how many different kinds and qualities of plastic there are. Plastic can be harder than wood or softer than rubber. Plastic can be made so strong that it will last almost forever, or so thin and cheap that it can be thrown away after only being used once. Plastic can be made as clear as glass or completely black. Plastic can be made any color you like to choose. Plastic can even be made to look like wood or leather or rubber or stone.

어구풀이

• for ever = for good, permanently
• rubber : (천연) 고무
• No other material ~ purposes (as plastic) : 플라스틱만큼 그렇게 다양한 목적으로 사용된 물질은 없다
• leather : (무두질한) 가죽

모범번역

세계 역사상 어떤 물질도(이것처럼) 그렇게 많은 다른 목적으로 사용된 적이 없다. 플라스틱의 품질과 종류가 그렇게 많고 다양한 것은 정말로 특별한 것이다. 플라스틱은 나무보다 더 단단하고, 고무보다 더 연할 수 있다. 플라스틱은 너무도 강해서 거의 영구히 사용할 수 있다. 혹은 너무 얇고 싸서 한 번만 사용하고 버릴 수도 있다. 플라스틱은 유리처럼 맑게 만들 수도 있고 완전히 검게 만들 수도 있다. 플라스틱은 좋아하는 어떤 색깔로도 만들 수 있다. 플라스틱은 나무나 가죽이나 고무나 돌처럼 보이게 만들 수도 있다.

153

Water skiers know how annoying and potentially dangerous a tangled towline can be. When lines are tossed out and pulled in by hand, they frequently become twisted and snarled. Now a company called Lyon Manufacturing Incorporated of Tampa, Florida, has invented an automatic towrope retractor called Ski-Ease that, it says, enables the user to pull in rope quickly and without fuss. Ski-Ease is available in an electric model. The electric model, which hooks up to the boat's battery, comes with a remote control that activates the towrope retractor from anywhere in the boat. The electric model costs $200.

어구풀이

• water skier : 수상 스키를 타는 사람
• snarl : 얽히다, 엉키다
• retractor : 견인기
• hook up : 접속(연결)하다
• that enables the user to pull in ~ = that the user can pull in ~ by
• tangled towline : 엉킨 밧줄
• towrope : 견인용 밧줄
• fuss : 소동, 법석

수상 스키어들은 엉킨 밧줄이 얼마나 성가시고 위험의 가능성을 내포하고 있는지를 잘 안다. 밧줄을 수동으로 풀어 주고 당기면 자주 꼬이고 엉키게 된다. 그래서 플로리다 주 탬파에 소재하고 있는 Lyon Manufacturing Incorporated사(社)는 Ski-Ease라는 자동 밧줄 견인기를 발명했다. 이 제품을 사용하면 밧줄을 신속하게 소동 없이 끌어당길 수 있다. Ski-Ease는 전기 모델로 사용할 수 있다. 보트의 배터리에 연결해 사용하는 전기 모델은 보트 안 어느 곳에서나 밧줄 견인기를 작동할 수 있는 리모콘이 부수되어 생산된다. 전기 모델의 가격은 200달러이다.

154

With America Today, you can stay up-to-date on what's happening in the U.S. on a daily basis. Find out what's happening in Washington. Get the inside scoop on Wall Street. Read the latest sports news. And on top of all this, enjoy our many other features, which will keep you clued in on the American life style. Subscribe to America Today.
$15.00 per month. Prepaid. Distribution by mail applies in some areas with additional mailing charges. Allow 2 to 3 weeks for deliveries to begin. Fill out the attached subscription form and drop it in any mail box. Postage paid by America Today.

- up-to-date : 최근의, 최신의
- on top of : 이외에
- subscribe to ~ : ~을 구독하다
- attached subscription form : 첨부된 구독 신청서
- postage : 우편 요금
- scoop : (신문의) 특종
- clue in : (남에게) 사실을 알려주다

아메리카 투데이(America Today)와 함께, 당신은 1일 단위로 미국에서 일어나고 있는 것에 관해 최신의 소식을 알 수 있습니다. 워싱턴에서 일어나는 것을 알아내고, 월가의 내부 특종을 얻어내십시오. 최근의 스포츠 뉴스도 읽으십시오. 이 모든 것 외에도 미국 생활 방식에 관한 사실을 알려 주는 다른 많은 특집 기사를 즐기십시오. 아메리카 투데이(America Today)를 구독하십시오.
매월 15달러이고 선불입니다. 특정 지역에서도 추가 우편 요금만 부담하시면 우편으로 보내 드립니다. 처음 배달에는 2~3주 걸립니다. 첨부된 구독 신청서에 기입하셔서 어느 우체통에라도 넣어 주십시오. 우편 요금은 저희 아메리카 투데이(America Today)가 지불했습니다.

155

Is noise pollution interfering with your ability to get a good night's sleep? If so, then the Sound Sleeper by Audiologic is the clock radio of your dreams. Sound Sleeper combines a state-of-the-art AM/FM MP3 clock radio with the benefits of natural sound conditioning. Sound Sleeper lets you fall asleep to the sounds of ocean surf, rushing waterfalls and/or rainfall with the flip of a switch. After a relaxing night's sleep, wake up with a buzz of music from the radio or MP3. So why have an ordinary clock radio when you can have the MP3 clock radio that not only wakes you up but also lulls you to sleep?

어구풀이

- noise pollution : 소음공해
- interfere : 방해하다 cf. interfere in : 간섭하다
- state-of-the-art : 최신의, 이미 개발된
- to the sounds of ocean surf : 파도소리에 맞추어 〈조화를 나타내는 to〉
- lull : 재우다

모범번역

소음이 당신의 숙면 능력을 방해하고 있습니까? 그렇다면, Audiologic사(社)의 Sound Sleeper야 말로 당신이 꿈에 그리던 이상적인 라디오 시계입니다. Sound Sleeper는 최신의 AM, FM MP3 라디오 시계와 자연 음향 조정의 이점을 결합한 것입니다. Sound Sleeper는 스위치를 (톡) 켜면, 바다의 파도 소리와 쏟아져 내리는 폭포 소리와 비 소리(혹은 폭포 소리나 비 소리)에 맞추어 당신을 깊은 잠에 빠지게 만들어 줍니다. 충분한 밤잠을 자고 난 후에 라디오나 MP3에서 나오는 버저나 음악소리에 잠이 깰 것입니다. 당신을 깨워줄 뿐만 아니라 당신을 잠재워 주는 MP3, 라디오형 시계가 있는데 왜 종래의 평범한 라디오 시계를 아직도 쓰고 있습니까?

156

I have two suggestions for the beginner.

First, listen to the same composition often, until you can respond to it emotionally. Do not expect to encompass a symphony at first hearing. And do not be discouraged or feel guilty if, while listening to an unfamiliar symphony, your attention wanders. Initially, absorb from it as much as you can — and coast through the rest. There will come a time when the clouds roll away and the landscape lies clearly before you. In music, the familiar is the enjoyable. Don't dart from one composition to the next. Stay with it!

어구풀이

- encompass : 포위하다, 둘러싸다 → 이해하다
- coast : (美) (눈ㆍ얼음 위를) 썰매로 미끄러져 내리다
- roll away : 움직여서 사라지다
- dart : 재빠르게 움직이다, (화살처럼) 날아가다

모범번역

나는 초보자에게 두 가지 할 말이 있다.

첫째, 여러분은 그것에 공감할 수 있을 때까지 같은 작품을 자주 들어라. 처음 한 번 듣고 교향곡을 이해하려고 기대하지 마라. 그리고 생소한 교향곡을 듣는 동안 주위가 산만해지더라도 낙심하거나 죄책감을 느끼지 마라. 우선, 그것으로부터 될 수 있는 한 많이 흡수하도록 하라. 그리고 나머지는 그냥 들어 나가기만 하라. 그러면 구름이 걷혀서 풍경들이 여러분 앞에 선명하게 펼쳐질 때가 올 것이다. 음악에서는 잘 아는 음악이 즐거운 것이다. 한 작품에서 다음 작품으로 잇따라 옮겨가지 마라. 그 작품만 듣도록 하여라!

157

When we go down with a runny nose, slight fever and other symptoms associated with a cold, we've fallen prey to a virus. The body reacts to this by producing antibodies to fight the infection. This is the only way the virus can be beaten. But it takes 10 days from the virus entering our system for the antibodies to build up enough power to zap it. Then we feel fine again. Meanwhile, some cold medicines do a great job in controlling the symptoms. Most of these cold medicines are based on aspirin or paracetamol which bring down your temperature and ease the pain.

어구풀이

- runny nose : 콧물이 나는 코
- antibody : 항체
- fall prey to : ~의 제물이 되다
- zap : 죽이다

모범번역

우리가 콧물이 흐르고, 미열이 나거나 감기와 관련된 다른 증상으로 앓게 되면, 우리는 바이러스의 제물이 되고 만 것이다. 인체는 이 감염과 싸우기 위해 항체를 만듦으로써 이것에 대응한다. 이것은 바이러스를 퇴치할 수 있는 유일한 방법이다. 그러나 항체가 바이러스를 죽일 충분한 힘을 기르는 데는 바이러스가 침입한 날로부터 10일이 걸린다. 그러면 우리는 다시 기분이 좋아질 것이다. 한편, 몇몇 감기약들이 그러한 감기 증상을 치료하는 데 큰 역할을 한다. 이런 감기약의 대부분은 체온을 내려 주고, 통증을 덜어 주는 아스피린이나 파라세타몰에 기초를 두고 있다.

158

We are inclined to think that books can enable us to know everything that is to be known, or feel everything that is to be felt and that the only true approach to understanding is through books. Many of the answers we need today are not necessarily to be found between covers. There are elements of newness in the present dilemma of man that will not readily be disposed of by required reading or ready reference. Books are not slide rules or blueprints for furnishing automatic answers.

어구풀이

• be inclined to : ~하는 경향이 있다, ~하고 싶다
• newness : 새로움
• dispose of : 처리하다, 제거하다
• between covers : 책 속에
• dilemma : 진퇴양난, 궁지
• slide rules : 계산척(자)

모범번역

우리는 책에 의해서 우리가 알아야 할 모든 것을 알 수 있고, 느껴야 할 모든 것을 느낄 수 있으며, 책을 통해서만 이해에 진정으로 접근할 수 있다고 생각하는 경향이 있다. 오늘날 우리가 필요로 하는 해답들 중 많은 것들을 반드시 책 속에서 발견할 수 있는 것만은 아니다. 현재 인간이 겪고 있는 딜레마에는, 필요한 책을 읽는다거나, 기존의 참고 문헌으로는 제거할 수 없는 새로운 요소들이 많다. 책은 자동적으로 해답을 제공해주는 척도나 청사진이 아니다.

159

Surveys completed in 2010 show that children in this country between the ages of 12 and 17 are already manifesting severe alcohol abuse; in fact, five percent of these "kids" get drunk at least once a week. What can parents do? For one thing, they can alter the use of alcohol in the home. I contend that we teach our children about alcohol very early. I see no harm in becoming more relaxed about alcohol in the home, even giving your child a taste if you're drinking and he wants it.

어구풀이

• survey : 조사, 검사(= examination)
• manifest = show signs of
• for one thing : 우선 cf. for one thing ~ for another
• Surveys show that ~ = According to surveys ~

모범번역

2010년에 끝난 여러 가지 조사에 의하면, 12세에서 17세 사이의 이 나라 어린이들은 이미 심각한 알코올 중독 증세를 보이고 있다. 사실, 이 중독된 아이들 중의 5%가 적어도 일주일에 한 번씩 술에 취한다. 부모는 무슨 일을 할 수 있을까? 우선, 가정에서 술의 용도를 바꾸어 볼 수 있다. 우리는 아주 어린 나이에 자녀들에게 술에 관한 교육을 해야 한다고 나는 주장한다. 가정에서 술에 대해 좀 더 너그러워져야 되고, 심지어는 당신이 술을 마시고 아이도 원한다면 아이에게 술을 시음하게 하는 데는 아무런 해도 없다고 본다.

160

Researchers said that playing with a computer will not increase a preschooler's reading scores or train him or her in computer science. But computers have two special qualities that very young kids find irresistible: infinite patience and obedience. Computers are willing to do the same thing over and over. This allows kids to build up self-confidence. Every time they use computers, kids can get a wonderful sense of being good at something. The benefit of computer use to preschoolers is chiefly psychological.

어구풀이

• preschooler : 취학 전 아동
• irresistible : 저항할 수 없는, 수긍하지 않을 수 없는
• over and over : 되풀이하여, 재삼재사, 몇 번이고(= repeatedly, many times over, again and again, over and again, time and again)

모범번역

연구가들은 컴퓨터를 가지고 노는 것은 취학 전 아동의 읽기 점수를 높여 준다거나, 컴퓨터 과학에 대한 훈련을 하게 할 수는 없을 것이라고 말했다. 그러나 아주 어린아이들도 알게 되는 두 가지 특별한 자질을 컴퓨터는 가지고 있다. 즉, 무한한 인내와 복종이 그것이다. 컴퓨터는 기꺼이 같은 일을 몇 번이고 되풀이한다. 이것은 아이들에게 자신감을 갖게 해준다. 컴퓨터를 사용할 때마다 어린아이들은 무언가를 능숙하게 할 수 있다는 놀라운 감정을 얻을 수 있다. 컴퓨터 사용이 아이들에게 주는 이점은 주로 심리적인 것이다.

161

When I was seven years old, my father died and my mother sent us children to stay with my grandmother in Scotland. Her house was an old converted farm, one storied, with a thatched roof and fairy tale windows like a Hans Andersen house. I still have many photographs that bring back vivid memories of that day in Scotland. On all of them, the figure of my grandmother stands out in sharp contrast to the surrounding relatives and children. She was a tall and stern looking Scotswoman.

어구풀이

• stay with : ~와 함께 지내다
• thatched roof : 초가지붕
• bring back : 다시 가져오다, 기억나게 하다
• in contrast to : ~와 대조를 이루다
• convert : 개조시키다
• fairy tale : 동화
• stand out : 눈에 띄다
• stern : 엄격한

모범번역

내가 일곱 살이었을 때, 아버지가 돌아가셨으므로, 어머니는 우리들을 스코틀랜드에 있는 할머니와 함께 지내도록 하셨다. 할머니 댁은 한스 안데르센의 집과 같은 초가지붕과 동화책 속의 창문이 있는 단층으로, 옛집을 개조한 농가였다. 나는 아직도 스코틀랜드에서의 그 당시 생생한 추억들을 기억할 수 있는 많은 사진을 가지고 있다. 모든 사진에서 나의 할머니의 모습은 주위의 친척들과 자식들에 비해 현저하게 눈에 잘 띈다. 할머니는 키가 크고 엄격해 보이는 스코틀랜드 여성이었다.

162

Kinesics is a young science — developed in 1950 — and very much the brainchild of one man, anthropologist Dr. Ray L. Birdwhistell. But it already offers a wide variety of small observations. For example, eyebrows have a repertoire of about 23 possible positions; men use their eyebrows more than women do. Most people find they can shut out conversation and concentrate on watching body language for only about 30 seconds at a time. Anyone can experiment with it, however, simply by turning on the television without the sound. One of the most potent elements in body language is eye behavior.

어구풀이

• kinesics : (단수취급) 동작학(전달 수단으로서의 몸짓이나 표정 따위를 연구하는 학문)
• anthropologist : 인류학자

모범번역

동작학은 1950년에 발달된 신생 학문이며, 인류학자인 레이 L. 버드위스텔 박사 혼자서 만들어낸 거의 단독 작품이다. 그러나 그것은 이미 폭넓고 다양한 작은 관찰 사실들을 제시하고 있다. 예를 들면, 눈썹은 약 23가지의 가능한 위치를 담고 있는 레퍼토리(연주 목록)와 마찬가지이고, 남자들이 여자들보다 눈썹을 더 많이 사용한다. 대부분의 사람은 그들의 대화를 중단하고 신체 언어에 집중할 수 있는 시간이 고작 30초 정도이다. 그러나 어느 누구나 TV를 켜 놓고 소리 없이 화면만 봄으로써 이 사실을 간단히 실험해 볼 수 있다. 신체 언어의 가장 강력한 요소 중의 하나는 눈의 움직임이다.

163

Fortune has made us fellow travellers on this summer night. I have interested you and you have entertained me. The obligation is mutual and it is founded on the fundamental fact that we are fellow mortals. The miracle of life is ours in common and its mystery too. I suppose you don't know anything about your journey. I'm not sure that I know much about mine. We are really, when you come to think of it, a good deal alike — just apparitions that are and then are not, coming out of the night into the lighted carriage, fluttering about the lamp for a while and going out into the night again. Perhaps...

어구풀이

• mortal : 언젠가는 반드시 죽는
• obligation : 은혜, 의무
• apparition : 환상, 유령(= specter, phantom)

모범번역

우리는 운명에 의해, 이 여름밤에 동행자가 되었다. 나는 너에게 흥미를 가지게 되었고 너는 나를 즐겁게 해주었다. 서로 은혜를 입었다. 그것은 우리 둘 다 같이 죽지 않을 수 없는 자들이라는 근본적인 사실에 근거를 두고 있다. 삶의 기적은 우리 공통의 것이고, 삶의 불가사의한 것도 또한 우리 공통의 것이다. 나는 네가 너의 삶의 여정에 관해 아무것도 모르고 있다고 생각한다. 나도 내 삶의 여정에 대해 아는 바가 별로 없다. 우리는 정말이지, 네가 그것에 관해 생각해 보게 된다면, 너무도 닮아 있다. 어두운 밤에 불 켜진 차 칸으로 들어와 한동안 램프 주위를 날아다니다 밤 속으로 다시 사라지는, 나타났다가는 곧 사라져 버리는 환상 같은 것. 아마도…(그렇게 사라져서는 다시는 돌아오지 못하는)

164

Baseball is the most popular sport in the United States. It is played throughout the spring and summer, and professional baseball teams play well into the fall. Every fall there is the World Series, a playoff for the professional championship between the top two teams of the nation, the winner of the National League competition and the winner of the American League. Heroes in baseball are talked about and remembered as in perhaps no other sport. Every schoolboy looks up to Babe Ruth, Joe DiMaggio, Dizzy Dean and Jackie Robinson, among others.

어구풀이

• playoff : 결승 경기

모범번역

야구는 미국의 가장 인기 있는 스포츠이다. 야구는 봄과 여름 내내 계속되고 프로 야구는 가을에 들어와서도 속행된다. 매년 가을에는 전 미국 최고 두 팀인 내셔널리그의 우승 팀과 아메리칸 리그의 우승팀 간의 프로 야구 결승 경기인 월드 시리즈(전 미국 프로야구 선수권 대회)가 있다. 다른 스포츠와는 달리 사람들은 야구 스타에 관해 얘기를 하고 오랫동안 기억한다. 모든 학생은 야구 스타들 중에서도, 특히 베이브 루스, 조 디마지오, 디지 딘, 재키 로빈스 같은 스타 플레이어들을 존경하고 있다.

165

"Islamic law is very good for the equality of women," said Dr. Badria al-Awadhi, Kuwait's first woman law professor, "but the people who interpret Islamic law are men. And they try to do it in a way that is right for them and not for us." "Us" are the women of Kuwait, many of whom are becoming educated, some of whom have professional careers, and none of whom is allowed to vote. "We are the sacrificial generation," she said, "We wanted to prove ourselves as women, that we are equal, that we could do the same job as men. But at the same time, we lost one thing — the family. Most of us in this position, I could say, are not married."

어구풀이

• interpret : 해석(통역, 번역)하다
• at the same time : 동시에(= simultaneously)
• many of whom ~, some of whom ~, none of whom ~ 〈같은 구조를 되풀이함으로써 rhythm을 살리고 의미를 강조함(점차적으로 좁혀 감)〉

모범번역

"이슬람법은 여성 평등을 위해 아주 잘 되어 있지만 그 법률을 해석하는 사람들은 남자입니다. 남자들은 자기들에게 유리하게 해석하려 들지 결코 우리들을 위해서 해석하려 들지 않습니다."라고 쿠웨이트의 최초 여성 법학 교수인 아와디 박사는 말했다. 여기서 '우리들'이란 쿠웨이트 여성을 가리키며, 그들 중 많은 여성이 교육을 받고 있고 일부는 전문 직업을 가지고 있지만 투표는 허락되지 않고 있다. "우리는 희생당한 세대입니다. 우리는 여성으로서 남성과 동등하며 남성과 같은 일을 할 수 있다는 것을 증명하고 싶었습니다. 그러나 동시에 한 가지, 즉 가정을 잃었답니다. 이런 지위에 있는 우리들의 대부분은 결혼을 못하고 있다고 말씀드릴 수 있습니다."라고 그녀는 말했다.

166

In the 1960's, scientists postulated the existence of new particles that are the building blocks of the massive particles. They called these new particles quarks. Neutrons, protons and other particles more massive, they theorized, are made up of three quarks each. Particles lighter than neutrons and protons(so-called "measons") are made up of two quarks each.

It turns out that there are 12 different quarks, just as there are 12 different leptons, and the quarks, too, seem to be fundamental particles.

어구풀이

• postulate : 가정하다(= assume)
• theorize : 이론화하다, 학설(이론)을 세우다
• be made up of : ~로 구성되어 있다(= be composed of, consist of)
• meson : 중간자
• lepton : 경입자

모범번역

1960년대에, 과학자들은 질량이 큰 입자들을 구성하는 블록이라고 할 수 있는 새로운 입자들의 존재를 가정하였다. 그들은 이 새로운 입자들을 쿼크라고 불렀다. 그들은 중성자와 양(성)자, 그리고 훨씬 더 질량이 큰 다른 입자들 각각이 세 개의 쿼크로 이루어져 있다는 이론을 제시하였다. 중성자와 양성자보다 가벼운 입자들(소위 '중간자들')은 두 개의 쿼크로 이루어져 있다.
12개의 다른 경입자가 있는 것과 똑같이 12개의 서로 다른 쿼크가 있음이 입증되었고 쿼크 역시 기본 입자로 여겨진다.

167

The world's exploding population signals even more growing pains ahead for already crowded areas. A new United Nations study forecasts that by the year 2025, two billion persons will be added to the 6 billion in the world today. What is worse, according to the study, by the year 2025, nearly 80 percent of all people will live in less developed countries, many hard pressed to support their present populations. That compares with 70 percent today.

어구풀이

• signal : 신호를 보내다, 알리다, 신호
• according to : ~에 의하면
• what is worse : 더욱 나쁜 것은 〈what is+비교급 : 더욱 ~한 것은〉

모범번역

폭발적으로 증가하고 있는 세계 인구는 이미 과밀한 지역에 불어 닥칠 훨씬 더 가중될 고통을 시사하고 있다. 유엔의 새로운 연구에 의하면, 2025년에는 20억의 인구가 현재의 60억 세계 인구에 보태질 것이라는 예측이다. 그 연구에 의하면, 더욱 심각한 것은 2025년에는 모든 인구의 80%가, 많은 국가들이 현재의 인구를 부양하기에도 큰 고통을 받고 있는 저개발 지역에 몰려 살게 될 것이라는 것이다. 그것은 현재의 70%와 좋은 비교가 된다.

168

Talking about the weather is an example of small talk. This type of short friendly conversation may not seem very significant but is actually seen as a very important part of communication, especially in the workplace.

Other suitable topics, apart from the weather, include questions about leisure, television and sometimes about family, as long as the questions do not become too personal. Family problems and personal finances should usually be avoided. Other inappropriate topics include age, weight, and salaries. People who are not adept at small talk are considered to be impolite and unfriendly.

어구풀이

• small talk : 잡담, 한담
• apart from : ~외에는
• be adept at(in) : ~에 능숙하다

날씨 얘기는 잡담의 한 예다. 이런 형태의 짧고 다정한 대화는 별로 중요치 않은 것으로 보일지 모르지만 실제는 특히 직장에서는 매우 중요한 의사소통의 일부이다.

날씨 이외에도 알맞은 다른 화제에는 여가나 TV에 관한 문제가 포함되고 때때로 너무 사적인 것이 아니면 가족에 관한 문제도 포함된다. 가족문제나 개인적 금전 문제는 일반적으로 피해야 한다. 다른 부적절한 화제에는 나이, 체중, 급여 등이 포함되어 있다. 잡담에 능숙하지 못한 사람들은 무례하고 불친절하다고 여겨진다.

169

Q : Somewhere you said that atheism was a long-term task and that you had carried it through to the end, though not without some labor. Just what did you mean by that?

A : Just that moving on from idealist atheism to materialist atheism was difficult⋯ Materialistic atheism is the world seen without God, and obviously it's a very long-term affair. It is passing from that absence of an idea to this new conception of the being — of the being that is left among things and is not set apart from them by a divine consciousness that contemplates things and causes them to exist.

어구풀이

- atheism : 무신론
- materialist : 유물론자
- idealist : 관념론자
- divine : 신의, 신성의

Q : 당신이 어디선가 말하길, 무신론은 장기적인 과업이고, 어느 정도의 노동이 들었지만 그것을 끝까지 성취했다고 말했습니다. 그게 무슨 말이었나요?

A : 관념론적 무신론에서 유물론적 무신론으로 옮기는 것이 어려웠다는 말입니다. 유물론적 무신론이란 신이 존재하지 않는 상태에서 바라본 세상입니다. 그리고 그것은 분명히 오랜 시간이 걸립니다. 관념의 부재로부터 존재의 새로운 개념으로 옮겨가는 것은, 존재가 사물 가운데 남겨져 있으면서도 사물을 생각하고 그것들을 존재하게 만드는 신성한 의식에 의해서 사물에서 분리되어 있지 않은 존재로 봅니다.

170

What I object to is the craze for machinery, and not machinery as such. The craze is for what they call labor-saving machinery. Men go on "saving labor," till thousands are without work and thrown on the open streets to die of starvation. I want to save time and labor, not for a fraction of mankind, but for all; I want the concentration of wealth, not in the hands of a few, but in the hands of all. Today machinery merely helps a few to ride on the backs of millions. The impetus behind it all is not the philanthropy to save labor, but greed. It is against this social structure that I am fighting with all my might.

어구풀이

- object to : 반대하다(= dissent)
- a fraction of : 일부분(= a part of)
- philanthropy : 인류애, 박애
- die of starvation : 아사하다
- impetus : 힘, 반동력

모범번역

내가 반대하는 것은 기계 그 자체가 아니라 기계에 대한 열광이다. 그 열광이란 소위 사람들이 노동력을 절감하는 기계라고 부르는 것들에 대한 것이다. 수많은 사람이 일자리 없이 길거리에 내던져져서 굶어 죽게 될 때까지 인류는 계속해서 "노동력 절감"을 할 것이다. 나는 시간과 노동을 절약하기를 원하지만 인류의 극히 일부분을 위해서가 아니라 전체를 위해서이다. 나는 부의 집중을 원하지만 소수의 손에 집중되는 것이 아니라 전체의 손에 집중되기를 원한다. 오늘날 기계는 단지 소수의 사람이 수백만 명의 등에 올라타고 부려 먹는 일을 도울 뿐이다. 그 모든 것 뒤에 도사리고 있는 추진력은 노동력을 절약하려는 박애정신이 아니라 탐욕이다. 나는 이러한 사회 구조에 대항해서 내 온 힘을 다해 투쟁하고 있다.

171

Automation is also increasingly making its way into medicine. Computerized screening centers, in which patients pass from station to station while sophisticated machinery analyzes blood and urine samples, performing in minutes tests that would otherwise take hours, are operating in major cities across the country. Because they do not have to rely on doctors for examination and for interpretation of test results, these centers can perform complete annual physical examinations in an hour.

어구풀이

- make one's way into : ~에 진출(진입)하다
- sophisticated : 정교한
- interpretation : 해석, 판단
- otherwise : 그렇지 않으면(= if sophisticated machinery didn't analyze blood and urine samples)

모범번역

자동화가 점점 더 의학에도 도입되고 있다(의학도 점점 자동화되어 가고 있다). 환자가 부서별로 옮겨가면 정교한 기계가 혈액이나 뇨 샘플을 분석해서, 그렇지 않으면 수 시간이 걸릴 여러 가지 검사를 단 몇 분 안에 해 버리는 전산화된 검사 센터가 전국 주요 도시에서 가동 중이다. 이 센터에서는 신체검사와 그 검사의 판독을 의사에게 의존할 필요가 없기 때문에 연간 정기적인 신체검사를 한 시간 만에 완벽히 수행할 수 있다.

172

A careful examination of marriage and divorce statistics reveals that divorce may well be on the decline in the U.S., while marriage is not. These facts, compiled by the U.S. Center for Health Statistics, are directly contradictory to the media's loud proclamation that one out of every two marriages now will end in divorce. The fact is that in 1981 the number of divorces did hit a record total of 1,213,000. Marriages also reached a record 2,422,000. Some quick-reading experts then put the two set of facts together and concluded that since there were half as many divorces as marriages, it could be concluded that half the marriages were doomed to failure. But the facts show that only 10% of all ever-married men and a slightly higher 13% of all ever-married women are divorced. This in turn means that almost 90% of all marriages survive.

어구풀이

- statistics : 통계학, 통계
- contradictory to : ~와 모순되는
- put together : 결합하다, 합치다
- ever-married : 결혼해본 적이 있는, 기혼의
- on the decline : 감소 중에 있는
- proclamation : 포고, 선언
- be doomed to : ~할 운명이다

모범번역

결혼 및 이혼 통계에 대해 신중한 조사에 의하면 미국에서 결혼은 그렇지 않지만, 이혼은 감소할 것이라고 한다. 이런 사실은 미국 보건통계센터에 의해 수집되고 있는데, 결혼한 두 쌍 중 한 쌍이 결국 이혼으로 끝나리라는 언론매체의 야단스런 발표와 정면으로 상반된다. 사실은 1981년에 이혼 건수가 기록적으로 총 1,213,000건에 달했다. 결혼도 또한 2,422,000건에 이르렀다. 그러자 몇몇 이해가 빠른 전문가들은 이 두 가지 사실들을 취합하여, 이혼건수가 결혼건수의 반이니까 결혼한 쌍의 반이 실패할 운명이라는 결론을 내릴 수 있다고 결론지었다. 그러나 정보들은 모든 기혼 남성의 10%만이, 그리고 모든 기혼 여성의 13% 약간 넘는 정도만 이혼하게 된다는 것을 보여준다. 이것은 거의 90%의 결혼한 부부가 이혼하지 않고 잘 산다는 것을 의미한다.

173

Banks provide services to customers at branch offices in the marketplace as well as electronic online services to customers in the marketspace; airlines sell passenger tickets in both the "place" and the "space"; and fast-food outlets take orders over the counters at restaurants and increasingly through touch screens connected to computers.

Executives must pay attention to the ways in which their companies create value in the physical and virtual world alike. But the process of creating value is not the same in both. By understanding the differences and correlation between the physical world and the information world, senior managers can see more clearly and comprehensively the strategic issues facing their organizations.

어구풀이
• touch screen : 터치 스크린, 디스플레이 스크린

모범번역

은행은 지역적 시장인 지점 객장에서 고객에게 서비스를 제공할 뿐만 아니라 공간적 시장(사이버 시장)에서도 온라인 서비스를 제공하고 있다. 항공사도 "지역"과 "공간"이라는 두 세계에서 항공권을 판매한다. 패스트푸드점은 매장의 카운터에서 주문을 받고 있으며, 컴퓨터에 연결된 터치스크린을 통한 판매도 계속 늘어나고 있다.

기업 경영진들은 물리적, 가상적 양면세계에서 기업이 가치창출을 하는 방식에 주의를 기울여야 한다. 그렇지만 창출과정은 양면의 세계가 동일하지는 않다. 물리적 세계와 정보의 세계와의 차별성과 연관성을 이해한다면 고위 경영진이 당면한 전략문제를 명확하고 포괄적으로 파악할 능력을 갖출 수 있다.

174

Every business today competes in two worlds; a physical world of resources that managers can see and touch, and a virtual world made of information. The latter has given rise to the world of electronic commerce, a new locus of value creation. We call this new information world the marketspace to distinguish it from the physical world of the marketplace. A few examples illustrate the distinction. When consumers use answering machines to store their phone messages, they are using objects made and sold in the physical world, but when they purchase electronic answering services from their local phone companies, they are utilizing the marketspace — a virtual realm where products and services exist as digital information and can be delivered through information-based channels.

어구풀이

• virtual : 가상(假想)의   • locus : 중심, 장소
• marketspace : 공간적 시장   • marketplace : 지역적 시장

모범번역

현대의 모든 기업경쟁은 두 세계에서 벌어지고 있다. 바로 직접 몸으로 접하는 물리적 세계와 정보로 이루어진 가상적 세계이다. 가상세계는 새로운 가치창출의 중심인 전자상업세계를 탄생시켰다. 이와 같은 새로운 정보세계는 물리세계인 "지역적 시장"과 구분하여 "공간적 시장"이라고 부른다. 이러한 구분은 다음 몇 가지 예로서 설명할 수 있다. 소비자가 자동 응답기를 사용하여 메시지를 남길 경우, 이것은 물리적 세계에서 제조·판매된 제품을 사용하는 것이다. 그러나 전화국의 음성사서함을 이용하면 공간적 시장, 즉 상품과 서비스가 디지털 정보화 되어 정보채널을 통해 전달할 수 있는 가상적 세계를 이용하는 것이 된다.

175

I looked forward to old age without dismay. When Lawrence of Arabia was killed I read in an article contributed by a friend that it was his habit to ride his motorbicycle at an excessive speed with the notion that an accident would end his life while he was still in full possession of his powers and so spare him the indignity of old age. If this is true it was a great weakness in that strange and somewhat theatrical character. It showed want of sense. For the complete life, the perfect pattern, includes old age as well as youth and maturity. The beauty of the morning and radiance of noon are good, but one would be a very silly person to draw the curtains and turn on the light in order to shut out the tranquillity of the evening.

어구풀이

• look forward to + ~ing : ~을 고대하다
• spare : (수고, 불행 따위를) 끼치지 않다
• maturity : 성숙
• tranquillity : 평정, 평온
• dismay : 당황, 낙담
• indignity : 모욕, 경멸
• radiance : 광채, 빛남

모범번역

나는 낙담하지 않고 노년을 고대했다. 아라비아의 로렌스가 죽었을 때 한 친구가 기고한 어떤 기사를 읽었는데, 그에 따르면 로렌스는 어떤 차 사고가 그가 아직 정력적일 때 그의 삶을 마감해 주어서 그에게서 노년의 모욕을 덜어주었으면 하는 생각으로 과속으로 오토바이를 타는 버릇이 있었다고 한다. 그게 사실이라면 그것은 이상하고 다소 극적인 그 인물에게 있어 대단한 약점이다. 그것은 분별력의 부족을 보여줬다. 완전한 삶, 완벽한 패턴은 젊음과 성숙함은 물론 노년기를 포함한다. 아침의 미(美)와 오후의 광휘는 훌륭한 것이지만 저녁의 평온을 막아버리기 위해 커튼을 내리고 전등을 켜는 사람은 어리석은 사람일 것이다.

176

The locations of stars in the sky relative to one another do not appear to the naked eye to change, and as a result stars are often considered to be fixed in position. In reality, though, stars are always moving, but because of the tremendous distance between stars themselves and from stars to earth, the changes are barely perceptible here. It takes approximately 200 years for a fast-moving star like Bernard's star to move a distance in the skies equal to the diameter of the Earth's moon.

When the apparently negligible movement of the stars is contrasted with the movement of the planets, the stars are seemingly unmoving.

어구풀이

• naked eye : 육안
• tremendous : 무서운, 굉장한

- perceptible : 인식할 수 있는
- diameter : 지름
- negligible : 무시해도 좋은

- approximately : 대략, 대강
- apparently : 명백히

모범번역

서로 연관 있는 하늘의 별들의 위치는 육안으로는 변화가 나타나지 않는다. 그 결과 별들이 그 자리에 고정되어 있는 것처럼 여겨진다. 실제로 별들은 항상 움직이고 있으나 별들 사이의 또 지구와 별 사이의 그 엄청난 거리 때문에 그 변화를 여기서는 거의 인식할 수 없다. 버나드별 같은 빠른 별조차 달의 지름과 같은 거리를 하늘에서 이동하자면 거의 200년이 걸린다.
당연히 별로 관심을 끌지 못하는 별들의 이동이 행성들의 이동과 대비될 때 그 별들은 정지하고 있는 것처럼 보인다.

177

Having spent a decade in feverish reorganization, downsizing, delayering, re-engineering and so on, many companies have to cast around for a new source of competitive advantage. Repetitive slimming can, after all, turn into debilitating anorexia. And as they ask what positive strategies they should try next, a striking number are coming up with the same answer, "globalization." Come again? As a slogan, globalization is the stalest of buns. Lenin made a living complaining about it a century ago. In the 1960's every American firm worth its salt talked about being "multinational." In the 1980's "globalization" was a buzzword that launched a thousand strategies. For years, management gurus have pontificated on "the borderless corporation."

어구풀이

- feverish : 열띤
- downsizing : 인원감축, 경영합리화
- re-engineering : 재개편
- stale : 진부한, 신선하지 않은
- salt : 자극
- buzzword : 통용어
- guru : 권위자

- reorganization : 재편성
- delayering : 디레이어링(관리체계 간소화)
- anorexia : 식욕 부진
- bun : 빵
- multinational : 다국적
- launch : 내보내다

모범번역

많은 기업들이 지난 10년 동안 조직개편, 인원감축, 기구축소, 리엔지니어링 등으로 대변혁을 겪었음에도 불구하고 새로운 경쟁력 강화 전략을 궁리해야 할 처지가 됐다. 하지만 반복적인 감량 경영은 기업을 허약한 식욕 부진 상태로 이끌 수 있다. 많은 사람들에게 새롭게 추진할 적극적인 전략이 무엇인가라는 의견을 물어보자 한결같은 대답이 '세계화' 였다. 또 그 말인가? 이제 세계화라는 표어는 이미 식상할 대로 식상한 용어가 되어버렸다. 100년 전에 레닌이 이 말에 대해 지독한 불만을 털어놓은 적이 있다. 60년대에는 경영 능력을 인정받은 모든 미국기업들이 '다국적 기업' 으로 나설 것을 이야기한 바 있었다. 80년대에 와서 '세계화' 란 단어는 수많은 경영전략을 수립하게 만든 유행어였다. 또 지난 몇 년 동안 경영전문가들은 "국경 없는 기업"이란 말을 즐겨 사용했다.

178

To keep the wheels of industry turning, we manufacture consumer goods in endless quantities, and, in the process, are rapidly exhausting our natural resources. But this is only half the problem. What we do with manufactured products when they are worn out? They must be disposed of, but how and where? Unsightly junkyards full of rusting automobiles already surround every city in the USA. Americans throw away 80 billion bottles and cans each year, enough to build more than ten stacks to the moon. There isn't room for much more waste and yet the factories grind on. They cannot stop because everyone wants a job. Their standard of living, one of the highest in the world, requires the consumption of manufactured products in ever-increasing amounts. Man, about to be buried in his own waste, is caught in a vicious cycle. "Stop the world, I want to get off." is the way a popular song put man's dilemma.

어구풀이

• wear out : 닳음
• unsightly : 눈에 거슬리는
• vicious cycle : 악순환

• disposed of : 처분하다
• junkyard : 폐품 처리장

모범번역

산업이라는 바퀴가 계속해서 돌아가려면, 한없이 많은 양의 소비재가 제조되어야 한다. 이 과정에서 우리는 자연자원을 빠르게 고갈시키고 있는 것이다. 그러나 이러한 자원의 고갈은 문제의 한 단면에 불과하다. 제품을 사용하고 나서 그 폐품을 어떻게 할 것인가? 그것들은 분명히 처분되어야 할 물건이다. 하지만 어떤 방법으로, 또 어떤 장소에 처분할 것인가? 녹슬어가는 자동차들로 가득 찬 흉측한 폐차장들이 이미 모든 미국의 도시들을 둘러싸고 있다. 미국인들은 해마다 열 더미 이상을 쌓아올려서 달까지 이르기에 충분한 양인 팔백억 개의 병과 깡통을 버리고 있다. 더 이상 많은 쓰레기를 버릴 여지가 없는데도 공장들은 계속 돌아간다. 공장들의 가동을 멈출 수는 없다. 왜냐하면, 누구나가 일자리를 원하기 때문이다. 세계에서 가장 높은 생활수준을 영위하기 때문에 미국인은 항상 더 많은 양의 제품을 소비하게 된다. 자기가 버린 쓰레기에 파묻힐 지경에 이르게 된 인간은 악순환에 빠지고 만다. "세상아, 멈추어라, 나는 내리고 싶다"라는 팝송은 이러한 인간의 딜레마를 잘 드러내고 있다.

179

Gems rarely appear beautiful in their natural state. In fact, the diamond in the rough is the most unattractive gem. It would be thrown away by a casual observer as a worthless pebble. The sparkling features that most people identify with a diamond are hidden under a hard crust that must be removed. Similarly, the deep, velvety hue of the sapphire, the glowing, brilliant red of the ruby, and the soft, clear green of the emerald are all hidden from view in nature. These gems only display their true character after a gem cutter has skillfully cut them into facets and polished them. The final beauty of a gem depends a great deal upon the success of this delicate operation.

어구풀이

- casual observer : 겉으로만 판단하는 사람, 사정을 모르는 사람
- pebble : 조약돌, 자갈
- crust : 딱딱한 표면, 껍질
- velvety : 매끄럽고, 부드러운
- facet : (보석의) 자른 면
- depend a great deal upon(on) : ~에 크게 좌우되다

모범번역

보석은 자연 상태에서는 거의 아름답게 보이지 않는다. 사실 가공되지 않은 다이아몬드는 가장 볼품없는 보석이다. 잘 모르는 사람이 본다면 쓸모없는 돌멩이라고 던져 버릴 것이다. 대부분의 사람들이 다이아몬드라고 알아보는 번쩍거리는 특징은 딱딱한 껍질 속에 감추어 있어서 그 껍질을 제거해야만 한다. 마찬가지로, 진하고 부드러운 사파이어의 색깔과 루비의 작열하듯 밝은 적색과 에메랄드의 부드럽고 깨끗한 녹색은 자연 상태에서는 보이지 않는다. 이 보석들은 보석공들이 능숙하게 잘라서 광택이 나는 단면이나 보석으로 만든 후에야 그들의 진짜 특성을 나타낸다. 보석의 최종적인 아름다움은 이런 정밀한 작업의 성공에 달려 있다.

180

Today, when we go to a bonfire it's for enjoyment, but bonfires haven't always been innocent fun. In the Middle Ages, many criminals were burned at the stake. Because their bones were the last body parts to burn, this form of execution became known as a "bone fire." When Henry VIII of England separated from the Roman Catholic Church in the 1530s, he ordered all materials connected with church to be burned. The resultant blazes recalled the bone fires, and like them, they usually attracted a crowd of onlookers. Gradually the name was shortened to bonfire, and large fires grew to be a festive part of some celebrations. Indeed, the only similarity between today's bonfires and the bone fires of old is that they are often at the center of a group of onlookers.

어구풀이

- bonfire : 모닥불
- innocent : 순수한, 순결한
- execution : 실행, 실시
- separated from : ~을 분류하다

모범번역

오늘날 우리가 모닥불에 가면 그것은 오락을 위한 것이다. 그러나 모닥불이 항상 순수한 즐거움의 대상이었던 것은 아니다. 중세기에는 범죄자들이 말뚝에 매여 화형에 처해졌다. 그들의 뼈가 신체에서 마지막으로 탈 부분이었기 때문에 이런 처형 의식이 'bone fire' 라고 알려졌다. 영국의 헨리 8세가 1530년대 로마 가톨릭 교회로부터 분리했을 때 그는 교회와 관련된 모든 것을 태우라고 명령했다. 그로 인해 생겨난 불길들은 'bone fires' (뼈불)이라고 불렸고 화형식과 마찬가지로 많은 구경꾼들을 끌어 모았다. 점차로 그 이름은 bonfire로 줄어들었고 큰불들은 일부 경축행사의 축제에 한 부분이 되기 시작했다. 실로 오늘날의 모닥불과 옛날 뼈불의 유사점은 그것들이 흔히 많은 사람의 중앙에 있다는 것이다.

181

Although he said it refering to Russia in 1939, Churchill's famous phrase seems more appropriate to Japan, with a crucial word changed: it is a riddle, wrapped in a mystery, inside a trauma. Japan has always been an enigma, especially to outsiders. But now it is more notable for its state of shock: a widespread wariness, which turns often into nervousness, sometimes into panic, occasionally into hysteria. The mystery is why this should be happening in a country with modest economic problems, a high standard of living, safe streets and excellent prospects for the future. The riddle concerns where this might be leading. Is Japan changing radically? Or might its problems be less modest than they appear? Or might this be just a passing phase, a black mood that will fade away like the hangover after a party under the cherry blossoms?

어구풀이

• nervousness : 신경과민   • hangover : 숙취(宿醉)

모범번역

1939년에 영국의 처칠 수상이 러시아를 수수께끼 같은 나라라고 표현했다지만, 그 유명한 말은 결정적인 단어 하나만 바꾼다면 지금의 일본 상황에 더 어울릴 말처럼 여겨진다. 지금 정신적 충격을 받고 있는 일본은 수수께끼 같은 나라이며 신비에 싸여 있다. 일본은 언제나 수수께끼 같은 나라였다. 특히 외부 세계에 대하여 더욱 그러했다. 그러나 지금 일본은 국민들이 겪은 충격으로 더 주목을 받고 있다. 사회 전반에 만연한 경계심은 불안감으로 바뀌기도 하지만, 때로는 광란의 상태로 바뀌고 있기 때문이다. 이해할 수 없는 것은 그리 심각하지 않은 경제 문제와, 높은 생활수준, 안전한 거리, 밝은 미래를 내다보고 있는 일본에서 왜 이러한 경계심이 일어나는가 하는 점이다. 알 수 없는 것은 이러한 현상이 어떤 결과를 가져올 것인가라는 것이다. 일본이 급격하게 변할 것인가, 아니면 문제가 생각보다 심각하지 않단 말인가, 그것도 아니면 단지 스쳐 지나가는 현상으로, 벚꽃 아래에서의 만찬 뒤의 오는 숙취와 같이 사라져 버릴 우울한 기분이란 말인가?

182

Those directly exposed to violence have suffered physical and emotional injuries that will scar them for life. As mental health workers, we have treated many victims who have been injured in more than one terror attack. We have worked with doctors and nurses who are at risk for secondary traumatization owing to their exposure to so many dead and maimed. The repeated scenes of violence, funerals and portraits of the dead are putting the population at large at the risk of secondary trauma. With each new assault, many of our patients suffer a reactivation of earlier trauma. Others report feelings of great vulnerability because of their familiarity with a victim or their proximity to an attack. Yet even more demoralizing than terror is the growing realization that there is no solution in sight. "The

Situation" is what everyone calls the state we're in. It's a depersonalized term that reflects the feeling that there is no one responsible and no control possible. Like an enigmatic curse or a supernatural vapor, "The Situation" has come and settled in.

어구풀이

• at risk for : ~의 위험성이 있는
• traumatization : 정신적 충격 (주기)
• vulnerability : 상처받기 쉬움

모범번역

폭력에 직접 노출된 사람들은 평생 동안 자신에게 상처를 남기게 될 신체적 · 정서적 손상을 입고 있다. 정신 건강을 위해 일하는 사람들로서, 우리는 테러 공격으로 한 차례 이상 부상당한 많은 희생자들을 치료하고 있다. 우리는 의사와 간호사들과 함께 일하고 있는데, 그들은 죽거나 불구가 된 사람들을 수없이 많이 보기 때문에 2차 쇼크의 위험에 놓여 있다. 폭력, 장례식, 죽은 자들의 사진과 같은 반복되는 현장들은 일반 국민들을 2차 쇼크의 위협에 놓이게 하고 있다. 새로운 공격이 있을 때마다, 많은 환자들에게 이전 쇼크가 재발한다. 다른 환자들은 희생자와 친숙했다거나 곧 공격이 닥칠 수 있다는 사실 때문에 감정적으로 크게 상처받기 쉽다고 밝히고 있다. 그러나 해결책이 전혀 보이지 않는다는 인식이 늘어나고 있다는 사실이 테러보다도 한층 더 혼란스러운 것이다. "이 상황"이라는 표현이 모든 사람들이 우리가 처해있는 상황을 부르는 이름이다. 그것은 책임질 사람이 아무도 없고, 어떤 통제도 불가능하다는 느낌을 반영하는 몰개성적인 용어이다. 수수께끼 같은 저주나 초자연적인 망상처럼 "이 상황"은 어디선가부터 와서 자리를 잡고 있다.

183

Speech, the act of uttering sounds to convey meaning, is a kind of human action. Like any other constantly repeated action, speaking has to be learned. But once it is learned, it becomes a generally unconscious and apparently automatic process. As far as we can determine, human beings do not need to be forced to speak; most babies seem to possess a sort of instinctive drive to produce speech like noises. How to speak and what to say are another matter altogether. These actions are learned from one's particular society, from the people around us; speech is a patterned activity. The meandering babble and chatter of the young child are eventually channeled by imitation into a few orderly grooves that represent the pattern accepted as meaningful by the people around him. Similarly, a child's indiscriminate practice of putting things into his mouth becomes limited to putting food into his mouth in a certain way.

어구풀이

• utter : 말하다, 소리를 내다
• apparently : 외관상으로, 겉보기는
• indiscriminate : 무차별의, 가리지 않는

모범번역

발화, 즉 의미를 전달하기 위해 소리를 내는 행위는 인간 행동의 한 유형이다. 일정하게 반복되는 다른 행동과 마찬가지로 발화는 학습되어져야 한다(학습이 선행되어야 발화가 가능하다). 하지만 일단 익히게 되면 그것은 보편적으로 무의식적, 자발적 과정이 된다. 결론을 내린다면, 인간은 말하라고 강요받을 필요가 없다. 그리고 대부분의 유아는 발화와 유사한 소리를 내려는 일종의 본능적인 욕구를 갖고 있는 듯하다. 어떻게 말하느냐와 무엇을 말하느냐는 것은 또 다른 문제이다. 이 행동들은 특정 집단, 즉 우리 주변 사람들로부터 습득된다. 발화는 양식화된 행위이다. 어린아이가 두서없이 종알거리고 재잘거리는 행위는 모방 과정을 거쳐서 결국에는 자신 주변의 사람들에게 의미 있는 것으로 받아들여지는 형태를 나타내는 몇몇의 정돈된 단계들로 들어서게 된다. 마찬가지로, 어린이가 본능적으로 자기 입에 사물을 넣으려는 행위는 어떤 특정한 방법(=학습)을 통해 음식만을 넣는 행위로 제한된다.

184

President John F. Kennedy is one of the most famous leaders in American history. During Kennedy's days in office, however, his wife Jacqueline was easily as well known as he was. In fact, on a tour of France in 1962, Jackie, as she was called, charmed the French with her personality and her command of their language. She was the toast of Paris, garnering nothing but favorable newspaper coverage and the admiration of Charles DeGaulle, the French premier. On the Kennedys' last day in the country, the president told reporters that maybe it would be appropriate if he introduced himself. "I am the man," he said, "that accompanied Jackie Kennedy to Paris." With that statement he won for himself admiration equal to that accorded his wife.

어구풀이

- personality : 인격
- garner : 모으다
- coverage : 신문보도, 취재
- premier : 수상
- equal to : ~에 상당하는

- command : 구사하다
- nothing but : 단지 ~뿐
- admiration : 찬양, 감탄
- appropriate : 타당한, 적당한
- accord : 조화되다, 일치하다

모범번역

존. F. 케네디 대통령은 미 역사상 가장 유명한 지도자 중의 한 명이다. 그러나 케네디의 재직 기간 중 그의 아내 재클린은 쉽게 그 못지않게 유명해졌다. 사실상 1962년 프랑스 여행 중 청중 앞에 불려 나왔을 때 재키는 프랑스 사람들을 그녀의 인품과 언어구사로 매료시켰다. 그 여자는 온통 파리의 화제 대상이 되었고 그 결과 신문 표지에 그녀에 대한 기사를 싣게 되어 프랑스 수상 샤를르 드골의 찬사를 받았다. 그 나라 방문 마지막 날에 대통령은 기자들에게 자기를 소개한다면, "나는 파리에 재키를 따라온 남자입니다."라고 말하는 것이 더 나을 거라고 말했다. 이 말 때문에 그는 그의 아내만큼이나 찬양의 대상이 되었다.

185

Aristotle is also careful to answer Plato's metaphysical objection that the poet in imitating the object which is merely an imitation of the ideal is two steps removed from the truth. He points out that poetry is more universal than things as they are. "It is not the function of the poet to relate what has happened, but what may happen — what is possible according to the law of probability or necessity." Thus he makes his famous distinction between history and poetry: The historian writes of what has already happened; the poet writes of what could happen. "Poetry, therefore, is a more philosophical and a higher thing than history; for poetry tends to express the universal, history the particular." Thus it is that in poetry a probable impossibility is more acceptable than an incredible possibility. This implies that the poet, rather than merely imitating things in nature, as Plato said he did, actually attains nearer to the ideal. As Aristotle insists, poets present things, not as they are, but as they should be.

어구풀이

- metaphysical objection : 형이상학적인 반대
- function : 기능, 작용(= work, be running)
- distinction : 구별, 차별, 식별(= discrepancy)
- tend to : ~하는 경향이 있다
- acceptable : 받아들일 수 있는, 훌륭한
- imply : 포함하다, 암시하다
- poetry : 시, 시가
- probability : 있을 법함, 그럴듯함(= likelihood)
- philosophical : 철학적인
- particular : 특별한, 특수한, 개개인의
- incredible : 믿을 수 없는

모범번역

시인이 대상을 모방할 때 그 대상도 이데아를 모방한 것에 불과하기 때문에 그는 진실에서 두 단계 떨어지게 된다는 플라톤의 형이상학적인 반대에 대해서 아리스토텔레스 역시 신중하게 답하고 있다. 그는 시는 있는 그대로의 사물보다 더 보편성을 띤다고 지적한다. "시인의 역할은 일어난 일을 표현하려는 것이 아니고, 일어날 수 있는 것, 즉 개연성이나 필요성의 법칙에 따라 일어날 가능성이 있는 것을 표현하려는 것이다." 그렇게 해서 아리스토텔레스는 역사와 시의 차이점을 밝히는 유명한 정의를 내렸다. 역사가는 이미 일어난 일을 기록하고 시인은 일어날 수 있는 일에 대해서 쓴다. "그러므로 시는 역사보다 더 철학적이며 높은 차원의 것이다. 왜냐하면, 시는 보편적인 것을 나타내고 역사는 특수성이 있는 것을 표현하려는 경향을 지닌다." 그래서 시에 있어서는 있을 법하면서 불가능한 일이 믿을 수 없는 가능한 일보다 더 쉽게 수용된다. 이러한 사실은 플라톤 자신이 그랬다고 말했듯이 시인은 자연에 있는 사물을 단순히 모방한다기보다 실제로 이데아의 세계에 보다 가까이 접근하고 있음을 의미하고 있다. 아리스토텔레스가 주장했듯이 시인은 사물을 있는 그대로 표현하지 않고 있어야 할 상태로 표현하기 때문이다.

186

Culture for Arnold included religion, and literature was the key to both. Further, culture could not be achieved by rampant individualism. Not only did Arnold oppose laissez faire; he also advocated certain kinds of centralization and state control, believing that an enlightened democracy required its education, for example, to be properly guided and supervised. "Perfection, as culture conceives it, is not possible while the individual remains isolated. The individual is required, under pain of being stunted and enfeebled in his own development if he disobeys, to carry others along with him in his march towards perfection, to be continually doing all he can to enlarge and increase the volume of the sweeping human stream." And he characteristically adds: "And here, once more, culture lays on us the same obligation as religion, which says, as Bishop Wilson has admirably put it, that to promote the kingdom of God is to increase and hasten one's own happiness."

어구풀이

• Culture for Arnold included religion, and literature : 쉼표에 유의하지 않으면 (종교와 문학을 포함한 문화)와 같이 오역할 수 있다.
• rampant individualism : 극단적인(과격한) 개인주의

모범번역

아놀드에 있어서 문화는 종교를 포함하는 것이었다. 그리고 문학은 문화와 종교 양자에 대한 해결책이었다. 나아가서 문화는 극단적인 개인주의에 의해서는 성취될 수 없는 것이다. 아놀드는 자유방임주의에 반대할 뿐만 아니라 어떤 형태의 것이든 중앙집중화와 국가통제의 방식을 옹호하였다. 그는 계몽민주주의 체제에서는 그 교육을 적절히 이끌어 나간다든가 감독하는 것이 필요하다고 믿었다. "문화적인 개념에서 이해한다면 완성이라는 것은 개인이 고립되어 있는 한 불가능하다. 개인이 체제에 불복종한다면 그 자신의 발전에 있어서 왜소해지고 나약해지는 고통을 받아야 하며 완성으로 나아가는 행군에서 전력을 다 기울여 다른 사람을 밀어주고 저편으로 휩쓸어 넘어가는 인간 흐름의 총량을 확대하고 증가시키도록 해야 한다." 그리고 아놀드는 그 특유의 표현으로 덧붙여 말한다. "그리고 여기서 한번 더 말하지만 문화는 우리에게 종교와 똑같은 속박을 가하며 그것은 윌슨 주교가 예찬했듯이 하느님의 왕국을 발전시키는 것이 자신의 행복을 증진시키고 촉진하는 것이다."

187

I am no longer online, but a year ago I was on for at least four hours every night and I spent many dollars just to communicate with others via my computer. It's intoxicating for a full-time mother to suddenly be able to "talk" to people I wouldn't otherwise get to meet. Everything else stopped — it didn't matter that I was spending money that I could have used for our family. I also became involved with a man through an online computer service and it almost destroyed my marriage. It isn't like watching too much TV, or playing too much Nintendo. Yes, you are on the computer, but you're talking to real, live people. When I go to turn off the TV, it doesn't say, "Hey, don't go away, I'll miss you." And when I turn on my Nintendo it doesn't say, "Hey, baby, I've been thinking about you all day." You get involved with the person, not the computer. Thankfully, I was able to turn off the computer and not go back.

어구풀이

• no longer : 더 이상 ~않다(= not ~ any longer)
• communicate with : ~와 의사소통하다, 통신하다
• involve with : ~와 관계하게 하다
• turn off : ~을 끄다

• at least : 적어도, 어쨌든(= not less than, at any rate)
• intoxicating : 열중하게 하는
• destroy someone's marriage : 결혼(생활)을 파괴하다

모범번역

더 이상 나는 인터넷을 하지 않지만 1년 전에는 매일 밤 최소 4시간 동안 접속했다. 나는 컴퓨터를 통해 타인과 통신하는 데에만 많은 돈을 낭비했다. 온종일 엄마로서의 임무에 시달리는 가정주부가 인터넷이 아니었더라면 만나지 못했을 사람들과 갑작스레 대화할 수 있다는 것은 대단히 흥분되는 일이다. 모든 것이 중단되었다. 내가 가족을 위해 사용할 수도 있었던 돈을 낭비하고 있다는 것은 문제되지 않았었다. 또한 나는 온라인 서비스를 통해서 한 남자와의 교제에 열중하게 되었고, 그로 인해 나의 결혼 생활이 파탄 지경에 이르렀다. 그것은 텔레비전을 지나치게 시청하는 것이나 닌텐도 게임을 지나치게 많이 하는 것과는 같지 않다. 그렇다. 당신은 컴퓨터를 사용하고 있지만 살아 있는 실제 사람들과 이야기하고 있는 것이다. 내가 TV를 끄려고 하면 TV는 "이봐, 떠나지마. 보고 싶을 거야."라고 말하지 않는다. 그리고 내가 닌텐도 게임을 시작하면 그것은 "이봐, 친구, 하루 종일 너만 생각하고 있었어."라고 말하지 않는다. 당신은 컴퓨터가 아니라 그 사람과 이야기하게 되는 것이다(관계를 맺게 되는 것이다). 다행히도 나는 컴퓨터를 끄고 다시 돌아가지 않을 수 있었다.

188

To a man on a hilltop, the stars seem placid, cool, and forever fixed in the changeless patterns that the Greeks, Romans, and Babylonians claimed represented their gods and heroes. But this is a delusion. The stars are as eccentric and bustling as anything in nature. They are fixed only in the limited sense that they appear fixed for a few generations of human life. Although all stars were probably formed in the same way, in a cloud of hydrogen gas that separate into distinct whirling blobs, they display considerable independence of personality. Some stars breathe, expanding and contracting with perfect regularity; some become novas, appearing suddenly brighter for a relatively short time. Other stars have twins that spin with them in a perpetual dance, and still others explode, creating supernovas so brilliant they can be seen in daylight.

어구풀이

• hilltop : 언덕의, 정상
• delusion : 현혹시키기, 착각

• placid : 잔잔한, 평온한
• eccentric : 괴상한, 이상한

- bustling : 바쁜 듯한, 혼잡한
- blob : 방울
- nova : 신성(新星)

- whirling : 소용돌이
- with regularity : 규칙대로
- unwavering : 흔들리지 않는, 확고한

모범번역

언덕 위에 있는 사람에게, 별들은 희랍인들과 로마인들과 바빌로니아인들이 자신들의 신들과 영웅들을 상징하는 것으로 주장했던 변함없는 형태들로 평온하고, 차갑고, 영원히 고정되어 있는 것처럼 보인다. 하지만 이것은 착각이다. 별들은 자연계에 있는 어떤 것들과도 마찬가지로 기묘하고 바쁘게 이동한다. 별들은 단지 한정된 의미에서만 고정되어 있다. 즉, 그것들은 몇 세대의 인간 생애 동안 고정되어 있다. 비록 모든 별들이 아마도 같은 방법, 즉 소용돌이치는 별개의 덩어리들로 분리되어 있는 수소 개체 구름들 속에서 형성되었지만 특성 면에서 상당한 차이점들을 드러낸다. 어떤 별들은 완전히 규칙적으로 팽창하고 수축하면서 숨을 쉬지만, 어떤 별들은 비교적 짧은 시간동안 갑자기 더 밝아지면서 신성이 된다. 다른 별들은 쌍둥이별을 갖고 있는데 그 쌍둥이별들은 함께 회전하면서 끊임없이 춤을 춘다. 뿐만 아니라, 또 다른 별들은 지금도 폭발을 계속하여 초신성들을 만들어 내는데 그 초신성들은 매우 밝은 빛을 발산하므로 낮 동안에도 관찰할 수 있다.

189

Various kinds of professional services — medical, educational, social guidance, recreational — are now considered part of the rightful living standard of the whole population. The distribution of these services is out of necessity carried out in ways and in institutions quite different from those of earlier times, when such services were made available to only a fraction of the population. The relation between the professional and the persons or organizations who are its clients is seldom simple, direct, and free of involvement with third parties. Study of the complex systems by which professional services are provided and distributed and of the changing and often conflicting ideologies held concerning them, has become part of the ongoing study of society by sociologists.

어구풀이

- living standard : 생활수준
- institution : 설립, 제도
- involvement : 관여
- ideology : 관념

- distribution : 분배, 유통
- client : 고객
- conflicting : 상반되는, 서로 다투는
- ongoing : 진행하고 있는

모범번역

의학, 교육, 사회지도, 오락 등의 다양한 전문적인 서비스는 전 인구의 적정한 생활수준의 일부로 여겨지고 있다. 이러한 서비스의 보급은 필연적으로 이전 즉, 그런 서비스가 단지 인구의 일부만이 이용하던 방법이나 제도와는 상당히 다른 형태로 이루어지고 있다. 전문가와 그들의 고객인 개인 또는 단체의 관계성은 단순하거나 직접적이지 않으며, 제3자의 개입을 배제하지 않는다. 전문적인 서비스를 제공, 분배하는 복잡한 체계와 그것들과 연관성을 갖는 유동적이고 까다로운 관념들에 대한 연구가 사회학자들 사이에서 지속적인 연구의 일부가 되고 있다.

190

His manly physique and the granite-like features of his face gave the impression that he was a man of strength and courage; and this he was, as everyone knew, at least in his role as fullback in the National Football League. And yet despite his tremendous strength and giantlike size, George Quill in everyday life was not an aggressive or persuasive person. Indeed he was just the opposite: shy, courteous, serious, and deeply sensitive. In fact, the truth is that, although on the playing field he was explosive and bull-like in his approach to the game, he was, on the other hand, in actual life almost childlike in his manner. The contrast was due in part to the life he had known and to the training he had received. Left homeless and without a mother or father at the age of four, when both were killed in a fire that destroyed their home, he was raised in an orphanage by kindly nuns. It was here in this strict religious environment that he learned to be both gentle and decisive.

어구풀이

• physique : 체격
• tremendous : 엄청나게
• persuasive : 설득력 있는
• religious : 종교적인
• granite : 화강암
• aggressive : 공격적인, 침략적인
• orphanage : 고아원
• decisive : 단호한, 확고한

모범번역

사내다운 체격과 화강암 같은 얼굴의 생김새는 그가 힘과 용기를 지닌 사람이라는 인상을 주었다. 그리고 만인이 다 알다시피, 최소한 N. F. L에서 풀백으로 뛸 때는 그러하였다. 놀라운 힘과 거인 같은 체격에도 불구하고 일상생활에서의 조지 퀼은 공격적이거나 억박지르는 타입이 아니었다. 그는 확실히 정반대였다. 즉, 수줍음이 많고 예의 바르며 신중하고 매우 감수성이 있었다. 비록 운동장에서는 경기를 대하는 태도가 폭발적이고 황소 같았지만, 실생활에서는 반대로 몸가짐이 어린아이 같았다. 이 대조적인 면은 부분적으로 그가 겪어 온 삶과 그가 받은 훈련에 기인하였다. 네 살 때 부모도 집도 없이 남겨졌는데 그의 집에 화재가 발생하여 부모가 사망한 것이다. 그런 이유로 그는 고아원에서 친절한 수녀들에 의해 양육되었다. 그가 예의 바르고 확고한 태도를 갖도록 배우게 된 것은 여기 이 엄격한 종교 환경에서였다.

191

The best antidote for most economic ills is rapid growth. Unfortunately, economists disagree about how to foster it. Although fast-growing countries tend to have many things in common, economists do not know which of these actually cause growth and which are simply a by-product of it. More importantly, they do not know whether the performance of successful economies can be imitated. Many economists argue that they can answer such questions by making their growth models more complex. Others, however, believe that simplicity is the key.

One of the leaders of the back-to-basics school is Gregory Mankiw, an expert on growth theory at Harvard University. In a new paper Mr. Mankiw argues that "neoclassical" growth models, such as those first developed in the 1950's by Robert Solow, a Nobel laureate, can teach policymakers almost everything that they need to know about growth.

어구풀이

• by-product : 부산물
• performance : 성취
• back-to-basics school : 기본이론으로 복귀하는 학파

모범번역

한 나라의 대부분의 경제적 병폐를 치료하는 데 가장 좋은 처방은 급속히 경제를 성장시키는 것이라 할 수 있다. 그러나 불행하게도 경제의 육성 방법에는 경제학자들 간의 의견이 분분하다. 급속한 성장으로 성공한 국가들이 여러 면에서 공통점을 갖고 있다 하더라도 학자들은 성장의 실제 원인과 부작용이 무엇인지 모르고 있다. 더 중요한 것은 경제적 성장을 이룬 국가의 모델이 모방 가능한 것인지도 알지 못한다는 점이다. 복잡한 모델을 인용하여 설명하는 여러 학자들이 있는 반면, 단순 모델을 주장하는 다른 학자들도 있다.

기본 이론 학파의 대표적인 학자를 들자면 성장이론의 권위로 인정받는 하버드대학의 그레고리 맨큐 교수가 있다. 그는 최근 논문에서 성장을 주장하는 경제 관료들에게 필요한 「신고전학파」의 성장 모델을 발표하였다. 사실, 이 이론은 노벨 경제학 수상자 로버트 솔로우가 1950년대에 처음으로 개발한 이론이다.

192

In spite of its impressive military and administrative achievements, the Spanish Empire (or monarchy, as it was known to contemporaries) was showing obvious signs of strain during the second half of the reign of Philip II. There were growing indications in the 1580's and 1590's that the monarchy was overstretched, or in other words that its resources, in terms of money and manpower, were proving unequal to the tasks that it was being called upon to face. What were these tasks? They have to be seen in the general context of the goals of the dynasty: in the first instance, the maintenance of order and justice in the king's numerous dominions, and their protection from enemy attack; second, the upholding of Catholic Christianity against Islam and against the rising tide of Protestant heresy and subversion in Europe, and third the maintenance of the closest possible unity between Madrid and Vienna as the best means of guaranteeing the dynastic interest of the Spanish and Austrian branches of the House of Habsburg and the stability and the survival of the traditional ordering of Christendom.

어구풀이

- over-stretch : 과잉, 팽창
- maintenance : 보전
- uphold : 받들다
- context : 정황
- dominion : 지배, 주권
- subversion : 멸망

모범번역

현저한 군사력과 탁월한 행정 능력에도 불구하고 스페인 제국(당대에는 왕국으로 알려짐)에 필립2세의 통치 후반기 동안 위험스런 징후가 나타나기 시작했다. 1580년과 1590년대에 왕국은 지나치게 비대해진 나머지 재정과 인력 등의 국가 자원으로는 나타나는 갖가지 문제를 해결할 수 없음을 보여주는 징후가 생겨났다. 이러한 과제는 왕조의 목적이라는 일반적인 맥락에서 살펴보아야 한다. 첫 번째 경우는 수많은 스페인 왕국의 식민지에서 질서 및 사법권을 수호하고 적의 공격으로부터 보호하는 일이다. 두 번째는 이슬람교와 프로테스탄트 이교도의 거센 물결을 유럽에서 추방하고 가톨릭교를 옹호하는 것이다. 그리고 세 번째는 스페인 왕가의 이익과 오스트리아의 합스부르크 왕가를 보전하는 수단 및 전통적인 기독교 왕국의 질서를 유지하고 살리는 일을 보장하는 최고의 수단으로 마드리드와 빈이 밀접한 관계를 유지하는 일이었다.

193

Presidents should never be impeached. It is an act that should not be done hastily nor emotionally, and only when it is necessary to restore the well-being of the patient, in this case the government of the nation. The purpose of surgery is not to punish a diseased organ; neither is the purpose of impeachment to punish a President. In both situations the only legitimate purpose is to remove a source of serious trouble and re-establish a healthy condition. Just as in surgery, one never impeaches a President without first checking all relevant evidence. Since this is no easy decision, the whole process of deciding what to do in either surgery or impeachment may take many months. Even when a decision has been finally reached, one may still be reluctant to carry out the decision in view of the shock that would follow impeachment.

어구풀이

- hastily : 성급하게, 서둘러서
- surgery : 수술
- legitimate : 합법의
- restore : 회복하다, 재건하다
- impeachment : 탄핵
- reluctant : 꺼리는

모범번역

대통령은 탄핵받아서는 안 된다(대통령의 탄핵은 큰 수술과 같다). 그것은 성급하거나 감정적으로 해서는 안 되고, 단지 환자 아니 이 경우는 나라의 정치가 회복될 필요가 있을 경우에만 해야 하는 행위이다. 수술의 목적은 병든 기관을 처벌하려는 것이 아니다. 마찬가지로 탄핵의 목적은 대통령을 처벌하려는 것이 아니다. 두 경우 모두 합법적인 목적은 심각한 문제 거리를 제거하고 건강한 상태를 다시 확립하는 것이다. 수술에서처럼 우리는 대통령을 탄핵하려면 먼저 모든 관련된 증거를 검토해야 한다. 이것을 결코 쉽지 않은 결정이기 때문에 수술이나 탄핵시에 해야 할 일을 결정하는 모든 과정은 여러 달이 걸릴 수도 있다. 심지어 어떤 결정이 최종적으로 내려졌을 때도 우리는 탄핵 뒤에 뒤따를 충격을 생각할 때 그것을 실행하기에 여전히 망설일 수도 있다.

194

The unmasking of Christian morality was one of the major missions Nietzsche chose to undertake. According to him, the concept of "God" was invented to draw people away from the joys of life. It was an expression of the diseased love of death. Similarly, the idea of "the world beyond" was designed to make people lose sense of the reality of the only world which exists. Perhaps most interesting is his argument that the concept of "sin" was invented to confuse our instincts. If, as Christian morality tells us, our physical desire was sinful, then our being itself was sinful. But Nietzsche thought this was unacceptable since our physical existence is all that we have on earth. On the other hand, the least popular part of Nietzsche's criticism would be his expression of a "slave morality" that justifies one's weakness and servitude. Nietzsche obviously was on the side of the strong and the dominant.

어구풀이

- unmask : ~의 가면을 벗기다, 정체를 벗기다
- confuse : 혼란시키다, 혼동하다
- rejection : 거절
- obviously : 명백하게, 뚜렷이
- undertake : ~을 떠맡다
- sinful : 죄 많은
- servitude : 노예 상태
- dominant : 지배하는

모범번역

기독교적 윤리관의 가면을 벗기는 것은 니체가 실행하기로 결정한 주요 임무 중의 하나였다. 그에 따르면 "신"이란 개념은 삶의 즐거움으로부터 사람들을 떼어놓으려고 고안되었다는 것이다. 죽음에 대한 병든 사랑이라는 표현이다. 마찬가지로 "내세관"은 사람들로 하여금 현존하는 유일한 세계의 실제감을 잃도록 고안되었다. 아마도 "죄"라는 개념이 우리의 본능을 혼란스럽게 하기 위해 고안되었을 것이라는 그의 주장은 매우 흥미롭다. 기독교적 윤리관이 우리에게 가르치듯 우리의 신체적인 욕망이 죄로 가득하다면, 우리의 존재 그 자체도 죄로 가득 차 있는 것이다. 그러나 니체의 생각에는 지상에 소유하고 있는 우리의 신체적 존재가 우리가 소유한 모든 것이므로 이런 생각은 받아들일 수 없는 것이었다. 한편 니체 비평 중에서 가장 인기 없는 부분은 우리가 약하고 노예 상태에 있다는 것을 정당화한 "노예 도덕론"의 표현으로서, 분명히 니체는 강하고 지배하는 자의 편에 있었다.

195

One day I went to the bank to open an account, as I did not have one. The manager of the bank was very polite and friendly. "How much would you like to start with?" he asked. "Oh, about two hundred thousand pounds!" I proudly replied. "Very good, Mr. Hobdell, we can arrange all that. We shall want a copy of your signature. Will you please sign here?"

I laughed. "Very sorry, Mr. Parke," I said. "You may hardly believe it, but in fact, I can't even write my name! I can only make a mark instead!"

He was extremely surprised, but feeling that to a man with so much money he must say something pleasant, he said, "You do surprise me. And yet you have made such a success of life. You have done all this without any education at all. What would you have been, I wonder, if only you had learned to read and write?"

I laughed again. "Caretaker of a school at three pounds a week!" I said, "I knew that if I had been able to read and write, the schoolmaster would have not dismissed me. I also know that every dark cloud has a silver lining."

어구풀이

- open an account : 거래 계좌를 만들다
- extremely : 대단히, 극도로
- caretaker : 관리인
- in fact : 사실상
- at all : 전혀

모범번역

어느 날 나는 은행 계좌가 없었기 때문에, 계좌 하나를 개설하려고 은행에 갔다. 은행 지배인은 매우 공손하고 다정했다. "얼마로 개설하려 하나요?"하고 그는 물었다. "아, 20만 파운드 정도지요!"하고 나는 당당하게 대답했다. "좋습니다, 홉들씨, 모든 절차를 밟아 드리겠습니다. 서명 한 통이 필요합니다. 여기에다 서명을 해 주십시오."

나는 웃었다. "대단히 미안합니다, 파크 씨"하고 나는 말했다. "당신은 아마 믿을 수 없겠지만, 사실은 나는 내 이름조차도 쓸 줄 몰라요! 대신 어떤 표시 정도만 할 수 있습니다!"

그는 몹시 놀랐지만 그렇게 많은 돈을 가진 사람에게 뭔가 듣기 좋은 즐거운 말을 해야 한다고 생각해서 "당신은 정말 저를 놀라게 하시는군요. 그렇지만 당신은 이와 같이 성공하셨습니다. 당신은 전혀 교육도 받으시지 않고 이걸 다 하셨습니다. 만일 읽고 쓸 수만 있었다면 어떻게 되셨을지 알고 싶어요."하고 그는 말했다.

나는 또 웃었다. "주급 3파운드의 학교 수위였지요! 내가 만일 읽고 쓸 수가 있었다면 교장은 나를 해고하지 않았을 거예요. 나는 또 고생 끝에 낙이 온다는 속담도 알고 있지요!"라고 나는 말했다.

196

Man's youth is a wonderful thing. It is so full of anguish and of magic and he never comes to know it as it is, until it has gone from him forever. It is the thing he cannot bear to lose, it is the thing whose passing he watches with infinite sorrow and regret, and it is the thing whose loss he really welcomes with a sad and secret joy, the thing he would never willingly relive again, could it be restored to him by any magic.

Why is this? The reason is that the strange and bitter miracle of life is nowhere else so evident as in our youth. And what is the essence of that strange and bitter miracle of life which we feel so poignantly, with such a bitter pain and joy, when we are young? It is this: that being rich, we are so poor; that being mighty, we can yet have nothing; that seeing, breathing, smelling, tasting all around us the impossible wealth and glory of this earth, we yet know that we can really keep, hold, and possess nothing.

어구풀이

- anguish : 고통, 고민
- could it be ~ : 가정법 도치
- as it is : 그 본연의 참다운 모습
- bear : 가져가다, 데려가다
- poignantly : 신랄하게, 통렬하게

모범번역

인간의 청춘은 경이로운 것이다. 그것은 고뇌와 마력으로 가득 차 있어서 청춘이 자기로부터 영원히 가 버린 후에야 비로소 그 본연의 참다운 의미를 알게 된다. 청춘은 그가 차마 잃어버릴 수 없는 것이다. 그것은 그것이 사려져 가는 것을 그가 한없는 슬픔과 후회 속에서 지켜보는 것이다. 그것은 그가 청춘을 잃게 됨을 슬프고도 남모르는 은밀한 기쁨을 갖고 진정으로 환영해 마지않는 것, 만일 어떤 마법의 힘으로 그에게 청춘을 되돌려 준다 하더라도 두 번 다시는 기꺼이 살려고 하지 않는 것이다.

그것은 왜 그런가? 그 이유는 이상하고 쓰디 쓴 삶이라는 기적이 우리의 청춘에서만큼 뚜렷한 곳이 그 어디에도 없기 때문이다. 그러면 우리가 청춘기에 그렇게 쓰라린 고통과 기쁨으로 그토록 통렬하게 느끼는 기묘하고도 쓰디쓴 삶이라는 기적의 본질은 무엇인가? 그것은 즉, 우리는 부유하지만 매우 가난하다는 것, 우리는 힘이 세지만 아무것도 차지할 수 없다는 것, 우리 주위에 있는 이 세상의 믿기 어려운 모든 부와 영광을 보고, 호흡하고 냄새 맡고, 맛보지만 사실 우리는 아무것도 간직하고, 보전하고, 소유할 수 없다는 것을 알고 있다는 것이다.

197

In 1949, Robert Hutchins persuaded Albert Schweitzer to come to America. Many had tried previously, with no success. But the Goethe bicentennial commemoration that Hutchins and his colleagues were planning at Aspen, Colorado, won his consent. He and his wife came by ship, and my wife and I went to meet them when they docked. Sixty-five menn and women of the American and world press, radio, and television were also there, pencils and cameras poised. The first thing Schweitzer did was to bow deeply and say in French, "Ladies and gentlemen, in my youth I was a stupid young man. I learned German and French, Latin, Greek, Hebrew — but no English. In my next incarnation, English shall be my first language." Tumultuous applause!

어구풀이

- with no success : 별 성과 없이
- the Goethe bicentennial commemoration : 독일 문호 괴테(1749~1832)의 탄생 200주년을 기념하는 행사
- win consent : 동의를 얻다, 승낙을 받다
- when they docked : 그들이 탄 배가 부두에 들어왔을 때
- tumultuous : 떠들썩한, 소란스러운, (마음이) 동요한, 격앙된
- (with) pencils and cameras poised : (취재용) 연필과 카메라를 사용할 태세를 갖춘 채 〈부대상황의 분사구문〉
- Robert Hutchins : 미국의 교육가, 시카고 대학교 총장 역임
- incarnation : 신이 사람의 모습으로 태어나기(나타나기), 화신

모범번역

1949년에 로버트 허친스씨는 알버트 슈바이처 박사를 미국에 오도록 설득했다. 전에도 많은 사람들이 애를 썼지만 모두 성공을 거두지 못했었다. 허친스씨와 그의 동료들이 콜로라도주의 아스펜에서 계획하고 있는 괴테 탄생 200주년 기념 행사측은 그의 동의를 얻어 냈다. 슈바이처 부부는 선편으로 왔고, 그들이 탄 배가 부두에 들어왔을 때 나는 아내와 함께 그들의 마중을 나갔다. 미국과 세계 각국에서 온 65명의 신문, 라디오, TV 남녀 기자들도 (취재용)연필과 카메라를 사용할 태세를 갖춘 채 나와 있었다. 슈바이처 박사가 한 첫 번째 행동은 머리를 깊게 숙여 큰절을 한 것이었고, 이어서 그는 불어로 "신사 숙녀 여러분, 젊었을 때, 저는 어리석은 젊은이었습니다. 저는 독일어, 불어, 라틴어, 그리스어, 히브리어는 배웠지만 영어를 못 배웠거든요. 제가 후세에 다시 태어난다면 영어를 제일 먼저 배우도록 하겠습니다"라고 말했다. 그랬더니 우레와 같은 박수가 터졌다.

198

In my mind's eye I can see her today just as vividly as when I first met her, which was in one of the corridors at Eastern District High School as she was going from one classroom to another. She was just a little shorter than I, well built, that is to say rather buxom, radiant, bursting with health, head high, glance at once imperious and saucy, concealing a shyness which was disconcerting. She had a warm, generous mouth filled with rather large, dazzling white teeth. But it was her hair and eyes which drew one first. Light golden hair it was, combed up stiff on the form of a conch. A natural blonde such as one seldom sees except in an opera. Her eyes, which were extremely limpid, were full and round. They were china blue, and they matched her golden hair and her apple blossom complexion. She was only sixteen, of course, and not very sure of herself, though she seemed to give the impression that she was. She stood out from all the other girls in the school, like someone with blue blood in her veins. Blue blood and icy, I am tempted to say. That first glance she gave me swept me off my feet.

어구풀이

- buxom : (여자가) 토실토실하고 예쁜, 건강하고 쾌활한
- imperious : 오만한
- saucy : 건방진, 쾌활한, 멋진, 날씬한
- disconcerting : 당혹하게 하는
- conch : 조개, 고동, 소라고동
- limpid : 투명한, 맑은
- china blue : 회청색
- complexion : 안색
- stand out : 두드러지다, 눈에 띄다
- blue blood : 귀족 혈통, 귀족 태생
- sweep off one's feet : ~를 한눈에 반하게 하다

모범번역

내 마음의 눈으로, 나는 내가 이스턴 디스트릭 고등학교 복도에서, 그녀가 한 교실에서 다른 교실로 가고 있을 때 그녀를 처음 만났을 때처럼 생생하게 지금도 그녀를 볼 수 있다. 그녀는 나보다 키가 약간 작았고, 튼실한 몸매를 갖고 있었다. 다시 말하면, 약간 풍만하고, 몸에 광택이 나며, 건강미가 넘치고, 머리는 꼿꼿하고, 시선은 도도하면서도 상큼하고, 사람을 당혹케 하는 수줍음을 감추고 있었다. 그녀는 따뜻하고 윤기 있는 입술과 좀 크고 눈부신 흰 이를 고르게 드러내고 있었다. 그러나 맨 먼저 사람의 마음을 끈 것은 그녀의 머리와 두 눈이었다. 그녀의 머리는 엷은 금발이었는데 말끔히 빗질해 소라고동 모양으로 단단히 다듬어 올려 있었다. 사람들이 오페라가 아니면 좀처럼 볼 수 없는 자연스런 금발이었다. 아주 맑은 그녀의 두 눈은 크고 둥글었고, 회청색이었으며, 금발과 사과 꽃 같은 안색과 잘 어울렸다. 물론 그녀는 16살밖에 안 되었고 그녀는 그런 인상을 풍기고 있는 것 같았지만 자신에 대한 자신감은 없었다. 그녀는 마치 귀족의 피가 흐르는 사람처럼 학교의 모든 다른 여학생들 중에서 두드러졌다. 귀티 나고 쌀쌀맞았다고 말하고 싶다. 그녀의 첫 시선은 나를 뇌쇄(惱殺)시켰다.

199

Suppose a man climbs five feet up a sea wall, then climbs down 12 feet. Whether he drowns or not depends upon how high above sea level he was when he started. The same problem arises in deciding whether currencies are under or over valued. The dollar has gained almost 20% against the yen and 10% against the euro from its low point in April. Some pundits are already fretting about the impact of a "strong" dollar on the American economy.

Yet the currency is still around 60% below its level in 2010. To predict whether the dollar has further to rise, it would help to have some idea about its "correct" value. Economists like to talk about currency misalignments, and exchange rates being under or over-valued. But this presumes that they know what a currency's long-term equilibrium rate is. The truth is that there is wide disagreement about how to define an equilibrium, let alone how to measure it.

어구풀이

- sea wall : 방파제
- pundit : 학자
- misalignment : 불균형
- euro : EU(유럽연합)의 통화 단위
- fret : 초조하게 하다
- equilibrium : 평형, 균형

모범번역

사람이 해변의 방파제를 1미터 올라갔다가 3미터(feet = 0.3048m) 내려왔다고 가정해보자. 그 사람이 익사할지의 여부는 출발시 해발 몇 미터에 있었느냐에 달려 있다. 통화가 과소평가되었는지 과대평가되었는지를 판단할 때도 마찬가지이다. 미국 달러화가 일본 엔화와 유로화에 대하여 지난 4월의 최저치에서 각각 20%와 10%씩 절상되었다. 일부 학자들은 달러 강세가 미국 경제에 미칠 영향에 대해 벌써부터 우려하고 있다.

그러나 통화는 아직도 2010년 수준의 60%밖에 되지 않는다. 달러 가치가 더 상승할지를 예측하려면, 달러의 "정확한" 가치에 대해 나름대로의 판단을 갖는 것이 도움이 될 것이다. 경제학자들은 통화 가치의 불균형이라든가 환율의 장기적인 안정 환율이 어느 선인지 알고 있다는 가정에서 나온 말이다. 그런데 사실은 안정 환율의 측정은 고사하고라도 그것에 대한 정의를 내리는 데에도 의견이 분분한 상태이다.

200

Over the next 25 years, the world will see the biggest shift in economic strength for more than a century. Today the so-called industrial economies dominate the globe, as they have for the past 150 years or so. Yet within a generation several are likely to be dwarfed by newly emerging economic giants. History suggests, alas, that such shifts in economic power are rarely smooth.

A growing number of people in the rich industrial world are already urging their governments to prepare for battle against the upstarts. The upstarts, which are fortunately many scores of countries in the Third World and the former Soviet block, have embraced market-friendly economic reforms and opened their borders to trade and investment. These policies promise rapid growth in more economies than ever before.

어구풀이

- economic strength : 경제력
- dwarf : 위축시키다
- urge : 주장하다
- heartwarmingly : 흐뭇하게, 기분 좋게
- industrial economies : 산업 대국들
- emerging : 신생의
- upstarts : 벼락 부자
- embrace : 받아들이다

모범번역

향후 25년 동안 세계 경제는 100여 년 동안 이루어온 경제 환경 변화보다 더 큰 일대 변혁을 맞이하게 될 것이다. 오늘날에는 소위 선진 공업국들이 과거 150여 년간 그래왔던 것처럼 세계 경제를 주도하고 있다. 그러나 한 세대가 지나기 전에 일부 공업국들은 새롭게 부상하는 경제 대국에게 그 자리를 내주어야 할 것 같다. 그러나 아쉽게도 이러한 경제 대변혁이 순탄하지 않을 것임을 역사를 통해서 알 수 있다.

그 이유로는 선진 공업국에서 신흥 공업국에 대한 대비책을 강구하라는 국민들의 목소리가 거세지고 있기 때문이다. 다행스럽게도, 신흥 공업국들은 제3세계권과 구 소련 연방에 속했던 많은 나라이고 그들은 시장 친화적인 경제 개선안을 수용하고 무역과 투자를 위해 국경을 개방해 왔다. 이러한 정책은 유례없는 경제적 고도성장을 약속한다.

01

On their way to the palace, they saw two gravediggers digging a grave. They were told that it was for a woman who had just died. As they stood talking, a funeral party approached. This was the funeral of Ophelia. The violent death of her father by the hands of her lover had so saddened this tender maid that in a short time she had lost her sense and drowned herself. Hamlet at first did not know that it was the funeral of Ophelia. He saw the queen herself throw flowers into the grave, as was the custom in maiden burials, saying, "I hoped you would be Hamlet's wife. I hoped to give you flowers not for a burial, but for a wedding." On hearing this Hamlet understood that the dead woman was his dear Ophelia and that she must have killed herself. Hamlet, filled with grief, leaped into the grave.

어구풀이

- on one's way to : ~로 가는 도중에 cf. on my way home(이때의 home은 부사임)
- gravedigger : 무덤 파는 사람
- violent death : 변사, 횡사, 비명횡사
- violent : 부자연스러운
- as was the custom : 그렇게 하는 것이 관습이었는데, 풍습대로
- must have killed herself : 자살했음이 틀림없다 〈must have p.p. = It is certain that 과거〉
- not A but B : A가 아니라 B이다(= B, not A, instead of A, B [A 대신에 B이다]) → 〈등위 상관접속사로 이어지는 A와 B는 대등한 자격의 말이 온다〉

모범번역

그들(햄릿과 호레이셔)은 궁전으로 가는 도중에 두 사람의 도굴꾼이 무덤을 파고 있는 것을 보았다. 그들은 그 무덤이 죽은 지 얼마 안 되는 어떤 아가씨를 위한 것이라는 말을 들었다. 그들이 서서 이야기를 하고 있을 때 한 장례 행렬이 다가왔다. 그것은 오필리아의 장례식이었다. 자기 연인의 손에 죽은 아버지의 비명횡사는 이 연약한 아가씨를 너무 슬프게 했으므로 곧 그녀를 미치게 했고 그래서 그녀는 물에 투신자살하고 말았다. 햄릿은 처음에는 그것이 오필리아의 장례식인 줄 몰랐다. 그는 여왕이 미혼 아가씨의 장례에 으레 하는 관습대로 "나는 네가 햄릿의 아내가 되어 주기를 바랐단다. 나는 이 꽃을 장례 때문이 아니라 결혼을 위해 주고 싶었는데." 라고 말하면서, 친히 꽃을 무덤에 던져 넣는 것을 봤다. 이 말을 듣고 햄릿은 죽은 아가씨가 사랑하는 오필리아라는 것과 그녀가 자살했음에 틀림없는 것을 알았다. 햄릿은 슬픔을 못 이겨 무덤 속으로 뛰어들었다.

02

The football game is between traditional rivals, the University of California Bears and the Stanford Indians. The students, dressed in white, are yelling in unison to the commands of the yell leaders and the bouncy, athletic, pretty pompon girls leading them. When the football teams run onto the field and take their places on the benches great cheers reverberate against the hills. Then at each end of the field the resplendently uniformed bands of each school assemble before they march to the center where they play the "Star-Spangled Banner." From the first kick-off until the final whistle, it is a festive occasion. When the game is over, the football players or heroes, whether they have won or lost, are washing the sweat from their bodies, anticipating evening dates with girls.

어구풀이

- in unison : 일제히, 함께
- bouncy : 활기찬(= energetic)
- pompon : (부인 · 아이들의 모자 따위의 장식으로 쓰는) 방울술, 군모의 깃 장식
- reverberate : 반향하다, 울려퍼지다(= reecho)
- Star-Spangled Banner : 미국 국가(= the national anthem of the United States)
- first kick-off : 경기 시작
- yell leader : 옐(yell)의 선창자
- resplendently : 화려하게, 빛나게
- final whistle : 경기 종료를 알리는 휘슬(= end of game)

모범번역

그 풋볼 경기는 전통적 맞수인 캘리포니아대학의 베어스팀과 스탠포드대학의 인디언스팀 간의 대항전이다. 흰 유니폼을 입은 학생들이 그들을 지휘하는 응원단과 발랄하고 활기차고 깃털 장식을 한 예쁜 치어걸들의 지휘에 따라 일제히 고함을 지르고 있다. 양교 풋볼팀이 운동장으로 달려 나와 벤치에 자리를 잡으면 응원 소리의 큰 함성이 사방의 언덕에 울려 퍼진다. 그리고 운동장 양끝에서 화려한 제복을 입은 양교의 밴드가 모여서 중앙으로 행진해 나와 미국 국가를 연주한다. 경기 시작에서 경기 종료 휘슬을 불 때까지 그것은 하나의 축제이다. 경기가 끝나면, 그 날의 영웅들인 풋볼 선수들은 그들이 경기에 이겼든 졌든, 저녁에 여대생과의 데이트를 기대하면서 몸의 땀을 닦는다.

03

Every firm competing in an industry has a competitive strategy, whether explicit or implicit. This strategy may have been developed explicitly through a planning process or it may have evolved implicitly through the activities of the various functional departments of the firm. Left to its own devices, each functional department will inevitably pursue approaches dictated by its professional orientation and the incentives of those in charge. However, the sum of these departmental approaches rarely equals the best strategy.

The emphasis being placed on strategic planning today in firms in the United States and abroad reflects the proposition that there are significant benefits to gain through an explicit process of formulating strategy, to insure that at least the policies (if not the actions) of functional departments are coordinated and directed at a common set of goals. Increased attention to formal strategic planning has highlighted questions that have long been of concern to managers.

어구풀이

- competitive strategy : 경쟁 전략
- proposition : 진술, 주장, 계획, 조건
- orientation : 방향
- highlight : 돋보이게 하다, 강조하다

모범번역

한 가지 산업분야에서 경쟁하는 기업은 모두 겉으로 드러나든 드러나지 않든 경쟁에 이기기 위한 전략을 갖고 있다. 이러한 전략은 기획 과정에서 명백하게 수립될 수도 있고, 그 기업의 여러 조직부서의 직능 속에서 잠재적인 형태로 나타날 수도 있다. 각 부서의 독자적 판단에 맡길 경우, 직업상 방침과 담당자들의 인센티브에 따라 업무가 추진될 수밖에 없다. 그러나 이러한 각 부서들의 전략 수립 방식이 기업이 마련한 최상의 경쟁 전략에는 미치지 못한다.

오늘날 미국 및 각국 기업들이 전략 기획에서 강조하는 것은 전략은 명백하게 조직화하는 과정을 거치면 많은 이익을 얻을 수 있다는 것으로, 여러 직능 부서들의 방침(실행까지 안 간다 해도)이 최소한 기업의 공동목표에 맞게 조정 감독되고 있음을 보증하기 위한 것이다. 이처럼 구체적인 전략 기획에 대한 관심이 높아지자 경영자들이 오랫동안 염려하던 문제들이 부각되었다.

04

The oldest method of defining long-term exchange-rate equilibrium is purchasing power parity (PPP). This is based on the notion that goods and services should cost the same in different countries when measured in a common currency. According to this theory, the exchange rate between two countries should, in the long run, move towards its PPP i.e., the exchange rate that equalises the prices of an individual basket of goods and services in the two countries. A popular version of PPP is The Economist's Big Mac Index. Once a year we calculate PPPs by comparing the prices of a McDonald's Big Mac burger in different countries. This, along with more sophisticated estimates of PPP, signals that the dollar is still hugely undervalued against the other main currencies. For instance, the Big Mac index suggests a dollar's PPP to be YEN 169 and EURO 2.07, compared with exchange rates on August 22 of YEN 97 and EURO 1.49. The OECD estimates the dollar's PPP at YEN 181 and EURO 2.11. On these grounds, the greenback has a lot further to climb.

어구풀이

- purchasing power parity : 구매력 평가
- sophisticate : 세련되게 하다, 정교하게 하다
- undervalued : 낮게 평가된
- equalise : equalize의 영국식 표기
- index : 지수(指數)

장기환율의 균형을 정의하는 가장 오래 된 방법은 구매력 평가(PPP)방법이다. 이것은 두 나라의 동일한 재화 및 서비스의 가격은 공동의 통화가 사용되는 한 동일해야 한다는 개념으로부터 출발한다. 이 이론은 환율이 장기적으로 각기 구매력 평가수준으로 접근하면서 결정되어야만 한다는 것이다. 말하자면, 환율은 두 나라의 재화 및 서비스의 복합 가격의 균형에서 결정된다. 이코노미스트지가 작성한 맥도날드 햄버거 가격표는 대중적인 구매력 평가(PPP) 방식이다. 본지는 일 년에 한 번씩 빅맥버거의 각국 가격을 비교하여 PPP를 계산하고 있다. 여기에 보다 정밀하게 계산된 PPP는 달러가 아직도 타국 주요 통화에 대하여 저평가되어 있다는 것을 말해준다. 빅맥버거표의 예는 1달러의 구매력은 169엔, 2.07유로이며 8월 22일의 환율인 97엔, 1.49유로와 크게 차이가 나타난다. 이외에 OECD의 PPP는 181엔, 2.11유로로 계산하고 있다. 이와 같은 근거에서 보자면 미국 달러는 가치가 크게 상승되어야 마땅하다.

05

Sharks are no crueler than any other predator in the sea. The marine environment is a cruel world. From the very start of life in the planktonic community, microscopic animals attack and devour other microscopic animals, in turn to be consumed by some larger form of life fighting the vicious and never-ending battle of survival. Small fish feed upon the minute life forms in the plankton, and they in turn are fed upon by large fish and other animals. This goes on through the cycle to the sharks, the dominant predator of the oceans. But the killing of one living thing by another form of life is the order of survival, with nothing being wasted in nature. Only man is the indiscriminate killer.

어구풀이
• predator : 포식자, 약탈자
• microscopic animal : 미생물
• in turn : 이번에는, 차례가 되어
• so on through : 그렇게 ~까지 계속된다
• Sharks are no crueler than ~ sea : 상어는 바다의 어떤 다른 약탈자보다 더 잔인하지 않다 → 마찬가지로 관대하다 〈no+비교급+than = as 반대말의 원급+as〉

상어가 바다의 다른 어떤 포식자보다 잔인한 것은 아니다. 수중 환경은 잔인한 세계이다. 프랑크톤 세계의 바로 그 생명의 시초에서부터, 미생물은 다른 미생물을 공격하여 집어 삼키고, 이번에는 흉폭하고, 끝없는 생존경쟁을 하는 보다 큰 생물체에 의해 잡아 먹힌다. 작은 물고기는 플랑크톤 같은 작은 생명체를 먹고 산다. 그리고 작은 물고기는 보다 큰 물고기나 다른 동물에게 먹힌다. 그렇게 해서 그 순환은 바다의 최고 약탈자인 상어에게까지 계속된다. 그러나 다른 생명체가 다른 한 생명체를 죽이는 것은 생존의 질서이고, 그래서 자연에는 낭비란 것이 없다. 단지 인간만이 무분별한 살인자이다.

06

George wanted to order a book by phone. So he dialed the Crossroads Bookstore number, but the line was busy. After about five minutes he tried again and a lady answered. George told her that he wanted to order a book. "I am sorry, sir," she said. "You have the wrong number." George apologized and hung up. Then he dialed the bookstore number again. The same lady answered the phone. George asked her what her phone number was and told her the number he was trying to call. They were exactly the same, so George apologized again and said he would check the phone listing for the bookstore. Sure enough! He had copied the wrong number out of the phone book.

어구풀이

• the line was busy : 통화 중이었다
• hang up : 전화를 끊다 ↔ ring(call) up
• sure enough : 아니나 다를까, 과연, 틀림없이
• You have the wrong number. : (전화를 받는 사람이) 전화를 잘못 거셨군요.
• You are the wrong number. : (전화를 건 사람이) 전화를 잘못했습니다.

모범번역

조지는 전화로 책을 주문하고 싶었다. 그래서 크로스로드 서점에 전화를 했지만 통화 중이었다. 약 5분 후에 다시 걸었더니 한 아가씨가 받았다. 조지는 그녀에게 책을 주문하고 싶다고 말했다. 그녀가 말했다. "죄송합니다만, 전화를 잘못 거셨군요." 그래서 조지는 사과를 하고 전화를 끊었다. 그리고 다시 서점 전화번호를 돌렸다. 같은 아가씨가 받았다. 조지는 그녀의 전화번호를 물어 보고 걸려고 하는 전화번호를 말했다. 전화번호는 같았다. 그래서 조지는 다시 사과를 하고 서점의 전화 번호표를 점검해 보겠다고 말했다. 아니나 다를까! 전화번호부에서 전화번호를 틀리게 베꼈던 것이었다.

07

American elections would be more democratic if candidates were required to debate and if everyone eligible to vote was required to do so. Under the present system, a candidate with the advantages of incumbency or widespread name recognition is free to sidestep an opponent's challenge to debate. This puts the opponent at a disadvantage and compromises the goals of our two-party system. Debates need not play the determining role in elections, but they should be an important factor as the public evaluates candidates' positions on issues. Of course, a well-informed public is irrelevant if people don't vote. Many foreign countries have a far higher election turnout than the United States. We should consider legislation requiring people to vote in national elections. Citizenship has its privileges, but it also involves responsibilities.

어구풀이

- election : 선거
- debate : 토론(논쟁)하다, 토론에 참가하다
- incumbency : 현직, 재직기간, 의무, 책임
- sidestep : 회피하다
- compromise : 더럽히다, 손상하다
- candidate : 후보자
- eligible : 적격의, 바람직한
- recognition : 인식, 승인
- opponent : 반대자, 상대
- privilege : 특권

모범번역

미국의 선거는 후보자들이 토론을 하고, 투표권을 가지고 있는 모든 시민들이 투표를 한다면 더욱 민주적으로 이루어질 수 있다. 현재 제도하에서는 재직 중이거나 지명도의 이점을 가진 후보자는 토론을 벌이려 하는 상대방의 도전을 자유롭게 피해갈 수 있다. 이로 인해 그 상대방은 불리한 입장에 놓이게 되며 양당제도의 목표는 훼손이 된다. 토론이 선거에서 결정적인 역할을 해야 할 필요는 없지만 토론은 대중들이 주요 문제들에 대한 후보자들의 입장을 평가하는 과정에서 중요한 요소가 되어야 한다. 물론 투표를 하지 않는다면 충분한 정보를 가진 대중들도 아무 의미가 없게 된다. 여러 다른 나라에서 투표 참가율이 미국보다 훨씬 높다. 우리는 국가적 선거에 시민들이 투표하는 것을 의무화하는 입법을 고려해 보아야 한다. 시민은 권리를 가지고 있지만 의무 역시 지고 있는 것이다.

08

According to surveys, people consider speaking in public more worrisome than any other task. Communication experts have studied public speakers and their audiences to learn what makes a speech effective. They have discovered that while choosing the words of a speech carefully is important, the body language used during the speech is also vital to its success. Researchers estimate that at least seventy-five percent of communication occurs through non-verbal body language. Research indicates that the first things noticed by the audience are the speaker's eyes and facial expressions. People will think that a speaker who always looks at the floor and never smiles is unfriendly. An effective speaker will look directly at the people in the audience and will use facial expressions that match the tone of the speech. An experienced speaker knows when to smile at the audience and when to display a more serious expression.

어구풀이

- communication : 의사소통
- worrisome : 걱정되는
- vital : 중요한
- non-verbal language : 비언어적 의사소통

모범번역
조사 결과에 따르면, 사람들은 그 어떠한 일보다 대중 앞에서 이야기하는 것을 가장 걱정스럽게 여긴다고 한다. 의사소통 전문가들은 대중 연설자들과 연설의 청중들을 조사하면서 무엇이 연설을 효과적으로 만드는지 알아내려 하고 있다. 그들은 연설에 쓰이는 어휘를 신중하게 선택하는 것이 중요한 일인 동시에 연설 중에 사용되는 몸짓 역시 성공적인 연설을 위해 필수적이라는 사실을 밝혀냈다. 조사자들은 적어도 의사소통의 75%가 비언어적인 몸짓언어를 통해 이루어진다고 추측하고 있다. 조사를 통해 청중들이 주목하는 첫 번째 요소는 연설자의 눈과 얼굴 표정이라는 것이 알려졌다. 사람들은 계속해서 바닥만 쳐다보고 절대 웃지 않는 연설자는 비우호적이라고 생각하는 경향이 있다. 능숙한 연설자는 청중들을 똑바로 쳐다보려 하며, 연설의 어조에 맞게 얼굴 표정을 지으려 한다. 경험이 많은 연설자는 청중을 향해 웃어야 할 때와 좀 더 심각한 표정을 지어야 할 때가 언제인지를 알고 있다.

09

Beyond the boundaries of the plantation, George had noticed a dry, sandy knoll, shaded by a few trees. There they made the grave. They laid him in; and the men shoveled away silently. They banked it up, and laid green turf over it. There is no monument to mark that last resting place of our friend. He needs none. His Lord knows where he lies, and will raise him up immortal, to appear with thee when thou shall appear in thy glory!

Pity him not! Such a life and death is not for pity. Not in the riches of omnipotence is the chief glory of God, but in self-denying, suffering love. And blessed are the men whom thou calls to fellowship with thee, bearing their cross after thee with penitence. Of such it is written, "Blessed are they that mourn, for they shall be comforted." (Matthew 5:4)

어구풀이
- knoll : 언덕, 작은 산, 둔덕
- bank : 쌓아 올리다, 둑을 쌓다
- bear their cross after him : 십자가를 지고 주님을 따르다(He, Him, His는 하느님을 뜻함)
- penitence : 참회, 회개
- shovel : 삽질하다, 삽
- Pity him not! = Do not pity him!

모범번역
농장 경계선을 넘어 조지는 몇 그루의 나무로 그늘진 마른 모래 언덕을 발견했다. 그곳에 그들은 무덤을 만들었고, 그를 안장했다. 그리고 말없이 삽질을 하여 둑을 만들고 그 위에 푸른 잔디를 입혔다. 그곳에는 우리의 친구의 영원한 안식처라고 가르쳐 주는 묘비 하나 없었다. 그는 아무런 묘비도 필요 없었다. 그의 주님은 그가 묻힌 곳을 아실 것이며, 그를 불멸로 일으켜서 주님의 영광으로 임재하실 때 주님과 함께 나타날 것이다.

그를 동정하지 말라. 그러한 생애와 죽음은 동정할 것이 아니다. 하나님의 주된 영광은 전능한(무엇이든 할 수 있는) 부(富) 속에 존재하는 것이 아니라 애타적(愛他的)인 사랑 속에 존재하는 것이다. 회개하고 하나님을 따라 십자가를 지고 하나님과 동행하도록 하나님께서 불러 주신 자는 복이 있다. 그래서 "애통해하는 자는 복이 있나니 그들은 위로받을 것이니라."라고 쓰여 있다.

10

Becoming a father is easy. Being a father is difficult. Homer J, father of four children ranging in age from nine months to nine years is a low man on the job totem pole. Because of the color of his skin and his lack of salable skills, he is the last to be hired when jobs are plentiful and the first to be fired when jobs are scarce. Since the welfare laws of his state bar aid to families of dependent children if there's a man around the house even if unemployed, Homer has vanished so that his wife and kids can eat. With unemployment holding around five percent, there are close to a million fathers who are unable to bring home the bread — and therefore are unable to be fathers.

어구풀이
• the job totem pole : 직업 서열
• salable : 잘(쉽게) 팔리는
• families of dependent children : 부양 아동이 있는 가족
• if ~ house ~ : 집안에 장성한 남자가 있으면
• with unemployment ~ percent : 실직률이 약 5% 정도 계속(유지)되는 동안 〈부대상황: with＋명사＋현재분사〉

모범번역
아빠가 되기는 쉽다. (그러나) 아빠 노릇하기는 어렵다. 9개월에서 9살에 이르는 네 명의 자녀를 둔 호머 씨는 직업 서열이 낮은 말단 직원이다. 피부 색깔 때문에, 쓸만한 기술도 없어서, 그는 일자리가 남아돌아갈 때는 맨 마지막으로 채용되고, 부족할 때는 제일 먼저 쫓겨난다. 국가의 복지법은 집안에 장성한 남자가 있으면, 설사 실직하고 있더라도 부양 아동이 있는 가족에게 지급하는 보조를 금지하고 있기 때문에 호머 씨는 아내와 아이들이 연명할 수 있게 하기 위해 집에서 떠나 있어야 했다. 실직률이 약 5% 정도 계속되는 동안 집에 빵을 가져올 수 없는, 그래서 아빠 노릇을 못하는 아빠들이 백만 명에 육박하고 있다.

11

Near the winter fire sat a beautiful young girl, who was so like that girl he saw last that Scrooge believed it was the same person, until he saw her, now a handsome woman, sitting opposite her daughter. Around them were many children, bright and cheerful, chasing one another. Then came a knock at the door. A little girl with a laughing face, the centre of the cheerful group, was instantly borne towards the door. Their father came back, with a porter carrying Christmas toys and presents! The joy and gratitude and ecstasy! Scrooge now watched them with more care than ever. The daughter, smiling, with her mother, was watching the children's frolics! And a girl like that, quite as graceful and as full of promise might have been his daughter if he had married.

어구풀이

• be borne towards : ~로 데려 가다
• ecstasy : 무아의 경지, 황홀경, 환희의 절정
• frolic : 장난, 까불기(= fun, gaiety), 명랑
• Near the winter fire ~ girl : 〈도치〉 = a beautiful girl sat near the winter fire
• that girl (whom) he saw last : 그가 지난 번 장면에서 보았던 그 아가씨 〈Scoorge가 옛날의 애인과 헤어지던 장면을 유령이 보여 주었음〉
• with a porter carrying ~ presents : 크리스마스의 장난감과 선물을 짊어진 남자를 데리고 〈carrying은 현재분사로 a porter를 수식하고 있음〉

모범번역

겨울 난로 옆에 예쁜 젊은 아가씨가 앉아 있었다. 그런데 그 아가씨는 전 장면에서 본 소녀와 너무나 닮아서, 스크루지는 같은 사람이라고 믿었다. 드디어 그는 이제 아름다운 주부가 되어 딸과 마주 앉아 있는 그 부인을 보았다. 그들 주위에는 많은 아이들이 서로 치근덕거리며 밝고 명랑하게 장난치고 있었다. 그 때, 문에 노크 소리가 났다. 그 즐거움의 중심이었던, 얼굴에 웃음을 띠고 있는 어린 소녀는 즉시 문 쪽으로 갔다. 크리스마스의 장난감과 선물을 짊어진 남자를 데리고, 그들의 아빠가 돌아왔다. 기쁨과 감사와 환희의 절정이었다.
스크루지는 이제 전보다 더 주의 깊게 그들을 바라보았다. 딸은 웃으면서 어머니와 함께 아이들이 장난치는 것을 보고 있었다. 그가 만일 (그녀의 어머니와) 결혼을 했었다면 그녀와 같이 우아하고 장래가 촉망되는 처녀가 자기 딸이 되었을지 모른다.

12

A continent can be defined as a large unbroken land mass completely surrounded by water, although in some cases continents are (or were in part) connected by land bridges. A hypothesis first suggested in the late 19th century was that the continents consist of lighter rocks, resting on heavier crustal material, much as icebergs float on water. That the rocks under the oceans, and those forming the continents are lighter than the material below them is now an established fact. In 1912, Alfred Wegener suggested that the continents are slowly moving at a rate of about one meter per century, and that their relative positions are not fixed. Wegener's proposal has come to be known as the theory of continental drift, and is now widely accepted among geologists, although this has not always been the case.

어구풀이

• land mass : 대륙
• land bridge : 서로 다른 대륙을 이어 주는 가늘고 긴 모양의 육지
• hypothesis : 가설
• crustal : 지표면의, 지각의
• established fact : 기정사실
• the theory of continental drift : 대륙 이동설
• A is defined as B : A를 B로 정의하다(→ define A as B)

모범번역

대륙이란 완전히 물로 둘러싸인 커다란, 갈라지지 않은 육지 덩어리로 정의될 수 있다. 어떤 대륙은 가느다란 육지로 연결되어 있지만(혹은 과거에 부분적으로만 연결되어 있었지만). 19세기 후반에 최초로 제안된 가설은 대륙은 보다 가벼운 바위로 구성되어 있고 물에 떠 있는 빙산과 아주 흡사하게, 보다 무거운 지표면의 물질에 기초를 두고 있다라는 것이었다. 대양 밑에 있는 바위와 대륙을 형성하고 있는 바위는 그들 아래의 물질보다 더 가볍다는 것이 현재의 기정사실이다. 1912년에, 알프레드 웨그너는 대륙은 1세기에 약 1미터의 비율로 천천히 이동하고 있고 그들의 상대적 위치는 고정되어 있지 않다고 제안했다. 웨그너의 제안은 대륙 이동설로 알려지게 되었고, 이것이 언제나 사실인 것은 아니지만 지금은 지질학자들 사이에 폭넓게 받아들여지고 있다.

13

But finding the political will to confront a more diffuse, but no less alarming, set of threats is becoming one of the government's biggest worries. The publication of new defense guidelines on June 7 represents an overdue attempt to start redefining Japan's role. The way Japan has chosen to interpret its post-1945 constitution bars it from engaging in the collective use of force to settle international disputes. The Japanese like it that way. Japan's armed forces stay strictly at home, keeping defence costs down and soldiers out of harm's way. The constitution has also helped to reassure neighbours who suffered at the hands of the old imperial army that Japanese militarism is dead and buried.

어구풀이

- diffuse : 분산된
- bar : 금하다
- at the hands of : ~의 손에 의해
- constitution : 헌법
- out of harm's way : 아무런 피해를 입지 않도록

모범번역

그러나 일본 정부는 어느 정도의 위험신호가 있는데도 정치적 의견은 더욱 분열되어 있어서 커다란 걱정이 전체적 두려움으로 옮겨지고 있는 것이다. 6월 7일, 일본 정부는 새로운 국방정책을 발표하였는데 그것은 일본의 역할을 재정의하고자 하는 때늦은 시도였다. 태평양 전쟁 패망(1945년) 이후의 일본의 새로운 헌법은 국제분쟁의 해결을 위하여 군대의 해외파견을 금한다는 해석을 하고 있다. 기꺼이 이 방법을 선택한 것은 병력을 국내에 한정시켜 군사비의 절약과 병사의 살상을 방지코자 한 것이다. 이외에도 그 나라 헌법은 과거 일본 군대의 압제하에 시달려왔던 주변 국가들에게 일본 군국주의가 이미 죽어서 매장되었다는 사실을 확인시켜준다.

14

With several of the world's most dangerous places on its doorstop, Japan is coming painfully and reluctantly to terms with the insecurities of Asia after the Cold War. An unsettled dispute over the Senkaku Islands (called Diaoyu in Chinese), which both China and Taiwan also lay claim to, has given the Japanese an early glimpse of the kind of territorial skirmishes that might crop up. And with every new revelation from the starving and increasingly paranoid regime in Pyongyang, the Japanese have become more aware that North Korea pointed its missile as much at them as at the South Koreans. The Cold War may be over, but the security climate around the region is still chill. In Japanese political circles, the basis of the Cold War strategy — to defend the homeland in the event of an attack by Soviet forces — is now recognised as irrelevant.

어구풀이

- doorstop : 문버팀쇠, 쐐기
- glimpse : 일견
- paranoid : 편집증 환자
- Senkaku islands : 센카쿠 열도
- territorial skirmish : 영토분쟁

모범번역

가장 위험한 세계 몇몇 지역을 바로 문 앞에 두고 있는 일본은 냉전 이후 아시아의 불안정한 상황 속에서 힘겹게 적응해 가고 있다. 중국과 대만 양쪽 모두 자국의 영토임을 주장하고 있기도 한 센카쿠 열도(중국은 댜오위댜오라 함)의 영유권 분쟁은 일본에 지역분쟁이 일어날 것이라는 조짐을 일찌감치 느끼게 하고 있다. 거기에다가 점점 편집증의 태도를 보이고 있는 북한 정권에서 온갖 새로운 내용들이 알려지면서, 일본은 북한이 한국뿐만 아니라 일본을 향해서도 많은 미사일을 배치해 놓고 있음을 더욱 잘 알게 되었다. 냉전은 끝났을지 모르나, 이 지역을 둘러싼 안보기류는 여전히 냉랭하다. 또한 일본의 정치계에서는 이제 소련의 공격으로부터 자국을 방어한다는 냉전 전략의 근거가 현실성이 없음을 인식하게 되었다.

15

But the old man only heard these words, "We are selling the land," and he cried out and he could not keep his voice from breaking and trembling with his anger, "Now, evil, idle sons — How dare you sell the land!" He choked and would have fallen, and they caught him and held him up, and he began to weep. Then they soothed him and they said, soothing him. "No⋯no⋯we will never sell the land⋯."

"It is the end of a family — when they begin to sell the land," he said brokenly. "Out of the land we came and into it we must go — and if you will hold your land you can live — no one can rob you of the land⋯." And the old man let his scanty tears dry upon his cheeks and they made salty stains there. And he stooped and took up a handful of the soil and he held it and he muttered, "If you sell the land, it is the end."

어구풀이

- He would have fallen = He would have fallen (if they had not caught him)
- keep(stop, prevent, hinder)+O+from ~ing : O가 ~하는 것을 못하게 하다
- choke : 숨이 막히다, 질식하다
- say brokenly : 띄엄띄엄 말하다
- soothe : 달래다, 진정시키다
- out of = from

그러나 그 노인(Wang Lung)은 "땅을 판다"라는 말만 들려와도(다른 말은 들리지 않고) 소리를 버럭 질렀다. 그는 목소리가 갑자기 갈라지고 분노로 몸이 떨리는 것을 억제할 수가 없었다. "이 사악하고 게으른 놈들, 땅을 팔다니!" 그는 목이 메었고 아마 쓰러졌을 것이다(아이들이 부축하지 않았더라면). 그러나 아들이 그를 붙잡아 부축하였다. 그는 울기 시작하였다. 그러자 그들은 아버지를 위로하면서 말을 이었다. "아닙니다…아네요…절대로 땅을 팔지 않겠습니다…."

"집안이 끝장나는 거야…땅을 팔기 시작한다면," 하고 그는 띄엄띄엄 말을 이었다. "우리는 땅에서 나서 다시 땅 속으로 들어가야 한다…. 그러므로 너희들이 땅을 가지고 있으면 살 수가 있다…. 땅은 아무도 훔쳐 가지 못한다." 노인은 가느다란 눈물 줄기가 그의 뺨에 흐르다가 말라 붙어 소금기 있는 자국을 내도록 내버려 두었다. 그는 허리를 굽혀 흙을 한 줌 집어 들고 중얼거렸다. "땅을 판다면, 끝장나는 거다."

16

My best school report was in the first grade from Mrs. Varulo. First, she told my parents about my amazing physical energy: "Lisa never tires of chasing and punching her classmates." Next, she praised my class participation and active, questioning mind: "After every instruction — even one as simple as 'Please take out your pencils'— Lisa asks 'Why?'" Mrs. Varulo was so impressed with my vocabulary that she commented, "I don't know where Lisa has picked up some of the word she uses, certainly not in my classroom." Somehow she even knew I would become a famous fiction-writer. "More than any other student I have ever had," she wrote. "Lisa is a born liar."

어구풀이

• punch : 때리다
• pick up : (언어 따위를) 묻고 기억하다, 주워듣는다
• questioning : 의심 많은, 캐묻는
• a born liar : 타고난 (천성적인) 거짓말쟁이

나의 가장 좋은 성적표는 1학년 때 밸룰로 선생님에게서 받은 것이었다. 먼저, 선생님은 우리 부모님에게 나의 놀라운 신체적 활동력에 관해 말했다. "리사는 자기 반 친구들을 쫓아가 때려주는 데 지치는 일이 없어요." 다음으로 선생님은 나의 수업 참여와 적극적이고 캐묻는 정신을 칭찬했다. "지시를 할 때마다 심지어는 '연필을 꺼내라'와 같은 간단한 지시에조차 리사는 '왜요?'라고 묻는답니다." 밸룰로 선생님은 내 어휘에 무척이나 감명을 받아서 "나는 리사가 쓰는 말 중 어떤 말은 어디서 주워들었는지 모르겠어요. 분명히 제 반에서는 아닐 텐데."라고 논평했다. 어쨌든 선생님은 심지어 내가 유명한 소설가가 되고 싶어한다는 것도 알고 있었다. 선생님은 이렇게 썼다. "리사는 내가 겪은 어떤 학생보다 뛰어난 거짓말쟁이다."

17

In the beginning, there was the "first wave," the feminists of the late 19th and early 20th centuries who fought for women's suffrage. Then there was the second wave, the feminists of the 1960's and 1970's who fought for equality before the law and equality of opportunity. These two waves destroyed, at least in the West, the old belief that women were unsuited to many activities performed outside the home. Not long ago, it was argued without embarrassment that if a man was paid more than a woman for doing the same job, it was because he had a family to support; that if a stewardess was fired at the age of 30, she shouldn't want to be flying anyway; and that women just weren't cut out to be cops or marathon runners.

어구풀이

- feminist : 여권 주창자, 여권론자
- unsuited : 부적당한
- cop : 경찰관
- suffrage : 투표, 투표권
- without embarrassment : 아무렇지도 않게

모범번역

처음에 "제1의 물결"은 여성의 참정권을 위해 투쟁했던 19세기 말부터 20세기의 초까지의 여권 운동가들이었다. 다음으로 이어진 제2의 물결은 법의 평등과 기회균등의 권리를 쟁취하기 위해 투쟁했던 60년대와 70년대의 여권 운동가들이었다. 두 번에 걸친 이러한 투쟁으로 최소한 서양에서는 여성들의 가정 밖에서의 활동에 적합하지 않다는 전통적 인식이 바뀔 수 있었다. 얼마 전까지만 해도 세간에서는 남성이 가족 부양을 이유로 여성과 같은 직업에 종사해도 더 많은 보수를 받으며, 비행기 여승무원이 나이 30세에 해고되면 더 이상 비행기 탈 생각은 말아야 하며, 여성은 경찰관이 되거나 마라톤 주자로 뛸 수 없다고 하는 말들이 거리낌 없이 이야기되었다.

18

Consider, first, the uncertainty of scientists about the extent of global warming. Despite recent advances science still understands little about the world's climate, a system that depends on a huge range of variables, with causation flowing from every direction. Most scientists agree that, provided that other variables remain the same, big increases of carbon dioxide will boost temperatures. But the extent of the boost is widely disputed. And nobody can predict whether other variables will remain the same. Some scientists reckon that rather than just growing gradually warmer, the climate may become subject to sudden lurches. That makes it even harder for countries to prepare for climate change. The Intergovernmental Panal on Climate Change, the body of scientists studying global warming, reckons that a doubling of carbon in the atmosphere could lead to a temperature rise of anywhere between 1.5℃ and 4.5℃.

어구풀이

- global warming : 지구 온난화
- variables : 변수
- carbon dioxide : 이산화탄소
- lurch : 비틀거림
- extent : 범위
- flowing : 흐르는
- boost : 상승(시키다), 증가(시키다)
- atmosphere : 대기, 공기

모범번역

첫째로, 지구 온난화의 범위에 관해서 기상학자들도 확실히 모르고 있다는 점을 고려해야 한다. 최근의 과학이 많이 발달했지만 인과 관계가 변화무쌍하고 방대한 범위의 변수에 의존하는 기후 체계에 대해서는 과학자들도 아는 것이 거의 없다. 여러 가지 변수가 동일한 조건이라면 이산화탄소가 크게 증가하면 지구 온도가 상승한다는 이론은 과학자 거의 모두가 인정하고 있다. 그러나 온난화 촉진의 범위에 대하여는 논쟁이 분분하다. 다른 변수가 변하지 않고 그대로 있을지 여부는 아무도 모르기 때문이다. 일부 학자는 지구 온난화가 점진적으로 일어나기보다는 오히려 급격한 기온 상승이 일어날지도 모른다고 생각하고 있다. 그렇게 되면 세계 여러 나라들은 기후 변화에 대비하기가 더 어려워질 것이다. 이와 같은 상황에서 지구 온난화의 학술단체, IPCC는 대기 중의 이산화탄소가 배가하는 경우, 지구의 온도는 1.5~4.5℃ 상승할 것이라고 발표하였다.

19

The second thing that is different about the current round of globalization could change it. Its aim is to pit all of a firms' resources, wherever they are, against its competitors. That means not only moving production facilities around to benefit from the quickest brains or the cheapest hands, but also breaking down internal barriers for the free acceptance of people and, particularly, of ideas. The "multicultural multinational," as some are calling this new animal, is based on two ideas about modern business life.

First, that innovation is the key to success. An organization that relies on one culture for its idea and treats foreign subsidiaries as dumb production-colonies might as well hire subcontractors. Second, that technology is slowly making the world seem smaller. It is now possible for software writers in Bangalore and Palo Alto to work together on programs, even if the programs then have to be specially tailored for local markets.

어구풀이

- pit against : ~에 대항하다
- subcontractor : 하청업자
- subsidiary : 자회사
- Palo Alto : 미국 캘리포니아 실리콘 밸리 근처의 도시

모범번역

두 번째는 현재 진행되고 있는 국제화의 성격을 변화시키는 별도의 국면을 들 수 있다. 그 목표는 기업이 경쟁자와 맞서서 모든 자원을 장소 여하를 불문하고 동원하는 것이다. 이것은 생산설비를 이동시켜 우수한 두뇌 및 값싼 노동력으로 수익을 올리려는 것과 함께 인재, 특히 기업 아이디어 수용의 제한을 없애고 자유롭게 포용하자는 것이다. 신종 괴물이라고 일컫는 '다문화 다국적 기업'은 현대 기업경영의 두 가지 개념으로부터 도입된다. 첫 번째는 기술혁신이 성공의 길잡이라는 것이다. 그래서 기업은 자국문화에 집착하는 이념으로 외국 자회사를 식민지적 종속 생산체제로 운영한다면 하청관리의 성격과 같게 된다. 두 번째는 기술력이 천천히 세계를 가깝게 만들고 있다는 것이다. 미국 팰라 앨토 지역이나 인도의 뱅골로 지역에서 소프트웨어 제작자들의 프로그램 공동 작업이 가능하며 이 프로그램은 각 현지시장에조차 통용될 수 있다.

20

Yet today's global firms are much more significant than their predecessors, for two reasons. One is that there are so many of them. The number of "transnational corporations" in the world's 14 richest countries has more than tripled in the past 40 years, from 7,000 in 1969 to 24,000 today, according to the United Nations Conference on Trade and Development. The world now boasts a total of 37,000 transnational companies, which control about a third of all private-sector assets, and enjoy worldwide sales of about $ 5.5 trillion — slightly less than America's GDP last year. American firms' revenues from manufacturing abroad are now twice their export earnings. This all adds up to an impressive array of dots on the map. Yet many dots may be no more than distribution or assembly points for products manufactured in the home country.

어구풀이

- transnational : 다국적
- asset : 자산
- earning : 수익
- dot : 점
- boast : 자랑하다
- revenue : 수입
- array : 배치

모범번역

그러나 오늘날의 세계화 기업들은 두 가지 이유에서 과거의 기업들보다 그 의미가 한층 돋보이게 되었다. 첫째 이유는 다국적 기업의 수가 너무 많다는 것이다. 유엔 무역개발기구(UNCTAD)의 자료에 의하면 14개 선진국들이 보유한 다국적 기업의 수는 69년의 7,000개에서 현재 24,000개로 과거 40년간 3배나 증가하였다. 현재 전 세계의 다국적 기업 수는 37,000개로서, 민간부문 자산의 약 1/3을 지배하고 있고 전 세계적으로 약 5조 5천억 달러를 벌어들이고 있는 것이다. 이는 지난 해 미국 GDP의 1/3에 약간 못 미치는 액수이다. 현재 미국기업이 해외 제조공장에서 벌어들이는 수입은 미국 수출액의 두 배나 된다. 이와 같이 모든 기업들은 세계 지도위에 많은 거점을 확보하고 있으나 그중 많은 부분이 자국제품의 유통이나 조립을 위한 거점에 불과하다.

21

In the interest of welcoming a new era of globalization, the Korea Herald is organizing an "English Camp for Children" for students who wish to familiarize themselves with international culture.

We are inviting children from various countries as well as Korean nationals to participate in this event to help them overcome their different backgrounds and cultures and understand one another by letting them spend several days together at the camp. We hope to be able to provide the future generation with a sense of accomplishment by enabling them to build self-confidence as well as giving them a sense of unity with one another through this global experience.

- in the interest(s) of : ~하기 위하여, ~을 위해
- national : 국민(의 일원)
- a sense of accomplishment : 성취감
- familiarize oneself with : ~에 익숙하다, 익숙케 하다, 정통하다(= be familiar with)
- globalization : 세계화
- participate in : 참가하다(= take part in)

모범번역

세계화의 새 시대를 환영하기 위해서, 코리아 헤럴드는 국제 문화에 친숙해지고 싶어 하는 학생들을 위해 "어린이 영어 캠프"를 만들려 하고 있습니다.

우리는 한국 어린이뿐만 아니라 각국의 어린이들이 며칠 동안 함께 생활하게 함으로써, 서로 다른 배경과 문화의 차이를 극복하고 서로서로를 이해할 수 있도록 이 행사에 어린이들을 초대하고자 합니다. 우리는 이번 지구촌의 경험을 통해 상호 간에 일치감을 심어줄 뿐 아니라, 그들에게 자신감을 갖게 함으로써, 미래 세대에게 성취감을 제공할 수 있기를 희망합니다.

22

I'm waiting for my blind date. He appears, sees me, and comes close to me. In a second his brow relaxes, and his eyes brighten. Why is this man suddenly so cheerful? I already know the reason: it's because I'm pretty. And does this little scene make me feel great? Well, yes. But I'm used to it. I've been pretty most of my life. I know this because people tell me — both directly and in more subtle ways. There is no denying the effect of my good looks. As I walk by, men turn and react appreciatively. I haven't figured out why my looks appeal, but I can't escape this kind of attention.

어구풀이

- blind date : (제삼자의 주선에 의한) 모르는 남녀 간의 데이트 혹은 그 상대, 소개팅
- in a second : 금방, 순간적으로
- in a subtle way : 은근하게, 미묘하게
- There is no denying the effect of my good looks. : 나의 미모의 효과를 부인할 수 없다(= it is impossible to deny ~).

모범번역

나는 소개팅 상대를 기다리고 있다. 그가 나타나서 나를 바라보며 가까이 다가온다. 금방 그의 이마가 펴지고 그의 두 눈이 빛난다. 이 남자가 왜 갑자기 생기가 도는 걸까? 나는 이미 그 이유를 알고 있다. 내가 예쁘기 때문이다. 그러면 이 사소한 장면이 나를 우쭐하게 만드는가? 그렇다. 그러나 나는 이런 것에 익숙하다. 난 언제나 예뻤다. 사람들이 내게 직접적으로 그리고 보다 은근하게 말해주기 때문에 안다. 내 미모의 효과를 부인할 수 없다. 내가 걸어가면 남자들이 돌아보며 내 미모의 진가를 인정한다는 반응을 보인다. 나는 왜 나의 미모가 사람들의 마음을 끄는지 알 수 없지만, 이런 사람들의 관심에서 벗어날 수 없다.

23

I missed the sense of equality with better-educated men. I had, no doubt, what we nowadays call an inferiority complex. Therefore I accorded college men a deference they didn't always deserve. Foolish, you say. Yes, but it was a handicap. It would have been worth a good deal to me, not in dollars and cents, but in self-assurance, if I could have had the inward feeling that my cultural background and my intellectual training were as good as anyone's. A college diploma may not help him get ahead in business but give a young man the confidence that he has no cultural or social deficiencies. It is not a trivial thing after all.

어구풀이

- inferiority complex : 열등감
- deference : 존경, 경의
- get ahead in business : 사업으로 성공하다
- accord : 주다, 수여하다(= bestow)
- diploma : 졸업장
- It would ~ I could have had 〈가정법 과거완료〉

모범번역

나는 보다 나은 교육을 받은 사람들(대학 졸업자들)과 대등한 감정을 가질 수 없었다. 나는 분명히 시쳇말로 열등감을 가지고 있었다. 그래서 대학 졸업자들에 대해서 언제나 받을 가치가 있는 것은 아닌 존경심을 품고 있었다. 당신은 그것은 어리석은 일이라고 말할 것이다. 그렇다. 하지만 대학을 나오지 못한 것은 (내게는) 걸림돌이었다. 만일 내가 나의 교양적 배경과 지적 교육이 어떤 사람에게도 꿀리지 않는다는 내적 감정을 가질 수만 있었다면, 그것은 내게는 금전상으로는 아니지만 자신감에 있어서 큰 가치가 있었을 것이다. 대학 졸업장은 젊은이에게 그의 사업 발전에 도움을 주지 못하겠지만 그에게 교양적 결함이나 사회적 결함이 없다는 자신감을 심어 주므로 결코 사소한 일은 아니다.

24

You are quite right in suggesting that science must be supplemented by philosophy if the means that science gives us are to be used for worthwhile ends. Many people today think that philosophy is useless compared with science, because it cannot be applied in the production of things. But philosophical knowledge is useful in a quite different and in my judgment, superior way. Its utility is moral, not technical. Where science furnishes us with means we can use, philosophy directs us to ends we should seek.

어구풀이

- supplement : 보충(보완)하다
- in my judg(e)ment : 내 판단으로는
- as (it is) compared ~ science : 과학과 비교해 볼 때
- utility : 유용(성), 효용

모범번역

만일 과학이 제공하는 수단이 가치 있는 목적을 위해 사용되려면, 과학은 철학으로 보완되어야 한다는 당신의 제안은 옳다. 오늘날 많은 사람들은 철학이 과학과 비교해 볼 때 물건 생산에 응용될 수 없기 때문에 쓸모없다고 생각하고 있다. 그러나 철학적 지식은 전혀 다른 면에서, 내 판단으로는, 더 우수한 면에서 유용하다. 철학의 효용성은 기술적인 것이 아니라 도덕적인 것이다. 과학은 우리에게 이용할 수 있는 수단을 제공하지만, 철학은 우리가 추구해야 할 목적으로 인도해 준다.

25

Human environmental interference has halted the approach of a new ice age and will mean a warmer global climate, a local researcher has said. Among the possible consequences, Professor David G. Bridges believes, will be a shrinking of the Great Lakes and inland water, a northward shift of the agricultural belt into Canada, and melting of glacial ice that could raise ocean levels. A future increase of atmospheric carbon dioxide, caused by the burning of coal, oil, and gas, will be an overwhelming weather influence. The effect of this use of fossil fuels will be a drier Midwest climate with drastic effects on agriculture, commerce, and recreation. "After overpopulation and the shortage of food this is probably the most serious problem mankind faces," Professor Bridges said.

어구풀이

- interference : 방해, 훼방
- shrink : 줄어들다, 움츠리다
- carbon dioxide : 이산화탄소
- drastic : 격렬한, 맹렬한
- be responsible for : ~을 책임지다

- consequence : 중요함, 결과
- glacial : 얼음의, 빙하의
- overwhelming : 압도적인
- shortage : 부족

모범번역

인간의 환경파괴는 새로운 빙하기의 접근을 저지하였으며 지구의 온난화를 초래할 것이라고 한 지방 연구원이 말했다. 데이비드 G. 브리지 교수는 발생 가능한 결과 중의 하나로 오대호(Great Lakes) 및 내수면이 말라붙어 줄어들고, 경작가능권이 캐나다까지 북쪽으로 이동할 것이며 빙하가 녹아서 해수면이 높아지는 현상이 올 것으로 믿고 있다. 석탄, 석유 및 천연가스의 연소로 인하여 발생되는 대기 중 이산화탄소의 증가는 기후에 엄청난 영향을 끼칠 것이다. 이러한 화석원료 사용의 결과로 중서부의 기후는 건조해지고 그로 인해 농업, 상업 및 여가 활동에 지대한 영향을 끼칠 것이다. "인구과잉과 식량부족 다음으로 아마 이것이 인류가 당면한 가장 심각한 문제일 것이다."라고 브리지 교수는 말했다.

26

Unfortunately, such a stay-at-home approach to national security cannot help Japan defend itself from newer threats to its well-being. A suicidal thrust by a collapsing North Korean dictatorship, for instance, would require Japanese forces to venture farther afield. No matter how crude, missiles bearing nuclear or biological warheads would have to be hunted down and destroyed in their launching sites. This is what Bill Clinton was hinting at in April 1996, when he broached the idea of expanding the security pact between Japan and America. The two countries promised then to renew their agreement of defence co-operation and give Japan a great role. The result of the careful deliberations of more than a year has now been made public.

어구풀이

- suicidal thrust : 자멸적 공격
- warhead : 탄두
- broach : 발의하다
- hunt down : 추적하여 잡다
- launching site : 발사기지
- deliberation : 숙고

모범번역

불행하게도 일본의 안보에 대한 쇄국적 접근방식은 앞으로 있을 위협으로부터 자국의 안녕질서를 지키는 데 아무런 도움을 주지 못한다. 예컨대, 북한 독재주의 정권이 자멸적 공격을 가해 올 경우 일본은 국외 전쟁터의 위험 속에 들어갈 수밖에 없다. 아무리 조잡하게 만들어졌을지라도 그들의 핵탄두 또는 화학미사일은 발사기지에서 추적 격추되어야 할 것이다. 이것이 바로 96년 4월에 미국 클린턴 대통령이 미ㆍ일 간의 새로운 안전보장 협정 의사를 발표하였을 때 그가 암시하고 있었던 내용인 것이다. 이 당시, 두 나라는 군사협력의 새로운 협정 안에서 일본의 보다 큰 역할 분담을 검토할 것에 합의한 것이다. 그 결과는 1년 이상의 신중한 검토 끝에 공개되었다.

27

It seems to me that zest is the most universal and distinctive mark of happy men. Perhaps the best way to understand what is meant by zest will be to consider the different ways in which men behave when they sit down for a meal. There are those to whom a meal is merely a bore. There are invalids who eat from a sense of duty and there are epicures and gormandizers. Finally there are those who begin with a sound appetite, are glad of their food, eat until they have had enough, and then stop. Those who are set down before the feast of life have a similar attitude towards the good things which it offers. The happy man corresponds to the last of these types. What hunger is in relation to food, zest is in relation to life.

어구풀이

- zest : 강한 흥미, 열정
- epicure : 식도락가, 미식가
- gormandizer : 대식가
- correspond to ~ : ~와 일치하다(= be in agreement with)
- what hunger ~ to life : 굶주림과 음식의 관계는 열의와 인생의 관계와 같다
  〈What(As) A is to B, that(so) C (is) to D = C is to D what(as) A is to B〉

모범번역

내 생각에는 열의가 행복한 사람들의 가장 보편적이고 가장 두드러진 표시인 것 같다. 아마도 열의의 뜻을 이해할 수 있는 가장 좋은 방법은 식탁 앞에 앉았을 때 취하는 각기 다른 행동을 비교해 보는 것일 것이다. 식사가 그저 지루한 일인 사람들도 있고 의무감에서 할 수 없이 식사를 하는 환자들도 있고, 식도락가들과 대식가들도 있다. 그리고 끝으로 건전한 식욕으로 시작해서 즐겨 식사를 하고 충분히 먹고 나면 수저를 놓는 사람들이 있다. 인생이란 향연 앞에 앉아 있는 사람들은 인생이 제공하는 좋은 물건에 대해서 이 식탁에서와 비슷한 태도를 보여 준다. 행복한 사람은 이들 음식을 먹는 여러 유형들 중 마지막에 해당된다. 굶주림과 음식의 관계는 열의와 인생의 관계와 같다.

28

The work that goes into the making of such a home, however, is tremendous. Neither the home nor the things in it are fully paid for. The young wife often works at the beginning of her marriage so that they can get started on the payment of their debts. She may also have to get a job later on as well, so that she and her husband can keep up the payments on the things they have bought, or so that they can be replaced when obsolete or worn out. The high American standard of family living also means a high standard of work or working hard without letup.

어구풀이

- be full paid for : 완불되다
- keep up the payment : 정기적으로 갚아 나가다
- neither A nor B : A도 B도 아니다

- later on : 나중에
- letup : 중단, 쉼

모범번역

그러나 그러한 가정을 꾸미는 데 들어가는 노력은 엄청나다. 집도, 그 안에 있는 물건도 그 값을 완전히 다 지불한 것이 아니다. 젊은 아내는 종종 빚을 갚아 나가기 위해 신혼 초에 직장에 나간다. 또한 그 후에도 그들이 (외상으로 산) 물건값을 계속 갚기 위해서 혹은 안 쓰게 된 물건이나 낡은 물건을 교체하기 위해서 계속 직장을 가져야 할 경우도 있을 것이다. 미국의 높은 수준의 가정생활은 또한 높은 수준의 일이나 쉬지 않고 열심히 일하는 것을 의미한다.

29

The Secondary Schools are still organized into three main types — Grammar, Technical, and Modern — but the number of Comprehensive Schools is increasing quite rapidly. The functions of the Grammar and the Technical Schools are easy to define. The Grammar School, which accepts about 20 percent of the most intellectually able children, provides an academic course that leads the best students to study at a university or some other establishment of higher education. It is the school for the intellectual elite. The Secondary Technical School offers courses that leads toward some occupation or group of occupations, the most common being engineering for boys and commercial subjects for girls.

어구풀이
- Secondary School : (영) 중등학교(미국의 high school, 우리나라의 중·고등학교 따위)
- Secondary Technical School : (영) 중등 실업 학교
- Secondary Modern School : (영) (실업 교육도 실시하는) 신(新) 중등 학교
- Grammar School : (영) 대학진학의 예비과정으로 public school과 비등한 중등학교

모범번역
영국의 중학교(Secondary School)는 여전히 3개의 주요 형태로 조직되어 있다. 즉, 그래머 스쿨(Grammar School), 중등 실업 학교(Secondary Technical School), 신(新) 중등 학교(Secondary Modern School)가 그것이다. 그러나 종합 중등 학교(Comprehensive Schools)의 수도 급격히 증가하고 있다. 그래머 스쿨과 중등 실업 학교의 기능은 정의하기가 쉽다. 가장 지적 능력이 높은 아이들의 약 20%를 수용하는 그래머 스쿨은 가장 우수한 학생들에게 대학이나 다른 고등 교육 시설에서 공부할 수 있게 이끌어 주는 인문과정을 제공한다. 그것은 지적 엘리트를 위한 학교이다. 중등 실업 학교는 직업이나, 직업군(群)으로 이끌어 주는 과정을 제공하고 있는데, 가장 일반적인 과정은 남학생에게는 공학이고 여학생에게는 상업교과이다.

30

But as you near the equator, the weather becomes more permanently summery. There are flowers and green leaves all year long, which is why the tropics are considered a kind of paradise by many. Think about this: If we can escape to a tropical island during a northern winter, we owe our vacation to the round shape and sideway tilt of our planet. Why? The northern and southern hemispheres, as they curve away, bear the brunt of the Earth's tilt. For a part of the year, New York broils in the sun. For another part, it shivers under a load of snow and freezing rain and wind. In between, it enjoys the milder weather of spring and fall. But those near the Earth's bulging middle aren't as affected by the tilt. The middle of the Earth doesn't lean sharply away from the sun for part of the year and toward it the next. Places near the equator get good, strong sunlight year round.

- equator : 적도
- the tropics : 열대지방
- sideways : 옆으로 향한, 옆으로의
- tilt : 기운 상태, 경사(= slant)
- hemisphere : (지구 · 하늘의) 반구, 범위, 영역
- bear the brunt of : ~의 공격에 정면으로 맞서다. 여기서는 '가장 영향을 강하게 받다' 의 의미
- which is why ~ : 그리고 그것이 바로 ~한 이유이다. 〈why는 관계부사, 그 이하는 명사절로 is의 주격보어〉
- We owe ~ planet : 지구의 모양이 둥글고 비스듬히 기울어져 있는 덕분이다(owe ~ to)

모범번역

그러나 적도로 가까이 갈수록 기후는 점점 상하(常夏)의 날씨가 된다. 일년 내내 꽃과 푸른 잎들이 무성해서 대다수 사람들은 열대지방을 낙원이라 생각한다. 생각해 보라. 북반구가 겨울인 동안 우리가 열대의 섬으로 가서 혹한을 벗어날 수 있다면 그것은 지구의 모양이 둥글고 비스듬히 기울어져 있는 덕분이다. 왜 지역에 따라 계절이 이렇게 다를까? 북반구와 남반구는 (적도에서 멀어지면서) 만곡을 형성하고 있어서 지구가 경사진 것의 영향을 가장 많이 받는다. 뉴욕에선 일년 중 어느 기간에는 햇볕이 작열하는 뜨거운 날씨가 된다. 또 다른 기간에는 쌓인 눈과 차가운 비바람에 추워서 떨게 된다. 정반대인 두 계절 사이에 온화한 날씨인 봄과 가을이 있다. 그러나 불거져 나온 적도에 가까운 지역은 지구가 기울어진 것의 영향을 크게 받지 않는다. 즉, 지구 중간 지역은 연중 어느 때에는 태양 주위에서 급격히 멀어지다가 그 다음에는 가까워지거나 하지 않는다. 그래서 적도 인근 지방은 연중 강한 햇볕이 내리쬔다.

31

Selene, the moon goddess, loved to visit Mount Latmus; in fact, the mountain belonged, in some sense, to her. It was her influence that made everything there so quiet, and beautiful. One night, when she had come down from her place in the sky for a walk through one of the flowery meadows of Mount Latmus, she found Endymion there asleep. The shepherd looked as beautiful as any flower on the mountain, or as the swans which were floating in the lake near by, with their heads tucked under their wings. If it had not been for his regular breathing, Selene would have believed that she stood looking at a marble statue. There, at a little distance, lay his sheep and goats, unguarded, and liable to be attacked by wild beasts. "Oh, Endymion was a very careless shepherd! That was the effect of the air on Mount Latmus."

어구풀이

- in some sense : 어떤 의미로는
- steal down from : ~에서 몰래 내려오다
- at a little distance : 조금 떨어진 곳에
- liable to : ~하기 쉬운
- It was her influence that made ~ : It be ~ that 강조구문, 주어인 her influence가 강조되고 있음 → Her influence made ~
- looked as beautiful as any flower ~ or(he looked as beautiful) as the swans ~ : 어느 꽃이나 어느 백조에 못지않게 아름답게
- with their heads tucked ~ : 〈부대상황〉 with+명사+p.p.
- That was the effect ~ : 이때 that은 [목동이 아름다운 것과 양이나 염소를 팽개친 채, 잠들고 있다는 사실]을 받고 있음

모범번역

달의 여신인 셀레네는 랏무스 산을 방문하기를 좋아했다. 사실, 그 산은 어떤 의미로는 그녀의 것이었다. 그곳의 모든 것을 그렇게 조용하고, 아름답게 만든 것은 그녀의 영향이었다. 어느 날 밤 그녀가 랏무스 산의 꽃이 만발한 풀밭에 산책하러 하늘에 있는 그녀의 장소에서 몰래 내려왔을 때, 그녀는 엔디미온이 그곳에 잠들어 있는 것을 발견했다. 그 목동은 그 산에 피어 있는 어느 꽃 못지않게 아름답게 보였고, 머리를 날개 속에 박고 근처 호수에 떠다니는 어느 백조 못지않게 아름다워 보였다. 만일 그의 규칙적인 숨소리가 없었더라면, 대리석 조상을 보며 서 있는 것으로 믿었을 것이다. 조금 떨어진 곳에 그의 양과 염소가 무방비 상태로 언제 야수의 공격을 받을지 모른 채 (풀을 뜯고) 있었다. "오, 엔디미온은 아주 부주의한 목동이구나! 이게 모두 랏무스 산의 공기의 탓이었어."

32

On the first day, I should want to see the people whose kindness and companionship have made my life worth living. I do not know what it is to see into the heart of a friend through that "window of the soul," the eye. I can only "see" through my finger tips the outline of a face. I can detect laughter, sorrow, and many other obvious emotions. I know my friends from the feel of their faces. How much easier, how much more satisfying it is for you who can see to grasp quickly the essential qualities of another person by watching the subtleties of expression, the quiver of a muscle, the flutter of a hand. But does it ever occur to you to use your sight to see into the inner nature of a friend? Do not most of you grasp casually the outward features of a face and let it go at that?

어구풀이

• companionship : 우정, 우의
• subtlety : 미묘함
• How much easier, how much more ～ it is for you～ to grasp～ : 〈it은 가주어, for you ～ to V는 진주어, easier, satisfying은 is의 주격보어〉
• does it occur to you to use ～ : ～라는 생각이 떠오르다 〈it은 가주어, ～진주어〉
• let it go at that : 그대로 내버려 두다

모범번역

첫날에는, 나는 그들의 친절과 우정으로 나의 인생을 살 가치가 있게 만들어 준 사람들을 보고 싶어 할 것이다. 나는 "영혼의 창문"인 눈을 통해서 친구의 마음을 들여다보는 것이 어떤 것인지를 알지 못한다. 나는 단지 손가락 끝을 통해서 얼굴의 윤곽을 "볼" 뿐이다. 나는 웃음과, 슬픔과 다른 많은 명백한 감정만을 탐지할 수 있다. 나는 얼굴에 대한 느낌으로 내 친구를 안다. 볼 수 있는 당신이 표정의 미묘함, 근육의 떨림, 손짓을 지켜봄으로써 다른 사람들의 기본적인 자질을 재빨리 파악하는 것은 얼마나 훨씬 더 쉽고, 얼마나 훨씬 더 만족스러운가. 그러나 친구의 속마음을 알아보기 위해 당신의 시각을 이용해 보자는 생각이 떠오르지 않는가? 여러분 대부분은 얼굴의 외모만을 슬쩍 보고 그대로 지나치지 않는가?

33

In all of these efforts it is important to understand that more is at stake than the preservation of exotic creatures. In fact, these creatures —mutually interrelated components of the biosphere — are indispensable to human existence; man's future will unquestionably be influenced by the measures he takes, or fails to take, to conserve them. Man alone in all of creation has the power of rational thought; yet he has consistently used this power to advance his own short-term interests. The crucial test is whether he will gain the wisdom to take the longer view; whether he will ever appreciate that ecological anarchy is likely to be as disastrous to the human race as to other life forms.

어구풀이

• at stake : 문제가 되어, 위험에 처하여(= depend on what happens at risk)
• biosphere : 생활권, 생물권
• ecological anarchy : 생태학적 무질서
• more is at stake ~ creatures : 색다른 생물을 보존하는 것보다 더 많은 것이 문제가 되어 있다 〈more가 주어〉

모범번역

모든 이러한 노력에 있어서 색다른 생물을 보존하는 것보다 더 많은 것이 문제라는 것을 이해하는 것이 중요하다. 사실 생물권의 상호 밀접한 관계를 맺고 있는 구성 성분인 이 생물들은 인간 생존에 필수 불가결한 존재이다. 인간의 미래는 틀림없이 이러한 생물을 보존하기 위해 대책을 강구하느냐, 대책을 강구하지 못하느냐에 영향을 받을 것이다. 모든 창조물 중에서 인간만이 이성적인 사고력을 가지고 있다. 그러나 인간은 시종일관 자기 자신의 단기적인 사리사욕을 채우기 위하여 이 힘을 행사해 오고 있다. 결정적 중요한 시험은 인간이 보다 장기적인 안목으로 앞을 내다보는 지혜를 획득하느냐와 생태학적 무질서가 다른 생물류들에 대해서와 마찬가지로 인류에게도 재난을 가져올 것이라는 것을 절실하게 인식할 것인가에 달렸다.

34

Today it is not easy to imagine what the church meant to the people of that period. Only in some old villages in the countryside can we still get a glimpse of its importance. The church was often the only stone building in the neighbourhood; it was the only considerable structure for miles around, and its steeple was a landmark to all who approached from afar. On Sundays and during services all the inhabitants of the town might meet there, and the contrast between the lofty building with its paintings and carvings and the primitive and humble dwellings in which these people spent their lives must have been overwhelming. Small wonder that the whole community was interested in the church and took pride in its decoration.

어구풀이

- get(catch) a glimpse of : ~을 힐끗(얼핏)보다, 일별하다
- landmark : (토지의) 경계표
- take pride in : ~을 자랑하다(= be proud of, pride oneself on)
- (It is) Small wonder that ~ : (거의) 놀랄 일이 아니다, (거의) 당연하다
- steeple : (교회·사원 등의) 뾰족탑
- service : 예배, 의식
- must have p.p. : ~이었음에 틀림없다

모범번역

오늘날 교회가 그 당시 사람들에게 무엇을 의미했는지를 상상하기는 쉽지 않다. 단지 시골의 오래된 마을에서만 지금도 그것의 중요성을 어렴풋이 짐작해 볼 수 있다. 교회는 종종 그 근방에서는 유일한 석조 건물이었다. 교회는 주변 수마일 내에서 유일한 중요한 건물이었고 그것의 첨탑은 멀리서 오는 모든 나그네들의 이정표였다. 일요일과 예배가 있을 때는 온 마을 사람들이 그곳에서 만났고, 그림과 조각이 장식되어 있는 높다란 교회 건물과 마을 사람들이 그들의 생애를 보내는 원시적이고 초라한 집들은 엄청난 대조를 이루고 있었음에 틀림없다. 전 마을이 교회에 관심을 갖고 있었고 그것의 장식에 대해 자부심을 가지고 있었던 것은 거의 당연한 일이었다.

35

Dating has an important role in educational and social maturation. Boys and girls benefit from this experience, provided that it is not carried on to the exclusion of all others. The individual who has a reasonably comprehensive dating experience during his formative years tends to broaden his experience, enrich his personality, gain poise and balance, increase his ability to adjust to others under varied circumstances, reduce his emotional excitement on meeting or associating with those of the opposite sex, enhance his ability to judge others objectively and sensibly, add to his prestige among those of his own age and obtain a wider acquaintance from which a mate may be selected.

어구풀이

- maturation : 성숙, 원숙
- to the exclusion of : ~을 제외하고
- formative years : (인격) 형성기, 성장기
- poise : 안정, 평정
- provided (that) = if, if only(= providing(that)) 〈무인칭 독립분사 : 접속사 대용〉

모범번역

데이트는 교육적, 사회적 성숙에 중요한 역할을 한다. 소년과 소녀들은, 데이트가 다른 모든 것을 배제한 채 지속되지만 않으면 이 경험에서 이득을 취할 수 있다. 그의 성장기 동안에 알맞은 정도의 폭넓은 데이트 경험을 가지고 있는 개인은 그의 경험을 넓히고, 그의 개성을 풍요롭게 하고, 안정과 균형을 얻고, 다양한 환경하에서 다른 사람들에 대한 적응력을 증가시키고, 이성을 만나고 교제하는 데 감각적 자극을 줄여 주고, 다른 사람들을 객관적이고 분별 있게 판단하는 능력을 높이고, 같은 또래의 사람들 사이에서 그의 품위를 더하고, 배우자를 고를 수 있는 보다 폭넓은 교우관계를 얻을 수 있는 경향이 있다.

36

To the enemy agent, the kidnapper, or the bank robber, "Wanted by the FBI" are the most frightening words in the world. When the criminal hears them, he knows that sixty thousand trained agents are after him. Why should he be so afraid? There are hundreds of cities and thousands of villages where he can hide. There are large forests and deserts where he can lose himself. Besides, he's usually rich with stolen money. Money can make it easier to hide. With money, the criminal can pay a dishonest doctor to operate on his face and make him hard to recognize. Money can pay for a hideout in some remote place. But the criminal remembers the fates of other wanted men. He knows what happened to public enemies such as John Dillinger, Baby Face Nelson, and Machine Gun Kelly. They had plenty of money and good hideouts. They disguised themselves. Yet one by one were found by the men of the FBI.

어구풀이

• FBI : (미국) 연방 수사국(= Federal Bureau of Investigation)
• enemy agent : 적성 스파이
• operate on A for B : A에게 B의 수술을 하다
• "Wanted by the FBI" : FBI에 의해 지명 수배 당함
• agent : 기관원, 스파이
• an FBI agent : FBI 요원
• hideout : (범인 등이) 숨은 집, 잠복 장소, 아지트, 은닉처

모범번역

"FBI에 의해 지명 수배를 받고 있음"이란 말은 적성 스파이나, 납치범이나, 은행 강도에게는 가장 무서운 말이다. 범죄자가 이 말을 들으면, 훈련받은 요원 60,000명이 그를 추적하고 있다는 것을 알게 된다. 왜 그는 그렇게 두려워하는가? 그가 숨을 수 있는 수백 개의 도시와 수천 개의 마을이 있고, 그가 잠적할 수 있는 큰 숲과 사막이 있다. 게다가, 그는 훔친 돈이 있어서 부자이고, 돈을 가지고 있으면 은신하기가 더 쉽다. 돈으로 부정직한 의사를 매수하여 얼굴 성형 수술을 해서 알아보기가 어렵게 만들 수도 있다. 또 돈으로 멀고 외진 곳에 은신처를 마련할 수도 있다. 그러나 그 범죄자는 다른 지명수배범들의 운명을 기억하고 있다. 그는 존 딜린저, 베이비 페이스 넬슨, 그리고 기관총 켈리와 같은 현상 수배범들에게 무슨 일이 있었는가를 잘 알고 있다. 그들은 막대한 돈과, 감쪽같은 은신처를 갖고 있었고, 변장도 했다. 그러나 그들은 하나하나씩 FBI의 요원에 의해 발각되었던 것이다.

37

Trying to help people who do not seem to want to be helped can be most frustrating. The North Korean government, after years of insisting that its Great Leader and Dear Leader needed only to smile at the rice paddies for a bumper crop to sprout forth, is now holding out a begging bowl. It has grudgingly admitted that the citizens of its people's paradise are "temporarily" on the verge of starvation. But it continues to place obstacles before those who try to feed its hungry masses. Until last month, North Korean negotiators demanded that bags of charitable rice from capitalist South Korean should not carry labels indicating their country of origin. In talks with potential donors, they have imposed countless time wasting preconditions for accepting handouts.

어구풀이

- paddy : 논
- grudgingly : 마지못해
- potential donor : 가능한 기증자
- bumper crop : 풍작(물)
- on the verge of : ~하기 직전에 (있다)
- in talks with : ~와의 회담(교섭)에서

모범번역

원조를 원하지 않는 사람들을 도우려는 일은 좌절감을 안겨주기 쉽다. 위대한 지도자와 친애하는 지도자가 논을 보고 미소만 지으면 풍년이 든다고 오랫동안 선전하던 북한 정부가 이제 걸식 행각에 나서고 있다. 북한은 인민의 천국이 "일시적으로" 기아 직전에 와 있음을 마지못해 인정하는 것이다. 그러나 북한 정권은 굶주린 인민들을 위해 식량 원조를 하려는 사람들에게 계속 트집을 잡으며 일을 어렵게 만들고 있다. 금년 5월까지 북한 측 협상 실무자들은 자본주의 국가인 남한이 보내는 원조 쌀의 포장지에 원산지 표시를 하지 말라고 요구하였다. 남한의 민간 원조 단체와의 회의에서도 북한은 원조물의 수령 절차에 관하여 수많은 전제조건을 내걸며 시간 낭비를 일삼았다.

38

There could hardly be a better symbol of Japan's intellectual change. Accepting the Nobel prize for literature in 1968, Yasunari Kawabata delivered a mystical speech full of readings in Japanese from medieval Zen poetry. Last month Japan's second winner of the Nobel literature prize, Kenzaburo Oe, struck a very different tone. He spoke in English with smatterings of French, and paid tribute to 「The Adventures of Huckleberry Finn」, George Orwell, and W. H. Auden. He felt closer, he said, to Ireland's W. B. Yeats than to his countryman, Kawabata. Just as Japan's economic power has spread abroad, so its people are coming to feel more at home with the western intellectual tradition. The orientalism of Kawabata is giving way to the universalism of Mr. Oe. An inward island state, which refused contact with foreigners for 250 years, is acquiring the self-assurance to share in the best of international culture.

어구풀이

- medieval : 중세의
- smattering : 약간의, 겉핥기로 익힌
- orientalism : 동양식
- universalism : 보편성
- Zen : 선(禪)
- pay (a) tribute : 찬사를 보내다
- give way to : ~으로 교체되다, ~으로 이행하다

모범번역

일본의 지적 변화에 대한 이보다 더 좋은 상징은 없을 것이다. 1968년 노벨 문학상 수상자 가와바타 야스나리는 수상 연설에서 일본 중세의 선시(禪詩)에서 많은 인용을 하면서 문학 세계의 신비성을 일본어로 설명하였다. 그러나 최근 일본의 두 번째 노벨 문학 수상자 오에 겐자부로는 이와는 다른 수상 연설을 했다. 그는 가끔씩 불어를 사용하기도 했으나 시종일관 영어로 「허클베리 핀의 모험」, 조지 오웰, W.H. 오든의 작품들에 찬사를 바치는 연설을 하였다. 특히 같은 일본인 가와바타보다 아일랜드 시인 예이츠에게 더욱 친근감을 갖는다고 밝혔다. 이러한 표현은 일본의 경제력이 국제적으로 확장하는 것만큼 일본인이 서구의 지성적 전통에 익숙해지고 있다는 것을 뜻한다. 가와바타의 동양적 신비주의가 오에의 세계적 보편주의로 교체된 것이다. 250년간 외국과의 접촉을 단절하여 왔던 섬나라 일본이 이제 국제 문화의 보고(寶庫) 속에 뛰어들 수 있는 자신감을 갖기 시작하였다.

39

For all their sparkle, the most useful thing about diamonds is their hardness. Their strength makes them good at drilling holes and cutting glass. For the same reason that they are hard — they are formed under conditions of immense pressure deep inside the earth — they are also rare and expensive, because they do not often make it to the surface. Artificial industrial diamonds — as good as the real thing but cheaper — are a popular subject for research. Now some scientists are making diamonds that may even be better than those wrested from the bowels of the earth. The commonest way to make diamonds is to cool down carbon under high pressure.

어구풀이

• for all : ~에도 불구하고
• make A good at B : A를 B에 적합하게 하다
• make it to the surface : 지표로 나오다, 채광되다
• ~ may even be better ~ : 땅 속에서 어렵게 채굴된 다이아몬드보다 더 나을지도 모른다

모범번역

눈부신 광채도 빼놓을 수 없지만 다이아몬드의 가장 유용한 점은 단단함이다. 이 강도 때문에 다이아몬드는 구멍을 뚫고, 유리를 자르는 데 쓸모가 있다. 다이아몬드는 땅 속 깊은 곳에서 엄청난 압력과 고온의 조건하에서 형성되기 때문에 단단한데, 그와 마찬가지의 이유로 지표로 노출되는 일이 드물고 그 때문에 또한 희귀하고 값이 비싸다. 진품과 거의 다름없으면서도 값은 더 싼 공업용 인공 다이아몬드는 인기있는 연구 재료이다. 현재 몇몇 과학자들은 땅 속에서 어렵게 채굴한 다이아몬드보다 오히려 더 나을지도 모를 다이아몬드를 만들고 있다. 다이아몬드를 만드는 가장 흔한 방법은 고압에서 탄소를 냉각시키는 것이다.

40

A sense of humility is a quality I have observed in every leader I have deeply admired. I have seen Winston Churchill with humble tears of gratitude on his cheeks as he thanked people for their help to England and the Allied cause. I have never doubted the stories of Washington on his knees at Valley Forge, humbly asking help from a power greater than he. My own conviction is that every leader should have enough humility to accept, publicly, the responsibility for the mistakes of the subordinates he has himself selected and likewise, to give them credit, publicly, for their triumphs.

어구풀이

• humility : 겸허, 겸손 cf. humiliation : 굴욕, 수치
• subordinate : 부하
• conviction : 신념, 확신
• credit : 명예(= honor)

겸허함은 내가 마음속 깊이 존경해 오던 모든 지도자들에게서 찾아볼 수 있었던 자질이다. 나는 윈스턴 처칠이 사람들에게 그들이 영국과 연합국에 제공해 준 도움에 감사를 하면서 두 뺨에 겸허한 감사의 눈물을 흘리고 있는 것을 보았다. 나는 포지 골짜기에서 무릎을 꿇고, 그보다 더 큰 능력을 가지신 신에게서 겸손하게 도움을 청했던 워싱턴의 얘기를 의심해 본 적이 없다. 모든 지도자는 자기가 선택한 부하의 잘못에 대해 공개적으로 책임을 지며, 또한 그들이 거둔 승리에 대해 흔쾌히 그들에게 명예를 돌릴 줄 알 정도의 충분한 겸허함을 갖추어야 한다는 것이 나의 신념이다.

41

Every society has its own peculiar customs and ways of acting. The United States contains over 300 million people. They have a wide variety of national backgrounds, so there are bound to be regional and temperamental differences. Generalizations about American manners and customs are difficult to make, particularly in a society that is changing as rapidly as that of present-day America. The reader should remember that when he reads that Americans do this or that or think this or that, not all Americans do or think this particular thing, or if they do today, they may not tomorrow. To put it in another way, there are exceptions.

어구풀이

• be bound to V : 반드시 ~하다, ~하지 않을 수 없다
• generalization : 일반화, 보편화, 통칙
• as rapidly as that(= society) ~ : 현 미국 사회처럼 급속히 변화하는 ~
• to put it in another way : 즉, 바꾸어 말하면

모든 사회는 그 자신의 독특한 관습과 행동 양식이 있다. 미국은 3억이 넘는 인구를 가지고 있다. 그들은 아주 다양한 민족적 배경을 가지고 있고 그래서 지역적, 기질적 차이가 없을 수가 없다. 미국의 예절과 관습은, 특히 오늘날 미국처럼 급속히 변화하는 사회에서는 보편화하기는 어렵다. 독자들은 미국 사람들이 이렇게 또는 저렇게 행동하거나 생각한다는 것을 읽을 때, 모든 사람들이 다 그렇게 행동하거나 생각하는 것은 아니며, 그들이 오늘은 하지만, 내일은 하지 않을지도 모른다는 사실을, 다시 말해, 예외가 있다는 사실을 명심해야 한다.

42

What really made their marriage ideal, in my opinion, was that my father had the job of a school inspector. This required him to be absent from home during the week, from Monday to Friday, while he went on his rounds of various schools in England, Scotland,

Wales, and even Ireland. So every Monday morning we crowded at the gate with my mother to wave him good-bye. And every evening at six o'clock he would phone us from wherever he was staying; and we would crowd round the phone with my mother to put in our little words of greeting and to receive his in return. And every Friday evening his key would sound in the front door, and we would rush into the hall to welcome him from his travels. How we admired him! And how we enjoyed hearing his accounts of his various adventures away from home!

어구풀이

- school inspector : 장학관
- wave him good-bye : 그에게 손을 흔들어 작별 인사를 하다
- This required ~ Friday : 이것 때문에 월요일부터 금요일까지 집을 떠나 있지 않으면 안 되었다
- go on one's rounds of : ~을 돌아다니다
- account : 이야기, 설명

모범번역

내 생각에, 두 분의 결혼을 정말로 이상적으로 만든 것은 아버지의 직업이 장학관이었다는 데에 있었다. 장학관으로서 아버지는 월요일부터 금요일까지 집을 비우고 잉글랜드, 스코틀랜드, 웨일즈, 그리고 아일랜드까지 여러 학교를 순방했다. 그래서 매주 월요일 아침이면, 우리는 어머니와 함께 문에 몰려들어, 아버지에게 작별의 손을 흔들었다. 그리고 매일 저녁 6시만 되면 아버지는 어디에 서든지 전화를 걸어 왔다. 우리는 모두 어머니와 함께 전화기를 둘러싸고 한 마디씩 아버지와 안부를 주고받았다. 매주 금요일 저녁이면 정문에 아버지의 열쇠 소리가 들리고 우리는 모두 달려 나가 여행에서 오신 아버지를 반겼다. 우리가 얼마나 아버지를 존경했는지 집을 떠나서 아버지가 겪은 얘기를 듣는다는 것이 얼마나 즐거웠는지!

43

Textbooks about United States history often focus on the exploits of the European settlers in North America while ignoring the culture and history of the native peoples, the American Indians. American high school students always study the form of government contained in our Constitution, but they rarely learn that some of the principles of our government originated from the American Indian tribes. In a similar manner, history books often overlook the contributions of the Indians to the survival of the Europeans, especially with regard to agricultural production. Another important point is that teachers and textbooks do not report that the oldest towns in North America, such as Acoma Pueblo in New Mexico state, are thousands of years older than the oldest European settlements on the continent.

어구풀이

- focus on : ~에 초점을 맞추다
- contribute to : ~에 공헌하다
- ~ are thousands of years older ~ : 수천 년만큼이나 더 오래되다
- thousands of 앞에 정도를 나타내는 by가 생략되어 있음
- European settler : 유럽에서 건너온 이주민
- European settlement : 유럽 이주민 촌락(부락)

모범번역

미국 역사 교재는 종종 북미 유럽 정착자들의 업적에 초점을 맞추는 반면에 원주민인 아메리칸 인디언들의 문화와 역사는 도외시하고 있다. 미국의 고등학교 학생들은 언제나 우리 미국헌법에 있는 정치 체제를 공부하지만, 우리 정치원리의 일부가 아메리칸 인디언 부족에게서 기원했다는 것을 배우는 일은 드물다. 이와 유사하게, 역사책은 종종 유럽인들의 생존에 대한 인디언들의 공헌을 간과하고 있는데, 특히 농업적 생산에 대해 더욱 그러하다. 또 하나 중요한 점은, 교사나 교과서에서 뉴멕시코 주의 아코마 푸에블로와 같은 북미 최고의 도시들이 미국의 유럽인 정착촌들보다 수천 년이나 더 오래 되었다는 사실을 얘기하지 않고 있다는 사실이다.

44

And these two young things, she was sixteen and he was twenty, fell in love with one another at first sight. This is real love, not the love that comes from sympathy, common interests, or intellectual community, but love pure and simple. That is the love that Adam felt for Eve when he awoke and found her in the garden gazing at him with dewy eyes. That is the love that draws the beasts to one another, and the gods share. That is the love that makes the world a miracle. That is the love which gives life its full meaning. You have never heard of the wise, cynical French duke who said that with two lovers there is always one who loves and one who lets himself be loved. It is a bitter truth to which most of us have to resign ourselves. But now and then there are two who love and two who let themselves be loved. Then one might fancy that the sun stands still as it stood when Joshua prayed to the God of Israel.

어구풀이

• fall in love with : ~에게 반하다, 사랑에 빠지다
• at first sight : 첫눈에
• resign oneself to = be resigned to : ~에 따르다, 맡기다

모범번역

그리고 이 두 젊은이—그녀는 16살이었고 그는 20살 이었다—는 첫눈에 서로 사랑에 빠지게 되었다. 그것은 진정한 사랑이었다. 그것은 동정심이나 공동의 이익이나 지식의 공유로부터 오는 그런 사랑이 아니라 순수하고 소박한 사랑이다. 그것은 아담이 에덴동산에서 잠이 깨어 이슬에 젖은 눈으로 그를 바라보고 있는 이브를 발견했을 때 그녀에게 느꼈던 사랑이다. 그것은 짐승들을 서로에게 이끌리게 하는 사랑이고 모든 신들이 나누는 그런 사랑이다. 그것은 세상을 기적으로 만드는 사랑이다. 그것은 인생에 충만한 의미를 부여하는 사랑이다. 당신은 사랑하는 두 사람에게는 언제나 사랑하는 사람이 있고 사랑을 받기만 하는 사람이 있다고 말한 현명하고 냉소적인 프랑스 공작에 대해 들어 본 적이 없을 것이다. 그것은 우리 대부분이 따르지 않을 수 없는 쓰라린 진실이다. 그러나 때때로 둘이 같이 사랑하고 둘이 같이 사랑받는 연인들도 있다. 그럴 때는 여호수아가 이스라엘의 하나님께 기도를 드렸을 때 태양이 멈춘 것처럼 꼼짝 않고 있다고 상상할 수 있을 것이다.

45

The excitement of meeting my first Indians was almost unbearable as I duck-waddled through the low passage into the village clearing. I looked up and gasped when I saw a dozen naked, filthy, hideous men staring at us down the shafts of their drawn arrows! Immense wads of green tobacco were stuck between their lower teeth and lips making them look even more hideous, and strands of dark-green slime dripped or hung from their noses. My next discovery was that there were a dozen or so vicious, underfed dogs snapping at my legs, circling me as if I were going to be their next meal. I just stood there holding my notebook, helpless and pathetic. Then the stench of the decaying vegetation and filth struck me and I almost got sick. I was horrified. What sort of a welcome was this for the person who came here to live with you and learn your way of life, to become friends with you? I am not ashamed to admit that had there been a diplomatic way out, I would have ended my fieldwork then and there.

어구풀이

- unbearable : 참을 수 없는
- gasp : 숨이 막힘, 헐떡거림
- hideous : 소름이 끼치는, 섬뜩한
- underfed : 영양 부족의
- stench : 고약한 냄새, 악취
- vegetation : 식물 식생
- fieldwork : 야외 작업, 현장 답사

- duck-waddled : 오리처럼 어기적거리는 사람
- filthy : 불결한, 더러운
- vicious : 광포한, 거친
- pathetic : 측은한, 불쌍한
- decay : 부식하다, 썩다
- diplomatic : 외교의

모범번역

오리처럼 뒤뚱거리며 낮은 통로를 지나 마을 개간지로 들어가면서 나는 처음으로 인디언을 만나는 흥분 때문에 거의 참을 수 없을 지경이었다. 내가 위를 올려다보자 십여 명의 벌거벗고, 더럽고, 끔찍한 사람들이 활시위를 당긴 채 그 화살대 아래로 우리를 겨냥하고 있는 것을 보고서 숨이 막혔다. 초록색의 커다란 담배 뭉치들이 그들의 아랫니와 입술 사이로 삐져나와 그들의 모습이 더욱 무시무시해 보였고, 여러 가닥의 짙은 초록색 점액 물질이 그들의 코에서 뚝뚝 떨어지거나 흘러나왔다. 다음으로 내 눈에 띈 것은 수십 마리의 악독하고 굶주린 개들이 내 발을 물려고 덤벼들면서 내가 그것들의 다음 끼니라도 되는 양 내 주위를 둘러싸고 있는 것이었다. 나는 내 공책을 잡고서 절망적이고 애처로운 상태로 그 자리에 그저 서 있을 뿐이었다. 그 다음 썩어가는 식물과 쓰레기의 악취에 아찔해져서 토할 지경이었다. 나는 공포에 질렸다. 당신과 함께 살면서 당신의 생활양식을 배우고 당신과 친구가 되기 위해 여기 온 사람에게 이 무슨 환영행사란 말이냐? 나는 부끄럼 없이 시인한다. 만약 그 당시에 외교적 탈출구가 있었다면 아마 그때 그 자리에서 현장 답사를 끝내버렸을 것이다.

46

Historians agree that slavery was one of the causes of the American Civil War, but what caused slavery? One factor that contributed to the rise of this social evil was Eli Whitney's invention of the cotton gin in 1793. The cotton gin was designed to separate the cotton plant's fibers from its seeds. Done by hand, this was a time-consuming task that made cotton farming costly, and as a result, not widely practiced. After the invention of the gin, however, cotton farming suddenly began to make economic sense, and legions of plantation owners quickly began to grow the crop. The need for hands to pick the cotton increased rapidly, and the best source of cheap labor, as far as the owners were concerned, was slaves.

어구풀이

- contribute : 기여하다
- legion : (사람, 물건의) 다수
- fiber : 섬유
- time consuming : 시간적 소모가 큰

모범번역

역사가들은 노예 제도가 남북 전쟁의 여러 원인 중 하나라는 데 동의한다. 그러나 노예 제도는 왜 생겨났는가? 이런 사회적인 악의 발생에 기여했던 한 가지 요인은 1793년에 엘리 휘트니의 조면기계 발명이었다. 조면기계는 면섬유를 씨앗으로부터 분리하기 위해 고안되었다. 손으로 작업을 했을 때는 이 작업 때문에 시간을 많이 소모하게 되어 목화 농사에 많은 비용이 들게 했다. 그 결과 목화는 널리 재배되지 않았다. 그러나 이 조면기계의 발명 후에는 목화농사가 갑자기 경제적으로 수지가 맞게 되어서 많은 농장 주인들이 재빨리 그 작물을 재배하기 시작했다. 목화를 딸 일손들의 필요가 급속도로 증가하게 되고, 농장 주인의 입장에서는 싼 노동의 가장 훌륭한 근원은 노예들이었다.

47

In English, at least, to call something primitive is to insult it or to suggest that it is uncivilized or, at best, untutored and immature. Stone Age cultures still exist, as do a number of other cultures without a form of writing. Most of these are primitive only in the sense that their technology is less well developed than others. Technology, however, is only one among a host of criteria by which cultures may be judged. An H-bomb is the product of a more complex technology than is a stone ax. But the Kung of the Kalahari Desert, for whom the ax is a prized possession, are morally appalled by war as it is practiced by the Western world, and they regard its practitioners as bloodthirsty savages whose ways are incomprehensible to decent men. Who is to say that an ax-wielder with such ethics is more primitive than we "civilized" folk who kill each other by the tens of thousands?

- at least : 적어도, 최소한
- immature : 미숙한, 미완성의
- prized possession : 매우 소중한 물건
- practitioner : 개업의, 변호사

- at best : 기껏해야, 고작
- criteria : 표준, 기준
- appall : 섬뜩하게 하다
- incomprehensible : 이해할 수 없는

모범번역

영어에서는 적어도 어떤 것에 원시적이라는 표현을 사용한다면 그것을 모욕하는 것이 된다. 다시 말해, 그것이 야만적이고 기껏해야 교육받지 못했거나 미숙하다는 것을 의미하는 것이다. 많은 다른 문화와 마찬가지로 여전히 문자체계가 없는 석기 시대의 문화가 존재한다. 이런 문화의 대부분은 그들의 기술이 다른 문화에 비해 덜 발달했다는 의미에서만 원시적이다. 그러나 기술은 문화를 판단하는 많은 기준들 중에 하나일 뿐이다. 수소폭탄은 돌도끼보다 더 복잡한 생산품이다. 도끼를 아주 고귀한 물건으로서 간직하고 있는 칼라하리 사막의 쿵 족은 서구세계에서 자행되는 전쟁을 보고 도덕적인 면에서 너무 어이없어 하는 나머지 그 종사자들을 품위 있는 사람들에게는 이해할 수 없는 삶의 방식을 가진 피에 굶주린 야만인으로 간주한다. 그런 윤리를 지니고 도끼를 휘두르는 사람이 수만 명씩이나 서로를 죽이는 소위 문명화된 우리 사람들보다 더 원시적이라고 누가 말할 수 있겠는가?

48

The brain of the average human weighs approximately 1.4 kilograms and consist of three main parts: the cerebrum, the cerebellum, and the brain stem. The cerebrum is by far the largest of the three parts, taking up 85% of the brain by weight. The outside layer of the cerebrum, the cerebral cortex, is a grooved and bumpy surface covering the nerve cells beneath it. The various sections of the cerebrum are the sensory cortex, which is responsible for receiving and decoding sensory messages from throughout the body; the motor cortex, which sends action instructions to the skeletal muscles; and the association cortex, which receives, monitors, and process information. It is in the association cortex that the process that allow humans to think takes place. The cerebellum, located below the cerebrum in the back part of the skull, is the section of the brain that controls balance and posture. The brain stem connects the cerebrum and the spinal cord. It controls various body processes such as breathing and heartbeat.

어구풀이

- consist of : ~으로 구성되다
- cerebellum : 소뇌
- cerebral cortex : 대뇌 피질
- bumpy : 울퉁불퉁한
- skeletal : 골격의

- cerebrum : 대뇌
- brain stem : 뇌간
- grooved : 홈이 있는
- decode : 해독하다

평균적으로 인간의 뇌는 대개 1.4킬로그램 정도의 무게가 나가며, 대뇌, 소뇌, 뇌간 이렇게 세 개의 주요 부분으로 구성되어 있다. 대뇌는 세 부분 중 월등히 커서 뇌의 무게의 85%를 차지한다. 대뇌의 외층인 대뇌 피질은 하부의 신경 세포들을 감싸는 홈이 파인 울퉁불퉁한 표면을 이루고 있다. 대뇌의 여러 부분들은 신체를 통하여 들어오는 감각 메시지들을 받아들이고 해독하는 기능을 하는 감각 피질, 동작 명령들을 골격 근육들에 전달하는 운동 피질 그리고 정보를 받아들이고 통제하고 처리하는 연상 피질 등이다. 이 연상 피질 안에서 인간의 사고 과정이 발생하는 것이다. 두개골의 뒷부분에서 대뇌의 하부에 위치하고 있는 소뇌는 균형과 자세를 통제하는 뇌의 부분이다. 뇌간은 대뇌와 척수를 연결한다. 그것은 호흡이나 심장 박동 같은 다양한 신체 조작들을 통제한다.

49

Throughout extensive areas of the tropics the tall and stately primeval forests has given way to eroded land, scrubs and the jumble of secondary growth. Just as the virgin forests of Europe and North America were laid low by man's improvidence, so those of the tropics are now vanishing — only their destruction may be encompassed in decades instead of centuries. A few authorities told that, except for government reserves, the earth's great rain forests may vanish within a generation. The economic loss will be incalculable, for the primary rain forests are rich sources of timber and byproducts such as resins, gums, cellulose, camphor and rattans. No one, indeed, can compute their resources, for of the thousands of species that compose the forest cover, there are only a few whose physical and chemical properties have been studied with a view to commercial use. Their extensive reserves must be defended from the acquisitive hand of man, whose ruthless ax would expose them to the ravages of sun and rain.

어구풀이

- the tropics : 열대
- stately : 당당한, 위엄 있는
- give way to : ~으로 교체되다
- jumble : 혼잡, 난잡
- rain forest : 우림(雨林)

- scrub : 관목, 덤불
- primeval : 초기의, 원시의
- improvidence : 경솔
- lay low : 쓰러뜨리다

광범위한 열대 지역에서 크고 웅장한 원시림이 사라지고 침식된 토양, 관목, 그리고 2차 성장물이 그 자리를 차지해 간다. 유럽과 북아메리카의 처녀림이 인간의 무분별함으로 인해 파괴되었듯이 열대 지방의 처녀림이 지금 사라지고 있는데 이 파괴는 수세기가 아닌 수십 년 내에 이루어질지 모른다. 정부의 보존림을 제외하고는 지구의 큰 열대 우림들은 한 세대 이내에 사라질지 모른다고 몇몇 보존론자들은 주장하고 있다. 경제적 손실은 헤아릴 수 없을 것이다. 왜냐하면, 주요 강우림은 목재와 송진, 고무, 셀룰로오스, 장뇌와 등(rattan) 같은 부산물의 풍부한 원천이기 때문이다. 실제 어느 누구도 자원을 계산할 수 없다. 그 이유는 숲을 구성하는 수천 가지의 종 중에서 단지 몇 가지만이 상업적인 용도로 물리적·화학적 성질이 연구되었기 때문이다. 이러한 광범위한 보존림은 인간의 탐욕스런 손으로부터 보호되어야 한다. 그렇지 않으면 인간의 무자비한 도끼는 숲을 태양과 비에 의해 황폐되도록 노출시킬 것이다.

50

Bilingualism is defined as speaking two languages with the proficiency of a native. Bilinguals are rare in English-speaking countries like the United States and Canada and are more common in non-English speaking nations like China and Korea where oftentimes that second language is English. Bilingualism is especially prevalent in Europe where more than half of the population are multilingual speakers. There are many benefits in learning more than one language for children. Early exposure to more than one language can confer certain advantages, especially in terms of forming the sounds in each language. Language experts routinely advise parents to expose the child as much as possible to the relevant language. For example, they should talk, read and even sing to their kids in the language they are learning. To do this, of course, it helps for the parents to also be bilingual.

어구풀이

- bilingual : 이중 언어 구사자
- oftentimes : 자주 (=often)
- confer : 부여하다
- as much as possible : 할 수 있는 한
- multilingual : 두 개의 언어 이상 구사자
- exposure : 노출
- advise : 충고하다
- relevant : 관련 있는

모범번역

이중 언어 구사는 원어민의 숙련도로 두 개의 언어를 구사하는 능력으로 정의된다. 이중 언어 구사자는 미국이나 캐나다와 같은 영어권 국가에서는 드물며 제2외국어가 영어인 중국과 한국 등 비영어권 나라에서 더 흔하다. 이중 언어 구사는 특히 인구의 절반 이상이 다중어를 구사할 수 있는 유럽에서 성행하고 있다. 어린이들이 두 개 이상의 언어를 배우는 것에는 많은 이점이 있다. 두 개 이상의 언어에 대한 이른 노출은, 특히 각각의 언어에서 소리를 형성하는 것에 있어서 효과를 볼 수 있다. 언어 전문가들은 부모들에게 가능한 한 아이를 관련 언어에 노출시키라고 조언한다. 예를 들어, 배우고 있는 언어로 아이들에게 말해야 하고, 읽어 주고, 노래를 불러 주어야 한다. 물론 이렇게 하려면 부모들도 이중 언어 구사자일 때 도움이 된다.

51

Thus Aladdin arrived at the palace in great state, and the Emperor ordered that the wedding feast should be prepared at once, and that the marriage should take place that day. "Not so, Your Majesty," said Aladdin. "I will not marry the Princess until I have built a palace fit for the daughter of the Emperor." Then he returned home, and once more called up the Slave of the Lamp. "Build me the fairest palace ever beheld by mortal eyes," ordered Aladdin, "Let it be built of marble. In the midst I would have a great hall, whose walls shall be of gold and silver lighted by four-and-twenty windows. These windows shall all be set with diamonds, rubies, and other precious stones and one only shall be left unfinished. There must also be stables with horses, and slaves to serve in the palace. Go and do your work quickly." And lo! In the morning when Aladdin looked out, there stood the most wonderful palace that was ever built.

어구풀이

- in great state : 아주 당당하게
- behold : 바라보다(beheld – beheld)
- Your Majesty : 폐하(황제의 호칭)
- stable : 마구간, 안정된

모범번역

그래서 알라딘은 아주 당당하게 궁전에 도착했다. 그리고 황제가 즉시 결혼식 준비를 해서 그날로 결혼식을 올리라고 명령했다. 알라딘이 말했다. "폐하, 그렇게는 안 됩니다. 저는 황제의 딸에 알맞은 궁전을 세울 때까지는 공주님과 결혼하지 않겠습니다." 그런 후 그는 집에 돌아와서 '램프의 노예'를 다시 한 번 불렀다. "내게 지금까지 사람의 눈으로 본 적이 없는 가장 아름다운 궁전을 지어다오. 그것을 대리석으로 지어다오. 궁전 한가운데는 커다란 홀을 가지고 싶다. 그 홀의 벽은 금과 은으로 만들고, 24개의 창문으로 밝히겠다. 창문에는 모두 다이아몬드와 루비와 다른 귀한 보석을 박아야 된다. 단지 한 창문만 미완성인 채로 남겨 두어야 한다. 또한 말들이 있는 마구간도 있어야 된다. 궁전에는 시중들 하인들도 있어야 되고, 자 빨리 일하러 가라."라고 알라딘이 명령했다. 그리고… 오 보아라! 아침에 알라딘이 밖을 내다보았을 때 이때까지 지어진 적이 없는 가장 훌륭한 궁전이 지어져 있었다.

52

Martha Graham, a dancer, is considered one of the most important artists of the twentieth century. She originated a new art form called modern dance. Martha Graham was one of the first people to use dance movements of classical ballet, and found it difficult to accept the realism of modern dance. These people had never seen barefoot dancers twist their bodies into "ungraceful" shapes. These shapes expressed conflict and confusion as well as traditional feelings. However, as the years went by, modern dance became a widely accepted part of our culture. Now Martha Graham is respected not only for her important artistic works, but also for her remarkable courage.

어구풀이

- barefoot : 맨발의
- conflict : 싸움, 투쟁, 갈등
- traditional : 전통적인
- originate : 기원하다
- confusion : 혼란
- go by : 지나가다

모범번역

무용가인 마르타 그레이엄은 20세기의 가장 중요한 예술가 중 한 사람으로 여겨진다. 그녀는 현대 무용이라는 새로운 예술 형식을 창안했다. 그녀는 고전적인 발레 동작을 무용에 사용한 최초의 사람이었고 현대 무용의 리얼리즘은 받아들여지기 어렵다고 여겨졌다. 사람들은 맨발의 무용수가 몸을 "우아하지 못한" 모양으로 비트는 것을 결코 본 적이 없었다. 이런 모양새는 전통적인 감정뿐 아니라 갈등과 혼돈을 표현했다. 그러나 시간이 흐름에 따라 현대 무용은 우리 문화에서 광범위하게 받아들여지는 부분이 되었다. 이제 마르타 그레이엄은 그녀의 중요 예술 작품뿐 아니라 그녀의 두드러진 용기에 의해서도 존경받는다.

53

Rabies, which is also known as hydrophobia, is caused by a virus, a tiny germ too small to be seen through an ordinary microscope. This virus is present in the saliva of dogs or other animals at the time or just before the time they begin to show symptoms of the disease. If they bite anyone after this period begins, it is likely that the virus will enter the wound. Once inside the body, it appears to move slowly through the nervous system toward the brain. The length of time between the bite and the appearance of symptoms varies greatly, depending upon the location of the bite and the amount of virus in the wound. If the bite is on the head or face, symptoms may appear in less than thirty days, while the period may lengthen out to as much as six months in the case of a minor bite on the ankle.

어구풀이

- rabies : 광견병
- saliva : 타액, 침
- nervous system : 신경계
- hydrophobia : 공수병
- show symptoms : 증상을 보이다
- ankle : 발목

모범번역

공수병이라고도 알려져 있는 광견병은 바이러스에 의해 발생되는데, 이것은 매우 작은 세균으로서 보통 현미경으로는 보이지 않을 정도이다. 이 바이러스는 이 병의 증상이 보이기 전후의 개나 다른 동물의 타액에서 나타난다. 개가 이 시기가 시작된 이후에 누구를 문다면 그 바이러스는 상처로 들어간다. 일단 몸에 들어가면 그것은 신경조직을 통해 뇌를 향해 천천히 이동한다. 물려서 증상이 나타나기까지의 기간은 매우 다양하며 물린 부위나 상처의 바이러스의 양에 좌우된다. 머리나 얼굴을 물리면 30일 이내에 증상이 나타날 수 있으며 반면에 발목을 가볍게 물릴 경우 증상이 나타나기까지 6개월이 걸릴 수도 있다.

54

When I answered the telephone this morning, I knew right away the lady had the wrong number. But it took her a long time to find out. She said her name was Mrs. Mills and asked if I was Dr. Cooper's secretary. I told her that she had an incorrect number, but I didn't think she listened to me. She told me she wanted to cancel her two o'clock appointment because her husband was sick and she had to take care of him. I told her I was very sorry to hear that, but she still had the wrong number. Then she wanted to know if she could make an appointment for next week. I told her I couldn't arrange it: I wasn't Dr. Cooper's secretary. Finally she heard what I said. She wanted to know why I didn't tell her right away that she had the wrong number. Before I could answer her, she hung up.

- right away : 곧, 즉시
- cancel : 취소하다
- hang up : 전화를 끊다

- have a wrong number : 전화를 잘못 걸다
- arrange : 조정하다, 배열하다

모범번역

오늘 아침 내가 전화를 받았을 때, 나는 곧 그 여자가 전화를 잘못 걸었음을 알았다. 하지만 그녀가 그걸 알기까진 오랜 시간이 걸렸다. 그녀는 이름이 밀스라고 하면서 쿠퍼 박사의 비서냐고 물었다. 나는 그녀에게 전화를 잘못 걸었다고 말했지만, 내 말을 알아듣지 못하는 것 같았다. 그녀는 남편이 아파서 자기가 돌봐줘야 한다며 2시 약속을 취소하고 싶다고 했다. 나는 그녀에게 그렇다니 매우 유감스럽다고 말하고 그러나 전화를 잘못 걸었다고 했다. 그런데 그녀는 다음 주에 약속할 수 있을지 알고 싶어 했고 나는 쿠퍼 박사의 비서가 아니라서 그런 것을 조정할 수 없다고 했다. 마침내 그녀는 내가 말하는 것을 알아들었고, 왜 자신에게 즉시 전화를 잘못 걸었다고 말해주지 않았냐고 했다. 내가 그 물음에 대답하기 전에 그녀는 전화를 끊어버렸다.

55

In the year 1241 the Tartars from Asia came to Krakow in Poland and the population fled from the invaders to a hill by the Vistula, which the kings had fortified. Everyone fled save the trumpeter of St. Mary's; he stayed at his post, for he had taken an oath to blow the Heynal (a medieval hymn) in honor of the Virgin every hour, day and night, no matter what the cost. He lifted his silver trumpet and the first notes sounded. Some Tartars feasting in the marketplace looked up. One of them fitted an arrow to his bow and struck the man in the throat. The music stopped abruptly, as the man fell back dead. And ever since then, the trumpeters of Krakow pause on that particular note in memory of that earlier trumpeter who was faithful to his oath. "The broken note," the Poles call it.

- flee : 벗어나다, 달아나다
- fortify : ~의 방위를 강화하다
- feast : ~을 위해 축연을 베풀다
- pause : 잠시 멈추다

- invader : 침략자
- take an oath : 맹세하다
- abruptly : 갑자기

모범번역

1241년 타르타르족이 아시아에서 폴란드의 크라쿠프로 밀려오자, 그곳 주민들은 그 침략자들을 피해 비스와강가의 어느 언덕으로 피신했다. 그곳은 역대 왕들이 요새화해 놓은 곳이었다. 세인트 메리 성당의 나팔수를 제외한 모든 사람들이 피신했다. 그는 무슨 희생을 치르더라도 밤낮 매 시간마다 동정녀 마리아를 찬양하기 위해 중세의 찬가인 헤이날을 불기로 맹세했었기 때문에 그의 자리를 지키고 있었다. 그는 자신의 은색 트럼펫을 들어 첫 소절을 불었다. 시장에서 축연을 베풀던 몇몇 타르타르인들이 위를 쳐다보았다. 그들 중 한 명이 활에 화살을 메겨서 그의 목을 관통시켰다. 음악이 갑자기 멈추고 그 사람은 쓰러져 죽었다. 그 이후로 크라쿠프의 트럼펫 연주자들은 맹세에 충실했던 이전의 그 나팔수를 기리기 위해 그 특별한 부분에서 잠시 멈춘다. 이것을 폴란드인들은 "부러진 곡조"라고 한다.

56

A work of literature may be studied in relation to its author, the culture from which it springs, and the text itself. One may study a writer's work for the information it gives about the character who reflects the writer's view of the world. A reader must be careful, however, in judging a man from his writings: the attitudes and values of the hero of a novel do not necessarily reflect those of the author. Because a literary work is a product of an age, knowledge of the political and economic conditions, and the philosophic and religious ideas of that age are useful. But however interesting and helpful, concern for the author or his background is essentially secondary. The study of the work itself is primary. If one is to get at the heart of a novel, a play, or a poem, he must focus on its content and structure. He must concern himself with the experience the author communicates and the form in which he communicates it.

어구풀이

- in relation to : ~에 관하여
- primary : 첫째의, 기초적인
- content : 만족하여
- spring : 생기다, 일어나다
- get at the heart of : ~의 핵심을 짚다
- not necessarily : 반드시 ~하지는 않다

모범번역

문학 작품은 그것의 작가, 문화, 본문과 관련하여 연구될 수 있다. 작가의 세계관을 반영한 극중 인물을 통해 얻은 정보 덕분에 한 작가의 작품을 연구할 수도 있다. 그러나 소설 속 주인공의 사고방식과 가치관이 근본적으로 작가의 사고방식과 가치관을 반영하는 것은 아니므로, 독자는 (자연인으로서의) 작가 개인을 판단할 때 반드시 신중해야 한다. 왜냐하면 문학 작품은 한 시대의 정치적 지식, 경제적 상태와 그 시대에 통용되던 철학적, 종교적 사고의 산물이기 때문이다. 하지만 아무리 흥미롭고 유익하다 할지라도 그 작가나 그의 배경에 대한 고려는 2차적인 것이다. 작품 그 자체의 고찰이 우선적인 것이다. 만약 누가 어떤 소설이나 희곡 또는 시에 대해 이해를 하고자 한다면, 그는 내용과 구조에 초점을 맞추어야 한다. 그는 작가가 말하고자 하는 경험과 그가 그 경험을 말하는 형식에 주의를 기울여야 한다.

57

True friendships are based upon two things. One of them is liking, and the other is respect. People like one another when each finds the other pleasant company. They have such similarity in tastes and interests that they like to be together. For a real friendship, however, this is not enough. For this, respect must be added to liking. You may think that respect is to be felt towards older people only. But boys and girls may be as worthy of respect as men and women. Boys and girls who are honest and brave, whose honor and kindness you may trust, are worthy of respect. Choose, then, for your friends, those whom you can respect; and always act yourself so as to deserve the respect of your friends and companions. Nothing adds more to the pleasantness of life than friendships.

어구풀이

- be based upon(on) : 에 바탕을 두고 있다
- be worthy of : ～할 만한 가치가 있다
- add A to B : A를 B에 덧붙이다
- so as to : ～하기 위하여

모범번역

진정한 우정은 두 가지 사실에 바탕을 두고 있다. 그 중의 하나는 좋아하는 마음이고 나머지 하나는 존경심이다. 사람들은 저마다 상대방이 유쾌한 친구라는 것을 알면 서로 좋아하게 된다. 그들은 유사한 취향과 흥미를 갖고 있기 때문에 함께 있기를 좋아한다. 그러나 이것만으로 참된 우정이 성립되기에는 충분하지 않다. 진정한 우정을 위해서는 좋아하는 마음과 함께 존경심이 있지 않으면 안 된다. 여러분은 존경심이란 나이가 많은 사람에게만 느낄 수 있는 것이라고 생각할지도 모른다. 그러나 소년·소녀들도 남성과 여성으로서 존경받을 만하다. 정직하고 용감한 소년·소녀들, 여러분이 그들의 명예와 친절을 신뢰할 수 있는 그런 소년·소녀들은 존경 받을 만하다. 그러므로 여러분의 친구로는 여러분이 존경할 수 있는 사람들을 선택하여라. 그리고 항상 여러분 자신이 친구와 동료들의 존경을 받을 수 있도록 행동하라. 우정만큼 인생의 기쁨을 증가시켜 주는 것은 없다.

58

IQ testing has had momentous consequences in our century. In this light, we should investigate Binet's motives, if only to appreciate how the tragedies of misuse might have been avoided if its founder had lived and his concerns been heeded. For American psychologists perverted Binet's intention and invented the hereditarian theory of IQ. They reified Binet's scores, and took them as measures of an entity called intelligence. They assumed that intelligence was largely inherited, and developed a series of specious arguments confusing cultural differences with innate properties. They believed that inherited IQ scores marked persons, people and groups for an inevitable station in life. And they assumed that average differences in intelligence were largely the products of heredity, despite manifest and profound variation in quality of life.

어구풀이

- momentous : 중요한
- appreciate : 평가하다
- founder : 창시자
- pervert : 곡해하다, 악용하다
- reify : 구체화하다
- innate : 타고난
- inevitable : 피할 수 없는, 필연적인
- profound : 심오한
- consequence : 결과, 중대성
- misuse : 오용, 남용
- heed : 주의하다
- hereditarian : 유전적인
- entity : 실재
- property : 성질, 특성
- manifest : 명백한

IQ 검사는 우리 시대에 중대한 결과를 지녀왔다. 이런 면에서 그 창시자가 살아 있고, 그 의도대로 이루어졌다면 이 오용의 비극을 어떻게 피할 수 있었을지 평가하기 위해서라도 비네의 동기를 조사해 보아야 한다. 미국 심리학자들은 비네의 의도를 곡해하여 IQ의 유전적인 이론을 발명했다. 그들은 비네의 점수를 구체화하여 지능이라 불리는 총체의 척도로 삼았다. 그들은 지능이 대체로 유전된다고 가정하고 일련의 허울 좋은 주장을 발전시켰는데 이는 문화적 차이와 개인적 특징을 혼동한 것이다. 그들은 유전된 IQ 점수는 개인, 민족, 집단에게 생에 있어 피할 수 없는 지위를 부여한다고 믿었다. 그리고 삶의 질에 있어서의 명백하고 심오한 다양성에도 불구하고 지능에 있어서의 평균적인 차이가 대개 유전에서 나온다고 가정했다.

59

Intuition is not a quality which everyone can understand. As the unimaginative are miserable about a work of fiction until they discover what flesh-and-blood individual served as a model for the hero or heroine, many scientists belittle scientific intuition. They can not believe that a blind man can see anything that they can not see. They rely utterly on the celebrated inductive method or reasoning, the facts are to be exposed, and we are to conclude from them only what we must. This is a very sound rule for mentalities that can do no better. But it is not certain that really great progress is made in this plodding fashion. Dreams are made of quite other stuff, and if there are any left in the world who do not know that dreams have remade the world, then there is little that we can teach them.

- intuition : 직관
- flesh-and-blood : 육신을 가진, 현세의
- belittle : ~경시하다
- celebrated : 유명한
- mentality : 정신력, 심리상태, 사고방식

- the unimaginative : 상상력이 없는 사람들
- as ~, so ~ : ~하는 것과
- utterly : 아주, 완전히
- stuff : 재료, 요소
- plodding : 단조로운

직관은 모든 사람이 이해할 수 있는 속성이 아니다. 현세의 개개인이 작품 속 주인공의 모델이라는 것을 발견할 때까지 상상력이 없는 사람들이 허구의 작품을 불쌍하게 여기듯이 심지어 많은 과학자들조차 직관을 경시한다. 장님이 그들이 볼 수 없는 어떤 것을 볼 수 있다고는 믿지 않는다. 그들은 사실은 표현된다는 유명한 귀납적 방법이나, 추론에 전적으로 의지하며 (과학자들에 의하면) 인간은 귀납적 방법과 추론적 사고로만 해야 할 바를 결정해야 한다는 것이다. 이것은 더 나아질 수 없는 사고방식에 대한 매우 철저한 법칙이다. 그러나 진정 위대한 진보는 이런 단조로운 풍조에서 이루어지지는 않았으리란 것은 확실하다. 꿈은 매우 다른 요소로 이루어지며 꿈이 이 세상을 개선해왔다는 사실을 모르는 사람들이 남아 있다면 우리가 그들에게 가르칠 수 있는 것은 거의 없을 것이다.

60

The biological sonar, or echolocation, of bats and a number of other animals is one of nature's great ingenuities. As a means of perceiving the environment by bouncing high-frequency sounds of objects it interests scientists in many disciplines. Echolocation serves the bat as a substitute for vision in the perception of near and moderately near objects. Bats can examine the characteristics of objects — size, shape, distance, direction, and motion — by sensing the way the objects modify the sonar signals reflected back to the bat. The sounds emitted by bats for echolocation differ according to the species and the situation, so that it is not usually possible to specify a single, particular signal as the characteristic original sound of a given species. Nevertheless, enough useful generalizations arise from the data now available to permit a unified, if preliminary, view of the operation of the echolocation system of the bats.

어구풀이

- sonar : 수중 음파 탐지기
- perceive : 지각하다, 인식하다
- substitute : 대리물, 대체물
- moderately : 적당하게, 알맞게
- emit : (빛, 열, 소리 등을) 발하다, 내다
- collaboration : 협력

- ingenuity : 발명품
- high-frequency sound : 고주파음
- perception : 지각
- modify : 수정하다
- nevertheless : 그럼에도 불구하고

모범번역

박쥐와 많은 다른 생물의 생물학적 음파 탐지기, 즉 반향정위는 자연의 위대한 발명품 중 하나이다. 그것은 물체의 고주파음을 되받아 환경을 인식하는 방법으로서 여러 분야 학자들의 흥미를 끌고 있다. 박쥐의 시각기관을 대신해서 음파 탐지기는 가깝거나 또는 약간 먼 거리에 있는 물체를 인지할 수 있게 하는 역할을 한다. 박쥐는 크기, 모양, 거리, 방향, 동작 같은 물체의 특징들을 그 물체가 박쥐에게 반사시키는 탐지 음파 신호를 어떻게 바꾸는지를 인식함으로써 알 수 있다. 반향정위를 하기 위해 박쥐가 방출하는 소리는 종류와 위치 등에 따라 다르며 그래서 하나의 특별한 신호를 주어진 종류의 특징적인 고유한 소리로 지정하는 것이 항상 가능한 것은 아니다. 그럼에도 불구하고, 임시적이기는 하지만 박쥐의 음파 탐지 시스템에 관한 통일된 견해라 볼 만한 현존 데이터를 통해서 충분히 유용한 일반화가 이루어지고 있다.

61

Abraham Lincoln was born in a log cabin near Hodgenville, Kentucky. He is remembered, not so much because rose he from poverty to such a great position, but for his fight against slavery. In the southern states of North America most of the work was done by Negro slaves who had no rights of their own. They were bought and sold. The people in the northern states were, in the main, opposed to slavery.

Lincoln had little education and worked on the land until he was nineteen, when he made a journey down the great river Mississippi to New Orleans. Here he saw the unhappy conditions of the slaves in the slave market, and resolved to work and fight until such trade was abolished. He studied hard and became a lawyer. A little later he was elected to the parliament of the country. He was a great orator and spoke unceasingly against the slave trade. In 1860, he became president and immediately there was a bitter civil war between the northern and southern states.

어구풀이

- log cabin : 통나무집
- slavery : 노예 제도
- have little education : 교육을 거의 받지 못하다
- resolve : 결심하다
- orator : 연설자
- civil war : 내란 = 미국의 남북전쟁(1861~65)

- rise from poverty : 가난을 딛고 출세하다
- oppose : ~에 반대하다
- make a journey : 여행하다
- abolish : 폐지하다
- unceasing : 끊임없는, 부단한

모범번역

에이브러햄 링컨은 켄터키주 호젠빌 근처의 한 오두막집에서 태어났다. 그가 기억되는 것은 가난으로부터 그렇게 위대한 지위에 올라서가 아니라 노예 제도를 폐지하기 위한 그의 투쟁 때문이다. 북미의 남부에서는 대부분의 노동이 자신의 권리라고는 전혀 갖지 못한 흑인 노예들에 의해 행해졌다. 그들은 매매되었다. 북부사람들은 대부분 노예 제도에 반대했다. 링컨은 교육을 거의 받지 못했고 19살 때까지 농사를 지었으며 19세에 미시시피강을 따라 뉴올리언스 주까지 여행을 했다. 거기서 그는 노예 시장에서 노예들의 참혹한 상황을 보았고 그런 거래가 폐지될 때까지 투쟁하겠다고 결심했다. 그는 열심히 공부했고 변호사가 되었다. 얼마 후 그는 지역의 의원으로 선출되었다. 그는 훌륭한 연설가였고, 끊임없이 노예 매매에 반대하는 발언을 했다. 1860년 그는 대통령이 되었고 곧 남부와 북부 간에 내란이 발생했다.

62

When one thinks of the Greek deities, one thinks of Mount Olympus, and vice versa. It is impossible to disassociate them. In mythology, all the gods resided at the court of Zeus. In the Iliad, Homer spoke of their dwelling on a lofty peak rising above the clouds. In the Odyssey the now world famous mountain seems more remote and less well defined.

Succeeding poets vary in their descriptions from a specific peak to a vague idea of heaven. Actually, Mount Olympus does indeed exist. It is located in Greece, on the border between Thessaly and Macedonia, some ten miles from the Aegean Coast. It is about 25 miles in length and its highest peak is 9,570 feet at its summit. This mountain range is massive in appearance, rising in precipices broken by ravines. It is covered with snow nine out of twelve months of the year. It has always been of strategic importance and during the Second World War was a stronghold of the Greek guerrillas.

어구풀이

- deity : 신, 여신
- mythology : 신화
- border : 가장자리, 변두리, 경계선
- massive : 육중한
- ravine : 협곡, 골짜기
- stronghold : 요새, 성채

- vice versa : 역 또한 같다
- dwell : 살다, 거주하다
- summit : 정점, 정상
- precipice : 절벽, 벼랑
- strategic : 전략상의

모범번역

그리스 신들을 생각할 때 흔히 올림푸스 산을 생각한다. 그리고 그 역도 성립한다. 그 둘을 떼어 놓는다는 것은 불가능하다. 신화에 의하면 모든 신들은 제우스 신전에 산다. 「일리아드」에서 호머는 구름 위로 솟아 있는 높은 산꼭대기에 그들이 산다고 했다. 지금은 세계적으로 유명한 이 산은 오디세이에서는 좀더 먼 거리에 그리고 희미하게 그려진다. 후대의 시인들은 특별한 산꼭대기에서부터 천국이라는 막연한 개념 등으로 다양하게 묘사했다. 실제 올림푸스산은 정말로 존재하고 있다. 그것은 에게 해의 해변에서 약 10마일 떨어진, 세살리와 마케도니아 사이 그리스 국경 지대에 위치한다. 길이는 약 25마일이고 가장 높은 산꼭대기는 높이가 9,570피트이다. 이 산은 외양이 거대하고 협곡 사이에 매우 가파른 절벽이 솟아 있다. 그 산은 일 년 열두 달 중 아홉 달은 눈에 덮여 있다. 그곳은 항상 전략상 중요한 곳이었으며 제2차 세계 대전 동안 그리스 게릴라의 요새였다.

63

Doubling reading speed can increase comprehension by about eight percent. Increased reading speed generally sharpens the mind and helps a person become mentally more efficient. Almost anyone can be trained to read better, doubling and sometimes even tripling his or her reading speed. Poor reading may be the result of a person's not having read enough. Such a reader usually lacks vocabulary and has bad reading habits. Some unconsciously resist change because they think slow reading gets more out of what they read. The best readers tend to have a broad vocabulary, to be familiar with sentence patterns, and to have had a variety of life experiences. These persons can quickly learn to read 1,800 to 2,400 words per minute with excellent comprehension. The 10,000-words-a-minute speed reader is very rare; most people read about 250 words per minute. In order to get their assignments done college students should be able to read about 600 words per minute.

어구풀이

- comprehension : 이해력
- mental : 정신의, 지능의
- unconsciously : 무의식적으로
- assignment : 과제, 임무

- sharpen the mind : 정신을 맑게하다
- efficient : 효율적인
- tend to : ~하는 경향이 있다

독서 속도를 2배로 증가시키면 이해력은 약 8%까지 증가시킬 수 있다. 증가된 독서 속도는 정신을 명철하게 하고 정신적으로 더 효율적이 되게 해준다. 거의 누구든지 자신의 독서 속도를 두 배 심지어 세 배까지 더 나아지게 훈련할 수 있다. 서투른 독서는 그 사람이 충분히 읽지 않은 데서 비롯된다. 그런 독자는 일반적으로 어휘력이 떨어지고 나쁜 독서 습관을 가지고 있다. 어떤 이들은 느리게 읽을 때 더 많은 것을 얻을 수 있다고 생각하여 무의식적으로 변화에 반대한다. 책을 잘 읽은 사람은 폭넓은 어휘력을 가지고 있고, 문장 체제에 익숙하며, 다양한 생의 경험을 가지고 있는 경향이 있다. 이러한 사람들은 뛰어난 이해력으로 분당 1,800 내지 2,400단어를 읽을 수 있도록 빨리 배울 수 있다. 분당 10,000단어를 읽는 독자는 매우 드물며 대부분의 사람들은 분당 약 250단어 정도를 읽는다. 대학생은 분당 600단어 정도를 읽어야 과제를 해낼 수 있다.

64

In the early part of the 20th century, Korean immigrants worked on the sugar and pineapple plantations in Hawaii. At that time, life on the plantations was quite difficult because of the working conditions and because of the work having no family life. After a while the immigrants were able to send for some of their family members. Also, picture brides came to marry picture grooms. The increase in family life helped make life easier on the plantations. After a time the Korean workers became more skilled, and with the help of their relatives some were able to save enough money to leave the plantations and look for employment in the towns and cities in the islands. There people worked very hard and took whatever kinds of jobs they could get. They wanted their children to become professional people. As a result, the children of the immigrants were encouraged to take up the American way of life. At the same time their parents also wanted them to follow as many of their traditional Korean customs as possible.

어구풀이
• immigrant : 이주민, 이민 와서 사는 사람
• working condition : 노동조건 = terms of the job
• send for : ~을 부르러 보내다
• plantation : 농장, 재배지
• after while : 얼마 후

모범번역
20세기 초에 한국인 이주민들은 하와이에 있는 사탕수수 농장이나 파인애플 농장에서 일했다. 당시에는 근로 조건과 가족생활이 없음으로 인해서 농장의 생활은 매우 어려웠다. 얼마 후 이주민들은 그들의 가족 구성원을 부르러 사람을 보낼 수 있었다. 또 사진의 신랑과 결혼하기 위해 사진 속의 신부가 왔다. 가족 구성원의 증가는 농장에서의 삶을 좀더 쉽게 하는 데 도움이 됐다. 얼마 후 한국인 노동자들은 노련해졌고 친지들의 도움을 받아 일부는 농장을 떠나기 위한 그리고 하와이의 도시나 소읍에서 일자리를 구하기 위한 충분한 돈을 마련할 수 있었다. 이들은 열심히 일했고 그들이 얻을 수 있는 종류의 일은 무엇이든 했다. 그들은 자신의 자녀들이 전문가가 되기 바라고 있었다. 그 결과 그 이주민들의 자녀들은 미국 생활 방식을 취하게 되었고 동시에 그들의 부모들은 그들이 전통적인 한국의 관습을 가능한 한 많이 따르기를 원했다.

65

Grant Wood died in 1942, a man of certain genius, who left the fingerprints of his style on landscape painting, magazine covers, settings for the stage and movies, and advertising art. He sold his painting "American Gothic," to the Art Institute of Chicago for $350. It was to become the most popular picture since "Whistler's Mother." But "Paul Revere's Ride" was bought in 1950 by the Metropolitan Museum for $19,000. Born into poverty on an Iowa farm, and a born craftsman, he could make anything: a bird house made of tomato cans, which is now in a museum, his house, his furniture, the mailbox at the door, and the pictures on the walls. He matured slowly as a painter, going along by exact calculation and depicting Iowans honestly and calmly in some of the finest portraits of our time. In his own words, he "discovered the decorative quality in American newness," and into the design of his pictures he wove details such as the bright metal of a cookstove, the lace of a baby's bonnet and the shoulder straps of a man's overalls. His landscapes, so gay and tidy and carefully designed, reveal a new element in this branch of art — a sense of humor.

어구풀이

- man(person) of genius : 천재
- fingerprint : 지문
- calculation : 계산, 추정
- portrait : 초상화
- weave : ~을 짜다
- strap : 가죽끈
- overall : 작업 바지

- born into poverty : 가난한 환경에서 태어나다
- craftsman : 장인
- go along : 나아가다
- depict : 묘사하다
- bonnet : 여자 어린이용 모자
- gay : 쾌활한, 명랑한

모범번역

진정한 천재인 그랜트 우드는 풍경화, 잡지의 표지, 무대 장치와 영화, 광고 예술 분야에서 그만의 독특한 양식을 남겼으며 1942년에 사망했다. 그는 자신의 그림 "아메리칸 고딕"을 350달러에 시카고 미술관에 팔았고 그것은 "화가의 어머니" 이후 가장 인기 있는 작품이 되었다. 그러나 "폴 리비어의 승마"는 1950년 19,000달러에 메트로폴리탄 미술관에 팔렸다. 아이오와 주의 가난한 집에서 태어난 타고난 공예가인 그는 어떤 것이든 만들 수 있었다. (지금은 박물관에 있는) 토마토 캔으로 만든 새집이라든지, 집, 가구, 문의 우편함, 벽화 같은 것 말이다. 그는 우리 시대 가장 훌륭한 초상화들 속에서 아이오와 사람들을 정확한 계산으로 진술하고 차분하게 묘사하면서 화가로서 점차 성숙해졌다. 그 자신의 말에 따르면, 그는 "미국의 새로움에서 장식적인 특성"을 발견했고 그림의 구도에서 밝은 금속제 요리 스토브, 아동용 모자의 레이스, 작업 바지의 어깨끈 같은 것을 세밀히 묘사했다. 그의 풍경화는, 매우 화려하고 정연하며 용의주도하게 디자인되었는데, 이 분야의 예술(풍경화)에 해학적 감각이라는 새로운 요소를 나타내고 있다.

66

The Gaels probably reached Ireland during the first century B.C., coming directly from the continent. They found Ireland already occupied by a mixture of peoples, the descendants of earlier invaders from Great Britain and the continent. The Gaels treated the existing population in much the same way as they themselves were treated by later invaders: they killed some, dispossessed others, and compelled the rest to pay tribute. Yet despite their iron weapons they made a very slow conquest. Even when the Gaelic conquest was complete, which cannot have been before the fifth century A.D., the Gaels formed only a dominant minority, holding the best land and trying to concentrate political power in their own hands. Though there was a steady mingling of population, the formal distinction between "free" and "tributary" tribes remained until the twelfth century. But long before this the Gaels had imposed their language and their legal system upon the country, and Gaelic historians had reconstructed the past so as to obscure the great variation in the origins of the population.

어구풀이

- continent : 대륙, 본토
- invader : 침략자
- tribute : 공물, 납세
- minority : 소수파
- distinction : 구별, 특성
- obscure : 덮어 감추다, 흐리게 하다, 모호하게 하다

- mixture : 혼합
- dispossess : ～의 소유권을 빼앗다, (토지에서) 쫓아내다
- dominant : 지배적인, 유력한
- steady : 확고한, 꾸준한
- tributary : 종속되는, 조공을 바치는
- variation : 변동, 변이

모범번역

게일인들은 아마 B. C. 1세기 중에 대륙으로부터 직접 아일랜드에 도착했을 것이다. 그들은 아일랜드가 이미 혼합된 민족들, 즉 영국과 대륙에서 건너온 초기 침략자들의 후예들에게 점령돼 있다는 것을 알았다. 게일인들은 기존 주민들을, 자기들 다음에 온 침략자들이 자신들을 다룬 것과 같은 방법으로 다루었다. 그들은 일부는 죽였고, 어떤 사람들에게서는 재산을 빼앗았으며 나머지는 공물을 바치도록 강요하였다. 철제 무기를 가졌는데도 그들의 정복은 매우 더디었다. 게일인의 정복이 끝났을 때도-이 정복도 A. D. 5세기 이전이었을 수는 없는데-게일인들은 가장 좋은 땅을 차지하고 그들 자신의 손아귀에 정치권력을 집중시키면서 소수파 지배세력만을 형성했다. 꾸준하게 인구가 혼합되어 갔음에도 "자유민"과 "예속민" 사이의 공식적인 차별이 12세기까지 남아 있었다. 그러나 그 훨씬 전에 이 게일인들은 정복한 나라에 자기네 언어와 법제도를 강요했고, 게일의 역사가들은 크게 변화한 이 나라 인구의 기원을 불분명하게 하기 위해 과거를 재구성하였다.

67

Most people read short stories. Magazines, newspapers, and books, printed in millions of copies every month, regularly supply the demand for short fiction. In the United States today the short story is overwhelmingly the most popular form of current literature. Perhaps it is the modern manner of living that insistently demands that all current fiction be short. Automobiles, jet planes, telephones, and telegraphs all bow at the altar of speed. And literature shares its place in the favor of the crowd with amusements undreamed of a hundred years ago. The time for leisurely reading of ten-volume novels appears to have passed with the horse and buggy and the pony express. The fiction readers demand a literary form that suits their moods and habits. Long introductions, leisurely discourses on philosophy, and detailed descriptive passages become the special joy of a particular kind of reader, whereas the crowd chooses the short story. Small wonder, then, that many writers have turned their talents to the short story.

어구풀이

- overwhelmingly : 압도적으로
- insistently : 끈덕지게
- in the favor of (someone) : (누구의) 마음에 드는
- leisurely : 여유 있는, 한가로이
- pony express : 작은 말에 의한 속달 우편
- discourse : 강연, 논술
- whereas : ～에 반(反)하여

- current : 현재
- altar : 재단, 성찬대
- amusement : 즐거움, 오락
- buggy : 한 마리의 말이 끄는 가벼운 이륜마차
- introduction : 서론, 서설
- descriptive : 묘사의
- turn A to B : A를 B에 쓰다(돌리다)

모범번역

대부분의 사람들은 단편 소설을 읽는다. 잡지, 신문, 책들은 매달 수백만 권씩 발행되면서 짧은 픽션에 대한 수요를 꼬박꼬박 충족시켜준다. 오늘날 미국에서는 단편 소설이 현대 문학 형태 중 단연 가장 인기가 있다. 현대의 모든 소설이 짧아야 한다고 끈덕지게 요구하는 것은 아마도 현대 생활방식일 것이다. 자동차, 제트 여객기, 전화, 전보 모두가 속도의 제단에 머리를 숙인다. 그리고 문학도 100년 전에는 상상하지 못했던 오락물들과 함께 일반대중의 마음속에 자리를 잡고 있다. 열 권짜리 소설을 한가로이 읽을 수 있는 시간은 말과 이륜마차와 조랑말 속달 우편과 함께 지나가 버린 것 같다. 소설 독자들은 그들의 기분과 습성에 맞는 문학형태를 요구한다. 긴 서문이나 철학에 대한 한가로운 담론, 상세한 묘사의 글 등이 특정 부류의 독자만이 갖는 특별한 기쁨이 된 데 반해서 일반대중은 단편 소설을 택하고 있다. 그러므로 많은 작가가 자기들의 재능을 단편 소설을 쓰는 데 돌린 것은 별로 놀라운 일이 아니다.

68

Whoever has made a voyage up the Hudson River must remember the Kaatskill Mountains. They are a dismembered branch of the great Appalachian family, and are seen away to the west of the river, swelling up to a noble height, and lording over the surrounding country. Every change of season, every change of weather, indeed, every hour of the day, produces some change in the magical hues and shapes of these mountains; and they are regarded by all good wives, far and near, as perfect barometers. When the weather is fair and settled, they are clothed in blue and purple, and print their bold outlines on the clear evening sky but sometimes, when the rest of the landscape is cloudless, they will gather a hood of gray vapors about their summits, which, in the last rays of the setting sun, will glow like a crown of glory.

어구풀이

- voyage : 항해, 여행
- swell up : 팽창하다, 솟아오르다
- magical : 마술적인, 신비한
- bold : 대담한, 힘찬, 가파른
- hood : 두건, 덮개, 뚜껑
- dismembered : 분할된, 잘려진
- lord (it) over : 뽐내다, ~에 군림하다
- hue : 색조, 빛깔(= tint)
- landscape : 경치, 풍경(= scenery)
- vapor : 증기

모범번역

허드슨 강을 따라 여행을 한 사람은 누구나 카아츠킬 산맥을 기억해야 한다. 그것들은 거대한 애팔래치아 산맥에서 나온 가지이며 강의 서쪽에서 볼 수 있으며 고상한 자태로 우뚝 솟아 근처의 마을에 그 자태를 뽐내고 있다. 계절이나 날씨의 모든 변화, 그리고 하루 매시간의 마술적인 색조로 어떤 변화를 일으키고 이 산들의 형태에 또한 변화를 일으킨다. 그것들은 멀리 있든 가까이 있든 모든 주부들에게는 날씨를 예고하는 데에 완전한 기준으로서 여겨지기도 한다. 날씨가 좋고 안정이 되어 있을 때에는 그것들은 푸르고, 자주 빛을 띠고, 맑은 저녁 하늘에 가파른 윤곽을 그대로 드러낸다. 그러나 이따금 하늘에 구름 한 점 없을 때에는 그것들은 산의 정상 부분에 있는 회색 수증기들을 모아서 지는 해의 마지막 빛을 받으며 영광의 왕관처럼 빛을 낸다.

69

During the summer session there will be a revised schedule of services for the university community. Specific changes for intercampus bus services, cafeteria summer hours for the infirmary, and recreational and athletic facilities will be posted on the bulletin board outside of the cafeteria. Weekly movie and concert schedules which are in the process of being arranged will be posted each Wednesday outside of the cafeteria. Intercampus buses will leave the main hall every hour on the half hour and make all of the regular stops on their route around the campus. The cafeteria will serve breakfast, lunch, and early dinner from 7 a.m. to 7 p.m. during the week and from noon to 7 p.m. on weekends. The library will maintain regular hours during the week, but shorter hours on Saturdays and Sundays. The weekend hours are from noon to 7 p.m. All students who want to use the library borrowing services and the recreational, athletic, and entertainment facilities must have a valid summer identification card. This announcement will also appear in the next issue of the student newspaper.

어구풀이

• the summer session : 하계 학기   • revised schedule : 수정된 시간표
• every hour on the half hour : 매시 30분 정각에
• make all of the regular stops : 평상시의 버스 운행에서 정차하기로 되어 있는 모든 정거장에 서다
• the library borrowing services : 도서관의 대출 업무   • issue : 정기 간행물의 호(號)

모범번역

여름 학기 동안에는 대학촌을 위한 제반 봉사 업무에 시간 변동이 있게 될 것이다. 캠퍼스 내의 버스 운행, 교내 진료소를 위한 카페테리아의 하계 운영 시간, 레크레이션과 운동을 위한 시설물, 이것들에 대한 구체적인 변경 사항은 카페테리아 밖에 있는 게시판에 게시될 것이다. 지금 준비 중에 있는 매주 1회씩 있는 영화와 음악회의 시간 변동은 매주 수요일마다 카페테리아 밖에 공고하게 될 것이다. 캠퍼스 내의 버스는 매시 30분 정각에 본관을 출발하며 캠퍼스 운행 노선의 규정된 정거장에 모두 정차할 것이다. 카페테리아에서는 주중에는 오전 7시부터 오후 7시까지, 주말에는 정오부터 오후 7시까지 아침 식사, 점심, 이른 저녁 식사를 제공하게 될 것이다. 도서관은 주중에는 계속 정규 시간대로 열지만 토요일과 일요일에는 시간을 단축하게 된다. 주말 시간은 정오부터 7시까지이다. 도서관의 도서 대출 서비스와 레크리에이션, 운동 및 오락 시설을 이용하기를 바라는 모든 학생은 유효한 하계 학기 신분증을 소지하여야 한다. 이 공고는 학생 신문의 다음 호에 다시 게재될 것이다.

70

In April 1803, Napoleon Bonaparte negotiated the sale of the Louisiana Territory with the envoys of President Thomas Jefferson. For the fifteen million dollars needed to continue his war in Europe, Napoleon turned the entire Louisiana Territory over to the United States. Neither the French nor the Americans were aware of the vast amount of land the sale involved. It was later discovered to include over eight hundred thousand square miles. Only a short time before the agreement was reached, Napoleon had acquired Louisiana from Spain with the intention of making Louisiana the center of a great French-American empire. However, when President Jefferson sent word that he was interested in buying New Orleans, Napoleon gave up this dream. The envoys were offered all of Louisiana or nothing, and they gladly took it all. At one stroke of the pen and without even a threat of war, the Louisiana Purchase doubled the size of the United States, pushed back the frontier, and secured the Mississippi River as a highway for Western trade. It was by far the best bargain in American diplomatic history.

어구풀이

• Louisiana Territory : 루이지애나 영지(領地)   • envoy : 사절(使節)
• turn over : 양도하다
• this dream : 루이지애나를 대(大) 불-미 제국의 중심지로 만들겠다는 꿈
• were offered ~ nothing : 루이지애나 전부가 아니면 안 된다는 제의를 받았다
• at one ~ pen : 펜을 한 번 놀리는 것, 즉 협정에 조인하는 것

- the Louisiana Purchase : 루이지애나 구매지
- push back the frontier : 변경(邊境)을 뒤로 밀어버리다. 즉, 국경을 확장하다
- Western trade : 서부와의 교역
- by far : 명백히, 단연

모범번역

1803년 4월 나폴레옹 보나파르트는 토마스 제퍼슨 대통령의 사절들과 함께 루이지애나 영지의 판매를 협상했다. 유럽에서 전쟁을 계속하는 데 필요한 1,500만 달러를 위해서 나폴레옹은 미국에 루이지애나 영지 전체를 양도했다. 프랑스인뿐만 아니라 미국인들도 매매에 관련된 땅의 방대한 크기를 알지 못했다. 후에 거기에는 80만 평방 마일이 넘는 땅이 포함된 것으로 밝혀졌다. 합의에 도달하기 바로 얼마 전에 나폴레옹은 루이지애나를 대(大) 불-미 제국의 중심지로 만들 목적으로 스페인으로부터 획득했다. 그러나 제퍼슨 대통령이 뉴올리언스를 사는 데 관심이 있다는 말을 보내왔을 때, 나폴레옹은 그 꿈을 포기했다. 사절은 루이지애나를 전체가 아니면 아무 것도 팔지 않겠다는 제의를 받았고, 그들은 기꺼이 그 모두를 샀다. 펜을 한 번 긋는 것으로, 또 전쟁의 위협도 한 번 없이 루이지애나의 구입은 미국의 크기를 배가시켰고 국경을 확장해 주었다. 그리고 또한 미시시피 강을 서부와의 교역을 위한 교통로로써 확보해주었다. 이것은 미국 외교 역사상 단연 최고의 협상이었다.

71

For nearly a century before there was such a thing as a space program, a view of space was possible. People could see detailed views of the Moon, explore Mars, and study the geometric beauty of Saturn's rings. All of this was made possible by a small group of artist-astronomers who made a career of illustrating how other worlds in space might look like. Lucien Rudaux, a French artist, was the first to combine his artistic talents with his knowledge of astronomy. His paintings show a mixture of skilled observations, brilliant imagination, and painstaking attention to detail. As a result, many of his works have come surprisingly close to actual conditions on distant planets. His painting of Mars included moonlike craters that were first photographed by the Mariner 4 probe in 1965. His 1930 painting of a dust storm looks remarkably like a photograph of a storm taken by Orbiter 2 in 1976. The artist-astronomers, including Rudaux, stimulated interest in outer space by painting what eventually turned out to be precise portraits of the planets.

어구풀이

- space program : 우주(탐험)계획
- geometric : 기하학적인
- astronomer : 천문학자
- come close to : ~와 유사하게 되다
- probe : (대기권 밖의) 탐사용 로켓
- turn out : 나타나다, 판명되다
- detailed : 상세한
- Saturn : 토성
- combine A with B : A와 B를 결합하다
- crater : 분화구
- stimulate : 자극하다

모범번역

우주탐험계획과 같은 것이 있기 전에도, 거의 1세기 동안은 우주의 관측이 가능했었다. 사람들은 달의 상세한 모양을 볼 수 있었고 화성을 탐험하고 토성환의 기하학적인 아름다움을 연구할 수 있었다. 이러한 모든 것은 우주 안의 다른 세계가 어떻게 보이는가를 삽화로 그리는 것을 직업으로 가진 작은 그룹의 미술가 겸 천문학자들에 의해서 가능하게 되었다. 불란서 미술가인 루시앙 루도는 그의 예술적 재능과 천문학적 지식을 결부시킨 최초의 사람이었다. 그의 그림은 숙련된 관찰과 뛰어난 상상력, 그리고 세부에 기울인 힘겨운 주의력이 조화되어 있음을 보여준다. 그 결과, 많은 그의 작품은 멀리 있는 혹성의 실제 상태에 놀라울 정도로 접근해 있다. 그가 그린 화성의 그림에는 1965년 마리너 4호 탐색 로켓이 처음으로 촬영했던 달 모양의 분화구들이 포함되어 있었다. 그가 1930년에 그린 모래바람의 그림은 1976년 오비터 2호가 찍은 폭풍의 사진과 놀라울 정도로 비슷하다. 루도를 포함한 미술가 겸 천문학자들은 나중에 혹성들의 정확한 모습을 판명된 것들을 그림으로써 외계에 대한 관심을 자극했다.

72

Television in the United States is gradually moving beyond the confines of standard formulas. The latest and, in many respects, most impressive evidence can be found in a recently produced series of dramatizations of outstanding short stories. These productions demonstrate that the television form can have very distinctive qualities and assets. Although the basic aesthetics of television are not radically different from those of movies, the key to the differences that do exist is primarily economic. In television, aesthetics will always be constrained by the "bottom line" of a budget. Add to this the long-acknowledged fact that television, with its smaller frame, is a close-up medium. When these things are considered, it becomes apparent that the short story might be an especially good source of dramatic material. It tends to be heavier on character development than on plot and television can linger on the details and gestures – things that might be called the "beautiful brushstrokes" of the story.

어구풀이

- gradually : 점차로
- evidence : 증거
- dramatization : 각색, 희곡화
- distinctive : 특이한
- aesthetics : 미학
- the bottom line of a budget : 예산의 총액
- frame : 화면
- medium close-up : 대상의 머리부터 가슴까지 촬영하는 촬영 기법
- tend to : ~하는 경향이 있다
- linger on : ~에 시간을 끌다

- confines : 한계
- a series of : 일련의
- outstanding : 뛰어난
- asset : 이점, 이익
- radically : 근본적으로
- long-acknowledged : 오랫동안 인정되어 온

- be heavy on : ~에 편중하다

모범번역

미국에서 텔레비전은 점차로 표준공식의 한계를 벗어나고 있다. 이에 대한 가장 최근의, 그리고 여러 가지 면에 있어서 가장 인상적인 증거는 뛰어난 단편 소설을 각색하여 제작된 일련의 작품들 속에서 찾을 수 있다. 이러한 작품들을 보면 텔레비전이라는 형태는 매우 특이한 성질과 이점을 가질 수 있음을 알 수 있다. 비록 텔레비전이 지닌 기초적인 미학이 영화의 그것과 근본적으로 다르지는 않지만, 실재(實在)하는 몇 가지 차이의 열쇠는 일차적으로 경제적인 데 있다. 텔레비전에 있어서 미학의 문제는 언제나 예산의 총액에 의해 제약을 받게 될 것이다. 이외에도 텔레비전은 화면이 작기 때문에 미디엄 클로즈 업이라는 사실이 오랫동안 의식되어 왔다. 이러한 요인들을 고려해 볼 때, 단편 소설이 극화 자료로서 아주 좋은 원천이 될 수 있음은 분명해진다. 단편소설은 구성보다는 인물전개에 편중하는 경향이 있는데, 텔레비전은 이야기의 아름다운 필치라고 불리어질 수 있는 인물의 세부사항과 몸짓에 좀더 시간을 할애할 수가 있는 것이다.

73

The Caledonian Market in London is a clearing house of the junk of the universe. Here, rubbish is a commodity and rubbish picking is a sport. Somebody, somewhere, once wanted these things, perhaps just to look at. You learn here the incredible obscurity of human needs and desires. People grope, with fascinated curiosity, among the turned out debris of thousands of attic rooms. Junk pours in twice a week, year in and year out. The Market is the penultimate resting place of banished vases, musical instruments that will not play, sewing machines that will not sew, paralyzed perambulators, epileptic bicycles and numerous other articles from which all morale and hope have long departed. There are stories of fortunes being picked up in the market. Once seven hundred gold sovereigns were found in a secret drawer of a crazy old bureau. And book buyers have discovered valuable editions of Milton and Dickens and Carlyle. There is nothing one can not buy in the Market.

어구풀이

- Caledonian Market in London : 런던에 있는 고물 시장
- junk : 잡동사니, 폐물
- commodity : 상품, 일용품
- obscurity : 모호함, 알 수가 없는 것
- turned-out : 뒤져서 나온
- pour in : 쏟아져 들어오다
- penultimate : 마지막에서 두 번째의
- epileptic : 간질병의

- clearing house : 교환소
- rubbish : 폐물, 쓰레기, 잡동사니
- sport : 오락, 즐거움
- grope : 더듬어 찾다
- debris : 잡동사니
- year in and year out : 해마다, 쉴 새 없이, 시종
- perambulator : 유모차

모범번역

런던에 있는 캘리도니언 시장은 이 세상 잡동사니의 거래 장소이다. 여기서는 잡동사니들이 상품이 되며 폐물 줍기가 하나의 오락이 된다. 어딘가의 누군가는 이것들을 눈요기로라도 보기를 원했을 것이다. 인간의 필요와 욕구가 믿을 수 없을 만큼 알기 어려운 것이라는 것을 여기서 배우게 된다. 사람들은 황홀한 호기심에 가득 차서 수많은 다락방을 털어 거기서 나온 폐물들을 뒤적거린다. 일년 열두 달, 매주 두 번씩 고물들이 쏟아져 들어온다. 그 시장은 버려진 꽃병들, 연주할 수 없는 악기들, 재봉할 수 없는 재봉틀, 못 쓰게 된 유모차들, 간질병에 걸린 것 같은 자전거들, 그리고 사기(士氣)와 희망이 떠나버린 지 오랜 그 밖의 많은 다른 물건들의 두 번째 휴식처이다(마지막 휴식처는 무덤). 이 시장에서 우연히 횡재를 하게 된 이야기들도 있다. 한 번은 7백 개의 소브린 금화가 괴상하게 생긴 낡은 화장농 안의 비밀서랍에서 발견되었다. 그리고 서적 구매자들은 밀튼, 디킨즈, 카알라일의 귀중본들을 발견했다. 이 시장에서 사지 못할 물건이라고는 하나도 없다.

74

The theory of probability was born into a hostile world — a world of superstitions, of charms and curses. And the gambling room, was hardly reputable, however fashionable it might have been. Yet, despite these handicaps, the theory of probability has had a profound impact on our ability to cope with many of the things that we observe in nature. In many respects, its contribution to scientific thought has been as significant as Newton's calculus or Euclid's geometry. While the practical contributions of the probability theory are undisputed, few theories have created such a philosophical controversy. We shall not belabor the issues here except to note that the basic point of difference lies in the view regarding the meaning — and, therefore, the use one is willing to make — of probability measures. But these matters are primarily philosophical rather than mathematical. The mathematical foundations of the theory are not really at issue. Here our task is to construct a practical definition of the word "probability."

어구풀이

- the theory of probability : 확률의 이론
- superstition : 미신
- calculus : 미적분학
- belabor : 지루할 정도로 길게 이야기하다
- hostile world : 적의에 찬 세계
- charm : 마술, 마법
- undisputed : 확실한, 명백한
- are ~ at issue : 사실 문제가 되지 않다

모범번역

확률 이론은 적의에 찬 세계, 즉 미신과 마술, 그리고 저주의 세계에서 생겨났다. 도박장은 사람들이 많이 찾아오는 인기 있는 곳이었다 하더라도 평판은 좋지 않았다. 그러나 이와 같은 불리한 점들에도 불구하고 확률 이론은 우리가 자연에서 보는 많은 것들을 처리하는 능력에 지대한 영향을 끼쳐왔다. 여러 가지 점에서 확률 이론이 과학적 사고에 끼친 공헌은 뉴턴의 미적분이나 유클리드의 기하학과 마찬가지로 중요한 것이었다. 확률 이론이 끼친 실제적 공헌이야 논란의 여지가 없지만 이 이론만큼 철학적인 논쟁을 불러일으킨 것도 별로 없다. 논란의 대상이 되어 온 문제점들에 대해 여기서 장황하게 늘어놓기보다, 다만 우리가 지적하려는 것은, 기본적인 차이점은 확률의 의미, 그러니까 우리가 선뜻 하려는 그 이용에 대한 견해에 있다는 점이다. 그러나 이들 문제들은 주로 수

학적이기보다는 철학적인 것이다. 이 이론의 수학적인 기초는 사실 문제가 되지는 않는다. 우리가 이쯤에서 해야 할 일은 "확률"이라는 단어의 실제적인 정의를 세우는 것이다.

75

But there is more to the Library of Congress for the American dream than merely the wise appropriation of public money. The Library of Congress could not have become what it is today, with all the generous aid of Congress, without such a citizen as Dr. Herbert Putnam as the directing head of it. He and his staff have devoted their lives to making the four million and more books and pamphlets serve the public to a degree that cannot be approached by any similar great institution in the Old World. Then there is the public that uses these facilities. As one looks down on the general reading room, which alone contains ten thousand volumes that may be read without even the asking, one sees the seats filled with silent readers, old and young, rich and poor, black and white, the executive and the laborer, the general and the private, the noted scholar and the schoolboy, all reading at their own library provided by their own democracy.

어구풀이

- there is more to ~ than ~ : ~에는 ~ 이상의 것이 있다
- for the American dream : 미국의 꿈을 실현시키기 위한
- public money : 공금
- as the directing head of it : 도서관장직에 있었던
- the Old World : 구세계, 유럽
- the general reading room : 일반 열람실
- one sees ~ silent readers : 조용한 열람자들로 좌석이 메워져 있는 것을 보게 된다
- executive : (회사 따위의) 중역
- provided ~ democracy : 그들 자신의 민주주의가 마련해 준
- appropriation : (자금 따위의) 충당, 지출
- with all : ~에도 불구하고
- to a degree that : ~할 정도로
- noted : 저명한
- without even the asking : 열람 신청을 하지 않아도
- private : 일등병

모범번역

그러나 미국의 꿈을 실현시키려는 국회도서관에는 단지 공금을 현명하게 지출한다는 것 이상의 것이 있다. 국회도서관은, 국회의 아낌없는 원조가 있기는 했지만, 관장으로 있던 하버트 퍼트냄 박사와 같은 시민이 없었더라면 오늘날의 국회도서관이 될 수 없었을 것이다. 그와 그의 직원들은 유럽의 어떤 유사한 대도서관도 따라올 수 없을 정도로, 4백만 권 이상의 서적과 팸플릿(소책자)이 대중에게 도움을 주도록 하는 데 일생을 바쳤다. 다음으로는 이들 시설을 이용하는 대중을 들 수 있다. 일반 열람실을 내려다보면, 이곳 한 군데만 해도 열람 신청을 않고 읽을 수 있는 책이 만 권이나 되는데, 늙은이와 젊은이, 부자와 가난한 자, 흑인과 백인, 회사의 중역과 노동자, 장군과 일등병, 저명한 학자와 학생 할 것 없이 조용한 열람자들이 좌석을 메우고 모두들 자신의 민주주의가 마련해 준 자신의 도서관에서 독서를 하고 있는 것을 볼 수 있다.

76

The Grand Canyon, a long, narrow gorge in Arizona, is rich in geological history. Its record of past plant and animal life also makes it an exciting and invaluable object of study for biologists. Using samples from two hundred and seventeen miles of the canyon's walls, scientists analyze the building materials that form the earth's surface and study the natural processes which have affected the canyon over its four-billion-year history. These processes include the eruption of volcanoes, which were active as recently as one thousand years ago, and gradual decomposition by erosion. Scientists also study a great variety of fossils that can be found in the canyon.

These imprints of past forms of life are preserved in rock. The lower levels of canyon rock contain fossils of seashells and primitive algae, while the upper levels contain fossils of such creatures as dinosaurs and other prehistoric land animals. All of these discoveries provide scientists with information both on the earth's history in general and on the area around the Grand Canyon in particular.

어구풀이

- gorge : 협곡
- invaluable : 평가할 수 없는, 대단히 귀중한
- object of study for biologists : 생물학자들의 연구 대상
- eruption of volcanoes : 화산의 폭발
- gradual decomposition by erosion : 침식에 의한 점진적인 분해 과정
- a great variety of : 매우 다양한
- imprint : (눌러서 생긴) 자취, 흔적
- algae : 해초, 말무리
- dinosaur : 공룡

모범번역

애리조나주에 있는 길고 좁은 협곡인 그랜드 캐니언은 지질학적 역사가 풍부하게 담겨 있다. 과거의 식물과 동물의 생명체가 여기 기록되어 있다는 것 또한 이 협곡을 생물학자들에게 흥미진진하고 귀중한 연구 대상이 되게 한다. 217마일에 이르는 이 협곡의 벽에 있는 표본을 이용해서 과학자들은 지구의 표면을 형성하는 구성 물질을 분석하고 40억 년 이상 이 협곡에 영향을 주어 온 자연의 작용을 연구한다. 이러한 작용에는, 불과 천 년 전까지만 해도 활발했던 화산의 폭발 및 침식에 의한 점진적인 분해 과정이 포함된다. 과학자들은 또 이 협곡에서 발견되는 아주 다양한 화석들을 연구한다.

생명체의 과거형태 그대로인 이러한 흔적들이 암석에 보존되어 있다. 협곡 암석의 하층에는 바다 조개와 원시 시대의 말무리가 들어 있는가 하면, 상층에는 공룡과 그 밖의 선사시대의 육지 동물들의 화석이 들어 있다. 이 모든 발견물들은 지구의 전체적인 역사와 특히 그랜드 캐니언 주위 지역에 관한 정보를 과학자들에게 제공해준다.

77

President Woodrow Wilson's conception of a just peace after the First World War demanded that the United States play an independent and leading role in peace negotiations. But his conviction that a durable peace also depended on a Allied victory bound him economically and morally to the Allied Powers. It was inconceivable to him to go to the Paris Peace Conference only to risk a break with his former allies by taking the part of the defeated powers. A statesman who looks forward to a peaceful world based on international cooperation will not drive a hard bargain with the nations on whose collaboration he feels most dependent. Wilson might have forced the allied British and French leaders to accept his Fourteen Points, a doctrine outlining his ideas of a cooperative basis for a lasting peace, as the theoretical basis for peace negotiations. But once the talks began the dynamics of the situation delivered him into their hands for his very hopes and ideals tended to paralyze him as a negotiator. The war had overthrown peace time standards and values, and not even Woodrow Wilson could uphold them.

어구풀이

- collaboration : 협동, 원조
- bargain : 협정, 계약
- just peace : 정의로운 평화
- durable : 영속성이 있는
- It was inconceivable to him to ~ : ~한다는 것은 그로서는 생각조차 할 수 없는 일이었다
- Paris Peace Conference : 파리 강화 회의
- risk a break with : ~와 불화를 일으킬 위험을 무릅쓰다
- take the part of : ~의 편을 들다
- drive a hard bargain : 까다로운 태도로 이쪽의 주장을 상대방이 받아들이도록 한다
- the nations whose ~ dependent : 그들의 협력에 자신이 가장 크게 의존한다고 느끼는 국가들
- might have forced ~ to ~ : 동맹국 영국과 프랑스의 지도자들이 ~하도록 강요할 수 있었을 지도 모른다
- delivered ~ hand : ~를 그들의 손에 들어가게 하다
- tend to : ~하는 경향이 있다, ~하기 쉽다

모범번역

제1차 대전 이후 우드로우 윌슨이 지닌 정의로운 평화에 대한 개념은 미국이 평화협상에 있어서 독자적이고도 주도적인 역할을 수행할 것을 요구하고 있었다. 그러나 항구적인 평화는 또한 연합군의 승리에 좌우된다는 그의 확신은 그를 경제적으로나 도덕적으로 연합군에 얽매이게 하였다. 파리 강화 회의에 참석해서 패전국의 편을 듦으로써 이전의 동맹국과 불화를 일으킬 위험을 무릅쓴다는 것은 그로서는 생각조차 할 수 없는 일이었다. 국제적 협력에 바탕을 둔 평화로운 세계를 고대하는 정치가라면 그 협력에 자신이 가장 크게 의존한다고 느끼고 있는 국가들과 까다로운 태도로 흥정을 하지는 않을 것이다. 윌슨은 동맹국인 영국과 프랑스의 지도자들에게, 항구적 평화를 위한 협력의 기본에 대한 그의 구상을 밝힌 신조(信條)인 14개 원칙을 평화 협상의 이론적 기초로서 수락하도록 강요할 수 있었을지도 모른다. 그러나 일단 회담이 시작되자 상황의 역학(力學)이 그를 연합국의 요구에 동조하게 만들었다. 왜냐하면, 바로 그 자신의 희망과 이상이 그를 협상자로서 무력하게 만들었기 때문이다. 전쟁은 평화시의 기준과 가치를 뒤집어 놓아 버렸고 따라서 윌슨 대통령조차도 그것들을 고수할 수가 없었다.

78

Discovered a mere one hundred fifty years ago and manufactured commercially just half that long, aluminum today ranks behind only iron and steel among metals serving mankind. The key to its population is its incredible versatility. The same metal that makes kitchen foil serves as armor for battlefield tanks. The material of lawn chairs and baseball bats also forms the vital parts of air and space vehicles — most of their skins, even the rivets that bind them together. Behind aluminum's versatility lie properties so diverse that they almost seem to belong to several different metals. For example, in its pure form, aluminum is soft enough to whittle. Yet its alloys can possess the strength of steel, with only a third of its weight. Thus, when Alexander Calder designed one of the last mobiles — a soaring creation eighty feet long — his choice of aluminum over steel cut two tons from its weight. Aluminum also assures the masterpiece virtual immortality. The instant the metal is exposed to air, its surface acquires a transparent film that seals the interior against further corrosion.

어구풀이

- just half that long : 그 기간의 반 동안만
- incredible : 놀랄만한, 엄청난
- kitchen foil : 부엌에서 쓰는 박지(箔紙)
- skeleton : 뼈대
- whittle : (나무 따위를) 칼로 깎다
- its weight : 강철의 무게
- his choice of aluminum over steel : 그가 강철이 아니라 알루미늄을 선택한 것
- the masterpiece : a soaring creation eighty feet long을 가리킨다
- rank : 순위(지위)를 차지하다
- versatility : (도구·물질 따위의) 용도의 다양함
- air and space vehicles : 항공기와 우주선
- property : 특성, 특질
- alloy : 합금
- mobile : 움직이는 조각

모범번역

겨우 150년 전에야 발견됐고 상업적으로 제조된 지는 그 기간의 반밖에 안 되는 알루미늄은 오늘날 인류에게 도움을 주는 금속 가운데 철과 강철 다음의 위치를 차지하고 있다. 그 인기의 열쇠는 이 금속이 지니고 있는 놀랄만한 다용도성에 있다. 부엌의 포일을 만드는 금속이 전쟁 탱크용 장갑으로도 쓰인다. 정원 의자와 야구 방망이의 재료가 항공기와 우주선의 중요한 부품-그들의 골격의 대부분과 외피, 심지어 그것들을 함께 고정시키는 리베트를 또한 형성한다.
알루미늄의 다용도성 이면에는, 거의 몇 개의 다른 금속에 속하는 것처럼 여겨질 정도로 다양한 특성들이 있다. 예를 들어, 순수한 형태의 알루미늄은 잘라낼 수 있을 만큼 부드럽다. 그러나 그것의 합금은, 무게는 강철의 3분의 1에 지나지 않지만 강철의 강도를 지닐 수 있다. 따라서 알렉산더 칼더는 그의 마지막 모빌 중의 하나, 즉 80피트 길이의 하늘을 날아오르는 물체를 고안했을 때, 강철이 아닌 알루미늄을 선택함으로써 그 무게에서 2톤을 줄일 수가 있었다. 알루미늄은 또한 이 걸작품에 대해 실질적인 영구성을 보장해준다. 이 금속은 공기에 노출되는 순간, 그 표면에 투명한 피막을 형성하여 그 내부가 더 이상 부식되지 않도록 밀봉해준다.

79

A cave is a natural opening in the ground extending beyond the zone of light and large enough to permit the entry of man. Occuring in a wide variety of rock types and caused by widely differing geologic processes, caves range in size from single small rooms to interconnecting passages many miles long. The scientific study of caves is called speleology. It is a composite science based on geology, hydrology, biology, and archaeology, and thus holds special interest for earth scientists of the U. S. Geological Survey.

Caves have been natural attractions since prehistoric times. Prolific evidence of early man's interests has been discovered in caves scattered throughout the world. Fragments of skeletons of some of the earliest manlike creatures have been discovered in cave deposits in South Africa and the first evidence of the primitive Neanderthal man was found in a cave in the Neander Valley of Germany. The Cro-Magnon man created his remarkable murals on the walls of caves in southern France and northern Spain where he took refuge more than 10,000 years ago during the chill of the Ice Age.

어구풀이

- geologic : 지질학의
- speleology : 동굴학
- biology : 생물학
- prehistoric times : 선사 시대
- fragment : 조각, 파편
- deposit : 퇴적물, 침전물
- chill : 추위
- interconnect : 상호 연결시키다
- hydrology : 수리학
- archaeology : 고고학
- prolific : 다산의, 풍부한, (수가) 많은
- skeleton : 골격, 해골
- refuse : 은신처
- mural : 벽화

모범번역

동굴은 인간이 출입할 수 있을 정도로 크고 빛이 닿는 범위를 넘어선 땅 속의 자연적인 구멍이다. 다양한 종류의 바위에서 생기거나 다양한 다른 지질학적 과정에서 생성된 동굴은 그 크기에 있어서 조그만 방에서부터 몇 마일에 걸쳐 상호 연결된 동굴까지 여러 가지이다. 동굴에 대한 과학적 연구를 동굴학이라 한다. 그것은 지질학, 수리학, 생물학, 고고학에 근거를 둔 여러 가지 요소로 이루어진 학문이다. 그래서 미국 지질학 연구소 내 지구 과학자들의 특별한 흥미를 끈다.

동굴은 선사 시대부터 계속되어온 자연적인 매력이 있다. 초기 인간의 흥미에 관한 많은 증거들이 세계에 흩어져 있는 동굴에서 발견되어 있다. 최초의 인류로 보이는 생명체의 골격 조각들이 남아프리카 동굴의 매장물에서 발견되었고, 원시 네안데르탈인이 독일의 네안더 밸리에 있는 동굴에서 발견했다. 크로마뇽인은 1만 년 이상 전 빙하기에 은신처로 삼은 북 스페인과 남부 프랑스에 있는 동굴의 벽에 뛰어난 벽화를 창조했다.

80

Beavers, North America's largest rodents, appear to lead such exemplary lives that a trapper once rather romantically observed that "beavers follow close to the line of the Ten Commandments." The Ten Commandments do not mention anything about building, dams, lodges, and canals, however, and the beaver's penchant for doing so has got it into a lot of hot water lately. Fishing enthusiasts in the Midwest and New England are complaining about beaver dams that spoil streams for trout and in the Southeast, lumber companies object whenever the animals flood out valuable stands of commercial timber. But some beaver experts champion a more charitable view. Historically, they say, this creature's impact on the environment has been tremendously significant, and its potential as a practical conservation resource is receiving more and more attention. When it comes to modifying the landscape in a major way, the beaver ranks second only to humans among all living creatures. Some people think of the beaver the same way that they think of the gypsy moth. They think it just comes through and eats and destroys. What they don't understand is the fact that for centuries the animal has controlled the character of the forests and streams that it occupies.

어구풀이

- rodent : 설치류
- Ten Commandments : 십계명
- canal : 운하, 수로
- go into hot water : 곤경에 빠지다
- lumber : 재목
- flood out : 홍수로 밀려나다
- charitable : 자선의, 자비로운
- tremendous : 무서운, 엄청난, 굉장한
- trapper : 덫 사냥꾼
- lodge : 굴, 오두막집
- penchant : 경향, 취미
- trout : 송어
- object : 항의하다
- impact : 충돌, 영향
- champion : 옹호하다, ~와 싸우다, ~을 지지하다

모범번역

북미 최대의 설치류인 비버는 어느 덫 사냥꾼이 낭만적으로 "비버는 십계명의 구절들을 매우 충실히 지킨다."고 서술할 정도로 매우 모범적인 삶을 사는 것처럼 보인다. 이 십계명에서 건물이나 둑, 굴, 수로 등에 대해 아무 언급도 않았으나 비버의 그러한 경향은 최근 큰 곤경에 빠졌다. 중서부와 뉴잉글랜드의 낚시 애호가들이 송어 잡이를 망치는 비버의 둑에 대해 불평을 하고 있고, 남동부에서는 그 동물들이 상업용 목재로 쓰이는 비싼 목재들을 쓰러뜨릴 때마다 항의하고 있다. 그러나 대부분 비버 전문가들은 더 자비로운 견해를 옹호한다. 그들에 의하면, 역사적으로 이 생물의 환경에 대한 영향은 매우 중요했으며 실질적인 보존 자원으로서 그 잠재력은 점점 더 많은 관심을 끌고 있다고 한다. 경관을 대규모로 변경하는 데 있어서 모든 생물 가운데 비버만이 유일하게 인간 다음에 위치한다. 대부분 사람들은 집시나방을 생각하는 것과 똑같이 비버를 생각한다. 그들은 비버가 단지 먹고 파괴하기만 한다고 생각한다. 그들이 이해하지 못하고 있는 것은 수세기 동안 이 동물이 그들이 점유하고 있는 강과 숲의 특성들을 조절해 왔다는 사실이다.

81

Medical bills in the United States have risen outrageously since the beginning of the 1960's and steps need to be taken to reverse this trend, or the average American will not be able to afford medical care. The major factor in the increasing cost of medical care has been the dramatic increase in the cost of hospital services. The rise in the cost of hospitalization can only be partly blamed on inflation since hospital bills in the last two decades have risen at a considerable higher rate than inflation. Another factor cited by doctors as a major cause for the increase in the cost of medical care is malpractice. Increasingly large compensations for malpractice have caused doctors to increase their rates to cover the higher malpractice insurance premiums. Because of the large malpractice compensations, doctors are also prescribing more conservative and more extensive — and therefore more costly — treatment for patiences as a defense against malpractice claims. Whatever the causes of the wild increases in the cost of medical care, the government needs to take strong action before it is too later for Americans.

어구풀이

- medical bills : 의료비
- take steps : 조치를 취하다
- trend : 경향, 추세
- factor : 요인
- malpractice : 의료 과실
- prescribe : 처방하다
- outrageously : 부당하게, 지나치게
- reverse : 역전시키다
- afford : ~할 여유가 있다
- hospitalization : 입원, 치료
- premium : 보험료
- take action : 조치를 취하다

모범번역

미국에서 의료비는 1960년대 초반부터 지나치게 상승하여, 이러한 경향을 역전시킬 조치들이 필요하며, 그렇지 않다면 일반적인 미국인은 의료 진료를 받지 못하게 될 것이다. 의료 진료비 상승의 주요 요인은 병원 서비스 비용의 놀라운 상승이었다. 인플레이션은 입원비의 상승에 단지 부분적인 원인밖에 안 된다. 왜냐하면, 지난 20년간의 병원비가 인플레이션보다 훨씬 높게 상승하였기 때문이다. 의료 진료비 상승의 주요 요인으로 의사들이 언급하는 또 다른 요소는 의료 과실이다. 점점 더 커지는 의료 과실에 대한 손해배상 재정액으로 인해 의사들은 더 높은 의료 과실 보험료를 감당하기 위하여 진료비를 인상하였다. 엄청난 의료 과실 재정액으로 인하여 의사들은 또한 의료 과실 배상청구에 대한 방어로 환자들에게 더 전통적이고 더 포괄적인, 그러므로 더 비싼 치료법을 처방하고 있다. 의료 진료비의 엄청난 상승의 원인들이 무엇이든 미국인들에게 너무 늦기 전에 정부는 강력한 조치를 취해야 한다.

82

In 1845, farmers in Ireland discovered a white mold on their potato plants. By the following summer, Ireland's main crop was rotting in the fields, and the peasants were beginning to starve. Beginning in 1846 and continuing into the next decade, over a million Irish people were forced to leave their homeland. They traveled to America, but their voyage was a grim one. For the most part, they traveled in cargo ships rather than passenger ships. They passed the voyage in dark, airless spaces far below the deck. These spaces were known as "steerage" because they were located under the back part of the ship, beneath the steering mechanism. Most of these vessels were sailing ships (rather than the newly invented steamships), so the voyage took six or more weeks.

Because diet and hygiene were poor, the emigrants often became ill. Crowded conditions caused diseases to spread quickly. Even if passengers were lucky enough to escape serious illness, the voyage was difficult. On most ships, passengers slept in bunk beds crowded closely together. There was little toilet privacy and bathing facilities were inadequate. The ship usually provided meals of bread, potatoes, cereal, and salted fish, but passengers had to bring their own towels, sheets, and blankets. It must have been a huge relief when the passengers spotted land!

어구풀이

- starve : 굶어 죽다
- grim : 사나운, 잔인한, 혹독한
- vessel : (대형) 선박
- relief : 구제
- decade : 10년(간)
- steerage : 조종, 조타
- hygiene : 위생상태, 위생학

모범번역

1845년 아일랜드 농민들은 감자에 흰색의 곰팡이가 있음을 발견했다. 다음 여름에 아일랜드의 주요 농산물(감자)이 밭에서 썩어가자 농민들은 굶주리기 시작했다. 1846년에 시작해서 이후 10년 동안 백만 명이 넘는 아일랜드 사람들이 자신들의 고향을 떠나야만 했다. 그들이 미국으로 여행을 했지만 그들의 항해는 가혹했다. 대부분 그들은 여객선이 아닌 화물선으로 여행했다. 그들은 갑판 아래의 어둡고 통풍이 안 되는 공간에서 항해를 했다. 이러한 공간들은 "steerage"라고 알려져 있었는데 그 이유는 이러한 공간들이 배의 뒷부분 아래, 조타실 바로 밑에 위치했기 때문이다. 대부분의 이런 배들은 새로 발명된 증기선이 아닌 돛단배였으므로 항해는 6주 이상이 소요되었다. 식사와 위생이 형편없었기 때문에 이민자들은 자주 병에 걸렸으며, 밀집된 상태로 인해 질병이 급속도로 번졌다. 비록 승객들이 운이 좋아 심각한 병을 피할 수 있었다 할지라도 항해는 어려웠다. 대부분의 배에서 승객들은 2단 침대에서 꼭꼭 껴안은 채 붙어서 잠을 잤다. 사생활은 없었다. 화장실과 목욕시설이 불충분했다. 배는 대개 빵, 감자, 시리얼, 절인 생선으로 이루어진 식사를 제공했지만 승객들은 자신의 수건, 시트, 담요를 가져와야 했다. 승객들이 육지를 발견하는 것은 커다란 위안이었음에 틀림없다.

83

It can make you happy, confident and successful. Medical studies have proven that it can save your life. We're talking about optimism, the glass-is-half-full attitude that will help you get through life's ups and downs. If you don't have your full share of it, don't despair — you can always change your attitude, says University of Pennsylvania psychologist Martin E. P. Seligman Ph.D. Even though some people seem to be born with a lot of enthusiasm, the good news is that it's usually learned. When Swedish researchers had identical twins complete optimism questionnaires, for example, they found that only 25 percent of the optimism and pessimism scores were heritable. In other words, the happiness trait isn't completely genetically based. Research has also shown that optimists lead more fulfilling lives than pessimists. Thousands of studies have proven that positive and upbeat people are happier, healthier and more successful than downbeat ones. "It's easy to be happy when you think like a winner," says Christopher Peterson Ph.D., a professor of psychology at the University of Michigan. "Since you don't blame yourself for failures, you usually don't have any reason to get down on yourself." Pessimists, on the other hand, take rejection personally, so they're four to eight times more likely to get depressed.

어구풀이

- proven : 증명된
- despair : 절망하다
- questionnaire : 질문서, 앙케트
- heritable : 상속할 수 있는, 유전성의
- upbeat : 낙관적인, 명랑한

- optimism : 낙천주의
- enthusiasm : 열정, 열중
- pessimism : 비관주의
- genetically : 유전적으로
- downbeat : 우울한, 불행한

모범번역

그것은 당신을 행복하고, 자신감이 넘치게 하며, 성공하게 만들 수 있다. 의학적인 연구가 입증한 바로는 그것은 당신의 인생을 구할 수 있다. 우리는 지금 당신이 인생의 부침(浮沈)을 헤쳐 나가는 데 도움이 될 낙천주의, 즉 "물 컵이 반이나 남아있다는 태도"에 대해 이야기하고 있다. 펜실베니아 대학의 심리학자 마틴 E. P. 셀리그만 박사가 말하기를 "만약 당신이 아주 낙천적이지 못하다 하더라도 절망하지 마라. 왜냐하면, 당신은 항상 당신의 마음가짐을 변화시킬 수 있다."고 하였다. 비록 어떤 사람들은 대단한 열정을 타고 나는 듯이 보이지만, 아주 다행스럽게도 열정이란 것은 대개 배우는 것이다. 예를 들어, 스웨덴 조사원들이 일란성 쌍생아들에게 낙천주의를 논제로 한 질문서를 작성케 했을 때, 그들은 낙천주의와 비관주의 통계 수치의 25%만이 유전이라는 것을 발견하였다. 다시 말해, 행복이라는 특성은 전적으로 유전에 좌우되지는 않는다. 또한 조사에 따르면, 낙관주의자들은 비관주의자들에 비해 더 만족스러운 삶을 이끈다. 수천 회의 조사에 의해서, 긍정적이고 명랑한 사람들이 우울한 사람들에 비해 더 행복하고, 더 건강하고, 더 성공한다는 사실을 입증하였다. "당신이 승자처럼 생각할 때 더 쉽게 행복해진다."고 미시간 대학의 심리학 교수인 크리스토퍼 피터슨 박사는 말한다. "당신이 실패의 책임을 당신 자신에게 지우지 않는 순간부터 당신은 당신 자신을 책망할 어떤 이유도 가질 필요가 없다." 반면에 비관주의자들은 스스로 자책한다. 그런 까닭에 그들은 침울한 상태가 될 가능성이 4~8배나 된다.

84

In science the meaning of the word "explain" suffers with civilization's every step in search of reality. Science cannot really explain electricity, magnetism, and gravitation; their effects can be measured and predicted, but of their nature no more is known to the modern scientists than to Thales who first speculated on the electrification of amber. Most contemporary physicists reject the notion that human beings can ever discover what these mysterious forces "really" are. "Electricity," Bertrand Russell says, "is not a thing, like St. Paul's Cathedral; it is a way in which things behave. When we have told how things behave when they are electrified, and under what circumstances they are electrified, we have told all there is to tell." Until recently scientists would have disapproved of such an idea. Aristotle, for example, whose natural science dominated Western thought for two thousand years, believed that human beings could arrive at an understanding of reality by reasoning from self-evident principles. He felt, for example, that it is a self-evident principle that everything in the universe has its proper place, hence one can deduce that objects fall to the ground because that's where they belong, and smoke goes up because that's where it belongs. The goal of Aristotelian science was to explain why things happen. Modern science was born when Galileo began trying to explain how things happen and thus originated the method of controlled experiment which now forms the basis of scientific investigation.

어구풀이

- electricity : 전기
- gravitation : 중력
- electrification : 대전, 충전
- contemporary : 동시대의, 현대의
- deduce : 연역하다, 추론하다
- speculate : 짐작하다, 추측하다

- magnetism : 자기
- predict : 예보하다, 예언하다
- amber : 호박
- dominate : 지배하다, 군림하다

모범번역

과학에 있어서 "설명하다"라는 말은 실체를 찾는 문명의 각 단계에서 고통을 준다. 과학이 전기, 자기, 중력을 실제로 설명할 수는 없다. 그것들의 영향은 측정이 가능하다고 예측될 수 있지만, 그들의 본질에 대해선 호박의 충전을 최초로 관찰한 탈레스보다 현대 과학자들이 더 잘 발견할 수 있으리라 믿지 않는다. 버트런드 러셀이 말하기를 "전기는 성(聖) 바울 대성당처럼 물체가 아니라 그것은 사물이 반응하는 방법이다. 전기를 통하게 했을 때 사물이 어떻게 반응하는지, 어떤 환경에서 전기가 통하는지 말할 수 있을 때 우리는 말할 수 있는 모든 말을 한 셈이다."라고 한다. 최근까지 과학자들은 이런 생각을 부인해왔다. 예를 들어, 거의 2000년 동안 서양에서 자연 과학을 지배했던 아리스토텔레스는 인류는 자명한 원리로부터의 추론을 통하여 실체에 대한 이해에 도달할 수 있다고 믿었다. 예를 들어, 그는 이 우주상의 모든 것은 적절한 위치를 가지고 있고, 그래서 우리는 물체가 자기가 속해 있는 곳이기 때문에 그 땅에 떨어지고 그것이 속해 있는 곳이기 때문에 연기가 위로 올라간다고 추론할 수 있다고 생각했다. 아리스토텔레스는 과학의 목표는 왜 동작이 일어나느냐를 설명하는 것이었다. 근대 과학은 갈릴레오가 동작이 어떻게 일어나느냐를 설명하고자 시도하기 시작했을 때 형성되었으며, 갈릴레오는 오늘날 과학적 연구의 기초를 형성하고 있는 통제된 실험 방법을 창안했다.

85

Ocean water plays an indispensable role in supporting life. The great ocean basins hold about 300 million cubic miles of water. From this vast amount, about 80,000 cubic miles of water are sucked into the atmosphere each year by evaporation and returned by precipitation and drainage to the ocean. More than 24,000 cubic miles of rain descends annually upon the continents. This vast amount is required to replenish the lakes and streams, springs and water tables on which all flora and fauna are dependent. Thus the hydrosphere permits organic existence. The hydrosphere has strange characteristics because water has properties unlike those of any other liquid. One anomaly is that water upon freezing expands by about 9 percent, whereas most liquids contract on cooling. For this reason, ice floats on water bodies instead of sinking to the bottom. If the ice sank, the hydrosphere would soon be frozen solidly, except for a thin layer of surface meltwater during the summer season. Thus, all aquatic life would be destroyed and the interchange of warm and cold currents, which moderate climates, would be notably absent. Another outstanding characteristic of water is that water has a heat capacity which is the highest of all liquids and solids except ammonia. This characteristic enables the ocean to absorb and store vast quantities of heat, thereby often preventing climatic extremes. In addition, water dissolves more substances than any other liquid. It is this characteristic which helps make oceans a great storehouse for minerals which have been washed down from the continents. In several areas of the world these minerals are being commercially exploited. Solar evaporation of salt is widely practiced, potash is extracted from the Dead Sea, and magnesium is produced from sea water along the American Gulf Coast.

어구풀이

- play a role : 역할을 하다
- cubic : 입방의, 입방체의
- evaporation : 증발 작용
- drainage : 배수
- replenish : 보충하다
- fauna : 동물군
- property : 특성, 특질
- aquatic : 수생의
- exploit : 개발하다, 이용하다
- extract : 뽑다, 추출하다

- ocean basin : 해분
- suck : 빨아들이다
- precipitation : 강우, 강설
- descend : 내리다
- flora : 식물군
- hydrosphere : 수권, 수계
- anomaly : 변칙, 이례
- thereby : 그것에 의해서
- potash : 탄산칼리

보기 모범번역

바닷물은 생명을 지탱하는 데 있어서 절대적인 역할을 한다. 거대한 해분은 약 3억 세제곱마일의 물을 포함한다. 이 거대한 양에서 약 8만 세제곱마일의 물이 해마다 증발 작용에 의해 대기 중으로 흡수되며 강우 및 배수에 의해 바다로 되돌아간다. 대륙에 연간 2만 4천 세제곱마일보다 많은 비가 내린다. 이 막대한 양이 모든 식물군과 동물군이 의지하는 호수와 강·샘의 지하수면을 채우는 데 사용된다. 그런 방법으로 수권은 유기체를 유지한다. 물은 다른 액체와 다른 특성을 가지고 있기 때문에 이상한 특징을 가진다. 이례적인 한 가지는 대부분 액체가 차가울 때 수축하는 데 반해 물은 얼 때 9%가량 팽창된다는 것이다. 이런 이유로 얼음은 바닥에 가라앉는 대신 물 위에 뜬다. 만약 얼음이 가라앉는다면 여름 동안 표면의 층이 녹는 것 이외에는 수권은 곧 단단하게 얼어붙을 것이다. 그 결과 모든 수생생물이 파괴될 것이고 기후를 조절하는 한류·난류의 변화는 눈에 띄게 없어질 것이다. 물의 또 다른 눈에 띄는 특징은 암모니아를 제외하고는 모든 액체와 고체 중에서 가장 높은 열 저장 능력을 가지고 있다는 것이다. 바다는 이 특징으로 인해 막대한 양의 열을 흡수하고 저장할 수 있으며 그것에 의해 종종 극단적인 기후를 막아준다. 게다가 물은 다른 어떤 액체보다 더 많은 물질을 용해시킨다. 대륙에서 씻겨 내려온 광물의 거대한 저장고가 된다. 세계 여러 지역에서 이 광물들은 상업적으로 개발되어지고 있다. 천연 염전은 널리 시행되고 탄산칼리가 사해에서 추출되고 있으며 마그네슘은 미국의 걸프 연안에서 생산되고 있다.

86

The electromagnet was invented by an Englishman named William Sturgeon. He took an iron rod, bent it into a horseshoe shape, coated it with varnish, and wrapped it in copper wire. When he applied an electric current to the wire, it magnetized the iron. The magnetic force was strong enough to lift nine pounds of iron. Sturgeon's magnet was vastly improved by an American named Joseph Henry, who insulated the wire with silk. Since the insulation removed the danger of short circuits, he was able to wrap many layers of copper wire around the iron bar. Henry's magnet could support 2,300 pounds. Encouraged by his success, Henry tried conversely to convert magnetism into electricity. He connected both ends of an insulated wire to a galvanometer, and coiled it around an iron bar. This straight iron bar was then placed across the positive and negative poles of his electromagnet. The coil on the magnet was then hooked up to a battery. After registering an initial voltage, the galvanometer needle then dropped to zero. When Henry had his assistant disconnect the apparatus, voltage was produced again, though this time in the reverse direction. This experiment meant the discovery of electromagnetic induction. Regrettably, Henry failed to publish his results, and another scientist named Faraday was credited with the discovery.

어구풀이

- electromagnet : 전자석
- horseshoe : 말굽
- varnish : 유약
- copper wire : 구리선
- electric current : 전류

- iron rod : 쇠막대기
- coat : 칠하다, 입히다
- wrap : 감싸다
- apply : (힘, 열을) 가하다
- magnetize : 자력을 띠게 하다

- insulate : 절연시키다
- conversely : 역으로
- magnetism : 자기
- hook up : 접속하다
- disconnect : 전원을 끊다
- remove : 제거하다
- convert into : ~를 ~로 전환시키다
- galvanometer : 검류계
- voltage : 전압
- credit A with B : A를 B의 공로자로 생각하다

모범번역

전자석은 윌리엄 스털전이라는 이름의 한 영국인에 의해 발명되었다. 그는 쇠막대 하나를 들고 말굽 모양으로 구부려서 거기에 유약을 칠하고 동선으로 감쌌다. 그 동선에 전류를 가하자 쇠가 자력을 띠게 되었다. 자력이 아주 강해 9파운드의 쇠를 들어올릴 정도였다. 스털전의 자석은 조셉 헨리라는 이름의 한 미국인에 의해 크게 개선되었는데, 그는 그 동선을 비단으로 절연시켰다. 절연으로 누전의 위험이 없어졌기 때문에, 그는 쇠막대에 여러 겹의 동선을 감을 수 있었다. 헨리의 자석은 2,300파운드를 지탱할 수 있었다. 성공에 고무되어, 헨리는 거꾸로 자기를 전기로 바꾸려고 시도해보았다. 그는 절연된 동선의 양끝을 검류계에 연결하고 그것을 쇠막대기에 칭칭 감았다. 그 다음, 이 곧은 쇠막대기가 그의 전자석의 양극과 음극을 가로질러 놓였다. 그 다음, 자석의 코일이 전지에 접속되었다. 검류계 바늘은 시초 전압을 가리키다가 영으로 떨어졌다. 헨리가 조수를 시켜 그 장치의 전원을 끊게 하자 이번에는 반대 방향이긴 하지만 전압이 다시 발생했다. 이 실험은 전자기 유도의 발견을 뜻했다. 하지만 헨리가 자신의 실험 결과의 출판에 실패하여 그 발견의 공로가 패러데이라는 다른 과학자에게 넘어간 것은 유감스런 일이다.

87

Here we have a precise example of this strange new man, whom I have attempted to define, from both of his two opposite aspects. I have said that he was a by-product unparalleled in history. The specialist serves as a striking concrete example of the species, making clear to us the radical nature of the novelty. For, previously, men could be divided simply into the learned and the ignorant, some more or less the former, and some more or less the latter. But your specialist cannot be brought in under either of these two categories. He is not learned, for he is formally ignorant of all that does not enter into his specialty; but neither is he ignorant, because he is "a scientist," and "knows" very well his own tiny portion of the universe. We shall have to say that he is a learned ignoramus, which is a very serious matter, as it implies that he is a person who is ignorant, not in the fashion of the ignorant man, but with the petulance of one who is learned in his own special line. And such in fact is the behavior of the specialist. In politics, in art, in social usages, and in the other sciences, he will adopt the attitude of the primitive, ignorant man; but he will adopt it forcefully and with self-sufficiency, and will not acknowledge — this is the paradox — specialists in those matters. By specializing him, civilization has made him hermetic and self-satisfied within his limitations; but this very inner feeling of dominance and worth will induce him to wish to predominate outside his specialty. The result is that, even in this case, representing a maximum of qualification in man — specialization — and therefore the thing most opposed to the mass-man, he will behave in almost all spheres of life as does the unqualified, mass-man.

어구풀이

- unparalleled : 미증유의
- ignoramus : 무식한 사람
- insolence : 건방짐
- induce : 권유하다, 유발하다
- novelty : 신기함
- matter : 사정, 사태
- hermetic : 밀봉한, 바깥의 영향을 받지 않는

모범번역

여기 내가 두 가지 상반된 측면 모두에서 규정하고자 하는 이상하고 새로운 인간의 정확한 표본이 있다. 나는 그가 역사상 유례가 없는 인간의 산물이라 말하였다. 전문가는 이러한 종류의 놀랍도록 구체적인 본보기를 보여주며, 우리에게 이 새로운 경험의 극단적 성격을 분명히 알 수 있게 한다. 왜냐하면, 이전에는 인간은 단지 배운 사람과 무식한 사람으로, 어느 정도는 전자로, 그리고 어느 정도는 후자로 나눌 수 있었다. 그러나 이 전문가는 이러한 두 범주 속의 어느 곳에도 포함될 수 없다. 그는 유식하지 않다. 왜냐하면 그는 공식적으로 그의 전공 속에 포함되지 않은 것에는 무지하기 때문이다. 그러나 그는 또 무식하지도 않다. 왜냐하면, 그는 '과학자'이고 얼마 되지 않는 그 자신의 세계 속의 부분에 대해서는 아주 잘 '알고' 있기 때문이다. 우리는 그를 유식한 아는 체 하는 바보라고 말해야 할 것이다. 바로 이것이 적당한 말인데, 왜냐하면 이 말은 그가 무식한 사람이되, 무지한 사람과 같은 방식으로 무식하다기보다는 그 자신의 전공에서 박식한 사람이 갖고 있는 거만함을 가지고 있다는 의미이기 때문이다. 실제로 그런 것들이 전문가들이 취하는 태도이다. 정치에서, 예술에서, 사회적 관습에서, 그리고 다른 과학에서 전문가들은 원시적이고 무식한 사람의 태도를 취한다. 그러나 그들은 이러한 태도를 강력하게, 그리고 자족적으로 취하고, (역설적이게도) 그러한 문제들에 대한 전문가들을 인정하려들지 않는다. 그들을 전문가로 만듦으로써 문명은 그들을 자신의 한계 속에서 은둔하는 자족적인 사람들로 만들었다. 그러나 이러한 자신의 우월성과 가치에 대한 그들의 믿음은 자신의 전공 밖에서도 권세를 부리도록 유도하는 결과를 낳게 되었다. 그래서 사람들 중에 대중들과는 가장 반대되는 최고의 자격-전공-을 가지고 있는 이러한 경우에도 삶의 거의 모든 영역에서 자격이 없는 일반 대중들과 같이 행동하게 되는 결과를 낳게 된 것이다.

88

Once upon a time, the animals organized a school. They adopted a curriculum consisting of running, climbing, swimming and flying. All animals took all the subjects. The duck was excellent in swimming, better in fact than his instructor, and made excellent grades in flying, but he was very poor in running. Since he was slow in running he had to stay after school and also drop swimming to practice running. This was kept up until his feet were badly worn and he was only average in swimming. But average was acceptable in school, so nobody worried about that except the duck. The squirrel was excellent in climbing until he developed frustration in the flying class where his teacher made him start from the ground up instead of from the tree-top down. He also developed charley horses from overexertion and he got poor grades in climbing and running. The eagle was a problem child. In climbing class he beat all the others to the top of the tree, but insisted on using his own way of getting there. He had to be disciplined severely. The rabbit started at the top of the class in running, but had a nervous breakdown because of so much time spent in making up for his poor performance in swimming and flying. So he dropped out of school and started his own private school for running and hopping.

어구풀이

• once upon a time : (특히 옛 이야기의 첫머리 문구 따위로) 옛날 옛적에, 먼 옛날에

• take : ~에 등록하다, ~을 공부하다(= study) • overexertion : 지나친 노력

• charley horse : 손발의 근육경직 • nervous breakdown : 신경 쇠약

모범번역

옛날 옛적에 동물들이 한 학교를 세웠다. 그들은 달리기, 기어오르기, 수영, 비행으로 구성되어 있는 교과 과정을 택했다. 모든 동물이 모든 과목에 다 등록했다. 오리는 수영에는 탁월해서 사실 선생님보다 더 우수했고 비행에도 뛰어난 성적을 받았다. 그러나 달리기는 엉망이었다. 그는 너무도 느리게 달렸기 때문에 방과 후 학교에 남아야 했고 달리기 연습을 하느라 수영연습을 줄였다. 이것은 그의 발이 다 닳아 없어질 때까지 계속되었으나, 이제 그는 수영도 평균 정도밖에 하지 못했다. 그러나 평균 정도의 실력이면 퇴학을 당하지 않았고, 그래서 오리 외에는 아무도 그것에 관해 걱정하지 않았다. 다람쥐는 기어오르기에는 뛰어났으나 마침내 비행시간에는 좌절감을 맛보았는데, 그의 선생님이 나무 꼭대기에서부터 내려오게 하지 않고 땅에서 날아오르게 출발시켰기 때문이었다. 그는 또한 지나친 노력으로 손발의 근육경직에 걸려서 기어오르기와 달리기에서 형편없는 점수를 받았다. 독수리는 문제아였다. 기어오르기 시간에 나무 꼭대기까지 다른 사람 모두를 앞질러 올랐다. 그러나 거기에 도착하는 그 자신의 방법(기어오르는 것이 아니라 날아올라감)을 고집했다. 그는 심한 징계를 받아야 했다. 토끼는 달리기 시간에 일등으로 출발했다. 그러나 그는 수영과 비행의 형편없는 성적을 보충하느라 너무 많은 시간을 보냈기 때문에 신경 쇠약에 걸렸다. 그래서 그는 퇴학을 당했고 달리기와 깡충깡충 뛰기를 하는 자신의 사설 학교를 시작했다.

89

It was one o'clock and I was hungry. I walked into a restaurant, and seated myself. My table companion rose.

"Sir," said he, "do you wish to force your company on those who do not want you?"

"No," I said. "I wish to eat."

"Are you insisting on social equality?"

"Nothing of the sort, sir, it is hunger," and I ate.

The day's work done, I sought a hotel. The clerk frowned.

"What do you want?"

"Rest," I said.

"This is a white hotel," he said. "We don't keep negroes. We don't want social equality."

"Neither do I," I replied gently, "I want a bed."

I walked thoughtfully to the train. I'll take a sleeper through Texas.

"Can't sell you one."

"I only want to hire it," said I, "for a couple of nights."

"Can't sell you a sleeper in Texas," he maintained. "They consider that social equality."

"I consider it barbarism," I said, and "I think I'll walk."

Walking, I met another wayfarer. He immediately walked to the other side of the road, where it was muddy. I asked his reason.

"Negroes are dirty," he said.

"So is mud," said I. "Moreover, I am not as dirty as you."

"But you're a negro, aren't you?" he asked.

"My grandfather was so called." I said.

"Well then!" he answered triumphantly.

I gave up.

"Go on," I said, "either you are crazy or I am."

어구풀이

- table companion : 같은 식탁에 앉은 사람
- negro : (경멸적) 흑인, 검둥이
- insist on : ~을 주장하다
- sleeper : 기차의 침대칸
- equality : 동등, 평등
- wayfarer : 도보 여행자
- frown : 눈살을 찌푸리다
- barbarism : 조악한 행동, 야만스러운 행위

모범번역

1시였고 나는 배가 고팠다. 나는 식당으로 걸어 들어가서 식탁에 앉았다. 같은 식탁에 동석한 사람이 일어났다. "선생님, 당신은 당신을 원하지 않는 사람에게 동석하기를 강요하고 싶습니까?" 내가 대답했다. "아니요. 그저 먹고 싶습니다." "당신은 사회 평등을 주장하고 있는 거요?" 내가 대답했다. "그런 게 아닙니다. 배가 고플 뿐이에요. 선생님." 그래서 나는 먹었다. 그 날의 일과가 끝나서 나는 호텔을 찾았다. 호텔 직원이 눈살을 찌푸렸다. "무엇을 원하십니까?" 내가 대답했다. "휴식이요." "이 곳은 백인용 호텔입니다. 우리는 검둥이를 받지 않아요. 우리는 사회적 평등을 원치 않아요."라고 그가 말했다. "나도 그렇습니다. 단지 침대를 원해요." 나는 점잖게 대답했다. 나는 생각에 잠겨 기차역으로 걸어갔다. 텍사스 주를 통과하는 침대 칸을 타야겠다. "당신에게 표를 팔 수 없어요." "나는 단지 이틀 밤만 임대하고(타고) 싶을 뿐이요."라고 내가 말했다. 그가 주장했다. "당신에게 텍사스 주에서는 침대 칸을 팔 수 없어요. 그들은 그것을 사회적 평등이라고 생각하죠." "나는 그것을 야만적인 행동이라고 생각합니다. 걸어가야겠어요."라고 내가 응수했다. 걸어가다가 나는 다른 도보 여행자를 만났다. 그는 즉시 진흙길인 길 반대편으로 건너갔다. 내가 그에게 이유를 물었다. 그가 "검둥이는 더러워요."라고 말했다. "진흙은 안 더럽고요? 게다가 나는 당신처럼 더럽지 않아요"라고 내가 말했다. 그가 물었다. "하지만 검둥이죠. 그렇잖아요?" "나의 할아버지가 그렇게 불렸지." 내가 대답했다. "그렇다면! 더욱더 그렇지." 그가 의기양양하게 말했다. 나는 포기했다. "어디 계속해 봐, 네가 미친 것인지 아니면 내가 미친 것인지." 내가 말했다.

90

Interested as I am in all branches of natural science, and great as my debt is to these things, yet I suppose my interest in nature is not strictly a scientific one. I seldom, for instance, go into a natural history museum without feeling as if I were attending a funeral. There lie the birds and animals, stark and stiff, or else, what is worse, standing up in ghastly mockery of life, and the people pass along and gaze at them through the glass with the same cold and improper curiosity that they gaze upon the face of their dead neighbor in his coffin. The fish in the water, the bird in the tree, the animal in the fields or wood, what a different impression they make upon us! To the great body of mankind, the view of nature presented through the natural sciences has a good deal of this lifeless funereal character of the specimens in the museum. It is a dead, dissected nature, a cabinet of curiosities carefully labeled and classified. "Every creature sundered from its natural surroundings," says Goethe, "and brought into strange company, makes an unpleasant impression on us, which disappears only, by habit." Why is it that the hunter, the trapper, the traveler, the farmer, or even the schoolboy, can often tell us more of what we want to know about the bird, the flower, the animal, than the professor in all the pride of his nomenclature? It's because they give us a glimpse of the live creature as it stands related to other things, to the whole life of nature, and to the human heart, while the latter shows it to us as it stands related to some artificial system of human knowledge.

어구풀이

- for instance : 예를 들면
- funeral : 장례식
- stiff : 뻣뻣한, 경직된
- ghastly : 무시무시한
- gaze : 응시하다
- coffin : 관
- specimen : 표본, 견본
- cabinet : 수집품
- nomenclature : 학명
- seldom ~ without ~ing : ~할 때마다 반드시 ~하다
- stark : 굳어진, 뻣뻣해진
- or else : 그렇지 않으면
- mockery : 모방품, 가짜
- unprofitable : 무익한, 헛된
- make impression on : ~에게 인상을 주다
- dissect : 전개하다, 해부하다
- trapper : 덫 사냥꾼

모범번역

내가 자연 과학의 모든 분야에 흥미가 있고 이런 것들에 대하여 내가 많은 것을 빚지고 있기는 하지만, 그럼에도 불구하고 자연에 대한 나의 관심은 엄밀하게 말하자면 과학적인 것은 아니다. 예를 들어, 나는 자연사 박물관에 갈 때마다 내 자신이 장례식에 참석하고 있다는 느낌을 갖지 않은 적이 없었다. 거기에는 경직되고 뻣뻣해진 새들과 동물들이 누워 있든지 아니면 더 끔찍하게 생명을 기분 나쁘게 모방하면서 서 있고, 사람들은 관에 누워있는 죽은 이웃의 얼굴을 쳐다볼 때와 똑같은 냉정하고 부적절한 호기심으로 유리를 통하여 그들을 쳐다보며 지나간다. 물속의 물고기, 나무 위의 새, 들판이나 숲의 동물, 그들이 우리에게 던져주는 것은 얼마나 다른 인상인가! 대부분의 인류들에게 자연 과학을 통하여 제시되는 자연의 인상은 박물관의 표본들의 이러한 생명력 없는 장례식 같은 특징을 많이 지니고 있다. 그것은 생명이 없는 해부된 자연이며, 세심하게 이름 붙여지고 분류된 호기심의 장식장이다. '원래의 자연스러운 환경에서 분리되어 이상한 것과 같이 있게 된 모든 창조물은 우리에게 불쾌한 인상을 주며, 오직 습관에 의해서만 그 인상은 사라지게 된다.'라고 괴테는 말한다. 왜 사냥꾼, 덫 사냥꾼, 여행가, 농부, 심지어 꼬마 남학생이 우리가 새, 꽃, 동물들에 대하여 알고 싶어 하는 것을 자랑스럽게 학명을 외워대는 교수보다 종종 더 잘 말해 줄 수 있는가? 왜냐하면, 이들은 우리에게 살아 있는 창조물을 그것과 관련을 맺고 있는 다른 것들이나 자연의 전체 삶 그리고 인간의 마음과 관련을 맺고 있는 그대로 볼 수 있게 해주는 반면, 대학 교수는 창조물을 인간 지식의 어떤 인공적 체계와 관련을 맺고 있는 것으로 보여주기 때문이다.

91

Bill and Joan learned from their parents that some of the places they wanted to see most were on the same side of the River Seine as the Arch of Triumph. This famous river winds its way through the heart of the city and can be crossed on many wide bridges. Bill and Joan also found that the Eiffel Tower, a big railroad station, and several other places they had picked out are on the other side of the river. They discovered, too, that the part of Paris called the Latin Section is on that side of the river. Here they would be able to see the old part of Paris with its quaint stone and mortar houses, shops which are hundreds of years old, and buildings in which some of the most famous Frenchmen of history are buried. They wanted to see this section even more than the great church, the Nortre Dame Cathedral. They were surprised to learn that this old church and the French Palace of Justice are on an island in a wide part of the Seine River. Bill and Joan could see that the Eiffel Tower was on the opposite side of the river from their hotel, which was on the same side as the Arch of Triumph. The next day, the children were going with their parents to the museum, called the Louvre, and to the French Opera House. They could see that, since both of these places were on the same side of the river as their hotel, they wouldn't have to cross the river that day.

어구풀이

- wind : 굽이치다
- pick out : 골라내다, 선정하다
- wind one's way : 굽이쳐 흘러 나아가다
- quaint : 기묘한, 이상한

모범번역

빌과 존은 그들이 구경하기를 원하는 몇몇 곳이 센강에서 개선문과 같은 편에 있다는 것을 부모님으로부터 들어 알고 있었다. 이 유명한 강은 그 도시의 중심부를 가로질러 굽이쳐 흐르고 있으며 많은 넓은 다리로 건널 수 있다. 빌과 존은 에펠탑과 큰 철도역과 그들이 선정한 다른 몇몇 곳들이 그 강의 맞은 편에 있다는 것도 알게 되었다. 그들은 또한 파리에서 라틴 구역이라고 불리는 지역이 그 강쪽에 있다는 것도 알게 되었다. 이곳에서 그들은 석재와 모르타르로 지어진 예스러운 집들과 수백 년 된 가게들과 역사상 가장 유명한 몇몇 프랑스인들이 묻혀 있는 건물들이 있는 파리의 오래된 지역을 볼 수 있을 것이다. 그들은 이 지역을 위대한 교회, 노트르담대성당보다 더 보고 싶어했다. 그들은 이 오래된 교회와 프랑스의 정의의 궁전이 센강 가운데 강폭이 넓은 곳의 한 섬에 있다는 것을 알고 놀랐다. 빌과 존은 개선문과 같은 쪽에 있는 그들의 호텔과 강 반대편에 있는 에펠탑을 볼 수 있었다. 그 다음날 두 아동은 부모와 함께 루브르라 불리는 박물관으로, 그리고 나서 프랑스 오페라하우스로 가볼 예정이었다. 두 장소 모두가 그들의 호텔과 같은 쪽에 있기 때문에 그들은 그날 강을 건널 필요가 없을 것이라는 것을 알 수 있었다.

92

It is not often realized that women held a high place in southern European societies in the 10th and 11th centuries. As a wife, the woman was protected by the setting up of a dowry or decimus. Admittedly, the purpose of this was to protect her against the risk of desertion, but in reality its function in the social and family life of the time was much more important. The decimus was the wife's right to receive a tenth of all her husband's property. The wife had the right to withhold consent, in all transactions the husband would make. And more than just a right: the documents show that she enjoyed a real power of decision, equal to that of her husband. In no case do the documents indicate any degree of difference in the legal status of the husband and wife.

The wife shared in the management of her husband's personal property, but the opposite was not always true. Women seemed perfectly prepared to defend their own inheritance against a husband who tried to exceed his authority, and on occasion they showed a fine fighting spirit. A case in point is that of Maria Vivas, a Catalan woman from Barcelona. Having agreed with her husband Miro to sell a field she had inherited, for the needs of the household, she insisted on compensation. None being offered, she succeeded in dragging the husband, to the scribe to have a contract duly drawn up assigning her a piece of land from Miro's personal inheritance. The unfortunate husband was obliged to agree, as the contract says, "for the sake of peace." Either through the dowry or through being hot tempered, the wife knew how to gain, within the context of the family, a powerful economic position.

어구풀이

- place : 지위
- dowry : 결혼 지참금
- desertion : 유기, 버림
- transaction : 거래, 계약
- inheritance : 상속, 유산
- fighting spirit : 투지
- compensation : 보상
- scribe : 서기
- assign : 할당하다

- set up : 지급하다, 내놓다
- admittedly : 명백히, 틀림없는
- withhold : 보류하다, 억제하다, ~을 억누르다
- document : 문서, 기록
- exceed : 초과하다
- in point : 적절한
- drag : 끌고 가다
- duly : 정식으로

모범번역

10세기와 11세기의 남부 유럽 사회에서는 여성들의 지위가 높았다는 것을 사람들은 종종 깨닫지 못하고 있다. 아내로서, 여성은 결혼지참금을 되찾음(데시머스)으로써 보호되었다. 분명, 이 지참금의 목적은 버림받을 위험에서 여성을 보호하는 것이었지만, 사실은 그 당시의 사회생활과 가정생활에서의 그것의 기능은 훨씬 더 중요했다. 데시머스는 남편의 모든 재산의 10분의 1을 받을 수 있는 아내의 권리였다. 아내는 남편이 맺을 모든 계약에 있어 승낙을 보류할 권리를 가졌다. 그것은 단순한 권리 이상의 것이었다. 문헌기록은 여성이 남편과 똑같은 실질적인 결정권을 누렸다는 것을 보여주고 있다. 문헌기록은 남편과 아내의 법률적 지위상의 그 어떤 차이도 나타내주지 않는다.

아내는 남편의 개인적 재산의 처리에 함께 했지만 그 반대는 언제나 그런 것은 아니었다. 여성들은 월권행위를 하려는 남편에 대해 자신의 상속재산을 지킬 대비가 완벽하게 갖추어져 있는 것 같았으며 때로 그들은 훌륭한 투지를 보여 주었다. 적절한 예는 바르셀로나의 카탈로니아 여성인 마리아 비바스의 경우이다. 그녀가 상속받았던 밭을 가정의 여러 필요에 쓰기 위해 팔기로 남편인 미로와 동의한 후 그녀는 보상을 주장했다. 아무것도 받지 못하자, 그녀는 남편을 서기관에게로 끌고 가서 미로의 개인 상속재산에서 한편의 땅을 그녀에게 떼어주도록 하는 계약서를 정식으로 작성하도록 하는 데 성공했다. 그 불운한 남편은 계약서에 나와 있는 대로 "평화를 위해" 동의하지 않을 수 없었다. 결혼 지참금을 통해서나 고약한 성격을 통해서, 그 여성은 가정의 울타리 안에서 강력한 경제적 지위를 스스로 쟁취할 줄 알았던 것이다.

93

Finally, there would be good reason to eliminate humanity if a free society were not absolutely dependent on a functioning citizenry. If the main purpose of a university is job training, then the underlying philosophy of our government has little meaning. The debates that went into the making of American society concerned not just institutions or governing principles but the capacity of humans to sustain those institutions. Whatever the disagreements were over other issues at the American Constitutional Convention, the fundamental question sensed by everyone, a question that lay over the entire assembly, was whether the people themselves would understand what it meant to hold the ultimate power of society, and whether they had enough of a sense of history and destiny to know where they had been and where they ought to be going. Jefferson was prouder of having been the founder of the University of Virginia than of having been President of the United States. He knew that the educated and developed mind was the best assurance that a political system could be made to work — a system based on the informed consent of the governed. If this idea fails, then all the saved tax dollars in the world will not be enough to prevent the nation from turning on itself.

어구풀이

- be dependent on : ~에 의지하다
- citizenry : 일반 시민
- concern : ~에 관계하다
- not just A but B : A뿐만 아니라 B이다
- lay over : 씌우다, 장식하다

- function : 역할을 다하다
- underlying : 기초를 이루는
- sustain : 지탱하다, 유지하다
- lay down : 내리다, 주장하다
- assurance : 보증, 확신

모범번역

마지막으로, 만약 자유로운 사회가 전적으로 자신의 임무를 다하는 시민들에 의존하지 않는다면 인류를 없애버릴 좋은 이유가 될 것이다. 만약 대학의 주요 목적이 직업 훈련이라면 우리 정부의 기본 철학은 거의 의미가 없다. 미국 사회를 올바로 세우기 위한 논의의 목적은 제도나 통치원칙뿐 아니라 그러한 제도를 유지하기 위한 인간의 능력에 관한 것이다. 미국 헌법 제정회의의 다른 문제들에 대한 의견 차이가 무엇이든 간에 모든 사람들이 느끼는 기본적 문제, 전체 모임에 깔려 있는 질문은 국민들 스스로가 궁극적인 권력 사회를 유지한다는 것의 의미를 이해하고 있는지 그리고 그들이 그들의 과거 위치와 앞으로 나아가야 할 곳을 알기 위하여 충분한 역사와 운명 의식을 가지고 있는지였다. 제퍼슨은 미국 대통령이었다는 사실보다 버지니아 대학의 창립자였다는 사실에 더 자부심을 가졌다. 그는 교육받고 함양된 정신이 하나의 정치적 체계, 즉 피통치자들의 분별 있는 동의에 근거한 체계를 움직이게 하는 최고의 확신임을 알았다. 만약 이 개념이 실패한다면 세계에 축적된 모든 세금을 쓴다 할지라도 국가가 스스로 무너지는 것을 막기에 충분치 않을 것이다.

94

The controlling economic development in our time, a point I have asserted in the past, is the rise of organization — the general movement, to express it in a slightly dramatic form, from the age of capitalism to the age of organization. This is part of a historical process which, in principle, we accept; one does not earn a reputation for novelty by asserting that economic and social life is in a state of constant change. However, the change that we accept in principle we do not act on in practice. In consequence, we have not accommodated attitude, analysis, and policy to the economic, social, and political structures that now exist. Instead, and most notably in the United States and Britain, the political tendency has been to deny that there has been change. The approved policies are those appropriate to an earlier stage of market capitalism, a step backward celebrated by the phrase "a return to fundamentals." These policies — the monetarist commitment in Britain and the monetarist and supply-side policies in the United States — have contributed in a substantial way to making the economic performance worse. But let me go back to the beginning: what is the evidence of the change that I am asserting? One is right to react suspiciously to anyone who speaks of great change in the social and economic fabric without illustration or proof. The process to which I advert today has the advantage of being visible to all who have the eyes and the will to see.

어구풀이

- historical process : 역사적 과정
- be in a state of : ~의 상태에 있다
- contribute : ~에 공헌하다, 일조하다
- economic fabric : 경제적 구조
- advert : 언급하다, 유의하다
- in principle : 원칙적으로
- political tendency : 정치적 경향
- in a substantial way : 실질적으로
- illustration : 실례

모범번역

내가 과거에 주장해 왔던 바와 같이, 현대의 통제적 경제발전은 조직이 등장한 현상으로 이를 약간 극적으로 표현하자면, 자본주의 시대에서 조직의 시대로 가는 일반화된 흐름인 것이다. 이것은 우리가 원칙적으로 수용하는 역사 과정의 일부분이다. 경제, 사회생활이 끊임없는 변화 상태에 처해 있다고 주장함으로써 새로운 이론이라는 평판을 얻지는 못한다. 그러나 우리가 원칙적으로 수용하는 변화를 우리가 실제로 따라가는 것은 아니다. 결과적으로, 우리는 현존하는 경제적·사회적·정치적 구조에 대한 태도, 분석, 정책을 적용해 오고 있지는 않다. 그 대신, 특히나 미국과 영국에서는 지금까지 변화가 있어 왔다는 것을 부인하는 것이 정치적 조류였다. 찬성 받는 정책들은 초기 시장 경제에나 적합한 정책들로서, "근본 원칙으로의 회귀"라는 말로 알려진 한 단계 후퇴라고 볼 수 있는 정책들이다. 이러한 정책들, 다시 말해서 영국에서는 통화주의적 개입과 미국에서는 통화주의적이고 공급측 중시정책은 경제적 상황을 근본적으로 악화시키는 데 일조했다. 그러나 처음으로 되돌아가서, 내가 주장하고 있는 변화의 증거는 무엇인가? 아무런 예나 증거도 없이 사회적·경제적 구조의 대변화에 관한 이야기를 하는 사람이라면 누구에게라도 의심스러운 반응을 보이는 것이 당연하다. 오늘 내가 언급하는 그 변화 과정은 눈이 있고 보려는 뜻이 있는 사람 누구에게라도 보일 수 있는 이점이 있다.

95

The likings and dislikings of society, or of some powerful portion of it, have practically determined the rules laid down for general observance by all, under the penalties of law or opinion. And in general, those who have been in advance of society in thought and feeling, have left this condition of things unassailed in principle, however they may have come into conflict with it in some of its details. They have occupied themselves rather in inquiring what things society ought to like or dislike, than in questioning whether its likings or dislikings should be a law to individuals. They preferred endeavoring to alter the feelings of mankind on the particular points on which they themselves were heretical, rather than to make common cause in defense of freedom. The only case in which the higher ground has been taken on principle and maintained with consistency by any individual here and there, is that of religious belief. It's case instructive in many ways, and not least so as forming a most striking instance of the fallibility of what is called the moral sense, for odium theologicum, in the case of sincere bigots, is one of the most unequivocal cases of moral feeling. Those who first broke the yoke of what called itself the Universal Church, were in general as little willing to permit difference of religious opinion as the church itself.

어구풀이

- portion : 조각, 일부
- come into conflict with : ~와 충돌(대치)하다
- fallibility : 오류, 틀리기 쉬운 것
- yoke : 멍에, 속박
- lay down : 과하다, 지우다
- heretical : 이교의, 이단의
- odium theologicum : 완고한 신학자 사이의 반감

모범번역

사회나 사회의 세력 있는 일부 집단이 좋아하고 싫어하는 일들은 모두가 법으로 지키도록 하기 위해서 법이나 여론의 처벌에 맡겨진 규칙들을 실제로 결정하는 주요한 요인이 된다. 그래서 일반적으로 사상이나 정서적으로 사회보다 앞서가는 사람들은 이러한 요인들이 갖고 있는 조건을 원칙적으로 논쟁의 여지가 없도록 하였다. 그러나 세부적인 문제에서는 갈등에 빠지고 말 것이다. 사회가 좋아하고 싫어하는 것이 개인에게 법이 되어야 하는가 하는 것에 대해서 의문을 품기보다는 사회가 무엇을 좋아하고 싫어해야 하는가 하는 의문에 그들 자신을 보다 더 깊이 몰두시켜왔다. 그들은 자유의 수호에 있어서 공통 명분을 찾기보다는 그들 자신이 이단적이고 특별한 관점에서 인간의 감정을 바꾸어 놓기를 더 선호한다. 원칙에 따라 보다 높은 입지를 택하는 유일한 경우는, 그리고 여기저기에 있는 어떤 사람에 의해서도 지속적으로 유지되는 유일한 경우는 종교적인 믿음의 경우뿐이다. 여러모로 교육적인 경우이고, 그 중에서도 특히 소위 도덕적인 자각이라고 불리는 오류를 범하기 쉬운 충격적인 실례를 만들어 내는 경우이다. 왜냐하면, 진지한 고집쟁이의 경우 학설을 달리하는 신학자들 사이의 반감은 도덕적인 감정이 가장 분명히 나타나는 경우 중의 하나이기 때문이다. 소위 세계의 교회라는 멍에를 처음으로 깨는 자들은 일반적으로 교회 자체만큼이나 종교적인 의견의 차이가 있음을 기꺼이 받아들이지 않는다.

96

This report deals with a subject of vital importance to current and future generations: the removal of manifest injustices endemic in the present system of relationships between nations and peoples with a view to creating a new international order in which a life of dignity and well-being becomes the inalienable right of all. It is prompted by the results which emerged from the Sixth Special Session of the United Nations General Assembly held in April and May 1974, following initiatives taken by Algeria and supported by the Group of Non-Aligned countries. The session culminated in the adoption of two important resolutions: the first, expressing the collective desire of member states to work towards the 'Establishment of a New International Economic Order'; the second concerning the 'Programme of Action' required as a basis for attaining the new order. These resolutions suggest general agreement on the need for international reforms; that the present system of relationships between nations fails to serve the common interests of mankind as a whole and that only through the establishment of a new international order can existing injustices be rectified and the basis established for a more just and peaceful world. The present report is designed to serve as a contribution to the necessary further elaboration of the important ideas contained in the Declaration and the Programme of Action and to stimulate and contribute to the necessary further exchange of ideas between the many parties involved in attempts to shape a fairer world.

어구풀이

- of vital importance to : 지극히 중요한
- inalienable : 양도할 수 없는
- resolution : 결심, 결의
- dignity : 존엄, 위엄
- culminate : 정점에 이르다
- rectify : 개정하다, 교정하다

모범번역

이 보고서는 현세대와 차세대를 위해서 대단히 중요한 주제를 다루고 있다. 삶의 품위와 복지가 모든 천부권으로 인정되는 새로운 국제 질서를 창출할 목적으로 국가와 국민들 사이에 현재 존재하고 있는 관계 제도 속에 스며있는 분명한 부정의를 제거하는 일이다. 이러한 운동은 1974년 4월과 5월에 열린 유엔 총회 제6차 특별회의의 결과로 인해 촉진되었으며 이 운동의 다음 주도권은 알제리가 잡았고, 이어서 비동맹 국가들의 지지를 얻게 되었다. 회의는 다음 두 가지 중요한 결의를 채택하여 절정을 이루었다. 첫째, '새로운 국제 경제 질서의 확립'을 위해 공동 노력을 하기 위하여 회원 국가의 요구를 집단적으로 표현하는 것이며, 둘째, 이 새 질서를 얻기 위해서 필요한 '행동 강령'에 관한 것이다. 이 결의안들은 국제적인 개혁을 할 필요가 있다는데 일반적인 합의에 도달한 것으로 시사하고 있다. 전체적으로 현재 국가 간에 존재하는 제도는 인류의 공동의 이익을 위해서 봉사하는데 실패하였다는 사실과 새로운 국제 질서를 창립하는 것만이 현존하는 부정의를 고칠 수 있고 보다 정의롭고 평화로운 세계를 만들기 위한 기반을 만들 수 있다는 사실이다. 이 보고서는 '행동 강령'과 '기본 선언'에 담긴 중요한 사상들을 보다 발전시켜 나가는 데 필요한 제반 조치를 취해 나가도록 마련된 것이며 이 보다 공정한 세계를 만들기 위한 노력에 참가하는 여러 단체들 사이에 의견 교환의 필요성을 고무하고 도와주기 위한 것이다.

97

Art, for novelist Edith Wharton, was primarily a matter of selection; the novelist's task was that of disengaging "crucial moments from the welter of existence" and making them vivid and meaningful. She rejected both the "slice of life" theory and the "stream of consciousness" technique which, in her eyes, were merely newfangled forms of the former Freudian trimmings. She knew that there were no trivial subjects per se, and she believed that it was precisely when dealing with apparent trivialities that the writer had need of the greatest aptitude. A story might begin for Edith Wharton with either the characters or the situation. If the situation came first, she was always very careful to let it lie in her mind until it had brought forth the people it needed. It was an idiosyncrasy of her creative mind that her characters always came to her with their names, which she could not change except at the cost of losing her hold on them. She always knew the destiny of her people from the beginning, but she did not know how that destiny would be expressed. Although her characters were portrayed in many settings and situations, they all reflected, by the often tragic outcome of their lives, her profound conviction that no human could be happy if that happiness was rooted in the wretchedness of another.

어구풀이

- disengage : (붙은 것을) 떼다, 풀다
- slice of life : (희곡·소설 따위에서) 실생활의 한 단면
- Freudian trimmings : 프로이트 식으로 다듬는 것
- let it lie in her mind : 머릿속에 그것이 머물러 있게 하다
- her hold on them : them은 characters이다
- crucial = very important
- stream of consciousness : 의식의 흐름
- per se : 그 자체가(는, 로)
- bring forth : 낳다

모범번역

소설가 이디스 워튼에게 있어서 예술은 주로 선택의 문제였다. 즉, 소설가의 임무는 "생활의 소용돌이 속에서 결정적인 순간들"을 분리시켜서 그것들을 생생하고 의미 있는 것으로 만드는 것이었다. 그녀는 '인생의 단편(斷片)'의 이론과 '의식의 흐름'의 기법을 모두 거부했는데, 이 의식의 흐름의 기법은 그녀가 보기에는 전자, 즉 '인생의 단편'의 이론을 프로이트 식으로 다듬어 새롭게 만든 유행에 불과했다. 그녀는 주제(主題) 자체가 평범한 것은 없다는 것을 알고 있었고, 또 겉으로 보기에 평범한 것을 다룰 때야말로 작가에게는 가장 위대한 재능이 필요하다고 믿었다. 이디스 워튼의 경우, 스토리는 인물이나 상황 어느 쪽으로도 시작될 수 있었다. 상황이 먼저 떠오르는 경우에는 그녀는 그것이 저절로 필요한 등장인물을 낳게 될 때까지 머리 속에 머물러 있도록 매우 세심한 주의를 했다. 그녀의 등장인물들이 언제나 자신들의 이름을 가지고 떠오르는 것은 그녀의 창조적 정신의 개성이었으며, 만약 그녀가 이 이름들을 바꾸게 되면 그 인물들은 제대로 지배할 수 없었다. 그녀는 언제나 작중 인물들의 운명을 처음부터 알고 있었으나 그 운명이 어떻게 표현될지는 몰랐다. 비록 그녀의 인물들이 많은 배경과 상황 속에서 묘사되기는 했지만 그들은 모두가, 흔히 그들의 삶의 비극적인 결과에 의해서, 어느 누구도 자신의 행복이 타인의 불행에 뿌리를 두고 있다면 결코 행복할 수는 없다는 그녀의 신념을 반영하고 있었다.

98

Deep inside a mountain near Sweetwater in East Tennessee is a body of water known as the Lost Sea. It is listed by the *Guinness Book of World Records* as the world's largest underground lake. The Lost Sea is part of an extensive and historic cave system called Craighead Caverns. The caverns have been known and used since the days of the Cherokee Indian nation. The cave expands into a series of huge rooms from a small opening on the side of a mountain. Approximately one mile from the entrance, in a room called "The Council Room" many Indian artifacts have been found. Some of the items discovered include pottery, arrowheads, weapons, and jewelry. For many years there were persistent rumors of a large underground lake somewhere in the cave, but it was not discovered until 1905. In that year, a thirteen-year-old boy named Ben Sands crawled through a small opening three hundred feet underground. He found himself in a large cave half-filled with water. Today tourists visit the Lost Sea and ride far out onto it in glass-bottomed boats powered by electric motors. More than thirteen acres of water have been mapped out so far and still no end to the lake has been found. Even though teams of divers have tried to explore the Lost Sea, the full extent of it is still unknown.

어구풀이

- a body of water : 수역
- extensive : 광범위한
- expend : 확장되다
- artifact : 고기물(古器物)
- arrowhead : 화살촉
- opening : 구멍, 통로
- map out : 지도로 그려내다
- underground : 지하의
- cavern : 동굴
- approximately : 대략
- item : 항목, 품목
- persistent : 끊임없는
- glass-bottomed : 밑이 유리로 된 (배)
- extent : 넓이, 크기

모범번역

동 테네시의 스위트워터 근처에 있는 어느 산속 깊은 곳에 '잃어버린 바다'로 알려진 수역이 있다. 이것은 『세계 기록 기네스북』에 세계에서 가장 큰 지하 호수로 기록되어 있다. '잃어버린 바다'는 크레이그헤드 동굴이라고 불리는 넓고 역사적으로 중요한 동굴 조직의 일부이다. 이 동굴은 체로키 인디언 국가가 있을 때부터 알려지고 사용되어 왔다. 이 동굴은 산 옆쪽에 있는 작은 구멍으로부터 일련의 큰 방으로 넓어진다. 입구에서 대략 1마일 되는 곳에 있는, "회의실"이라고 불리는 방에서는 인디언들이 사용했던 많은 유물이 발견되었다. 발견된 품목들 중에는 화살촉, 무기, 보석이 포함되어 있다. 여러 해 동안 동굴 속 어디엔가 큰 지하 호수가 있다는 소문이 끊임없이 나돌았지만 호수는 1905년까지 발견되지 않았다. 그해 벤 샌즈라는 이름을 가진 13살 난 소년이 조그마한 통로를 통해 지하 300피트까지 기어들어갔다. 그러자 그는 자신이 반쯤 물로 차 있는 큰 동굴에 들어와 있음을 알게 되었다.

오늘날 '잃어버린 바다'를 방문하는 관광객들은 전기 발동기로 추진되고 밑바닥이 유리로 된 배를 타고 이 호수의 먼 곳까지 나간다. 지금까지 이 호수의 13에이커 정도는 지도상에 그려졌으나, 이 호수의 끝부분은 아직 발견되지 않았다. 여러 팀의 잠수부들이 '잃어버린 바다'의 탐험을 해보았지만, 이 호수의 전체 크기는 아직도 알려지지 않았다.

99

The green anole lizard is usually sold in pet shops as a chameleon, by which name it has been known to generations of American children. The true chameleon and the green anole are actually different animals, but they do have much in common. They are both lizards. Most live in trees or bushes, subsisting mainly on insects. Both can change color, although the anole's ability to do so is considerably more limited than the chameleon's. This is the trait that has made chameleons and anoles popular as pets. However, the anole's color change, in contrast to the chameleon's, is not, as many people think, related to the color of the background. Instead it is determined by such factors as light and temperature or by emotions such as fright, triumph, or defeat. The chameleon is an animal of the Old World, whereas the anoles are found in the warmer regions of North and South America. The chameleon lays from two to forty eggs at a time, the anole only a single egg. Recently biologists have become familiar with the anole as an excellent animal for laboratory studies of the interaction between behavior and hormones. The particular value of the green anoles as experimental animals is that they are abundant and that under the appropriate conditions they will establish in the laboratory the same social system and behavior they display in their natural environment.

어구풀이

- pet shop : 애완동물을 파는 상점
- to do so : to change color
- the Old World : 구대륙 ; 유럽, 아시아, 아프리카
- the anole only a single egg : anole 다음에 lays가 생략되었다
- under the appropriate conditions : 알맞은 조건하에서는
- they display ~ environment : 그들이 자연 환경에서 보여주는 (것과 같은 사회적 체계와 행동)
- subsist on : ~을 먹고 생활하다
- as many people think : 많은 사람들이 생각하는 것과 같이
- lay : (알을) 낳다

모범번역

여러 세대 동안 많은 미국 아이들에게 카멜레온으로 알려진 녹색 아놀도마뱀은 주로 애완동물 상점에서 판매된다. 진짜 카멜레온과 녹색 아놀도마뱀은 사실상 다른 동물이지만 많은 공통점을 갖고 있다. 그들은 둘 다 도마뱀 종류이다. 대부분 나무나 수풀 속에서 살고 주로 곤충류를 잡아먹고 산다. 아놀도마뱀의 변색하는 능력이 카멜레온의 능력보다 꽤 제한되어 있기는 하지만 그들은 둘 다 변색할 수 있다. 이것이 카멜레온과 아놀도마뱀이 애완동물로 인기가 있어 온 특성이다. 그러나 아놀도마뱀의 변색은 카멜레온의 변색과는 달리, 많은 사람들이 생각하는 것처럼 환경의 색과 관련되어 있는 것이 아니다. 대신에 아놀도마뱀의 변색은 빛과 온도 같은 요인이나 공포, 승리감, 패배감 같은 감정에 의해 결정된다. 카멜레온은 구대륙에 사는 동물인 반면 아놀 도마뱀은 북남미의 따뜻한 지역에서 발견된다. 카멜레온은 한 번에 2~40개의 알을 낳고, 아놀도마뱀은 오직 한 개의 알을 낳는다. 최근 생물학자들은 행위와 호르몬 사이의 상호작용에 관한 실험연구를 위한 훌륭한 동물로 아놀도마뱀과 친숙해졌다. 실험용 동물로서 초록색 아놀도마뱀이 갖는 특별한 가치는 그들이 풍부하다는 것과 적당한 조건하에 있으면 그들은 자연환경에서 나타내는 군거 방식과 행동을 실험실에서도 이룬다는 것이다.

100

Human ability to alter the surface of the earth is revealed among biological organisms only by colonies of tiny coral polyps, which over eons of geologic time form massive reefs of limestone. True reef corals are limited in geographical distribution to the clear, warm, sunlit waters of the tropical regions of the oceans; they are found in the great reef tracts of the Indo-Pacific and western Atlantic. Reefs, of which there are three major types, become important additions to the land in tropical areas, forming entire chains of islands and border a coast closely. Barrier reefs also parallel a coast but are farther away from it, are larger, and are continuous for greater distances. Atolls are rings of coral islands enclosing a central lagoon, and hundreds of them dot the South Pacific. Consisting of reefs several thousand meters across, many atolls are formed on ancient volcanic cones that have subsided, with the rate of growth of the coral matching the rate of the cone's sinking. This explanation of atolls was proposed by Darwin during the voyage of the Beagle and was confirmed in the 1950's by the United States Geological Survey when its extensive drilling programs on Pacific atolls hit volcanic rock hundreds of meters below.

어구풀이

- is rivaled only by ~ : ~만이 견줄 수 있다
- colony : (동일종의 생물의 몸이 결합된) 군체(群體)
- eon : 누대(累代)
- Indo-Pacific : 인도 – 태평양(해역의)
- shoreline : 해안선
- are farther ~ it : 해안선에서 더 멀리 떨어져 있다
- central lagoon : 중앙의 초호(礁湖)
- volcanic cone : 화산추
- with the rate ~ sinking : 산호의 성장 속도는 화산추의 침강 속도와 일치한다
- extensive drilling programs : 대규모 굴착계획

- among biological organisms : 생물체 중에서
- polyp : 군체 속의 각 개체
- in geographical distribution : 지리적 분포로 보면
- chains of islands : 열도들
- fringing reef : 보초(堡礁)
- atoll : 환상 산호도, 환초
- several ~ across : 직경이 수천 미터인
- subside : 침강하다, 침하하다

모범번역

지구의 표면을 변질시키는 인간의 능력에 견줄 수 있는 것은 여러 생물학적 유기체 가운데 오직 작은 산호개체의 군락뿐인데 이 산호개체는 오랜 지질시대를 통해 거대한 석회석 사주를 형성한다. 순수한 산호 사주는 그 지리적 분포에 있어 깨끗하고 따뜻하며 별이 잘 드는 대양의 열대지역에 제한되어 있다. 그것들은 인도 태평양과 서대서양의 많은 사주지역 안에서 발견된다. 사주에서 세 가지 주요 유형이 있는데, 이것들은 섬을 둘러싸는 고리를 형성하거나 육지의 해안선을 변경시키면서 열대지역의 땅을 증가시키는 중요한 부가물이 된다. 외변사주는 얕은 물에서 자라고 해안선에 가까이 있다. 보초도 또한 해안선과 평행하지만 그것으로부터 멀리 떨어져 있고 더 크며 더 멀리 뻗는다. 환초들은 가라앉은 옛 화산추 위에 형성되고 산호의 성장 속도는 화산추의 침강 속도와 맞먹는다. 환초에 대한 이런 설명은 비글호의 항해 중 다윈에 의해 제시되었고, 1950년대 미국 지질 측량팀에 의해 태평양 환초에 대한 대규모의 굴착작업이 수백 미터 아래에 있는 화산암에 부딪히게 됨으로써 확증되었다.

101

"I have considered the structure of all volant animals, and find the folding continuity of the bat's wings most easily accommodated to the human form. Upon this model I shall begin my task tomorrow, and in a year expect to tower into the air beyond the malice or pursuit of man. But I will work only on this condition, that the art shall not be divulged, and that you shall not require me to make wings for any but ourselves."

"Why," said Rasselas, "should you envy others so great an advantage? All skills ought to be exerted for universal good; every man has owed much to others, and ought to repay the kindness that he has received."

"If men were all virtuous," returned the artist. "I should with great alacrity teach them all to fly. But what would be the security of the good, if the bad could at pleasure invade them from the sky? Against an army sailing through the clouds neither wall, nor mountains, nor seas, could afford any security. A flight of northern savages might hover in the wind, and light at once with irresistible violence upon the capital of a fruitful region that was rolling under them. Even this valley, the retreat of princes, the abode of happiness, might be violated by the sudden descent of some of the naked nations that swarm on the coast of the southern sea."

어구풀이

- volant : 날 수 있는
- human form : 인체
- tower : 높이 솟아오르다
- beyond the malice or pursuit of man : 인간의 악의와 추격에서 벗어나
- exert : 사용하다
- the security of the good : 선한 사람들의 안전
- flight : 날고 있는 것의 무리
- irresistible violence : 불가항력적인 맹위를 떨치면서
- retreat : 안식처

- be accommodated to : ~에 적응(적용) 되다
- upon this model : 이 모형에 따라서

- with great alacrity : 민첩하게, 기민하게
- at pleasure : 제멋대로, 마음대로
- light upon : ~에 내리다
- that was rolling under them : 그들 밑에 굽이치고 있는
- abode : 사는 곳, 주택

모범번역

"나는 모든 날짐승들의 구조를 연구했으며, 박쥐의 날개가 계속 접히는 것이 인체에 아주 쉽게 적용될 수 있다는 것을 알아냈습니다. 이 모형에 따라서 나는 내일부터 이 일에 착수할 것이며 일년이 지나면 인간의 악의나 추격에서 벗어나 공중으로 솟아오르게 될 것으로 기대합니다. 그러나 나는 오직 다음과 같은 조건에서만 일하려고 합니다. 즉, 그 기술은 누설되어서는 안 되며, 당신은 우리들 외에는 어느 누구의 날개도 만들어 달라고 해서는 안 된다는 조건 말입니다."라고 라셀라스는 말했다. "왜 남들이 그토록 큰 혜택을 누리는 걸 시샘해야 합니까? 모든 기술은 만인의 이익을 위해서 써야 합니다. 사람은 누구든지 다른 사람들에게 많은 은혜를 입고 있으며, 따라서 자기가 받은 친절에 보답해야 합니다." 예술가는 대답했다. "만일 사람들이 모두 선량하다면 나는 재빨리 그들 모두에게 나는 법을 가르쳐 줄 것입니다. 그렇지만 만약 악한 자들이 제멋대로 하늘로부터 선한 자들을 침범해 온다면 선한 자들의 안전은 어떻게 될까요? 구름 사이로 나르는 대군에 대해서는 성벽도, 산맥도, 대양도 안전을 보장할 수 없습니다. 북쪽 야만인들의 비행기가 바람을 타고 날다가 그들 밑에 굽이치는 풍요한 땅의 수도 위에 불가항력적인 맹위를 떨치면서 곧장 내려앉게 될지도 모릅니다. 영주들의 안식처이며 행복의 전당인 이 골짜기조차도 남쪽 해안에 들끓고 있는 벌거벗은 일부 종족들의 불의의 내습으로 침범을 당할지도 모릅니다."

102

A special research team organized and dispatched from the local medical center performed experiments on the completely blind infants. The test sample included twenty completely blind infants, who lived at home with their mothers or families. The research workers would visit the infants and closely observe the developments of their sense and behavior every two weeks. In most cases, the research workers tested the response of the blind infant to different stimuli common in the family environment. Generally speaking, a normal baby would react with smiles and laughter to tickling, to the voice of a relative, and to hugging from his family. His reactions were swift and fleet. Nevertheless, most of the blind infants, according to the experiments, responded to stimuli impassively. In fact, they were apathetic and indifferent to any sound. But under some special circumstances, some of them were able to react to the sound of their mothers with a smile. Usually, their response was very slow and phlegmatic. The tests were conducted over a nine month period, and they began when the blind infants were one month old and ended when they were ten months old.

어구풀이

- organized and dispatched from : ~에서 조직되어 파견된
- the local medical center : 지방 의료실
- every two weeks : 2주마다
- stimuli : stimulus(자극)의 복수
- tickling : 간지럽히는 것
- hugging : 포옹
- impassively : 감정을 나타내지 않고, 둔감하게, 냉담하게
- phlegmatic : 무감동한, 냉담한
- closely : 면밀히
- the response of ~ to ~ : ~의 ~에 대한 반응
- react to ~ : ~에 반응하다
- relative : 친척
- fleet : 날쌘, 빠른
- apathetic : 감정을 나타내지 않는, 무감동의

모범번역

지방 의료원에서 조직되어 파견된 한 특별 연구팀이 완전히 시각장애 유아들에 대한 실험을 했다. 테스트 표본에는 완전히 실명한 유아들이 20명 포함되어 있었는데, 이들은 모두 각자의 집에서 어머니나 혹은 가족들과 함께 살고 있었다. 연구원들은 2주마다 그 유아들을 방문하여 그들의 감각과 행동의 발달에 대하여 면밀히 관찰하곤 했다. 대부분의 경우, 연구원들은 가정환경에서 흔히 볼 수 있는 여러 가지 자극에 대한 시각장애 유아들의 반응을 테스트했다. 일반적으로 말해 정상아(正常兒)는 간지럽이나 친척의 음성, 혹은 가족들의 포옹에 대해서 미소나 웃음으로 반응하곤 했다. 그의 반응은 신속했다. 그러나 그 실험에 의하면 대부분의 시각장애 유아들은, 자극에 대해서 무감각한 반응을 보였다. 사실 그들은 어떤 소리에 대해서도 냉담하고 무관심했다. 그러나 어떤 특수한 상황하에서는 그들 중 일부는 자기네 어머니의 음성에 대해서 미소로써 반응할 수가 있었다. 대개 그들의 반응은 아주 느리고 무감각한 것이었다. 이 테스트는 9개월간에 걸쳐 시행되었는데 시각장애 유아들이 생후 1개월 되었을 때 시작해서 10개월 되었을 때 끝이 났다.

103

The traditional American Thanksgiving Day celebration goes back to 1621. In that year a special feast was prepared in Plymouth, Massachusetts. The colonists who has settled there had left England because they felt denied of religious freedom. They came to the new land and faced difficulties in coming across the ocean. The ship which carried them was called the Mayflower. The North Atlantic was difficult to travel. There were bad storms. They were assisted in learning to live in the new land by the Indians who inhabited the region. The Puritans, as they were called, had much to be thankful for. Their religious practices were no longer a source of criticism by the government. They learned to adjust their farming habits to the climate and soil. When they selected the fourth Thursday of November for their Thanksgiving celebration, they invited their neighbors, the Indians, to join them in dinner and a prayer of gratitude for the new life. They recalled the group of 102 men, women, and children who left England. They remembered their dead who did not live to see the shores of Massachusetts. They reflected on the 65-day journey which tested their strength.

어구풀이

- go back to : ~로 거슬러 올라가다
- Plymouth : 미국 Massachusetts주 동부의 항구
- they felt denied of : 그들은 ~을 거부당했다고 느꼈다
- had thankful for : 감사해야 할 것이 많았다
- gratitude : 감사 기도
- remember : ~을 위해 기도하다
- recall : 회상하다, 상기하다
- their dead ~ to see ~ : 살아서 ~을 보지 못하고 죽은 사람들
- reflect on : ~을 곰곰이 생각하다, 숙고하다

모범번역

전통적인 미국의 추수감사절 축제는 1621년으로 거슬러 올라간다. 그해 매사추세츠 주의 플리머스시에서는 특별한 잔치가 마련되었다. 그곳에 정착한 이주민들은 그들의 종교적 자유가 거부당했다고 느꼈기 때문에 영국을 떠났던 것이다. 그들은 새 땅을 찾아왔는데 대양을 횡단하면서 여러 가지 어려움을 겪었다. 그들을 실어 나른 배는 메이플라워라고 했다. 북대서양은 여행하기가 어려웠다. 심한 폭풍우도 일었다. 그들은 새 땅에서 살아가는 것을 배우는 데 있어서 그 지역에 살고 있던 인디언들의 도움을 받았다. 청교도라고 불린 그들은 감사해야 할 일이 많았다. 그들의 종교적 의식은 이제는 더 이상 정부로부터 비판을 받지 않게 되었다. 그들은 자기네 농경 습관을 새 풍토에 적응시킬 줄 알게 되었다. 추수감사절 축제로 11월 넷째 목요일을 택했을 때, 그들은 이웃인 인디언을 정착과 새 생활에 대한 감사 기도에 초대했다. 그들은 영국을 떠났던 102명의 남녀와 어린애들을 상기했다. 그들은 살아서 매사추세츠 해변을 보지 못하고 죽은 사람들을 위해 기도했다. 그들은 그들의 힘을 시험했던 65일간의 여정을 되새겼다.

104

Albert Schweitzer was born in 1875 in Alsace. At that time, it was a part of Germany. His generous spirit was first awakened through his training as a Lutheran minister. Besides gaining a reputation as a preacher, he also became respected for his ability to play the organ. He was a man of many talents. His concern for other people turned his attention to medicine. He had also acquired doctoral degrees in philosophy and music. His wife took an interest in medicine also and became a nurse. Many people thought that he should remain and lecture in Europe to have a strong impact on Western civilization. Thought he listened to their suggestions, he ultimately decided to follow his own conscience. This led him to Africa. Albert had felt that all men should accept the responsibility of helping others. He felt particularly concerned for black Africans who had been exploited by white men. He earned the money he needed by performing on the organ and by lecturing. With this money he bought equipment and opened a hospital in Africa. He was a man of great strength who faced great problems with courage. The threat of war, the reality of imprisonment during World War I as a German citizen, and the unbearable heat in Africa did not deter him at all. He believed that man could overcome these obstacles if he had a sense of idealism. He died in 1965.

어구풀이

- Lutheran : 루터파의
- concern for : ~에 대한 관심
- doctoral degree in philosophy : 철학 박사 학위
- exploit : 착취하다
- be performing on the organ : 오르간을 연주함으로써
- the reality of imprisonment : 감옥에 갇혀야 하는 현실
- deter : 그만두게 하다

모범번역

알버트 슈바이처는 1875년 알사스에서 태어났다. 그 당시 그곳은 독일의 일부였다. 그의 고결한 정신은 그가 루터교 목사로서 훈련 받고 있을 때 처음 일깨워졌다. 그는 설교자로서의 명성을 얻었을 뿐만 아니라 또한 오르간 연주의 뛰어난 솜씨로 존경받았다. 그는 다재다능한 사람이었다. 그의 다른 사람에 대한 관심은 그의 주의를 의학으로 돌리게 했다. 그는 또한 철학과 음악의 박사학위를 획 득했다. 그의 아내도 의학에 관심을 갖고 간호원이 되었다. 많은 사람들은 그가 서구문명에 강한 영향을 주기 위해 유럽에 남아서 강연을 해야 한다고 생각했다. 그는 그들의 제의를 귀담아 들었지만 결국은 자기의 양심에 따르기로 결심했다. 그래서 그는 아프리 카로 갔다. 슈바이처는 모든 사람은 남을 도울 책임을 받아들여야 한다고 생각했다. 그는 백인에게 착취당했던 아프리카 흑인들에게 특히 관심이 가는 것을 느꼈다. 그는 오르간 연주와 강연을 해서 필요한 돈을 벌었다. 이 돈으로 그는 장비를 샀고 아프리카에 병원 을 하나 세웠다. 그는 용기를 가지고 큰 문제들과 맞선 강인한 사람이었다. 전쟁의 위협, 1차 대전 중 독일시민으로서 투옥되어야 하 는 현실, 그리고 아프리카에서의 견딜 수 없는 더위, 이런 것들도 그를 방해하지 못했다. 그는 사람이 만일 이상주의적 의식을 가지 고 있으면 이 같은 난관은 극복할 수 있다고 믿었다. 그는 1965년에 타계했다.

105

The ailanthus is sometimes called the "tree of heaven." But O. Henry, who was not known for his nature writing, referred to it merely as the "backyard" tree. The bark is gray, and the coarse, and rather crooked branches carry exotic-looking leaves. These leaves, late to come and late to go, have a tropical appearance, especially when dancing in the breeze. Thick leafstalks measure up to a yard long, and carry many leaflets, which are of a brilliant green no matter the weather. In June the trees produce pale yellowish-green flowers that are all but invisible. By late summer large clusters of fruit hang heavy on the trees. The seed, so light that seventeen thousand of them are needed to make a pound, is a small black dot at the center of a pair of twisted wings — a much more efficient flying machine than, for example, the single-bladed maple seed. Winds take it surprisingly high. The tree's characteristic branches can occasionally be spotted hanging over the masonry of rooftops a hundred feet up. The tree may be found not only in backyards, but in waste places where other trees would fail. It thrives in cracks between bricks. A poet once suggested that two dead vine leaves, a cigarette butt, and a paper clip provide ideal growing conditions for an ailanthus. Several years ago a fifteen-foot specimen was found flourishing on a corner of a garage roof, sustaining itself on dust and roofing cinders.

어구풀이

- ailanthus : 참죽나무
- bark : 나무껍질
- late to ~ go : 늦게 돋아나고 늦게 지는
- measure up to : ~에 달하다
- cluster : 송이
- spot : 찾아내다, 알아채다
- thrive : 무성하게 자라다
- ideal growing conditions : 이상적인 성장조건
- sustaining itself on : ~로 (꼭 참으며) 생명을 유지하다

- refer to A as B : A를 B라고 말하다
- crooked : 구부러진, 비뚤어진
- leafstalk : 잎의 줄기, 엽병(葉柄)
- pale : 연한
- single-bladed : 잎이 하나인
- in waste ~ fail : 다른 나무들이라면 자랄 수 없는 황량한 장소에
- cigarette butt : (담배) 꽁초
- was found flourishing : 자라고 있는 것이 발견되었다
- roofing cinder : 굴뚝에서 나온 석탄의 타고난 찌꺼기

모범번역

참죽나무는 때때로 "천국의 나무"라고 불린다. 그러나 자연에 대해서는 별로 많이 쓰지 않았던 오헨리는 이 나무를 단순히 "뒤뜰"나무라고 했다. 나무껍질은 회색이고, 거칠고 좀 꾸불꾸불한 나뭇가지에는 이국적(異國的)인 모양의 잎들이 달린다. 늦게 돋아났다가 늦게 지는 이 잎들은 열대지방의 식물 같은 느낌을 주는데 특히 미풍에 흔들릴 때에 그렇다. 굵은 잎줄기는 1야드의 길이로 뻗으며 많은 어린 잎들이 달려 있는데, 이 잎들은 날씨에 관계없이 찬란한 초록색을 하고 있다. 6월에 이 나무는 거의 보이지 않는 연한 황록색의 꽃을 피운다. 늦여름에는 큰 열매 송이들이 나무에 무겁게 매달린다. 아주 가볍기 때문에 1파운드가 되려면 1만 7천개가 필요한 씨는 한 쌍의 꼬여진 날개 한가운데에 자리하고 있는 작고 검은 점이다. 그런데 이런 날개는 예를 들어 날개가 하나인 단풍나무 씨보다도 훨씬 능률적인 비행체 역할을 한다. 바람은 이 씨를 놀랄 만큼 높이 올라가게 한다. 이 나무의 독특한 가지들은 때때로 백 피트 높이의 지붕 꼭대기의 석조 부분에 걸려있는 것을 볼 수 있다. 이 나무는 뒤뜰에서뿐만 아니라 다른 나무들이라면 자랄 수 없는 황무지에서도 찾아 볼 수 있을 것이다. 이것은 또 벽돌의 갈라진 틈에서도 자란다. 일찍이 어떤 시인은 두 개의 죽은 덩굴 잎, 하나의 담배꽁초, 그리고 종이 집게까지도 참죽나무가 성장하는 데 이상적인 조건을 마련해 준다고 말한 적이 있다. 몇 년 전 15피트나 되는 이 식물(표본)이 먼지와 지붕 위의 석탄재로 생명을 유지하며 차고 지붕의 한 구석에서 번성하고 있는 것이 발견되었다.

106

During the early American colonial years, corn was more plentiful than wheat, so corn bread was more common than wheat bread. Friendly Indians showed colonists how to grow corn and how to prepare it for food and pioneer women then improved the Indian cooking techniques. When people traveled, they went on foot or horseback, sleeping and eating in the forests. They carried corn bread for sustenance; the corn bread came to be called journeycake. Later when roads and taverns were built and stagecoaches carried passengers, journeycake became johnnycake, a name many easterners still use for corn bread. The kinds of bread made with cornmeal were — and still are — almost without limit. Every region has its specialities. From the start, southerners showed a preference for white cornmeal, northerners for yellow. And pioneer on the frontier, when they ran out of yeast, made slat-rising bread. They set the mixture, uncovered, in a warm place until it absorbed bacteria from the air and began to ferment. Then they removed the potatoes and used the liquid as leavening for their bread, made with white flour.

어구풀이

- plentiful : 많은, 윤택한, 풍부한
- colonist : 식민지 개척자
- tavern : 술집, 여관
- specialty : 특산품, 특제품
- frontier : (개척 시대의 개척자와 미개척지의 경계 지방) 변경
- run out of : ~을 모두 써버리다, ~가 떨어지다, ~가 결핍되다
- ferment : 발효시키다, 효소, 발효
- leavening : (빵 따위를) 발효 · 팽창시키는 것

- specialty : 특성, 특수성, 전문, 전공
- sustenance : 생명(활력)을 유지하는 것, 음식물
- stagecoach : 역마차
- preference : 더 좋아함, 편애

모범번역

미국의 초기 식민지 시대에는 옥수수가 밀보다 더 풍부했다. 그래서 밀 빵보다 더 흔히 먹는 것이 옥수수 빵이었다. 우호적인 인디언들은 식민지 주민들에게 옥수수를 재배하는 방법과 이것을 조리하여 음식을 만드는 법을 가르쳤으며, 개척 시대의 부인들은 인디언의 음식 만드는 기술을 더 개선하게 되었다. 그 당시 사람들은 여행할 때에 도보로 가거나 말을 타고 갔으며, 숲 속에서 자고, 음식을 먹었다. 그들은 음식물로서 옥수수 빵을 가지고 다녔으며, 그래서 이 빵은 여행 케이크(journeycake)라고 불리게 되었다. 그 후 도로와 여관이 생기고 역마차가 승객들을 실어 나르게 되었을 때 journeycake라는 이름은 Johnnycake로 바뀌었는데, 이 이름은 아직도 많은 동부 사람들이 옥수수 빵을 부를 때 쓰고 있다. 지금도 그렇지만 옥수수 가루로 만드는 빵의 종류는 거의 무한했다. 모든 지역에는 그 고장 특유의 별미가 있다. 처음부터 남부 사람들은 흰 옥수수 빵을 좋아했고 북부 사람들은 노란 옥수수 빵을 좋아했다. 변경(邊境)에 있는 개척자들은 이스트가 떨어졌을 때에는 소금으로 부풀린 빵을 만들었다. 그들은 물과 소량의 옥수수 가루, 그리고 감자와 소금을 함께 섞어 휘저었다. 그들은 이렇게 섞은 것을 덮개를 씌우지 않고 따뜻한 곳에 놓았는데, 그러면 이것은 공기 속의 박테리아를 흡수해서 발효하기 시작했다. 그런 후에 그들은 감자를 끄집어내고, 그 액체를 흰 가루로 만드는 빵의 누룩으로 썼다.

107

The Gaulish alliance was to give Etruria a last opportunity to alarm Rome. The wild tribes advanced south from the Po Plain and the Etruscans welcomed them. The Roman consul gave battle under the walls of Arezzo against the coalition of Gauls and Etruscans and lost his life in the battle. But Roman reinforcements avenged this defeat in a battle near Lake Vadimon. The two last cities that had managed to preserve their vitality and resources, Vulci and Volsini, had to sign a harsh peace treaty. Vulci lost its independence, and a large part of its territory was annexed by Rome. Here remained a single bastion of resistance, ancient Volsinii powerfully defended by vast walls. A slave revolt terrorized the rich and the patricians, who then called Rome for aid. It was a rash appeal and one which sealed the ruin of their city. The Romans took it by assault, destroyed houses and historic sites, and removed the last survivors to the vicinity of Lake Bolsena. In the middle of the 3rd century the struggle ended, and Etruria submitted to Rome. Politically and militarily its role was done and it did not even attempt to raise its head when, during the Second Punic War, the Carthaginian troops under Hannibal came south and threatened Rome. Etruria had been too sorely tried; it remained faithful to its Roman master.

어구풀이

- Gaulish : 고대 고올(갈리아)인의
- the wild tribes : 고올인들을 가리킨다
- reinforcement : 증원군
- be done : 끝나다
- Etruria : 에트루리아
- consul : 집정관
- avenge : ~에 대한 보복을 하다
- the Second Punic War : 제2차 포에니 전쟁

모범번역

고올인과의 동맹은 에트루리아에게 로마를 놀라게 할 수 있는 최후의 기회를 제공해준 것이었다. 그 야만족들은 포 평원으로부터 남쪽으로 진격했고 에트루리아인은 그들을 환영했다. 로마의 집정관은 고올인과 에트루리아인의 연합군을 맞아 아레초의 성벽 아래서 싸우다가 전사를 했다. 그러나 로마의 증원군은 바디몬호(湖) 부근의 전투에서 이 패배에 대한 보복을 했다. 활력과 자력(資力)을 겨우 유지해 갈 수 있었던 마지막 두 도시, 불치와 볼시니는 가혹한 강화조약에 서명하지 않으면 안 되었다. 불치는 독립을 상실했고 그 중 많은 영토가 로마에 합병되었다. 단 하나의 저항의 요새(要塞)가 남게 되었는데 이것은 거대한 성벽으로 강력히 방위된 고도(古都) 볼시니였다. 노예의 반란이 부자들과 귀족들에게 공포심을 안겨주게 되자 그들은 로마에 구원(救援)을 요청했다. 이것은 경솔한 요청이었으며, 그들 도시를 결정적으로 파멸시킨 계기가 되었다. 로마인들은 강습(强襲)하여 도시를 점령했고, 가옥과 유적지들을 파괴했으며, 최후의 생존자들을 볼세나호(湖) 근처까지 쫓아가서 살해했다. 3세기 중엽에 분쟁은 끝나고 에트루리아는 로마에 굴복했다. 정치적으로 또 군사적으로 이 도시의 역할은 끝나 버렸고 제2차 포에니전쟁 동안 한니발 장군 휘하의 카르타고군이 남쪽으로 내려와 로마를 위협할 때에도 이 도시는 고개를 쳐들려고 조차 하지 않았다. 에트루리아는 너무나 쓰라린 시련을 겪었던 것이다. 그래서 지배자 로마인들에게 충실한 채로 남아 있었다.

108

The development of Jamestown in Virginia during the second half of the seventeenth century was closely related to the making and use of bricks. There are several practical reasons why bricks became important to the colony. Although the forests could initially supply sufficient timber, the process of lumbering was extremely difficult, particularly because of the lack of roads. Later when the timber on the peninsula had been depleted, wood had to be brought from some distance. Building stone was also in short supply. However, as clay was plentiful, it was inevitable that the colonists would turn to brickmaking. In addition to practical reasons for using bricks as the principal construction material, there was also an ideological reason. Brick represented durability and permanence. The Virginia Company of London instructed the colonists to build hospitals and new residences out of brick. In 1662, the town's Act of the Virginia Assembly provided for the construction of thirty-two brick buildings and prohibited the use of wood as a construction material. Had this law ever been successfully enforced, Jamestown would have been a model city. Instead, the residents failed to comply fully with the law; and by 1699 Jamestown had collapsed into a pile of rubble with only three or four habitable houses.

어구풀이

- be closely related to : ~와 밀접한 관련이 있다
- initially : 처음에는
- deplete : 고갈시키다
- in addition to : ~외에
- permanence : 영속성
- comply with : (희망·요구·조건 따위에) 따르다, 응하다

- practical : 실제의, 실질적인
- the process of lumbering : 제재(製材) 과정
- some distance : 조금 먼 곳의
- durability : 내구성
- instruct A to ~ : A에게 ~할 것을 지시하다
- rubble : (파괴된 것 따위의) 파편, 단편

모범번역

17세기 후반의 버지니아 주 제임스타운의 발전은 벽돌의 제조 및 그 사용과 밀접한 관계가 있다. 벽돌이 이 식민지에 중요하게 된 데는 몇 가지 실질적인 이유가 있다. 비록 처음에는 삼림이 충분한 목재를 공급해 주었으나 제재(製材)를 하는 과정이 매우 힘들었다. 이것은 특히 도로의 부족 때문이었다. 후에 이 반도의 목재가 고갈되었을 때는 상당히 먼 곳에서 나무를 가지고 와야만 했다. 석재(石材)도 매한가지로 부족했다. 그러나 진흙은 풍부했기 때문에 식민지 개척자들이 벽돌제조에 의지한 것은 필연적인 일이었다. 벽돌은 주요 건축 자재로 사용한 데는 실질적인 이유들 이외에 관념적인 이유가 있었다. 벽돌은 내구성과 영속성을 의미했다. 런던의 버지니아 회사는 식민지 개척자들에게 병원과 새 주택들을 벽돌로 지으라고 지시했다. 1662년 버지니아 의회가 제정한 도시건설법은 32동의 벽돌 건물을 세울 것을 규정했으며 건축 자재로서 목재를 사용하는 것을 금지했다. 만약 이 법이 성공적으로 시행되었다면 제임스타운은 시범(示範)도시가 되었을 것이다. 그러나 주민들은 이 법을 완전히 지키지 못했다. 그리고 1699년에 가서는 제임스타운은 무너져 돌무더기로 화해 버리고 사람이 살 수 있는 집이라고는 서너 채밖에 남지 않게 되었다.

109

Many of the basic principles of biology have been discovered by observation and experiments with single cells. Living cells can be examined in a drop of fluid, using a microscope, and one can study the movement of amebas, or the movement of thin cilia projections that cover the body of paramecium. Since the discovery of methods of culturing cells removed from the body of a higher animal or plant, many new facts about cell function and structure have been discovered by observing and photo graphing such cells under the microscope. In culturing cells, a special complex nutritive medium, made of blood plasma, an extract of embryonic tissues, with vitamins and other chemicals added, is prepared and sterilized, then placed in this nutritive medium and the cavity is sealed with another piece of glass. The tissue will live indefinitely if the medium is renewed and oxygen is supplied; cells from a chick's heart were kept alive in this way for more than twenty years at the Rockefeller Institute in New York. From such experiments it was found that cells in tissue culture do not grow old — at the end of twenty years the cells were just as vigorous and grew just as fast as the original ones. Cells isolated from a sarcoma (a type of cancer) grow with unusual vigor in tissue culture, and they grow more rapidly in blood plasma from a healthy person than in that from a person with sarcoma. This suggests that the sarcoma cells in the body stimulate some of the healthy cells to manufacture a substance which inhibits the malignant growth to some extent.

어구풀이

- biology : 생물학
- cell : 세포
- microscope : 현미경
- cilia : 섬모
- culture : 배양하다
- medium : 배양기
- extract : 추출물
- tissue : (세포) 조직
- isolate : 분리하다
- inhibit : 억제하다

- observation : 관찰
- fluid : 액체
- projection : 돌기
- paramecium : 짚신벌레
- nutritive : 영양이 되는
- plasma : 혈장
- embryonic : 배의, 유충의, 태아의
- vigorous : 힘찬, 활력이 있는
- sarcoma : 육종(肉腫), 종양
- malignant : 악성의

모범번역

생물학의 많은 기초적인 원리는 단세포들의 관찰과 실험에서 발견되었다. 현미경을 사용하면 살아있는 세포는 한 방울의 액체에서도 조사될 수 있고, 아메바의 운동이나, 짚신벌레의 몸을 덮는 가느다란 섬모 돌기의 운동을 연구할 수도 있다. 고등동물의 몸이나 식물로부터 떼어낸 세포의 배양 방법이 발견된 이래, 현미경 아래에서 이런 세포를 관찰하고 촬영함으로써 세포의 기능과 구조에 관한 많은 새로운 사실이 발견되었다. 세포를 배양할 때는 혈장과 배아조직의 추출물에 비타민과 다른 화학물질을 첨가하여 만든 특별한 복합 배양기가 마련되고 소독이 된다. 그리고 나서 배양세포를 이 배양기 안에 넣고 구멍을 다른 유리로 봉한다. 이 안의 조직은 배양액을 새로 갈아주고 산소가 공급되면 무기한으로 살 것이다. 뉴욕의 록펠러 연구소에서 병아리의 심장세포를 이런 방법으로 20년 이상 살려둘 수 있었다. 이러한 실험으로부터 조직배양 속의 세포는 늙지 않는다는 것이 발견되었다. 20년이 지났어도 이 세포는 여전히 활발했고 원래의 세포처럼 빠르게 성장했다. 일종의 암인 육종으로부터 분리된 세포는 배양조직에서 유별난 활력으로 자라고, 이 세포들은 건강한 사람의 원형질에서는 육종을 가진 사람의 원형질에서보다 더 빨리 성장한다. 이것은 몸 안의 종양세포가 악성종양을 어느 정도 억제하는 물질을 만들도록 건강한 세포의 일부를 자극한다는 것을 암시한다.

110

The coelacanth, a primitive fish once thought to have died out with last of the dinosaurs, was found some forty years ago to be alive and well and living in the Indian Ocean. Because the biologists interested in the fish have been unable to catch them, and the fishermen who do catch them are not interested in them, it was not until 1972 that scientists were able to study a live coelacanth, however briefly, before it died. The main question before scientists is the classification of this ancient fish. On the basis of fossil evidence the coelacanth has long been considered close relative of the rhipidistian fishes, the group that eventually gave rise to all land vertebrates. This classification is based on anatomical similarities, for example, both groups have bony skeletons and lobe like fins. However, the physiological tests made possible by the discovery of the live coelacanths suggest that these fish may instead be more closely related to sharks and rays. The most compelling of the arguments for this relationship is the mechanism of blood regulation shared by coelacanths and sharks and rays, but found in almost no other group. All saltwater fishes have blood with a lower concentration of salts than the surrounding seawater, as a result, osmotic pressure tends to force water out of the body fluids and to raise the internal salt concentration. Coelacanth, sharks, and rays are almost unique in resisting this pressure through a build-up urea, an end product of protein metabolism, in the blood. The question of classification is likely to remain unsettled for some time, as fresh specimens are infrequently available, and arguments for either classification remain quite strong.

어구풀이

- coelacanth : 강극어
- on the basis of : ~의 바탕 위에
- rhipidistian : 어류의 일종
- vertebrate : 척추동물
- skeleton : 뼈대, 골격
- fin : 지느러미
- ray : 가오리
- mechanism : 구조, 기계장치

- die out : 사멸하다
- fossil : 화석
- give rise to~ : ~을 일으키다
- anatomical : 해부상의, 구조상의
- lobe : 둥근 돌출부, 귓불
- physiological : 생리(학)의
- compelling : 강력한, 강한 흥미를 자아내는
- regulation : 조절, 조정

- saltwater : 바닷물
- osmotic : 삼투작용의
- metabolism : 신진대사
- available : 구할 수 있는, 쓸 수 있는
- concentration : 농축, 농도
- urea : 요소(尿素)
- specimen : 건물, 견본

모범번역

마지막 공룡과 함께 사멸되었다고 한 때 생각되었던 원시 물고기인 실러캔스가 약 40여 년 전에 생존했고, 인도양에서 잘 살고 있는 것으로 발견되었다. 이 물고기에 관심을 갖는 생물학자들은 이것을 잡을 수 없고, 또 이 물고기를 잡는 어부들은 이 물고기에 관심을 갖지 않았으므로 1972년에야 과학자들은 그 물고기가 죽기 전에 잠깐이라도 살아있는 실러캔스를 연구할 수 있었다. 과학자들 앞에 놓인 주요한 문제는 이 고대어의 분류이다. 화석에 나타난 근거로, 실러캔스는 결국 육지의 척추동물은 낳게 한 리피디스천 물고기군(群)에 가까운 종류일 것으로 오랫동안 생각되어 왔다. 이 분류는 해부학상의 유사점에 바탕을 두고 있다. 예컨대, 이 두 종류의 물고기는 모두 진뼈로 골격이 형성되어 있고, 지느러미 같은 둥근 돌출부를 가지고 있다. 그러나 살아 있는 실러캔스의 발견으로 가능하게 된 생리실험은, 실러캔스가 오히려 상어나 가오리와 더 가깝게 관련되어 있을지 모른다는 사실을 암시한다. 이러한 연관성에 대한 논거 가운데 가장 강력한 것은 실러캔스와 상어, 가오리만 갖고 있을 뿐 다른 물고기는 거의 가지고 있지 않은 혈액 조절 구조이다. 바다에 사는 모든 물고기는 주위의 바닷물보다 염도가 낮은 피를 가지고 있다. 그 결과 삼투압이 체액에서 수분을 끌어내어 체내의 염도를 높이게 된다. 실러캔스, 상어, 가오리는 혈액 내의 단백질 신진대사의 마지막 산물인 요소의 형성으로 이러한 압력을 물리치는 점에 있어서 거의 유일하다. 분류 문제는 새 표본이 잘 안 잡히고 양쪽의 논거가 다 강력하므로 한동안 미결로 남아있을 것 같다.

111

There are two methods of fighting, the one by law, the other by force: the first method is that of men, the second of beasts; but as the first method is often insufficient, one must have recourse to the second. It is, therefore, necessary for a prince to know well how to use both the beast and the man. This was covertly taught to rulers by ancient writers, who relate how Achilles and many others of those ancient princes were given Chiron the centaur to be brought up and educated under his discipline. The parable of his semi-animal, semi-human teacher is meant to indicate that a prince must know how to use both natures, and that the one without the other is not durable. A prince, being thus obliged to know well how to act as a beast, must imitate the fox and the lion, for the lion cannot protect himself from traps, and the fox cannot defend himself from wolves. Those that wish to be only lions do not understand this. Therefore, a prudent ruler ought not to keep faith when by doing so it would be against his interest, and when the reasons which bind him no longer exist. If men were all good, this precept would not be a good one; but as they are bad, they do not observe their faith with you, so you are not bound to keep faith with them. Nor have legitimate grounds ever failed a prince who wished to show a colorable excuse for the nonfulfilment of his promise. Of this, one could furnish an infinite number of examples, and show how many times peace has been broken, and how many promises were rendered worthless by the faithlessness of princes. Those that have been best able to imitate the fox have succeeded best. But it is necessary to be able to disguise this character well and to be a great feigner and dissembler. And men are so simple and so ready to obey present necessities that the one who deceives will always find those who allow themselves to be deceived.

어구풀이

- beast : 짐승
- recourse : 의지, 의뢰
- ruler : 통치자
- discipline : 훈련, 훈육
- durable : 오래 견디는
- prudent : 신중한, 세심한
- colorable : 착색할 수 있는, 그럴 듯한
- furnish : 공급하다, 비치하다
- feign : 가장하다, 속이다

- insufficient : 불충분한, 부족한
- covertly : 몰래
- centaur : 반인 반수의 그리스 신
- parable : 우화
- oblige : 어쩔 수 없이 ~하게 하다
- legitimate : 합법의, 옳은
- nonfulfilment : 불이행
- disguise : 변장, 가장
- dissembler : 위선자

모범번역

싸움에는 두 가지 방법이 있는데 법에 의한 것과 힘에 의한 것이다. 첫 번째 방법은 인간의 방법이고, 두 번째 방법은 짐승의 방법이다. 그러나 첫 번째 방법으로 불충분한 경우가 있으므로 종종 그때는 두 번째 방법에 의존해야 한다. 따라서 군주는 짐승과 인간의 방법을 둘 다 어떻게 사용할 것인가를 잘 알아둘 필요가 있다. 옛 작가들은 통치자들에게 이것을 은밀히 가르쳤다. 이 작가들은 아킬레스와 많은 다른 옛날 군주들이 그의 훈련 아래 양육되고 교육받기 위해 어떻게 반인 반수의 케이론에게 보내졌는지에 관해 언급하였다. 이 반(半)야수 반(半)인간의 스승에 관한 우화는, 군주는 두 가지 성격을 이용하는 법을 알아야 하고, 둘 가운데 어느 하나가 없으면 그것은 영속성이 없음을 지적하려는 것이었다. 군주는 야수처럼 행동하는 법을 잘 알아야 하기 때문에 여우와 사자를 모방해야만 한다. 왜냐하면, 사자는 함정으로부터 자신을 보호할 수 없고 여우는 늑대들로부터 자신을 방어할 수 없기 때문이다. 사자만 되려는 군주들은 이것을 이해하지 못한다. 그러므로 신중한 통치자는, 신의를 지킴으로써 자신이 불리해질 때, 또한 자기 자신을 구속하고 있던 이유들이 더 이상 존재하지 않을 때, 신의를 지킬 필요가 없어진다. 만약 인간이 모두 선량하다면 이 교훈은 훌륭한 교훈이 못될 것이다. 그러나 사람들이 불량해서 신의를 지키지 않을 것이므로 여러분도 그들에게 신의를 지킬 필요가 없다. 자신의 약속 불이행에 대하여 그럴 듯한 변명을 내세우기를 원하는 군주는 언제나 정당한 이유거리를 찾을 수 있었다. 그런 군주의 예는 무수히 많이 들 수 있다. 그리고 신의 없는 군주에 의해 얼마나 여러 번 평화가 깨졌고, 또한 얼마나 많은 약속들이 무용지물이 되었는지도 보여줄 수 있다. 또한 여우를 가장 잘 모방할 수 있었던 사람들이 가장 훌륭하게 성공했다는 것도 보여줄 수 있다. 그러나 이 성격을 잘 가장하여 훌륭하게 속이는 위선자가 될 수 있어야 한다. 인간은 매우 단순하고 현재의 필요에 쉽게 잘 따르기 때문에 속이는 사람은 항상 속아주는 사람을 만날 것이다.

112

Feather cloaks are the most spectacular of all objects of native Hawaiian manufacture. In the highly stratified society of the islands before their discovery by Captain James Cook in 1788, the cloaks were never very numerous, but powerful chiefs often acquired several through inheritance or as battle prizes. Although the feathers were gathered by the common people to defray part of their taxes, and women were permitted to clean and sort them, only men of high rank, surrounded by sacred taboos, were allowed to make the cloaks. The manufacturing process involved tying small bunches of red, yellow, green, or black feathers with olona fiber. Large cloaks like the royal robe worn by Kamehameha I, the first king of all the islands, required some half-million feathers. Today these cloaks are ethnological treasures, but to the early ship captain they were little more than seemingly plentiful curiosities that the Hawaiians highly valued but gave away or traded for such trifles as iron knives. In turn, the Europeans traded these curiosities. This practice began with Cook's officers, who traded the cloak now in Leningrad in exchange for provisions. In 1825, Lord Byron, commander of the British ship Blonde, predicted that "the splendid war-cloak" would soon be more easily found in Europe than in Hawaii. Brigham found only five in Hawaii when he made his featherwork survey in 1899. Today twenty of the fifty known cloaks are still in the British Isles.

어구풀이

- cloak : 외투
- stratify : 층을 이루다
- inheritance : 상속, 계승
- tax : 세금
- ethnological : 민족학적인
- seemingly : 보기에는
- provisions : 양식
- survey : 조사하다

- spectacular : 구경거리의, 볼만한
- numerous : 다수의
- defray : 지불하다
- sacred : 신성한
- treasure : 보배
- trifle : 하찮은 일, 소량
- splendid : 빛나는, 화려한

모범번역

깃털 외투는 모든 하와이 토산품 중에서 가장 이채로운 것이다. 1788년 제임스 쿡 선장에 의해 발견되기 전, 고도로 계층화되어 있던 이 섬 사회에는 외투가 결코 많지 않았다. 그러나 세력 있는 추장들은 종종 유산이나 전리품으로 몇 벌씩을 갖고 있었다. 평민들은 그들 세금의 일부를 지불하기 위해 깃털을 모았고 여자들은 그것들을 깨끗이 씻어 분류할 수 있었지만, 높은 직위의 남자들만이 신성한 금기에 둘러싸여 외투를 만들 수 있었다. 제조 시에는 오로나 섬유로 빨강, 노랑, 초록, 검정 깃털의 작은 다발을 묶는 과정이 따랐다. 이 군도의 최초의 왕이었던 카메하메하 1세가 입은 왕실 예복과 같이 커다란 외투는 약 50만개의 깃털이 필요했다. 오늘날 이 외투는 민족학적 보배이지만 초기의 선장에게 있어서 그것들은 하와이인들이 귀중하게 생각은 했지만 그냥 남에게 주어 버리거나 철제 칼과 같이 하찮은 물건과 바꾸어 버리는, 겉으로 보기에는 흔해 빠진 골동품에 지나지 않았다. 다음엔 유럽인들이 다시 이 골동품을 매매했다. 이 매매는 쿡 선장의 선원들이 시작했는데, 이들은 당시 레닌그라드 주에서 외투를 식량과 교환하였다. 1825년 영국 배 블런드의 지휘관 로드 바이런은 "이 화려한 전쟁외투"는 곧 하와이에서보다는 유럽에서 쉽게 찾게 될 것이라고 예언했다. 1899년 깃털 외투를 조사했을 때 브리험은 하와이에서 단지 5벌만을 발견했다. 오늘날 알려진 외투의 50벌 중 20벌이 아직 영국제도 내에 있다.

113

It is commonly supposed that when a man seeks literary power he goes to his room and prepares an article for the press. But this is to begin literary culture at the wrong end. We speak a hundred times for every piece we write. The busiest writer produces a little more than a volume a year, which is less than what his talk would amount to in a week. Consequently through speech it is usually decided whether a man has command of his language or not. If he is slovenly in his ninety-nine cases of talking, he can seldom pull himself up to strength and exactitude in his hundredth piece of writing. A person is made in one piece and the same essence shows through a multitude of actions. Whether words are uttered on paper or to the air, the effect on the utterer is the same. The vigor or feebleness of the writing emerges according to whether it was written with enegy or slackness. I know that certain adaptations to a new field are often necessary. A good speaker may find awkwardness in himself, when he comes to write; a good writer, when he speaks. And certainly cases occur where a man exhibits distinct strength in one of the two, speaking or writing, and not in the other. But such cases are rare. As a rule, language once within our control can be employed for oral or for written purposes. And since the opportunities for oral practice enormously outbalance those for written, it is the oral which are chiefly significant in the development of literary power. We can rightly say of the accomplished writer that he has mastery of his own tongue.

어구풀이

- press : 논평, 기사
- little more than ~ : 겨우 ~ 정도
- amount to ~ : ~에 이르다, 달하다
- pull up to : ~에로 끌어올리다
- exactitude : 정확성
- vigor : 활기, 생기
- adaptation : 적응
- come to : ~을 하기에 이르다
- outbalance : 능가하다
- accomplished : 능란한, 익숙한

- culture : 소양, 교양
- not so much as ~ : ~의 정도에 지나지 않는
- slovenly : 되는 대로의, 추레한
- strength : 힘, 설득력
- run through : ~을 꿰뚫고 흐르다
- feebleness : 무기력, 연약
- awkwardness : 서투름
- enormously : 거대하게, 막대하게
- rightly : 올바르게, 정당하게

모범번역

문장력을 기르려고 할 때는 자기 방으로 가서 신문 기사를 작성해 보면 된다고들 생각한다. 그러나 이것은 그릇된 방향에서 문학 수업을 시작하는 것이다. 우리들은 글 한 편을 쓰는 동안 백 번을 말한다. 가장 부지런한 작가라도 1년에 겨우 한 권 정도 창작해 내는데, 이것은 그가 일주일 동안 말하는 양에도 못 미친다. 결과적으로 어느 사람이 언어 구사력이 있는가, 혹은 그렇지 않은가는 통상 이야기를 통해서 결정된다. 만약 그가 아흔 아홉 번 얘기를 해서 그 얘기에 오류가 있다면, 그는 백 번째 글을 쓰는 경우 좀처럼 설득력 있고 정확한 경지에 이를 수 없다. 사람은 한 덩어리로 만들어져 있어서 같은 본질이 수많은 행동에 나타난다. 말이 종이 위에 적히든 공중으로 발음되든 말하는 이에게 미치는 효과는 같다. 문장의 박력이나 나약함은 정력적으로 썼느냐 와해된 기분으로 썼느

나에 따라 드러난다. 새로운 분야에는 흔히 적응이 필요하다는 것을 나는 안다. 훌륭한 연사도 글을 쓰게 되면 자기 자신이 서투름을 알게 될 것이며 훌륭한 작가도 말을 하게 되면 그럴지 모른다. 그리고 확실히 말이나 글 둘 중 어느 한 쪽에서는 독특한 능력을 드러내지만 다른 쪽에서는 그렇지 못하는 경우가 있다. 그러나 그런 경우는 드물다. 일반적으로 우리가 일단 지배하게 된 언어는 구두나 저술 목적에 사용할 수 있다. 그리고 말할 기회가 글 쓰는 기회보다 엄청나게 많기 때문에, 문장력의 계발에 있어서 일차적으로 중요한 것은 말하는 것이다. 우리는 완숙한 작가에 대해서, 그가 자기 자신의 언어를 자유자재로 구사하고 있다고 말해도 틀림없다.

114

More attention was paid to the quality of production in France at the time of Rene Coty. Charles Deschanel was then the financial minister. He stressed that workmanship and quality were more important than quantity for industrial production. It would be necessary to produce quality goods for the international market to compete with those produced in other countries. The French economy needed a larger share of the international market to balance its import and export trade.

French industrial and agricultural production was still inadequate to meet the immediate needs of the people, let alone long-ranged developments. Essential imports had stretched the national credit to the breaking point. Rents were tightly controlled, but the extreme inflation affected the general population most severely through the cost of food. Food costs took as mush as 80 percent of the workers' income. Wages, truly, had risen. Extensive family allowances and benefits were paid by the state, ant there was full-time and overtime employment. Taken together, these factors enabled the working class to exist but allowed them no sense of security. In this precarious and discouraging situation, workmen were willing to work overseas for higher wages.

The government was reluctant to let workers leave the country. It was feared this migration of workers would deplete the labor force. The lack of qualified workers might hinder the improvement in the quality of industrial products produced. Qualified workers employed abroad would only increase the quantity of quality goods produced in foreign countries. Also the quantity of quality goods produced in France would not be able to increase as part of its qualified labor force had moved to other countries.

어구풀이

- pay attention to : ~에 주의를 하다, 유익하다(= notice, note)
- workmanship : (제품의) 정교함
- quality goods : 고급품
- compete with : ~와 경쟁하다
- a larger share of ~ : 더 큰 몫의
- industrial production : 공업 생산품
- quality : 고급의, 양질의
- those = goods
- meet : 충족시키다

- let alone : ~은 고사하고, ~은 말할 것도 없고
- stretch ~ to a breaking point : ~을 견딜 수 없는 한도에 이르게 하다
- national credit : 국가의 금전상의 신용도
- as much as 80 percent : 80%나
- benefit : (보험·연금 따위의) 각종 급여(給與)
- exist : 생존하다, 살아가다
- employed abroad : 해외에 고용된
- Rents ~ Controlled : 임대료는 엄격히 통제되었다
- allowance : (정기적으로 지급되는) 수당
- Taken together : 전체를 합쳐서 생각할 때
- precarious : 불안정한

모범번역

르네 코티 시절 프랑스에서는 제품의 질에 대해 보다 많은 주의를 기울였다. 찰스 디스채널이 당시의 재무상이었다. 그는 공산품에 있어서는 양보다 기술과 질이 더 중요하다는 것을 강조했다. 다른 나라에서 생산되는 상품들과 경쟁하기 위해서는 국제시장에 내놓을 고급의 상품을 만들어 낼 필요가 있었을 것이다. 프랑스 경제는 수출입 무역의 균형을 이루기 위해 국제시장을 보다 넓게 점유할 필요가 있었다.

프랑스의 농·공산품은 장기적인 발전은 고사하고 국민들의 당면한 수요를 충족시키기에도 아직 부족했다. 필수적인 수입 품목들은 국가의 신용도를 파탄 지경에까지 이르게 했다. 임대료는 엄격히 통제되었으나 과도한 인플레가 식품비를 통해 전 국민에게 심각하게 영향을 주었다. 식비는 노동자들 수입의 80%나 차지했다. 임금이 오른 것은 사실이다. 광범위한 가족수당과 보험, 연금 따위의 급부금이 국가에 의해서 지급되었고, 전일(全日)제 근무와 초과 근무도 있었다. 통틀어 생각할 때 이들 요인들은 노동계급의 생존을 가능하게는 하였으나 그들에게 안정감을 주지는 못했다. 이 같은 불안정하고 신통찮은 상황 속에서 노동자들은 비싼 임금을 받기 위해 기꺼이 해외에 나가 일하려고 했다.

정부에서는 노동자들이 해외로 나가는 것을 허락하기를 꺼려했다. 노동자들의 이러한 이동이 노동력을 고갈시킬 것이라고 우려했던 것이다. 자격을 갖춘 노동자가 부족하게 되면 이것은 생산되는 공산품의 질의 향상을 막을지도 몰랐다. 유자격 노동자들이 해외에서 고용된다면 그들은 외국에서 생산되는 고급품의 양(量)을 증가시키기만 할 것이었다. 또한 프랑스에서 생산되는 고급품의 양은, 유자격 노동력의 일부가 외국으로 이주했기 때문에 증가할 수 없을 것이었다.

115

Andrew Carnegie, an American industrialist and philanthropist, made a fortune by manufacturing iron and steel while protected by custom tariff. In 1873, on one of his frequent trips to England, he met Henry Bessemer and became convinced that the industrial future lay in steel. He built the J. Edger Thomson Steel Mills near Pittsburgh, and from that moment on, the Carnegie empire was one of constant expansion. Later on, the Carnegie Steel Co. became an immense organization. It included all the processes of steel production from the great furnaces and finishing mills of Pittsburgh to the inroads and lake steamers that move the ores and the finished products. Like his grandfather, Andrew Carnegie did not abandon the radical idealism of his forebears for the benefit of the working class and the poor people. In spite of his espousal of Herbert Spencer's philosophy and the social Darwinism of the period, Carnegie remained deeply committed to many of the philanthropist ideals of his boyhood. He believed in the social responsibility of the man of wealth to society. He must serve as a steward for the fortune he has earned and use that fortune to provide greater opportunity for all and to increase man's knowledge of himself and of his universe. Furthermore, Carnegie considers that the dispensation of wealth for the benefit of society must never be in the form of free charity but rather must be as a buttress to the community's responsibility for its own people. When Carnegie died in Lenox, Mass., on August 11, 1919. most of his fortune was already gone, People wonder that if Carnegie had known this when he was alive he would have shared most of his wealth with the poor people.

어구풀이

- industrialist : (특히, 생산 관계의) 산업 경영자, 실업가, 제조업자
- make a fortune : 재산을 모으다
- lie in : ～에 있다
- one of constant expansion : 끊임없이 확장일로를 걷는 제국
- furnace : 용광로
- inroad : 국내 선로
- radical idealism : 급진적 이상주의
- Social Darwinism : 사회 진화론
- philanthropist ideals : 박애주의자의 이상
- opportunity : 기회, 호기
- man's knowledge of himself and of his universe : 자신과 자신의 우주에 대한 인간의 지식
- dispensation : 나누어주는 것
- buttress : 지주(支柱), 받쳐 주는 것

- philanthropist : 박애주의자
- custom tariff : 관세
- from that moment : 그 순간부터
- later on : 그 후
- finishing mills : 마무리 공장
- ore : 원광석
- espousal : (주의 따위의) 지지, 채용
- remain committed to : ～에 여전히 충실했다
- steward : 집사, 지배인, 조달계

모범번역

미국의 실업가이며 박애주의자인 앤드류 카네기는 관세의 보호를 받고 철과 강철을 제조함으로써 재산을 모았다. 1873년, 그는 빈번하게 영국 여행을 하던 중 헨리 베서머를 만나 산업의 장래가 강철에 달려 있다는 것을 확신하게 되었다. 그는 피츠버그 근처에 J. 에드가 톰슨 강철 공장을 세웠으며, 그때부터 카네기 왕국은 계속 확장일로를 걷게 되었다. 그 후 카네기 철강 회사는 방대한 조직이 되었다. 여기에는 피츠버그의 거대한 용광로들과 마무리 작업을 하는 공장에서부터 원광석(原鑛石)과 완제품을 운반하는 구내선로(構內線路)와 호상기선(湖上汽船)에 이르기까지 강철 생산의 전 과정이 포함되어 있다. 자기 할아버지와 마찬가지로, 앤드류 카네기도 자기 선조들이 지니고 있던 노동계급과 가난한 사람들의 이익을 위해 급진적 이상주의를 버리지 않았다. 허버트 스펜서의 철학과 그 시대의 사회진화론을 지지했음에도 불구하고 카네기는 유년 시대에 지녔던 박애주의적 이상들 중 많은 것을 계속 고수하였다. 그는 부자는 사회에 대해서 책임을 져야 한다고 믿었다. 그는 자기가 번 재산에 대해 그것을 관리하는 경리에 불과하며, 만인에게 보다 많은 기회를 제공하고 인간이 자신과 우주에 대한 지식을 넓히도록 하는 데 그 재산을 사용해야 한다고 믿었다. 더 나아가서 카네기는 사회의 이익을 위한 부의 분배는 무료 자선의 형태로 되어서는 안 되며, 지역사회가 그 주민들을 위한 책임을 다하는 데 있어 뒷받침이 되어야 한다고 생각했다. 1919년 8월 11일 매사추세츠 주의 레녹스시에서 카네기가 사망했을 때 그의 재산의 대부분은 이미 사라지고 없었다. 사람들은 만일 카네기가 그가 살아있을 때 이렇게 될 줄 알았더라면, 그는 자기 재산의 대부분을 가난한 사람들에게 나누어 주었을 것이라고 생각하고 있다.

116

In taking up a new life across the Atlantic, the early European settlers of the United States did not abandon the diversions with which their ancestors had traditionally relieved the tedium of life. Neither the harshness of existence on the new continent nor the scattered population nor the disapproval of the clergy discouraged the majority from the pursuit of pleasure. City and country dwellers, of course, conducted this pursuit in different ways. Farm dwellers in their isolation not only found it harder to locate companions in play but also, thanks to the unending demands and pressures of their work, felt it necessary to combine fun with purpose. No other set of colonists took so seriously one expression of the period, "Leisure is time for doing something useful." In the countryside farmers therefore relieved the burden of the daily routine with such double-purpose relaxations as hunting, fishing, and trapping. When a neighbor needed help, families rallied from miles around to assist in building a house or barn, husking corn, shearing sheep, or chopping wood. Food, drink, and celebration after the group work provided relaxation and soothed weary muscles.

The most eagerly anticipated social events were the rural fairs. Hundreds of men, women, and children attended from far and near. The men bought or traded farm animals and acquired needed merchandise while the women displayed food prepared in their kitchens, and everyone, including the youngsters, watched or participated in a variety of competitive sports, with prizes awarded to the winners. These events typically included horse races, wrestling matches, and foot races, as well as some nonathletic events such as whistling competitions. No other occasion did so much to relieve the isolation of farm existence.

With the open countryside everywhere at hand, city dwellers naturally shared in some of the rural diversions. Favored recreations included fishing, hunting, skating, and swimming. But city dwellers also developed other pleasures, which only compact communities made possible.

- Atlantic : 대서양
- ancestor : 선조, 조상
- leisure : 자유 시간, 여가
- daily routine : 일과, 일상의 업무
- competition : 시합, 경기, 경쟁

- diversion : 오락, 기분전환
- tedium : 지겨움, 권태, 지루함
- pursuit of pleasure : 쾌락 추구
- from far and near : 도처에서
- shared : 비늘, 사금파리

대서양을 건너 새로운 인생을 맞이하면서, 그들의 조상들은 생활에서 지루함을 덜어 주었던 오락들을 포기하지 않았다. 신대륙에서 생활의 힘든 것이나 흩어져 있는 인구나 성직자들의 불허가 등이 대다수의 사람들로 하여금 오락을 추구하지 못하게 막지는 못했다. 물론, 도시 거주자와 시골 거주자들이 이러한 추구를 다른 방식으로 행했다. 멀리 떨어져 있는 농부들은 함께 놀 수 있는 친구를 찾는 게 더욱 힘들다는 것을 발견한 것은 물론이고, 그들 작업의 끊임없는 요구와 압력 덕택에 오락을 목적과 결부시키는 게 필요하다는 것을 느꼈다. 어떤 다른 그룹의 주민들도 "오락이란 유용한 일을 하는 시간이다."라는 그 당시의 표현을 그렇게 진지하게 받아들이지는 않았다. 그러므로 시골에서 농부들은 사냥, 낚시, 포획 등과 같은 다목적 오락으로 일상생활의 짐을 덜었다. 이웃 사람이 도움을 필요로 할 때 여러 가족들이 수 마일 떨어진 곳으로부터 모여들어서, 집이나 헛간을 짓는 일, 옥수수 껍질을 까는 일, 양털을 깎는 일, 나무를 자르는 일 등을 도와주었다. 단체 작업 후의 음식과 축하파티가 휴식을 제공하고 피로한 근육을 풀어주었다.

가장 사람들이 간절히 기다리는 사회 행사는 시골의 장터였다. 수백의 남녀노소가 가까이서 그리고 멀리서 참여했다. 남자들은 농장 동물을 사고, 교역했으며, 필요한 상품을 구입하였고, 한편 여자들은 자기들의 부엌에서 만든 음식들을 전시하였고, 젊은이를 포함한 모든 사람들이 다양한 스포츠 시합을 구경하거나 참가했고, 승자들에게는 상이 수여되었다. 전형적으로 이런 행사들은 승마 경주, 레슬링 시합, 경보 등은 물론이고 휘파람 불기 대회 같은 운동경기가 아닌 행사도 포함했다. 어떤 다른 행사도 농장 생활의 고립을 위로해 주기 위해 그렇게 많은 일을 하지는 못했다. 지척에 개방된 시골이 어딘지 있으므로, 도시 거주자들은 자연적으로 그들의 시골 오락에 함께 참여했다. 선호하는 오락들은 낚시, 사냥, 스케이팅, 수영들을 포함했다. 그러나 도시 거주자들은 역시 밀집된 마을만이 (그것을) 가능하게 할 수 있는 그런 다른 오락도 개발했다.

117

Seoul's Gangnam to create 'K-pop' road

The office of Seoul's Gangnam District, most popularized by rapper Psy's eponymous song, said Tuesday it will create a street dedicated to promoting Korean culture and tourism in the posh neighborhood.

Tentatively named K-Star Road, the roughly 1-kilometer-long street will connect the popular Apgujeong area with some of the country's top entertainment agencies, and will feature various sites and interactive activities relating to the so-called Hallyu, or the worldwide popularity of Korean cultural content, the office said.

Korean TV shows and pop music, known as K-pop, have secured hordes of fans in Asia, Europe and the Americas in recent years.

The Hallyu street will feature hand prints of Korean celebrities, exhibitions and photo zones for tourists visiting the area, as well as restaurants and cafes frequented by K-pop stars.

SM Entertainment, the country's top entertainment agency that manages A-list musical acts like Girls' Generation and Super Junior, will also partake in the project by opening the doors to its office located near the street to foreign tourists to promote its stars, according to the district office.

The project will be pushed for in phases toward completion by 2015 jointly by the district office and private companies such as Amore Pacific Corp., South Korea's leading cosmetics manufacturer, and SM Entertainment.

"This is part of Gangnam District's plan to make diverse streets featuring different cultural assets such as food and fashion" said Shin Yeon-hee, the head of the affluent district.

"We will continue to strive for the development and promotion of our district, the capital city and the country in the international arena," she added.

어구풀이

- eponymous : 이름의 시조가 된
- tentatively : 시험적으로, 실험적으로
- horde : 사람들의 큰 무리
- in phases : 단계적으로
- strive : 노력하다, 애쓰다
- posh : 사치스런, 호화스런
- relating to : ~에 관련하여
- partake : 참가하다
- affluent : 부유한, 풍부한

모범번역

강남에 '한류스타거리' 생긴다

래퍼 싸이의 곡에 등장하면서 서울의 강남일대의 인지도가 올라가자 강남구청은 한국 문화와 관광을 알리는데 일조할 거리를 이 화려한 지역에 조성하겠다고 밝혔다.

한국을 대표하는 연예기획사들이 모인 약 1킬로미터의 압구정동 일대를 잇는 가칭 한류 스타 거리는 이른바 한류 또는 세계적으로 인기를 끄는 한국의 문화 콘텐츠와 관련된 다양한 장소와 이를 체험할 수 있는 활동을 특징으로 한다.

한국의 TV 프로그램과 K팝으로 알려진 대중음악은 최근 아시아, 유럽 그리고 미국에서 많은 팬을 확보하고 있다.

한류거리에는 K팝 스타들이 자주 찾는 음식점과 카페를 비롯한 한국 스타들의 핸드 프린팅, 전시회 및 이곳을 방문하는 관광객들을 위한 포토존이 마련될 전망이다.

강남구청에 따르면 소녀시대와 슈퍼주니어 등 정상급 그룹이 소속된 한국의 대표적 연예기획사 SM 엔터테인먼트 또한 거리와 인접한 사옥을 관광객들에게 개방하여 소속 스타들을 알리는 활동으로 이번 사업에 참여한다고 전한다.

강남구와 한국의 대표적 화장품 제조업체인 아모레 퍼시픽, SM 엔터테인먼트와 같은 민간 기업이 공동으로 2015년 완성을 목표로 하여 이번 사업을 단계적으로 진행할 것이다.

강남 구청장 신연희는 "이번 사업은 음식, 패션과 같은 다양한 문화적 자산으로 특색 있는 거리를 조성하고자 하는 강남구의 계획 중 일부"라고 밝혔다.

"우리는 우리 구와 수도 서울 그리고 우리나라를 세계무대에 알리고 발전시키기 위한 노력을 계속 해 나갈 것입니다."라고 그녀는 덧붙였다.

118

Only One Woman CEO in S. Korean financial firms

Only one out of all chief executive officers (CEOs) at financial companies operating in South Korea was female, data showed Monday, revealing much about the hard-to-crack glass ceiling for women employees in the country.

Sohn Byung-ok, the 61-year-old head of Prudential Life Insurance Korea Co., was the only female chief executive among the heads of all financial companies here, according to the latest industry data based on 90 major financial firms.

Sohn started her career as a banker in Chase Manhattan Bank in the mid-1970s before she began working at Prudential Life in 1996. She took the helm of the Seoul-based U.S. insurance firm two years ago for the first time as a woman.

Meanwhile, the average age of financial CEOs in Korea stood at 56.4, the data showed. CEOs at brokerages had the lowest average at 54.8, followed by those at life insurers with 55.9. Financial holding companies had the highest average age of 59.3.

Lee Myung-jae, the 46-year-old chief of Allianz Life Insurance Korea Co., was the second youngest to become the leader of a financial company here, after Choi Jin-hwan of Hyundai Life Insurance Co., aged 45.

A large number of financial CEOs in Korea majored in either economics or business administration, accounting for 40 out of the 90 surveyed, the data showed.

Of the total, 18 graduated from Seoul National University, with 14 from Korea University and 12 from Yonsei University.

The three are known as the top three tertiary educational institutions in the country.

어구풀이

- financial firm : 금융회사
- glass ceiling : 유리 천장(보이지 않는 장애물)
- brokerages : 중개업
- CEO(chief executive officer) : 최고 경영자
- take the helm : (조직·사업 등에 대해) 책임을 떠맡다

모범번역

한국 재정회사 내 여성 CEO 한 명 유일

월요일에 발표된 데이터에 따르면 한국에서 운영되고 있는 금융회사의 최고 경영자(CEO) 중에 오직 한 명만이 여자라고 한다. 이것은 한국의 여성 직원이 유리 천장을 깨는 것이 얼마나 어려운지를 보여주는 것이다.

90개의 거대 금융회사를 기반으로 한 업계 최신 데이터에 따르면 한국 푸르덴셜 생명보험의 61세 손병옥 사장이 한국의 모든 금융회사 사장들 중에 유일한 여자였다.

손병옥은 1996년에 프루덴셜에서 일을 시작하기 전인 1970년대 중반에 체이스맨해튼 은행에서 일을 시작했다. 2년 전 그녀는 여성으로는 처음으로 한국에 있는 미국 보험 회사의 사장이 되었다.

한편, 데이터에 따르면 한국 금융회사 CEO 평균 나이는 56.4세로 나타냈다. 증권 중개업의 CEO들의 평균 나이가 54.8세로 가장 낮았고, 보험 회사 CEO 평균 나이는 55.9세로 그 뒤를 이었다. 금융지주회사의 CEO는 59.3세로 가장 높았다.

현대라이프의 최진환 CEO가 45세로 가장 나이가 어렸고, 알리안츠생명의 이명재 사장이 46세로 재정 회사들 리더 중 두 번째로 가장 어렸다.

데이터에 따르면 90명 중에서 40명에 달하는 한국 내 재정회사 대부분의 CEO는 경제 혹은 경영학을 전공하였다.

전체에서 18명이 서울대를 졸업했고, 14명은 고려대를, 12명이 연세대를 졸업했다.

이들 세 대학은 한국의 상위 세 개의 교육기관으로 알려져 있다.

119

Fewer SAT tests to be held in S. Korea

The operator of the main U.S. college admission test has decided to cut the number of its tests administered in South Korea after a recent revelation of pervasive cheating surfaced, its website showed Tuesday.

The number of Scholastic Aptitude Test (SAT) dates offered in the country will be cut from six to four for the 2013-2014 academic year, while the SAT Subject Tests, the U.S. national admissions tests, are planned to be administered twice, according to the College Board.

The SAT is held seven times per year in the U.S. and usually six times in other countries, including, up until now, South Korea, with the Subject Tests being offered six times.

The move came after several local cram schools providing SAT lectures were caught leaking questions to test-takers, prompting the U.S. test operator to cancel the scheduled May 4 session and another biology test for June. It was the first time that the SAT test has been called off in an entire country.

Several private institutions involved in the leakage scandal have been under prosecution investigation, and the education authorities forcibly shut down eight schools for violating relevant rules.

Those in charge of the test schedule and related policy on the College Board were not immediately available to comment if the reduction has something to do with the leakage cases. One official simply said test schedules for any country are subject to change.

Some 1,000 students here apply on average for the SAT each session, hoping to attend college in the U.S. According to the report by the U.S.-based Institute of International Education, South Korea sent 72,295 students to study in the U.S. during the 2011-12 academic year, becoming the third largest provider of foreign students to U.S. colleges after China and India.

- revelation : 폭로
- administered : (회사 · 조직 · 국가 등을) 관리하다
- call off : (예정 · 계획 등을) 취소하다
- leakage : 누출, 새어나감

- pervasive : 만연하는
- cram school : 사설 입시학원(private tutoring school)
- prosecution : 기소, 소추, 고발

모범번역

한국 내에서 볼 수 있는 SAT 시험 줄어들어

미국 대학 입학시험 운영 측은 부정행위가 만연한 것이 드러난 한국에서 시험을 칠 수 있는 횟수를 줄이기로 결정했다고 사이트에 게시하였다.
컬리지보드에 따르면 미국 입학 테스트인 SAT Subject Test는 두 차례 진행되는 반면, 한국에 제공된 2013-2014년도 학년을 위한 SAT 시험은 6번에서 4번으로 줄어든다.
SAT 시험은 미국에서는 1년에 7번, 그리고 지금까지는 한국을 포함한 다른 나라에서도 1년에 6번을 시행해왔었다. Subject Test도 1년에 6번이 시행되었었다.
이러한 결정은 SAT 강의를 제공하는 몇몇 입시 준비 학원에서 시험을 보는 학생들에게 문제를 유출한 것이 들통 난 이후에 있은 것이다. 미국 시험 운영 측에서는 5월에 예정되었던 한국 내 시험을 전면 취소하였고, 6월에는 생물시험을 취소하였다. 한 국가에서 전체 시험이 취소되기는 이번이 처음이다.
유출사건과 관련한 몇몇 사설 기관들은 검찰의 조사를 받고 있고 교육 당국은 관련법을 어긴 것으로 8개 SAT 학원을 강제 폐쇄하였다.
컬리지보드의 시험 스케줄을 담당하고 규정과 관련 있는 사람들은 SAT 시험 취소가 시험 누출 사건과 관계가 있는지에 대해서는 즉시 대답하지 못했다. 한 관계자는 어느 나라의 시험 스케줄도 변경될 수는 있는 것이라고만 말했다.
미국 내 대학 진학을 위해 한 Session 당 SAT를 치는 한국 내 학생들의 수는 1천명 안팎이다. 미국 내 국제교육 기관의 보고서에 따르면, 한국은 중국과 인도에 이어 세 번째로 많은 학생을 미국에 보낸 나라로 2011-2012년도에 미국으로 72,295명의 학생을 보냈다.

120

Conservatives go on the online offensive

An online community on South Korean websites has been earning a reputation as a hotbed of political and social conservatism in both online and offline circles, owing to its opinions viewed as politically incorrect.

"Ilbe," short for "daily best" in Korean, is a user-led South Korean website sometimes likened to the infamous 4Chan, an English-language online community that, like Ilbe, is well known for stirring controversy. Born out of a message board on the popular South Korean portal DC Inside, the community is becoming the de facto voice of online and youthful conservative dissent in modern South Korea.

"The biggest reason for Ilbe's remarkable growth is that Ilbe offers a gathering place for conservative and right-wing netizens," one user wrote.

Some 35 percent of Ilbe netizens are between 21 and 25, according to a self-initiated poll of 1,176 users in March, and are predominantly male. Like many online communities, Ilbe has its own rules and language set by the netizens themselves; women are referred to by an offensive Korean term for the female reproductive organ. Ilbe users also refer to themselves as being "handicapped," although they claim doing so is a self-deprecating move that fights against the hierarchical nature of Korean society.

Defenders of the website argue the loudest voices in Ilbe tend to garner a disproportionate amount of attention, and are not necessarily representative of the wider community's voice. "Netizens," after all, may adopt entirely different personalities online that contradict their offline behavior as ordinary South Korean citizens.

The majority of opinions on the outside, however, would not appear to be in Ilbe netizens' favor. Campaigns to close the website down for being "damaging" to South Korean society have so far been unsuccessful and, as Ilbe's popularity rises, so does its notoriety.

어구풀이

- go on an offensive : 공격적으로 나서다
- conservatism : 보수주의
- de facto : (라틴어에서) 사실상의
- notoriety : 악명
- hotbed : 온상
- liken : 비유하다, 견주다
- disproportionate : 불균형의

모범번역

온라인에서 공격적으로 나오고 있는 보수세력

한국 웹사이트의 한 온라인 사이트가 사이트 내의 정치적으로 잘못된 견해로 인해 온라인 안팎으로 정치적·사회적 보수주의의 온상이라는 평판을 받고 있다.

한국말 일간 베스트를 줄인 "일베"는 한국의 웹사이트로 가끔 논란을 일으키는 것으로 잘 알려진 영문 온라인 커뮤니티인 악명 높은 4Chan으로 비유된다. 한국의 유명 포털 DC Inside의 게시판에서 나온 커뮤니티는 현대 한국에서의 실질적인 온라인 의견이며 젊은 세대의 보수적인 반대 목소리이다.

한 유저는 "일베가 놀랍게 성장한 가장 큰 이유는 일베가 보수적 우익 네티즌이 모일 수 있는 장소를 제공하기 때문이다."라고 썼다. 5월 1,176명의 유저들의 자체 조사에 따르면, 약 35%의 일베 네티즌은 21살에서 25살 사이이며 대부분이 남성이다. 많은 온라인 커뮤니티처럼, 일베에는 사이트를 사용하는 네티즌에 의해 만들어진 그 사이트만의 규칙과 언어가 있다. 여성은 여자 성기를 이르는 모욕적인 한국 단어로 불려진다. 그들은 한국사회의 계급본성에 반대하여 싸우기 위하여 자신을 낮추어 말하는 것이라고 하면서 자신들 스스로를 "병신"이라고 부른다.

웹 사이트 옹호자들은 일베의 가장 큰 목소리가 불균형적으로 큰 주목을 받고 있는 것 같다고 주장한다. 또한 그들은 일베의 가장 큰 목소리가 꼭 커뮤니티의 목소리를 대변하는 것만은 아니라고 말한다. (하지만) 어쨌든 간에, "네티즌"은 보통의 한국 시민으로서의 오프라인 행동과는 모순되는 완전히 다른 온라인 인격을 갖게 될 수도 있다.

그러나 대다수 외부의 의견은 일베 네티즌들에게 있어 호의적으로 나타나지는 않을 것이다. 한국 사회에 "악영향"을 미치기 때문에 사이트를 닫아야 한다는 캠페인은 지금까지 성공적이지 못했고, 일베가 유명해질수록 그 악명도 높아지고 있다.

121

Military counters controversial documentary on Cheonan warship sinking

South Korea's defense ministry on Tuesday criticized a controversial documentary that cast doubts on a multinational team's conclusion that North Korea was responsible for the sinking of Cheonan warship two years ago, saying it creates confusion about the tragic incident.

"Project Cheonan Ship," which is directed by independent filmmaker Baek Seung-woo and produced by director Chung Ji-young, challenges the South Korean government's claim that the North is responsible for torpedoing a navy vessel that was patrolling the tensely guarded western sea with 104 crewmen on March 26, 2010. The movie drew media attention after it was first shown on Saturday at the 14th Jeonju International Film Festival. The festival, which began on April 25 and runs through May 3, is supported by the Ministry of Culture, Sports and Tourism.

The defense ministry demanded the film festival organizer reconsider showing the movie, saying it could create confusion over the tragic incident that took the lives of the young soldiers.

"Claiming the cause of the Cheonan warship sinking was a shipwreck or collision through a documentary film only causes confusion among the South Korean people," ministry spokesman Kim Min-seok said in a briefing. "The Cheonan warship sank after it was hit by a North Korean submarine's torpedo attack."

According to a senior official, the ministry is considering an injunction to bar release of the movie, jointly working with the Navy and bereaved families of the fallen soldiers to investigate whether the documentary contains false claims or defamatory material.

Chung Ji-young is known for his politically charged films, including "Unbowed (2012)," which questions the credibility of the South Korean justice system, and "National Security (2012)," which portrays a national police inspector's brutal torture of a former leading democracy leader Kim Geun-tae.

어구풀이

• controversial : 논란이 많은
• Defense Ministry : 국방부
• patrolling : 순찰을 돌다
• injunction : 명령, 권고

• cast doubt on : ~에 의문을 제기하다
• torpedoing : 어뢰, 어뢰로 공격하다
• draw attention : 이목을 모으다
• bereaved : (최근에) 사별을 당한

군당국, 천안함 사건에 대한 논란의 다큐멘터리에 논박

한국 국방부는 2년 전에 발생한 천안함 사건의 책임이 북한에 있다는 다국적 조사단의 결론을 의심하는 내용을 다룬 논란의 다큐멘터리를 비극적 사건에 대한 혼란을 조장할 수 있다며 비판하였다.

독립영화제작자 백승우가 제작하고 정지영 감독이 감독한 "천안함 프로젝트"는 2010년 3월 26일 104명의 선원들이 탑승한 채 삼엄하게 보호되고 있던 서해를 순찰하던 해군함을 북한이 격침하였다는 남한 정부의 주장에 이의를 제기한다. 영화는 14회 전주 국제영화 페스티벌에서 토요일에 처음 선보인 후 미디어의 관심을 받았다. 4월 25일에 열려 5월 3일까지 진행되는 이 페스티벌은 문화체육관광부의 지원을 받는다.

국방부는 영화가 젊은 군인들의 생명을 빼앗아간 비극적인 사건에 혼란을 불러일으킨다며 페스티벌 주최자에게 영화상영 재고를 요구했다.

"영화를 통해 천안함의 침몰이 난파 혹은 충돌 때문이라고 주장하는 것은 남한 사람들 사이에 혼란만을 초래한다"라고 국방부 대변인이 브리핑에서 말했다. "천안함은 북한 잠수정의 어뢰 공격에 의해 침몰했다."

정부 고위층에 따르면 국방부는 다큐멘터리가 잘못된 주장이나 명예를 훼손하는 내용을 담고 있는지 조사하기 위해 해군과 순직한 병사들의 유족의 협조를 얻어 영화상영 금지 경고를 고려중에 있다.

정지영은 대한민국 사법제도의 신용성에 의문을 품은 2012년 작 "부러진 화살"과 국가 조사관이 민주주의 리더였던 故김근태 의원을 잔혹하게 고문하는 내용을 그리는 2012년 작 "남영동 1985"를 포함한 정치적으로 논란을 불러 일으킬만한 영화로 알려져 있다.

122

Foreign criminals increasing rapidly

The number of foreign criminal suspects arrested in South Korea nearly doubled in the 2007-2011 period, a government report showed Monday.

The number of foreigners apprehended as a suspect in a criminal case increased from 14,524 in 2007 to 27,144 in 2011, while the number of Korean criminal suspects decreased from 2.11 million to 1.87 million in the same period, according to the report released by the state-run Korean Institute of Criminology.

Accordingly, the share of crimes committed by foreigners increased from 0.7 percent to 1.4 percent in the same period, the report showed.

The ratio of foreign criminal suspects with a previous criminal record also jumped from 4 percent to 11 percent in the cited period, the report said, indicating a surge in the number of repeat offenders.

In 2011, two Koreans per 100,000 were apprehended for murder while 11 foreigners per 100,000 were arrested for the same charge, the report showed.

"The crime rate by foreigners in murder, robbery and drug-related crimes has reached a dangerous level," Choi Young-shin who led the study said.

By nationality, a total of 7,064 Mongolians were arrested per every 100,000 registered foreigners as criminal suspects in 2011, followed by 4,124 Canadians, 3,785 Russians and 3,634 Thais. A total of 6,756 Americans, excluding U.S. soldiers and their families, were apprehended per 100,000 foreigners here, the report said.

The crime rate by illegal immigrants was relatively low, the report showed.

According to the report, 21 percent of foreigners in the country were illegal immigrants, while 13.5 percent of foreign criminal suspects were illegal immigrants in 2007. In 2011, 12 percent of foreigners were illegal immigrants, while only 5.7 percent of foreign criminal suspects were illegal immigrants.

어구풀이

- apprehend : 체포하다
- offender : 범죄자
- immigrant : 이민자

- surge : (재빨리) 밀려들다, 급증하다
- registered : 등록한, 정부의 허가를 받은

모범번역

외국인 범죄의 급속한 증가

발표된 정보 보고서에 따르면 한국에서 체포된 외국인 범죄 용의자의 수가 2007년에서 2011년 사이에 거의 2배가 되었다.

한국인 범죄 용의자의 수가 2007년 2백 11만에서 2011년 백 87만 명으로 감소한 것에 비해 범죄 사건의 용의자로 체포된 외국인의 수는 2007년 14,524명에서 2011년 27,144명으로 늘었다고 한국형사정책연구원은 발표했다.

그런 이유로 같은 기간 외국인에 의해 발생한 범죄의 비율이 0.7%에서 1.4%로 증가했다고 발표했다.

위에서 언급된 기간 동안 이전 범죄 기록이 있는 외국인 범죄 용의자의 비율 역시 4%에서 11% 증가 했고 이는 상습범 수의 급증을 나타낸다.

보고서는 2011년 100,000명 중 2명의 한국인이 살인으로 체포되는 데 반해 외국인은 100,000명 중 11명이 같은 죄목으로 체포되었음을 나타냈다.

연구를 진행한 최영신 씨는 "외국인에 의한 살인, 강도, 약물 관련 범죄의 비율은 위험한 수위까지 도달했다"라고 말했다.

국적으로 따지면, 2011년 등록된 외국인 십만 명 당 몽골인 7,064명, 그 다음으로 캐나다인 4,124명, 러시아인 3,785 그리고 타이인 3,634명이 체포되었다. 십만 명 당 미국 군인과 가족을 제외한 6,756명의 미국인들이 체포되었다고 보고서는 나타냈다.

불법 이민자의 범죄율은 상대적으로 낮았다고 보고서는 나타냈다.

보고서에 따르면 2007년에 외국인 범죄 용의자의 13.5%가 불법 이민자였던 것에 비해 국내의 21% 외국인이 불법 체류자였다. 2011년에는 12%의 외국인이 불법 이민자였지만 외국인 범죄 용의자의 단 5.7%만이 불법 이민자였다.

123

Share of Korean films rises to seven-year high

As two Korean films, "Miracle in Cell No. 7" and "The Berlin File" swept the local box office, homegrown films grabbed their biggest bite of the growing movie market in seven years.

According to the Korean Film Council, the total number of ticket sales, combining both Korean and foreign films, reached well over 21 million in February, up 67.03 percent from a year ago.

The growth in the number of movie-goers was led mainly by the popularity of Korean films, which accounted for 82.9 percent of overall ticket sales last month.

That was the highest share since 85.3 percent was recorded in October 2006.

The Korean film industry had been on a downward spiral since that month before it showed signs of recovery by accounting for 73.2 percent and 75.9 percent of the overall ticket sales in September 2011 and in February last year, respectively. The percentage has hovered around 60 to 70 percent since the second half of last year.

Two Korean films in particular did very well.

The comedy "Miracle in Cell No. 7" and the spy-thriller "The Berlin File" each sold over 10 million and 7 million tickets, placing them as two of the biggest box-office hits in Korean film history.

The noir-action "New World" is expected to be the next runner in the boom of Korean films, drawing over 2 million viewers in just 10 days of opening and placing it at No. 1 at the box office.

Industry watchers cautiously predict if this trend continues, ticket sales for Korean films may top 200 million this year following 2012 when the tally topped 100 million.

어구풀이

- Korean Film Council : 한국영화진흥회
- moviegoer : 영화를 보러 가는 사람. 즉 영화관객, 또는 영화감상을 좋아하는 사람
- spiral : 나선, 소용돌이 (the upward/downward spiral of sales 매출 급등/급락)
- respectively : 각각
- hover : (허공을) 맴돌다, (수치·오르내림이) 정체상태이다
- noir : 암흑가(누아르) 영화

모범번역

한국 영화 시장 점유율 7년 만에 최고치 기록

한국 영화 '7번방의 선물'과 '베를린'이 국내 극장가를 강타하여 7년 만에 한국 영화가 성장하고 있는 영화시장에서 가장 큰 부분을 차지했다.

한국영화진흥위원회에 따르면, 한국 영화와 외국 영화의 티켓판매 수는 지난해보다 67.03% 증가하여 1월에는 2천 1백만을 훨씬 넘었다고 한다.

영화관객 수의 증가는 대부분 지난 달 전체 영화 티켓판매의 82.9%를 차지했던 한국영화의 인기에 의한 것이었다.

(82.9%는) 2006년 10월에 85.3%를 기록한 이후 최고치였다.

한국 영화 산업은 2011년 9월에 73.2%, 지난 년도 2월에 75.9%의 티켓 판매를 각각 차지하여 회복의 기미를 보이기 이전까지는 하향세였다. 지난 해 하반기 이후 퍼센트는 60%에서 70% 주변을 맴돌았다.

특히 두 편의 한국 영화('7번방의 선물'과 '베를린')는 좋은 성적을 거뒀다.

코미디 영화인 '7번방의 선물'과 스파이 스릴러 영화 '베를린'은 한국 영화역사에서 가장 큰 두 흥행작으로 이름을 올리며 각각 1천 만과 7백만 티켓판매를 보였다.

범죄 액션 영화인 '신세계'는 영화 티켓 판매 1위를 달리면서 개봉한지 10일 만에 2백만 관객을 끌어들여 한국영화의 붐을 이어갈 다음 영화로 기대되고 있다.

영화 업계 관찰자들은 이러한 현상이 계속된다면, 한국 영화의 티켓 판매가 지난 해 1억에 이른 것에 이어 올해는 2억 티켓 판매를 넘어서지 않을까 조심스럽게 전망하고 있다.

124

Sales of iPhone 5 miss market expectations

Sales of Apple Inc.'s iPhone 5 in South Korea have fallen short of market expectations largely because of its belated debut in the country, industry sources said Sunday.

As of Friday, about 400,000 units of Apple's latest gadget were sold in the South Korean market, well below an earlier estimate of up to 2 million, according to the sources.

On Dec. 7, SK Telecom Co. and KT Corp., the country's two biggest mobile carriers, kicked off the release of the first iPhone that runs on the fourth-generation long-term evolution (LTE) network after beginning pre-orders a week earlier.

The initial sales figure for the iPhone 5 lags far behind rivals, including Samsung Electronics Co.'s Galaxy Note 2, the sources said. Sales of the Galaxy Note 2 have reached a cumulative 1.15 million units since its rollout in late September.

Market watchers attributed the iPhone 5's lackluster sales number mainly to its belated launch in South Korea. Sales of the gadget in overseas markets started about three months earlier.

While Apple rolled out the latest iPhone on its home turf in late September, its Korea release was delayed due to company policy and procedural errors in registering the device with the local carriers.

The iPhone 5 launch in South Korea came amid escalating competition between Samsung and Apple, the world's two biggest smartphone makers, to gain supremacy in the lucrative global smartphone market. The two companies have also been squaring off in courtrooms across four continents, accusing each other of infringing on design and technology patents.

어구풀이

- market expectation : 시장 기대
- gadget : 기기
- mobile carrier : 이동통신 사업자
- lucrative : 돈이 벌리는, 수익성있는
- square off : 공방전을 벌이다
- fall short of : (기준·기대에) 미치지 못하다
- well below : ~를 크게 밑돌다
- lag far behind : 크게 뒤쳐지다
- supremacy : 우위
- infringe : (권리를) 침해하다, (법률을) 어기다

모범번역

시장 기대에 못 미친 아이폰5 판매

한국에서 애플사의 아이폰5가 시장 기대에 크게 미치지 못했고 이는 한국 시장에서의 판매가 지연됐기 때문이라고 산업 관계당국이 지난 6일(일요일)에 밝혔다.

관계당국에 따르면 지난 4일(금요일)까지 약 40만 개의 애플의 최신 기기가 한국 시장에서 판매되었고 이것은 2백만 대까지 판매될 것이라는 예상에 훨씬 미치지 못하는 것이다.

한국 내 양대 이동통신업체인 SK텔레콤사와 KT사는 선주문을 시작한 지 일주일 후인 12월 7일, 4세대 롱텀에볼루션의 아이폰5를

판매하기 시작했다.

아이폰5의 첫 판매실적 수치는 삼성의 갤럭시 노트 2를 포함한 라이벌 기기에 훨씬 뒤처진다고 정보 제공자는 말했다. 지난해 9월 출시 이후 누적된 갤럭시 노트 2의 판매는 115만 개에 이른다.

시장 분석가들은 아이폰5의 신통치 않은 판매 수치의 주된 이유가 한국에서의 늦어진 출시로 인한 것이라고 말한다. 해당 기기의 해외시장 판매는 3달 앞서 이루어졌다.

최신 아이폰의 안방시장 출시가 9월 말에 이뤄졌지만 한국에서의 출시는 현지 통신사들의 감시와 함께 기기 등록에 대한 회사규정과 절차의 문제로 지연되었다.

한국에서의 아이폰5는 세계적 스마트폰 시장의 가장 큰 두 회사인 삼성과 애플사의 수익성 있는 세계 스마트폰 시장의 우위를 점하기 위해 경쟁이 과열되어 있는 가운데 출시되었다. 두 회사는 또한 서로 디자인과 기술적 특허권을 침해했다고 고소하며 네 개 대륙의 법정에서 싸움을 계속하고 있다.

125

Seoul toughens smoking ban in restaurants

Smoking will be prohibited in restaurants, bakeries, coffee shops and bars with a surface area of 150 square meters or larger nationwide starting from Dec. 8, the Ministry of Health and Welfare said Tuesday.

Indoor as well as outdoor areas of public buildings such as hospitals, libraries, day-care centers, government offices and commercial complexes will also be designated as smoke-free zones, the ministry said.

The amendment to the National Health Promotion Act was endorsed at the Cabinet meeting presided over by President Lee Myung-bak on Tuesday morning.

"The government has decided to impose stricter rules on smoking as it found limits in protecting the public health with the current laws," the ministry said.

Starting this Saturday, about 80,000 restaurants including those in expressway service stop areas must declare themselves as smoke-free eatery zones and assign a separate unit for smoking customers. For those who break the law, the government will impose penalties ranging from 1.7 million ($1,560) to 5 million won according to the number of violations.

Not only restaurant owners but also customers will be fined 100,000 won if they smoke outside designated smoking areas, officials added.

Smokers may have to search for smoking rooms whenever they enter public buildings as the new law prohibits smoking even in their parking lots, rooftops and gardens.

The new law obligates building owners to install a smoking unit outside and 10 meters away from the entrance of their buildings.

The government plans to ban smoking in smaller restaurants with spaces larger than 100 square meters in 2014 and in all restaurants, regardless of size, in 2015.

어구풀이

- smoking ban : 흡연금지법
- Ministry of Health and Welfare : 보건복지부
- National Health Promotion Act : 국민건강증진법
- Cabinet meeting : 각료회의
- regardless of : ~을 불문하고
- toughen : 강화하다
- smoke-free zones : 금연지역
- amendment : 개정
- preside over : 주재하다

모범번역

음식점 흡연금지법 강화

보건복지부(Ministry of Health and Welfare)는 12월 8일부터 표면적 150m² 이상의 식당, 제과점, 커피전문점, 주점에서 흡연이 금지된다고 지난 화요일에 밝혔다.

병원, 도서관, 어린이 집, 관청, 상업시설과 같은 공공건물의 내부와 외부 또한 금연지역으로 지정했다고 보건복지부는 발표했다.

국민건강증진법의 개정은 화요일 오전 이명박 대통령이 지휘한 각료회의에서 이루어졌다.

복지부는 "현행법으로는 국민건강을 보호하는데 한계가 있어 흡연 규제를 강화했다"고 설명했다.

12월 8일부터 약 8만개의 음식점 및 고속도로 휴게소는 금연지역 음식점이라는 표시를 해야 하고 흡연자를 위한 별도공간을 마련해야 한다. 정부는 이를 어긴 이들에게 위반 횟수에 따라 170만원에서 500만원의 벌금을 부과할 예정이다.

음식점 주인뿐만 아니라 흡연구역으로 지정된 곳 외에서 흡연한 손님에게도 10만원의 벌금이 부과된다고 관계자는 덧붙였다.

흡연자들은 새로운 흡연금지법에 따라 주차장, 옥상, 공원 등 공공건물에 들어갈 때마다 흡연 장소를 찾아야만 한다.

새로운 법안으로 건물주인은 건물 출입문으로부터 10m 이상 떨어진 곳에 흡연실을 설치해야 한다.

정부는 2014년에는 100m² 이상 면적의 음식점에서 흡연을 금지하고 2015년부터는 크기에 상관없이 모든 음식점에서 금지할 예정이다.

PART **4**

국문영역의 기초
및 실전연습

I wish you the best of luck!

(주)시대고시기획
(주)시대교육
www. **sidaegosi**.com

시험정보 · 자료실 · 이벤트
합격을 위한 최고의 선택

시대에듀
www. **sdedu**.co.kr

자격증 · 공무원 · 취업까지
BEST 온라인 강의 제공

국문영역의 기초

English Translation Techniques & Know-how

제 01 절 부문영역의 기본원칙

1. 내용을 구상한 후에 쓰기 시작하라.

문장을 효과적으로 쓰려면 생각을 관련되는 것끼리 모은 다음에 그것을 가장 합리적인 순서에 따라 배열하여야 한다.

「캔터키 사람들은 옥수수 위스키를 좋아하고, 아름다운 푸른 잔디 지역이 있는데 사람들은 그곳에서 순종 말들을 사육하며 위스키를 손수 빚는다.」

① People in Kentucky like corn whisky.
② The state has a beautiful blue-grass region.
③ People raise purebred horses in this region.
④ The people make the whisky themselves.

→ People in Kentucky like corn whisky, which they make themselves. In the beautiful blue-grass region of the state purebred horses are raised.

이 문장은 ①과 ④, ②와 ③이 서로 관련이 있으므로 내용에 따라 두 개의 문장으로 정리하여 준다.

2. 문장에서는 먼저 주어(主語)를 정하라.

(1) 주어가 없는 문장은 없다.

우리말에서는 주어가 없어도 말이 되나 영어에서는 주어가 없는 문장은 성립하지 않는다.

「별로 좋은 생각같지 않군요.」
I don't think it's a good idea.
「서둘러 가야지 늦겠다.」
We must hurry up, or we shall be late.

「마음에 안 드시나요? 그럼 이것은 어떻습니까?」

Don't you like it? Then, how about this one?

「다음 회의에 꼭 참석하셔야 합니다.」

You must not fail to attend the next meeting.

「해결책이 없을 리가 없다.」

There must be a solution.

「하려고 하면 방법은 있게 마련이다.」

Where there is a will, there is a way.

「서울에는 대학이 많다고 하던데요.」

They say there are many universities in Seoul.

「그 사람은 세계에서 제일가는 부자래요.」

They say he is the richest man in the world.

「너무 어두워 아무 것도 안 보인다.」

It is so dark (that) I can't see anything.

「그가 정직하다는 것은 의심할 여지가 없다.」

It is beyond any doubt that he is honest.

Bonus

주어가 될 수 없는 것

「여기가 어디입니까?」
- Where is here? (×)
- Where am I? (○)
- What is this place called? (○)

「여기는 경치가 좋다.」
- Here has a nice view. (×)
- We have a nice view here. (○)
- This place commands a nice view. (○)

「여기는 지독한 냄새가 난다.」
- Here smells awful. (×)
- This place smells awful. (○)
- It smells awful here. (○)

(2) 주어가 될 수 있는 것은 여러 가지이다.

영어의 주어에는 사람, it 등 보통명사나 대명사 이외에 지명이나 추상명사 등이 일반적으로 사용된다.

「그들 대학에는 여학생이 별로 없다.」
- There are only a few coeds in their university.
- They have only a few coeds in their university.
- Their university has only a few coeds.

「이 빌딩에는 4층이 없다.」
- There is no fourth floor in this building.
- We (They) don't have a fourth floor in this building.
- This is a building without a fourth floor.
- This building has no fourth floor.
- We (They) have no fourth floor in this building.

「이 차에는 문이 두 짝뿐이야.」
- There are only two doors in this car.
- This car has only two doors.
- This is (just) a two-door car.

「그의 집에는 식구가 많다.」
- There are many people in his family.
- He has a large family.
- His family is large.

「다음 월요일은 추석명절이다.」
- Next Monday is Chuseok Holiday.
- It is Chuseok Holiday next Monday.
- Next Monday marks Chuseok Holiday.
- We observe Chuseok Holiday next Monday.
- Koreans observe Chuseok Holiday next Monday.
- The nation (Korea) observes Chuseok Holiday next Monday.

「한국에는 작년에 눈이 많이 왔다.」
- It snowed very much (heavily) last year in Korea.
- We had heavy snow last year.
- Korea had a great deal of snow last year.

「그는 얼굴색이 검다.」

    The color of his face is (rather) dark.

    His face is dark-colored.

    He has a dark-colored face.

    He has a dark complexion.

    He is dark-faced.

「그는 손이 유난히 길다.」

    The length of his hands is unusual.

    His hands are unusually long.

    He has unusually long hands.

「그는 정직하기로 이름났다.」

    He is famous for being honest (for his honesty).

    He has won fame for his honesty.

    Honesty made him famous.

「아첨해야 아무 소용없소.」

    It is of no use for you to flatter me.

    Flattery gets you nowhere.

「인플레이션을 통제하는 것은 길고도 어려운 일이다.」

    It is a long and difficult task to control inflation.

    To control inflation is a long and difficult task.

    Controlling inflation is a long and difficult task.

「우리는 아무 말도 안 하는 것이 상책이다.」

    It is imperative for us to say nothing.

    It is imperative that we say nothing.

    For us to say nothing is imperative.

「그 곳에 다녀온 적이 있다는 사실이 문제 해결에 큰 도움이 되었다.」

    The fact that I had been there was a great help in solving the problem.

    It was a great help in solving the problem that I had been there.

    (My) Having been there was a great help in solving the problem.

「그가 좋은 위치에 있으니까 크게 도움이 되었다.」

- It was a great help that he was in a good position.
- To be in a good position was a great help.
- (His) Being in a good position was a great help.

(3) 물주어구문(物主語構文)을 이용하라.

우리말에서는 부사(구, 절)로 취급되는 「원인 · 이유」, 「조건」, 「목적」 등을 명사화하면 문장이 훨씬 간결해지고 힘이 있게 보인다.

「교통사고가 나서 교통이 혼잡하다.」

- The traffic is jammed because there was an (a traffic) accident.
- The traffic is congested because of an accident.
- An accident has caused the traffic congestion.
- An accident is the cause of the traffic jam.
- An accident is to blame for the traffic jam.

「그는 체중이 너무 나가서 군에 못 갔다.」

- He could not go into the army because he was too heavy.
- He was disqualified from the army because he weighed too much.
- He was disqualified from conscription because of overweight.
- Overweight disqualified him from conscription.

「당신이 화를 내니까 그도 소리를 질렀겠지요.」

- He must have shouted because you were angry.
- Your anger must have been the cause of his shouting.
- Your anger must have made (caused) him shout (back).

「그녀는 아름다우니까 인기가 있다.」

- She is popular because she is beautiful.
- Beauty is the reason for her popularity.
- Beauty is the reason why she is popular.
- Beauty makes her popular.

「기름 값이 비싸기 때문에 인플레이션이 심하다.」

- Inflation is serious, because the price of oil is high.
- We suffer from serious inflation because of the high price of oil.
- The high price of oil has brought about serious inflation.
- The high price of oil is responsible for serious inflation.

「그들은 굶주렸기 때문에 파업했다.」

> They went on strike because they were hungry.
> Hunger made them go on strike.

「그는 명예욕 때문에 그런 짓을 했다.」

> He did such a thing because he was hungry for fame.
> Hunger for fame made him do such a thing.
> His hunger for fame is responsible for doing such a thing.
> Hunger for fame is to blame for his doing such a thing.

「용지 값이 비싸기 때문에 책값도 비싸다.」

> The book price is high because the price of paper is high.
> The high price of paper makes the book price high.
> The high book price is ascribed to the high price of paper.

「열띠게 토론했으나 결론이 안 나고 말았다.」

> Even though there were heated discussions, we could not arrive at any conclusion.
> Even though we had heated discussions, no conclusion was reached.
> Heated discussions could not help us reach any conclusion.
> Heated discussions failed to find any conclusion.

「광고를 너무 많이 하면 비용 때문에 파산하기 쉽다.」

> If you advertise too much, you might go bankrupt on account of the expenditure.
> Expenditure for excessive advertising might force you into bankruptcy.

「너무 빨리 달리면 휘발유가 많이 들고 교통규칙도 위반하게 마련이다.」

> If you drive too fast, you will use more gas and also violate traffic regulations.
> Speeding requires more gas and also constitutes a traffic violation.

「지독한 감기에 걸리면 즉시 치료해야 한다.」

> If you catch a bad cold, you must have quick treatment.
> A bad cold requires quick treatment.

「교육을 받은 사람이라면 그 일은 어렵지 않을 것이다.」

> If one is educated, the work will be easy.
> An educated person will find the work easy.

「통계에 의하면 우리나라의 인구성장률은 매우 높은 편이다.」

- According to statistics, the population growth rate of our country is relatively high.
- Statistics show (that) the population growth rate of Korea is relatively high.
- Statistics indicate (that) Korea's population growth rate is rather high.
- Statistics reveal that Korea has a relatively high rate of population growth.

「일기예보에 의하면 내일은 대체로 흐릴 예정이다.」

- According to the weather forecast, it will be mostly cloudy tomorrow.
- The weather forecast says (that) it will be mostly cloudy tomorrow.

「공식발표에 의하면 금년에는 40%의 물가인상이 있을 것이라 한다.」

- According to an official announcement, there will be a price increase of 40 percent this year.
- An official announcement says that there will be a 40-percent price increase this year.

「학교 당국에 의하면 금년은 겨울방학이 길다고 한다.」

- According to the school authorities, there will be a long winter vacation this year.
- The school authorities say (that) there will be a long winter vacation this year.

「의사 말에 의하면 그는 일주일가량 집에서 쉬어야 한다고 한다.」

- According to the doctor, he must stay home and take a rest for about a week.
- The doctor says (that) he must stay home and take a rest for about a week.

「선생님 말씀에 따르면 그는 음악에 천부적인 소질이 있다.」

- According to the teacher, he is gifted in music.
- The teacher says (that) he is gifted in music.

「신문·잡지에 의하면 미국도 인플레이션으로 고민이라 한다.」

- According to newspapers and magazines, the U.S. is also suffering from inflation.
- Newspapers and magazines report (that) the U.S. is also suffering from inflation.

「교육부에 의하면 대학진학 희망자가 매년 늘고 있다.」

- According to the Ministry of Education, the number of college applicants is increasing every year.
- The Education Ministry says (that) the number of college applicants is increasing every year.

「정부 발표에 의하면 100평 이상의 집은 못 짓는다.」

⎡ According to a government announcement, it will not be permitted to build houses larger than 100m².

⎣ A government announcement says (that) it will not be permitted to build houses larger than 100 pyeong.

「최근의 인구조사에 따르면 우리나라 인구는 5,000만이 넘는다.」

⎡ According to the last census, the Korean population is over 50 million.

⎣ The last census reveals (that) Korean's population is more than 50 million.

3. 동사를 제대로 선택하라.

국문을 영역할 때에는 주어를 무엇으로 정하느냐에 따라 선택해야 할 동사가 달라지므로 주어에 가장 알맞은 동사를 선택하고 그 동사에 따라 문장의 형식을 결정하여야 한다.

「그 백화점은 해마다 매상이 늘고 있다.」

⎡ The sales volume of the department store is increasing every year.

⎣ The department store enjoys an increasing sales volume every year.

「한국에는 30층 이상의 빌딩이 많다.」

⎡ There are many buildings of more than 30 stories in Korea.

⎢ Korea has many buildings of more than 30 stories.

⎣ Korea boasts many buildings of more than 30 stories.

「의사 말에 따르면, 아버지는 매일 운동을 더 하시면 좋을 거래요.」

⎡ According to the doctor, father needs to have more exercise every day.

⎢ The doctor says (that) father needs to have more daily exercise.

⎣ The doctor suggests (that) father should take more daily exercise.

「그녀는 남편보다 오래 살았다.」

⎡ She lived longer than her husband.

⎣ She survived her husband.

「주간지를 보니까 서울에는 비밀 요정이 많다더라.」

⎡ According to weekly papers, there are many unauthorized entertainment houses in Seoul.

⎢ Weekly papers say (that) Seoul has many unauthorized secret entertainment houses.

⎣ Weekly papers report (that) Seoul has many unauthorized entertainment houses.

「기상대는 금년 겨울에는 눈이 많이 올 것이라고 예보하고 있다.」

According to the weather bureau, there will be much snow this winter.

The weather bureau says (that) we shall have much snow this winter.

The weather bureau forecasts (that) there will be much snow this winter.

The weather bureau predicts (that) we shall have much snow this winter.

「기차가 점점 속도가 떨어지더니 완전히 멎고 말았다.」

The train became slower and slower. Then it finally came to a complete stop.

The train ground to a halt.

「캠핑하는 동안 땔 장작이 떨어졌다.」

While camping, we happened to have no wood to burn.

While camping, we ran out of wood for fire.

Bonus

물주어구문에서의 동사의 변화

물주어(物主語)	인주어(人主語)
going	come
take	go
enable	can
make	become
compel, force	must(= have to)
keep stop prevent prohibit ~ from + ~ ing	can't

Business took him to Hong Kong.
On business he went to Hong Kong.

Business brought him to Hong Kong.
He came to Hong Kong on business.

His wealth enables him to do anything.
Because of his wealth, he can do anything.

An hour's walk will take you to the station.
If you walk an hour, you will get to the station.

The cry brought her to the window.
When she heard the cry, she came to the window.

4. 능동태를 사용하라.

일반적으로 문장은 수동태보다는 능동태가, 동사구보다는 동사가 뜻이 직접적으로 전달되고 박력 있게 나타나므로 특히 수동태로 나타내야 할 경우를 제외하고는 능동태로 표현하라.

「나는 첫 보스턴 방문을 언제까지나 기억하고 있을 것이다.」
My first visit of Boston will always be remembered by me. (×)
I shall always remember my first visit to Boston. (○)

「현대의 독자들은 왕정복고 시대의 극작가를 거의 평가하고 있지 않다.」
The dramatists of the Restoration are little esteemed today. (×)
Modern readers have little esteem for the dramatists of the Restoration. (○)

「탱크 두 대가 우리 참호로 접근해 오는 것이 보였다.」
Two tanks were seen approaching our trench. (×)
We saw two tanks approaching our trench. (○)

「귀하의 선물을 받았으며 고맙게 여기는 바입니다.」
Your gift has been received and is greatly appreciated by me. (×)
I have received your gift and appreciate it greatly. (○)

Bonus

수동태를 사용해야 하는 경우

행위의 주체를 알 수 없거나, 행위의 주체가 중요하지 않거나, 언급할 필요가 없는 경우에는 수동태를 사용한다.
• Roosevelt was elected by a large majority in 1936.
• Jack was struck with a heavy club.
• The bells were rung at noon and at six in the evening.
• Michael was carried home drunk.

5. 일관성을 유지하라.

문장에서는 인칭, 동사의 수, 시제, 태 등이 지속성을 유지해야 하며 중간에 아무런 근거 없이 바뀌어서는 안 된다.

(1) 인칭의 일관성

「항상 최선을 다 하십시오.」

One should always do your best. (×)

One should always do his best. (○)

You should always do your best. (○)

(2) 격(格)의 일관성

「버질 소엠스는 우리가 선출하고 싶은 후보자이다.」

Virgil Soames is the candidate whom we think will win. (×)

Virgil Soames is the candidate who we think will win. (○)

Virgil Soames is the candidate who we hope to elect. (×)

Virgil Soames is the candidate whom we hope to elect. (○)

「폴리는 나보다도 케이크를 더 좋아한다.」

Polly loves cake more than me. (×)

Polly loves cake more than she loves me. (○)

(3) 단수 · 복수의 일관성

「모든 군인은 자신의 소총을 잘 간수해야 한다.」

Every soldier must take good care of their rifle. (×)

Every soldier must take good care of his rifle. (○)

「청춘의 달콤하고 쓸쓸한 맛 ─ 그 시련, 기쁨, 모험, 도전은 쉽사리 잊혀지지 않는다.」

The bittersweet flavor of youth ─ its trials, its joys, its adventures, its challenges ─ are not soon forgotten. (×)

The bittersweet flavor of youth ─ its trials, its joys, its adventures, its challenges ─ is not soon forgotten. (○)

(4) 태의 일관성

「그 차는 충돌하는 순간에 전속력으로 달리고 있었다.」

The car was running at full speed when it was crashed. (×)

The car was running at full speed when it crashed. (○)

(5) 시제의 일관성

「우리는 통나무 자르기 대회에서 우승을 해서 상금을 받았다.」

We won the log chopping contest and receive an award. (×)

We won the log chopping contest and received an award. (○)

6. 논리성을 유지하라.

문장에서는 주어와 동사의 관계가 논리적으로 유지되어야 하므로 주어가 도중에 함부로 바뀌어서는 안 된다.

(1) 문장의 맨 처음에 나오는 분사구문의 주어는 주절의 주어와 일치시킨다.

Bonus

접속사나 전치사 뒤에 나오는 분사구, 동격의 명사, 형용사, 형용사구가 문장의 맨 처음에 나올 때에도 주절의 주어와 일치시킨다.

「시카고에 도착하자마자, 그는 역에서 친구들의 마중을 받았다.」
> On arriving in Chicago, his friends met him at the station. (×)
> On arriving in Chicago, he was met at the station by his friends. (○)

「누구나 인정하는 용감한 병사인 그는, 시(市)의 방위를 위탁받았다.」
> A soldier of proved valor, they entrusted him with the defense of the city. (×)
> A soldier of proved valor, he was entrusted with the defense of the city. (○)

「젊고 경험이 없었기 때문에 나는 그 일을 쉽다고 생각했다.」
> Young and inexperienced, the task seemed easy to me. (×)
> Young and inexperienced, I thought the task easy. (○)

「후에 그림을 그리려고 그는 그 광경을 대충 스케치해 두었다.」
> To paint a picture later, a rough sketch of the scene is useful. (×)
> To paint a picture later, he made a rough sketch of the scene. (○)

「상담해 줄 친구가 없었기 때문에, 그는 유혹을 거부하기 어렵다는 생각이 들었다.」
> Without a friend to counsel him, the temptation proved irresistible. (×)
> Without a friend to counsel him, he found the temptation irresistible. (○)

(2) 주어를 도중에서 함부로 바꾸지 말라.

「단편을 읽을 때는 나는 헤밍웨이를 가장 좋아한다.」
> When I read short stories, Ernest Hemingway is who I like best. (×)
> When I read short stories, I like Ernest Hemingway best. (○)

「정찰 비행대가 돌아와서 월맹이 군대를 집결시키고 있음이 밝혀졌다.」

- The reconnaissance flight returned, and it was learned that the Viet Minh were massing troops. (×)

When the reconnaissance flight returned, it reported that the Viet Minh were massing troops. (○)

- The reconnaissance flight returned and reported that the Viet Minh were massing troops. (○)

(3) 관계있는 말은 분리하지 말라.

문장 속에서 말의 위치가 적절치 않으면, 의미가 혼란스럽거나 애매하게 된다. 따라서 내용상 관계가 있는 단어나 구는 하나로 합쳐 쓰고, 관계가 없는 것은 떼어 쓴다.

「그는 양탄자의 바로 한가운데서 커다란 얼룩을 발견했다.」

- He noticed a large stain in the rug that was right in the center. (×)
- He noticed a large stain right in the center of the rug. (○)

「단 60센트로 너는 어머니에게 전화를 해서 조지가 너를 저녁 식사에 데리고 갔다는 사실을 모두 말할 수 있다.」

- You can call your mother in London and tell her all about George's taking you out to dinner for just sixty cents. (×)
- For just sixty cents you can call your mother in London and tell her all about George's taking you out to dinner. (○)

「뉴욕 최초의 상업적인 인간 정액 은행이 금요일에 개점하여 정액 샘플이 18명의 남자로부터 채취되었다. 그 샘플은 그 뒤 냉동되어 스테인레스 탱크에 저장되었다.」

- New York's first commercial human-sperm bank opened Friday with semen samples from 18 men frozen in a stainless steel tank. (×)
- New York's first commercial human-sperm bank opened Friday when semen samples were taken from 18 men. The samples were then frozen and stored in a stainless steel tank. (○)

「어제 위원회에서 의장은 다음과 같이 말했다. 전원이 기금에 많은 돈을 내었으면 한다고.」

- The chairman said he hoped all members would give generously to the fund at a meeting of the committee yesterday. (×)
- At a meeting of the committee yesterday, the chairman said he hoped all members would give generously to the fund. (○)

「화요일 밤 8시에 R. E. 조이스 소령이 베일리 홀에서 메소포타미아의 경험에 관해서 강연하기로 되어 있다. 일반인이 강연에 초대되었다.」

Major R. E. Joyce will give a lecture on Tuesday evening in Bailey Hall, to which the public is invited for "My Experiences in Mesopotamia" at eight p.m. (×)

On Tuesday evening at eight, Major R. E. Joyce will give a lecture in Bailey Hall on his experiences in Mesopotamia. The public is invited. (○)

7. 의역(意譯)하라.

(1) 우리말의 품사에 구애받지 말라.

우리말이 갖고 있는 뜻을 단어 하나하나 맞추어서 영역하지 말고 하나의 문장 또는 하나의 단락 전체가 가지고 있는 뜻에 따라 번역하라.

「그는 영어를 잘 한다.」

He speaks English well.

He speaks good English.

He is a good speaker of English.

「그는 열심히 일한다.」

He works hard.

He is a hard worker.

「그는 수영을 잘 한다.」

He swims well.

He is a good swimmer.

「그는 빨리 뛴다.」

He runs fast.

He is a fast runner.

「그는 우리 학교에서 제일 빨리 뛴다.」

He runs the fastest of all in our school.

He runs faster than anybody else in our school.

He is the fastest runner in our school.

「이 사전은 잘 팔린다.」
- This dictionary sells well.
- This dictionary is a good seller.

「그녀는 대답하지 않았다.」
- She did not answer me.
- She gave me no answer.

「그는 공부가 시원치 않았다.」
- He did not make any progress in his study.
- He made no progress in his study.

「그는 강의를 잘 한다.」
- He conducts lectures very well.
- He is a very good lecturer.

「그녀는 춤을 잘 춘다.」
- She dances well.
- She is a good dancer.

「그녀는 장차 노래를 잘 부르게 될 것이다.」
- She will sing well in the future.
- She will make a good singer in the future.

「그는 작곡을 잘 한다.」
- He composes well.
- He is a good composer.

(2) 부사(구, 절)을 명사화 하라.

물주어 구문에서 배운 바와 같이 부사(구, 절)를 명사화하여 주어가 아닌 문장의 요소로 만들면
문장이 힘이 있고 간결해진다.

「그는 계속 노력해서 부자가 되었다.」
- He became wealthy because he continued to make efforts.
- He owes his wealthy to his continued efforts.

「그는 정직하게 장사를 했으므로 평이 좋다.」
- He has a good reputation because he has been honest in business.
- He owes his good reputation to his honesty in business.

「그는 웅변가였기 때문에 선거에서 승리를 거두었다.」

He won the election because he was an eloquent speaker.

He owes his victory in the election to his eloquence.

Eloquent speaking (Eloquence) brought him victory in the election.

「그는 정치적인 연줄로 출세했다.」

He was successful in his career because he had political connections.

He owes his successful career to political connections.

(3) How와 What을 구별하라.

우리말의 '어떻게'는 영역 시에는 How가 맞을 때도 있고 What이 맞을 때도 있으므로 이것을 구별하는 것이 매우 중요하다. 즉, How는 '무슨 방법으로'의 뜻이며 What은 '무엇 때문에, 무엇을'의 뜻에 사용된다.

「그것에 관해서 어떻게 생각하십니까?」

How do you think about it? (×)

What do you think of it? (○)

「날 보고 어떻게 해달라는 거요?」

How do you want me to do for you? (×)

What do you want me to do for you? (○)

「어떻게 하면 그 문제를 해결할 수 있을까요?」

How can we do to solve the problem? (×)

What can we do to solve the problem? (○)

How can we solve the problem? (○)

「어떻게 하면 그 문제를 해결할는지 모르겠다.」

I don't know how to do to solve the problem. (×)

I don't know what to do to solve the problem. (○)

「어떻게 된 거요?」

How happened? (×)

What happened? (○)

「어떻게 할 수 있겠는지 토의해 봅시다.」

Let's discuss how can be done. (×)

Let's discuss what can be done. (○)

8. 명확하고 구체적인 특정한 단어를 사용하라.

자기가 쓴 글을 사람마다 각기 다르게 해석하여 오해와 억측의 소지가 없도록 하기 위해서 일반적인 단어보다는 특정한 단어, 애매한 단어 보다는 명확한 단어, 추상적인 단어보다는 구체적인 단어를 선택하여야 한다.

「서울에서 부산까지는 멀다.」 → 26마일이다.

It's long way to Busan from Seoul.

→ Busan is 26 miles from Seoul.

「빌은 붉은 집에서 산다.」 → 붉은 목장 스타일의 집

Bill lives in a red house.

→ Bill lives in a red, ranch-style house.

「그 대학교는 꽤 크다.」 → 12블럭의 면적

The university is quite large.

→ The university covers twelve blocks.

「곧 벨이 울릴 것이다.」 → 1분만 있으면

The bell will ring very soon.

→ You have one minute before the bell rings.

「그는 포드 자동차 회사에 근무한다.」 → 기술자로

He works for Ford Motors.

→ He is a mechanic at (with) Ford Motors.

「요전 날 우리는 장거리 행군을 갔었지, 꽤 힘이 들었어.」 → 지난 화요일 우리는 30마일 행군을 했네. 나는 발에 물집이 여섯 군데나 생겼어. 60파운드의 배낭을 메고 갔는데 멜빵이 어깨를 자르는 듯 했지. 하도 힘이 들어 혀가 늘어질 지경이었어. 그러나 우리는 꽤 잘 견디어 나는 이제 아무렇지 않아.

The other day we went on a long hike. It was pretty tough.

→ Last Tuesday we took a thirty-mile hike. I had six blisters on my feet. I carried a sixty-pound pack and the straps cut into my shoulders. I was so tired my tongue was hanging out. But we are really pretty strong and I feel fine now.

9. 불필요한 말은 삭제하라.

글에는 불필요한 말이 들어가서는 안 된다. 따라서 문장은 짧고 간결하게 구성되어야 하며, 사용된 하나하나의 단어에 의미를 갖게 해야 한다.

(1) 단어를 아껴써라.

「존은 생각에 잠겨서 편지를 읽었다.」

John read the letter in a thoughtful manner. (×)
John read the letter thoughtfully. (○)

「톰은 어리지만 현명하다.」

Although Tom young, but he is clever. (×)
Although Tom is young, he is clever. (○)

「독일인들은 러시아인들이 그렇게 셀 수 없이 많다는 사실에 놀랐다.」

It was an unexpected surprise to the Germans that the Russians were so many in number. (×)
It was a surprise to the Germans that the Russians were so numerous. (○)

「로버트 리의 생애에 관한 최고의 전기문학은 프리만이 쓴 것이다.」

The best biography of the life of Robert E. Lee is the story of his career written by Freeman. (×)
The best biography of the life of Robert E. Lee is the one by Freeman. (○)

「이기적인 사람은 훌륭한 공무원이 될 수 없다.」

Men who care only for their own selfish interests do not make the best public officials. (×)
Selfish men do not make the best public officials. (○)

「서울에서는 흥미로운 볼거리가 많다.」

There are many interesting things which can be seen in the city of Seoul. (×)
Many interesting things can be seen in Seoul. (○)

Bonus

어구의 축약

at the present time → now
in order to → to
in the vicinity of → near
with regard to → regarding
in the meantime → meanwhile
during the period from → from
on account of → because
the question as to whether → whether(the question whether)
there is no doubt but that → no doubt(doubtless)
he is a man who → he

in a hasty manner → hastily
this is a subject that → this subject
the reason why that → because
owing to the fact that → since(because)
in spite of the fact that → though(although)
I was unaware of the fact that → I was unaware that (did not know)
the fact that he had not succeeded → his failure
the fact that I had arrived → my arrival

(2) 같은 단어의 반복을 피하라.

「그는 사람들이 자기를 주책없다고 생각할까 두려웠다.」

He thought people might think he was thoughtless. (×)

He was afraid people might think he was inconsiderate. (○)

「총알이 자기 머리 위를 윙윙 스쳐가기 시작하자 조는 엎드려 총알이 자기 머리 위를 윙윙 지나가는 것이 멎기를 기다렸다.」

When the bullets began whizzing over his head, Joe flopped and waited until the bullets stopped whizzing over his head. (×)

When the bullets began whizzing over his head, Joe flopped and waited until the shooting stopped. (○)

「배가 해변에 진입하자 관광객들은 뛰어내려 해변을 거닐었다.」

When the boats moved in to shore, the tourists jumped out and strolled on the shore. (×)

When the boats moved in to shore, the tourists jumped out and strolled on the beach. (○)

Bonus

기술용어를 쓰거나 학술용어를 쓸 때에는 의도적인 반복(intentional repetition)을 꾀하는 쪽이 훨씬 더 안전하다.

「판이 하나 더 있다는 것 외엔 단일판 클러치와 거의 같은 2중판 클러치가 제작되었다.」

A double-plate clutch is constructed much like a single one, except for the addition of another plate of the same kind. (×)

A double-plate clutch is constructed much like a single clutch, except for the addition of one more plate. (○)

(3) 만연체 문장을 피하라.

「죄수들에게 엄벌을 가함으로써 그들을 바른 길로 인도하는 것이 가능하다고 아직도 믿는 사람들이 있다.」

Some people still hold the belief that it is possible to bring about the reformation of criminals by giving them harsh punishment. (×)

Some people still believe that it is possible to reform criminals by punishing them harshly. (○)

「진지를 방어하는 병사는 공격을 가하는 병사보다 으레 유리하다.」

The soldier who makes a defense of a position usually has an advantage over the one who makes an attack. (×)

The soldier who defends a position usually has an advantage over the one who attacks. (○)

제02절 국문영역의 요령

1. 내용의 연결 방법

(1) 반복되거나 연속되는 동작은 and로 접합하라.

「적의 순양함들이 수중폭뢰를 발사했다. 적의 구축함들이 수중폭뢰를 발사했다. 그 폭발이 우리 배를 뒤흔들었다. 그 폭발이 물기둥을 쏘아 올렸다.」

The enemy cruisers dropped depth charges. The enemy destroyers dropped depth charges. The explosions shook our boat. The explosions sent up spouts of water. (×)

The enemy cruisers and destroyers dropped depth charges. The explosions shook our boat and sent up spouts of water. (○)

「행크 아론은 2루타를 하나 쳤다. 그는 1루타를 두 번 쳤다. 그는 홈런을 한번 쳤다.」

Hank Aaron got a double. He got two singles. He got a home run. (×)

Hank Aaron got a double, two singles, and a home run. (○)

「김 교수는 자기 논문을 검토했다. 그는 자기 논문을 수정했다.」

Professor Kim examined his paper. He corrected his paper. (×)

Professor Kim examined and corrected his paper. (○)

「하이킹이 끝난 다음 소년들은 지쳤다. 그들은 배가 고팠다. 그들은 목이 말랐다.」

- After the hike the boys were tired. They were hungry. They were thirsty. (×)
- After the hike the boys were tired, hungry and thirsty. (○)

「공장에서는 생산이 계속되어야 한다. 농장에서는 생산이 계속되어야 한다.」

- Production must go on in the factories. It must go on in the farms. (×)
- Production must go on in the factories and the farms. (○)

「나는 재빨리 친구들을 찾아 두리번거렸다. 나는 구조대가 오나 두리번거렸다. 조지는 꽤 흥분해 있었다. 톰은 흥분해 있었다.」

- I looked about quickly for my friends. I looked for the rescue team. George was pretty excited. Tom was excited. (×)
- I looked about quickly for my friends and the rescue team. George and Tom were pretty excited. (○)

(2) 삽입어구는 콤마로 연결하라.

「한 나라를 아는 가장 좋은 방법은, 시간의 제약을 받지 않는다면, 걸어서 여행하는 것이다.」

The best way to see a country, unless you are pressed for time, is to travel on foot.

「이 말을 들으면, 너도 기뻐할 거라고 생각하는데, 내 동생은 지금 완전히 건강해졌어.」

My brother, you will be pleased to hear, is now in perfect health.

「청중은, 처음에는 무관심했지만, 점점 흥미를 갖게 되었다.」

The audience, which had at first been indifferent, became more and more interested.

「1769년은 나폴레옹이 태어난 해인데, 그러기 조금 전에 코르시카는 프랑스령이 되었다.」

In 1769, when Napoleon was born, Corsica had but recently been acquired by France.

(3) 내용의 관련성을 살리는 접속사를 이용하라.

① and : 「그리고」
「그는 아침에 산책을 했고 그래서 하루 종일 기분이 좋았다.」

He took a walk in the morning, and that made him feel good for the whole day.

② but : 「그러나」
「그는 잘 달려 보려고 애썼지만 마지막 50야드를 남겨 놓고 발이 나가 주지 않았다.」

He tried to become a good runner, but his legs never had the push for the last fifty yards.

③ or : 「또는」

「우리는 이 전쟁을 이겨야 한다. 그렇지 않으면 공산주의자들이 이 세계를 지배하게 될 것이다.」

We must win this war, or the Communists will rule the world.

④ for : 「왜냐하면」

「우리는 톰의 힘을 믿지 않겠다. 왜냐하면 그는 투지가 없으니까.」

We wouldn't count on Tom, for he lacks fighting spirit.

⑤ yet : 「하지만」

「조는 돈과 명성이 있었지만 그녀의 사랑을 얻지는 못했다.」

Joe had money and fame, yet he couldn't win her love.

⑥ then : 「그 다음에」

「걱정스러워진 운전사는 플러그를 빼서 닦은 다음 다시 트럭을 발진시켜 보려 했다.」

The worried driver took the plugs out and cleaned them; then he tried once more to get the truck started.

⑦ so : 「그래서」

「5분밖에 안 남았으니 서두르는게 좋겠어.」

We've got only five minutes; so you'd better hurry up.

⑧ moreover : 「게다가, 나아가」

「모든 장교는 각자의 부서를 지켜야 한다. 나아가서 자기 부하들이 그러는가도 감독해야 한다.」

Every officer must keep his station; moreover he must see that his men do likewise.

⑨ however : 「그러나, 하지만」

「그는 유복한 가정에서 자랐지만 가난해졌을 때 어려움을 잘 이겨냈다.」

He was brought up in a well-to-do family; however, he successfully overcame difficulties when reduced to poverty.

(4) 부수적인 내용은 부사구(절)로 만들어라.

「아침에 일어나면, 나는 목욕을 한다.」

I take a bath. I get up in the morning.

→ I take a bath when I get up in the morning.

「폭탄을 투하하기 전에 목적물을 겨냥해야 한다.」

The objective should be sighted. The bomb is dropped.

→ The objective should be sighted before the bomb is dropped.

「형편없는 운동선수는 경기가 끝난 후에 변명거리를 찾는다.」

A poor player finds excuses. The game is over.

→ A poor player finds excuses after the game is over.

(5) 부수적인 내용은 주문의 수식구(절)로 만들어서 압축하라.

「"닥터 캐논"은 한국에 많은 시청자를 갖고 있는 미국의 TV 드라마이다. 그것은 진지하기는 하지만 재미있는 프로그램이다.」

- "Doctor Cannon" is an American TV drama.

  A lot of people watch it in Korea.

- It is a serious but interesting program.

→ "Doctor Cannon" is an American TV drama which a lot of people watch in Korea. It is a serious but interesting program.

「화성의 탐사선인 "매리너"는 화성과 그 너머 우주로 인간을 보낼 수 있는 가능성을 보여준다.」

- The "Mariner" showed the possibility of sending men to Mars and beyond.
- The "Mariner" is a Martian probe.

→ The "Mariner" a Martian probe, showed the possibility of sending men to Mars and beyond.

「내 친구인 짐 테니는 몬타나 출신이다.」

- Jim Tenney hails from Montana.
- He is my buddy.

→ Jim Tenney, who is my buddy, hails from Montana.

→ Jim Tenney, my buddy, hails from Montana.

「키가 크고, 빨간 머리를 가진 소녀가 나에게 춤을 권했다.」

- The girl was tall.

  She had red hair.

- She asked me to dance with her.

→ The girl who was tall and who had red hair asked me to dance with her.

→ The tall girl with red hair asked me to dance with her.

→ The tall red-haired girl asked me to dance with her.

「몇 분 후에 정적이 세 번의 커다란 폭음에 의해서 깨졌다.」

- A few minutes passed.
- The silence was broken by three loud explosions.

→ After a few minutes the silence was broken by three loud explosions.

「도보여행자가 물집이 생긴 발을 물에 담그고 있다.」

- The hiker was soaking his feet in water.
- They were blistered.

→ The hiker was soaking his blistered feet in water.

「지상 근무원이 폭격기를 전장으로 운반했다.」

- The ground crew wheeled the bomber out.
- They wheeled it on to the field.

→ The ground crew wheeled the bomber on to the field.

2. 내용의 배열방법

(1) 주어 이외의 문장을 맨 처음에 두라.

- He waited for fifteen minutes in front of the drugstore. He was nervous. He saw his date coming toward him at last. (×)
- For fifteen minutes he waited in front of the drugstore. He was nervous. At last he saw his date coming toward him. (○)

- A soldier encountered a young lady at a street corner. The soldier was fully uniformed. The soldier was carrying a bag. The soldier asked the young lady. "Can you tell me where the post office is?" (×)
- A soldier, fully uniformed and carrying a bag, encountered a young lady at a street corner. "Can you tell me where the post office is?" he asked. (○)

- I have time this evening. I am going to see Helen. I want to take her to Central Park when it gets dark. I'm afraid she'll want to go to a concert. I hate all those bright lights! (×)
- This evening I have time. I am going to see Helen. When it gets dark I want to take her to Central Park. I'm afraid she'll want to go to a concert. I hate all those bright lights! (○)

(2) 수식어구의 연결 상태를 확인하라.

「제2차대전 중 미국 군인들은 트럭을 운전하던 목발 짚은 독일인을 생포했었다.」

- During World War II American soldiers captured a German who drove a truck with a wooden leg. (×)
- During World War II American soldiers captured a German with a wooden leg who drove a truck. (○)

「조가 찾아왔을 때 아나벨은 웃으며 얼굴에 분을 발랐다.」

Annabelle smiled when Joe came over and powered her face. (×)

When Joe came over, Annabelle smiled and powered her face. (○)

「그들은 노상 지껄이는 앵무새를 교장 선생님에게 보냈다.」

They sent a parrot to the principal that swore all the time. (×)

They sent a parrot that swore all the time to the principal. (×)

They sent the principal a parrot that swore all the time. (○)

(3) 대등한 관계에 있는 내용은 동일한 pattern으로 표현하라.

「그는 필사적으로 달려서 세 번째로 골인했다.」

Tom ran like hell and sliding into third. (×)

Tom ran like hell and slid into third. (○)

「김 군은 덩치가 크고, 뚱뚱하며, 게으르다.」

Mr. Kim is big, fat, and hates work. (×)

Mr. Kim is big, fat, and lazy. (○)

「그것을 재빠르고, 침착하며, 철저하게 실행하세요.」

Do it quickly, quietly, and in a thorough manner. (×)

Do it quickly, quietly, and thoroughly. (○)

「그 의식은 길고, 지루했다.」

It was both a long ceremony and very tedious. (×)

The ceremony was both long and tedious. (○)

「말이 아닌 행동으로 보여줘야 할 때」

A time not for words but action. (×)

A time not for words but for action. (○)

「당신이 그의 요청을 받아들이거나 그의 반감을 사야 한다.」

Either you must grant his request or incur his ill will. (×)

You must either grant his request or incur his ill will. (○)

「나의 반대이유는 첫 번째로 그 방법이 정당하지 못하기 때문이며, 두 번째는 그것이 위헌이기 때문이다.」

My objections are, first, the injustice of the measure; second, that it is unconstitutional. (×)

My objections are, first, that the measure is unjust; second, that it is unconstitutional. (○)

「그의 연설에는 적의 진영에 대한 반대와 경멸이 분명히 나타나 있다.」

His speech revealed disagreement and showed scorn for his opponent's position. (×)

His speech was marked by disagreement and scorn for his opponent's position. (○)

「예전에는 과학은 교과서를 이용하는 방법으로 가르쳤다. 지금은 실험실을 이용하는 방법으로 가르쳐지고 있다.」

Formerly, science was taught by the textbook method, while now the laboratory method is employed. (×)

Formerly, science was taught by the textbook method ; now it is taught by the laboratory method. (○)

(4) 상관접속사를 사용할 때 주의하라.

「김 군 아니면 이 양이 그 자리를 얻게 될 것이다.」

Mr. Kim will either get the job or Miss Lee. (×)

Either Mr. Kim or Miss Lee will get the job. (○)

「가시든지 계시든지 하세요.」

Either you should go or stay. (×)

You should either go or stay. (○)

「그는 친구에게 돈을 빌려 주려고도 안 했고 자신을 위해 돈을 쓰려 하지도 않았다.」

He was neither willing to lend money to his friend nor would he spend any on himself. (×)

He was willing neither to lend money to his friend nor spend any on himself. (○)

「나는 아침식사로 베이컨과 계란을 먹었을 뿐만 아니라 커피도 한 잔 마셨다.」

For breakfast I ate not only bacon and eggs, but also drank a cup of coffee. (×)

For breakfast I not only ate bacon and eggs, but also drank a cup of coffee. (○)

「불량상품을 받아들이느냐, 되돌려 보내느냐는 결정하기 어려웠다.」

It was difficult whether to decide to accept the defective goods or to send them back. (×)

It was difficult to decide whether to accept the defective goods or to send them back. (○)

(5) 문장의 끝에 강한 단어를 남겨두라.

「이 철강은 견고하기 때문에 주로 면도칼을 만드는 데 사용된다.」

This steel is principally used for making razors, because of its hardness. (×)

Because of its hardness, this steel is used principally for making razors. (○)

「지난 주 어느 이른 아침 한 남자가 길가에 살해된 채로 발견되었다고 내 친구 에드가 어제 내게 말했다.」

A man was found murdered at the end of a lane early one morning last week, my friend Ed told me yesterday. (×)

Yesterday my friend Ed told me that one morning last week a man was found at the end of a lane, murdered. (○)

「내가 하고 싶은 일에는 세 가지가 있다. 즉, 금발미녀와 결혼하고 백만장자가 되고 한동안 매일 밤 영화구경을 가는 것이 그것이다.」

There are three things I want to do: marry a beautiful blonde, make a million dollars, and go to the movies every night for a while. (×)

There are three things I want to do: go to the movies every night for a while, make a million dollars, and marry a beautiful blonde. (○)

「그때 이래로 인류는 많은 점에서 진보했지만, 인내심은 거의 진보된 바 없다.」

Humanity has hardly advanced in fortitude since that time, though it has advanced in many other ways. (×)

Since that time, humanity has advanced in many ways, but it has hardly advanced in fortitude. (○)

01

지난 10년 동안 한국은 수출이 20배나 증가하였다.

모범영작

Korea's exports have increased 20 times during the last ten years.

02

너무 과로하면 건강이 나빠진다.

모범영작

Overwork will hurt your health.

03

계속 노력하면 좋은 결과가 있을 것이다.

모범영작

Continued efforts will bring you a good result.

04

마음이 착하면 하늘이 축복해 주기 마련이다.

모범영작

A good-hearted person is to be blessed by God.

05

그 배는 두 번이나 전쟁을 겪었으나 파손되지 않았다.

> **모범영작**
> The ship survived two wars.

06

어떤 나라에서는 문맹이 인구의 70%나 된다.

> **모범영작**
> In some countries, illiteracy accounts for 70% of the population.

07

마모가 심하면, 기계는 정밀도를 잃는다.

> **모범영작**
> Excess wear would cause a machine to lose accuracy.

08

드럼이 회전하면 물은 출구로부터 흘러나온다.

> **모범영작**
> The rotation of the drum causes the water to flow out of the outlet opening.

09

많은 가건물이 철거되었다.

> **모범영작**
>
> Many makeshift buildings were demolished.

10

지프차는 앞바퀴에도 추진 장치가 있어서 가파른 비탈을 오를 수 있다.

> **모범영작**
>
> Equipped with a front drive, the jeep can climb steep slopes.

11

그녀의 아버지가 품은 의심은 충분히 근거 있는 것으로 증명되었다. 그녀가 좋아했던 것은 에드워드가 아니라 샌프란시스코였다.

> **모범영작**
>
> Her father's suspicions proved well-founded. It was not Edward she cared for, it was San Francisco.

12

이것은 벤자민 해리슨의 초상으로, 그는 1889년에 대통령이 되었다. 그는 윌리엄 헨리 해리슨의 손자였다.

> **모범영작**
>
> This is a portrait of Benjamin Harrison, who became President in 1889. He was the grandson of William Henry Harrison.

13

한 나라의 풍속, 습관, 오락이 잔혹하고 야만스러울수록 형법의 벌칙이 엄격해진다.

모범영작

As much as the manners, customs, and amusements of a nation are cruel and barbarous, the regulation of its penal code will be severe.

14

TV에서 보는 폭력 행위는 솔직히 말해서 폭력적이 아니다. 폭력의 해(害)가 있을 뿐이다.

모범영작

Violence, the kind you see on television, is not honestly violent. There lies its harm.

15

이해라는 것은 이론, 실행, 확신, 주장, 실수, 치욕으로부터 생기는 통찰력 있는 지식이다.

모범영작

Understanding is that penetrating quality of knowledge that grows from theory, practice, conviction, assertion, error, and humiliation.

16

불결한 거리는 그에게 오스카 와일드의 글귀 하나를 생각나게 했다. '우리는 모두 빈민굴에 살고 있지만, 그 중에는 별을 바라보는 사람도 있노라.'

모범영작

The squalor of the streets reminded him of a line from Oscar Wilde: "We are all in the gutter, but some of us are looking at the stars."

17

그러나 그렇다 하더라도, 동물의 매장은 곧장 재빨리 처리되었다. 장의사의 지저분한 영업실에 머물지도 않고, 화환이나 꽃가지 나부랭이도 없었다.

> **모범영작**
>
> But even so, there was a directness and dispatch about animal burial: there was no stopover in the undertaker's foul parlor, no wreath or spray.

18

태양이 날이 갈수록 떠오르기를 주저하고, 미풍에 추위가 더해지고, 낙엽이 후두둑 소리를 내며 흩어진다. 가을이 겨울로 옮겨가고 있는 모든 증거를 나날이 확연히 알 수 있었다.

> **모범영작**
>
> The increasing reluctance of the sun to rise, the extra nip in the breeze, the patter of shed leaves dropping — all the evidences of fall drifting into winter were clearer each day.

19

매우 광대하고 거칠며, 약 3,000년이라는 시간의 힘에 침식되어 있는 이 건물의 단편은 일견, 자연의 작품처럼 보일지도 모른다.

> **모범영작**
>
> So vast and rude, fretted by the action of nearly three thousand years, the fragments of this architecture may often seem, at first sight, like works of nature.

20

이 같은 희망과 신념을 가지고, 나는 제군들이 장애가 되는 것은 모두 벗어 내던지고 사적인 목적을 던져 버림으로써 한결같이, 또한 움츠리는 일 없이 힘차게 승리를 향해 싸우는 일에 헌신하기를 바란다.

모범영작

With these hopes and in this belief I would urge you, laying aside all hindrance, thrusting away all private aims, to devote yourselves unswervingly and unflinchingly to the vigorous and successful prosecution of this war.

21

타운젠트는 언제나 일찍 일어나 자신의 아침 식사를 준비하곤 했다. 추운 날이면, 난로에 장작을 지피고 따뜻한 불을 일으키고 나서 집을 나섰다. 1월의 어느 날 아침, 차고로 가는 도중, 차를 대는 곳에 갓 내린 눈 위에 난 발자국이 그의 눈에 띄었다.

모범영작

Townsend would get up early and prepare his own breakfast. If the day was cold, he filled the stove and had a warm fire burning before he left the house. One morning in January, on his way out to the garage, he noticed footprints in the new-fallen snow on the porch.

22

현대의 현상을 객관적으로 생각하면 경쟁에서의 승패는 타고난 재능에 따라 결정되는 경향은 없으며, 예견할 수 없는 많은 요소가 당연히 고려되지 않으면 안 된다는 결론에 도달하지 않을 수 없다.

모범영작

Objective consideration of contemporary phenomena compels the conclusion that success or failure in competitive activities exhibits no tendency to be commensurate with innate capacity, but that a considerable element of the unpredictable must inevitably be taken into account.

23

나는 돌아와서 이 세상에서는 빨리 달리는 자가 반드시 경주에서 이긴다고 할 수 없고, 강한 자가 반드시 싸움에서 승리한다고 할 수 없으며, 현명한 자가 반드시 빵을 얻을 수 있다고 할 수 없고, 이해력 있는 자가 반드시 부자가 된다고는 할 수 없으며, 숙련된 자가 반드시 혜택을 받는다고는 할 수 없지만 때와 기회는 모든 사람에게 있었다는 것을 보았다.

> **모범영작**
>
> I returned, and saw under the sun, that the race is not to the swift, nor the battle to the strong, neither yet bread to the wise, nor yet riches to men of understanding, nor yet favor to men of skill; but time and chance happened to them all.

24

4세기 전에 조국이 쇠퇴했기 때문에 세계를 위해 모험에 몸을 던진 이탈리아 선원의 한 사람인 크리스토퍼 콜럼버스가 포르투갈의 탐험가들의 위업에 맞서려고, 인도로 가는 서쪽 항로인 스페인을 찾으려고 하다가 우연히 아메리카를 발견했다.

> **모범영작**
>
> Four centuries ago, Christopher Columbus, one of the Italian mariners whom the decline of their own republics had put them at the service of the world and of adventure, seeking for Spain a westward passage to the Indies as a set-off against the achievements of Portuguese discoverers, found America.

25

솔직히 말해서 일반 독자들은 유머 문학을 진지한 소설보다는 과소평가하는 것 같다. 진지한 표정을 짓고 있는 사람이 싱글벙글하는 사람보다 더 성실하고 똑똑하다고 생각하는 것은 오해일 수도 있다. 문학이 인생의 진실을 탐구하는 것이라고 한다면 진실을 진지하게 표현하든 유머러스하게 다루든 진실은 어디까지나 진실인 것이다. 문제는 어느 쪽이 인생의 진실을 충실하게 다루는가이다.

> **모범영작**
>
> Frankly speaking, the reading public, I believe, places humorous literature below serious fiction. But this is the same kind of fallacy as thinking that serious looking people are more earnest and intelligent than people who are smiling. If literature is something that deals with the truth of human life (our life), the truth will remain the truth, whether one deals with it seriously or humorously. The issue is that which method portrays the truth more faithfully.

26

회교 성전(聖戰) 운동가들 중엔 이스라엘 수상을 암살 목표로 삼으려는 사람들이 많았다. 하지만 그들이 그 기회를 얻지 못한 것은 팔레스타인들에게는 다행스러운 일이었다. 이스라엘 우익 보수주의자가 자국의 수상을 암살했기 때문이다. 이 사실은 이스라엘 사회 내에서 내분이 일어나고 있음을 보여주는 것으로서, 팔레스타인들은 이 상황을 잘 이용한다면 자신들의 이익을 도모하고 평화를 가져올 수도 있을 것이다.

모범영작

There were plenty of Islamic Jihad activists who were ready to take a shot at Israel's prime minister. Fortunately for the Palestinians, they didn't get their chance. The fact that a right-wing Israeli did, showing an emerging division in israel's own society, is something Palestinians can exploit for their own benefit and the benefit of peace.

01

먼저 나라에 좋은 소식이라고 한다면, 밥 돌이 잭 켐프를 부통령으로 지명한 것은 보다 깨끗한 선거운동을 의미한다는 것이며, 아울러 일상적인 문제들보다는 현실적인 정책에 더 큰 초점을 맞추는 것이라 하겠다. 켐프는 밥 돌 진영에다 대고 자신은 그저 단순히 "비방이나 일삼는 자"는 되지 않을 것임을 분명히 알렸으며 1996년 대통령 유세전은 비열하고 인신공격적이며, 심지어는 인종주의적 편견으로 얼룩져 간다는 이유로 대선에 출마하지 않기로 결심했던 인물이다.

> 모범영작
>
> First, the good news for the country: the choice of Jack Kemp means a cleaner campaign, with more focus on real views of governance (however harebrained) and less on the usual trivial distractions. Not only did Kemp explicitly tell the Dole camp that he wouldn't be a "hatchet man," he decided to skip running for president this year in part because he thought 1996 was shaping up as a mean-spirited, personal and even racist campaign season.

02

기차여행을 하다 보면 우리는 종종 객차 안에서 막무가내로 뛰어다니고 신발을 신은 채 좌석에 기어올라 앉아 제멋대로 하는 어린아이들을 본다. 아이들의 흙 묻은 신이 다른 승객의 옷을 더럽혀도 아이들의 부모들은 전혀 아랑곳하지 않고 아이들을 말리지도 않는다. 어린이들뿐만 아니라 부모들도 공공 예절교육을 제대로 받지 못한 것이리라. 그들은 정말로 자신을 부끄러워해야 한다.

> 모범영작
>
> Sometimes on a train, we see little children misbehaving, running around the coach as they please and climbing onto the seats without taking off their shoes (with their shoes on). Even when their muddy shoes have soiled other passenger's clothes, their parents are quite unconcerned and never stop their misbehavior. It seems that the parents, as well as their children, have never been taught how to behave in public. They ought to be ashamed of themselves, indeed.

03

모호함의 또 한 가지 원인은 필자가 자기의 뜻을 자신도 정확하게 알고 있지 못하기 때문이다. 그는 자신이 말하고 싶은 것에 대해서 희미한 인상을 가지고 있지만, 정신력이 미치지 못하기 때문인지 태만 때문인지, 그것을 자신의 머릿속에 정확하게 정돈하지 않고 있다. 생각이 혼란하므로 정확한 표현을 찾아 내지 못하는 것은 극히 당연하다.

> **모범영작**
>
> Another cause of obscurity is that the writer himself is not quite sure of his meaning. He has a vague impression of what he wants to say, but has not, either from lack of mental power or from laziness, exactly formulated it in his mind, and it is natural enough that he should not find a precise expression for a confused idea.

04

스필버그는 지금 갑자기 성장한 것 같다. 그의 가장 최근 영화 "쉰들러 리스트"의 주제인 홀로코스트보다 성인을 위한 주제로 더 좋은 것은 생각하기 어렵다. 더 나아가서 그의 영화 기법은 감탄할 만한 성숙성을 보여 준다. 여기에는 효과를 내려고 애쓴 흔적, 조잡한 기교, 가공적 드라마도 전혀 없다. 가슴이 메이는 3시간 15분 흑백 영화에서 있는 그대로의 과거 사실을 재현했을 뿐이라고 스필버그는 말한다. 미국에서 발행되는 '뉴요커' 지는 영화 평에서 지금까지 유태인 학살을 다룬 비다큐멘터리 영화 중에서 최상, 최고의 작품이라고 말한다.

> **모범영작**
>
> All of a sudden, Mr. Spielberg appears to have grown up. It is hard to think of a more adult theme than the Holocaust, the subject of his latest film, "Shindler's List." What is more, his handling of it is admirably mature. There is no striving effect, no crude manipulation, no artificial drama. Mr. Spielberg just tells it how it was for three and a quarter harrowing hours, in black and white. The result is what the New Yorker calls "by far the finest, fullest dramatic (i. e., non-documentary) film ever made about the Holocaust."

05

국가 공무원들에게 부정 수입을 안겨 주는 불법 연결 고리와 뒷거래가 이루어지는 경우, 이러한 부정부패는 그 나라에 대한 외국인 투자에 커다란 장애물로 나타난다. 부패 국가는 기업의 능력보다 인맥이 더 중요하기 때문에 외국 기업의 투자 유치에 상당한 어려움이 있다. 마찬가지로 부패 국가에서 참신한 중소기업은 미국에서만큼 발전하기가 쉽지 않다. 반면에 한국의 재벌이나 일본의 계열 기업과 같은 대기업들, 또는 기타 국가의 대그룹들은 정부와의 친밀한 관계에 의하여 정부와의 계약을 따내거나 기타 특혜를 누리고 있는 것이다.

> **모범영작**
>
> Corruption becomes a significant obstacle to foreign investment when the whole network of illegal connections and backdoor payoffs gives an unfair advantage to the local elite. It's considerably more difficult to attract foreign companies to a corrupt country, where who you know is more important than what you can do. Similarly, corruption makes it hard for small, innovative businesses to arise as easily as they do in the U.S. Instead, the cozy relationship between government and large, established companies means that government contracts and preferences go to the chaebols in Korea, the keiretsu in Japan, and similar large business groups in other countries.

06

빈국들은 온난 가스의 배출을 억제하려는 생각조차 하지 않고 있다. 환경 전문가들은 이렇게 근시안적인 생각을 갖고 있는 국가들로 인해 지구가 폭풍우, 홍수, 가뭄이라는 미래의 재난 속으로 들어갈 것이라고 경고하고 있다.

가능한 이야기이다. 만약 각국이 리우에서 합의한 내용을 이행하지 않는다면 지구 환경에 관한 공동 대처는 수포로 돌아가고 불행을 자초하게 될 것이다. 그럼에도 불구하고 펭귄과 인간은 앞으로도 오랜 세월을 아무 걱정 없이 살 수 있다. 환경론자들의 소란에도 불구하고 두려운 나머지 지구 온난화를 방지할 엄격한 조치를 취하기에는 아직 때가 너무 이르다. 특히 이러한 조치가 온난화보다도 인류 복지 생활에 더 큰 위험을 주기 때문에 더욱 그러하다.

> **모범영작**
>
> Few poor countries are even considering restraining their output of greenhouse gases. And thus, say the greens, a short-sighted world will stroll insouciantly towards a calamitous future of storms, floods and drought.
> Well maybe. It would certainly be a pity if the world's governments retreated from the promises made at Rio, for that would bode ill for any attempts to deal collectively with global environment problems. Nonetheless, penguins and people can afford to relax for many years yet. For all the green clamour, it is far too early to be panicked into Draconian actions to avert global warming; especially when most actions would pose a bigger threat to human well-being than global warming.

07

세계는 좁아지고 있다. 다른 문명에 속해 있는 사람들의 상호작용이 늘어나고 있는 것이다. 이렇게 늘어나는 상호작용은 문명에 대한 의식과 문명 상호간 그리고 문명권 안에서의 상호 간의 이질성에 대한 의식을 강화시켜 주고 있다. 프랑스 내의 북아프리카 이민자에 대하여 프랑스인들은 적개심을 품고 있다. 이와는 달리 폴란드의 선량한 가톨릭교도들은 전보다 더 좋은 대접을 받고 있다. 미국인들은 일본투자에 대하여는 부정적인 반응을 보이지만 캐나다나 유럽으로부터의 투자는 투자 액수가 더 크다 하여도 긍정적인 것으로 본다.

> **모범영작**
>
> The world is becoming a smaller place. The interactions between peoples of different civilizations are increasing; these increasing interactions intensify civilization consciousness and awareness of difference between civilizations and commonalities within civilizations. North African immigration to France generates hostility among Frenchmen and at the same time increased receptivity to immigration by "good" European Catholic Poles. Americans react far more negatively to Japanese investment than to larger investments from Canada and European countries.

08

상상력이 풍부한 작가는 어떻게 해서든지 인간과 그들의 다양성에 관심을 나타내고 있으며 그들의 말과 행동, 그리고 그들의 생각과 느낌과 정서에 관심을 기울이고 있다. 비록 작가가 주로 그 자신에게만 관심을 기울인다고 하더라도 이것은 사실이다. 왜냐하면, 한 서정시인이 다른 사람이 아닌 자신이 개입된 어떤 경험에 몰두해 있다 하더라도 그는 주로 인간의 문제에 몰입해 있기 때문이다. 우리는 몇몇 위대한 시에 이러한 인간적인 요소가 들어 있는지를 확실히 알지 못하는 경우가 종종 있기도 하다. 그러나 인간적인 요소는 그러한 시에도 분명히 똑같이 들어 있다. 이것이 사람으로 하여금 시를 쓰는 것이 어쨌든 가치 있는 것이라 생각하게 하였다. 시는 인간의 표현이며 다른 인간이 읽고 이해해 주기를 원해서 쓰인 것이다. 시인이나 어떤 다른 장르의 작가가 동물과 기계 혹은 시골에 대해서 이야기하고 있다고 해서 그가 인간이 생각하고 있는 문제에 관심이 없다고 주장한다면 그는 위선적인 사람이 될 뿐이다.

> **모범영작**
>
> The imaginative writer, in one way or another, is interested in people, in their variety, in their speech and behaviour, in their thoughts, feelings, and sensations. This is true even if he is interested mainly in himself. A lyric poet, preoccupied with an experience in which no person other than himself plays a part, is certainly immersed in human beings. We may often, in some of the very greatest poetry, not be much aware of this human element. Yet it is there all the same. It took a human being to think that the poem was worth writing at all; it is the utterance of a human being, meant to be read

and understood by other human beings; and a poet or any other kind of writer who claims that because he talks about animals or machines or the countryside he is therefore not interested in human considerations is merely being hypocritical.

09

그러나 나는 귀족주의를 믿는다. 그것이 합당한 말이고 민주주의자가 사용해도 상관없다고 한다면 그렇다. 그것은 계급이나 권세에 기초를 둔 힘의 귀족주의가 아니라, 감수성이 있고, 사려 깊고, 용기 있는 사람들의 귀족주의이다. 귀족주의자들은 모든 국민, 계급, 모든 시대를 통해서 나타날 것이며, 만나면 서로 말 없이도 통한다. 그들은 진정한 인간의 전통, 즉 잔혹과 혼란에 대항한 색다른 우리들 인간의 영원한 승리의 상징이다. 그들 중에서 많은 사람은 이름도 알려지지 않고 죽고, 소수만이 이름을 남긴다. 그들은 자신뿐이 아니라 타인에 대해서도 감수성이 있고, 법석 떠는 일 없이 타인을 동정하며 그들의 용기는 허세가 아니라 참고 견디는 힘이며, 그들은 너그러이 농담을 받아들일 수 있다.

모범영작

I believe in aristocracy — if that is the right word, and if a democrat may use it. Not an aristocracy of power, based upon rank and influence, but an aristocracy of the sensitive, the considerate and the plucky. Its members are to be found in all nations and classes, and all through the ages, and there is a secret understanding between them when they meet. They represent the true human tradition, the one permanent victory of our queer race over cruelty and chaos. Thousands of them perish in obscurity, a few are great names. They are sensitive for others as well as for themselves, they are considerate without being fussy, their pluck is not swankiness but the power to endure, and they can take a joke.

10

추상적인 사실도 구체적인 사실로 미루어 보아 차이가 나지 않는다면 무의미한 것이 된다. 형이상학적인 용어인 신, 물질, 추상 등의 말도 현금 가치와 실질 가치를 지니고 있음에 틀림없다. "당신은 모든 일에서 그 실용 가치를 찾아내어 당신 경험의 맥락에서 그 가치가 작동할 수 있게 해야 한다." 이론적인 것은 경험적인 것과 관계가 있을 때만 가치를 띠게 된다. "그래서 이론이라는 것은 불가사의한 일에 대한 해답이 아니라 우리가 의지할 수 있는 장치가 된다." 실용주의는 추상적인 보편성보다는 구체적인 특수성에 무게를 주고 있다는 점에서는 명목론적이고, 합리주의에 반대하는 입장을 취한다는 점에서는 반지성주의이다.

모범영작

Abstract truths are meaningless unless they make a difference in concrete facts. Metaphysical terms, such as God, matter, absolute, and the like must possess cash-value and practical worth. "You must bring out of each work its practical cash-value and set it at work within the stream of your experience." The theoretical has value only when it bears upon the practical. "Theories thus become instruments, not answers to enigmas, in which we can trust." Pragmatism is both nominalistic in that it stresses the concrete particular over the abstract universal and anti-intellectualistic in its stand against rationalism.

01

1970년 추운 겨울 평화시장에서 일하던 전태일씨는 열악한 근로조건에 항의하면서 자신의 몸을 불살랐다. 전태일씨는 우리나라 노동운동의 상징이 되었는데 이후 민주화로 인해 근로자 단결권 등 노동 여건이 많이 개선됐으니 그의 소망은 어느 정도 달성됐다고 할 수 있다.

그런데 가차 없이 불어오는 지구촌 시대의 미래 충격은 우리의 경제 구조와 노사 관계에 많은 변화를 요구하고 있다. 경제 활동에서 국경은 의미를 상실했고 생산자 위주의 경제는 소비자 위주로 바뀌고 있으며, 대량 생산보다는 소규모 다품종의 하이테크 산업이 각광을 받고 있다.

> **모범영작**
>
> On a freezing winter day in 1970, Chun, Tai-il who had worked at a sweatshop in Pyung Hwa market (an open market in the eastern part of Seoul), burned himself to death in protest against poor working conditions. In the process of the nation's democratization, workers have won their right to collective bargaining and the organizing of trade unions, and their working conditions have greatly improved. In this context, it is no exaggeration to say that Mr. Chun's wish to improve working conditions has been realized to some extent.
>
> Against this backdrop, it is necessary for us to redress the nation's economic structure and labor-management relations to effectively deal with a changing world in the age of globalization. National economic borders no longer exist among the nations around the world. A seller's market is turning into an end-user's market, and diversified high tech products are taking in the lime light, whereas the mass production system is going out of fashion.

02

나 언제인가 이 매혹의 땅으로 돌아가리라. 그러나 나 혼자 돌아가리라. 내 스스로도 상기할 수 없는 추억의 편린들, 흘러드는 생각과 유감 그리고 환희를 내 누구와 나누어 가질 수 있으랴, 그들도 그토록 상처받고 외관이 일그러졌단 말인가? 그때 나는 잠시 앞서 말한 시인을 방문하려 했었다. 그는 지금 어디에 살고 있는가? 변한 것은 나 자신만이 아니다. 세상, 당시에는 나에게 신기하기만 하던 세상이 늙고 완고해졌더라. 그래도 나 생각 속에서도 너 숲의 여왕, 너에게로 돌아가리라, 너는 나에게 언제나 낙원의 강이요, 나 거기서 생명의 물을 마음껏 마시리라.

모범영작

Still I would return some time or other to this enchanted spot; but I would return to it alone. What other self could I find to share that influx of thoughts, of regret and delight, the fragments of which I could hardly conjure up to myself, so much have they been broken and defaced? I was at that time going shortly to visit the poet whom I have named above. Where is he now? Not only did I change, the world, which was then new to me, has become old and incorrigible. Yet will I turn to thee in thought, in joy, in youth and gladness as thou then wert; and thou shalt always be to me the river of paradise, there I will drink of the waters of life freely!

03

형식과 내용은 함께 즐겁고 위로가 되는 세계관의 중요한 구현형태를 만들어 낸다. 형식은 여기서 주요한 여러 다른 요소, 예를 들면, 문체, 표현, 구성 등의 관점에서 취급되겠지만 그 논의는 항상 내용보다 우선하는 것이 아니다. 작품의 어떤 측면이라도 보다 뜻이 있게 보이면 그것은 우선적으로 다뤄질 것이다. 그리고 각 요소들이 간단명료하게 풀리지 않으면 부분적으로 다시 취급될 것이다. 그리고 복잡한 사항들에 대해서 충분히 알려주기 위해서라도 의미는 모순에 바탕을 두고 있으며 그 모순은 형식과 내용 사이에서 발생하고 있다는 사실은 몇몇 텍스트에서 밝혀질 것이다.

모범영작

Form and content together create the crucial realization of a pleasing, comforting world-view. Form will always be treated here in terms of its major different elements, that is style, presentation, structure, but its discussion does not always precede that of content. Whichever aspect of creation seems initially more revealing will be taken first, and sometimes when the elements cannot be lucidly disentangled for discussion they will be taken partly together. And, to warn fully of complications, in some texts it will be found that the meaning depends on contradictions being enacted between form and content.

04

그 날은 가을날인데도 온 종일 흐리고 어둡고 소리 하나 없이 고요했다. 구름은 하늘 낮게 걸려 내 마음을 짓누르는 것 같았다. 나는 혼자 말을 타고 유별나게도 황량한 시골길을 달렸다. 저녁 땅거미가 내릴 즈음 어셔씨의 집이 보이는 지점에 당도하게 되었으나 그 풍경은 정말 우수에 찬 것이었다. 왜 그런 기분이 드는지 나도 정말 모를 일이었다. 그의 집을 흘깃 한번 바라본 것뿐인데도 참을 수 없는 우울한 기분이 내 마음 한 가운데로 파고드는 것이 아닌가. 참을 수 없는 일이라고 할 수밖에 없다. 왜냐하면, 아무리 황량하고 무서운 자연의 이미지라 하더라도 나는 시적인 정서를 가지고 어느 정도는 즐겁게 그것을 수용해 왔었다.

> **모범영작**
>
> During the whole of a dull, dark and soundless day in the autumn, when the clouds hung oppressively low in the heavens, I had been passing alone, on horseback, through a singularly dreary tract of country, and at length found myself, as the shades of the evening drew on, within view of the melancholy house of Usher. I know not how it was — but, with the first glimpse of the building, a sense of insufferable gloom pervaded my spirit. I say insufferable; for even with the sternest natural images of the desolate or terrible, I usually received them somewhat pleasantly with a poetic sentiment.

05

"현대" 작가만이 긴장과 양면 가치 그리고 감정과 믿음, 동정과 판단 등의 급격한 변화의 희생물이 되는 것은 아니다. 하디에게 가장 중요한 긴장은 개연성이 있는 인물과 이상하고 흔치 않은 사건을, 또 실제적인 것과 환상적인 것을 함께 나란히 병치시키고자 하는 소박한 바람이었다. 하디는 그의 직접적인 스승을 다른 작가가 아닌 죠지 크랩의 운문 이야기에서 찾고 있다. 죠지 크랩은 하디와 유사하게 아이러니하거나 비극적인 불행을 "전원적인 리얼리즘"과 혼합시키고 있다. 하디는 독자들에게 진부하고 일상적인 것에서 벗어난 이야기를 제공하지 못하는 것을 무례한 일로 생각한 것 같다. 그는 소설에서 사건이 우연히 동시에 발생하는 것이 오히려 독자를 재미나게 해준다고 생각한다. 그래서 좋은 소설은 이상한 요소를 지니고 있어야 한다.

> **모범영작**
>
> The "modern" novelist is not the only prey to tensions and ambivalences, and to radical divergences of feeling and belief, sympathy and judgment. The most important tension for Hardy was the simple desire to juxtapose plausible human beings and strange uncommon events, the real and the fantastic. He found his immediate master not in another novelist but in the verse tales of George Crabbe, who similarly blended "rural realism" with ironic or tragic mischance. It would have seemed to Hardy impertinent to offer the reader nothing that escaped the banal and everyday; even macabre coincidence may entertain; a good fiction must be strange.

06

물은 모든 생명의 원천입니다. 강은 우리에게 에너지와 식량, 그리고 아름다운 자연경관까지 주고 있으며 내륙 교통수단으로서도 역할을 하고 있습니다. 세계 고대문명 발생에도 물의 역할은 매우 중요했습니다. 그러나 오늘날 생명의 근원인 수자원이 기후의 변화로 인한 장기적 가뭄과 세계 곳곳에서 일어나고 있는 인구폭발로 심각하게 고갈되고 있습니다. 더욱 사정을 악화시키고 있는 것은 가용할 수 있는 수자원마저 오염되고 있기 때문에 물을 이용하는데 소요되는 비용이 더 비싸졌고 오염으로 인해 물이 건강에 더욱 해로워지고 있다는 사실입니다. 발전과 개발이라는 미명하에 산림은 훼손되고 있습니다. 결과적으로 홍수로 인한 피해는 심각하게 증가하고 있습니다.

> **모범영작**
>
> Water is the source of all living things on earth. Rivers provide us with a plentiful supply of food, hydroelectric energy, excellent facilities for inland transportation and even beautiful natural scenery. Indeed, for the rise of the world's earliest civilizations, water had played the most important role. However, this source of life is dwindling from a prolonged drought caused by climatic changes and its increased use by our swelling population. What makes the matter worse is that the dwindling water available is becoming more contaminated. This makes its use more expensive and hazardous to us. Under the pretext of progress and development, our forest resources have been depleted. In its wake, damages by floods are increasing at an alarming pace.

07

이렇게 전체적으로 인식된 목표와 계획과 관련해서 볼 때, 필립 2세 통치 기간에 스페인은 연속적인 도전에 직면했는데 그 중에서도 1560년대의 네덜란드의 반란은 가장 어려운 문제였다. 이 반란의 진압이 초기단계에서 실패로 끝나자 스페인은 네덜란드에서 오랫동안 군사행동이 불가피하게 되었고 이 결과로 스페인의 자원이 무리하게 사용되었다. 거대한 군사조직체인 플란다스의 스페인군은 충성을 맹세하는 남 네덜란드에서 창설되어 네덜란드 반란군을 포섭 내지 진압할 목적을 가지고 있었는데 5~6만명의 병력을 수용하는 조직체로 성장했으며 그 경비는 연간 스페인 금화로 300만 듀캇의 금액에 달했다. 이것은 연간 왕실 총지출의 약 3분의 1에 해당하는 비용이었다.

> **모범영작**
>
> Within this overall context of its perceived goals and aims, Spain was confronted during the reign of Philip II by a series of challenges, of which the most acute was the revolt of the Netherlands in the 1560's. The failure to suppress this revolt at an early stage committed Spain to a prolonged military struggle in the Netherlands which imposed enormous strains on its resources. That great military machine, Spain's army of Flanders, built up in the loyal provinces of the southern Netherlands to contain and, if possible, suppress the rebellious Dutch, came to have an establishment of some fifty to sixty thousand men, and its expenses were to be of the order of three million ducats a year — approximately a third of the crown's total annual expenditure.

08

현재 아시아 전역에 걸쳐 확산되고 있는 수자원 위기의 주범은 급격한 인구 증가, 산업화, 도시화라고 전문가들은 말하고 있다. 이에 아시아 국가들은 하루 빨리 효율적인 대응책을 강구해야 할 것이라고 그들은 경고하고 있다. 수자원의 위기가 이미 심각한 지경에 이른 지역들도 있다는 것이다. 이런 맥락에서, 아시아 개발 은행은 이 분야의 전문가들과 각 나라 대표들과 함께 수자원을 효율적으로 관리, 개발하기 위한 방안들을 수립하는 일들을 진행하고 있다. 아시아의 초대형 도시들 중에는 인구가 유럽의 일부 국가들보다 더 많은 도시들도 있다. 게다가 앞으로 20년 내 아시아 인구의 50%가 아시아의 대도시로 유입 정착할 것이라고 전문가들은 전망하고 있다.

> **모범영작**
>
> According to water experts, rapid population growth, industrialization and urbanization have brought about a water crisis all across Asia. Governments need to respond quickly with effective ways to deal with the crisis before it's too late, as it is already quite serious in some areas. In this context, the Asian Development Bank, in cooperation with experts and representatives from Asian countries, has been formulating policies for the effective development and management of water resources. Some Asian megacities have grown so big that their population is larger than that of some countries in Europe. Demographers predict that big cities in Asia are expected to be the home for about 50% of Asia's population in two decades.

09

유럽의 자유주의자는 정부의 한정된 역할을 선호하고 사회의 이익보다는 개인의 자유를 우선시한다. 역사학자들은 이러한 용어의 개념에 동의하고 있다. 그러나 오늘날 유럽에서조차 이러한 견해를 가진 사람을 흔히 보수주의자라고 부른다. 그러므로 미국에서 '자유주의자' 란 말은 원래의 의미는 사라지고 오히려 그와 대립되는 개념을 가지게 되었다. 반면 유럽에서는 그 용어가 일반적인 정치적 용어로 사용되지 않고 있다. 이렇듯 이 용어는 남용되고, 오용되고, 사용되지 않는 등, 슬픈 운명을 겪는다고 할 수 있다. 이러한 혼란은 일상적 용어에만 국한되는 것은 아니다. 정치철학에서 자유주의는 때로 넓은 의미로 사용되기 때문에 배제할 것이 거의 없는 즉, 모든 것을 수용하는 것을 의미한다.

> **모범영작**
>
> A European liberal will favour limited government, and give freedom priority over the supposed interests of society. Historians would agree to this meaning of the term. But today, even in Europe, people with such views would more often be called conservative. So it seems that in America "liberal" has become detached from its proper meaning and attached to the opposite, whereas in Europe it is merely falling out of common political parlance. Abused, misused, and disused, the word is suffering

a sorry fate. The confusion is by no means confined to everyday speech. In political philosophy, liberalism sometimes seems so broad a term as to exclude almost nothing — that is, to mean almost nothing.

10

정부의 간섭이 경제 성장에 도움이 되는지 혹은 방해가 되는지에 관해서 판단하는 것은 종종 통례적인 일로 되어왔다. 그러나 최근 반세기 동안 이러한 통례적인 판단에도 많은 변화가 있었다. 제2차 세계대전 이후, 유럽에서는 정부 간섭의 형태로 "중앙계획"과 국영기업이 유행하던 시기도 있었다. 그러나 이 시기에 미국은 1920년도와 1930년도에 설정된 무역에 대한 관세 및 무역장벽을 완화시키고자 대외적으로 노력하였다. 그렇지만 통례적인 판단에 의하면 아프리카, 중남미, 아시아의 후진국가에서는 높은 관세장벽의 보호하에, 정부가 국유화정책과 투자를 통해 경제 개발을 "선도"해야 한다는 것이다. 이에 대한 찬반 논의가 계속되어 왔으나, 이러한 움직임이 반드시 명쾌한 해답을 끌어내는 것은 아니다.

모범영작

Wisdom about whether government intervention helps or hinders economic progress has often become conventional. But the wisdom that is conventional has varied over the past half century. After the Second World War, some forms of intervention became fashionable in Europe, particularly "planning" and state ownership of many companies. At the same time, though, America led worldwide efforts to reduce tariffs and other barriers to trade that had been put up in the 1920's and 1930's.
Yet in poorer countries in Africa, Latin America and Asia conventional wisdom often said that governments should "lead" development through state ownership and investment, behind high trade barriers. The debate has moved on. But motion does not necessarily bring clarity.

11

대학 캠퍼스가 달라지고 있다. 쇠파이프와 화염병, 최루탄가스로 얼룩졌던 대학 캠퍼스에 음악회와 전시회 등이 열리고 섬뜩한 격문들로 채워졌던 게시판에는 교양강좌와 문화행사를 알리는 포스터들이 늘어나고 있다는 것이다. 오랜만에 대학이 본연의 모습으로 바뀌어 가고 있다. 참으로 흐뭇한 변화가 아닐 수 없다. 광복 이후 굴절된 정치사 속에서 우리의 대학은 학문을 닦고 연구하는 상아탑이기보다는 정치 상황과 시국에 민감하게 반응하는 상아탑이었다 해도 과언이 아닐 정도다.

모범영작

College campuses are changing back. Campuses which have undergone (gone through) violent demonstrations involving steel pipes, firebombs and teargas are restoring order with various cultural and academic events being held. Campus bulletin boards once inundated with frightening manifesto are full of posters notifying cultural lectures and events. Colleges are turning back to what they should be after a long interval. How gratifying a sight it is. It is not too much to say that amid the political turmoil since the restoration of national independence, our colleges have not been a tower of ivory in which students and scholars pursue learning and studies, but rather a signal tower of politics which sensitively responds to political situations.

12

국제원자력기구(IAEA)의 북한에 대한 핵사찰 요구는 현재 유엔 안보리의 지지를 받고 있으나 북한은 점차 노골적인 폭언을 사용하면서 거절하고 있다. 얼마 전 판문점 군사 정전위원회의 정기회의에서 북측대표는 남측대표에게 서울이 "불바다"가 될 수 있다는 폭언도 서슴지 않았다. 4월 5일에는 "언제든지 전쟁이 발발할 수 있다"고 협박하였다. 세계 각국은 북한이 핵 개발계획에 의하여 완성된 시설에서 나오는 다량의 플루토늄 생산이 어떠한 영향을 미칠 것인가에 대하여 많은 우려를 나타내고 있다. 그 이유는 크게 보아 두 가지로 들 수 있다.

모범영작

The International Atomic Energy Agency's demand to inspect North Korea's nuclear facilities is being backed up by the United Nations security council; North Korea's refusals are coming in increasingly angry terms. The North's delegate to a routine truce-committee meeting told his southern counterpart that, Seoul, South Korea's capital, could be "a sea of flames." On April 5, the North declared that war might "break out at any moment." There are two big reasons for the rest of the world to be worrying about North Korea's nuclear programme and the bumper harvest of plutonium which it may yield.

13

부패는 한국에 만연하고 있는 현상이다. 민주주의가 성숙하지 못하고 사회 정의의 개념이 희박한 나라일수록 부패에 취약하다. 세계는 우리가 이룩한 경제 성장 때문에 우리를 주시하는 것이 아니라 우리의 정치적 부패 때문에 주시하고 있는 것이다. 이것은 매우 부끄러운 일이다. 정치인, 금융계 인사, 정부 관리들이 관련된 한보사건의 탄로는 우리나라의 도덕성이 얼마나 추락되었는가를 다시 증명하였다. 정부가 소리 높여 부르짖던 부패척결은 근절은 고사하고 억제조차 하지 못하고 있는 것 같다.

Corruption is a wide-spread phenomenon in Korea. Countries with immature democratic systems and obscure norms of social justice are more vulnerable to it. The world is watching us not because of our economic growth but because of our present political corruption. How shameful it is! The recent exposure of the Hanbo scandal involving politicians, financial leaders, government officials and businessmen has attested again to our low level of morality. Highly publicized clean-up campaigns by the government don't appear to be effective in containing corruption, let alone eradicating it.

14

도덕주의자들은 '시적 정의'를 만들어서 발전시킴으로써 문학에 영원한 자취를 남겨 놓았다. 그들은 악은 처벌되고 선은 보상받는다는 방식으로 플롯을 구성하였고 그 결과는 작품에서 여주인공이 죽음이나 그 보다는 더 불행해질 운명으로부터 성공적으로 탈출하는 것을 목격하는 데서 느끼는 도덕적인 만족감과 잘 만들어진 이야기에서 우리들이 느끼는 미적 쾌감을 구별할 수 없다는 것이다. 시적 정의를 충분하게 준수하지 않음으로 해서 플라톤이 상상력이 풍부한 문학에 대해서 반대의견을 제시할 수 있는 근거를 하나 마련해 주게 되었다. 플라톤은 "시인과 산문작가들은 인간 생활에 대한 가장 중요한 허위진술을 하는 죄를 짓고 있다. 즉, 그들은 종종 배덕자들을 행복하게 만들고 정의로운 사람들을 비참하게 만든다. 그리고 정체가 밝혀지지 않는 한 부정의가 오히려 보상을 받도록 하기 때문이다."라고 한다. 이상적인 미학에서 작가의 의무는 우리가 살고 있는 이 썩은 세계보다 작가의 이질적인 세계가 더 정당하게 기능하도록 하는 것이다. 이 타락한 세계의 역사는 잔인성과 부정의의 실망적인 기록이기 때문이다. 징벌을 내리는 일은 작가적인 특권에 속한다.

Moralists have left their mark on literature most indelibly by inventing and fostering 'poetic justice,' shaping their plots in such a way that vice is punished and virtue rewarded, with the result that our aesthetic pleasure in a well-told tale is indistinguishable from our moral satisfaction at witnessing the heroine's triumphant escape from death or such fates as are said to be worse. Insufficient respect for poetic justice was one of the things which provoked Plato's objections to imaginative literature. 'Poets and prose writers are guilty of the most serious misstatements about human life,' he says, 'making it out that wrongdoers are often happy and just men miserable; that injustice pays, if not detected.' In an idealistic aesthetic, it is a writer's duty to make his heterocosmo function more justly than that fallen world we inhabit, whose history is a dispiriting record of cruelty and injustice. Retribution is an authorial prerogative.

15

시장 가격은 공급(총공급 곡선)이나 수요(총수요 곡선) 또는 둘 모두의 이동을 야기시키는 많은 요인들에 의하여 올라가거나 내려가거나 (또는 그 자리에 있기도) 한다. 악천후는 단순히 농산물 가격뿐만 아니라 철강에서 잠옷에 이르는 셀 수 없이 많은 다른 물건의 가격을 올린다. 이것은 생산 차질, 교통수단의 붕괴, 동력 공급의 중단 등 때문이다.

기술의 변화는 공급 곡선을 이동시킨다. 더 효과적인 방법으로 트랜지스터를 만들면 계산기, 컴퓨터, 라디오, TV, 레코드 플레이어 등의 값이 떨어진다. 생산 규모의 증가는, 우리가 봐 왔듯이, 종종 제품의 가격을 떨어뜨린다. 석유와 광물의 비축이 줄면 공급이 감소되고 가격은 상승한다. 생산 규모의 감소에서 야기되는 "비경제"는 수제 지갑, 마차, 괘종시계, 맞춤옷, 수제 가구 시장이 줄어들 때처럼 이런 제품들의 가격을 절대적으로 올릴 뿐만 아니라 상대적으로도 숙련된 노동력이 더 싸고 풍부했던 옛날보다 훨씬 올려놓는다.

모범영작

Market prices may move up or down (or remain the same) in response to a host of factors causing shifts in supply (the whole supply curve) or demand (the whole demand curve) or both. Bad weather makes prices go up — not just the prices of agricultural products, but of a great many other goods ranging from steel to nightgowns — because of interruptions of production, breakdowns in transportation, power failures, etc.

Changes in technology cause shifts in supply curves; a more efficient way of making transistors brings down the prices of calculators, computers, radios, television sets, record players and recorders. Increases in the scale of production, as we have seen, often bring down certain product prices. Shrinking oil and mineral reserves contract supply, and prices move up. "Diseconomics" resulting from shrinking scales of production, as when the market for handmade pocketbooks, horse-drawn carriages, grandfather clocks, custom tailoring, and handmade furniture contracts, push up the price of such products not only absolutely, but relatively far above what they were in the old days, when skilled labor was cheaper and more abundant.

PART **5**

최근기출문제

3급 기출문제

01

E-mail is one popular use of computer networks. It is commonly described as person-to-person communication through computers. We can send not only short messages, but reports, memos, or even whole books faster than with traditional methods of sending documents.

모범번역

이메일은 컴퓨터 통신을 이용하는 일반적인 방법 중의 하나이다. 이메일은 흔히 컴퓨터를 매개로 한 사람 대 사람의 의사소통이라고 설명할 수 있다. 우리는 이메일을 통해서 짧은 메시지뿐 아니라 리포트와 메모들, 심지어 한권의 책을 전통적인 문서 송달 방식보다 훨씬 빠르게 보낼 수 있다.

02

Dust devils are formed when the sun heats the barren ground to a high temperature and makes a layer of warm air. When a cool air mass forms above it, naturally the warm air on the ground will rise. But it does not all rise at the same time.

모범번역

먼지 회오리는 태양이 메마른 대지를 높은 온도로 가열하여 따뜻한 공기층을 만들 때 형성된다. 차가운 공기층이 그 위에 형성되면, 자연히 지면의 따뜻한 공기는 상승하게 된다. 그러나 일시에 모두 상승하지는 않는다.

03

Those in the mood for surfing fun can rent a small surfboard for $20 a day and ride seven-foot-high waves or stretch out on a springy urethane beach and bask under 180 lights at a constant summer temperature. Nervous patrons can also rent a life jacket for $10.

> **모범번역**
> 파도타기를 즐기는 사람들은 하루에 20달러를 내고 서프보드를 빌려서 7피트 높이의 파도를 탈 수 있다. 아니면 탄력 있는 우레탄이 깔린 해변 위에서 일정하게 여름 온도를 유지하며 내리쬐는 180개의 불빛 아래에서 일광욕을 할 수 있다. 마음이 불안한 손님은 10달러에 구명조끼를 빌릴 수도 있다.

04

The other alternative is to arrange overland transportation for the rice, but this would involve hiring a tremendously large number of trucks or boxcars. The extra costs and insurance would be enormous.

> **모범번역**
> 또 다른 대안은 육로를 통해서 쌀을 수송하기로 합의를 보는 것이지만, 그 경우 대단히 많은 트럭 또는 유개화차를 조달하여야 한다. 그로 인해 추가로 드는 비용과 보험료는 막대할 것이다.

05

We would like to mention that this is a trial order and while we would eventually like to order merchandise from you on a regular basis, this will depend on our satisfaction with the goods as well as any consideration you can give us concerning the price for future orders.

> **모범번역**
> 우리는 이번이 견본주문이라는 점을 말씀드리고 싶습니다. 우리는 귀사로부터 정기적으로 상품을 주문하고 싶지만, 그것은 앞으로의 주문에서 귀사가 우리에게 제시하는 제품가에 관한 사항뿐 아니라 제품에 대한 우리의 만족도에 달려 있습니다.

06

Living a healthy life means two things: assessing your health situation and doing things to promote a healthy life. At Herald Hospital we can help you do both. This weekend from 8 a.m. to 8 p.m. at the hospital, health professionals will be on hand to offer cholesterol and heart rate screenings, blood tests, and body fat measurements, all for free.

모범번역

건강한 삶을 산다는 것은 두 가지 의미를 지니고 있습니다. 그것은 건강 상태를 평가하고, 건강을 증진시키는 생활을 하는 것입니다. 헤럴드 병원에서는 여러분이 이 두 가지를 실천할 수 있도록 도와드립니다. 병원에서는 이번 주 아침 8시부터 저녁 8시까지 건강 전문의들이 직접 나와서 콜레스테롤 검사와 심장박동검사, 혈액 및 체지방 검사를 모두 무료로 실시할 계획입니다.

07

The best thing to protect yourself is to make sure that you have a smoke alarm and a fire extinguisher in good working condition. The smoke alarm will give you an early warning that a fire has started, so you can call the fire department. If it is a small fire, maybe you can use the fire extinguisher to help put out the fire before the fire trucks arrive.

모범번역

여러분 자신을 보호하는 가장 좋은 방법은 화재경보기와 소화기를 정상 상태로 유지하는 것입니다. 화재경보기는 화재가 발생한 사실을 조기 경보해 주므로, 여러분은 소방서에 연락을 취할 수 있습니다. 만약 소규모의 화재가 발생한다면, 소방차가 도착하기 전에 직접 소화기로 화재를 진압할 수 있습니다.

08

One of the best ways for companies to boost profits is to bring customers into the decision making loop — giving them a say in devising products and improving services. For example, the Black and White Corp., which sought the advice of customers came up with one of its most successful products.

모범번역

회사가 이익을 도모하는 최선의 방법 중 하나는, 고객들을 의사결정 과정에 동참시키고, 제품을 고안하고 서비스 향상을 위한 발언권을 주는 것이다. 예를 들어, 블랙&화이트사(社)는 고객의 조언을 구해서 가장 성공적인 제품을 창안해냈다.

09

You begin by buying two sharpening machines, one reel type and one rotary, learning how to do a first-class job with them. The time to do this is well in advance of the spring season so you can be sure to have your ad in the Yellow Pages when the grass starts growing. No special location is required; you can do the work in a vacant garage, or even in your own home. The best way to get business is to call on a large number of hardware and grocery stores and try to make a deal with them to act as your agents. All they have to do is let you put up a conspicuous sign reading, simply: LAWN MOWERS SHARPENED.

Customers bring in mowers to be sharpened, or ask to have them picked up. The merchant, in most areas, gets 20 percent as his share of the profit. The more agents you have, the more orders you'll get.

> **모범번역**
>
> 릴과 로터리 이 두 가지 타입의 예리한 기계를 구입하여, 훌륭하게 일을 수행할 수 있는 방법을 배울 수 있습니다. 이 사업을 시작하는 적절한 시기는 이른 봄이므로, 당신은 잡초가 자라기 시작하는 무렵에 전화번호부 책자에 광고를 게재할 수 있습니다. 이 사업을 하는 데 특별한 장소가 필요하지는 않습니다. 빈 차고나 심지어 본인의 집에서도 할 수 있는 일입니다. 사업을 하는 가장 좋은 방법은 여러 철물점과 식료품점에 방문을 해서 이들과 계약을 체결해 중개상 역할을 하도록 하는 것입니다. 중개상인이 할 일은 당신이 "잔디 깎는 기계 날 갈아드립니다."라고 쓰인 간판을 눈에 띄게 걸어 놓도록 해 주는 것입니다.
> 고객들은 잔디 깎는 기계를 가져와서 날카롭게 날을 가는 일이라든가 기계의 수리를 부탁할 것입니다. 대부분의 지역에서, 상인들은 이익의 할당량으로 20%를 받습니다. 당신이 중개상을 많이 알수록 주문이 더 많이 들어올 것입니다.

10

What We're Looking For

Our ideal candidates know that hard work, drive and determination are keys to success — and the rewards that go with it. They want to learn the business from the ground up, yet don't want to stay there. They want to assume more responsibility, learn more and earn more. They're professionals who understand that excellent customer service is what truly sets great companies apart. They're individuals who want to be part of a winning team. If that describes how you view yourself, we want to talk with you.

우리가 찾는 인재상

자사의 이상적인 지원자는 근면과 추진력, 결단력이 성공의 주요한 열쇠가 되며, 그에는 보상이 따른다는 사실을 잘 파악하고 있는 사람입니다. 그들은 기초에서부터 일을 차근차근 배우고 싶어 하지만, 제 자리에 머물러 있기를 거부합니다. 책임감이 더 많이 따르는 일을 기꺼이 맡고 싶어하며, 더 많이 배우며, 얻을 수 있는 임무를 맡고 싶어 하는 사람입니다. 그들은 훌륭한 고객 서비스가 좋은 회사를 구별하는 잣대라는 것을 이해하는 전문가입니다. 또한 팀을 승리로 이끄는 구성원이 되기를 원하는 사람들입니다. 당신의 생각에 자신의 모습이 이와 같다면, 자사는 당신과 면접을 볼 수 있기를 희망합니다.

11

Swedish hotels are of a uniformly high standard, although they are expensive. Over the past few years, hoteliers have been increasing their rates at an annual rate of 10 percent, well above the country's level of inflation. But, particularly in the larger towns and cities, hotel rates do come down in high summer because the expense-account business travelers, on whom they depend for their profits, are on holiday themselves. The big international hotel chains like Hilton or Sheraton have made little impact on Sweden. Instead, accommodation is dominated by Scandinavian chains like SARA.

스웨덴의 호텔들은 가격은 비싸지만 한결같이 높은 수준을 유지합니다. 지난 몇 년 동안, 호텔의 경영자들이 매해 10%씩 숙박료를 상향 조정하고 있는데, 이는 스웨덴의 물가 상승률을 훨씬 뛰어 넘는 수준입니다. 그러나 도심이나 대도시에서는 여름철에 숙박료가 떨어집니다. 이는 그들에게 수익을 주는 사람들인, 회사에서 경비를 지원받는 비즈니스 여행객들이 휴가를 떠나기 때문입니다. 스웨덴에서는 힐튼이나 셰러턴 호텔과 같은 국제적으로 거대한 호텔 체인점들이 미치는 영향이 미비합니다. 대신 스칸디나비아의 사라 호텔과 같은 체인점들이 숙박업계에서 우위를 차지하고 있습니다.

12

We are an international educational company with a franchise network currently established in several countries in Asia. We are in the process of establishing Master Franchises and Franchises in the U.S.A., Canada, South and Central America, Africa, Europe, and other countries. The Gifted Child Academy offers high quality educational programs for part-time study and home-schooling. The following have been integrated into our courses:

* Textbooks of a high quality *Videos *Computers *Tele-conferencing

* Parental participation *Distance evaluation by questionnaires and assignments.

자사는 현재 아시아 일부 나라에 설립되어 체인망을 갖춘 국제적인 교육 회사입니다. 우리는 본점과 체인점들을 미국, 캐나다, 북아메리카, 중앙아메리카, 아프리카, 유럽, 그리고 기타 다른 여러 나라에 설립 중입니다. 영재 아카데미에서는 시간제 학습과 가정교육을 위한 질 높은 교육 프로그램을 제공합니다.

높은 수준의 교재와 비디오, 컴퓨터, 통신회의, 부모님들의 참관, 설문지와 숙제에 의한 정기적인 평가가 우리의 교육 과정에 통합됩니다.

13

Smoking, like alcohol or heroin, is addictive. Smokers who quit display withdrawal effects, including drowsiness, headaches, diarrhea, constipation, increased appetite, and anxiety. The effects on the human body of many of the substances from cigarette smoking are devastating. Of particular importance are heart disease, lung disease, and cerebrovascular disease. It has been estimated that were it not for cigarettes, there would be 11 million fewer cases of chronic illness each year in the United States. The Surgeon General reports that cigarette smoking is the chief preventable cause of death in this country. A 32-year-old male smoking thirty cigarettes a day increase his likelihood of death 30~40 percent over that of a nonsmoker, and, on average, he decreases his life expectancy by 7.3 years. The American Cancer Society estimates the annual direct medical cost of treating smoking-generated diseases at 15 billion dollars.

모범번역

알코올이나 마약과 마찬가지로 흡연은 중독성이 있다. 담배를 끊은 사람들은 졸음, 두통, 설사, 변비, 식욕증진, 불안 등의 금단 증상들을 보인다. 흡연으로 인해 발생하는 물질이 인간의 신체에 미치는 영향력은 실로 충격적이다. 심장질환, 폐질환, 뇌혈관질환 등이 대표적인 예다. 담배가 없다면, 미국에서 매해 만성병 환자의 수가 천백만명 정도 줄어들 것이라는 통계도 있다. 미국의 공중위생국 장관은 미국에서 흡연이 예방할 수 있는 주요 사망 원인이라고 보고한다. 하루에 30개비의 담배를 피우는 32세 남성의 경우 사망률은 비흡연가에 비해 30~40%나 높고 수명은 평균 7.3년 짧다. 미국 암협회는 매해 흡연으로 인한 질병을 치료하는 데 드는 직접적인 의료비용을 150억달러로 추정한다.

14

How different are Asians? That some of them are richer than most of the rest of the world is now commonplace, but why remains controversial. Some East Asians argue that the explanation lies in "Asian values," among them a deference to leaders who, unencumbered by the clamour of a rowdy electorate, have been able in several Asian countries to use their authority to help produce spectacular economic growth. Recent events, especially in South Korea, cast fresh doubt upon this ever-questionable proposition.

아시아 국가들은 어떤 점에서 다른가? 일부 아시아 국가는 아시아 이외의 다른 나라들보다 잘 살고 있다는 것이 현재 받아들여지고 있는 일반적인 생각이다. 그러나 왜 아직도 논쟁은 계속되고 있는가? 동아시아 국가들의 일부는 그 해답을 그들 사이에 존재하고 있는 "아시아적인 가치관", 즉 그들의 지도자들이 수많은 선거권자들에 의한 요란한 선거 분위기에 흔들리지 않으면서 권력을 눈부신 경제발전을 이끌어내는 데 이용할 수 있었던 서너 개의 아시아 국가들에 있어서의 복종에 있다고 보고 있다. 그러나 특히 한국의 경우에서처럼 요즈음에는 이러한 아시아적인 가치관에 근거한 해답에 새로운 의문점들이 주어지고 있다.

15

Pacific powers would like Korea to reunify slowly, but the North is soon likely to implode, its economy deteriorating as its weapons of mass destruction accumulate. Rapid reunification would spur economic growth, as in Germany, and reduce regional tensions. South Korea's liberalization of its own economy and strengthening of its civic institutions will prepare it to assist the North. China and Russia may not go along, but western governments should stop favoring Pyongyang. America should underwrite a united Korea's security, and Japan its finance.

태평양 연안국들은 한국이 서서히 통일되는 것을 원하고 있으나 북한은 경제악화에도 불구하고 대량파괴용 무기를 비축함에 따라 조만간 붕괴될 것 같다. 빠른 통일은 독일의 경우에서처럼 경제발전을 촉진할 것이며, 이 지역의 긴장을 완화할 것이다. 남한이 경제를 개방하고 문민제도를 강화하는 것은 북한에 대한 원조를 준비하는 것이 될 것이다. 중국과 러시아는 이에 동조하지 않을 수도 있으나 서방 국가들은 평양정부를 소중하게 다루는 것은 중지해야 한다. 미국은 통일된 한국의 안보를, 일본은 통일된 한국의 금융비용을 부담하여야 한다.

16

The phenomenon taking place within the neon sign results from a complicated chain of processes associated with gases called plasmas, which consist of an equal number of ions and electrons. A plasma is considered the fourth state of matter, the other three states being solid, liquid, and gas. More than 99.9 percent of the matter in the universe is in the plasma state. It is now recognized that the aurora is also a plasma phenomenon and that its light is produced by a process similar to that occurring in the neon tube.

모범번역

네온사인 안에서 발생하는 현상은 플라스마라고 하는 가스와 관련된 일련의 복잡한 연쇄 작용에서 비롯된 것이다. 플라스마는 같은 숫자의 이온과 전자로 구성되어 있다. 플라스마는 물질의 제4상태로 간주되고 있는데 다른 세 가지 상태는 고체, 액체 그리고 기체라 할 수 있다. 우주 안에 있는 99.9% 이상의 물질이 플라스마 상태로 존재한다. 현재는 오로라도 플라스마 현상으로 인정되고 있으며 오로라의 빛도 네온관 안에서 발생하는 것과 유사한 과정을 거쳐 발생하고 있다.

17

The Eiffel Tower presents a situation exactly opposite to that of the Crystal Palace. It was built in 1889 to commemorate the centennial of the French Revolution. It is a work of pure engineering, a magnificent representation that represents only itself. By rejecting historical symbolism and the unique historical and cultural traditions of the city it dominates, it achieves the universality and independence of space and time, and the independence of the technology that made it possible. It is a bridge rotated from horizontal to vertical and, at the same time, a fully realized abstract sculpture. In this sense it is a new word and, an explosion of sound in an oppressive silence. Above all it is there. Most bridges can be ignored for the same reason that the Great Wall of China could be ignored. They are useful devices, ways to get over a gap, but have no pretense to identities of their own. Their only message is "Cross me." But the Eiffel Tower cannot be ignored, simply because it has no use. You cannot cross it.

모범번역

에펠탑은 수정궁과는 반대되는 상황을 나타내고 있다. 이 탑은 프랑스 혁명 100주년을 기념하기 위해서 1889년에 세워졌다. 이 탑은 순수 공학의 산물로서 그 자체의 존재를 나타내는 놀라운 작품이다. 이 탑은 자신이 서 있는 도시의 역사적 상징성과, 독특한 문화적 전통을 표현하지 않고 시공간의 보편성과 독립성, 그리고 이 탑을 가능하게 했던 기술의 독립성을 성취한 것이다. 수평에서 수직으로 방향을 전환한 다리이며, 동시에 조각의 추상성을 완전히 구현한 작품이다. 이러한 의미에서 에펠탑은 압도적인 침묵으로 표현된 새로운 어휘이며 소리의 외침이라 할 수 있다. 무엇보다도 이 탑은 그곳에 존재한다는 사실이다. 중국의 만리장성이 무시될 수 있는 것과 같은 이유로 대부분의 다리들은 무시될 수 있다. 다리란 공간을 건너는 유용한 장치이며 방식이지만 자신이 존재하는 이유를 설명하려고 들지는 않는다. 그들이 전하는 유일한 메시지란 "나를 건너시오"라는 말이다. 그러나 에펠탑이 아무 쓸모가 없다는 이유로 우리는 에펠탑을 무시할 수 없다. 당신은 에펠탑을 건널 수 없는 것이다.

18

Managing two interacting value-adding processes in the two mutually dependent realms poses new conceptual and tactical challenges. Those who understand how to master both can create and extract value in the most efficient and effective manner. Academics, consultants, and managers have long described the stages in the process of creating value in the physical world as links in a "value chain." The value chain is a model that describes a series of value-adding activities connecting a company's supply side (raw materials, inbound logistics, marketing, and sales). By analyzing the stages of a value chain, managers have been able to redesign their internal and external processes to improve efficiency and effectiveness.

> **모범번역**
>
> 서로 의존하고 있는 두 영역에서 상호 작용하는 두 개의 부가가치 과정을 관리하는 데에는 새로운 개념적·전략적 도전을 필요로 한다. 이 양자를 모두 터득하는 사람들은 가장 능률적이고 효과적으로 가치를 창출하고 끌어낼 수 있다. 학자들, 상담자들 그리고 경영인들은 현실에서 가치 창출과정을 "가치 고리"의 연결 상태로 설명해 온 것이 오래되었다. 가치 고리는 원자재, 회사 내의 보급 활동, 마케팅, 판매와 같은 회사의 공급측면을 연결하는 일련의 부가가치를 설명하는 모델이다. 가치 고리의 과정을 분석함으로써 경영인들은 능률과 효과를 증진시킬 수 있도록 내부와 외부의 과정을 재설계할 수 있게 됐다.

19

But my pseudo-patriot had no mind to let me escape so easily. Not satisfied that his opinion should pass without contradiction, he was determined to have it ratified by the suffrage of every one in his company; for which purpose addressing himself to me with an air of inexpressible confidence, he asked me if I was not of the same way of thinking. I am never forward in giving my opinion, especially when I have reason to believe that it will not be agreeable; so, when I am obliged to give it, I always hold it for a maxim to speak my real sentiments. I therefore told him that, for my own part, I should not have ventured to talk in such a peremptory strain, unless I had made a tour of Europe, and examined the manners of these nations with great care and accuracy.

> **모범번역**
>
> 그러나 나의 사이비 애국자는 나를 그처럼 쉽게 풀어 줄 생각은 없었다. 아무 반론도 없이 그의 의견이 통과된것이 몹시 불만족스러웠던지 그는 일행 중의 모든 사람들에게서 만장일치의 찬성을 얻어서 승낙 받기로 결심하였다. 그 목적을 달성키 위해서 그는 형언할 수 없는 자신만만한 태도로 나에게 자기와 같은 식으로 생각하지 않는지를 물었다. 나는 내 의견을 제시하는 데는 적극적으로 나서는 일이 없는데 내 의견이 받아들여지지 않을 것 같은 경우에는 특히 그렇다. 그래서 내가 할 수 없이 의견을 개진해야 할 경우에는 격언을 빌려 말함으로써 나의 진정한 정서를 표현할 수 있을 때까지 아무 말을 하지 않았다. 그래서 나는 내 의견으로 이렇게 말했다. 내가 유럽 몇 나라를 방문해서 조심스럽고 정확하게 그들의 관습을 검토해 보지 않고서는 그런 억눌린 분위기에서는 이야기할 수 없다는 사실을 말했다.

20

That a phenomenon is beneficial to a person, while not explaining the mechanism of the phenomenon, is of obvious interest and importance. Evolution is the key to understanding why most body activities do indeed appear to be purposeful, since those responses having survival value undergo natural selection. Throughout this book we emphasize how a particular process contributes to survival, but the reader must never confuse this survival value of a process with the explanation of the mechanisms by which the process occurs.

> **모범번역**
>
> 어떤 현상이 그 발생과정을 설명해 주지는 못하더라도 어떤 개인에게 이롭다는 것은 분명히 흥미롭고 중요한 사실이다. 진화현상은 어째서 대부분의 신체활동이 사실상 목적을 가지고 있는 것같이 보이는가를 이해하는 데 중요한 열쇠가 된다. 왜냐하면, 생존가치를 지닌 반응들은 자연 도태를 거치기 때문이다. 이 책을 통해서 우리는 특정한 과정이 생존에 어떻게 기여하는지를 강조하고 있다. 그러나 독자는 과정의 이러한 생존가치 과정을 그 과정이 발생하는 기계구조에 대한 설명과 착각해서는 안 된다.

21

A wasting breath of humiliation blew bleakly over his soul to think of how he had fallen, to feel that those souls were dearer to God than his. The wind blew over him and passed on to the myriads and myriads of other souls on whom God's favour shone more now and now less, stars now brighter and now dimmer, sustained and failing. And the glimmering souls passed away, sustained and failing, merged in a moving breath. One soul was lost; a tiny soul: his. It flickered once and went out, forgotten, lost. Black, cold, void, it was a bleak end.

> **모범번역**
>
> 그가 어떻게 해서 타락하게 되었는지를 생각하면서 또 저 사람들이 자기보다 더 신에 가까이 있다는 것을 느끼게 되자, 황량하고 비굴한 숨결이 그의 영혼을 뒤덮으며 몰아쳐왔다. 바람은 불어서 그를 지나고 수 없는 다른 영혼들을 지나서 신의 은총이 때로는 많게 때로는 적게 비치는 인간들에게로 불어갔다. 별들도 때로는 흐렸다 밝아지고 또 보이다가 사라지기도 했다. 깜박이는 영혼들도 지나가고, 나타났다가 사라진다. 움직이는 숨결 속에 사라진다. 한 영혼이 사라졌다. 자그마한 그의 영혼이다. 한 차례 깜박거리다가 사라졌다. 잊혀지고, 사라졌다. 검고 춥고 공허하고 황폐한 마지막이다.

22

The 13-year-old girl was made to fast for several days, then dressed in her finest clothes, which were held in place by a bright silver pin, and taken to Nevado Ampato in the Peruvian Andes. Despite a narcotic-induced calm, her fingers clutched nervously at her 'aksu,' or body wrap, as she knelt at the frigid mountaintop, worshiping her god. While she prayed, a priest struck her from behind with a heavy club, shattering her skull over her right eye. She was then buried sitting up, only to be discovered 500 years later by American archeologist Johan Reinhard. Today, the girl, called Juanita by scientists, lies in state in Explorers' Hall at the National Geographic Society in Washington D.C., during a brief visit to the United States. Her body rests in a specially designed portable freezer that mimics the cold and dryness that kept it remarkably intact for five centuries on the desolate volcanic slopes, safely hidden from grave robbers and the ravages of decay.

모범번역

13세 소녀를 며칠 동안 금식시키고, 밝게 빛나는 은 핀으로 자리를 잡아서 박아놓은 아주 고운 옷을 입힌 다음에 페루 안데스 지역의 네바도 암파토로 데려갔다. 최면을 유발하는 듯한 고요함에도 불구하고, 그녀는 초조해하며 몸을 감싸고 있는 아크수를 꽉 쥐고, 추운 산 위에서 무릎을 끊고, 신을 숭배하고 있었다. 그녀가 기도하는 동안, 제사장이 무거운 곤봉으로 그녀의 뒤통수를 가격했으므로 그녀의 오른쪽 눈 위의 두개골이 산산이 부서졌다. 똑바로 앉은 채로 매장된 그 소녀는 500년 뒤에 미국인 고고학자 조안 레인하드에 의해 발굴되었다. 오늘날, 과학자들이 주아니타라고 명명한 그 소녀는 미주 순환 전시회를 하는 동안 워싱턴 DC에 있는 국립지리학협회의 탐험가들의 전당 안에 안치되어 있다. 황량한 사화산 비탈 위에서 5세기 동안 도벌꾼들에게 안전하게 숨겨져서 부패하지 않은 채로 놀랍도록 고스란히 보존된 이 소녀는 그와 똑같은 차가운 온도와 건조한 환경을 만들기 위해 특별히 제작된 이동식 냉장고에 안에 놓여 있다.

23

We may suspect that a great many women have taken refuge in the cloister because Cupid has left them alone, and a great many men because Cupid will not leave them alone. Nor is Cupid the only enemy of peace. Greed, injustice and cruelty have made life in the world so unpleasant that the opportunity to escape from it altogether seems to many very attractive. Meditation, difficult at first, may become delightful; and we must not forget that every year spent in a monastery or convent makes its inmates more unfit to live anywhere else. They would be like snails without their shells.

사랑의 신 큐피드가 그냥 내버려 두었기 때문에 수도원으로 은신한 여성들이 많았고, 큐피드가 혼자 있게 내버려두려 하지 않았기에 허다한 남성들이 수도원으로 찾아드는 것이 아닌가 하고 생각할 수도 있다. 하지만 큐피드만이 (수도원의) 평화를 해치는 적대자는 아니다. 탐욕스러움과 불의, 잔인함 때문에 속세의 삶이 매우 싫어 완전히 도피할 수 있는 기회를 잡는 것이 많은 사람들에게 매력적으로 생각되기도 한다. 명상을 한다는 것은 처음에는 쉽지 않지만 차츰 즐거운 일이 될 수 있다. 그런데 잊지 말아야 할 일이 있다. 오랜 세월을 수도원에서만 보낸 수도사나 수녀들은 수도원 이외의 곳에서의 생활에 더욱 적응하지 못하게 된다는 사실이다. 만약 다른 곳에서 살게 되는 경우가 있다면 그들은 껍질 없는 달팽이같이 될 것이다.

24

A visitor to Marrakesh, Morocco, might believe that his imagination is playing tricks on him when he confronts the Koutoubiya minaret. The tower is a delight to the eye, but of course there is nothing illusory about that. What mystifies tourists is that the minaret seems to give off a delightful smell as well.

The sweet odor visitors detect is quite real. The slender Koutoubiya — a perfect representative of the golden age of Moslem architecture — has been famous for more than eleven centuries for the fragrance emanating from its walls. The story of the sweet-smelling minaret begins in 1195. In that year the Sultan Yakub al Mansur defeated Alphonso VIII, the Castilian king, at the battle of Alarcos, Spain. To thank Mohammed for the victory, Yakub ordered that a mosque be built at his capital, Marrakesh. And into the mortar used in the building of the mosque were mixed some 960 sacks of musk, the fragrance still can be perceived today.

The 220-foot tower affords a magnificent view of the city. Yet for more than six centuries only blind muezzins(Moslem priests) were permitted to climb to the top of the tower.

모로코의 마라케시를 방문하는 여행객이 크트비야 탑을 보게 된다면 그의 상상속의 그림이 짓궂은 장난을 쳐서 그를 놀리고 있다고 생각할지도 모른다. 탑은 보기 아름답긴 하지만 물론 환상을 일으킬만한 면은 없다. 여행자들에게 신비로운 궁금증을 갖게 하는 것은 뾰족한 탑이 황홀한 향기도 발산하는 듯하다는 것이다.
방문객들은 진짜 향기를 맡는다. 이슬람 건축 황금기의 가장 대표적인 건축물인 가느다란 코트비야 탑은 건물 자체가 발산하는 향기로 11세기 전·후반에 걸쳐 명성을 떨쳐왔다. 향기를 발산하는 탑의 이야기는 1195년에 시작한다. 그 해 터키의 황제 '야곱 알 만술'이 스페인, 알라코스 전투에서 카스틸의 왕 알폰소 8세를 무찔렀다. 모하메드에게 승리의 감사표시를 위해, 야곱은 수도 마라케시에 회교사원을 만들 것을 명하였다. 그리고 사원건축에 쓰이는 모타르(회반죽)에 오늘날까지도 느낄 수 있는 960자루 분량의 향수가루를 섞었다.
높이 220피트인 탑에서 광활한 도시풍경을 볼 수 있다. 그러나 6세기 전후반에는 단지 장님의 기도시각을 알리는 사람(이슬람 회교 사도)만이 탑의 정상에 오르도록 허용되었다.

25

Herbert A. Otto, one of the leaders in the human potential movement, notes in *Love Today* the paradoxical conclusions made about communication in love. Communication in love, says Otto, is characterized by two features, "(1) confusion and lack of clarity, and (2) increased clarity and comprehension." While some lovers note the extreme difficulty in understanding what the other person means, many others note the exceptional ability they now seem to possess in understanding the other person. Ron Lunceford, in *How Do You Feel?*, expresses clearly the strong desire to communicate love and the difficulties in doing so. "The one thing I wish for myself is that I could express my love, but sometimes I have the fear of talking about it too much. I like being loved and I like giving love. And it's sad sometimes for me to talk about love and loving feelings to people who don't have someone to love or anyone to love them."

모범번역

인간의 잠재능력 회복운동을 이끄는 한 사람인 허버트 에이 오트(Hervert A. Otto)는 그의 저서인 『오늘날의 사랑』에서 사랑의 교감에 대해 역설적인 결론을 내렸다. 그는 사랑의 교감은 두 가지 요소, 즉 "(1) 명쾌함의 혼돈과 결핍, (2) 개선되어가는 명쾌함과 이해"로 규정된다고 얘기한다. 소수의 연인들이 상대방의 뜻하는 바를 이해하는 데 상당한 어려움을 겪는 동안, 많은 이들은 상대방을 이해하는 데 뜻밖의 능력을 가지고 있음을 알게 된다. 『어떻게 느끼십니까?』에서 론 런스포드(Ron Lunceford)는 사랑의 대화에 강한 욕구가 있는 것과 사랑의 대화를 나누는 데 있어서의 어려움을 명백히 얘기하고 있다. "내가 나에게 바라는 것은 사랑을 표현할 수 있는 것이다. 그렇지만 가끔 나는 사랑에 대해 말하는 데 두려움을 갖고 있다. 나는 사랑 받는 것을 좋아하고 사랑 주는 것을 좋아한다. 그리고 가끔은 사랑할 사람도 그들을 사랑해줄 사람도 없는 이들에게 사랑과 사랑의 느낌을 말하는 것이 슬프다."

26

Still some of the nobles had come to Buda and Pest with their troops and Batu, learning of the wall of Buda, probably concluded that a siege would be difficult, while open-field warfare might yield a decisive victory. So he ordered his soldiers to retreat. King Bela came out to meet Batu's army and for a time the Hungarians had the better of the fight. But then a wing of Batu's army got behind them. Surrounded the Hungarians broke out and fell back to their tightly drawn camp.

For the Mongols the battle became like a great hunt at home when riders drove preys into a circle to be slaughtered. They poured arrows and flaming missiles into the packed masses, setting wagons and tents in fire. The Hungarians fled only to be cut down. Before the day was done 60,000 men of Bela's army had been killed. Bela managed to escape but the Mongols sacked city after city, including both Buda and Pest.

지금까지 영주들은 군사와 바투군을 이끌고 부다페스트로 왔다. 부다의 높은 벽 때문에 포위해서 공격하는 것은 어려움이 따르는 한편, 넓은 곳에서 싸우면 결정적인 승리할 것이라 판단되었기 때문이다. 그래서 병사들을 철수시켰다. 벨라왕이 바투의 군대를 만나고 있는 동안 헝가리 부대는 정예 요원들을 확보하였다. 그렇지만 바투 군대의 일부는 헝가리 부대의 후면에 위치해서 그들의 튼튼한 요새로 탈출해서 도망가는 헝가리 부대를 포위하였다.

몽골사람들에게 전투는 자기 나라에서 사냥감을 죽이기 위해 원으로 몰아서 하던 큰 사냥처럼 돼버렸다. 그들은 모여 있는 사람들, 마차, 그리고 텐트에 화살과 불 폭탄을 쏟아 부었다. 헝가리인들은 도망쳤지만 많은 사람이 죽고 말았다. 그날이 지기 전에 60,000명의 벨라 장정들이 죽었다. 벨라는 도망가기는 하였으나, 몽골사람들은 부다페스트를 포함한 도시들을 하나씩 점령해갔다.

27

From a male point of view, it is women who have the edge in today's labor market. Women's jobs have boomed, while men's have vanished. Unskilled young men now find it much harder than their mothers to get jobs. Yet from the viewpoint of an ambitious young woman, the female job market still looks like a depressingly flat pyramid. There may be plenty of jobs at the till, the bedside or the blackboard, but move into management and they disappear. Climb the managerial ladder, and women eventually bang their heads against the so-called glass ceiling.

남성의 입장에서 보면 오늘날 노동시장에서 우세를 취하고 있는 것은 여성이다. 여성의 직업은 폭증하고 있는 반면, 남성의 직업은 위축되고 있다. 현재 숙련된 기술을 가지지 못한 젊은 남자가 취업하기가 그들의 어머니가 취업하기보다 어렵다는 것을 발견할 것이다. 그러나 야심만만한 젊은 여성의 시점에서 보면, 여성 직업 시장은 여전히 우울하게 납작한 피라미드 모양이다. 카운터나 침대가 또는 칠판 앞이라면 직업이 꽤 많을 것이다. 그러나 관리직으로 시선을 돌리면 여성의 직업은 없어진다. 관리직의 사다리를 올라가다 보면 여성은 소위 유리천장이라는 것에 반드시 머리를 부딪치게 마련이다.

28

Japanese firms have competed successfully in industries ranging from automobiles and video recorders to machine tools, semiconductor chips, and computer hardware. They have become well known for high levels of productivity and reliability in manufacturing as well as engineering.

If Japanese firms were to transfer the same type of skills they have cultivated in other industries to software, users would probably become better off with improved products at lower prices. The Japanese would then also confront the United States, the only nation which has succeeded in making new technology for software. While Japanese software products are yet to be seen in every international market, industry analysts in America remain divided over where Japanese firms currently stand in the software field.

> **모범번역**
>
> 일본의 회사들은 자동차나 비디오 레코더에서 공작기계, 반도체칩, 컴퓨터 하드웨어에 이르는 산업에서 성공적으로 경쟁해 왔다. 그들은 공학뿐만 아니라 제조업에서 높은 수준의 생산성과 신뢰성으로 잘 알려졌다.
> 만일 일본의 회사들이 다른 산업에서 배양했던 기술을 소프트웨어 분야에도 적용한다면, 사용자들은 저렴하면서도 개선된 제품들로 인해 더 나은 형편이 될 것이다. 그러면 일본은 소프트웨어 분야에서 신기술을 성공적으로 만들 수 있는 유일한 나라인 미국과 대결하게 될 것이다. 일본 소프트웨어 제품이 모든 국제 시장에서 아직 보이지 않는 동안에는 일본의 회사들이 참여하고 있는 소프트웨어 분야에 대한 미국의 산업평론가들의 의견은 분열되어 있을 것이다.

29

The real point of electronic documents is not simply that we will read them on hardware devices. Going from paper book to e-book is just the final stage of a process already well under way. The exciting aspect of digital documentation is the redefinition of the document itself. This will cause dramatic repercussions. We will have to rethink not only what is meant by the term "document", but also by "author," "publisher," "office," "classroom," and "textbook."

> **모범번역**
>
> 전자문서의 실질적인 취지는 단순히 문서들을 하드웨어 기기들의 화면을 통해 직접 읽는 것만은 아니다. 문서들이 지면에서 전자매체로 전환되어 가는 과정은 이미 널리 행해지고 있는 전자화 과정의 마지막 단계일 뿐이다. 디지털 문화에 있어서 흥미로운 점은 문서 자체를 재정의 한다는 점이다. 이 점은 극단적인 반향을 불러일으킬 것이다. 우리는 문서라는 용어가 의미하는 것에 대해 재고해야 함은 물론, 작가라든가 출판사, 사무실, 교실, 그리고 교과서 등의 어휘에 대해서도 새롭게 생각해야만 할 것이다.

30

Isaac's father being dead, Mrs. Newton got married again to a clergyman, and went to reside at North Witham. Her son was left to the care of his good old grandmother, who was very kind to him and sent him to school. In his early years, Isaac did not appear to be a very bright boy, but was chiefly remarkable for his ingenuity in all mechanical occupations. He had a set of little tools and saws of various sizes manufactured by himself. With the aid of these, Isaac contrived to make many curious articles, at which he worked with so much skill that he seemed to have been born with a saw or chisel in hand. The neighbor looked with vast admiration at the things which Isaac made. And his old grandmother, I suppose, was never weary of talking about him. "He'll make a master craftsman one of these days," she would probably say. "Isaac will do well in the world and be a rich man before he dies."

모범번역

아이작의 아버지가 돌아가신 후, 뉴턴 여사는 한 성직자와 재혼하여 북부 위담 지역에 거주하게 되었다. 그녀의 아들(아이작)은 인정 많은 할머니의 손에(보살핌 속에) 맡겨졌다. 할머니는 아이작을 매우 따뜻하게 대해주었고, 학교에도 보내주었다. 어린 시절 아이작은 그리 총명해 보이는 아이는 아니었지만, 기계 분야에서는 아주 비상한 재능을 보였다. 아이작은 혼자 힘으로 다양한 크기의 작은 공구세트와 톱들을 만들어 냈다. 그리고 아이작은 이 도구들을 이용하여 (고생 끝에) 사람들의 이목을 끄는 여러 가지 물건들을 만들어 냈는데, 이 물건들을 만들어 내는 데 아주 뛰어난 기술들을 이용한 것을 보면 마치 타고난 기능공처럼 보였다(태어날 때 손에 톱과 끌을 들고 태어난 것 같았다). 그의 이웃들은 그가 만들어 낸 것들을 엄청난 감탄의 눈으로 바라보았다. 그리고 추측건대 아이작의 연세 많으신 할머니는 아마 손자 자랑에 지칠 줄 몰랐을 것이다. 아마도 아이작의 할머니는 "아이작은 언젠가(가까운 시일 내에) 최고의 장인이 될 거야.", "아이작은 세계적으로 성공할 것이고, 죽기 전에 반드시 부자가 될 거야."라고 말씀하셨을 것이다.

31

Vacations are more necessary now than before because the average life is less well-rounded and has become increasingly departmentalized. I suppose the idea of vacation, as we conceive it, must be incomprehensible to primitive peoples. Rest of some kind has of course always been a part of the rhythm of human life, but earlier ages did not find it necessary to organize it in the way that modern man has done. Holidays and festive days were sufficient. With modern man's increasing tensions and the stultifying quality of so much of his work, this break in the year's routine became steadily more necessary. Vacations became mandatory for the purpose of renewal and repair. And so it came about that in the United States, the most self-indulgent of nations, the tensest, and the most departmentalized, vacations have come to take a predominant place in domestic conversation.

모범번역

오늘날 휴가의 필요성은 과거 어느 때 보다 더 커졌다. 왜냐하면 현대인의 일반적인 삶이 과거에 비해 다원화의 정도가 덜하고 더욱더 세분화되어졌기 때문이다. 내 생각에는 우리가 알고 있는 휴가라는 개념이 옛날 사람들에게는 이해할 수 없는 개념일 것이다. 물론 어떤 종류든 휴가는 항상 인간생활 주기의 일부분이었지만, 옛날에는 현대인이 그런 것처럼 휴가를 계획하거나 준비할 필요는 없었을 것이다. 왜냐하면 잔칫날과 휴일로 충분했기 때문이다. 현대인들의 긴장감이 더 커지고, 업무의 많은 부분들이 무의미해지면서 매년 휴식의 필요성은 더욱 커져왔다. 이제 휴가는 재충전과 회복을 위한 의무사항이 되었다. 그러한 이유로 가장 자유분방하면서, 삶의 긴장도가 가장 높고, 가장 세분화된 미국에서도 휴가가 일상적인 대화의 핵심적인 주제가 되었다.

32

Light-haired girls are fickle, known to be false friends, and preferred by gentlemen. Dark-haired girls are sincere, have better health, and get married. ("Gentlemen prefer blondes, but marry brunettes.") A redhead is emotionally unstable, has a terrible temper, and deserves to be burned as a witch. You've often heard these and other superstitions. Throughout the ages all sorts of superstitions have been made up. Many superstitions about hair probably began because of a belief that "like makes likes." Red meant fire to most of our ancestors, and so a redhead just had to have a fiery disposition. The ancient Egyptians, Greeks, and Romans regarded anyone with red hair as very unlucky. It was during the Middle Ages that redheads were called witches and sometimes burned at the stake. But unpopular as red has been in the past, at the moment it is a favorite color for hair dyeing.

> **모범번역**
>
> 옅은 색 머리를 가진 여성들은 변덕스럽고 진실치 못한 친구들로 알려져 있지만 신사들은 오히려 좋아한다. 짙은 색 머리를 가진 여성들은 진실되고 건강 상태도 더 좋아 신사들이 결혼하려고 하는 사람들이다(신사들은 금발을 좋아하기는 하지만, 검은 색 머리를 가진 (백인)여성과 결혼한다). 빨강 머리는 감정적으로 기복이 심하고 성격도 난폭해서 마녀처럼 화형당해 마땅하다고 생각한다. 여러분들은 이와 같은 여러 미신들에 대해 자주 들어왔으며, 모든 미신들은 고금을 통하여 계속 생겨났다. 머리카락과 관련하여 많은 미신들이 생겨난 것은 아마도 유유상종(like makes likes)에 대한 믿음 때문인 것 같다. 우리 선조들에게 빨간색은 불을 의미했고 따라서 빨강 머리를 가진 사람은 불같은 성격을 가진 사람일 수 밖에 없었다. 고대 이집트인, 그리스인 그리고 로마인들은 빨강 머리를 가진 사람들이라면 누구든 매우 불행한 사람으로 여겼다. 중세시대에도 사람들은 빨강 머리를 마녀라 부르면서 가끔 화형에 처하기도 했다. 하지만 과거에 환영받지 못했던 빨간색이 현재는 머리를 염색할 때 선호하는 색깔이 되었다.

33

Work satisfies more than economic needs. It is natural for those engaged in exhausting or boring tasks to feel that they are only working for the money. But many men, settling down to the retirement they have looked forward to, find that something important is missing from their lives. Management, too, prefers to think that people work for money and will work harder for more money. But we know that there may be more unrest in one factory than another, though the pay is the same. Work offers social satisfaction, comradeship and contacts with clients, customers or pupils. It makes us feel needed and recognized and may give a man status of which he is proud. Many people also like to feel that they are making a useful contribution to society. However, the most important function of work is enabling us to use our capacities to the full. This is a fundamental human need.

모범번역

사람들은 일을 통해 경제적 욕구 이상의 만족을 얻는다. 힘들고 지루한 업무를 수행하는 사람들이 스스로 오직 돈을 벌기 위해 일을 한다고 느끼는 것은 당연한 일일 것이다. 하지만 목이 빠져라 기다려온 은퇴생활이 몸에 밴 많은 사람들은 자신의 삶에서 무언가 중요한 것이 있어야 할 곳에 없다는 느낌을 갖는다. 관리자들 역시 사람들은 돈을 벌기 위해 일을 하고, 또 더 많은 돈을 벌기 위해 더 열심히 일할 것이라고 생각하는 경향이 강하다. 하지만 알다시피 보수는 같다 할지라도 어떤 공장이 다른 공장에 비해 근심거리와 불안요소가 더 많을 수도 있다. 일을 통해 사람들은 사회적 만족, 동료관계 그리고 고객, 거래처 또는 문하생들과의 교류 기회를 얻게된다. 이를 통해 우리는 스스로 필요한 존재이며 인정을 받는 존재라고 느끼게 되고 또한 긍지를 가질 수 있는 지위를 얻을 수도 있다. 뿐만 아니라 많은 사람들은 사회에 도움이 되는 공헌을 하고 있다는 기분을 느끼고 싶어 한다. 그러나 일의 가장 중요한 기능은 우리의 능력을 최대한 발휘할 수 있게 해준다는 것이다. 바로 이 점이 인간의 가장 중요한 욕구인 것이다.

34

It is philosophy, not science, that teaches us the difference between right and wrong and directs us to the goods that befit our nature. Just as the productive utility of science derives from its accurate description of the way things behave, so the moral utility of philosophy derives from its profound understanding of the ultimate realities that underlie the phenomena which science studies. Each kind of knowledge answers questions that the other cannot answer, and that is why each is useful in a different way. In my judgment it is philosophy, not science, which should be uppermost in any culture or civilization, simply because the questions it can answer are more important to human life. Certainly it should be clear that the more science we possess, the more we need philosophy, because the more power we have, the more we need direction.

모범번역

우리에게 옳고 그름의 차이를 가르쳐 주고 우리의 본성에 부합하는 선(善)으로 우리를 인도하는 것은 과학이 아니라 철학이다. 과학의 생산적 유용성이 사물의 작동 방식을 정확히 기술하는 데에서 나오는 것처럼, 철학의 도덕적 유용성은 과학의 연구 대상인 현상들의 기저에 깔려 있는 궁극적 실체에 대한 심오한 이해로부터 나온다. 각각의 지식들은 서로 다른 지식이 답할 수 없는 물음에 답을 해준다. 이것이 바로 각각의 지식이 서로 다른 방식으로 유용성을 갖는 이유이다. 내 생각으로는, 어느 문화권 또는 어느 문명에서든 가장 우위에 두어야 할 것은 과학이 아니라 철학이다. 왜냐하면 철학이 답할 수 있는 물음들이 인간의 삶에 더 중요하기 때문이다. 확실히 힘을 많이 가지면 가질수록 그에 대한 행동 지침이 더욱더 필요해지기 때문에 우리가 과학을 많이 소유하면 할수록 철학이 더욱더 필요해진다는 것은 분명한 사실이다.

35

(1) Much will be done if we try earnestly. Nobody knows what we can do till he has tried; and few try their best till they have been forced to do it.

(2) Political language is designed to make lies truthful and murder respectable and to give an appearance of solidity to empty talk.

(3) The critic is he who can translate into another manner or a new material his impression of beautiful things.

(4) He looked very young in his pajamas and, as was natural at his age, he had awakened fresh, with all the lines smoothed out of his face.

(5) Talent is by no means rare in the world; nor is genius. But can the talent be trusted? Can the genius? Not unless they are based on truthfulness and veracity.

모범번역

(1) 진정으로 노력하기만 하면 많은 것들을 해낼 수 있다. 노력하기 전까지는 우리가 무엇을 해낼 수 있을지 아무도 모른다. 그리고 할 수 없이 억지로 그래야 할 경우가 아니면 최선을 다하는 사람은 드물다.

(2) 정치적 언어란 거짓을 진실로, 살인을 칭송받을 일로 둔갑시키고 무의미한 빈말조차 신뢰할 수 있는 말로 들리도록 의도된 것이다.

(3) 비평가란 아름다운 것에 대한 자신의 느낌을 전혀 다른 방식이나 새로운 방식(소재)으로 해석할 수 있는 사람이다.

(4) 파자마를 입고 있는 그의 모습은 매우 앳돼 보였고, 그의 나이에 맞게 얼굴의 모든 주름들이 매끈하게 펴진 채 그는 상쾌하게 잠에서 깨어났다.

(5) 세상에는 재능을 가진 사람도 많고 천재도 많다. 하지만 그 재능 있는 사람들을 믿을 수 있겠는가? 또 천재는 믿을 수 있겠는가? 아니, 진실과 정직에 바탕을 두지 않는 한 그럴 수 없을 것이다.

2급 기출문제

01

(1) Our Asian cultures teach us moderation in everything we do, and it is not for us to conquer nature but rather to live in harmony with it. We should refuse to join in the rat race that causes ailments like high blood pressure.

(2) Whatever his home was like, it must have been a good one to grow up in. No child who lacked affection or security could have been as good-humored and friendly as he was.

(3) All the educator can do is to surround the student with a rich variety of intellectual and personal experience with a view to putting his mind and emotions into actions.

(4) She knows now that there are, in the air she breathes every day, sounds that her ears cannot discern, listen as she may, and lights that her eyes cannot distinguish, strain them as she may.

(5) Naturally alert and bright, he extracted from every experience in life all the lessons that it could teach him. His love of reading he satisfied whenever he found it possible, and was never happier than when absorbed in his books.

모범번역

(1) 아시아 문화는 우리가 행하는 모든 일에 중용을 지키는 법을 가르쳐 준다. 중용은 우리가 자연을 정복하는 것이 아니라 자연과 더불어 조화를 이루며 살아가는 것이다. 우리는 고혈압과 같은 질병을 유발할 수 있는 치열한 경쟁 사회에 참여하는 일은 자제해야 한다.

(2) 그의 가정이 어떠하든 성장하기 좋은 장소임에 틀림없다. 아이에게 애정과 안정감이 결핍되어 있으면, 그의 성품대로 상냥하고 친절한 천성을 지닐 수는 없을 것이다.

(3) 교육자가 할 수 있는 일이란 학생들이 자신이 지닌 생각과 감정을 행동으로 되살릴 수 있다는 견해를 가지고서, 지적인 경험과 개성적인 경험을 다양하게 접할 수 있도록 환경을 조성해 주는 것이다.

(4) 그녀는 이제 그녀가 매일 숨쉬는 공기 중에는 그녀가 들으려고 해도 들을 수 없고, 귀로 분간할 수 없는 소리가 있다는 것과 아무리 힘을 주어서 (눈으로) 보아도 구별할 수 없는 빛이 있다는 것을 안다.

(5) 그는 기민하고 명석하게 타고나서 인생이 자기에게 가르쳐 줄 수 있는 모든 교훈을 삶의 모든 경험을 통해서 얻었다. 그는 독서를 즐기는 것이 가능할 때마다 언제든 독서를 하는 것에 만족해 하였다. 그는 책에 열중하고 있을 때 가장 행복했다.

02

As for me, I don't see myself like the much dust that has appeared in the world but as a being that was expected, prefigured, called forth. In short, I see myself as a being that could, it seems, come only from a creator; and this idea of a creating hand that created me refers me back to God. Naturally this is not a clear, exact idea that I set in motion every time I think of myself. It contradicts many of my other ideas: but it is there, floating vaguely. And when I think of myself I often think rather in this way, for want of being able to think otherwise. What is the benefit to me of not believing in God? It has strengthened my freedom and made it sounder. At the present time this freedom is not there to give God what he asks me for; it is there for the discovery of myself and to give me what I ask of myself. That's essential. And then my relations with others are direct: they no longer pass through the intermediary of the Omnipotent; I don't need God in order to love my neighbor. It's a direct relation between man and man; I don't have to pass by the Creator at all.

모범번역

나로 말할 것 같으면, 나는 나 스스로를 이 세상에 생겨나는 수많은 티끌로 보지 않고, 예견되고 미리 창조되고, 불려진 존재로 보고 있다. 요컨대, 나를 창조주만이 만들 수 있는 존재로 여긴다. 창조의 손길이 나를 창조했다는 생각은 내게 다시 신을 떠올리게 만들었다. 분명하고 명확한 생각은 당연히 아니지만, 내 자신을 생각할 때면 항상 그러한 생각이 떠오른다. 내가 가진 다른 생각들과 모순되지만, 그것은 그곳에서 막연하게 떠돌고 있다. 내가 스스로를 생각할 때, 다르게 생각할 수 있는 방법이 없기 때문에 종종 이러한 방식으로 나를 생각하게 된다. 신을 믿지 않음으로써 내게 이득이 되는 것은 무엇인가? 그것은 나의 자유를 강화시켰으며 건전하게 만들었다. 현재는 신이 나에게 요구하는 것을 그에게 바치기 위한 자유는 존재하지 않는다. 자유는 나 자신을 발견하기 위해 존재한다. 자유는 내가 스스로에게 바라는 것을 바로 나에게 부여하기 위해 있는 것이다. 그것은 본질적인 것이다. 그리고 나서 다른 사람들과 나는 직접적인 관계가 되었다. 그들은 더 이상 전능자의 중재를 경험할 필요가 없다. 내 이웃을 사랑하는 일을 이루기 위해서 신이 필요 없게 되었다. 그것은 인간과 인간의 직접적인 관계로 이루어진다. 나는 조물주의 곁을 지나갈 필요가 전혀 없다.

03

2급 인문과학

Each generation, it is said, rewrites history in the light of its own experience. But when the historical event is defeat in war, as Japan experienced in World War II and the United States experienced in Vietnam, the impulse to ignore or explain away or tidy up the defeat is particularly strong. In such cases, history is an embarrassment. If the defeat is marked by wide-scale atrocity on the battlefield or by initial attack of the defeated power — as in Japan's case — the embarrassment is that much more humiliating, and the impulse to sanitize it is that much stronger. A country is apt to go through a period of amnesia, when its citizens simply do not want to think about the downbeat side of its recent past. The loss of memory can go for years. Sometimes, after the period of amnesia, history re-emerges in a distorted fashion. Its embarrassments are not as clearly recalled as its heroics or its near-victories. A country's own suffering is better remembered than the suffering it caused. Inevitably, there are questions: what should succeeding generations be taught about the darker periods? What weight should those times be given?

각각의 세대는 자신의 경험에 비추어 역사를 재기술한다는 말이 있다. 그러나 전쟁에서 패한 역사적 사건을 일본이 제2차 세계대전에서 패배한 사건과 베트남에서 미국이 패배한 사건과 같이 보면, 패배를 무시하거나 곤란한 입장을 해명하여 상황을 모면한다거나 또는 패배를 미화시키려는 충동이 강하게 일어남을 알 수 있다. 그러한 경우, 역사는 당혹스러운 사건이 되고 만다. 패전국이 전쟁터에서 대규모의 잔악행위를 저질렀다거나 일본과 같은 패전국이 먼저 침략을 시작한 경우, 당혹스러움은 더욱 굴욕적인 것이 되며 그것을 미화시키려는 충동은 그 만큼 더 강하게 일어난다. 국민들은 과거에 일어난 비참한 일면을 기억하고 싶지 않은 경우, 그 나라는 기억상실의 시기를 겪는 것 같다. 기억상실은 수년 동안 지속될 수 있다. 기억상실의 시기가 지난 후에 역사가 왜곡된 모습으로 다시 나타나는 경우도 있다. 우리는 당혹스러운 역사를 영웅적인 사실이나 승리에 가까운 사실과 같이 분명하게 기억하지는 않는다. 어느 나라라도 그들이 다른 나라에 안겨준 고통보다 자신이 겪은 고통을 더 잘 기억해 두는 법이다. 여기에 다음과 같은 질문이 필연적으로 따르게 된다. 다음 세대가 어두운 시기의 역사에 대해 무엇을 배워야 하는가? 그러한 기간에 얼마만큼의 비중을 두어야 하는가?

04

2급 인문과학

Of the various concepts that Derrida uses in conducting his argument, those of 'logocentrism' and 'difference' are perhaps the most effective as a means of introducing his ideas. Logocentrism is the term he uses to describe all forms of thought which base themselves on some external point of reference, such as the notion of truth. Western philosophy, with Plato as an exemplary first instance, has generally acted on the presupposition that language is subservient to some idea, intention or referent that lies outside it. This idea is at odds with the Saussurean principle that language is primary, and that far, from preceding language, meaning is an effect produced by language. However, the conceptual oppositions which structure Western philosophical thought, such as sensible vs. intelligible, form vs. content all imply that ideas, and indeed content of any kind, exist independently of the medium in which they are formulated. The word 'medium' itself conveys the secondary status that language is given in these conceptual oppositions, always defined as a vehicle or an instrument of something separate from it but which governs language. The privileged terms in all the oppositions which underpin Western metaphysical thought are the idea, the content, and the subservient terms are the medium, the form, the vehicle. Language has always been regarded as belonging in these secondary categories.

데리다가 그의 이론을 내세우면서 사용하고 있는 여러 개념들 중에서 '로고스 중심주의'와 '차연(差延)'이라는 개념이 아마도 그의 사상을 소개하는 수단으로서 가장 효과적일 것이다. 로고스 중심주의란 진리의 개념처럼 어떤 외부적 참조점을 근거로 하는 모든 사고의 형식을 기술하기 위해 데리다가 사용하고 있는 용어이다. 플라톤을 최초의 귀감으로 삼는 서구 철학에서는 일반적으로 언어는 언어 밖에 존재하는 어떤 관념이나 의향이나 지시 대상에 대해 보조적이라는 가정을 근거로 해서 그 이론을 전개해 왔다. 이러한 생각은 소쉬르의 견해, 즉 1차적인 것은 언어이며 의미는 언어를 선행하기는커녕 언어가 만들어 내는 결과라는 원칙과는 상치된다. 그러나 서구의 철학적 사고를 구성하고 있는 감성 대 지성, 형식 대 내용 등의 대립 관계는 모두 생각은 비록 그것이 어떤 내용을 지닌 생각이든 간에 그것을 형식화하는 수단과 무관하게 존재한다는 것을 의미하고 있다. 즉, '수단'이라는 단어 자체가 이 개념의 대립에서 언어에게 주어지는 2차적 지위를, 다시 말해서 외부에 별도로 존재하면서 그것을 지배하는 무엇인가의 매개물이나 도구라고 정의되는 2차적 지위를 뜻하는 것이다. 서구의 형이상학적 사상의 핵심을 이루는 모든 대립 관계에서 특권적인 용어는 관념, 즉 내용이고 보조적인 용어는 수단이나 형식이나 매개물이다. 그런데 언어는 항상 이 두 번째 범주에 속하는 것으로 간주되어 왔다.

05

Our examination of the relation of the historian to the facts of history finds us, therefore, in an apparently precarious situation, navigating delicately between the Scylla of an untenable theory of history as an objective compilation of facts and of the unqualified primacy of fact over interpretation, and the Charybdis of an equally untenable theory of history as the subjective product of the mind of the historian who establishes the facts of history and masters them through the process of interpretation, and between a view of history having the centre of gravity in the past and a view having the centre of gravity in the present. But our situation is less precarious than it seems. We shall encounter the same dichotomy of fact and interpretation again in these lectures in other guises — the particular and the general, the empirical and the theoretical, the objective and the subjective. The predicament of the historian is a reflection of the nature of man. Man, except perhaps in earliest infancy and in extreme old age, is not totally involved in his environment and unconditionally subject to it. On the other hand, he is never totally independent of it and its unconditional master. The relation of man to his environment is the relation of the historian to this theme. The historian is neither the humble slave nor the tyrannical master of his facts. The relation between the historian and his facts is one of equality, of give-and-take. As any working historian knows, if he stops to reflect what he is doing as he thinks and writes, the historian is engaged on a continuous process of moulding his facts to his interpretation and his interpretation to his facts. It is impossible to assign primacy to one over the other.

모범번역

그러므로 역사가와 역사적 사실 간의 관계를 검토해 보면 우리는 우리가 분명히 불확실한 입장에 놓여 있다는 것을 알 수 있다. 역사는 사실의 객관적 편찬이며 사실은 무조건 우위에 있다고 주장하는, 지지할 수 없는 이론인 스킬라 바위의 교훈과, 역사는 해석 과정을 통해서 역사적 사실을 규명하고 이를 지배하는 역사가의 마음에서 나온 주관적 산물이라고 주장하는, 역시 지지할 수 없는 이론인 카리브디스 소용돌이 사이에서 우리는 진퇴양난에 빠진 상태로 항해하고 있는 것과 같다. 즉, 과거에 중점을 두는 역사관과 현재에 중점을 두는 역사관 사이를 위험하게 항해하고 있는 셈이다. 그러나 우리의 입장은 보기보다는 덜 불안하다. 우리는 이 강의에서 사실과 해석이 이처럼 똑같이 양분되는 양상을 또 다른 모습으로 보게 될 것이다. 즉, 특수한 것과 일반적인 것, 경험적인 것과 이론적인 것, 객관적인 것과 주관적인 것이라는 모습으로 다시 만나게 된다는 것이다. 역사가가 곤경에 처하게 되는 것은 역사 속에서 인간의 본성이 반영되고 있기 때문이다. 가장 초기의 영아기와 나이가 아주 많은 노령기를 제외하고서는 인간은 아마도 자신의 환경에 전적으로 휘말려들거나 그것에 무조건적으로 예속되는 일은 없다. 반면에 인간은 환경으로부터 완전히 독립하거나 환경에 대해서 무조건적인 지배자가 되지도 않는다. 인간이 환경에 대해 가지는 관계는 역사가가 자신의 연구 주제에 대해 가지는 관계와 같다. 역사가는 사실에 대해 비천한 노예가 되는 것도 아니며, 독재적인 주인이 되는 것도 아니다. 역사가와 그의 주장 사이에 맺어지는 관계는 평등의 관계이며 주고받는 관계이다. 일을 하고 있는 역사가라면 누구나 알고 있는 사실인데, 역사가가 생각하며 글을 쓸 때 자신이 무엇을 하고 있는지 한번 멈추어 생각해보면 자신은 해석에 맞추어 빚어내고 해석은 그의 주장에 맞추어 빚어내는 과정을 계속하고 있음을 알게 될 것이다. 한쪽을 다른 쪽보다 우위에 놓는 것은 불가능한 것이다.

06

Supersession as an objective movement absorbing externalization. This is the insight expressed of the reappropriation of objective existence, through the supersession of alienation. Atheism as the supersession of God is the emergence of theoretical humanism, and communism as the supersession of private property is the indication of real human life as man's property, which is also the emergence of practical humanism. In other words, atheism is humanism mediated with itself through the supersession of religion and communism is humanism mediated with itself through the supersession of private property. Only through the supersession of this mediation, which is a necessary precondition, does positive humanism that begins with itself come into being.

모범번역

구체화를 흡수하는 객관적 운동으로서의 대체. 이것을 통찰해 보면, 객관적 존재의 소외를 대체시킴으로써 이 객관적 존재를 다시 자기의 것으로 만드는 것을 표현해 놓은 것이다. 신의 대체를 뜻하는 무신론은 이론적인 휴머니즘의 등장이며, 사유 재산의 대체를 뜻하는 공산주의는 실제적인 인간 생활을 인간의 재산이라고 암시하는 것이며, 이것은 또한 실천적 휴머니즘의 등장이다. 바꾸어 말하면, 무신론은 종교의 대체를 통하여 자기 자신과 화해한 휴머니즘이요, 공산주의는 사유재산의 대체를 통하여 자기 자신과 화해한 휴머니즘이다. 그러나 긍정적인 휴머니즘의 필요조건인 이러한 화해를 대체함으로써만 자기 자신으로부터 시작하는 긍정적인 휴머니즘이 생겨나게 된다.

07

Notwithstanding Jencks's comments, David Watkin is vehemently critical of historians like Nikolaus Pevsner, who sees only a stylistic historicism and fails to recognize the colonizing power of a historicist attitude and his own participation in it: "The view that the ideas and forms of past periods are continually being rendered obsolete and out of date by the new 'essences' of new ages is precisely what Popper had in mind when he wrote in *The Poverty of Historicism*: 'Every version of historicism expresses the feeling of being swept into a new future by irresistible forces,' and 'historicism claims that nothing is of greater moment than the emergence of a really new period'…(Watkin 1977: 110)". Historicism of the mimetic Pevsnerian kind prevailed in the eclectic borrowings of every thing the term postmodernism in architecture covered. This was evident too in the hankering after the characteristics of Russian Constructivism as the stylistic prescience of Deconstructivism in the late-eighties, just as Russian Constructiusm will no doubt continue to pervade any new movement.

We might expect someone writing in the turmoil of the mid-seventies not to be quite clear about the direction of events. Yet the claim by Macrae-Gibson (1985) to now being in a period of 'lyric modernism,' which compared to the utopian modernism earlier in the century he considers posthistoricist, is faulty. His definition of lyric modernism as "a condition of mythological investigation through architectural form of the fact of life, sense of threat, and possibility of action that are the principal themes of life in industrial society as the century draws to a close" is just as much a historicist notion as anything Pevsner or Jencks has said!

모범번역

잰크스의 설명에도 불구하고 데이비드 왓킨은 니콜라우스 펩스너와 같은 역사가에게 매우 비판적이다. 펩스너는 문체론적 역사주의만을 보았으며 역사주의자들의 태도 가운데서 식민화의 힘과 그 자신이 거기에 참여하고 있음을 인식하지 못했다는 것이다.

"과거 시대의 사고와 형식은 새 시대의 새로운 '본질'에 의하여 지속적으로 쓸모없는 것으로 인식되고 시대에 뒤떨어진 것으로 간주된다는 견해는 정확하게 포퍼가 『역사주의의 빈곤』에서 쓰고자 마음먹고 있었던 내용이다. '역사주의의 모든 책은 저항할 수 없는 힘에 의해서 존재의 감각은 새로운 미래 속으로 휩쓸려 들어간다는 것을 기술하고 있다.' 그리고 '역사주의는 진정한 새 시대의 탄생보다 더 위대한 순간은 없다고 주장하고 있다'…(왓킨 1977 : 110)." 펩스너식의 유사 역사주의는 모든 것을 절충하는 식의 차용어 가운데서 건축에서 쓰는 포스트모더니즘이라는 용어보다 널리 쓰이고 있다. 이러한 사실은 마치 러시아의 구성주의는 어떤 새 운동이라도 극복하고 지속될 것으로 의심하지 않았듯이 80년대 후반에 해체주의의 문체론적 예견으로서 러시아의 구성주의의 특징을 추구하고 있는 가운데서 너무나 명백히 드러나 있다.

우리는 70년대 중반의 소용돌이 가운데서 글을 쓰고 있는 어떤 사람에게 이런 사건들이 어느 방향으로 나아갈지를 분명히 밝힐 것을 기대하지 못할지도 모른다. 그러나 맥크리 깁슨(1985)의 주장인 지금은 '서정시적 모더니즘'의 시대라고 하는 생각은 잘못된 것이다. 금세기 초에 그는 이러한 견해를 이상주의적 모더니즘에 대조해서 후기 역사주의로 간주했다. "세기가 마무리되어 감에 따라 산업사회에서 인생의 주제라고 할 수 있는 인생의 진상과 위협에 대한 의식 그리고 행동의 가능성을 건축의 형태를 통해서 신화적으로 탐색한다는 조건"으로 서정시적 모더니즘을 정의한 것은 펩스너나 잰크스가 말했듯이 역사주의자들의 개념과 거의 같은 것이다.

08

A translation, says Petrus Daniel Huetius in a text translated in this collection, is "a text written in a well-known language which refers to and represents a text in a language which is not as well known." This, to my mind, is the most suitable definition of a translation made within the tradition represented here, simply because it raises many, if not all of the relevant questions at once.

First of all, why is it necessary to represent a foreign text in one's own culture? Does the very fact of doing that not amount to an admission of the inadequacy of that culture? Secondly, who makes the text in one's culture "represent" the text in the foreign culture? In other words: who translates, why, and with what aim in mind?

Who selects texts as candidates to "be represented?" Do translators? And are those translators alone in doing this? Are there other factors involved?

모범번역

페트루스 다니엘 훼티어스(Petrus Daniel Huetius)는 이 책에 해석된 본문에서 번역은 "우리에게 잘 알려지지 않은 언어로 된 텍스트를 우리에게 친숙한 언어로 표현한 글이다"라고 말하였다. 비록 이와 관련된 질문을 한꺼번에 포괄하는 대답은 아닐지라도 그러한 질문은 많이 제기되기 때문에 여기서 표현한 번역에 대한 정의 방식이 가장 적절하다고 생각한다.

첫 번째로 왜 외국의 글이 자기 나라의 문화에 맞는 변역이 되어야만 하는가? 번역을 한다는 것 자체가 그 문화에 대한 부족함에 대한 고백은 아닌가? 두 번째로, 누가 외국 문화에서 쓰여진 텍스트를 자신의 문화에 맞게 만드는가? 바꿔 말해서, 누가 번역을 하고, 왜, 어떤 목적으로 번역을 하는가?

누가 번역해야 할 글을 골라야 하는가? 번역가 자신이 골라야 하는가? 그리고 그런 번역가들은 홀로 해야만 하는가? 관련된 다른 요인들이 있는가?

09

Pound's early essay also notes limitations arising because some morally important rights or duties defy legal enforcement. His examples refer to the legal responsibilities attached to individuals and modern welfare agencies with regard to care of family and children, and he sees the development of social welfare law in this form as incapable of substituting for or enforcing natural ties and moral duties of family life. Other important interests may be infringed in ways too subtle for the law to control. A 'right of privacy' is recognized as such in law, for example in the United States, but not in Britain. Undoubtedly privacy is an interest of great importance yet its definition, in a manner that makes it a concept usable in the law, is a matter of great difficulty and controversy. The difficulty involved in tracing harm from invasion of privacy to their source compels some sacrifice of the interests of the retiring and the sensitive. Furthermore, Pound notes, echoing Ehrlich, that in many areas of social life the sanctions of state law appear useless, disrupting rather than repairing social relations.

One other limitation Pound mentions is particularly important in the light of more recent writings. Law often depends on interested parties not professionally involved with the legal system to set its machinery in motion. It requires people who are motivated for some reason to invoke legal rules and procedures; that is, to call upon law in support of their interests.

모범번역

파운드는 초기 에세이에서 일부 도덕적으로 중요한 권리나 의무가 법률의 시행을 좌절시킨다고 언급한다. 그는 가족과 아이들을 돌보는 것에 관한 현재 복지기관과 개인에게 속한 법적 책임으로 예를 들었고, 이런 형식의 사회복지법의 발달이 가족의 삶의 자연적인 유대와 도덕적 의무를 대신하거나 강화시킬 수 없다고 보고 있다. 다른 중요한 관심들은 어떤 점에서 법이 통제하기 너무 미묘하여 침해 당할지도 모른다. 예를 들어 미국에서는 '사생활 법'이 법으로 명시되어 있지만 영국에서는 그렇지 않다. 의심할 여지없이 사생활은 매우 중요한 관심사이지만 법제화 되기 어려운 개념인 정의(뜻)가 큰 어려움이자 논란거리이다. 사생활 침해 피해 사례를 찾는 것은 내성적인 사람들과 예민한 사람들을 희생하게 만드는 것이어서 어려움을 겪는다. 게다가, 파운드는 얼리치에게 쓴 답장에서 사회생활 많은 부분에서 법의 제재는 사회 관계를 보수하기 보다는 쓸모가 없고 방해하는 것처럼 보인다고 했다.

파운드가 언급한 또 다른 제한은 최근 글을 감안하면 특히나 중요하다. 법은 가끔 전문적으로 법 체계와 관련 없는 단체들에 의존한다. 이것은 법적 규칙과 과정의 영향을 받기 때문에 즉, 법에 자신들의 이익을 뒷받침하기 위해서 동기가 부여되는 사람들에 의해 발전한다.

10

The significance of translation in Roman literature has often been used to accuse the Romans of being unable to create imaginative literature in their own right, at least until the first century B.C. Stress has been laid on the creative imagination of the Greeks as opposed to the more practical Roman mind, and the Roman exaltation of their Greek models has been seen as evidence of their lack of originality. But the implied value judgement in such a generalization is quite wrong.

모범번역

적어도 기원전까지는, 로마문학에서 번역의 중요성은 자신의 능력으로는 상상력이 풍부한 문학을 창조할 수 없는 존재로서의 로마인 자신을 비난하기 위해 쓰여 왔다. 그 중압감은 현실적인 로마인의 정신 세계와 대립되는 그리스의 창조적인 상상력에 영향을 받아왔고, 그리스에 대한 로마인의 찬양은 그들 자신의 정통성 결여에 대한 증거로 여겨졌다. 그러나 이 일반화된 암묵적 가치 판단은 잘못된 것이다.

11

I enjoy life because I am endlessly interested in people and their growth. My interest leads me continually to widen my knowledge of people, and this in turn compels me to believe that the normal human heart is born good. That is, it is born sensitive and emotional, eager to be approved and to approve, hungry for simple happiness and the chance to live. It neither wishes to be killed nor to kill. If through circumstances, it is overcome by evil, it never becomes entirely evil. There remain in it elements of good, however recessive, which continue to hold the possibility of restoration.

I believe in human beings, but my faith is without sentimentality. I know that in environments of uncertainty, fear and hunger, the human being is dwarfed and shaped without his being aware of it, just as the plant struggling under a stone does not know its own condition. Only when the stone is removed can it spring up freely into the light. But the power to spring up is inherent, and only death puts an end to it.

모범번역

나는 사람들과 그들의 성장에 끊임없는 관심을 가지고 있기 때문에 인생이 즐겁다. 나의 관심은 사람들에 대한 나의 지식을 지속적으로 넓히도록 이끌며, 이는 보통 사람들이 선천적으로 착하다는 사실을 믿도록 한다. 사람의 마음은 선천적으로 민감하고 감정적이며, 찬성하고 찬성받기를 좋아하며, 단순한 행복과 생존기회를 갈망한다. 이것은 사람들이 살인하는 것도 살해당하는 것도 바라지 않는다. 만일 환경에 의해 악에 물들더라도 절대적으로 악해지지는 않는다. 아무리 미약하더라도 다시 재생될 가능성을 가지고 있는 선한 요소가 남아있게 마련이다.

나는 인류를 믿으며, 나의 믿음은 감정적인 것이 아니다. 불확실성과 공포, 기아의 환경에서 부지불식간에 인류가 왜소해지고, 바위 밑에서 자기 처지도 모른 채 버둥거리고 있는 식물 같은 모양을 하고 있다는 사실을 알고 있다. 바위가 치워져야만 그것은 밝은 데로 자유롭게 뛰쳐나올 수 있다. 그러나 뛰어오르는 힘은 선천적인 것이어서 죽음만이 이를 끝낼 수 있다.

12

The woods were already filled with shadows one June evening, just before eight o'clock, though a bright sunset still glimmered faintly among the trunks of the trees. A little girl was driving home her cow, a plodding, dilatory, provoking creature in her behavior, but a valued companion for all that. They were going away from whatever light there was, and striking deep into the woods, but their feet were familiar with the path, and it was no matter whether their eyes could see it or not.

There was hardly a night throughout the summer when the old cow could be found waiting at the pasture bars; on the contrary, it was her greatest pleasure to hide herself away among the huckleberry bushes, and though she wore a loud bell she had made the discovery that if one stood perfectly still it would not ring. So Sylvia had to hunt for her until she found her, and call "Co!, Co!" with never an answering "Moo" until her childish patience was quite spent. If the creature had not given good milk and plenty of it, the case would have seemed very different to her owners.

모범번역

6월의 어느 저녁, 8시가 되기 직전에 밝은 석양이 나무줄기 사이로 희미하게 비치고 있음에도 불구하고 숲은 벌써 그림자로 가득 찼다. 한 작은 소녀가 소를 몰고 집으로 가고 있었는데 그 소는 터벅거리고, 꾸물대며, 짜증나기는 하지만 친구로 삼을 만했다. 그들은 점점 빛이 없는 숲 속 깊은 곳으로 들어갔지만 그들의 발걸음이 길에 친숙하여 시야가 보이든 말든 문제가 되지 않았다.

여름을 통틀어 늙은 소가 목장의 차단봉 앞에서 기다리고 있었던 적은 한 밤(날)도 없었다. 이에 반해 월귤나무 수풀 속에 숨는 것은 그 소의 즐거움이었다. 그 소는 자기를 발견하게 하는 큰 소리가 나는 종을 달고 있었지만 만약 가만히 서 있으면 그 종은 울리지 않았다. 그래서 실비아는 소를 찾아다녀야 했으며, 그녀의 어린 인내심이 소진될 때까지 코! 코! 하며 소를 불렀지만 대답은 없었다. 만약 그 소가 좋은 우유를, 그것도 많이 주지 않았다면 상황은 많이 달랐을 것이다.

13

2급 인문과학

Whatever Western and other history books say, Japanese conservatives still believe the United States goaded their country into attacking Pearl Harbor on Dec. 7, 1941. Japan, they say, was a victim, not an aggressor, in World War II.

While today's Tokyo leaders deliver formula apologies to Asian neighbors once overrun by the Imperial Army, conservatives argue that Japan fought a "just war" to liberate Asia from Western imperialism. Their only regret is that Japan lost. This revisionist view creeps into everything from off-the-cuff statements by Japanese officials to censored school history books. Historians fear it could one day inspire a militarist revival. Until the early 1980s, when it became a hot diplomatic issue with China and the two Koreas, ministry textbook censors insisted Japan had not invaded China but merely "intruded" as a police force. The word "invade" appeared in later editions of the books only after severe criticism from Beijing and Seoul.

To this day, however, Japanese schoolchildren learn that the United States forced Japan into a corner in 1941 by cutting off oil and iron supplies and shutting the door to negotiations. For revisionists, the villain of the piece was "ABCD Conspiracy." According to rumors, a pact to contain Japanese expansion allegedly was struck between the Americans, the British, with a presence from Australia to India, the Chinese and the Dutch, who ruled what is now Indonesia.

서양과 다른 역사책들이 뭐라고 말하든 일본 보수주의자들은 미국이 일본을 선동하여 1941년 12월 7일 진주만을 공격하게 했다고 믿는다. 일본은 그들이 2차 대전에서 침략자가 아니라 희생양이라고 말한다.

오늘날 도쿄의 지도자들은 과거 황군의 침략에 대해 아시아의 이웃에게 형식적으로 사과하고 있지만 보수주의자들은 일본이 아시아를 서양제국주의로부터 해방시키기 위해 정당한 전쟁을 수행했다고 주장한다. 그들이 유일하게 유감으로 삼는 것은 일본이 졌다는 사실이다. 이런 수정주의적 시각은 일본 공무원의 비공식 성명에서 검인역사교과서에까지 모든 분야에 스며들고 있다. 역사가들은 이런 사실들이 언젠가 군국주의자들의 부활을 부추길까봐 두려워하고 있다. 중국 및 두 개의 한국과의 사이에 뜨거운 정책적 이슈가 되던 1980년대 초반까지 정부의 교과서 검열관은 일본이 중국을 침략한 것이 아니라 단지 경찰력에 의해 간섭한 것이라고 주장했다. 침략이라는 단어는 북경과 서울에서 혹독한 비평이 있은 후 교과서의 최근 판에 등장하였다.

오늘날 어쨌든 일본 학생들은 미국이 1941년 석유와 철강의 공급을 중단하고 협상 여지를 막아 일본을 구석으로 몰아세웠다고 배운다. 수정주의자들에게 문제의 원흉은 'ABCD 음모'이다. 소문에 의하면 일본의 팽창을 견제하는 협정이 미국, 호주와 인도를 가지고 있던 영국, 중국, 지금의 인도네시아를 지배했던 네덜란드 사이에 체결되었다고 한다.

14

The United States court system, as part of the federal system of government, is characterized by dual hierarchies: there are both state and federal courts. The two court systems are to some extent overlapping, in that certain kinds of disputes may be initiated in either system. They are also to some extent hierarchial, for the federal system stands above the state system in that litigants (persons engaged in lawsuits) who lose their cases in the state supreme court may appeal their cases to the Supreme Court of the United States. Thus, the typical court case begins in a trial court — a court of general jurisdiction — in the state or federal system most cases go no further than trial court: for example, the criminal defendant is convicted (by trial or a guilty plea) and sentenced by the court and the case ends. The personal injury suit results in a judgment by a trial court (or an out-of-court settlement by the parties while the court suit is pending) and the parties leave the court system. But sometimes the losing party at the trial court cares enough about the cause that the matter does not end there.

연방정부체제의 일부분으로써, 미국의 사법구조는 주법원과 연방법원으로 나뉘는 2원적 구조의 특징을 지닌다. 주법원과 연방법원은 일정 종류의 분쟁이 둘 중 어느 구조에서든 시작될 수 있다는 점에서 어느 정도의 중복성을 지니고 있다. 또한 주대법원의 소송사건에서 패소한 당사자들이 연방대법원에 항소심을 제기할 수 있다는 점에서 연방법원이 주법원의 상위에 있는 계층적 성격도 다소 지니고 있다. 이와 같이, 법정소송은 일반적인 사법법원인 1심에서 시작되며, 주법원과 연방법원에서의 대부분의 소송은 1심 이상의 법원에서 더 진행되는 일이 드물다. 예를 들어, 형사상의 피고인은 유죄가 인정되면 법원에 의해 형을 선고받고 소송은 종료된다. 개인 상해소송은 1심 법원에 의해 판결이 내려지거나, 법원에 소송이 계류 중인 동안에 법정 밖에서 당사자들의 합의에 의해 문제가 해결된다. 그러나 1심 법원에서 패소한 당사자가 그 소송에 관한 충분한 재판을 받기 원할 때, 사건이 거기서 끝나지 않는 경우도 있다.

15

"Other countries have a climate; in England we have weather." This statement, often made by Englishmen to describe the peculiar meteorological conditions of their country, is both revealing and true. In no country other than England, it has been said, can one experience four seasons in the course of a single day! Day may break as a fresh spring morning; an hour or so later black clouds may have appeared from nowhere and rain may be pouring down. This uncertainty about the whether has had a definite effect upon the Englishman's character; it tends to make him cautious, for example. The foreigner may laugh when he sees the Englishman setting forth on a brilliant sunny morning wearing a raincoat and carrying an umbrella, but he may well regret his laughter later in the day! The English weather has also helped to make the Englishman adaptable. It has been said that one of the reasons why the English were able to colonize so much of the world was that, whatever the weather conditions they met abroad, they had already experienced something like them at home!

모범번역

"다른 나라들은 기후(climate)를 가지고 있지만, 영국은 날씨(weather)를 가지고 있다." 이 말은 영국인들이 자기 나라 특유의 기상 상태를 표현하기 위해 쓰는 말이며, 비밀을 폭로함과 동시에 진실을 표현한 말이다. '영국은 하루 동안 4계절의 변화를 경험할 수 있는 유일한 나라이다' 라는 말이 있다. 하루를 봄날의 상쾌한 아침과 같은 날씨로 시작할 수 있지만, 한 시간 후에는 어디선가 난데없이 나타난 먹구름이 비를 뿌릴지도 모른다. 이러한 예측할 수 없는 날씨는 영국인의 성격에 일정한 영향을 미치고 있다. 예를 들어, 영국인은 날씨의 영향으로 신중한 경향이 있다. 외국인들은 햇빛이 비치는 화창한 아침에 비옷을 입고 있거나 우산을 들고 다니는 영국인을 보고 비웃을지도 모른다. 그러나 저녁이 되어 자신의 비웃음을 곧 후회하게 될 것이다. 날씨는 또한 영국인들을 적응력 있게 만들었다. 영국이 세계의 여러 나라를 식민지로 개척할 수 있었던 이유 중의 하나는 그들이 해외에서 접하는 날씨가 어떠하든지 그들이 이미 본토에서 그와 유사한 날씨를 경험했기 때문이다.

16

Two modes of government prevalent around the world are government by election and representation and government by hereditary succession. The former is generally known as republic, the latter as monarchy and aristocracy. These two distinct and opposite forms stand against the two distinct and opposite bases of rationality and ignorance. It is evident that hereditary succession requires a belief from man to which his reason cannot subscribe, and which can only be established upon his ignorance; and the more ignorant any country is, the better it is suitable for this form of government. From its nature, government can be the whole community at whose expense it is supported. And though by force of contrivance government has been usurped into an inheritance, the usurpation cannot alter the right of the people. Sovereignty, as a matter of right, appertains to the nation only, and not to any individual; and a nation has at all times a right to abolish any form of government it finds inconvenient, and establish a government that accords with its interest, disposition, and happiness.

> **모범번역**
>
> 전 세계적으로 존재하는 일반적인 정부 모형에는 두 가지가 있다. 국민의 선거와 대표제에 의해 설립되는 정부와 세습적 계승에 의한 정부가 이에 속한다. 선거와 대표제에 의한 정부는 일반적으로 '공화제'라고 하고, 세습적 계승에 의한 정부는 '군주제 또는 귀족정치'라고 부른다. 분명히 대립되는 두 유형의 정부는 서로 별개이며 상대적인 개념인 합리성과 무지에 각각 그 기반을 두고 있다. 분명한 사실은 세습에 의한 계승이 이루어지려면, 인간이 자신의 이성을 증명해 보일 수 없고, 무지에 기초한 존재일 뿐이라는 믿음이 있어야 한다. 국민이 무지한 나라일수록 이런 형태의 정부가 성립되기 더 적절하기 때문이다. 정부는 본질적으로 그것이 유지되는데 희생을 필요로 하는 공동체라 할 수 있다. 비록 계승의 문제에 있어서 계략적인 힘이 정부를 횡령했지만, 그 찬탈이 국민의 권리를 바꿀 수는 없다. 주권은 국민의 권리에 속한 문제로 한 개인의 것이 아니다. 어떠한 시대이든지, 국민은 불편한 정부를 타도하고, 국민의 관심, 성향과 행복을 보장해 주는 정부를 설립할 권리를 가진다.

17

The purpose of advertising is to sell products, but this does not mean that good advertisements must be funny or entertaining or sexually appealing — any more than a good salesperson, in order to be successful, must be funny or entertaining or sexually appealing. Humorously entertaining and sexy ads tend to win awards, but they seldom sell products. It is notorious in the advertising industry that consumers respond to such ads by remembering the joke, the music, or the attractive model, but forget the product — or worse, they connect the ad with the rivals. Advertising is sales strategy, not entertainment. There is nothing mysterious or incomprehensible about the way advertising works. In content, an advertisement says only one of three things (sometimes two or three of these in combination). In introductory campaigns, the ad says, "New product for sale." In competitive campaigns, the ad says, "Our product is better than the competition's." In reminder campaigns, it says, "We're still here, don't forget us." That is all.

> **모범번역**
>
> 광고의 목적은 제품을 파는 것이다. 그러나 좋은 광고는 (좋은 영업사원이 그런 것과 마찬가지로) 반드시 우습거나 재미있어야 하거나 성적으로 호소하는 것이어야 함을 의미하지는 않는다. 유머러스하게 재미있고 섹시한 광고는 상을 잘 타지만 물건을 잘 팔지 못한다. 소비자들은 그런 광고에 기억할 만한 농담, 음악, 매력적인 모델에 의해서 반응하지만 제조업체를 떠올리지 못한다거나 심지어 (광고를) 경쟁사의 것으로 착각한다고 하는 사실은 광고업계에서 유명하다. 광고는 판매 전략이지 오락이 아니다. 광고작업에 미스터리나 불가사의한 것은 없다. 내용에 있어서 광고는 세 가지 중 하나를 말할 뿐이다. (가끔은 그 중 두 가지나 세 가지를 조합해서 말하기도 한다) 도입부에서 광고는 신제품이 판매 중이라고 말한다. 경쟁기에 광고는 우리 제품이 경쟁제품보다 낫다고 말한다. 환기기에 광고는 우리가 여전히 여기 있으니 우리를 잊지 말라고 말한다. 그게 전부이다.

18

Dear Annie,

My husband and I have two young children and an extremely strong marriage. I can talk with him about anything, except I have a problem with his sister, and I'm not sure how to handle it.

"Anna" got pregnant in her teens and now has two children. Although she and the father never wed, they have been living together for the past 10 years. His only income is a paper route, and Anna never has had a job. They live in poverty and seldom stay in one place for more than a few months. They are always asking relatives for money to pay for their food and rent. Anna gets angry if we don't help.

Anna and her significant other both smoke, and they also use marijuana. While they don't abuse the kids or anything, I am angry that they put their smoking habits before their children's needs, and I'm terrified for the family's welfare.

The whole family knows about the problem, but no one has ever done anything. Should I call social services and risk the children losing the only parents they know, however inept they may be? I also worry about how this might affect my family. Your help is greatly needed.

모범번역

친애하는 애니에게

저와 남편은 아이가 둘이며, 매우 탄탄한 결혼생활을 하고 있어요. 나는 남편에게 뭐든지 말할 수 있는데 시누이 문제만은 말을 못하겠어요. 이 문제를 어떻게 다루어야 할지 모르겠어요.

애나는 십대에 임신해 지금은 아이가 둘이에요. 그녀와 아기 아빠는 결혼은 안했지만 지난 10년간 같이 살았어요. 그의 유일한 수입은 신문배달이고, 애나는 직업을 가진 적이 없어요. 그들은 가난하게 살았고 한 장소에 몇 달 이상 머물렀던 적이 드물어요. 그들은 항상 식료품이나 방세를 지불하기 위해 친척들에게 돈을 요구했어요. 우리가 도와주지 않으면 애나는 화를 냅니다.

애나와 애나의 남편은 둘 다 담배를 피우고 마리화나도 합니다. 비록 그들이 애들을 학대하지는 않더라도 저는 그들이 아이들의 필요를 채우는 것보다 자신들의 흡연 습관을 먼저로 생각하는 것에 화가 나고 가족 복지가 무척이나 걱정됩니다.

우리 가족 전체가 이 문제에 대해 알고 있지만 뭔가를 하는 사람이 없습니다. 사회복지 서비스에 전화를 해서 아무리 부적절하더라도 아이들이 유일한 부모를 잃을 위험을 감수해야 할까요? 나는 이 문제가 우리 가족에 미칠 영향에 대해서도 걱정됩니다. 당신의 도움이 간절히 필요합니다.

19

A compromise favored by the English judiciary is a kind which is best called 'eclectic,' an adjective originally applied to the Greek philosophers who 'selected doctrines pleased every school.' The best-known exposition of judicial eclecticism in England is David Thomas.

The Primary Decision

The effect of this legislative structure is to create two distinct systems of sentencing, reflecting different penal objectives and governed by different principles. The sentencer is presented with a choice: he may impose a sentence intended to reflect the offender's culpability, or he may seek to influence his future behaviour by subjecting him to an appropriate measure of supervision, treatment or preventive confinement. In some instances both objects may be pursued simultaneously and find expression in the same sentence, but more frequently this is not possible. Achievement of the broader objectives of a punitive sentence may require the sentencer to adopt an approach which is not likely to assist the offender towards conformity with the law in the future, and indeed may positively damage such prospects of future conformity as it exist already, while a measure designed to assist the offender to regulate his behaviour in the future may appear to diminish the gravity of the offence and weaken the deterrent effect of the law on potential offenders.

The sentencer's 'primary decision' is whether to impose a 'tariff' penalty intended to reflect the offender's culpability, or an 'individualized' measure with a utilitarian aim. A tariff penalty is of course not necessarily imposed for retributive reasons. The sentencer may have a utilitarian objective, and may believe that in the circumstances of the case a tariff sentence is preferable to a individualized one because it will deter potential imitators, or because its deterrent effect is more likely than an individualized measure to persuade the offender himself to obey the law he has broken. Yet, as Thomas's reference to culpability confirms, tariff sentencing is more likely to be based on a retributive approach.

모범번역

영국의 사법제도가 선호하는 타협안은 '절충적'이라고 부르면 가장 맞는 말로 원래는 희랍에서 서로 다른 주장을 펴고 있는 모든 학파를 만족시켜 주는 그런 원칙을 택했던 철학자들에게 적용되었던 형용사였다. 영국에서 가장 잘 알려진 사법적 절충주의자는 데이비드 토마스이다.

1차 판결

이 법률구조의 효과는 두 가지의 각각 다른 선고제도를 형성하는 것인데 서로 다른 형벌의 목적을 반영하고 있고 다른 원칙에 의하여 통제받고 있다. 판사에게는 선택권이 주어진다. 그는 가해자의 책임을 반영하고자 하는 판결을 내릴 수도 있고 또는 피고를 예방차원에서 감금하거나 적절한 조치나 처분을 내림으로써 그의 미래행동에 영향을 줄 수도 있다. 어떤 경우에는 두 가지 목적이 동시에 추구될 수도 있고 같은 판결문으로 표현될 수도 있다. 그러나 이러한 경우가 흔히 일어날 가능성은 없다. 처벌 선고문의 광의적인 목적을 달성하는 데는 판사가 가해자를 도와서 미래에는 법에 순치(馴致)되는 방향으로 나갈 수 없는 해결책을 채택할 필요가 생길 수도 있고, 미래에는 법에 잘 순응할 수 있겠다는, 이미 확실히 나타난 전망을 완전히 망쳐버리는, 그런 해결책을 채택할 수도 있다. 반면, 미래에 스스로 그의 행동을 규제하도록 가해자를 도와주는 계획된 조치가 오히려 가해 행위의 위험을 과소평가하게 하고 잠재적인 가해자에게 내리는 법이 저지하는 효과를 약화시키는 것으로 나타날 수도 있다.

판사의 '1차 판결'은 범죄자의 유죄를 반영할 목적으로 '벌금형'에 처하든지 공리적인 목적으로 '개별적인 처분'을 내린다. 벌금형은 물론 반드시 응징하는 의미에서 부과되지는 않는다. 판사는 공리적인 목적을 가지고 그러한 법률 상황에서는 벌금형이 개별형보다 바람직하다고 믿고 있을 수도 있다. 왜냐하면, 벌금형이 유사한 잠재적인 모방 범죄를 막아 줄 수도 있기 때문이며, 그 저지 효과가 가해자를 설득해서 그가 어긴 법에 복종하게 만드는 데 설득력을 갖게 할 수도 있기 때문이다. 그럼에도 토마스가 유죄 선고에 대해서 언급한 것을 보면 벌금형이 보다 보복적인 접근법에 바탕을 두고 있을 가능성이 있다는 것이다.

20

Machiavelli's political writings belong less to political theory than to the class of diplomatic literature, of which a great volume was produced by Italian writers of his age. Never has the game of diplomacy been played more fiercely than in the relations between the Italian states of Machiavelli's day. Never have the shifts and turns of negotiations counted for more than between these rulers — adventurers all — who relied for their success about equally upon skillful gambling and the crassest military. Diplomatic writing, and Machiavelli's works as well, has characteristic merits and defects. There is the shrewdest insight into the points of weakness and strength in a political situation, the clearest and coolest judgment of the resources and temperament of an opponent, the most objective estimate of the limitations of a policy, the soundest common sense in forecasting the logic of events and the outcome of a course of action. It is such qualities as these, possessed in a superlative degree, that made Machiavelli a favorite writer for diplomats from his own day to the present. But diplomatic writing is peculiarly likely to exaggerate the importance of the game for its own sake and to minimize the purposes for which the game is presumably played. It naturally assumes that politics is an end in itself.

This is Machiavelli's most conspicuous quality. He writes almost wholly of the mechanics of government, of the means by which states may be made strong, of the policies by which they can expand their power, and of the errors that lead to their decay or overthrow. Political and military measures are almost the sole objects of his interest, and he divorces these almost wholly from religious, moral, and social considerations, except as the latter affect political expedients. The purpose of politics is to preserve and increase political power itself, and the standard by which he judges it is its success in doing this. Whether a policy is cruel or faithless or lawless he treats it for the most part as a matter of indifference, though he is well aware that such qualities may react upon its political success. He often discusses the advantages of immorality, skillfully used to gain a ruler's ends, and it is this which is mainly responsible for his evil repute. But for the most part he is not so much immoral as non-moral. He simply abstracts politics from other considerations and writes of it as if it were an end in itself.

모범번역

마키아벨리의 정치적인 저술은 정치적인 이론에 속한다기보다는 외교 문서로 분류될 수 있는 것이다. 그 중에서 상당한 분량은 그와 같은 시대의 이탈리아 작가들에 의하여 쓰인 것들이다. 마키아벨리 시대의 이탈리아 각 주(州) 사이에는 대단히 치열한 외교적인 게임이 진행되고 있었다. 모두가 모험주의자들인 이들 통치자들 사이에는 협상의 변동과 변절이 가장 중요한 의미를 지니고 있었다. 그들은 기술적인 도박(외교적 게임)과 거친 군사력에 거의 같은 무게로 그들의 성공을 걸고 있었다. 외교적인 저술 그리고 마키아벨리의 작품도 마찬가지로 독특한 장점과 단점을 함께 지니고 있다. 정치적인 입장에서 약점과 장점을 예리하게 들여다보는 통찰력이 있고, 반대파의 원동력과 기질을 가장 냉정하고도 분명하게 판단하는 판단력이 있다. 거기에 또 어떤 정책이 지니고 있는 한계점에 대한 객관적인 평가가 있고 사건의 논리와 행동방침의 결과를 예측하는 건전한 상식이 있다. 이러한 최상급의 재능을 타고났기 때문에 마키아벨리는 자신의 시대로부터 오늘날까지 외교관들이 가장 좋아하는 작가가 되었다. 그러나 외교적인 저술은 독특하게 게임 그 자체가 가치 있기 때문에 게임의 중요성을 과장하는 경향이 있고 (외교적 저술은) 게임 진행의 짐작되는 목적을 축소하는 경향이 있다. 그래서 외교문서는 정치학을 그 자체의 목적으로 삼는 것을 당연한 일같이 생각한다.

이러한 것이 마키아벨리의 독특한 재능이다. 그는 정부의 기능에 관해 거의 완벽하게 기술했고, 국가가 강력하게 되는 수단을 기술했으며 국가가 그 권력을 확장하는 방법과 부패와 멸망으로 통하는 실수에 관해서도 기술하고 있다. 그가 관심을 가지고 살핀 유일한 대상은 정치적·군사적 조치에 관한 것이며 그는 이러한 것을 종교적·도덕적 그리고 사회적으로 고려하는 것을 피하고자 했으나 이 후자가 정치적인 수단에 영향을 주는 경우는 예외로 하고 있다. 정치학의 목표는 정치권력 그 자체를 보존하고 증가시키는 것이며 그가 그것을 판단하는 기준은 이러한 일을 수행한 데 있어서 얼마나 성공적이냐 하는 것이다. 그는 어떤 정책이 잔인하거나 신뢰성이 없거나 혹은 불법이라 해도 물론 그러한 요소가 정치적인 성공에는 영향을 미칠 것을 알면서도 대부분의 경우 상관없는 일로 취급하고 있다. 그는 가끔 통치자가 자신의 정치적 목적을 달성하기 위해서 교묘하게 쓰는 부도덕한 조치가 이로운가에 대해서도 논의하고 있다. 그가 만일 나쁜 평판을 받고 있다면 주로 이 문제에 대한 책임에서 나온 것이라 할 수 있다. 그러나 대부분의 경우 그는 부도덕하다기 보다는 도덕과는 관련이 없는 경우라고 해야 한다. 그는 단순히 정치학을 다른 관점에서 분리해서 그 자체가 하나의 목적인 양 기술하고 있는 것이다.

21

In everyday life corruption means that a civil servant abuses his authority in order to obtain an extra income from the public. This conception, however, expresses a value judgement that is altogether temporal and does not always exist. If it were possible to determine the amount of the civil servant's salary by objective measures, that is, by determining the functional value of the civil servant's performance for the achievement of the social product in its broadest sense, then a value-free definition of corruption would be possible. However, since such a functional definition of the distribution of income is neither possible for private business nor for administration, this approach leads us nowhere. Alternatively, one could forget about normative-objective determinants of individual incomes and accept the results of the free-market economy. Provided that every economic subject tries to maximize his gains or his income or both, one could assume that the incomes derived from the free-market accord with functional-economic income. Given a system of free competition, where numerous buyers exchange with numerous sellers, both sides of the market are equally strong, and equilibrium is achieved where the two exchange curves intersect. However, if a monopolistic condition exists on one side of the market, the monopolist does not display his exchange curve but selects the point of maximum profit on the exchange of the other market side. Stackelberg correctly describes such behavior as exploitation.

Although a market economy can only operate under the protection of some public order or government, it is precisely this public sphere that represents a foreign body within the market sphere. The value of its services, and thus the income of the officials, cannot be determined via the free market mechanism. The establishment of government is an act of the whole society to further the common good; thus, government is not an end in itself but only a means, and officials are only servants of the community, trustees of the common good. The salaries of their civil servants can hardly be derived from their contributions to the national product but must be determined by socioethical and historical considerations.

모범번역

일상생활에서 부정부패는 대중으로부터 별도의 수입을 얻기 위하여 공무원이 그의 권위를 남용하는 것을 의미한다. 그러나 이 개념은 대체로 일시적이고 언제나 존재하는 것이 아닌 사실에 대해서 내리는 가치판단을 말하고 있다. 만일 객관적 기준으로서 공무원의 봉급 액수를 결정하는 것이 가능하다면, 다시 말해서 넓은 의미에서 사회적인 공헌을 이룩한 데 대한 공무원의 공무수행능력의 기능적인 가치를 결정함으로써 공무원의 봉급을 결정할 수 있다면 부패에 대해 개인적인 의견에 영향을 받지 않는 정의를 내릴 수 있다. 그러나 수입의 할당에 대해서 그와 같은 기능적인 정의는 개인 사업체에서나 행정기관에서나 모두 불가능하기 때문에 이러한 접근 방식은 아무런 해결책도 마련하지 못한다.

대신에 개인 수입의 표준적·객관적 결정 요인에 대해서 잊어버리고 자유 시장 경제의 결과를 수용할 수 있다. 만약 모든 경제 주체가 그의 소득이나 수입 또는 양쪽을 모두 최대한으로 늘리려고 노력한다면 자유시장에서 나오는 수입은 기능적·경제적 수입과 일치한다는 사실을 누구나 추정할 수 있을 것이다. 자유경쟁제도가 허용된다면 그곳에서는 수많은 바이어가 수많은 판매자와 교환을 할 것이고 양측은 다같이 튼튼해지고 두 개의 교환 곡선이 만나는 곳에서 균형이 이루어질 것이다. 그러나 만일 시장의 한 편에서 독점적인 상태가 발생한다면 독점자는 그의 교환 곡선을 드러내 보이지 않고 상대방 시장의 교환 곡선에서 최대한 이익이 되는 곳을 고를 것이다. 스타젤버그는 그러한 행동을 착취라고 정확히 표현했다.

비록 시장경제가 공공의 질서와 정부의 보호하에서 운영될 수 있긴 하지만 시장영역 안에서 외부업체를 대표하는 것은 바로 이 공공영역이다. 그래서 공무원의 사회봉사 가치는 관리들의 수입을 자유시장의 메커니즘으로는 결정할 수 없는 것이다. 정부를 설치한다는 것은 공동의 이익을 추진하기 위한 사회 전체의 행동이다. 그래서 정부는 그 자체로서 목적이 아니고 수단이며 그리고 공무원은 공공 사회의 공복(公僕)이며 공동의 이익을 위임 맡은 사람들이다. 이러한 시민 봉사자들의 급여는 그들이 기여한 국민적 생산에서 도출될 수 있는 것이 아니고 사회 윤리적이며 역사적인 차원에서 고려되고 결정되어야 한다.

Certain categories of education can be the primary responsibility of other ministries or of other agencies external to the ministry of education. Universities, for example, may be given autonomous or semi-autonomous status with their own governing boards, as in India, sometimes coordinated by central boards and commissions and sometimes not. It is not uncommon for other bodies, in the form of government corporations, to be set up with relatively autonomous authority in their designated fields, such as the boards for textbooks, secondary education, research and development, and examinations in Pakistan. Finally, most developing countries are characterized by educational systems in which, particularly at the secondary although also at the higher and primary levels, the preponderance of school is in the private sector — parochial or religious schools, schools set up to serve special racial or language groups, missionary schools, and commercial schools for profit. Thus the whole field of education in all its branches and aspects is seldom the sole responsibility of one ministry of education to plan, organize, and administer. Rather, education is a diverse complex of institutions, programs, and systems which requires coordination because of its importance and its cost but which is exceptionally difficult to manage.

Schools and educational programs of one kind or another are not limited to the capital city, although perhaps too high a proportion are unfortunately located there. On the contrary, the country schools and educational programs should be set up and expressed throughout the length and breadth of the land. The issues of educational organization in the field must also be looked at, as well as the problems of the functional organization and coordination of education at center.

모범번역

교육 분야의 특정한 부분은 교육부 이외의 다른 관계부처나 기관에 근본적인 책임이 있을 수 있다. 예를 들어, 대학교들은 완전하거나 아니면 어느 정도 자치권이 있는 대학교 안의 행정위원회나, 아주 드문 경우는 인도와 같이 재단이사회나 위원회 같이 동등한 곳도 있다. 파키스탄에서는 교과서 위원회, 학교 밖의 교육(또는 사교육, 학원) 연구와 발전 분야, 시험을 담당하는 분야들과 같이 서로 연관된 독립기관들이 한 정부기관을 구성하는 것은 흔한 일이다. 그러나 대부분의 개도국들은 비정규학교나 고등교육 및 기초교육에서 전문 분야별로 구체화 하는 데 중점을 두는 (가톨릭)교구 부속학교나 종교적인 학교, 특정한 인종이나 언어만을 위한 학교, 선교학교, 상업학교 등과 같은 교육제도를 가지고 있다. 그러므로 계획, 조직, 감독하는 교육 분야 전체의 일이 전적으로 교육부 한 기관의 책임일 수는 없다. 오히려, 교육은 기관, 프로그램, 시스템의 중요성과 비용 때문에 모인 하나의 복합체이지만 이것은 유난히 관리하기 어렵다. 어쩌면 너무 많은 비율의 학교들이 수도에 위치하고 있는지 모르지만 이런저런 형태의 학교나 교육프로그램은 도시에만 국한된 것이 아니다. 반대로, 시골 학교와 교육 프로그램들은 그곳 실정에 맞게 계획되고 운영될 것이다. 중심지 교육의 기능별 조직과 조정의 문제와 마찬가지로 현장 교육 기관의 문제도 직시되어야 한다.

23

The difference between minimal winning and oversized cabinets with regard to cabinet durability also appears when we look at the relationship between the proportion of time that the twenty regimes were governed by minimal winning coalitions (the adjusted percentages of table 4.2) and the average cabinet life in each of the twenty regimes. The correlation coefficient is a strong 71. Table 5.3 summarizes this pattern and identifies the position of each country. Average cabinet life was trichotomoused in such a way that the twenty democracies could be divided into three approximately equal groups. Finland and the Fifth French Republic were included in the above analysis because they have cabinets dependent on the legislature's confidence, and in spite of the fact that they were classified earlier as presidential systems with powerful popularly elected presidents. The Finnish political system comes closer to a truly mixed presidential-parliamentary regime, but it is also subject to potentially drastic changes over time. The president of Finland derives his power partly from constitutional provisions but mainly from the fact that Finnish prime ministers and cabinets have tended to be weak and short-lived, and that Finland's proximity to the Soviet Union has required strong foreign policy leadership. As Gordon Smith argues, "a marked decrease in international tension or an unusual increase in government stability" would diminish the stature of the presidency. The effect of such an unlikely development would be that Finland would shift to a more normal parliamentary form of government.

모범번역

내각의 수명에 관한 소수정권과 과대한 정부(또는 내각) 사이의 차이점은 소수연합 내각에 의해 운용되는 20개 정치그룹의 수명과 (표 4.2의 보정된 퍼센트 참조) 그 20개의 정치그룹의 각각의 평균수명 간의 상관관계를 살펴볼 때 나타난다. 상관관계계수가 71로 매우 높다. 표 5.3에서는 이 흐름을 요약하고 있고 각 나라의 상황을 보여준다. 20개 민주공화정이 대략 3개의 동등한 그룹으로 나누어질 수 있듯이 평균내각수명은 3분화되어 있다. 일찍이 핀란드와 제5대 프랑스공화정은 국민에 의해 선출되는 강력한 대통령중심제와 같은 방법을 채택했음에도 불구하고 그들은 입법부의 신임절차에 따른 내각을 가지고 있었기 때문에 위와 같은 분석에 포함된다. 핀란드의 정치체제는 정확하게 대통령중심제와 내각책임제의 혼합형태에 가깝다. 그러나 이것 또한 시간이 흐름에 따라 잠재적으로 크게 변화할 수 있다. 핀란드의 대통령은 헌법조항에서 부분적인 힘을 얻지만 주로 핀란드 수상과 내각이 약해지거나 재임기를 채우지 못했을 때, 그리고 대 소련 정책에 탁월한 외교적 통솔력이 필요할 때 힘을 얻는다. 고든 스미스가 논하길 "외교적 긴장이 급격히 줄어들거나, 정권안정의 유별난 증가"는 대통령 직능을 감소시킬 수 있다. 이런 뜻밖의 진전은 핀란드를 지극히 평범한 내각책임제 국가로 바꾸는 효과를 낳을 수 있다.

24

Southeast Asian countries are now searching for their own distinctive mixtures of market, state and society. Each country must choose a system that will enable it to manage social change, preserve political stability and sustain economic growth over the long term. But Southeast Asia is increasingly interdependent with the developed economies. This search for the right mixture cannot therefore be purely a domestic affair. Over the entire postwar period (since the end of the Vietnam War) it was the climate of security and stability that the United States provided that enabled economic growth to germinate and flourish in Southeast Asia and across East Asia. Contemporary leaders of Southeast Asia know that their present program and prosperity would not have been but for the U.S., holding the communists at bay, and seeding the economic growth of the non-communist countries.

The emerging triangular relationship between the U.S., Japan and China will define the basis for continuing economic growth and stability throughout East Asia. The Asean Regional Forum is intended to ease the stress and encourage a predictable pattern of relationship among the major powers.

모범번역

현재, 동남아시아 국가들은 그들만의 특별한(또는 독특한) 시장, 사회, 국가체제(연합, 조합)를 찾고 있다. 모든 국가들은 그들의 사회변화와 정치적 안정성과 지난 수년 동안의 경제적 발전을 가능케 했던 또 다른 시스템을 선택해야만 한다. 하지만 동남아시아 국가들의 선진경제국가의 의존도가 날로 증가하고 있어 자국의 노력으로만 올바른 경제구축을 위한 조사가 어려워지고 있다. 모든 전 후 기간 동안 (베트남전의 종식 이후), 동남 아시아와 동아시아에 경제가 성장하고 번창하게 한 것은 미국의 힘이 제공한 안녕과 안정의 기초였다. 현대의 동남아시아 리더들은 사회주의 국가들을 견제하고, 비사회주의 국가들의 경제적 성장의 씨를 뿌리고 있는 미국이 없었다면 그들의 현재 프로그램과 번영을 누리지 못했을 것이라는 것을 안다.

떠오르고 있는 미국, 일본, 중국의 삼국체제는 동아시아에 계속적인 경제적 성장과 안정의 기반을 규정할 것이다. 아세안 지역 포럼은 긴장을 완화하고 주요국들 사이의 예측할 수 있는 관계의 모범을 격려하기 위한 것이다.

25

Electricity, like clean water, is a resource that's often taken for granted. But last summer, when blackouts struck much of the northeastern United States, Ontario and Rome, consumers on two continents were given a painful reminder of just how fragile electricity supplies can be. The massive disruptions stranded commuters, defrosted freezers, shut down businesses and refocused attention on where most of the planet's power comes from: oil and gas-fired generators and nuclear plants. These sources are not only plagued by creaky infrastructures, but they also pollute the environment and, many consumers feel, pose unacceptable health risks. Entrepreneurs like Lifton are trying to offer an alternative: clean energy from renewable resources that's plentiful and portable. Lifton's Medis Technologies, as well as companies like Hydrogenics and Nanosys, is tapping into fuel cells and solar panels to give people power when and where they want it and free from dependence on local grids. The search for alternative energy is nothing new, but the current crop of innovators is focusing on the long-elusive goal of making clean and sustainable power a mainstream commodity. For example, the fuel cell — which extracts electricity from the chemical reaction between oxygen and hydrogen — has been around for about 150 years, though its commercial development did not begin until the 1960s and then only as part of NASA spacecraft. Today this technology is coming down to Earth in places like Tokyo, where Japan's first hydrogen-fuel filling station opened in June; in nine European cities, from Stockholm to Porto, each operating three hydrogen-fuel-cell buses; and in Iceland, which is trying to create the first fossil-fuel-free hydrogen economy by 2030. When hydrogen and oxygen molecules combine, the reaction produces heat and water. Fuel cells harness this reaction to generate electricity. With the cell phone and gadget market in mind, Medis has developed a fuel cell with cheap components that generates little heat and effortlessly eliminates waste water without resorting to energy-gobbling pumps.

모범번역

전력은 청정수와 마찬가지로 우리가 당연하다고 여기는 자원이다. 그러나 지난 여름 북서부 미국의 상당 지역과 온타리오, 로마에 갑작스런 정전이 발생하면서, 두 대륙의 소비자들은 전력공급의 취약 가능성에 대한 쓰라린 경고를 받았다. 이러한 대규모의 혼란으로 통근자들은 오도가도 못하게 되었고, 냉동실의 동결은 해제되며, 회사는 중단되었다. 그 결과 지구 전력의 대부분의 출처인 화력 발전소와 원자력 발전소와 같은 공장에 다시 초점이 맞춰졌다. 이러한 원천은 취약한 하부구조 때문에 골치를 앓게 될 뿐만 아니라 환경을 오염시켜서 결국은 많은 소비자들이 용인할 수 없는 건강상의 위협을 느끼게 한다. 리프턴(Lifton)과 같은 기업가들은 풍부하며, 운반하기 수월한 재생가능자원에서 대체 정화에너지를 제공하려 한다. 하이드로제닉스(Hydrogenics)와 나노시스(Nanosys)같은 회사뿐만 아니라 리프턴(Lifton)의 메디스 테크놀로지(Medis Technologies)는 연료 전지와 태양전지판을 활용해서 지역 시설망에 구애받지 않고 언제, 어디서든 사람들이 필요로 할 때 동력을 제공하려 한다. 대체 에너지를 찾는 일이 전혀 새로운 일이 아니지만, 현재의 기술혁신자들은 깨끗하고 지속가능한 동력을 주류상품으로 제조하려는 장기적이고 막연한 목표에 초점을 맞추고 있다. 예를 들어, 연료 전지는 산소와 수소의 화학반응에서 전기를 추출해낸 전력으로 약 150년 동안 우리 주변에 존재해 왔지만 1960년대까지도 상품으로의 개발이 전개되지 않았고 이후에 NASA 우주선의 부품으로만 사용되었다. 꿈만 같았던 이 기술이 오늘날 현실화 되어서, 일본에서 수소연료를 사용하는 주유소가 6월에 처음으로 도쿄에서 개시되었고, 스톡홀름에서 포르토에 이르는 유럽의 아홉 개의 도시가 각각 3대의 수소 연료전지를 이용한 버스를 운행하고 있다. 게다가 아이슬란드는 처음으로 2030년까지 화석연료를 사용하지 않는 유기적인 수소조직을 개발하려는 중이다. 수소와 산소분자가 결합하면, 그 반응에서 열과 수증기가 발생한다. 연료전지는 전력을 발생시키기 위해 이 반응을 이용한다. 휴대전화와 전자시장을 염두에 둔 Medis는 저렴한 성분으로 이루어진 연료전지를 개발해 왔다. 왜냐하면 열을 거의 발생시키지 않고 에너지를 과도하게 낭비하는 펌프작용으로 폐수를 재분류하는 과정 없이도 그것을 손쉽게 버릴 수 있다는 점 때문이다.

26

Moreover, the scientist has undermined confidence in the nuclear industry. As the laxity of safety regulations at Three Mile Island becomes widely known, it may undermine confidence in the Nuclear Regulatory Commission as well. The commission had composed, in its 1975 Rasmussen Report, a supposedly exhaustive list of possible "initiating chains" for nuclear accidents and concluded that, in view of its precautions, U.S. reactors were statistically safe. The sequence of events which caused the Harrisburg accidents was not among these "chains." Henceforth every major decision about nuclear power, especially those concerned with disposal of radioactive wastes, will require so much public scrutiny that delays and costs will become intolerable. Well before the Harrisburg events, seven state legislators had already passed laws to stop, or control, the storage and transport of nuclear wastes. We can now expect that pressure for more stringent legislation will mount. Of course, for many people the prospect of permanent oil shortages causing economic stagnation is worse than unsafe and expensive nuclear power. And, in fact, nuclear power will be justified in the near future by references to the world's limited store of easily extractable oil. The median estimate of the total quantity of world oil that remains to be exploited is 1.5 to 2 trillion barrels. This would be enough for a 100-year supply at the current rate of consumption. It will not suffice if world needs grow at several percent per year — the rate of energy growth generally considered necessary to support healthy economic growth. At 3 percent annual energy growth, for example, this supply would be exhausted in 50 years. And well before then, physical limits on the potential rate of discovery and extraction would force the level of oil output below demand. The possibility that potential oil resources may be greater than anticipated does not significantly alter this pessimistic picture.

모범번역

게다가 과학자들은 핵 산업분야에서의 신뢰성을 무너뜨렸다. 스리마일 섬의 해이했던 안전규제가 세상에 널리 알려지면서 핵규제위원회에서의 신뢰성 또한 손상을 입을지도 모른다. 위원회는 1975년 라스뮤센 보고서에 원자력 사고가 발생 가능한 '초기 연쇄작용'에 대한 목록을 작성했다. 그 결과 안전예방이라는 견지에서 미국의 원자로들이 충분히 안전하다는 결론을 내렸다. 해리스버그(Harrisburg) 사건을 일으킨 일련의 일들은 이들 '초기 연쇄작용'에 포함되지 않았다. 앞으로 원자력에 대한 모든 결정, 특히 방사성 폐기물의 처리에 관한 결정은 국민들의 감시를 받게 될 것이며, 그 결과 일의 지체나 비용부과는 용납할 수 없는 일이 될 것이다. 해리스버그(Harrisburg) 사건이 일어나기 이전에 일곱 군데의 주 국회의원들은 핵폐기물의 저장과 수송을 중단하거나 규제하는 법안을 통과시킨 바 있다. 더 엄격한 입법을 위해서 압력 단체들이 어떠한 조치를 취할 것은 예상할 수 있는 일이다. 물론, 많은 사람들에게 경제 불황을 일으킬 수 있는 영구적인 석유 부족은 불안전하고 값비싼 원자력보다 더 안 좋은 것이다. 사실, 원자력 발전은 전 세계에서 쉽게 추출할 수 있는 석유 매장량의 한계와 관련시켜 볼 때, 가까운 미래에는 정당화될 수 있는 자원이다. 매체는 전 세계가 보유하고 있는 석유 중 이용 가능한 양은 1조 5천에서 2조 배럴이라고 추정했다. 현재의 소비율을 유지한다면, 이것은 100년 동안 사용하기에 충분한 양이다. 만일 세계가 건한 경제성장을 유지하는 데 필수적이라 여겨지는 양의 석유를 원한다면, 그 필요를 충족하기에는 석유의 양이 부족할 것이다. 예를 들어, 매해 3%의 에너지 성장이 있을 때, 석유는 50년 안에 고갈될 것이다. 그 훨씬 이전의 잠재적 발견과 추출의 물리적인 한계로 석유 산출량은 기대치 이하가 될 것이다. 이용 가능한 잠재적인 석유 자원이 현재의 예상을 상회할 가능성이 비관적인 상황을 바꾸는 데 크게 영향을 미치지는 않을 것이다.

27

No country is more important than China in the battle to control avian flu. With its vast population of chickens and ducks living in intimate proximity to each other and their human owners, southern China in particular has been the source of many of the major flu viruses to hit the world in the past 100 years. In China, any outbreak of flu has the ability to be amplified on a scale that dwarfs what is happening anywhere else in the region. Moreover, China's record of dealing with the SARS outbreak was profoundly mixed: after initially denying it had a problem, the central government executed a dramatic about-face, ordering bureaucrats to come clean on the number and location of cases and to cooperated fully with agencies such as the WHO.

This time around, China has shown alarming signs that it has somehow failed to learn the lessons of SARS. For weeks, while avian flu rampaged through much of Asia, Chinese officials insisted — to the disbelief of many experts — that the disease had not struck their country. During that time they made little effort to tell farmers what to do if their flocks began dying, and failed to offer timely information to U.S. organizations in Beijing that had requested briefings. The delays almost certainly cost local governments in the mainland valuable weeks in preparing to deal with the emergence of avian flu.

On January 27 the central government acknowledged that the outbreak had reached China, and a more open approach seemed to take root. The state-controlled media announced that 14,000 birds had been culled in Long'an county in the southern province of Guangxi. A day later President Ju Jintao took time out from his state visit to France to call on local governments to remain on "high alert." The Ministry of Agriculture demanded that all outbreaks be reported within 24 hours. And in an obvious nod to the SARS debacle, it added that "any cover-ups or false reports are strictly prohibited."

모범번역

조류 인플루엔자를 통제하는 싸움에서 중국보다 더 중요한 나라는 없다. 방대한 집단의 닭과 오리가 서로 떼를 지어 생활하거나, 가정에서 사육됨에 따라 중국의 남부지역은 특히 지난 100년간 세계를 강타한 주요 독감 바이러스의 진원지가 되었다. 중국에서는 독감이 발생하면, 그 지역 안에서 다른 지역으로 진행되고 있는 독감의 규모를 축소해서 설명하는 경향이 있다. 더구나 사스(SARS)사태의 발생에 대응한 중국 당국의 보고는 심하게 왜곡된 것이었다. 중국 정부는 처음에는 독감이 발생한 사실을 부인했지만, 극적으로 방향을 바꿔서 관료들에게 독감의 감염 사례의 수와 위치를 분명히 밝히고, 세계보건기구(WHO)같은 기관과 협력하여 조사할 것을 명령했다. 이 시기에 중국은 사스(SARS)사태로부터 교훈을 얻지 못했다는 것을 보이고 말았다. 전문가들의 불신에 대해서 중국 당국이 조류 인플루엔자가 중국에서 발생하지 않았다고 논쟁하는 몇 주 동안에, 조류 인플루엔자는 아시아 전역을 휩쓸며 사납게 돌진하고 있었다. 그 사이에 중국 당국은 농가에서 기르는 가금류가 떼지어 죽어갈 때, 농민들에게 대처방안을 알려주는 데에 미흡한 태도를 보였으며, 상황 설명을 요구하는 베이징 주재 유엔 기관들에게 시기적절한 정보를 제공하지 않았다. 그러한 늦장 대응으로, 중국 본토의 지방정부들은 조류 인플루엔자에 대처하는 데 있어 더 많은 시간을 들이게 되었다.

1월 27일 중국 정부는 조류 인플루엔자 발생의 진원이 자국임을 공식 발표했고, 더 개방적인 접근이 정착하는 것으로 보였다. 국영 언론은 중국 남부의 광시성에 있는 룽안군에서 14,000마리의 조류를 폐기처분했다고 보도했다. 하루 늦게 후진타오 주석은 프랑스 국빈 방문의 틈을 타서 엄중경계 태세를 갖추도록 지방정부에 명령했다. 농림부는 모든 질병의 발생을 24시간 이내에 보도할 것을 요구했다. 그리고 사스(SARS)사태를 분명히 시인하면서, 어떠한 은폐와 오도도 엄하게 금지해야 한다고 덧붙였다.

28

As we mentioned in the previous section, the information content of a message to be transmitted must be established in order to determine whether or not the message may be transmitted over a given channel. By the information content we mean the number of binary symbols that will ultimately be necessary, on the average, to transmit it. Although we may in actuality not transmit binary symbols, but choose to transmit a more complex signal pattern, we prefer to normalize all signal messages to their binary equivalents for simplicity's sake. Since all communication systems transmit information in one form or another and since we desire some measure of the information content of messages to be transmitted, it is important first to establish some measure of what is actually meant by the concept information. Although a precise mathematical definition can be set up for this concept, we shall rely on our intuitive sense in this introductory text.

Why is it so important to stress these points? As noted previously, if we, as engineers, are to design systems to transmit information and are interested in the best possible type of system given the practical equipment and a limited budget, we must know what it is we are transmitting and the effect of the system on this quantity.

모범번역

우리가 전장에서 언급한 바와 같이, 주어진 채널을 통하여 메시지가 전달되는지 또는 전달되지 않는지를 결정하기 위해서는 전달하려고 하는 메시지의 정보 내용이 설정되어야 한다. 정보 내용이란 결국 평균적으로 메시지를 전달하는 데 필요한 이진기호의 수를 의미한다. 비록 우리가 실제로 이진기호를 전달하지 않고 복잡한 신호 패턴을 전달하기 위하여 선택하고 있지만, 우리는 단순화를 위하여 모든 신호 메시지를 그와 동등한 이진기호로 정규화 하는 것을 선호한다. 이와 같은 동등한 이진기호로 변환하는 것은 제2장과 이후의 장에서 더 자세히 논의할 것이다. 모든 통신 시스템은 한 형태 또는 다른 형태로 정보를 전달하고 우리가 전달하려고 하는 메시지의 정보 내용을 측정하기 위한 것이기 때문에 정보라는 개념이 실제로 무엇을 의미하는지 어떤 척도를 먼저 설정하는 것이 중요하다. 비록 이 개념에 대해 정밀한 수학적 정의가 설정될 수 있겠지만 우리는 이 기초적인 교재에서 직관에 의존할 것이다.

왜 이러한 점들을 강조하는 것이 그렇게 중요한가? 전에 말했던 것처럼 만일 기술자로써 우리가 정보를 전달하는 시스템을 설계하고자 한다면, 그리고 실용적인 설비와 제한된 예산 하에서 만들 수 있는 가장 좋은 형태의 시스템에 관심이 있다면, 우리는 우리가 전달하고 있는 것이 무엇인지 그리고 정량적으로 시스템의 효과가 무엇인지 알아야 한다.

29

The question is complicated further by the differences between moving bodies, waves other than light waves, for example, sound waves, and light waves. Suppose an airplane is strafing us with machine gun bullets; bullets are massive bodies of the sort that Newton's laws deal with. The velocity of the bullets, relative to us, will vary with how fast we run, and in which direction. Also, the bullets will start out faster, relative to us, if the airplane is flying in the same direction as it is shooting in (Newton's law of inertia). A baseball pitcher is not allowed to run at the batter while he pitches the ball. However, if the airplane has a siren, the sound waves do not go faster, relative to us, just because the airplane is flying toward us. So we have three very different cases of relative motion: massive bodies, sound waves, and electromagnetic waves.

모범번역

문제는 움직이는 물체, 예를 들면, 음파와 같은 광파가 아닌 파동, 광파 사이에 존재하는 차이점 때문에 더욱 복잡해진다. 비행기가 우리에게 기총소사를 가해온다고 가정할 때 총탄은 뉴턴의 법칙에서 다루어지는 것과 같은 종류의 중량을 가진 물체이다. 우리와 관련된 탄환의 속도는 우리가 달리는 속도와 방향에 따라 변한다. 또한 비행기가 기총소사하는 방향과 같은 방향으로 비행하고 있다면 우리와 관련된 탄환의 처음 속도는 빨라질 것이다(뉴턴의 관성의 법칙). 야구 경기에서 투수는 공을 던질 때 타자 쪽으로 달려가서는 안 된다. 그러나 비행기에 사이렌이 있을 때 비행기가 우리를 향해서 날아오고 있다고 해서 우리와 관련된 음파의 속도가 더 빨라지는 것은 아니다. 그러므로 매우 다른 세 가지 경우의 상대 속도가 존재하는 셈이다. 즉, 중량을 가진 물체, 음파, 전자파의 경우가 그것이다.

30

Chlorophyll plays a very interesting role in the process of photosynthesis. In a green plant, six molecules of carbon dioxide combine with six molecules of water and 673,000 calories of energy from sunlight to make one molecule of glucose and six molecules of oxygen. If the chlorophyll is not present, the sunlight will not cause the water and carbon dioxide to combine. Yet the chlorophyll does not become part of the glucose. Evidently, the chlorophyll helps the water and carbon dioxide become glucose, but the chlorophyll itself remains unchanged. Chemists know about many compounds that act this way. Such compounds are called catalysts. This term comes from the Greek words which mean "entirely loose" and refers to the fact that the catalyst is entirely loose from the compounds it helps to combine. The chemical factory within a plant does not end its work with the making of glucose, starch and cellulose.

The water that enters the plant through the roots brings with it many dissolved chemical compounds called minerals. The plant combines these minerals with starch to make fats, oils and protein.

모범번역

엽록소는 광합성작용에서 아주 흥미로운 역할을 한다.
상록수에서, 하나의 포도당과 산소분자 여섯 개를 만들기 위해 여섯 개의 이산화탄소분자는 물분자 여섯 개와 673,000칼로리의 태양광선과 결합한다. 만약 엽록소가 없다면, 태양광선은 결합시키기 위한 물과 이산화탄소를 생성시키지 않을 것이다. 그렇지만 엽록

소는 포도당의 한 부분이 되지는 않는다. 명백히 엽록소는 물과 이산화탄소가 포도당으로 변하도록 도움을 주는 것이다. 그러나 엽록소는 변하지 않은 채 남아있다. 화학자들은 이런 역할을 하는 많은 화합물을 알고 있다. 이런 화합물들을 촉매라 한다. 이 용어는 "완전히 풀어진(또는 자유로운)"이란 뜻의 그리스어가 어원이고 결합하기 위해 혼합물로부터 완전히 자유롭다는 것을 나타내고 있다. 식물의 화학공정은 끊임없이 포도당, 녹말 그리고 섬유소를 만들어낸다.

뿌리를 통해 들어간 수분은 미네랄(또는 광물)이라는 분해된 화합물을 함유하고 있다. 식물은 지방, 기름, 단백질을 만들기 위해 이 미네랄을 녹말과 혼합시킨다.

31

PHYSICS AND REALITY

What are the general conclusions that can be drawn from the development of physics indicated here in a broad outline representing only the most fundamental ideas?

Science is not just a collection of laws, a catalogue of unrelated facts. It is a creation of the human mind, with its freely invented ideas and concepts. Physical theories try to form a picture of reality and to establish its connection with the wide world of sense impressions. Thus the only justification for our mental structures is whether and in what way our theories form such a link.

We have seen new realities created by the advance of physics. But this chain of creation can be traced back far beyond the starting point of physics. One of the most primitive concepts is that of an object. The concepts of a tree, a horse, any material body, are creations gained on the basis of experience, though the impressions from which they arise are primitive in comparison with the world of physical phenomena. A cat teasing a mouse also creates, by thought, its own primitive reality. The fact that the cat reacts in a similar way toward any mouse it meets shows that it forms concepts and theories which are its guide through its own world of sense impressions.

"Three trees" is something different from "two trees." Again "two trees" is different from "two stones." The concepts of the pure numbers 2, 3, 4···, freed from the objects from which they arose, are creations of the thinking mind which describe the reality of our world.

모범번역

물리학과 현상

단지 기초적인 생각들을 보여주는 전체적인 윤곽이 나타내는 물리학의 발달에 따라 생겨나는 결과(또는 결론)는 무엇인가?

과학은 단지 법칙들의 집합이나 서로 다른 사실들의 목록표가 아니다. 이것은 고정관념을 깨는 생각과 개념이 담긴 인류의 창조물이다. 자연적 이론들은 실상을 만들고 막연한 느낌과의 관계를 형성하려 한다. 그러므로 우리의 정신구조는 어떠한 방법으로 이러한 관계를 형성하는지에 그 존재 이유가 있다 하겠다.

우리는 물리학의 진보에 의한 새로운 사실들을 접해 왔다. 그러나 이 창조의 연결고리는 물리학이 시작된 시점 전으로 회귀할 수도 있다. 초기의 개념 중 하나는 물체였다. 물리현상과 비교하여 그들이 발생하는 감각이 최초일지라도 나무, 말 등의 모든 유형물의 개념은 경험을 기준으로 하여 얻어지는 창조물이었다. 고양이가 쥐를 괴롭히는 것도 이것만의 고유한 현상을 창조한다. 고양이가 쥐를 볼 때마다 비슷한 반응을 한다는 사실은 고양이만의 감각의 세상이라는 것으로 유추되는 개념과 이론을 형성한다는 것을 보여준다. 세 개의 나무는 나무 두개와 뭔가가 다르다. 다시 나무 두개는 돌 두개와 다르다. 2, 3, 4와 같은 숫자들의 개념은, 그들이 기인하는 물체로부터 자유로운, 우리가 사는 세상의 현실을 설명하는 사람들의 창조물이다.

32

Cellulose is not only the most abundant organic substance available, it is a major component of woody plants and is constantly replaceable. Its conversion to paper products is the function of the pulp and paper industries which manufacture thousands of useful items from it. The industry employs about 650,000 people and uses over 10,000 scientists and engineers. The manufacturing processes are complicated and difficult to control. The use of digital control devices has increased the efficiency of the industry and generally improved the economy of operation. Without good control devices, modern paper-making machinery could not function. Paper-making consumes many chemicals. The pulp and paper industries are not only consumers of large quantities of chemicals but also are the largest energy users in the country, for this is an energy-intensive business.

모범번역

섬유소(셀룰로오스)는 가장 풍부하게 활용할 수 있는 유기물일 뿐만 아니라, 나무의 가장 큰 요소이고 끊임없이 대체할 수 있다. 종이 제품으로의 전환은 아주 많은 쓸만한 제품을 생산하는 펄프와 제지산업의 역할이다. 이 산업은 약 650,000명의 고용을 창출하고, 10,000여 명이 넘는 연구자들과 기술자들을 사용하고 있다. 생산 공정은 조정하기에는 복잡하고 어렵게 되어 있다. 디지털 제어장치의 사용은 산업의 효율을 증가시켜 왔고, 일반적으로 생산비 절감을 향상시켜 왔다. 우수한 제어장치 없이는 현대 제어생산기기는 작동하지 않을 것이다. 제지를 생산하기 위해서는 많은 화학품을 필요로 한다. 펄프와 제지산업은 한 나라에서 많은 양의 화학품의 소비산업일 뿐만 아니라 에너지 집약산업이기 때문에 가장 큰 에너지를 사용하는 산업이기도 하다.

33

In a series of elegant experiments by Charles Yanofsky, it has been shown that in prokaryotes there is a linear correspondence between the gene and its polypeptide product or protein. Using the techniques of genetic mapping and protein sequencing, Yanofsky demonstrated that the order of mutants on the genetic map of tryptophan synthase in Escherichia coli was the same as the order of the corresponding changes in the amino acid sequence of the tryptophan synthase enzyme molecule.

The cell must possess the machinery necessary to translate information from the nucleotide sequence of an mRNA into the sequence of amino acids of the corresponding specific protein. This process, termed translation, was not understood for many years, until the relatively recent clarification of our understanding of the process of translation and the deciphering of the genetic code, which is undoubtedly a major accomplishment of modern biology. It was realized early that mRNA molecules in themselves have no affinity for amino acids and, therefore, that the translation of the information in the mRNA nucleotide sequence into amino acid sequence of a protein requires an intermediate, adapter molecule.

모범번역

찰스 야노프시키의 일련의 훌륭한 실험들에서 원핵생물 안에서 유전인자와 그 폴리펩티드 산물이나 단백질 사이에서의 선의 일치가 있다는 것이 밝혀졌다. 유전학적인 지도 작성과 단백질 배열 기술을 이용하여 야노프스키는 대장균 안에서의 트립토판 신타제의 유전학적 지도상의 돌연변이의 순서가 트립토판 신타제 효소분자의 아미노산 배열 안에서 대응하는 변화들의 순서와 같다는 것을 증명하였다.

세포는 mRNA의 뉴클리오티드 배열에서 나온 정보를 특정한 단백질에 대응하는 아미노산의 배열로 해독하는 데 필요한 장치(생물의 기관)를 가지고 있는 것이 틀림없다. 상대적으로 최근에 있었던 정보를 번역하는 과정과 유전암호의 해독의 명확한 설명이 있기 전까지 번역이라고 명명된 이 과정은 의심할 여지 없이 현대 생물학의 중요한 성과이다. 따라서 mRNA분자는 내부에 아미노산에 대한 친화력을 가지고 있지 않기 때문에 mRNA 뉴클리오티드 배열 안에서 단백질의 아미노산 배열로의 정보의 번역에는 중간물과 번안자 문자가 요구된다는 것을 깨달았다.

34

2급 과학기술

Among Galileo's other astronomical discoveries were the existence of sunspots, which appeared to Galileo's critics, of which he had many, to be imperfections, or blemishes, on the Creator's work (Photographs of the sun showing sunspots look like a towel after a small boy has dried his dirty hands on it). Galileo's critics were by no means limited to officials of the Church. "That thing," it was said, pointing to the world's first practical telescope, "is a thing of untruth. It makes things appear as they are not." The critics maintained that no man of virtue would look through it, and certainly wouldn't believe anything seen through it.

It should not be concluded from this, or from Galileo's experiments with falling bodies, that science diverged from religion principally because scientists were fond of experimentation. Actually, the early scientists, including Galileo, diverged in a rationalist direction, urging that things could be explained rationally, without recourse to mysticism, miracles, or authoritative writings. Experiments were performed, not in opposition to theorizing, but in support of it. In those days, the answers to serious questions were generally sought in the Bible, in Aristotle, and in Church writings. If an answer couldn't be found there, then you probably shouldn't be asking the question. Galileo wasn't afraid to say, "I don't know," with the implication "but we'll investigate and try to find out." When orthodox thinkers said "I don't know," they usually implied, "and we don't want to." Galileo's troubles with the Inquisition were attributed to his Copernican teachings, although several cardinals accepted them, and Copernicus himself had been a churchman. However, one suspects that the root trouble was Galileo's attitude that Truth could be worked out by an individual thinker and observer. This dangerous attitude was made worse by Galileo's publishing in Italian, instead of the customary Latin, so that common people, who read only Italian, might have their faith disturbed.

모범번역

갈릴레오의 또 다른 천문학적 발견 중에는 태양 흑점의 발견이 있었는데, 태양 흑점은 당시에 많은 갈릴레오의 비평가들에게는 창조주의 작품에 있어 불완전한 것 또는 흠처럼 보였다(흑점을 보여주는 태양의 사진은 어린이가 더러워진 손을 닦은 뒤의 수건 같았다). 갈릴레오의 비평가들은 교회의 교직자들만이 아니었다. 세계 최초의 실용 망원경을 가리키면서 "저것은 허위의 물건이다. 저것은 사물을 있는 그대로 보여주지 않는다"고 말하며 덕이 있는 사람은 아무도 망원경을 통해 보지 않을 것이며 그것으로 보게 되는 것은 어떤 것도 믿지 않을 것이라고 주장했다. 이것으로부터 또는 낙하 물체에 관한 갈릴레오의 실험으로부터, 과학이 종교에서 벗어난 주된 원인은 과학자들이 실험을 좋아했기 때문이라고 결론지을 수는 없다. 실제로 갈릴레오를 포함한 초기의 과학자들은 신비주의, 기적, 또는 권위 있는 문서에 의존하지 않고서도 사물을 합리적으로 설명할 수 있다고 주장하면서 종교에서 벗어나 합리주의적인 방향으로 나아갔다. 실험은 이론에 반대하기 위해서가 아니라 그것을 뒷받침하기 위해서 행해졌다. 그 시대에는 중요한 문제에 대한 해답은 대개 성경, 아리스토텔레스의 저서 및 교회 문서에서 구했다. 그런데서 해답을 구할 수 없으면 질문을 하지 말아야 했다. 갈릴레오는 두려움 없이 "나는 모른다"라고 말했으나 그 말에는 "우리는 연구해서 알아내도록 하겠다"라는 뜻이 함축되어 있었다. 정통 사상가가 "나는 모른다"라고 말할 때 거기에는 대개 "우리는 그것을 알고 싶지도 않다"라는 의미가 내포되어 있었다. 갈릴레오가 종교 재판소에서 문제시되었던 것은 그의 코페르니쿠스 학설 때문이었으나 추기경들 중 일부는 이 가르침을 인정했고, 코페르니쿠스 자신도 교회의 교인이었다. 그러나 근본 문제는 진리는 개인 사상가나 관찰자에 의해서 규명될 수 있다는 갈릴레오의 태도에 있었지 않았나 하고 사람들은 생각한다. 이 위험한 태도는 갈릴레오가 당시의 관행이던 라틴어 대신 이태리어로 그의 저서를 출판함으로써 더욱 악화되었는데 그것은 이태리어만을 읽을 줄 아는 일반 대중이 그로 말미암아 신앙심이 흔들릴 수도 있었기 때문이다.

35

2급 과학기술

In the photoelectric effect, a photon gives all its energy to a bound electron metal system; it is also possible for only a part of a photon's energy to be given to a charged particle. This kind of interaction between electromagnetic waves and a material substance is a scattering of the waves by the charged particles of the substance. The quantum theory of the scattering of electromagnetic waves is known as the Compton effect. We shall first review briefly the classical theory of the scattering of electromagnetic waves by charged particles. When a monochromatic electromagnetic wave impinges upon a charged particle whose size is much smaller than the wavelength of the radiation, the charged particle will be acted on principally by the sinusoidally varying electric field of the wave. Under the influence of this changing electric force, the particle will oscillate in simple harmonic motion at the frequency of the incident radiation. Since the charge is accelerated continuously, it will produce electromagnetic radiation of the same frequency in all directions; the intensity is greatest in the plane perpendicular to the direction of motion of the oscillating charge and zero along the line of oscillation. Classical theory predicts, then, that, the scattered radiation will have the same frequency as the incident radiation. The charged particle becomes the transfer agent, absorbing some of the energy from the incident beam and reradiating this energy at the same frequency (or wavelength), although scattering it in all directions. The scattering particle neither gains nor loses energy, since it reradiates at the same rate as it absorbs. The classical scattering theory agrees with experiments on wavelengths of visible light and all other longer wavelengths of radiation. A simple example of the unchanged frequency of scattered radiation is light reflected from a mirror (a collection of scatterers); it undergoes no apparent change in frequency.

모범번역

광전 효과에 있어서는 광자는 자신의 모든 에너지를 결합된 전자금속계에 준다. 또한 광자 에너지의 일부만을 하전(荷電) 입자에게 제공할 수도 있다. 이러한 종류의 전자파와 물질 상호 간의 작용은 물질의 하전 입자에 의한 파동의 산란이다. 전자파의 산란에 관한 양자 이론은 '콤프턴 효과' 라는 이름으로 알려져 있다. 우리는 먼저 하전 입자에 의한 전자파의 산란에 대한 고전적 이론을 간략하게 다시 살펴보기로 하겠다.

단색광 전자파가 복사선의 파장보다 크기가 훨씬 작은 하전 입자에 충돌하면 하전 입자는 사인 곡선 모양으로 변화하는 파동의 전기장의 영향을 주로 받는다. 입자는 이러한 변화하는 전기력의 영향하에서 입사파의 진동수로 단순조화운동 양상으로 진동한다. 전하는 계속 가속되기 때문에 전 방향으로 방사되는 같은 주파수의 전자 복사선을 만들어 낸다. 그 강도는 진동 전하의 운동 방향에 수직인 평면에서 최대가 되고 진동선을 따라서는 영이 된다. 이때, 고전 이론에서는 산란된 복사파는 입사파와 같은 주파수를 가질 것으로 예견된다. 하전 입자는 전이 매개체가 되며, 입사광으로부터 일부 에너지를 흡수하여, 비록 전 방향으로 산란시키기는 하지만, 이를 같은 주파수(혹은 파장)로 재복사한다. 산란을 일으키는 입자는 흡수 속도와 재복사 속도가 같기 때문에 에너지 증가나 손실이 없다. 고전 산란 이론은 가시광선이나 이보다 긴 모든 복사선의 파장에 대한 실험 결과와 일치한다. 산란 복사파의 주파수는 변하지 않는다는 것에 대한 간단한 예는 바로 거울에 반사되는 빛(산란체의 집합)이다. 그것은 분명 주파수에 아무런 변화도 일어나지 않는다.

36

2급 과학기술

Not all atoms have the same tendencies to form π bonds. The ability of an atom to form π bonds determines its ability to form multiple bonds, and this in turn greatly affects the kinds of molecular structures that the element produces. One of the most striking illustrations of this is the molecular structures of the elemental nonmetals and metalloids.

If we take a brief look at the electronic structures of the nonmetals and metalloids, we see that their atoms generally contain valence shells that are only partially filled. Exceptions to this, of course, are the noble gases, which have electronically complete valence shells. We have also seen that atoms tend to complete their valence shells by bond formation. Therefore, in their elemental states, most of the nonmetallic elements do not exist as single atoms, but instead form bonds with each other and produce more complex molecular species. (The only nonmetals that actually occur in nature as collections of single atoms are the noble gases).

One of the controlling factors in determining the complexity of the molecular structures of the nonmetals and metalloids is their ability to form multiple bonds. Small atoms, such as those in period 2, are able to approach each other closely. As a result, effective sideways overlap of their p orbitals can occur, and these atoms form strong π bonds. Therefore, carbon, nitrogen, and oxygen are able to form multiple bonds about as easily as they are able to form single bonds. On the other hand, when the atoms are large — which is the case for atoms from periods 3, 4, and so on — π-type overlap between their p orbitals is relatively ineffective. Therefore, rather than to form a double bond consisting of one δ bond and one π bond, these elements prefer to use two separate δ bonds to bond their atoms together. This leads to a useful generalization: Elements in period 2 are able to form multiple bonds fairly readily, while elements below them in periods 3, 4, 5, and 6 have a tendency to prefer single bonds. Let's look at some of the consequences of this.

모범번역

모든 원자가 파이 결합에 대해서 동일한 경향을 가지는 것은 아니다. 원자가 파이 결합을 형성하는 능력은 다중 결합을 형성하는 능력을 결정하고, 이것은 또한 이것 나름으로 원소가 생성해 내는 분자 구조의 종류에 많은 영향을 미친다. 이를 가장 잘 보여 주는 것 중의 하나가 비금속 원소와 반금속 원소의 분자구조이다.

비금속이나 반금속의 전자 구조를 잠깐 살펴보면, 그것들의 원자는 대개 부분적으로만 채워진 원자가 껍질을 가지고 있음을 알 수 있다. 물론 이것에 대한 예외는 전자적으로 완전한 원자가 껍질을 가지고 있는 비활성 기체이다. 우리는 또한 원자는 결합 형성에 의해서 자신의 원자가 껍질을 완성시키고자 하는 경향이 있음도 알고 있다. 그러므로 대부분의 비금속 원소들은 원소 상태에서 단일 원자로 존재하지 않고 서로 결합하여 한층 복잡한 분자 종을 만들어 낸다(자연 상태에서 단일 원자의 집합으로 존재하는 비금속류는 비활성 기체뿐이다).

비금속과 반금속 분자구조의 복잡성을 결정하는 조절 요인 중의 하나는 그것들이 다중 결합을 형성할 수 있는 능력이다. 주기율표 제2족에 있는 원자처럼 크기가 작은 원자들은 서로 가까이 접근할 수 있다. 그 결과, 이 원자들의 p궤도의 측면은 중첩될 수 있고, 이들 원자는 강력한 파이 결합을 형성한다. 그러므로 탄소, 질소, 산소는 대략 단일 결합을 형성할 때만큼 쉽게 다중 결합을 형성할 수 있다. 반면에 주기율 3족, 4족 등에 해당하는 원자들의 경우처럼 원자의 크기가 클 때에는 이들 원자의 p궤도 상호 간의 파이 형태 중첩은 비교적 비효과적이다. 따라서 이들 원소는 하나의 델타 결합과 하나의 파이 결합으로 구성된 이중 결합을 형성하기보다는 두 개의 분리된 델타 결합을 이용하여 원자들을 서로 결합시키는 경향이 있다. 이러한 사실에서 다음과 같은 유익한 일반적 명제를 이끌어낼 수 있다. 즉, 3, 4, 5, 6족에 있는 원소들이 단일 결합을 하는 반면에 주기율표 2족에 있는 원소는 꽤 용이하게 다중 결합을 선호하는 경향이 있다. 이것에 대한 결과 중 일부를 살펴보자.

37

A substance that crosses a membrane by mediated transport must first bind to a specific site on a transporter, a site that is exposed to the substance on one surface of the membrane. A portion of the transport protein then undergoes a change in shape, exposing this same binding site to the solution on the opposite side of the membrane. The dissociation of the substance from the transporter binding site completes the process of moving the material through the membrane. Using this mechanism, molecules can move in either direction across the membrane, getting on the transporter at one side and off at the other.

The diagram of the transporter in Figure 6 – 8 is only a model, since we have little information concerning the specific conformational changes of any transport protein. Transport proteins amount to less than 0.2 percent of the total membrane proteins, and the amino acid sequences of a number of transport proteins have been determined as a result of advances in the molecular biology of gene cloning. This information, however, does not yet allow determination of the conformation of the transport protein within the membrane.

There are many types of transport proteins in membranes, each type having binding sites that are specific to a particular substance or a specific class of related substances. For example, although both amino acids and sugars undergo mediated transport, a protein that transports amino acids does not transport sugars, and vice versa. Just as with ion channels, the plasma membranes of different cells may contain different types and numbers of transport proteins and thus exhibit differences in the types of substances transported and their rates of transport.

모범번역

조정된 운반 수단에 의하여 세포막을 통과하는 물질은 먼저 운반체 위의 특정한 부위, 즉 세포막의 한 표면에서 그 물질에 노출되어 있는 부위에 결합되어야 한다. 그 다음 운반 단백질의 일부분이 형태 변화를 일으켜 그 결합 부위를 세포막 반대편에 있는 용액에 노출시킨다. 물질이 운반체 결합 부위에서 분리되면 물질의 세포막을 통한 이동의 모든 과정이 끝나게 된다. 이러한 메커니즘에 의해 분자는 한쪽에선 운반체에 달라붙고 다른 쪽에선 이탈하면서 어느 방향이든 세포막을 통과할 수 있다.

그림 6-8에 있는 운반체의 도형은 하나의 모형에 불과한데, 이는 운반 단백질의 구조 변화에 대한 특정한 정보가 거의 없기 때문이다. 운반 단백질은 전체 세포막 단백질의 0.2%에도 미치지 못하는데 유전자 복제에 대한 분자 생물학의 발달로 몇몇 운반 단백질의 아미노산 계열이 규명되었다. 그러나 이러한 정보에 의해서도 세포막 내의 운반 단백질의 구조는 아직 규명되지 못하고 있다.

세포막에는 많은 유형의 운반 단백질이 있는데 각 유형은 특정한 물질이나 특히 서로 관련된 특정한 종류의 물질들과 결합 부위를 가지고 있다. 예를 들면, 아미노산과 설탕은 모두 매개체에 의해서 운반되지만 아미노산을 운반하는 어떤 단백질은 설탕을 운반하지는 않으며, 반대로 설탕을 운반하는 단백질은 아미노산을 운반하지 않는다. 이온 통로의 경우처럼, 상이한 세포의 원형질 세포막은 상이한 유형과 상이한 양의 운반 단백질을 내포하며, 또 이로 인해 운반되는 물질의 종류와 운반 속도에 있어 차이를 나타낼 수도 있다.

38

With increasing demands for small-quantity production of intricate pressings, for experimental and development work, a need has arisen for speedy means of providing such parts. Hydroforming answers this need, and with some outstanding advantages.

Different types of metals with varying thicknesses can be formed with equal facility by means of the same tools. The limiting factor, usually, when using different metal thicknesses is the physical characteristics of the component material. Today even on the smallest of the hydroforming machines, components can be formed from metallic foil to a thickness of 3/8 in., in mild steel, and to a thickness of 5/8 in., in aluminium.

The process has been particularly successful in the forming of circular parts, but is equally successful in the forming of non-circular components, a boon to the product designer and to the toolmaker.

Short-run production is no handicap because of the simplicity of the tooling which can be made overnight. Because of the continuous contact of the flexible diaphragm with the component metal, this latter is displaced rather than stretched, with a consequent absence of localised thinning, and an almost absence of springback, with more consistent accuracy. The pressures exerted can be controlled throughout the operation to permit reduction of area by 50 to 70 percent. More severe forming and deer drawing is possible in a single operation, while commercial variation in sheet thickness does not affect the efficiency of the operation.

모범번역

실험용이나 개발용으로 쓰기 위한 정밀한 프레싱 공구의 소량 생산에 대한 수요가 증가함에 따라 그러한 부품을 신속히 공급해 줄 필요가 생겼다. 이러한 필요에 대해서 하이드로포밍 공법이 해결책이 될 수 있고 또 괄목할 만한 이점도 지니고 있다.

같은 도구를 가지고 여러 가지 다른 형태의 금속을 다양한 두께로 쉽게 가공할 수 있다. 각각 다른 두께의 금속을 사용할 때 발생하는 제한적 요인은 구성 금속의 물리적 특성이다. 요즘에는 가장 소규모의 하이드로포밍 공작 기계에서도 구성 금속 중 연철의 3/8인치 두께인 금속박과 알루미늄의 5/8 두께에 이르기까지 가공할 수 있다.

공정은 특히 원형 부품을 가공할 경우에도 성공적이지만 비원형 부품을 가공할 때에도 역시 성공적이다. 그것은 제품의 디자이너나 공구 제작자에게는 다행스러운 일이기도 하다.

밤새 만들어 낼 수 있는 간단한 도구 장치 덕택에 단기 생산일지라도 아무런 지장이 없다. 가변성의 격판과 구성 금속이 지속적으로 접촉하기 때문에 이 구성 금속은 부분적으로 얇아지거나 되휘어짐이 없고 지속적으로 정확하게 늘어나지 않고 모양이 바뀐다. 전체의 가동 시간 동안 여기에 투입된 압력은 50%에서 70% 사이에서 영역의 축소를 가져올 정도로 통제될 수 있다. 보다 정확한 형태를 만드는 일과 보다 깊게 주름잡는 일도 단 한번의 조작으로 가능하다. 상업적으로 제품의 두께에 대한 다양한 수요가 있어도 공정의 효율성에는 아무런 영향을 미치지 않는다.

39

The near-sonic/supersonic drag phenomenon is known as wave drag, and it is caused by abrupt pressure changes in the air brought about by an onrushing airplane. A plane moving at any speed sends a "signal" of its approach to the air ahead. That signal, a pressure wave moving at the speed of sound, "warns" the air to begin moving out of the way. However, when a plane is moving faster than its warning wave, the air ahead has no time to part. Billions of tiny air molecules, instead of moving out of the airplane's path, are abruptly shoved to the side and compressed by the intruding body. This creates a region of compressed air, a cone-shaped shock wave. A plane in this situation develops a series of such shock waves at the nose, the leading edges of the wing and tail surfaces and along the fuselage. There is a similar series of shock waves behind these wing and tail surfaces, where the moving air comes together again. The lower section of these conical waves extends to the ground in the thunderlike clap known as the sonic boom.

Like induced drag, which is the detrimental but unavoidable by-product that accompanies the creation of lift, wave drag is the detrimental but inescapable price paid for traveling near or above the speed of sound. The power necessary to build up the region of high pressure which accompanies a plane's passage into the area of sonic speeds must be supplied by the engines of the airplane and then wave drag is created. The shock-wave buildup starts at about Mach 0.8 for most planes. Even though the plane is not then moving as fast as sound, the accelerated air moving over the top of the wing reaches supersonic speed and a small shock wave is formed. The region from about Mach 0.8 to Mach 1.2 is called the transonic region because some of the airflow is subsonic and some supersonic.

모범번역

아음속이나 초음속의 항력현상은 파장항력이라고 알려져 있다. 그리고 파장항력은 돌진하는 비행기로 인해서 생기는 공기 중의 갑작스러운 압력의 변화 때문에 발생되는 것이다. 비행기는 어떤 속도로 움직이든지 전방에 있는 공기에 자신이 접근한다는 "신호"를 보낸다. 그 신호는 음속으로 움직이는 압력파인데 공기로 하여금 길을 비켜나도록 "경고"를 보낸다. 그러나 비행기가 그 경고파보다 더 빨리 움직이고 있을 때는 전방의 공기가 갈라설 시간이 없게 된다. 수십억 개의 공기 분자들은 비행기가 통과할 길을 비켜주는 대신 갑자기 옆으로 밀려나고 달려드는 비행체에 의해서 압축된다. 이렇게 해서 압축 공기 지역이 조성되고 원추 모양의 충격파를 형성한다. 이러한 상황에서 비행기는 코 부분, 날개와 꼬리 표면의 앞쪽 끝부분 그리고 동체를 따라서 일련의 충격파를 형성한다. 이들 날개와 꼬리 표면의 후방에는 그와 유사한 연속적인 충격파가 생기는데 그곳에는 흐르는 공기가 다시 모여들기 때문이다. 이러한 원추형의 충격파는 그 아래 부분이 지상까지 뻗치어 음속 폭음이라고 알려진 천둥 같은 소리가 들린다.

양력장치를 만들 때 이롭지 않으면서도 피할 수 없는 부산물로 따라오는 유도항력과 같이 항력 충격파도 근음속이나 초음속으로 비행하려고 할 때 이롭지 못하면서도 반드시 지불해야 하는 대가라고 할 수 있다. 기체가 음속의 영역으로 진입할 때는 부수적으로 고압 지역을 형성하게 되고 그에 필요한 힘은 비행기의 엔진에서 공급받아야 하며 그리고 충격파 항력을 만들어 낸다. 형성된 충격파는 대부분의 비행기의 경우 마하 0.8 정도에서 시작된다. 비행기가 그 때는 소리만큼 빨리 움직이지 않지만 날개 위에서 움직이는 가속된 공기는 초음속에 도달하게 되고 그리고 작은 충격파가 형성된다. 마하 0.8에서 마하 1.2에 해당하는 영역은 천음속 지역이라고 부른다. 왜냐하면 이 지역의 일부 기류는 아음속이고 일부는 초음속이기 때문이다.

40

The transformer is an essential component of modern electric power systems. Simply put, it can convert electricity with a low current and a high voltage into electricity with a high current and a low voltage (and vice versa) with almost no loss of energy. The conversion is important because electric power is transmitted most efficiently at high voltages but is best generated and used at low voltages. Were it not for transformers, the distance separating generators from consumers would have to be minimized; many households and industries would require their own power stations, and electricity would be a much less practical form of energy.

The English physicist Michael Faraday discovered the basic action of the transformer during his pioneering investigations of electricity in 1831. Faraday's investigations were inspired by the Danish physicist Hans Christian Oersted, who had shown in 1820 that an electric current flowing through a conducting material creates a magnetic field around the conductor. At the time, Oersted's discovery was considered remarkable, since electricity and magnetism were thought to be separate and unrelated forces. If an electric current could generate a magnetic field, it seemed likely that a magnetic field could give rise to an electric current.

모범번역

변압기는 현대의 전력시스템에서 핵심적 구성요소이다. 쉽게 표현하면 변압기는 에너지의 손실이 거의 없이 저전류에 고압의 전기를, 고전류에 저압의 전기로 변환시킬 수 있다(그리고 그 반대의 변환도 가능하다). 이러한 전환이 중요한 것은 전력은 고압상태에서 가장 효과적으로 전달되지만 저압에서 가장 잘 생산되고 사용하기에 좋기 때문이다. 만일 변압기가 없다면, 전력의 생산자와 소비자 간의 거리는 최대한 축소되어야 했을 것이다. 그렇게 되면 많은 가정과 산업체는 그 자체의 발전 시설을 설치해야 할 것이고 따라서 전기는 훨씬 실용 가치가 떨어진 에너지가 될 것이다.

영국의 물리학자 마이클 파라데이가 1831년 전기를 처음으로 연구하는 과정에서 변압기의 기본 작용을 발견하였다. 파라데이의 연구도 덴마크의 물리학자 한스 크리스천 외르스테드에 의해서 고무된 것이다. 그는 1820년에 이미 전도체를 흐르는 전류가 전도체 주위에 자장을 형성한다는 사실을 밝혀낸 바 있다. 외르스테드의 발견은 그 당시에 주목을 받고 있었다. 왜냐하면 전기와 자기는 분리된 것이고 서로 관련이 없는 힘으로 생각되고 있었기 때문이다. 만일 전류가 자장을 형성한다면 그 반대로 자장도 전류를 일으킬 가능성이 있는 것으로 생각되었기 때문이다.

41

An ideal particle can be localized completely. Its mass and electric charge can be determined with such high precision that the particle can be considered to be a mass point. Although, in nature, all particles have finite sizes, we can regard them as mass points under the appropriate circumstances. For example, kinetic theory molecules are considered point particles, although their size is finite and they have internal structures; similarly, stars are considered particles when we discuss the behavior of galaxies. In short, an object is effectively a particle whenever its dimensions are very small relative to the dimensions of the system of which it is a part, and when its internal structure is unimportant to the problem under consideration. Newtonian mechanics deals with ideal particles; given the initial position and velocity of a particle and a knowledge of the forces acting on it, we can predict in detail its future position and velocity.

> **모범번역**
>
> 이상적인 입자는 완전하게 국지화시킬 수 있다. 그 질량과 전하(電荷)를 아주 정확하게 측정할 수 있기 때문에 입자를 질량점으로 간주할 수 있다. 본래부터 모든 입자는 일정한 크기를 가지고 있으나 적절한 상황하에서만 그 입자들을 질량점으로 간주할 수 있다. 예컨대, 동력학 이론에서 분자들은 그 크기가 일정하고 내적구조를 가지고 있어도 점입자로 간주된다. 이와 비슷하게 은하계의 운동을 논할 때 별들은 점 입자로 간주된다. 요컨대 물체는 그것이 속하는 계(系)의 크기에 비해 아주 작을 때 그리고 내적구조가 논의 중인 문제에 대해서 중요하지 않을 때는 언제나 사실상 입자로 처리된다. 뉴턴 물리학은 이상적인 입자를 다루고 있다. 즉, 어떤 입자의 처음 위치와 속도 그리고 그 입자에 작용하는 힘의 크기를 알게 되면 그 입자가 앞으로 어떤 위치로 어떤 속도로 움직일지 자세하게 예측할 수 있다.

42

2급 과학기술

ABSORPTION SPECTRUM

The absorption of light at various wave lengths varies with the structure of the compound and, more specifically, with certain groups or arrangements of bonds. Nucleic acids show a characteristic absorption spectrum in the ultraviolet region with a maximum around 260m μ. This is illustrated in Figure 5-1. That this maximum is due to the nitrogenous bases is suggested by an examination of their spectra and is illustrated for adenine in Figure 5-2. This property of nucleic acids and of their bases is frequently utilized for their identification. Not only is the absorption maximum a characteristic property of the base, but the concentration of the base required to yield a specific absorption at that wave length (its extinction coefficient) is also specific.

Dissociation constants for the bases may be obtained from potentiometric titrations, except when the pH values are very low or very high. Since the absorption of ultraviolet light varies with the pH, and therefore with the form of the compound, this approach may be used to obtain apparent dissociation constants. Figure 5-3 illustrates the absorption spectrum of a base over a wide range of pH values. Several crossover points can be seen. The curves for the cationic form at pH 1.0 and for the neutral or undissociated form at pH

7.2 cross at point a, indicating that at this wave length(262mμ) the forms have the same extinction coefficient. This is called the isosbestic point — the point of equal extinction. It delineates the equilibrium between the positively charged and neutral forms. Points b, c, and d are concerned with the equilibrium between the neutral and anionic forms. By plotting extinction coefficients against pH at a given wave length, we get a titration curve, from which the apparent dissociation constants can be obtained.

모범번역

흡수 스펙트럼

좀더 구체적으로 얘기하면 다양한 파장 위에서 빛의 흡수작용은 결합된 특정 그룹이나 배합으로 변화한다. 핵산은 자외선 구역에서 최고 약 260mμ 정도로 독특하게 흡수하는 분광(또는 스펙트럼)을 보여준다. 이것은 그림 5-1에 나타나 있다. 질소를 함유함으로써 생겨나는 이 최고치는 그 분광들의 시험과정에 의해 제공되고 아데닌은 그림 5-2에 나타나 있다. 핵산과 그 근본요소의 이러한 속성은 그들을 식별하는 데 자주 이용된다. 그 근본의 독특한 속성은 최대 흡수 뿐 아니라, 파장(이것의 소멸계수)에서 특정한 흡수작용을 생성하기 위한 집중 또한 특별하다.

pH(페하)값이 매우 높거나 낮을 때를 제외하고는, 불변하는 요소들의 분리는 전위 체계의 적정 상태에서 달성 할 수 있다. 자외선의 흡수 pH가 변하기 때문에, 복합물의 형성으로 인한 이 접근법은 명백한 불변의 분리를 얻는 데 이용될지 모른다. 서로 다른 pH값에 걸쳐 있는 흡수 스펙트럼은 그림 5-3에 나타나 있다. 몇몇 고차점이 보인다. pH 1.0에 있는 양이온 형태의 곡선과 pH.7.2에 있는 중성이나 분리되지 않는 형태의 곡선이 a지점에서 교차한다. 그리고 이 두개의 형태는 이 파장(262mμ)에서 같은 소멸 계수를 가지고 있음을 나타낸다. 이것을 상계점인 아소스베스틱 포인트(isosbestic point)라 한다. 이것은 양극형태와 중성형태 사이의 평형상태를 묘사한다. b, c, d 점들은 중성과 음이온 형태 사이의 평형상태와 관계가 있다. 도면에 주어진 파장에 pH에 대한 소멸계수를 나타냄으로써 얻을 수 있는 또렷한 불변요소의 분리로부터 적정곡선을 얻는다.

43

2급 과학기술

Basically, EGD (electrogasdynamics) power generation is the exploiting of the kinetic energy of gas steam to push along molecular ions from a region of low potential to one of high potential, where a collector can gather them. The physical principles are not new — what is new is the solving of problems of ion drift, space charge effects, and useful concentration of power.

The molecular ions are easily inserted at the point of low potential by a corona discharge unit consisting of a corona electrode(the point) and an attractor electrode(the annular ring). The ions leave the corona point and head toward the attractor. The circuit would end there except that the gas stream sweeps them beyond the attractor, toward the collector.

기본적으로 EGD(전자활성화가스) 파워의 생성은 집전기가 낮은 곳에서 높은 곳으로 작동할 수 있는 분자이온들을 따라 이동하는 가스의 운동에너지를 이용한 것이다. 물리학적 원칙에는 새로운 것이 없다. 새로운 것은 이온들의 흐름, 공간에서 충전하는 효과, 그리고 효과적인 힘의 집중 등의 문제를 해결하는 것이다.

코로나 전극(점모양)과 전극을 이끄는 전극(고리모양)으로 이루어진 코로나 방전장치에 의해 분자이온들은 낮은 위치에너지 발생지점에 위치한다. 이온들은 코로나 전극을 떠나 전극을 이끄는 전극으로 향한다. 일련의 가스가 전극을 끄는 전극을 넘어 이온을 훑어내는 경우를 제외하고는 이 순환체계는 집전기를 향하며 끝난다.

44

The cost to stabilize the currency market has been soaring due to the interest owed on the snowballing amounts of currency and monetary stabilization bonds.

According to the Ministry of Finance and Economy (MOFE) and the Bank of Korea (BOK), the outstanding value of currency stabilization bonds amounted to 31.6 trillion won last month, up from 28.64 trillion won at the end of last year. An additional one trillion won in foreign exchange stabilization bonds will be auctioned tomorrow. The money to be raised will be used in buying and selling dollars and local currency in a bid to keep the won from appreciating or depreciating at an unstable pace. This year, four trillion won will be raised through the bonds. The amount of outstanding monetary stabilization bonds stands at 112.1 trillion won, up 6.6 trillion won from the end of last year. The amount was 84.27 trillion won in 2012, 79.12 trillion won in 2011 and 66.37 trillion won in 2010. Consequently, it is estimated that annual interests on currency and monetary stabilization bonds would reach as much as 6.5 trillion won — 1.5 trillion won for currency bonds and 5 trillion won for monetary bonds. Currency stabilization bonds are issued to absorb the excess supply of dollars, while monetary stabilization bonds are floated to curb a rise in the money supply. "With a massive inflow of foreign funds into local stock markets, the government has no choice but to step into the currency market to keep the won from rising against the greenback," a BOK official said. "Market intervention results in expansion of the money supply, so it is inevitable for the central bank to issue monetary stabilization bonds," he said.

The central bank usually floats monetary stabilization bonds to absorb liquidity from the market when a rise in the money supply is feared to build up inflationary pressure. A number of economists said that the rising cost to defend the currency is the result of the government's adherence to a weak won policy to speed up economic recovery by boosting exports, the only engine for economic growth since last year.

모범번역

통화시장을 안정시키는 데 드는 비용이 치솟고 있다. 문제는 외국환평형기금 채권(외평채)과 통화안정증권(통안증권)잔액이 눈덩이처럼 불어나면서 이자부담이 커진 데에 있다.

재정 경제부(MOFE)와 한국은행(BOK)에 따르면, 통안증권 발행에 따른 미결제 금액은 지난해 28조 6400억원에서 급증한 지난달 31조 6000억원으로 증가했다. 외평채에 증액된 1조원이 내일 공매에 붙여질 예정이다. 이렇게 모아진 자금은 원화 가치가 불안정한 폭으로 상승ㆍ하락하는 것을 막기 위해 입찰에서 달러와 원화를 매각 매수하는 데에 이용될 것이다. 올해 4조원은 이러한 공채를 통해 조성될 것으로 보인다. 통안증권 발행 잔액은 2010년 66조 3700억원, 2011년 79조 1200억원, 2012년 84조 2700억원을 기록했으며, 작년 말에는 6조 6000억원에서 급증하여 112조 1000억원에 이르렀다. 결과적으로, 외평채와 통안증권의 연 이자율이 외평채 1조 5000억원과 통안증권 5조원을 합쳐 6조 5000억원에 이를 것으로 보인다.

외평채는 시중에 넘쳐나는 달러를 흡수(매입)하기 위해 발행되고, 통안증권은 시중에 원화공급의 상승을 억제하기 위해 발행된다. 한국은행의 관계자는 "외자가 지역 주식 시장으로 다량 유입됨에 따라, 달러에 대한 원화 가치 상승(원-달러 하락)을 막기 위해 정부가 통화시장에 개입하게 되고 "정부의 시장개입으로 시중에 원화가 풀려 나가게 되면, 결과적으로 중앙은행의 외평채 발행은 불가피하게 된다"고 밝혔다.

중앙은행은 원화공급이 늘어나 물가상승 요인으로 작용할 우려가 있는 경우, 통안증권을 발행해 시장에서 원화 유동성을 흡수한다. 대다수의 경제학자들은 환율방어에 드는 비용의 상승은 정부가 지난해부터 경제성장을 이루는 유일한 원동력이 되는 수출을 장려함으로써 경기회복에 박차를 가하려는 원화약화정책을 실시한 결과라고 말했다.

45

Korea's digital camera market is making great strides on the strength of the booming Internet infrastructure but a complicated distribution network saddled with massive smuggling hinders key players from offering better services.

"Smuggling digital cameras from Japan is so widespread here that local distributors and sales outlets find it hard to secure enough margins from legitimate imports, which is bad for the entire industry," Cho Byung-sang, sales manager of the digital imaging team at LG International Corp., told The Korea Herald. LG has charge of imports, sales and customer service for Japanese photo giant Canon. Along with Sony Corp., Olympus and Nikon, Canon is one of the biggest digital camera makers with a wide pool of users in Korea.

Cho, who supervises the overall operation of the Canon digital camera lineup for the Korean market, said growing demand here is leading to a severe supply shortage, which in turn aggravates the smuggling problem. "On the one hand, we want to crack down on those who handle smuggled digital cameras to protect customers and set some order in the market, but on the other, we do not have enough volume of products to meet the rising demand, so it's difficult to throw blame on distributors selling smuggled or unlicensed imports," he said.

GFK Marketing Service Korea, a market research firm, estimates that Korea's digital camera market grew to 900,000 units worth 505.4 billion won last year, up from 430,000 units in 2012. It forecasts that sales would reach 1.2 million units in 2014.

Canon in particular is benefiting from the rapid growth of the digital camera market. Dcinside.com, the country's largest digital photography community portal, said in a recent survey that Canon topped the sales ranking, with 26.9 percent of respondents saying they have purchased one of the brand's products. The survey, reflecting the sales performance in the latter half of last year, showed that Nikon came in second with 18 percent, followed by Sony with 11.7 percent and Olympus with 11percent.

모범번역

한국의 디지털 카메라 시장이 붐을 일으키고 있는 인터넷 인프라의 장점에 기초하여 빠른 속도로 발전하고 있지만, 밀수품이 주류를 이루는 복잡한 유통채널로 인해서 주요시장 관계자들이 시장에서 보다 나은 서비스를 제공하지 못하고 있다.

LG상사 디지털 영상팀의 조병상 팀장은 "디지털 카메라 시장에 일본에서 들여온 밀수품이 기승을 부리고 있어, 지역 배급자들과 아울렛이 합법적인 수입으로 충분한 수익을 보장받기 어려워졌으며 이는 사업 전반적으로 악영향을 미치고 있다"고 코리아 헤럴드에 말했다. LG상사는 일본 카메라의 선두로 부각되고 있는 캐논과 계약을 맺고, 수입, 판매, 고객 서비스 업무를 담당하고 있다. 캐논은 소니, 올림푸스, 니콘과 함께, 한국에 폭 넓은 구매층을 확보하고 있는 최대의 디지털 카메라 제조사 중의 하나이다. 한국시장을 확보한 캐논 디지털 카메라의 전반적인 경영전략을 감독하고 있는 조씨는 점차 늘어나는 구매자의 수요가 심각한 공급부족으로 이어지고, 이것이 밀수입 문제를 악화시킨다고 말했다. "소비자를 보호하고 디지털 카메라 시장의 질서를 유지하기 위해서는 밀수입 유통업자들을 단속해야 한다. 하지만 다른 한편으로 구매자의 소비욕구를 충족시킬 수 있는 물량이 충분히 확보되지 않아서 밀수품과 무면허 수입품 유통업자들을 비난하기는 어려운 상황이다"라고 말했다.

시장 조사기관인 GFK 마케팅 서비스 코리아는 한국의 디지털 카메라 시장에서의 지난해 디지털 카메라 판매 대수는 2012년의 430,000대에서 900,000대로 올랐으며, 이것은 5,054억원의 가치가 있다고 추정했다. 2014년에는 1,200,000대가 판매될 것으로 예상된다.

특히, 캐논은 디지털 카메라 시장에서 빠른 속도의 성장으로 이득을 보고 있다. 국내 최대의 디지털 카메라 커뮤니티 사이트인 Dcinside.com은 최근 조사에서 전체 응답자의 26.9%가 캐논 브랜드 제품을 구입했다고 대답해 캐논이 디지털 카메라 시장에서 판매 랭킹 1위를 차지했다고 말했다. 지난해 하반기의 판매성과를 반영한 이 조사에서 니콘은 18%로 2위를 차지했고, 소니가 11.7%, 올림푸스가 11%로 그 뒤를 이었다.

46

2급 경제경영

Competition for the future is not product versus product or business versus business, but company versus company — what we term "interfirm competition." This is true for several reasons. First, because future opportunities are unlikely to fit neatly within existing SBU boundaries, competing for the future must be a corporate responsibility, and not just the responsibility of individual business unit heads. This responsibility may be exercised by a group of corporate officers or, preferably, a cohort of SBU heads working horizontally across the organization. Second, the competencies needed to access the new opportunity arena may well be spread across a number of business units, and it is up to the corporation to bring these competencies together at the appropriate point within the organization. Third, the investment and timeframe required to build the new competencies necessary to access tomorrow's markets may well tax the resources and patience of a single business unit.

It is important that top managers view the firm as a portfolio of competencies, for they must ask, "Given our particular portfolio of competencies, what opportunities are we uniquely positioned to exploit?" The answer points to opportunity arenas that other firms, with different competence endowments, may find difficult to access. For example, it would be hard to imagine any firm other than Eastman Kodak creating a product like Photo-CD, which required an in-depth understanding of both chemical film and electronic imaging competencies. Canon may understand electronic imaging and Fuji may understand film, but only Kodak has a deep understanding of both.

모범번역

미래를 위한 경쟁은 상품 대 상품의 경쟁, 혹은 사업 대 사업의 경쟁이 아닌 기업 대 기업의 경쟁, 다시 말해서 우리가 '기업 간의 경쟁'이라고 이름 붙인 경쟁이 될 것이다. 이것은 몇 가지 이유에서 사실이다. 첫째, 미래에 나타날 기회는 현존하는 전략 사업 단위 (SBU)의 범위 내에서 적절하게 들어맞지는 않을 것이기 때문에 미래를 위한 경쟁은 단지 개개의 사업 단위의 수뇌부의 책임만이 아니라 기업 차원의 책임이다. 이 책임 의식은 기업의 간부들로 구성된 어느 그룹이나 혹은 더 바람직하게는 조직 내에서 수평적으로 일하고 있는 전략 산업 단위(SBU)의 수뇌부들의 집합체에 의해서 행사될 것이다. 둘째로, 새로운 기회의 활동 영역에 접근하는 데 필요한 경쟁 역량들은 많은 사업 단위에 퍼질 것이고 이를 조직 내의 적재적소에 배치하는 것은 기업에게 달려 있다. 셋째, 미래의 시장에 접근하기 위해 필요한 새로운 경쟁 역량들을 구축하는 데 요구되는 투자와 시간 구성은 전략 사업 단위의 인내와 그것이 소유한 자산의 몫으로 돌리는 것이 합리적이다.

최고 경영진들이 기업을 경쟁 역량들의 포트폴리오(요소배합)로 보는 것은 의미 있는 일이다. 왜냐하면, 그들은 '우리가 갖고 있는 특수한 경쟁 역량들의 포트폴리오 하에서 우리는 어떤 기회들을 이용할 수 있는 독특한 입장인가?'라고 질문해야 하기 때문이다. 그 대답은 다른 기업들이 가지고 있는 상이한 경쟁 역량들로는 접근하기 어려운, 그런 기회들의 장을 가리킨다. 예를 들어, 이스트 맨 코닥 외에 어떤 다른 회사가 화학 필름과 전자영상 경쟁 역량들에 대한 철저한 이해를 요구하는 포토-CD 같은 제품을 창조하는 것은 상상하기가 어려울 것이다. 캐논이 전자 영상을 이해할 수 있고 후지가 필름을 이해할 수도 있겠지만 코닥만이 두 개를 다 완전히 이해할 수 있다.

47

A number of attempts have been made to categorize capital movements. They have been divided into "induced and autonomous," "stabilizing and destabilizing," "real and equalizing," "equilibrating, speculative, income and autonomous." The most usual division, however, is into short-term and long-term. Here there is an objective criterion on which to base the classification. A capital movement is short term if it is embodied in a credit instrument of less than a year's maturity. If the instrument has a duration of more than a year or consists of a title to ownership, such as a share of stock or a deed to property, the capital movement is long term.

While the distinction between short and long-term capital movements is clear cut, it does not necessarily reveal what brought the movement about or what its effects in the balance of payments are likely to be. For these purposes we need to divide capital movements by motivation and by role in the balance of payments. In terms of motivation, we will want to know whether a capital movement is equilibrating, speculative, undertaken in search of income, or autonomous. In the balance of payments, it may be induced or autonomous, stabilizing or destabilizing. Since the causes and effects of short and long-term capital movements differ, however, we must uncover these aspects of the subject as we go along. Classification according to instrument, moreover, does not really indicate whether a capital movement is temporary or quasi-permanent. Many changes in foreign deposits take place slowly over long periods of time. For example, an Arab sheikh with deposits hidden in a numbered account in Zürich is holding instruments payable on demand; in a more fundamental sense he has made a long-term capital movement from the standpoint of his country and of Switzerland.

European speculation in the Now York stock market in the 1920s and 1930s used the instruments of long-term investment — equity shares in companies — but demonstrated a high rate of turnover and only a brief loss of liquidity. A European central bank which buys U.S. government bonds rather than short-term bills is still holding monetary reserves and not making real long-term investments.

모범번역

자본 이동 상황을 몇 가지 유형으로 나누어 보기 위하여 많은 시도가 있었다. 그것은 '유도된 것과 자발적인 것,' '안정된 것과 불안정한 것,' '실제적인 것과 균형화한 것,' '균형 잡히고, 투기적인 소득과 자발적인 것' 등으로 나누어진다. 가장 통상적인 분류는 단기 자본 이동과 장기 자본 이동의 구분이다. 이 분류 기초에는 객관적인 기준이 있다. 어떤 자본 이동이 만기일 1년 이내 신용 증권에 속한다면 그것은 단기 자본 이동이다. 만일 증권의 기한이 1년 이상이거나 또는 주식이나 재산 증서처럼 소유권을 나타낸 것이면 그것은 장기자본 이동이다.

여기서 단기 및 장기의 자본 이동에 대한 분류는 명확하지만, 그것은 무엇이 이동을 초래하는가, 또는 국제 수지에 어떠한 효과를 가져올 것인가에 대해서는 밝혀지지 않고 있다. 이런 점을 명백히 하기 위해서는 자본 이동을 지불 금액의 수지 관계에서의 동기와 역할에 따라서 구별할 필요가 있다. 동기에 관해서는, 자본 이동이 형평화를 위한 것인지, 투기적인지, 소득을 위하여 행해졌는지 또는 자발적인지 여부를 알고 싶을 것이다. 지불금의 수지 관계에서 본다면 유인적인 것인지 자발적인 것인지 그리고 안정된 것인지 불안정한 것인지가 문제된다. 그러나 단기 및 장기 자본 이동의 원인과 결과는 각각 다르기 때문에 우리는 다루고자 하는 주제의 이러한 측면을 명백히 밝히지 않으면 안 된다.

더욱이 증권에 의한 분류는 어떤 자본 이동이 일시적인지, 반영구적인지에 대해서 실제로 시사해 주는 바가 없다. 해외 예금 부문에 있어서의 많은 변화는 장기간에 걸쳐 서서히 일어난다. 예를 들면, 한 아라비아의 족장이 취리히의 여러 곳에 몰래 요구불의 지불 가능 증권을 갖고 있다면, 그것은 보다 근본적인 의미에서 그의 나라와 스위스의 입장에서 볼 때, 그는 장기적인 자본 이동을 실행한 것이 된다.

1920년대 및 1930년대의 뉴욕 시장에서의 유럽의 투기는 장기 투자 증권, 즉 회사의 공정한 소유 주식을 사용하였으며, 그 회전율은 높고, 극히 적은 유동성만을 상실했을 뿐이다. 단기 어음보다 오히려 미국의 정부채를 매입한 한 유럽의 중앙은행은 여전히 화폐 준비금을 보유하고 있으나 실질적인 장기 투자를 한 것은 아니다.

48

The dress rehearsals are over, the curtain is rising, and the leading players are scurrying to ensure that the performance begins on time — and wins plaudits. At lunchtime on December 31, European finance ministers announced the rates at which 11 national currencies would convert to Europe's single currency, the Euro. By the time financial markets reopen on January 4, banks must be ready to trade in Euros. Between those dates lies a changeover weekend, during which bankers, fund managers, securities dealers and regulators will be working around the clock, slurping not champagne but unceasingly sobering coffee. This frantic activity follows months of testing and retesting of banks computer systems and their links to domestic stock exchanges and clearing houses. Some big banks have undergone five separate dry runs, and most claim they are ready. Still there are plenty of butterflies. It's been like a play in which everyone has been rehearsing in separate dressing rooms, says Paul Cantwell of Andersen consulting. When they all take the stage together, no one can be sure how the performance will go. Still, there will be no shortage of action. Over the weekend, on top of doing their normal end-of-year accounts, financial firms must also plug the euro conversion rates into all of their software programs, reroute much of their foreign exchange trading and re-denominate bonds, shares, derivatives portfolios and bank accounts previously held in separate euro-zone currencies. Small wonder that, as well as booking up local hotel rooms, Goldman Sachs has taken the precaution of designating special rest areas for weary staff.

모범번역

최종 예행연습이 끝나고, 무대의 막이 오르고, 주연 배우들이 공연을 서두르며 환호를 받고 있다. 12월 31일 점심시간 경, 유럽 각국의 재무부 장관들은 11개 나라의 화폐를 하나의 유럽화폐(이른바 유로)로 바꾸는 환율을 발표했다. 금융시장이 재개하는 1월 4일까지, 은행들은 유로로 거래하기 위한 준비를 해야만 한다. 그 날 사이에 있는 변화의 주말 동안, 은행원들, 펀드 매니저들, 증권 거래인들, 관리자들은 샴페인을 터뜨리는 게 아니라 잠을 깨게 하는 커피를 마셔가며 쉬지 않고 일을 해야 할 것이다. 이런 필사적인 행동은 몇 개월 동안 은행들의 컴퓨터, 그리고 자국 내 증권 거래소와 어음 교환소와의 연결 상태를 시험하고 재시험해서 이루어진다. 몇몇 대형 은행들은 5번의 개별적인 모의성능시험을 해왔고, 대부분 자신들의 완벽함을 주장한다. 그러나 여전히 변화할 여지는 충분히 있다. 앤더슨 컨설팅의 폴 칸트웰은 마치 모두들 각자의 대기실에서 예행연습을 해온 한 편의 연극이라고 말한다. 그들이 모두 실제 무대에 섰을 때, 공연이 어떻게 될지는 아무도 장담 못한다. 아직, 준비에는 부족함이 없을 것이다. 주말을 전후해서, 그들의 연말결산 계좌에 금융회사들은 반드시 유로로 환산된 환율을 그들의 컴퓨터에 입력시켜야 되고, 외환시장의 거래통로를 새로 만들어야 하며 그리고 채권, 배당액, 이월된 유가증권 그리고 유럽의 여러 다른 환율로 거래된 은행계좌들은 가격(또는 가치, 액면가, 표시환율)을 수정해야만 한다. 조금 이상한 점은 골드만 삭스가 지쳐버린 직원들을 위해 지방호텔을 예약하는 것처럼 특별한 휴가지를 지정하는 예방조치를 취해왔다는 것이다.

49

The exclusion of additions to inventories for the general government sector will mean that capital expenditures should be subdivided into two major groups — new construction, and machinery and equipment. Construction should include transportation facilities such as roads, canals, harbors, and airports, and projects for the permanent improvement of natural resources, such as flood control, reclamation, and reforestation. Major repairs and alterations that extend the life expectancy of capital assets or increase their usefulness should be included as a capital expenditure, but ordinary maintenance and repairs should be treated as a current expenditure. The major classification problem encountered, for both new construction and machinery and equipment, is the choice of a workable line of demarcation between current and capital. There are two possibilities. A line can be drawn on the basis of revenue-producing and nonrevenue-producing, or a line can be drawn on the basis of life expectancy. The revenue-producing criterion is extremely restrictive, since very little of the total of government additions to plant and equipment contributes directly to government income. Furthermore, many assets which are not directly productive of revenue may be indirectly productive. An improved highway system in and around metropolitan areas may contribute more to economic growth and increased tax revenues than a four-lane toll road. The use of the revenue-producing criterion will exclude important additions to the nation's stock of real assets.

모범번역

일반적인 정부분야에 관한 목록에 추가사항을 제외하는 것은 자본지출이 신규건설과 기계설비의 두 분야에 세분되어야 함을 의미한다. 건설은 도로·운하·항구·공항 같은 운송시설과 홍수조절·개간·재식림 같은 국유자원의 개선을 위한 영구적 프로젝트를 포함한다. 자본자산의 예상수명을 연장하거나 그 유용성을 증가시키는 주요 수리와 개조는 자본지출에 포함되어야 하지만 보통의 유지와 수리는 경상지출로 취급되어야 한다. 신규건설과 기계설비 양쪽에 관해 부닥치는 주요 분류문제는 유동성과 자본 사이에 실현 가능한 경계선을 선택하는 것이다. 가능한 수단에는 두 가지가 있다. 소득산출과 비소득산출을 기초로 선을 긋는 것과 예상수명을 기초로 선을 긋는 것이다. 시설과 설비에 대한 정부의 추가사항의 합계가 정부세입에 거의 영향을 미치지 않았기 때문에 소득산출기준은 매우 제한적이다. 더욱이 직접적으로는 소득 생산적이지 않은 많은 자산들도 간접적으로 생산적일 수 있다. 대도시 내 또는 주변의 개선된 고속도로시스템은 4차선 유료도로보다 경제성장과 세수증가에 더 많이 기여할 것이다. 소득산출표준의 사용은 국가자산재고의 중대한 추가사항을 제외할 것이다.

50

"The fundamental goal of all business is to maximize shareholder value." This statement can be either commonplace or controversial, depending on where you are. In the United States, top management is traditionally expected to seek maximizing shareholder value. Failure to do so results in pressure from the board of directors and activist shareholders, or even in hostile takeover bids.

Elsewhere in the world, companies make different implicit tradeoffs among their various stakeholders. In continental Europe and Japan, intricate weightings are given to the interests of customers, suppliers, workers, the government, debt providers, equity holders, and society at large. Maximizing shareholder value is often seen as short-sighted, inefficient, simplistic, and even antisocial. Proponents of this "balanced stakeholders" approach cite the high standards of living and rapid economic growth in Europe and Japan and the success of Japanese auto and electronics companies to support their view.

But the evidence against these arguments — and in favor of shareholder wealth maximization — is mounting. This article provides evidence that winning companies have higher productivity, greater increase in shareholder wealth, and greater employment gains than their competitors in the long run. In other words, even in an increasingly competitive world, winning companies provide benefits for all stakeholders. There is no evidence of any conflict between shareholders and employees.

모범번역

"사업의 가장 기본적인 목표는 주주의 이익을 극대화하는 것이다." 이 말은 당신이 어떤 입장인가에 따라 진부한 말이 될 수도 있고 논쟁을 일으킬 만한 말이 될 수도 있다. 미국에서 최고경영자는 전통적으로 주주이익을 극대화할 것으로 기대되어 왔다. 이를 실패하면 이사회나 주주의 압력을 초래하기도 하고 심지어 적대적 공개매입까지 야기한다.

세상 어딘가 다른 곳에서 회사들은 그들의 다양한 이해관계자들 간에 서로 다른 맹목적인 거래를 한다. 유럽대륙과 일본에서는 소비자, 공급자, 노동자, 정부, 부채제공자, 지분소유자, 사회의 이익에 일반적으로 복잡한 부담이 주어진다. 주주이익의 극대화는 종종 근시안적이고, 비효율적이며, 단순하고 심지어 반사회적으로 비춰진다. 이 공정한 이해관계자를 제안하는 자는 자신들의 견해를 지지하기 위해 유럽과 일본은 높은 생활수준과 빠른 경제성장, 일본 자동차 및 전자회사의 성공을 인용한다.

그러나 그들의 주장에 반대되고 주주이익 극대화에 긍정적인 증거도 많다. 이 기사는 결국 경쟁에서 이긴 회사가 경쟁회사보다 더 높은 생산성, 더 많은 주주재산 증식, 더 많은 고용을 성취한다는 것을 보여준다. 달리 말하면 경쟁이 치열해지는 사이에서도 이기는 회사가 모든 이해관계자들에게 이익을 제공한다. 거기에는 주주와 고용인 간의 어떤 마찰의 증후가 없다.

51

인간이 21세기 초반의 예측할 수 없는 격변의 세계에서 일어날 모든 가능성에 대비한다는 것은 불가능하다. 따라서 국가의 임무는 돌발적 사태에 대비하기 위하여 군사력과 경제력을 조직화하는 것뿐만 아니라 사회를 조직화하여 이를 원활하게 운영하는 것이다.

모범영작

In the unpredictable, rapidly changing world of the early 21st century, it is impossible for humankind to provide for every possibility. Therefore, it is the duty of the state to prepare for unexpected crises not only by systemizing military and economic power, but by systemizing society itself, and smoothly administering it.

52

모델은 물리적 상황을 실제에 근사하게 재현한 것이다. 모델은 단순하고 이해할 수 있는 여러 규칙들을 사용하여 관측된 행동을 설명하려고 시도하는 것이다. 이러한 규칙들은 주어진 물리적 상황을 포함하는 실험의 결과를 예측하는 데 사용될 수 있다. 쓸모 있는 모델은 주어진 상황과 관계되는 모든 관점들을 설명한다.

모범영작

A model is designed to reproduce the physical states in a way as close to reality as possible. It is made in an attempt to explain observations in a logical manner by employing simple, comprehensible rules and principles. These rules can also be applied to predict the outcome of an experiment, which includes the given physical states. A useful model explains all the possible perspectives related to the given circumstances.

53

〈이력서〉
성 명 : 김길동
생년월일 : 1981년 7월 28일생
주소 : 서울 마포구 월드컵로 424-14   전화 : 725-0506

학 력
2000년 마포 고등학교 졸업

2004년 서강 대학교 경영학과 졸업(경영학 학사) 2009년 연세 대학교 경영 대학원 졸업(경영학 석사)
2011년 미국 UCLA 경영 대학원 졸업(MBA)

경력
2004~2007 공군 복무
2011~2013 ABC 증권 총무 과장
2014~현재 신라 무역 수출 부장

기타
영어에 능숙하고, 일어로 업무 처리 가능, 컴퓨터 도스, 워드, 데이터 베이스, 인터넷에 능숙, 폭넓은
독서, 테니스에 취미가 있고 업무 처리는 치밀한 편이고 대인 관계는 활달하다는 평을 듣고 있으며
입사하게 되면 특히 전력 발전 분야를 확장할 비전을 갖고 있음

모범영작

〈Résumé〉
Name : Gil-dong Kim
Date of Birth : July 28, 1981
Address : 424-14 Worldcup-ro, Mapo-gu, Seoul (Tel : 725-0506)

Education
2000 : Graduated from Mapo High School
2004 : Graduated from Seogang University
      Dept. of Business Administration (Bachelor)
2009 : Graduated from Yeonsei University
      School of Business Administration (Master)
2011 : Graduated from UCLA, U.S.A.
      School of Business Administration (MBA)

Experience
2004~2007 : Served in Korean Air Force
2011~2013 : Manager of General Affairs, ABC Securitics Co.
2014~present : General Manager of Export Dept., Shilla Trading Co.

Miscellaneous
* Proficient in English, Working knowledge in Japanese
* Well trained in Computer DOS, Word-Processor, Database and Internet
* Pursues perfection in work & enjoys good human relationships
* Has vision to expand the field of electric power generation

54

얼마 전 일본에서 열린 뉴비즈니스 포럼에 참여했다가 일본 기업들이 최근 한국 벤처기업 사냥에 매우 적극적인 것을 목격했다. 수천 명의 일본 기업가들이 한국 벤처기업의 활약상과 세계 제일의 인터넷 인프라에 놀라고 부러워했다. 우리 기업들이 변화한 모습이, 그리고 우리가 도전해 온 지식 상품들이 일본뿐 아니라 세계적으로 주목받고 있다는 것은 매우 고무적인 일이다. 반도체나 조선 분야 등에서 남들보다 더 열심히 노력해 선진국을 추월한 적은 있다. 그러나 남들이 못한 것을 만들어 그들에게 소개하고 팔 수 있는 환경이 조성되고 있는데 우리는 그 가치를 알고 있지 못한 것 같아 안타깝다.

닷컴 거품이 가라앉아 모든 닷컴이 수익모델 없는 천덕꾸러기처럼 변해버렸지만 생각해보라. 2~3년의 짧은 경험과 시간으로 닷컴 기업들이 해놓은 것이 과연 그렇게 천덕꾸러기로 취급받아야 하는지. 우리는 그동안 많은 시행착오를 경험했다. 우리는 남들이 가지 않은 길을 갔다. 누구도 가보지 않은 길을 어떻게 남보다 빠르게 시행착오 없이 갈 수 있다는 말인가? 다른 나라와 비교해 우리는 그들이 부러워하는 수익모델을 만들어냈고 지금도 묵묵히 새로운 세계를 향해 좌충우돌하면서 돌진해 가고 있다. 선진국들은 우리나라의 초고속 인터넷망을 부러워한다. 하지만 한국 중소기업 3백만 개 중 홈페이지를 보유하고 있는 기업은 15% 정도에 불과하다. 이런 상황에서 닷컴 기업들은 무모하게 기업 간 전자상거래(B2B)와 소비자 대상 전자상거래(B2C)에 뛰어들었던 것이다. 이 일로, 우리는 한국 닷컴기업들의 몰락의 이유를 찾을 수 있다.

모범영작

I recently attended the business forum held in Japan, where I saw Japanese firms actively hunting Korean technology start-ups. Thousands of Japanese businessmen expressed surprise and envy over the Korean technology start-ups' performances and at Korea's Internet infrastructure. I am encouraged by the attention Japan and other countries have showed on our growing businesses and knowledge products. Korea has outdone developed countries in some areas, such as semiconductors and shipbuilding. Korea leads many countries in the development and marketing of some products. But, regrettably, Koreans do not recognize the value of this fact.

Since the burst of the dot-com bubble, Koreans have regarded every dot-com as unprofitable. But Korean dot-coms do not deserve such treatment, considering their performance over the short period of two or three years despite their inexperience. We went though a period of trial and error. We went down a path no one had taken before. How could we travel a road no one had been on before as smoothly as we run along a highway? We have profit models that foreign countries envy and are cutting through a road to a new world. Developed countries envy Korea's high-speed Internet network. However, only 15 percent of Korea's 3 million small and medium-sized companies have their own Internet website. In such a situation, dot-coms recklessly initiated business-to-business electronic commerce and business-to-consumer electronic commerce. From this fact, we can find the reason for Korean dot-coms' fall.

55

가장 유연하고 창조적인 사고가 필요한 문화계에서 나는 종종 경직된 사고를 만난다. 가령 내가 아는 어떤 사람은 영화를 만드는 이로 유명하다. 그런데 일부 전통적 영화 제작자들은 그가 추구하는 '다양한 즐거움'을 비판하고 그를 '문화적으로 시야가 좁다'며 깎아 내린다. 특히 영화 제작자로 '전향'한 386 운동권세대 가운데 이런 사람들을 쉽게 찾을 수 있다. 영화는 그냥 하늘에서 뚝 떨어지는 게 아니다. 한 편의 영화를 만들기 위해서는 꽤 다양한 인문·사회적 소양이 필요하다. 맛난 음식을 즐길 줄 알고 음악을 좋아하며 미술작품을 보는 안목까지 있다면 박수를 쳐줘야지 결코 나무랄 일이 아니다.

모범영작

I often encounter conservative thoughts in the cultural field which requires the most flexible and creative thoughts. For example, a person I know is well known as a filmmaker. However, some traditional filmmakers criticize the 'diversity of pleasures' he pursues and look down on him as 'culturally limited.' It is easy to find these conservative critics especially among those who converted from the 386 political movement to filmmaking. A film is not a free gift God offers. Making a film requires a great amount of insight into society and civilization. Knowing how to enjoy palatable food, listen to music, and have an appreciative eye of art is something that should be praised, not rebuked.

56

이혼이 급증하면서 사회 문제로까지 확대되고 있는 요즘, 재혼 상담 현장에서 체감하는 현실은 말로 듣는 것보다 훨씬 더 심각하다. 세계 최고의 이혼율에 이어 최근 신혼 이혼이 늘고 있다는 대법원 조사 결과를 접하면서 우려했던 것들이 드디어 현실로 나타나고 있다는 생각을 금할 수 없다. 20대 중반의 이혼녀들이 재혼팀 회원에 가입하는 것이 새삼스럽지 않을 정도로 우리의 가정은 속전속결로 깨어지고 있다. 많은 부부들은 왜 그렇게 쉽게 파경을 맞는가? 이혼을 개인적인 문제로 덮어버리기엔 우리 사회가 이미 그 후유증을 톡톡히 앓고 있다. 이혼은 가족의 죽음 다음으로 큰 스트레스를 준다고 한다. 이혼은 당사자와 자녀는 물론 친가와 처가 등 주변의 친인척에게 직·간접적인 스트레스를 주고 궁극적으로는 사회에 안 좋은 영향을 미친다. 이혼 급증의 가장 큰 원인은 무엇보다 옳은 배우자 선택에 대한 경험과 고등 교육의 부재이다.

모범영작

The increasing divorce rate has caused serious social problems. This reality reported by remarriage consultation offices is much more serious than what it appears to be. The Supreme Court's revelation that there is a sudden increase in divorce among newly wedded couples lately is truly shocking. Because of the high rate of divorce, it is not surprising any more that so many young women in their mid-twenties are joining organizations which offer remarriage programs. Why are so many couples breaking up so easily? Although each individual case is a personal problem, it affects society significantly. It is said that divorce can cause a great amount of stress second only to a death in the family. For the divorcees, their children, and other relatives, it can be very stressful and ultimately cause a negative impact on society. The most significant reason for the increased divorce rate is a lack of experience in choosing the right spouse and absence of higher education.

01

Men and women are equal, to be sure. (Or at least, should be!) But I am an abashed "difference feminist," as it's labeled. There is no doubt — I think, beyond a shadow of a doubt — that men and women are different. As you read through this book, you'll learn that differences in men's and women's attitudes, aptitudes, and abilities have developed through a combination of biological factors, like chromosomes and hormones, and behavioral causes, like evolutionary roles and cultural socialization. They are factual findings.

모범번역

확실히, 남자와 여자는 동등하다. 다시 말하면, 적어도 그래야 한다. 하지만 여권운동이 분류되어 명칭되는 바와 같이 나는 부끄러운 "차별 여권운동가"이다. 내가 생각하기에 남자와 여자가 다르다는 점은 의심의 여지가 없는 즉, 의심의 그림자를 넘어선 문제이다. 당신이 이 책을 다 읽으면, 남자와 여자의 태도와 성향, 능력의 차이가 염색체와 호르몬, 그리고 진화론적인 역할과 문화적 사회화와 같은 행동의 원인과 같은 생물학적 요소의 결합을 통해 발전한다는 것을 알게 될 것이다. 그러한 것들은 사실에 입각한 발견물이다.

02

To the readers I want to say: don't judge us before you have tried us. It may be that the last few years have been a time of creative ebb in literature; but it may also be that the tide is at last turning. It may even be that the writers were there all the time, but concealed from view, lacking a platform on which to show their skills, on which to gain the assurance to become truly themselves. It may be that they need time for that, after so long in the shadows: don't condemn us then too early. Above all, don't condemn us for not being what we never intended to be, or could be. Twenty years ago there were several excellent literary magazines in existence in England; but there was still a need for another kind of magazine, to express the sense that appeared to be growing in all generations, and in many countries at the same time, that literature had to come out of what seemed at that moment an airless room, and acknowledge the truth of D. H. Lawrence's prophecy: 'I know that a change is coming — and I know we must have a more generous and more human system based on the life values and not on money values.' Out of that feeling *New Writing* was born. Today much of the change Lawrence foresaw has taken place; and, inevitably it has brought about various dangers and various needs in the world of art. Today, while the hopeful beginning of one opportunity for writers in the birth of Stephen Spender's *Encounter* is almost immediately followed by the lamentable ending of another kind of opportunity for them in the death of Dr. Leavis's *Scrutiny*, the need is to keep the creative spirit alive and active against more impalpable — and perhaps therefore more insidious — forces that cannot be visualized so concretely as a Hitler or Mussolini. No 'ideologies' are likely to help writers today to write. It is the obstinate will to create, whatever form it takes, that must be fanned and fed, like a fire when the rain has been coming down the chimney all night.

모범번역

나는 독자들에게 '우리를 경험하기 전에 판단하지 마세요.'라고 설득하고 싶다. 지난 몇 해는 문학에 있어 창조적인 쇠퇴기였을지도 모른다. 그렇지만 그 흐름이 마지막 전환기일지도 모른다. 심지어 작가는 항상 그곳에 있었지만, 그들의 기술(재능)과 진실한 작가가 되기 위한 확증을 얻는 기반이 부족하므로 시야로부터 감춰졌을지도 모른다. 그들은 오랜 시간 그림자 안에 머무른 후에 그것을 위한 시간이 필요할지도 모른다. 그러니 너무 이른 시기에 우리를 비난하지 말라. 무엇보다도, 우리가 전혀 의도하지 않거나, 할 수 없는 것 때문에 비난하지 말라. 20년 전 영국에는 몇 개의 훌륭한 문학잡지들이 있었다. 그러나 모든 세대와 동시대의 여러 나라에서 공감할 것처럼 보이는 감정을 표현할 다른 종류의 잡지에 대한 요구가 여전히 있어서 문학은 그 당시에는 공기가 통하지 않는(숨통이 트이질 않는) 방 같은 것에서 나와서, 로렌스의 "나는 변화가 다가오고, 우리가 돈의 가치가 아니라 인생의 가치에 바탕을 둔 관대하고 인간적인 시스템을 더 많이 소유해야 한다는 사실을 알고 있다."는 예견의 진실성을 인정해야만 했다. 그러한 감정에서부터 『New Writing』이 출간되었다. 오늘날 로렌스가 예견한 많은 변화가 일어나고 있다. 그리고 그것이 예술의 세계에서 상당히 다양한 위험과 요구들을 초래한 것은 불가피했다. 오늘날 스테판 스펜더의 『Encounter』의 출간으로 작가들에게 안겨준 희망에 찬 하나의 기회의 시작이 리바이스의 『Scrutiny』의 폐간으로 작가들에게 회한으로 가득 찬 또 다른 기회의 마침표로 뒤따르는 반면, 그 욕구는 히틀러나 무솔리니같이 명확하게 눈으로 볼 수 없는 무형적이고 교활하다 할 수 있는 힘에 맞서 창조적인 영혼을 살아 움직이게 한다. 이데올로기는 오늘날 작가가 글을 쓰는 일을 도울 수는 없다. 창조한다는 것이 어떠한 형태를 취하든 그것은 고집스런 의지이며, 마치 밤새 내리는 비가 굴뚝을 타고 따라 내려갔을 때, 불을 부채질해서 키우듯이 부추기고 개선해야 하는 것이다.

03

Literature has for several generations been its own source, its own province. It has lived upon its own traditions, and accepted a romantic separation or estrangement from the common world. This estrangement, though it produced some masterpieces, has by now enfeebled literature. The separatism of writers is accompanied by the more or less conscious acceptance of a theory of modern civilization. This theory says in effect that modern mass society is frightful, brutal, hostile to whatever is pure in the human spirit. To its ugliness, its bureaucratic regiments, its thefts, its lies, its wars and its unparalleled cruelties, the artists can never be reconciled. This is one of the traditions on which literature has lived uncritically. But it is the task of artists and critics in every generation to look with their own eyes. Perhaps they will see even worse evils, but they will at least be seeing for themselves. They will not and cannot permit themselves, generation after generation, to hold views they have not examined themselves. By such wilful blindness we lose the right to call ourselves artists; we have accepted what we ourselves condemn — narrow specialization, professionalism and snobbery and the formation of a caste. And unfortunately the postures of this caste, postures of liberation and independence and creativity, are attractive to poor souls dreaming everywhere of a fuller, freer life. The writer is admired and envied. But what has he to say for himself? Why, he says, just as writers have said for more than a century, that he is cut off from the life of his own society, despised by its overlords who are cynical and have nothing but contempt for the artists, without an understanding true public, and estranged. He dreams of times when the poet or the painter expressed a perfect unit of time and place, had real acceptance, and enjoyed a vital harmony with his surroundings — he dreams of a golden age. In fact, without the golden age, there is no wasteland. Well, this is no age of gold. It is only what it is. Can we do no more than complain about it? We writers have better choices. We can either shut up because the times are too bad, or continue because we have an instinct to make books, a talent to enjoy, which even these disfigured times cannot obliterate. Isolated professionalism is death. Without the common world the novelists is nothing but a curiosity and will find himself in a glass case, along some dull museum corridor of the future.

모범번역

여러 세대를 거치는 동안, 문학은 그 자체의 근원과 영역 속에 안주해 왔다. 문학은 또한 자체의 전통을 유지해 오면서 일반적인 세상과의 낭만적인 격리나 소외를 받아들였다. 비록 이러한 소외현상이 몇 작품의 걸작을 만들었지만 지금까지 문학을 나약하게 만들기도 했다. 작가의 분리주의는 어느 정도 현대사회의 한 가지 이론을 의식적으로 수용하면서 나타난다. 이 이론이 사실상 주장하고 있는 것은 현대 대중사회는 무섭고, 잔인하며, 인간의 마음속에 있는 순수함은 무엇이든 적대시한다는 것이다. 예술가는 현대 대중사회의 추악함, 획일화된 관료집단, 약탈, 허위, 전쟁, 그리고 비할 데 없는 잔인스러움과 도저히 조화를 이룰 수 없다. 이런 사실이 문학이 아무 비판 없이 받아들이면서 지켜왔던 전통 중의 하나이다. 그러나 각 세대의 예술가와 비평가에 맡겨진 일은 그들 자신의 눈으로 세상을 바라보는 일이다. 더욱 심한 해악을 만나게 될지는 모르지만, 적어도 그들은 자신의 눈으로 직접 보게 되는 것이다. 그들은 대대로 자신이 직접 검토하지 않은 견해를 가질 수도 없고, 갖지도 않을 것이다. 그처럼 의도적인 무지에 의해서, 우리가 스스로를 예술가라고 부를 권리를 잃게 된다. 왜냐하면, 우리 자신이 비난하고 있는 것들, 즉 편협한 전문화, 프로근성, 속물근성과 계급의 형성을 받아들였기 때문이다. 그런데 불행하게도 이런 계급주의적인 태도와 자유스럽고 독자적이며, 독창적인 태도는 어느 곳에서도 알차고 보다 자유로운 삶을 꿈꾸는 불쌍한 영혼들에게 매혹적으로 보이는 것이다. 작가는 존경받고 또한 선망의 대상이 되기도 한다. 그러나 작가는 자신에게 무엇이라 말해야 하는가? 100년 이상의 오랜 세월동안 작가들이 줄곧 말해 왔듯이 작가는 사회로부터 격리된 사람이고 그 사회의 명사들, 소위 예술가라고 하면 경멸만을 일삼는 냉소적인 인사들로부터 천대받는 인간이며, 이해해 줄 진실한 대중 하나 없이 고립된 사람이라고 말한다. 작가는 시인이나 화가가 온전한 하나의 시공을 표현하던 시대, 진심으로 인정받던 시절, 그리고 주변 환경과 생동감 있는 조화를 이루던 시절을 꿈꾸고 있다. 바로 황금시대를 꿈꾸고 있는 것이다. 사실, 황금시대가 없다면 황무지도 없다. 그런데 지금은 황금시대가 아니다. 현재는 단지 현재일 뿐이다. 현재에 대해서 그저 불평밖에 할 수가 없는가? 우리 작가들은 더 나은 선택의 여지를 갖고 있는데도 말이다. 우리가 살고 있는 시대가 너무도 사악해서 입을 다물고 있을 수도 있지만, 이 왜곡된 시대조차도 지울 수 없는 우리가 향유하고 있는 재능으로 책을 쓸 수 있는 영감이 있으므로 계속 글을 쓸 수 있는 것이다. 고립된 직업의식은 죽음이다. 일반적인 세상이 없다면, 소설가는 단지 호기심의 대상일 뿐이고, 미래의 언젠가 어느 박물관 복도의 유리진열장 속에 있는 자신을 발견하게 될 것이다.

04

When you bake cookies, it is important to ensure that your cooking equipment is not contaminated with other foodstuffs — say garlic — that might taint the final product. The same is true, on an altogether different scale, when making silicon chips. The standards of cleanliness required in a chip factory or fab far exceed those of even the fussiest chef. Fabs have costly filtering and vacuum systems to keep dust particles away from the chips. But another source of contamination comes when the silicon wafers, each containing dozens of chips, are placed on quartz racks in hot ovens and baked — one of the many stages in the complex chip making process. The high temperature in the oven (around 1,000℃) causes the quarts rack, which resembles a vertical household CD rack, to release tiny quantities of contaminants, such as dust and oxides, into the air. These particulates can stop a chip from functioning if they land on one of its components — a problem that becomes more acute as chips and their constituent components get smaller and smaller. Repeated heating and cooling also causes the quartz rack to flake, weakening its structure and releasing more particulates. A further problem is that quartz expands less than silicon when heated. This induces stresses in the heavy silicon wafers as they sit on the quartz rack and causes atoms in the wafers to move slightly. Such "slip" is a further cause of chip failure. Finally, the large 300mm wafers now used in the most modern fabs are very heavy, and a quartz rack loaded with 100 such wafers may unexpectedly collapse. Such failures are rare, but are very costly when they do occur. To overcome these problems, Integrated Materials Incorporated (IMI), a start-up based in San Jose, California, has designed and built an improved rack made from silicon, rather than quartz. Unlike quartz, which contains impurities such as heavy metals which are released when it is heated, the silicon used to make the new racks is as pure as that used in the wafers being processed. Since it is made of the same material, this means the rack expands and contracts at exactly the same rate as the wafers, reducing stress and slip. The new silicon rack is also thermally stable, and can be used at temperatures as high as 1,350℃ without warping or weakening. Semiconductor-equipment manufacturers tried to make racks out of silicon in the 1970s, but found that it was not rigid enough. Since then, incremental improvements in silicon manufacturing have enabled IMI to overcome this problem and produce racks that are highly resistant to chipping and breakage.

모범번역

쿠키를 구울 때, 최종적으로 완성된 요리의 맛을 변질시킬 수 있는 마늘과 같은 다른 식재료로 조리설비를 더럽히지 않는 것이 중요하다. 전혀 다른 규모의 이야기이지만, 실리콘 칩을 제조할 때도 마찬가지이다. 칩 공장이나 조립실에서 요구하는 청정기준은 가장 까다로운 주방장의 청정기준을 훨씬 능가한다. 조립실에는 칩에 먼지 입자들이 쌓이는 것을 막기 위한 값비싼 여과 및 진공 시스템이 갖춰져 있다. 그러나 다른 오염물질은 아주 많은 칩을 담고 있는 실리콘 웨이퍼가 많은 복합 칩 제조 과정의 한 과정인 뜨거운 오븐에 놓여 석영걸이에서 가열되는 과정에서 나온다. 오븐에서 약 1,000℃의 고열은 가정용 수직 CD선반과 비슷한 석영걸이가 먼지와 산화물들과 같은 소량의 오염물질을 공기 중에 방출하게 만든다. 이들 소립자가 부품 중의 하나에 떨어진다면, 칩의 기능을 정지시킬 수도 있다. 이 문제는 칩과 칩의 구성 부품들이 더욱 작아짐에 따라 더욱 심각해진다. 반복되는 가열과 냉각은 또한 석영걸이의 박편화의 원인이 되어 그 구조를 약화시켜 보다 많은 소립자를 방출한다. 더욱 문제가 되는 것은 열을 가할 때 석영이 실리콘보다 덜 팽창한다는 점이다. 이것이 석영걸이에 적재될 때 무거운 실리콘 웨이퍼에 압력을 유발하여 웨이퍼의 원자들이 약간 움직이는 원인이 된다. 이러한 "미끄럼(slip)"은 칩 고장의 추가적인 원인이다. 마지막으로 지금 가장 현대적인 조립실에서 사용되는 대형 300mm 웨이퍼는 매우 무거워서 100개의 이러한 웨이퍼가 쌓인 석영걸이가 갑자기 무너질 수도 있다. 이런 고장은 드물지만, 고장이 발생하면 매우 큰 손실을 가져온다. 이들 문제점을 극복하기 위해서 캘리포니아 산호세에 본사를 두고 있는 신설기업인 IMI는 석영보다는 실리콘으로 만든 개량걸이를 설계하고 조립했다. 가열시 방출되는 중금속과 같은 불순물을 함유하는 석영과는 달리 새 걸이의 제작에 사용되는 실리콘은 가공되는 웨이퍼에 사용되는 실리콘만큼이나 순수하다. 그것은 동일한 소재로 되어 있으므로 그 걸이가 웨이퍼와 똑같은 비율로 팽창하고 수축하며 압력과 미끄럼을 감소시킨다. 이 새로운 실리콘 걸이는 또한 열에 안정적이므로 1,350℃의 고온에서 뒤틀림이나 악화됨이 없이 사용이 가능하다. 반도체 제작사들은 1970년대에 실리콘 걸이의 제작을 시도했으나 강도가 충분치 않음을 알게 되었다. 이후 실리콘 제작에서의 점진적인 개선은 IMI가 이러한 문제점을 극복하고 깨짐이나 파손에 저항력이 높은 걸이의 제작을 가능하게 하였다.

05

People who have suffered a debilitating stroke often have to cope with impaired muscles that do not work properly. Even a simple act such as standing up from a chair and walking a few steps can become extremely difficult. Stroke victims often have to rely on wheelchairs, sticks, walking frames and other "orthotic" devices to move about. But a new generation of active orthotic devices, capable of augmenting or replacing lost muscle function, is in the works. These devices use an assortment of complex computer and mechanical technology, borrowed from the field of robotics, to help patients get around. They are being made possible by falling prices and improving performance of sensors, computer control systems and battery technology. As well as benefiting elderly patients with permanent paralysis or muscle dysfunction, such devices could also help people recovering from "arthroscopic" operations. Around 850,000 arthroscopic and knee replacement operations are carried out each year in America alone, and patients require an average of six weeks of rehabilitation before they are fully mobile again. Active orthotic devices could get them back on their feet.

Designing such devices presents a number of challenges. The biggest problem is providing enough power to assist the wearer, without making the device too bulky and heavy. Another challenge is devising a responsive and unobtrusive control system that can take readings from several sensors and automatically respond to the wearer's motion by making appropriate movements. Several start-ups are, however, rising to the challenge and readying products for market. Among the firms developing active orthotic devices is

Tibion, based in Moffet Field, California. It has developed the Power Knee, a medical device that augments muscle strength in the quadriceps to help the wearer stand, walk and climb stairs. The device is based on recent advances in portable computing, embedded systems, prosthetics and materials, and Tibion expects it to be submitted for regulatory approval next year. America's space agency, NASA, has expressed interest in it, since muscle-augmentation systems might enable astronauts to work in space for longer without getting tired. Another company working in the field is Yobotics, based in Boston, Massachusetts, which has developed a powered device called the RoboKnee. It allows a healthy wearer to perform deep knee bends indefinitely or, at least, until the batteries run out.

모범번역

사람을 무기력하게 만드는 뇌졸중에 걸린 사람들은 때때로 제대로 작동하지 않는 손상된 근육을 극복해야 한다. 의자에서 일어서고 몇 걸음 걷는 것과 같은 단순한 행동조차도 그들에게는 대단히 어려울 수 있다. 뇌졸중 환자들은 때때로 휠체어, 지팡이, 보행틀과 기타 "보조대"와 같은 장치들에 의존해서 움직여야 한다. 그러나 능동적인 보조대와 같은 신형 장비들이 상실된 근육기능의 증대나 대체 능력을 갖추고 제작 단계에 있다. 이러한 장비들은 로봇기술 분야에서 차용한 갖가지 종류의 복합적인 컴퓨터와 기계 기술들을 이용하며 환자들이 움직이는 것을 돕는다. 이 장비들은 하락하는 가격과 센서, 컴퓨터 통제 시스템과 배터리 기술의 향상된 성능에 의해 가능해지고 있다. 이러한 장비들은 영구마비나 근육 기능장애를 앓고 있는 노인 환자들에게 수혜를 줄 뿐만 아니라, 사람들이 "관절 내시경" 수술에서 회복되는 것을 도울 수 있다. 매해 미국에서만 약 85만 건의 관절 내시경 및 무릎대체 수술이 시행되고 있고, 환자들이 다시 완전하게 움직일 수 있을 때까지 평균 6주의 회복기간이 걸린다. 능동적인 보조대와 같은 장비들은 그들이 건강을 회복할 수 있게 해준다.

이러한 장비들의 설계에는 많은 어려움이 있기 마련이다. 가장 큰 문제점은 부피가 크거나 무거운 장비들의 제작을 피함으로써, 착용자에게 도움이 될 수 있게 충분한 힘을 제공하는 일이다. 또 다른 어려운 점은 몇몇 센서로부터 기록을 받아들일 수 있는 민감하고 절제된 통제시스템을 고안해서 적절한 움직임을 통해서 자동적으로 착용자의 움직임에 반응하도록 하는 것이다. 그러나 몇몇 신생기업들은 도전에 대응하고 있으며, 시장에 내놓을 제품들을 준비하고 있다. 능동적인 보조대 장비를 개발하고 있는 업체들 중의 하나가 캘리포니아 모펫 필드에 본사가 있는 티비온이다. 이 회사는 착용자가 일어서며, 걷고, 계단을 올라가는 것을 돕기 위해 대퇴 사두근의 근육강도를 증대시키는 의료장비인 파워니(Power Knee)를 개발했다. 이 장비는 휴대 컴퓨터 내장 시스템, 보철 장구 및 소재 등과 같은 최근의 기술발달에 바탕을 두고 있으며 티비온은 다음해에 규제 당국의 인가를 얻기 위해 그것을 제출하려고 하고 있다. 근육증대 시스템은 우주인들이 피로감 없이 보다 쉽게 장시간 동안 우주에서 일하도록 돕기 때문에 미국 우주기관인 항공우주국(NASA)은 그 장비에 관심을 보였다. 이 분야에서 일하고 있는 또 다른 기업은 매사추세츠의 보스턴에 본사가 있는 요보틱스(Yobotics)이다. 이 회사는 로보니(Roboknee)라는 동력 장비를 개발했다. 그것은 건강한 착용자가 언제까지나 혹은 적어도 배터리가 소모될 때까지 무릎을 굽히고 앉을 수 있도록 해준다.

06

You might think this would be an opportune moment to throw every available resource into developing a human vaccine capable of stopping avian flu. After all, it's spreading like the plague, and health officials openly worry that the world is only a roll of the genetic dice away from a human pandemic that could rival the 1918 Spanish flu, which claimed up to 40 million lives.

But the slow-motion reality is less reassuring. Even though there is no available human vaccine for avian flu — meaning the world's population has little defense, physiological or medical, against a possible pandemic — production of a new vaccine won't begin until the disease shows "significant human-to-human transmission," says Dr. Klaus Stohr, head of the influenza team at the World Health Organization (WHO).

Under the WHO's aegis, laboratories in the U.S. and in Britain have begun preparing a vaccine seed from viral specimens taken from the current outbreak, but development and testing of the new vaccine could take up to half a year. Even then, says Stohr, "we will not have vaccine available for the whole globe." It would be "unrealistic" to expect more, says Stohr, because starting up a global vaccine-production program on short notice is like trying to turn an aircraft carrier on a dime. Nine pharmaceutical companies make more than 90 percent of the world's influenza vaccine, and they are already tied up producing human-flu vaccines. Diverting those resources to stockpile an avian-flu vaccine that might not be necessary will take up time and would disrupt the supply of human-flu vaccine. "To develop a vaccine up to the point where it can be used for human beings takes a lot of resources," says Professor Paul K. J. Chan, a virologist at the Chinese University of Hong Kong. "We really need to assess that need."

The deadly nature of the bird-flu virus presents another obstacle. Flu vaccines are traditionally made from viruses cultured in fertilized hen eggs, but H5N1 is as lethal to the embryo inside an egg as it is to adult birds. Instead, vaccine development will have to use a new process called reverse genetics, in which scientists genetically engineer a weakened version of the virus so that it can grow in eggs and won't pose a threat to the researchers. But given that no vaccine derived from reverse genetics has ever been through full clinical trials, the process might be slower than normal.

모범번역

여러분은 이번이 이용할 수 있는 모든 자원을 가지고서 조류독감의 확산을 막을 인간백신을 개발하는 좋은 기회라고 생각할지도 모른다. 하지만 조류 인플루엔자는 전염병처럼 퍼지고 있고, 보건 당국자들은 세계가 1918년 최대 4천만 명의 인명을 앗아간 바 있는 스페인 독감에 견줄 수 있는 인간 유행병으로부터 벗어날 유전학적인 도박을 하는 것이라는 공개적인 우려를 드러냈다.

그러나 느릿느릿하게 움직이는 현실은 우리를 안심시키기엔 역부족이다. 비록 조류독감에 대응해서 이용가능한 인체백신은 없지만

(이것은 세계 전체 주민이 가능성 있는 유행병에 대해 생리학적 또는 의학적인 방어책을 거의 가지고 있지 못함을 의미) 새로운 백신의 생산은 이 질병이 결정적으로 인간 대 인간의 전염을 보일 때까지 착수되지 않을 것이라고 세계보건기구 독감팀 수석인 클라우스 스토어 박사는 말하고 있다.

세계보건기구의 후원을 받으며 미국과 영국의 연구소들이 현재 발병하고 있는 독감에서 채취한 바이러스 시료로부터 백신종자를 마련하기 시작했으나 새로운 백신의 개발과 실험은 반년이란 세월이 걸릴지도 모른다. 그때라 할지라도 "우리는 전 세계가 이용할만한 백신을 가지지 못할 것이다."라고 스토어는 말한다. 충분한 예고 없이 전 세계에 걸친 백신 생산 프로그램을 시작하는 것은 10센트 동전으로 항공모함을 움직이려 하는 것과 같으므로 그 이상을 기대하는 것은 "비현실적"이라고 스토어는 말한다. 아홉 개의 제약회사가 세계 독감 백신의 90% 이상을 제조하고 있어 그들은 이미 인체 독감 백신 생산으로 바쁜 상태이다. 이러한 자원을 전환해서 필요하지 않을지도 모르는 조류독감 백신을 비축하는 것은 시간을 잡아먹는 작업이며 인체 독감 백신의 공급을 저해할 것이다. "인간에게 사용가능한 시점까지의 백신 개발에는 많은 자원이 필요하다."라고 홍콩의 중국대학 바이러스 학자인 폴 K. S. 찬 교수가 말한다. "우리는 정말 그 필요성을 평가할 필요가 있다."

조류독감 바이러스의 치명적인 성질은 또 다른 장애물을 보여준다. 독감 백신들은 전통적으로 수정시킨 계란에서 배양된 바이러스로부터 만들어지나 H5NI는 그것이 성장한 조류에 대해서 만큼이나 계란 내부의 배아에게 치명적이다. 대신 백신 개발자들은 역유전공학이라 불리는 새로운 과정을 이용해야 한다. 이 과정에서는 과학자들이 바이러스의 약화된 버전을 유전적으로 조작하기 때문에 그것은 계란에서 성장할 수 있고, 연구자들에게 위협을 주지 않을 수 있다. 그러나 역유전공학 기술에서 나온 백신이 완전한 임상시험을 거친 적이 없다는 것을 고려한다면, 이 프로세스는 정상적인 절차보다 훨씬 느릴지도 모른다.

07

The great leader must, of course, have a tinge of the transcendental. He must have the clairvoyance to imagine and to believe that things can be otherwise. General George Marshall, who knew a thing or two about leadership, described a leader as "a person who exerts an influence and makes you want to do better than you could."

The true leader is an amateur in the proper, original sense of the word. The amateur (from Latin amator, lover; from amo, amare, to love) does something for the love of it. He pursues his enterprise not for money, not to please the crowd, not for professional prestige nor for an assured promotion and retirement at the end — but because he loves it. If he can't help doing it, it's not because of the forces pushing from behind but because of his fresh, amateur's vision of what lies ahead.

The two new breeds whose power and prestige menace the amateur spirit are the professionals and the bureaucrats. Both are byproducts of American wealth and progress. But they can stifle the amateur spirit whose special quality and vision our American leaders must carry.

First, the professionals: Professions, as we know them, are a modern phenomenon. The word profession, when it first came into the English language, meant the vows taken by members of the clergy.

The second breed of enemies of the amateur spirit are the bureaucrats. These, too, are a characteristically modern phenomenon. Just as professions are a byproduct of the specializing of knowledge and technology, bureaucracy has come from the increasing size of enterprises and the proliferating activities of government.

The bureaucrats' aim is to keep things on track, to keep themselves on the ladder of promotion, on the clear road to fully pensioned retirement. Bureaucrats who rule us are themselves ruled by the bureaucratic fallacy. This was never better announced than on a sign over the desk of a French civil servant: "Never Do Anything for the First Time." In our government, the great work depends on the ability to keep the amateur spirit — in its original sense — alive. How?

모범번역

물론 위대한 지도자는 어느 정도 초연한 모습을 지녀야 한다. 위대한 지도자는 세상일이 자기 생각과 다를 수도 있다는 점을 믿거나 상상할 만한 통찰력이 있어야 한다. 통솔력에 관해 일가견을 가지고 있었던 죠지 마셜 장군은 지도자를 가리켜서 "영향력을 발휘해서 사람들을 자기 능력보다 더 분발하도록 만드는 사람"이라고 설명했다.

진정한 지도자란 엄밀하고 본질적인 의미에서 아마추어를 뜻한다. 아마추어(라틴어로 연인이라는 뜻을 가진amator와 사랑한다는 뜻의 amo, amare에서 파생되었다)는 어떤 일이 좋아서 하는 사람이다. 그가 일을 추진하는 것은 돈을 벌기 위해서가 아니며, 군중을 기쁘게 하기 위해서도 아니며, 직업적인 권위, 승진과 노년기의 정년퇴직을 보장받기 위해서도 아니다. 단지 일 자체를 좋아하기 때문이다. 그가 그 일을 하지 않고서는 견딜 수 없다면, 그것은 외부의 강요 때문이 아니라 그가 지니고 있는 아마추어의 참신한 미래에 대한 비전 때문인 것이다.

아마추어 정신을 위협하는 두 가지의 새로운 힘과 권위는 '전문가'와 '관료주의자'이다. 이 두 가지 모두 미국의 부와 발전의 부산물이다. 그러나 이것들은 미국 지도자들이 지녀야 할 특별한 자질과 이상을 가진 아마추어 정신을 위축시킬 수 있다.

첫 번째는 전문가에 대한 것이다. 전문직은 우리가 알고 있듯이 현대의 특징적인 현상이다. '전문적'이란 단어가 영어에 최초로 등장했을 때는 성직자들의 서약을 의미했다.

아마추어 정신을 저해하는 두 번째 요소는 '관료주의자'다. 이들도 역시 현대사회가 빚어낸 특징적인 현상이다. 전문직이 전문화된 지식과 기술의 부산물이듯이 관료주의는 기업 규모의 확대추세와 정부 활동의 급격한 증가로 인해 생겨났다.

관료주의자들의 목표는 궤도를 일정하게 유지하고, 자신들은 승진의 가도에서 최대한의 연금을 받고 정년퇴직할 때까지 자리를 지키는 것이다. 우리를 통치하는 관료주의자들은 스스로 '관료주의적 오류'에 의한 지배를 받는다. 이것은 어느 불란서 공무원의 책상 위에 있는 "어떤 일이든지 맨처음으로 시도하지 말아라."라는 표어에 극명하게 표현돼 있다. 우리 정부의 중요한 성과는 아마추어 정신을 그 본래의 의미대로 살려서 보존할 수 있는 능력에 달려 있다. 어떻게 할 것인가?

08

The large achievement gap between students of different backgrounds has persisted for four decades despite a significant federal investment in educating disadvantaged students during that time. Many disadvantaged children start school with fewer skills than their more advantaged peers. Research shows that early intervention helps children succeed in school and is particularly effective for the most disadvantaged students. It is less clear whether current levels of coordination among the myriad federal and state programs efficiently produce desired results for particular subgroups of children. For example, systematic information is not available on the total number of preschool children receiving subsidies through various federal programs and/or participating in state-funded preschool. This prevents a comprehensive assessment of how fully the combination of federal and state programs addresses preschoolers' needs. Recent legislative initiatives, such as the No Child Left Behind Act with its emphasis on accountability, may help change this trend and could be aided by retargeting of federal investments. The Elementary and Secondary Education Act was passed in 1965 to provide assistance to states in educating disadvantaged students through Title I, the largest federal program for elementary and secondary education. However, since about 90 percent of school districts receive these Title I funds to improve the education of disadvantaged students, including a growing number with limited English proficiency, an opportunity exists to improve targeting of funds to school districts that have the greatest number and percentage of disadvantaged children.

모범번역

지난 40년간 소외계층 학생들을 교육하는 데에 연방정부가 중점적으로 투자했음에도 불구하고, 그 기간 동안 각기 다른 배경에서 자란 아이들 간 학업 성취도엔 여전히 큰 격차가 존재한다. 다수의 소외계층 아이들은 이들보다 더 많은 혜택을 받고 자란 또래들에 비해 다소 부족한 능력치를 갖고 학업을 시작한다. 조사에 따르면, 초기 개입은 아이들이 성공적인 학교생활을 할 수 있도록 해주며, 이는 특히 대부분의 소외계층 학생들에게 효과적이라고 말한다. 연방 및 주정부의 무궁무진한 프로그램들의 현재 조정 수준이 특정 그룹 아이들의 교육에 있어 원하던 소기의 성과를 거둘 수 있을지는 분명치 않다. 예를 들어, 다양한 연방정부 프로그램을 통해 보조금을 수령하거나 국가 재정 지원을 받는 유치원에 다니는 모든 미취학(유치원) 어린이들이 체계적인 정보를 이용할 수 있는 것은 아니다. 이것은 연방정부 및 주정부 프로그램의 조합이 취학 전(유치원) 아동들의 필요사항들을 얼마나 온전히 충족시켜줄 수 있을지 여부를 종합적으로 평가하는 것을 가로막는다. 아동 낙오 방지법과 같이 그 책임을 강조하는 최근의 입법 계획들은, 아마도 이러한 추세를 변화시킴과 함께 연방정부 투자 방향을 변모시킴으로써 지원을 받게 될 가능성이 있다. 초중등 교육법은 1965년 가장 큰 규모의 초중 교육 연방정부 프로그램인 Title I를 통해 소외계층 학생들을 교육하는 데 있어 주정부에 지원을 제공하고자 통과되었다. 하지만, 약 90퍼센트의 학군들이 점점 그 수가 늘고 있는 영어 구사 능력이 부족한 학생들을 포함한 소외계층 학생들의 교육 향상을 위해 지원되는 Title I의 자금을 받고 있기 때문에, 방대한 숫자 및 비율의 소외계층 학생들이 다니고 있는 학군에 기금이 더욱 잘 돌아가도록 하게 할 기회가 존재한다고 볼 수 있다.

09

운동장에 눈이 가득 쌓여 있다. 하얗게 쌓인 눈 위에 발자국이 하나 없다. 아이들이 여기에 있다면 하얀 눈밭이 저렇지 않을 것이다. 아이들이 없는 교정 같이 내 인생은 늘 쓸쓸하다. 어? 그런데 1학년 학수, 5학년인 학수의 형 인수, 그리고 3학년 다희가 운동장에 들어서더니, 하얀 눈밭 위에 찍히는 자기들의 발자국을 뒤돌아보며 뛰어다닌다. 눈밭에는 어지럽게 발자국들이 찍힌다. 우리가 살아왔던 올 한 해가 아마 저렇게 어지러웠으리라. 우리가 사는 세상을 낙관하기보다 비관하는 쪽으로 나는 생각이 기운다. 인간의 오만과 독선이 우리의 삶을 어둡게 한다. 정신 차리고 당신 자신을 한 번 들여다보라. 자신이 얼마나 더러워졌는지 보라. 어느 곳이든 집권자들이 외치는 정의와 평화, 자유는 환상일 뿐이다. 세상은 더러워지고 있지만 나는 강물이 흐르고, 그 강 언덕에 산과 나무에서 꽃이 피고 잎이 피었다가 지고 흰 눈이 하얗게 쌓이는 아름다운 풍경 속에서 꽃보다 아름다운 아이들과 함께 있다.

모범영작

A school field is covered with snow without a single footprint. If the students were here, it would not be like that. My life is like a school without kids, always solitary. Haksoo in the first grade, his brother, Insoo, in the fifth grade, and Dahee in the third grade all of a sudden arrive at the school and run all over the field, looking back at their footprints. Chaotic footprints now cover the field. This past year was perhaps chaotic too. The world we are living in appears to be pessimistic rather than optimistic. Human arrogance and self-righteousness cloud our lives. Awake, and look at yourself. Look how defiled you are. Society's justice, peace, and freedom are just illusions. While the world is being defiled, I am with children prettier than flowers, in a special place in which a river flows, flowers blossom and fade, and snow piles up.

부 록

번역 분야별 핵심 어휘

I wish you the best of luck!

(주)시대고시기획
(주)시대교육

www.**sidaegosi**.com

시험정보 · 자료실 · 이벤트
합격을 위한 최고의 선택

시대에듀

www.**sdedu**.co.kr

자격증 · 공무원 · 취업까지
BEST 온라인 강의 제공

01 인문과학 분야

anthropology 인류학

anthropologist 인류학자

archaeology 고고학

archaeologist 고고학자

excavate 발굴하다

common era 서기(서력기원)

ancient 고대의

medieval 중세의

orientalism 동양식

prehistoric times 선사 시대

Copper Age 청동기 시대

primitive man 원시인

ancestor 조상, 선조

descent 혈통, 가계

parable 우화

confucian 유교의, 유생의

atheism 무신론

idealist 관념론자

materialist 유물론자

philosopher 철학자

linguistic 언어학의

epic simile 서사적 비유

criteria 기준, 표준, 규범

theorize 이론화하다, 학설을 세우다

justify 정당화하다, 정당성을 주장하다

criticize 비평하다, 비판하다

postulate(= assume) 가정하다

deduce 연역하다, 추론하다

speculate 짐작하다, 추측하다

commentary 논평

inference 추론

alliteration 두운법

metaphor 은유

simile 직유

nonverbal cue 비언어적 암시

stream of consciousness 의식의 흐름

comprehensiveness 포괄성, 내포성

identity 정체성

inflexibility 불변성

universalism 보편성

generalization 일반화, 보편화

unethical 비윤리적인

self-righteousness 독선적임

religious 종교적인

heretical 이교의, 이단의

mythology 신화

aesthetics 미학

superstition 미신

mistify 신비화하다, 어리둥절하다

realistic 현질주의의, 현실적인

superficial 피상적인, 표면의

extraneous 외부적인

characteristic 특징적인

emblematic 상징의, 상징적인

dualistic 이원적인

prejudicial 편파적인

incompatible 양립할 수 없는

intrinsic 본질적인, 고유의

distorted 왜곡된

inferiority complex 열등감

character assassination 인격 모독

philanthropy 인류애, 박애

02 사회과학 분야

election 선거

nomination 후보 지명

candidate 후보자

adherent 지지자

delegate 대표자

opponent 반대자, 상대

suffrage 투표, 투표권

consent of the majority 다수결의 합의

incumbency 현직, 재직기간

conviction 신념

obligation 의무

statesmanship 정치적 수완

political ideology 정치적 사상

law-abiding 법을 준수하는

legitimate 합법의

constitution 헌법

impeachment 탄핵

reform 개혁하다, 고치다

defendant (형사) 피고인

suspect(= accused) 피의자

offender 범죄자

infringe (법률을) 어기다

apprehend 체포하다

prosecution 검찰 당국, 기소자 측

practitioner 변호사, 개업의

criminal justice 형사 재판

criminal bar 형사 재판 변호사

prosecution 기소, 소추, 고발

interrogate 질문하다, 심문하다

get at the truth 진상을 밝히다

witness(= observer, viewer) 목격자

testimony 증언

capital punishment 사형, 극형

life-imprisonment 종신형

monetary penalty 벌금형

colony 식민지

colonist 식민지 개척자

blue blood 귀족 혈통, 귀족 태생

minority 소수파

peasant 소작인, 빈농

peasant farmer 소작농, 농부

lord and serf 영주와 농노

patrician and plebeian 귀족과 평민

political conflict 정치적 분쟁

carnage 대학살

persecution 학대

cauldron 동요(불안정한 상황)

dilemma 진퇴양난, 궁지

absolutist 전제주의자

autocratic rule 전제적 통치

invader 침략자

dominion 지배, 주권

servitude 노예 상태

slavery 노예 제도

tributary 종속되는, 조공을 바치는

exploit 착취하다

subversion 멸망

upspring 반란, 폭동

ghetto 소수집단의 거주지, 빈민가

territorial skirmish 영토분쟁

aggressive 공격적인, 침략적인

money-oriented 황금만능주의의

materialist 물질만능주의자

rampant individualism 극단적 개인주의

radical idealism 급진적 이상주의

Social Darwinism 사회 진화론

reversibility 가역성

predestine (사람의 운명을) 미리 정하다

phenomenon 현상

Syndrome 증후군

substructure 종속구조

patriarchal 가부장적인

conservatism 보수주의

vested interest 기득 이권

hierarchy 계급 조직

Cabinet meeting 각료회의

the job totem pole 직업 서열

occupational disease 직업병

contemporary 동시대인, 동년배

conventional 재래의, 전통적인

multinational 다국적의

globalization 세계화

homogeneous nation 단일 민족 국가

population 인구

populous 인구가 많은

families of dependent children
부양 아동이 있는 가족

birth outside marriage 혼인 외 출생

preschooler 취학 전 아동

formative years (인격) 형성기

feminist 여권 주창자

liberal 자유주의자

perfectionist 완벽주의자

introverts 내성적인 사람들

extroverts 외향적인 사람들

pessimism 염세주의, 비판주의

optimism 낙관주의

self-distrust 자기 불신

egotism 자기중심적임

03 경제경영 분야

financial transaction 금전 거래

open an account 거래 계좌를 만들다

account book 회계장부

the bottom line of a budget 예산 총액

calculation 계산, 추정

estimate 평가, 견적

statistics 통계, 통계학

revenue 세입, 수입

property 재산

public money 공금

appropriation (자금 따위의) 충당, 지출

benefit (보험, 연금 따위의) 각종 급여

allowance (정기적으로 지급되는) 수당

raise 임금 인상

custom tariff 관세

money laundering 돈 세탁

official corruption 공무원 부패

bribery 뇌물

pay off 뇌물을 쓰다

Bank Charter Act 은행 설립법

the provisions of ~ ~의 조항들

coinage 화폐 주조

monetary 화폐의, 통화의 업무

electronic funds transfer system
전자 송금 방식

chief executive 최초 경영 책임자

caretaker 관리인

executive 관리직, 경영진

proprietor 소유자, 주인

possession 점유, 소유(물)

upstarts 벼락부자

auctioneer 경매인

auction house(room) 경매장

turn over 양도하다

transaction 거래, 계약

premium 보험료

inheritance 상속, 유산

compensation 보상

collaboration 협동, 원조

bargain 협정, 계약

financial firm 금융 회사

parent company 모회사

subsidiary 자회사

franchise 독점판매권

subcontractor 하청업자

brokerages 중개업

raw material 원료, 원자재

productivity 생산력

quality goods 고급품

industrial production 공업 생산품

patent 특허권

economic fabric 경제적 구조

economic strength 경제력

living standard 생활수준

lucrative 수익성이 있는

sunrise industry 유망 산업

national credit 국가의 금전 신용도

national output 국민 생산

GDP 국내 총생산

GNP 국민 총생산

price index 소비자물가지수

composite price index 종합주가지수

financial pinch 재정적 압박

recession 불경기

conflict 싸움, 투쟁, 갈등

confusion 혼란

supremacy 우위

dominate 지배하다, 군림하다

forfeit 벌금, 몰수, 박탈당하다

curtail 줄이다, 삭감하다

devalue 가치를 내리다

soft loan 연화 차관, 장기 저리 대부

downsizing 인원감축, 경영합리화

fieldwork 야외 작업, 현장 답사

competitive strategy 경쟁 전략

re-engineering 재개편

strategically 전략적으로

collaboration 공동연구, 협력

compromise 타협, 양보

come to terms with ~

~와 타협하다, ~와 합의에 이르다

04 의학 · 의료 분야

microscope 현미경

optical microscope 광학현미경

naked eye 육안

perceptible 인식할 수 있는

gene 유전자, 유전 인자

genetically 유전적으로

anatomical 해부상의, 구조상의

skeletal 골격의

physique 체격

vertebrate 척추동물

cerebellum 소뇌

cerebrum 대뇌

brain stem 뇌간

cerebral cortex 대뇌 피질

nervous system 신경계

metabolism 신진대사

metabolic activity 대사활동

germ plasm 세포질, 배종 원형질

staphylococcus 포도상구균

influenza 유행성 감기

anorexia 식욕 부진

hangover 숙취

acid indigestion 위산 과다

overweight(= stout, bulky) 과체중의

athletic 건장한, 운동신경이 좋은

stout 살찐, 뚱뚱한

underfed 영양 부족의

nervousness 신경과민

traumatization 정신적 충격

nervous breakdown 신경쇠약

charley horse 손발의 근육경직

diabetic 당뇨병 환자, 당뇨병의

rabies 광견병, 공수병

epileptic 간질병의

mutation 돌연변이

identical twins 일란성 쌍둥이

fraternal twins 이란성 쌍둥이

disabling illness 장애 야기 질환

disorder 장애, 이상

internal bleeding 내출혈

inflammation 염증

venom (뱀, 거미 따위의) 독

sore 문드러진 곳, 종기

apothecary(= pharmacist) 약제사

prescribe 치료하다

medication 치료 약물

chemotherapy 화학요법

opiate 마취제, 진정제

analgesic 진통제

hypnoanesthesia 최면마취법

general anaesthesia 전신마취

stimulant 흥분제

antidote 해독제

surgery 외과 수술

dentistry 치과 의술

antibody 항체

antibiotic 항생 물질

antiviral 항바이러스성의

immunize 면역시키다

quarantine 격리

precaution 예방책, 조심

sanitation 공중위생

malpractice 의료과실

side effects 부작용

05 생물학 · 과학 분야

biology 생물학

biosphere 생물권, 생활권

scientific circles 과학계

hypothesis 가설

nomenclature 학명

evolutionary 진화론적인

entomologist 곤충학자

vegetation 식물 식생

flora 식물군

spore 포자, 홀씨

the tropics 열대지방

rain forest 우림

equator 적도

fauna 동물군

predator 약탈자, 포식 동물

lower organisms 하등 동물

microscopic animal 미생물

rodent 설치류

reptile 파충류

dinosaur 공룡

fossil 화석

semiaquatic 반수생의

flipper 지느러미 모양의 발

nocturnal 야행성의

respiration 호흡

astronomical 천문학의

astronomer 천문학자

hemisphere (지구, 하늘의) 반구, 영역

extraterrestrial 지구 밖의, 우주의

probe 탐사용 로켓

cosmic rays 우주선

gravitation 중력

ozone hole 오존 파괴로 생긴 구멍

continental shelf 대륙붕

atmosphere 대기, 공기

climate changes 기상 변화

global warming 지구 온난화

carbon dioxide 이산화탄소

noise pollution 소음 공해

topographical 지형(학)의

geologic 지질학의

Antarctica 남극 대륙

landslide (산)사태

eruption of volcanoes 화산 폭발

catastrophe 대재앙, 대이변

ecological anarchy 생태학적 무질서

precipitation 강우, 강설

the general relativity theory

일반 상대성 이론

the special theory of relativity

특수 상대성 이론

chemistry 화학작용

osmotic 삼투작용의

sodium 나트륨

concentration 농축, 농도

dissolve 녹이다, 용해하다

founder 창시자

ingenuity 발명품

specimen 표본, 견본

durability 내구성

continuity 연속성

combustion 연소

fossil fuel 화석 연료(석탄, 석유 등)

grease 윤활유를 치다

energy conservation 에너지 절약

fuel-efficient 연비가 좋은

electric current 전류

magnetism 자기

magnetic field 자기장

magnetize 자력을 띠게 하다

electrification 대전, 충전

galvanometer 검류계

disconnect 전원을 끊다

좋은 책을 만드는 길
독자님과 함께하겠습니다.

도서나 동영상에 궁금한 점, 아쉬운 점, 만족스러운 점이
있으시다면 어떤 의견이라도 말씀해 주세요.
SD에듀는 독자님의 의견을 모아 더 좋은 책으로 보답하겠습니다.

www. sdedu.co.kr

600제로 끝내는 번역사 영어

개정20판1쇄 발행	2023년 01월 05일 (인쇄 2022년 09월 06일)
초 판 발 행	1998년 03월 25일
발 행 인	박영일
책 임 편 집	이해욱
저 자	번역교육연구회(김정운, 최순영, 김종희 위원 외)
편 집 진 행	심영미
표지디자인	이미애
편집디자인	안시영 · 박서희
발 행 처	(주)시대고시기획
출 판 등 록	제 10-1521호
주 소	서울시 마포구 큰우물로 75 [도화동 538 성지 B/D] 9F
전 화	1600-3600
팩 스	02-701-8823
홈 페 이 지	www.sdedu.co.kr
I S B N	979-11-383-3166-1 (13740)
정 가	30,000원

번역참고사이트

영영사전
http://www.allwords.com
http://www.dict.org
http://afen.onelook.com

의학용어사전
http://term.kma.org

컴퓨터용어사전
http://www.terms.co.kr

경제용어사전
http://dic.mk.co.kr

검색사이트
http://www.google.com

인명사전
http://www.biography.com(국제인명사전)

백과사전
http://www.britannica.com
http://www.britannica.co.kr

기 타
Dominik Kreuzer's Translation Terms Glossary
http://www.trans-k.co.uk

English ↔ Spanish Business Glossary
http://www.andymiles.com